中國工業合作運動史

菊池一隆——著

袁廣泉、張新藝——監譯

史天沖、楊韜、陳傑中——中譯

自序

　　本書中譯本的「前言」部分，原計劃是由中文版本的總負責人袁廣泉負責撰寫，但不幸的是袁君於2020年5月22日突發心臟病去世。我在吃驚和哀傷的同時，也感到茫然若失。當時，中文譯本的翻譯已完成，深切感受到有必要出版該書，同時也是為了哀悼為本書的中文翻譯傾注心血的袁廣泉。故由我執筆代寫此部分內容。

　　遙想當年，我在日本國立大阪教育大學的三尺講臺執掌教鞭之際，袁君在我的指導之下，相繼獲得本科和研究生院的學位。他踏實向學，熱心專研學問，多次就自己不解、疑惑之處向我請教。大學期間，我們師生兩人曾攀爬附近的生駒山，一邊遠眺著奈良縣的街景，一邊就日常的學習、研究和生活等情況，他進一步敞開心胸請教和交流。他深深地愛著自己的祖國，表達過要為中日兩國的相互理解，在教育交流、學術交流方面奉獻綿薄之力的熱切願望。

　　本書的譯者有袁廣泉、張新藝、楊韜、陳傑中、史天冲。袁廣泉後來獲得國立神戶大學博士學位，楊韜擁有名古屋大學博士學位，張新藝、陳傑中、史天冲則擁有大阪教育大學碩士學位。五人都具備一定的水平，分別承擔不同章節的翻譯工作，袁廣泉負責審核中文譯本詞匯翻譯的準確度和整體的校對工作。他不幸去世後，本書直到出版前的剩餘工作，都由張新藝負責。故本書能得以翻譯並出版中文版本，我本人深感喜悅。袁君在翻譯、校對、統籌過程中，反覆透過郵件向我確認所有的細節，包括確認原始史料，甚至歐美人名的英文書寫等等，對此，我能答覆的則馬上回覆，不能確認的，則前往東京的東洋文庫、國立國會圖書館等再次確認。他秉持這種認真負責、嚴謹求實的工作態度，統籌了本書的翻譯工作，可以想像他付出了非同一般的辛勞。袁君長期從事將日本歷史學者的著作翻譯成中文的工作，本書將會是他最後翻譯並能出版的中文譯本。目前為止，他翻譯的拙作《中國抗日軍事史》和其他學者的譯著（請參照本書末尾）已陸續出版，此書得以付梓，本人不勝激動和喜悅，相信袁君也定會在天堂看到該書的刊行。此外，由衷感謝本前言的譯者張新藝女士，她在袁君過世後，理解本書出版的意義，以及架構和彙整

等，誠心誠意地協助最後的校對工作。最後，本書能夠在臺灣得以順利出版，與致理科技大學助理教授吳米淑老師、鄭伊庭女士及秀威出版團隊的大力支持是分不開的，特此致謝。

菊池一隆　於名古屋

又及：本書日文版係於2002年問世，一眨眼，距今已二十年。故原書部分表述時態的用詞，在這次的中譯本中由出版方酌作調整，儘量改為具體的年代，以使中文版的讀者更易理解。

目次

序章

　　1937年七七事變爆發，中國被迫開始抗日戰爭。當時，日本是世界軍事、工業大國之一；而中國則是資本主義起步較晚的落後國家，抗戰本無勝算。然而，中國的頑強抵抗遠超日本預料，經過長達八年的艱難困苦，最終取得勝利。對此，中國學術界一直高度評價中國共產黨（下文簡稱「中共」）在其中發揮的作用，認為毛澤東「持久戰」策略之正確、八路軍和新四軍積極開展敵後游擊戰等，是中國取得最終勝利的決定性原因；而中國之所以能夠堅持持久戰，關鍵在於中國是人口資源極其豐富的農業國家。正因如此，有關中共黨史和軍事史的研究，雖呈減少趨勢，但仍不在少數。不過，較之曾經高度肯定中共「積極抗戰」、嚴厲批判國民黨「消極抗戰」，1980年起，中國的學術界對國民政府軍作戰的正面戰場也開始給予正面評價，認為其與中共領導的游擊戰一樣，都曾沉重打擊日軍。[1]在經濟史研究領域，也有學者開始關注工廠內遷、資源委員會等。[2]然而，在戰爭史方面，即使某些重要問題也還未能探明，爭論仍在繼續。比如，到底是誰打出「第一槍」從而引發盧溝橋事變，至今仍無結論。日本的中國近現代史研究多以第二次國共合作、抗日民族統一戰線為研究對象，但仍有不少問題並不明確；受到更多關注的是西安事變本身以及統一戰線形成的過程，[3]而對統一戰線在抗戰過程中如何體現、發揮過怎樣

---

[1] 中國革命博物館研究室《抗日戰爭時期國民黨正面戰場重要戰役介紹》，四川人民出版社，1985年等。

[2] 《抗日戰爭時期的大後方經濟》，四川大學出版社，1989年等。臺灣曾出版《資源委員會的特種礦產統制》，政治大學史學叢書之二，1998年。

[3] 抗日民族統一戰線史研究的主要成果如下：①安井三吉〈抗日民族統一戰線と中国共産党の「路線確立」〉，《歷史評論》，第243號，1970年；②古廄忠夫〈中国抗日民族統一戰線の形成と發展〉，同前；③石島紀之〈抗日民族統一戰線と知識人〉，《歷史評論》，第256、259號，1971年、1972年；④今井駿著《中国革命と対日抗戰——抗日民族統一戰線史序說——》，汲古書院，1999年。上述研究及其後的部分論文主要探討統一戰線成立前的政治、路線及其形成史，對統一戰線本身未作深入考察。因此，對統一戰線，包括其成立後的影響在內，仍須從社會經濟層面加以論述。

的影響等，卻鮮有探討。此外，戰爭史自然需從各當事國的角度進行研究；但較之
近現代日本史學界已運用日文史料對日本方面有關戰爭的政治、經濟、社會等側面
作過精細研究，近現代中國史學界對交戰國即中國的研究，卻仍集中於戰前即1930
年代的南京國民政府時期，對與之開戰後的中國至今未能運用中文史料進行充分的
實證研究。另外，受政治形勢影響，日中兩國有關「南京大屠殺」等的研究都在迅
速增加，但研究若止於易受政治影響的現象層面，顯然很難觸及抗日戰爭的本質。
日本學術界對重慶國民政府支配地區──相關戰爭分期問題暫不詳述──的研究，
社會經濟史方面僅有石島紀之、志賀基子及本書著者曾探討國民政府戰時經濟建設
等，[4]而對其他各方面深入、嚴謹的實證研究則明顯落後，現狀亟須改善。

　　為對這種局面有所突破，本書將從中國工業合作運動（下文簡稱工合運動）入
手，以探究抗日戰爭錯綜複雜的各種現象。如此選題，除抗日戰爭時期的社會經濟
史研究較為落後外，還因為戰爭史研究須對支撐戰爭的社會經濟基礎作縝密的實證
分析，而不能僅從軍事史、政治史角度進行考察。尤其是，日本和中國之間的這場
戰爭呈現出經濟資源爭奪戰的形態，日本曾在中國各處大肆破壞其工業生產力量。
而且，國民政府在抗戰初期的政策是，工廠內遷、開發工礦資源、允許民間開展工
合運動。亦即，工合運動是國民政府抗戰工業經濟的三大支柱之一，要分析抗日戰
爭就必須瞭解工合運動的發展狀況。此外，工合運動研究的重要性還在於，它既以
社會經濟為核心，也與政治、軍事、國際關係等密切相關，更是探討第三勢力等牽
涉國共兩黨的重要課題。中華人民共和國成立後，工合運動被納入全國性的手工業

---

[4] 有關戰爭史的分期，主要既往研究如下。①石島紀之著《中国抗日戦争史》，青木書店，1984
年；②安井三吉〈日中戦争史研究の覚え書──『十五年戦争』と『抗日戦争』──〉，《歷
史科學》，第99、100合併號，1985年；③副島昭一〈日中戦争とアジア太平洋戦争〉，《歷
史科學》，第102號，1985年；④拙稿〈日中十五年戦争論再考〉，《歷史評論》，第569號，
1997年9月；⑤拙稿〈日中戦争史研究の現狀及我見〉，《抗日战争研究》，第37期，2000年8
月，等。有關經濟史的既往研究則有：①石島紀之〈国民党政権の対日抗戦力〉，《講座中国
近現代史》，第6卷，1978年；②拙稿〈重慶政権の戦時経済建設〉，《歷史學研究》（別冊特
集），1981年；③拙稿〈重慶政府の戦時金融〉，《中国国民政府の研究》，汲古書院，1986
年；④志賀基子〈抗戦期の後方製鉄業をめぐって──四川省を中心に──〉，《近きに在り
て》，第27號，1995年5月等。其中，石島論文主要從被置於國家資本管理下的重工業的角度
對國防經濟建設進行分析，指出其嚴重依賴歐美帝國主義的資金、技術，從而形成了「官僚資
本」，有可能成為新殖民地體系的一部分；而本書則將主要探討承擔發展輕工業的使命、抵制
國民政府管理統制並試圖構築新型社會經濟機構的工合運動的具體演變過程。

合作運動，其部分合作社最終發展為大型工廠，成為新中國經濟基礎的組成部分。如後所述，原工合運動的推動者、參與者曾在文化大革命期間受到打壓；但1978年開始實行改革開放路線後，工合協會在1983年得以重建，1987年，工合國際委員會也恢復活動。因此，工合運動既是歷史研究的對象，也是考察現代中國的重要視角。

戰後對工合運動史的研究狀況概括如下：

第一，日本1945年戰敗後的研究狀況。還在戰爭時期，海倫・福斯特（Helen Foster, 1907-1997，斯諾之妻。筆名：尼姆・韋爾斯，Nym Wales）即曾於1941年出版 *China Build For Democracy*。[5]戰後日本的工合運動研究受此書影響極大，曾對其民主性質和難民救濟特徵給予高度評價。但如此評價也與戰後日本的民主重建問題及回國者再就業問題有關，研究本身帶有較強的實踐意義。海倫・福斯特將工合社（工合協會系統之合作社，本書下同）與中國原有的合作社加以區分，強調工合社是中國前所未有的「新生事物」，也已成為定論。井上道人就很重視工合運動在中國抗戰經濟中的作用和民主特點，曾論述其對後來中國民主進程的積極作用。他認為，戰時工合運動的目的在於救濟難民、滿足抗戰急需、在中國內地不經內戰而實現產業革命，以擺脫「半封建」狀態，在國民政府支持和中共鼓勵下獲得了迅速發展；但在1941年以後，因通貨膨脹、資金匱乏等而陷於停頓。該文還對國民政府的官僚統治予以尖銳批判。幼方直吉則指出，工合運動只有以政治民主為前提，才能對促進民主有所貢獻，並較早地呼籲要重視對該運動的研究。日本生產合作社協會曾編《民族重建──中國工業合作社史》一書，收入工合運動重要人物斯諾（Edgar Snow, 1905-1972）、艾黎（Rewi Alley, 1897-1987）等人文章的譯文，並介紹說，日本的「生產合作社」就是在海倫・福斯特*China Build For Democracy*一書啟發下開始的，

---

[5]　Nym Wales（韋爾斯），*China Build For Democracy: A Story of Cooperative Industry*, New York, Modern Age Books, INC, 1941（日文版：東亞研究所譯《支那民主主義建設》，東亞研究所，1942年）。該書因作者是工合運動的開創者、領導人，史料價值較高。其觀點概括如下。工合協會是新型民主機構，重建「半封建」中國的民主乃其目的。作者認為工合社與以往的合作社完全不同，甚至稱之為「自發的合作運動……是中國未曾有過的最具革命性的運動之一」（日文版第221頁）。本書作者對此說難以苟同，但基本贊同其視工合運動的主張為中國左右兩派都能接受的折衷性「重建綱領」、工合運動即「統一戰線」的觀點。此外，該書的缺陷是，其記述起自1938年、止於1941年，亦即僅限於工合運動的草創期至發展期，而未涉及停滯期，因此無法憑此觀察抗戰時期工合運動的全貌。當然，該書執筆時期與工合運動並行，作者不應因此擔過。

目的是虛心學習工合運動重視生產和一般勞動民眾的精神，以在戰敗後的日本重建
民主、復興經濟。就這樣，戰後早期的研究雖都強調民主，但或僅關注某一側面，
或止於呼籲深入研究，而並未呈現運動全貌。此外，香港亦曾有劉康著文批判政學
系、CC系等「官僚資本」，並稱工合協會是孔祥熙系統的官僚資本利用、吞併合
作社的典型。但該文對國民黨和盧廣綿、梁士純等第三勢力並未加以區別，故其結
論也並未經過實證分析。[6]

　　第二，中國大陸的研究狀況。上述研究問世後，中共黨史、革命史、農民運動
史、工人運動史等成為日本學術界研究的主流，研究時期也以三十年代以前為主。
因此，在筆者於1976年開始本研究以前，日本的工合運動研究幾近空白。而在中國
大陸，據說，由於工合協會曾隸屬國民政府行政院，且由孔祥熙任理事長，故被懷
疑與國民黨關係密切。尤其在文化大革命期間，原工合運動有關人士被視作「改良
主義」、「資本主義尾巴」而遭到迫害，甚至有人因此自殺。其結果，工合運動研
究長期成為無人問津的禁區。1978年的十一屆三中全會以後，中國實行改革開放政
策，隨之出現重建工合協會的動向，而研究的先聲則是該時期發表的部分回憶錄。
尤其曾是工合運動的領導人、親歷者的艾黎、盧廣綿等人的回憶錄，對工合運動重
新予以高度評價。其主要者有：(1)路易·艾黎《「工合」運動記述》（1980年）；
(2)盧廣綿《抗日戰爭時期的中國工業合作運動》（1980年）；(3)黎雪《回憶周恩
來同志二三事》（1982年3月5日）；(4)劉靖《工合游擊隊》（1983年）；(5)畢平非
《「工合」——時代的產物》（1984年）。這些回憶錄的特點是，強調許多中共黨
員曾直接參與並支持工合運動，而「工合」方面也曾對邊區、八路軍、新四軍盡力
提供支援，亦即工合運動與毛澤東、周恩來等中共方面曾有密切、良好的關係；而
國民黨對「工合」則自始就十分冷淡，後來又橫加阻礙和壓制。艾黎曾明確地說，

6　井上道人〈中國工業合作運動の展開〉，《中國評論》，第2號（1946年7、8月號合刊）。幼
　　方直吉〈工業合作社研究のために〉，《中國資料月報》，第4號，1947年2月。日本生產合作
　　社協會編《民族の再建——中國工業合作社史——》，工業新聞社出版局，1946年。劉康〈孔
　　祥熙的私人資本〉，《經濟導報》（香港），第96、97期合刊，1948年11月。另，據認為幼方
　　直吉曾受其影響的陳翰笙為張法祖著、東亞研究所譯《中國工業合作運動の全貌》（原著為張
　　法祖著《工合與抗戰》）所作〈序言〉稱，「只要政治上的民主制度是工業合作運動的真正保
　　障，則在反民主主義勢力被徹底排除以前，這個富於民主主義精神的工業合作運動，就難期有
　　其光明前途」。

工合運動史就是遭受國民黨反動派壓迫的歷史。此外，盧廣綿的回憶錄，除了敘述與共產黨的關係外，還是唯一高度評價金城銀行的周作民等民族資本家的文章，值得特別關注。

　　中國的工合運動研究，就是在上述回憶錄觸發下開始的。主要成果如下。**(1)侯德礎《論抗日戰爭時期的「工合」運動》（1983年）**高度評價工合運動是大眾性「經濟救亡運動」，是國內外抗日統一戰線的重要紐帶之一，同時批判其為「改良主義民主制度」、「民族資產階級中間路線」；[7]周恩來等曾支持「工合」，而蔣介石等則對其一面利用、一面歧視、壓制。後來，侯氏在以此文為基礎出版的《中國工合運動研究》（1996年）中，雖然放棄了對工合運動「改良主義」等否定性評價，但也只是透過強調其與中共的關係如何密切，而改稱其為受中共影響和支持的「新民主主義性質」的「人民大眾的反帝反封建運動」。**(2)朱敏彥《抗戰時期的「工合」運動》（1989年）**認為，工合運動是艾黎等友好人士提倡、抗日進步力量共同努力而在國共兩黨支配地區同時開展的「經濟救亡運動」。**(3)米鴻才等編著《合作社發展簡史》（1988年）**將中華人民共和國成立前的合作社分為四類，即民間和半官半民的合作社、國民黨政府的合作社、工合協會組織的工合社、中共領導的合作社；並認為工合社是應抗戰需要而出現的獨特經濟力量，是抗日民族統一戰線、國際反法西斯統一戰線的產物。[8]**(4)劉家泉《「工合」對抗日戰爭的重要貢獻》（1985年9月）**認為，工合運動借助工合國際委員會名譽主席宋慶齡的聲望，得到英美等各國友好人士及華僑的廣泛支持。**(5)朱健《工合歷程》（1997年）**屬綜合研究，其論述涵蓋工合創始至今的全部歷程，雖欠詳盡，仍應重視。不過，該書過分著力於描述運動的實際狀況，而疏於大局分析，留下不少問題。例如，該書重點論述中共支持而國民黨壓制「工合」，但並未釐清國民黨何以壓制；對工合運動的統一戰線特點似不太重視，對運動與各黨派關係的分析稍顯薄弱；關於海外援助，敘述雖頗為具體，但同樣未分析其原因何在。另外，該書基本依據《艾黎自

7　丁利剛〈論中國工業合作社運動〉（《社會科學》，1983年第1期）也以支援抗戰、對邊區經濟的貢獻、培養建設人才等為例，認為工合運動是「戰時經濟中不可忽視的中間力量」。

8　遲孝先《中國供銷合作社史》（中國商業出版社，1988年）是作為高等商業院校合作經濟教材而編寫的概述性讀物，其中僅兩三頁簡論工合運動。但工合運動被寫進大學教材，足以證明中國學術界已開始正面評價工合運動。

傳》（1987年）和《文史資料》等刊載的回憶錄，南京第二歷史檔案館的館藏檔案
雖有利用，但極少。整體看來，該書主要關心的是公營、合作制度的工合運動對中
國將來的社會主義建設是否具有借鑒意義，而並非工合運動本身。

　　由上述可知，以抗戰時期為主的工合運動史綜述的確在增加，但管見所及，針
對各區的研究卻僅有如下兩篇論文。其中，**(1)李宗植《西北工合運動述略》（1983
年）**指出，西北的工合運動曾得到「中共的關懷」、本為手工業地區的西北曾有技
工、難民和資金自淪陷區流入、工合運動緩和了抗戰初期的物資緊缺等；但工合社
本身存在資本不足、技術落後的缺陷，最終在帝國主義、「官僚資本主義」壓迫
下而破產；並斷言工合運動是半封建半殖民地的舊中國手工業的悲劇。總之，該文
僅把工合社視作一般手工業而已。**(2)劉平《抗日戰爭時期贛南的「工合」運動》**
（1985年）探討了中共組織和艾黎等共同努力在各縣開展工合運動、組織合作社的
情況，但並未提及其與蔣經國在該地推進經濟建設的關係。

　　上述論文，儘管側重不同，但都認為工合協會是以抗日民族統一戰線為背景、
由國共兩黨黨員和第三勢力共同參與的組織，對其在工業生產、難民救濟、人才培
養等方面對抗日戰爭所做貢獻，以及獲得廣泛國際支持等讚揚有加。但受回憶錄
所累，無不強調其與中共相互支援的良好關係，認為其發展乃因受到中共的「關
懷」，同時批判蔣介石等國民黨採取消極抗日政策，對工合運動既支持又排斥、壓
制。這些論文細數國民黨如何壓制工合運動，並斥之為「反動」，但卻並未進一
步探究其原因何在。同樣，對中共、邊區，也未深入探討其何以支持工合運動。
此外，對工人自主管理等所謂「經濟民主」，以及宋慶齡對推動工合運動所發揮的
作用，評價也都較高。這些論文的區別，應在於對工合運動性質的判斷不同。工合
運動是民族資本家主導的「改良主義」、「中間道路」的運動，還是受到中共強烈
影響的「進步主義」、「革命主義」運動？這是上述論文的分界；而這必然影響到
如何評價第三勢力。而將工合社看作合作社整體中的先進部分，還是僅視作手工業
形態之一，其結論自然也不一樣。最後，中國的工合運動研究，幾乎都強調其對將
來具有借鑒意義。但是，歷史學儘管須考慮現在，但不應以現在的價值判斷衡量歷
史，而應首先準確地把握過去。[9]

---

[9]　工合運動人物研究的主要對象是路易‧艾黎（Rewi Alley）。主要論文有：①中國工業合作協

　　第三，臺灣方面的研究狀況。在臺灣，工合運動研究者更多的是經濟學家、合作社專家，故以實踐研究為主。其中，**(1)魯正知《我國工業合作事業的回顧與前瞻》（1951年8月）**認為，工業合作社是一種「工業民主組織」、「新型工業經濟組織」，戰爭期間因工合協會提倡獲得迅速發展，對維持戰時經濟和人民生活卓有貢獻。而其衰退的原因則是：①1944年日軍攻佔洛陽，另有湘桂、粵漢兩次大規模戰事；②工合協會改組和縮編；③社員大多是工人，資本不足，且政府放款有限，工合運動本質上反對資本家，故難以得到資本家支持；④經理、技術人員得不到優待，熱情逐漸降低。儘管如此，工合運動追求的是公平合理的社會，對繁榮人民生活十分重要，因而臺灣應從速創設、推進該運動。[10]

　　其後至1980年代初，臺灣學者似中斷了對工合運動的研究。其原因或如下述。即，所謂《臺灣省戒嚴令》於1949年5月發佈（1987年7月解除）後，臺灣省進入長期白色恐怖時期，敗退臺灣的蔣介石及其國民政府與韓國、日本加入美國構築的反共反華包圍網。在這種形勢下，凡質疑、反對「國民黨一黨獨裁」的民主派、臺灣獨立派、自由主義者及少數民族等，均被視作「中共間諜」而遭到鎮壓甚至殺害。因此，帶有民主性質且曾與中共關係密切的工合運動，自然被敬而遠之。亦即，在中國大陸因與國民黨的關係而受限的工合運動研究，在臺灣也因與中共的淵源而淪為研究禁區，學者也因此不願觸碰。研究再次受到重視，與其說受到中國大陸研究動向的刺激，不如說是臺灣的政治環境有所改善使然。即，蔣介石於1975年4月辭世後，曾與工合協會有過合作的蔣經國（請參閱本書第七章）於1978年3月被選為

會〈路易·艾黎與「工合」〉，《人民日報》，1984年1月22日；②一丁〈路易·艾黎與工合運動〉，《中國合作經濟報》，1988年5月（人民大學複印報刊資料《中國現代史》，1988年6期）；③汪邦銘〈路易·艾黎在皖南〉，《團結報》1988年6月11日。這些論文論述了艾黎對工合運動的重要貢獻及對中共的支持、與國民黨的矛盾、工合運動獲得國際援助及培黎工藝學校培養技術人員等。艾黎的傳記有鹿地亘著《砂漠の聖者》（弘文堂，1961年）和Wills Airev, *A Learner in China, A Life of Rewi Alley*（1970年）等。另外，高度評價宋慶齡對工合運動的支持及貢獻的，有鄭燦輝、季鴻生、吳景平合著《宋慶齡與抗日救亡運動》（福建人民出版社，1986年）和劉家泉著《宋慶齡傳》（中國文聯出版公司，1988年）等。

[10]　臺灣的工業生產合作社，1976年以前的統計數字不詳，1977年為73社，社員為12,442人；其後，社數、社員數皆呈漸減趨勢，1986年為31社、4,440人（中國合作事業協會《中國合作年報》，中華民國76年版，第50-51頁，1987年）。所涉行業，以1987年為例，有食品加工、手工業、廢品加工；基隆有造船生產合作社1社、社員26人，資本為500萬元。

總統。其後，臺灣開始政治、經濟改革，戒嚴令亦於1987年被宣告解除。

　　在此背景下，⑵陳岩松著《中華合作事業發展史（上）》於1983年出版。該書第十三章以孔祥熙為核心，大量引用路易・艾黎及宋美齡等人的發言專論「中國工業合作協會」。該章稱工合協會的運動是「罕見的成功記錄」。因為：①資金方面曾得到國民政府補助、銀行貸款，還有借助宋美齡、孔祥熙的聲望而爭取到的國際援助；②經營方面有工合協會代辦原料採購和產品銷售，尤其因密切聯繫軍事機關而得以承接軍需品生產；③管理方面重視社員教育、提倡「一人一權、民主第一」、實行帳目公開和技術改造，並努力根治貪墨等。該章對工合協會及其運動在補充抗戰軍需、生產民品、救濟失業等方面的貢獻，評價也極高。

　　⑶中國合作事業協會編《中國民國臺灣合作年鑑》（1986年版）收錄路易・艾黎的簡歷，並就其活動作了較為正面的介紹，稱工合運動在宋美齡和艾黎等國際友人提倡下而展開，是適應戰區軍民生活需求的「新型生產組織」。

　　⑷張逵《抗戰時期我國的合作事業──紀念我國對日抗戰五十周年》（1987年6月）列舉合作社團有①合作事業協會（1940年成立，理事長谷正綱）、②中國合作學社（1928年成立，理事長陳果夫）及③「工合協會」，並主要以組織機構為核心展開論述。

　　⑸李安《抗戰八年從事合作事業的今昔感想》（1987年9月）認為，作為中央行政合作機構，經濟部合作事業管理局曾試圖將「獨立體系的中國工業合作協會」統一於經濟部的合作管理之下，對CC系管理、統制合作運動持肯定態度。

　　⑹林蘭芳《抗戰時期工業合作運動理論基礎之形成》（1996年6月）自稱重視工合運動理論如何形成，認為工合運動既非資本主義，也非社會主義，而是要實現「三民主義」。這一觀點與CC系壽勉成「防止資本主義弊端、防止工業共產化」的主張相近。該文還以蔣介石、孔祥熙曾讚揚工合運動為據，認定國民黨不可能壓制該運動。總之，該文依據主要人物的言論、主張展開分析的方法，不可能觸及工合運動中「管理統制」引發「抵制」、進而導致「鎮壓」的結構性矛盾，並且忽視了運動的統一戰線性質。

　　總之，整體上看，臺灣學者對工合運動的評價不低。他們認為工合社是「工業民主組織」、「新型工業經濟組織」，在1938年開始的工合運動中正式出現。而在評價其充實戰時經濟、救濟失業、改善人民生活均有貢獻這幾點上，也與大陸的研

究基本一致。最顯著的區別在於，臺灣學界強調運動的發展依賴國民政府指導，其與中共的關係則被完全忽視，模糊了工合運動與統一戰線的界線。臺灣學者對孔祥熙評價較高，且強調宋美齡的作用而無視宋慶齡的影響，也與大陸學界形成明顯對比。臺灣學者一方面承認工合運動具有民主性質，卻對第三勢力疏於分析，甚至對國民政府管理統制工合運動、追求國民黨一黨獨裁的CC系強行改組工合協會也都給予正面評價。此外，著力於組織機構分析，也是臺灣學界研究的特徵之一。

除日本、中國大陸、臺灣外，美國在同時期也有瑞諾爾（Douglas Robertson Reynols）開展工合運動研究。其博士論文 *The Chinese Industrial Cooperative Movement And The Political Polarization Of Wartime China, 1938-1945*（1975年）就工合運動設計者海倫・斯諾、實踐者埃德加・斯諾和路易・艾黎進行考察，而後探討了蔣介石、孔祥熙及支持運動的政學系和反對運動的CC系之間的對立。瑞諾爾認為，太平洋戰爭前後，國民政府採取反共、反自由主義態度，而美國的對華援助存在強化中國既有權力構造的問題；蔣以為戰爭應由軍隊承擔，並試圖使民眾服從戰爭，故而未能認識到改善民眾生活的重要性，也不理解工合運動。可見，瑞諾爾的研究屬政治學範疇，其目的是透過考察工合運動來探究蔣介石、國民政府及美國對其提供援助的問題何在。

本書對工合運動的統一戰線性質也予以正面評價，但與既往研究的根本不同體現在如下方面：⑴不以國共兩黨為判斷標準，而將第三勢力視為運動發展的主軸；⑵本書認為工合運動與既有合作運動之間不存在斷層，注意發現其連續性和非連續性，並以此為基礎考察工合運動的發展；⑶較之從現象層面敘述國民黨壓制、中共支持工合運動，更重視對此類現象的背景、原因、內涵作實證性探究；⑷注意把握工合運動在全國的消長及其意義、局限，同時重視地域性差異和對工合社個例實際狀況的分析；⑸從經濟及政治、社會、思想、教育（包括人才培養）、國際關係等多角度聚焦工合運動，力圖以全新視角描述抗日戰爭。詳細說明如下。

第一，本書重視「工合運動」的統一戰線性質，這與海倫・福斯特及中國大陸學者的立場一致；但更重視且高度評價工合協會本身就是統一戰線組織、第三勢力早於國共兩黨開展工合運動的事實，力圖準確把握第三勢力在工合運動中的地位、具體作用及其特性。就此點而言，本書可謂菊池貴晴、平野正等開創的第三勢力

研究[11]的最新拓展，但又並不以中共為價值基準，而是關注第三勢力在維持統一戰線、阻止內戰等方面具有的甚至強於中共的進步性。此外，不少研究強調周恩來等在邊區引入工合運動時的重要作用，而本書則將運用實證手法闡明中共在引入工合運動問題上的猶豫和搖擺，探究至今仍存在不少待解決問題的邊區工合運動的實際狀態、意義和局限。

　　第二，運用實證方法準確定位工合運動與國共兩黨的關係。此目的與上述「第一」相通。為工合運動作歷史定位而將中共或國民黨置於核心，顯係緣木求魚。僅從既往研究看，中國大陸刊行、發表的回憶錄及論文強調工合運動曾得到中共的支持、曾受到國民黨的壓制和阻礙，而臺灣學者的論文則與此相反，一味強調國民政府、國民黨與工合運動的良好關係。然而，這兩類論述恐怕都有失偏頗，須對其加以符合邏輯的揚棄，事實才能水落石出。除與中共的關係外，本書還將探討並釐清工合運動的發展與國民政府經濟策略的相互關係及其所受地理位置的影響和限制，以冀有嶄新收穫。

　　第三，本書認為工合運動與既往的合作社運動並非毫無關係，並將工合運動視為辛亥革命、五四運動後綿延不絕的中國合作運動史的一部分，故在對其他行業合作社、工業生產合作社進行比較的同時，就其思想及理論的繼承等加以實證性考察，重點闡明工合運動開始前的合作社的人才及技術人員群體與工合運動的關係。我們將會發現，對於作為社會經濟團體的合作社，起碼須先釐清其作為社會團體的性質以及指導理論、組織機構的變化，才可能做到準確把握，而不能僅從經濟層面進行探究。[12]

---

[11]　菊池貴晴著《中國第三勢力史論》，汲古書院，1987年。平野正著《中国民主同盟の研究》，研文出版，1983年。另，水羽信男最近也開始進行相關研究。

[12]　有關抗戰前合作社的研究論文也不多，主要有①川井悟〈華洋義賑會と中國農村〉（《五四運動の研究》，第二函，1983年12月）主要探討信用合作社的經濟效率、資金回收率及其意義；②弁納才一〈南京國民政府の合作社政策〉（《東洋學報》，第71卷第1、2號，1989年12月）主要就江蘇和江西的信用、運銷、生產、利用各類合作社，從「經濟方面」加以分析，並就其經濟意義給予全面高度評價。不過，這些合作社類型不同，故尚須分別予以探究，並指出其局限何在；而且，僅從合作社與農民的關係論述國民政府的合作社政策、農業政策，多少有些勉強。本書著者認為，即使在經濟方面，也須著眼廣闊範圍進行論述；而更重要的是，合作社是社會經濟團體，故僅從經濟方面考察，許多問題難以明確解釋，至少亦需將其作為社會團體而探討其指導理論、組織機構如何發展。另，中國方面對抗戰前合作社史的研究，因牽涉對

　　第四，本書將深入探究不同地區工合運動的實際狀況。在國民黨支配地區、軍閥支配地區、邊區、抗戰前線、日軍佔領區等，工合運動的形態和發展狀況各不相同。但如前所述，至今只有兩篇論文分別對西北區、江西南部的工合運動進行探討，且未充分呈現其實際狀況如何；重慶國民政府所在地川康區尚未受到關注，湖南、廣西、雲南等地也未見專論。為多少改變這種研究現狀，本書將以西北區等作新視點，並運用新史料重新加以探討，透過實證方法對各地區的實際狀況及其特徵加以分析，以重新描述工合運動的全貌；還將運用史料和採訪記錄，就工合協會末端合作社的財政、生產、規章執行等狀況以及社員的相互關係、生活、思想等微觀層面，作盡可能深入的探究和分析。

　　第五，工合運動作為抗日戰爭時期的經濟運動，其財源、行業、原料、技術、產值及其變化到底怎樣？本書將著力予以呈現，並考察其具有怎樣的歷史意義。還將透過考察其組織機構探討工合運動的本質、特色，同時就社員、雇工、見習工及其勞動條件、薪金、福利事業等與當時的其他工廠作橫向比較，以探究其先驅性。而透過觀察工合運動對當地社會的影響，則可以明確其作為社會改造運動的特質。

　　第六，工合運動構思及大規模展開的背景，是中國本身為抗擊日本而被迫採取游擊戰體制。本書將在切實把握此點的基礎上，考察工合運動的意義。即較之國民政府的管理統制政策，工合運動在戰爭中更重視「建設」，並努力追求「民主」、「自由」。為此，本書將探究海倫・福斯特、斯諾、艾黎如何形成其創建工合協會的思想、其歷史作用怎樣，同時釐清英美及世界各地華僑支援工合運動的目的和邏輯，以及工合運動對國際反法西斯陣線、抗日陣線的意義。

　　只有運用上述手法從不同角度進行考察，才能全面觀察和剖析工合運動的全貌、本質、各地區運動的狀況、歷史作用以及各方面豐富多彩的變化，進而呈現抗

國民政府的評價問題而起步較晚，但也有③米鴻才等著《合作社發展簡史》（中共中央黨校出版社，1988年）等出版，但皆屬概論，不少問題遠未明確。再，拙稿有關合作社的研究有：①〈農本局の成立とその役割──戰時下、國民政府の農業政策の一環──〉，《大分縣立短期大學紀要》，第21卷，1983年12月；②〈中國國民黨における合作社の起點と展開──孫文、戴季陶、陳果夫、邵力子との關連で──〉，《孫文研究》，第9號，1988年12月；③〈中國初期合作社史論──辛亥革命から一九二三年までを中心に──〉，狹間直樹編《中國國民革命の研究》，京都大學人文科學研究所，1992年；④〈江蘇合作事業推進の構造と合作社〉，野口鐵郎編《中國史における教と國家》，雄山閣出版，1994年，等。

日戰爭史的這一重要斷面。

　　本書結構如下。第一章為總論，自第二章為分論。第一章將首先釐清抗日戰爭時期工合運動的全貌、經過、意義和局限，第二章起則將對幾個重要問題用實證方法作具體考察和分析。第二章將考察工合運動開始前的中國合作社，並以工業生產合作社為核心。第三章則論述曾在工合運動中發揮最重要作用的第三勢力和工合協會的關係。然後將關注此前的研究所忽視的各地區、各工合社的狀況，力圖呈現其實際狀態，並剖析其特性。亦即，第四章將論述工合運動最活躍的西北區，闡明其地理位置的特殊性、來自中國東北等地的技術人員群體的重要性，及與國民政府經濟策略的關係。第五章將考察重慶國民政府所在地川康區工合運動的實際狀態，並與國民政府的管理統制政策聯繫起來探討運動未能充分發展的原因。第六章將以湖南、廣西兩省為核心，論述工合運動對改造農村社會經濟的意義，同時以實證方法釐清運動對抵抗日軍侵略發揮的作用。第七章將探究蔣經國保護工合運動的政策，亦即從淪陷區搶救工廠、機器與工合社生產的意義。第八章考察開明軍閥龍雲在抗戰重要基地雲南實施的政策與工合運動的關係，兼及工合運動與少數民族的關係。第九章將深入探究中共地區的工合運動的實際狀態，同時基於史料分析和探討工合運動對實現經濟層面抗日民族統一戰線的重要意義。第十章將探討一般工廠無法組織的「工業游擊軍」的特徵和活動狀況。對於第三勢力主導且受到國共兩黨支持的工合運動，不願看到國家分裂和抗戰力量被削弱的「中華世界第三勢力」即世界各地華僑，自然予以強烈支持；這方面將在第十一章加以考察。第十二章將探究歐美方面何以支持、支援工合運動，以及支援的實際狀況，從國際視野把握作為國際反法西斯陣線、抗日陣線之一部分而發揮作用的工合運動的構造。補章則附載對已恢復活動的工合協會（中國工業合作協會）的調查報告。

　　本書所使用文獻資料的收集、收藏狀況如下。日本國內所藏文獻資料，主要來自東洋文庫、國會圖書館及東京教育大學（筑波大學）圖書館、大阪教育大學歷史學研究室、京都大學人文科學研究所、天理大學圖書館等，此外還有山口大學經濟學部東亞經濟研究所、滋賀大學經濟學部圖書館、長崎大學經濟學部東南亞研究所等所藏各該大學高等商業學校時期（日本戰敗以前）的史料。中國大陸的史料則來自中國社會科學院經濟研究所、北京圖書館，工合國際委員會及社會科學院近代史研究所、四川省社會科學院、四川省圖書館、重慶市圖書館、廣西圖書館、廣西

檔案館、雲南大學圖書館、陝西省社會科學院、陝西省圖書館、陝西省檔案館、西
北大學圖書館、陝西師範大學圖書館、寶雞市經濟發展研究中心、上海社會科學院
圖書館、上海市圖書館、復旦大學圖書館、工合協會上海市分會，還有香港大學圖
書館等。另有臺灣的中央研究院近代史研究所檔案館、法務部調查局和新加坡大學
的中央圖書館所藏史料等。英文史料，除以上各機構所藏外，本書曾接受路易・艾
黎、海倫・福斯特、盧廣綿等的直接幫助，以及著者本人在美國所收集者。還曾承
蒙陳意新先生（北卡羅來納大學）、水野直樹先生（京都大學）幫助從哥倫比亞大
學、史丹佛大學、哈佛大學等獲得部分資料。

　　從上述機構所收集的文獻史料，即本書的基本史料或輔助史料。其中尤其重要
者如下。關於工合協會及工合運動綜論者，有《工業合作月刊》、《工合通訊》、
《工合先鋒》、《中國工業》、《工合之友》等；各區、各辦事處層級的重要史
料，則有中國各地研究機構所藏各區機關雜誌。這些史料，此前也曾有論文少量運
用，但似尚無學者據以開展系統、深入研究。西北區除《西北工合》外，還有《隴
南工合》、《工合戰士》；川康區有《川康工合》，西南區有《西南工合》、《西
南工合之友》，湖南和廣西有《湘桂工合》，東南區有《東南工合》，雲南區有
《雲南工合》，游擊區有《戰地工合》等。要探討區事務所、辦事處的內部運作
等，上述雜誌皆為重要史料。中共方面，則《新華日報》、《新中華報》、《解
放日報》、《群眾》等報刊為基本史料。中國各地《文史資料》載文，多強調工合
運動與中共的良好關係，且多為回憶錄，用於研究須與當時史料謹慎比對。中國大
陸各檔案館、臺灣的中央研究院及調查局所藏檔案，皆為國民政府的內部資料，對
把握國民政府對工合運動態度的變化極其重要。《中央日報》、《重慶大公報》、
《香港大公報》、《桂林大公報》等，對於把握當時工合運動的背景、政治及軍事
形勢等不可或缺。英文史料，美國委員會機關雜誌*Indusco Bulletin*、哥倫比亞大學的
「工合」（*Indusco*）檔案及信函等，是分析歐美支援團體內部動向及爭論的重要史
料。此外，如前所述，戰爭時期日本也曾關注工合運動，《東亞》、《情報》等雜
誌也刊登過不少相關文章。[13]

---

[13]　有關文獻和史料，請參閱拙著《中國工業合作運動關係資料目錄・「工合」關係者へのインタ
　　ビュー》，1992年度（日本）文部省科學研究費補助項目一般研究C類成果報告，1993年。

　　本書最大特色在於，除充分運用上述文獻、史料和檔案外，著者在研究過程中還曾親自拜訪工合運動的創始人、領導人、工合社社員及其他有關人士，獲取了大量未見於上述文獻、史料的資訊。著者認為，要準確把握工合運動、瞭解其本質以描述其鮮明歷史形象，必須直接聽取當事人敘述其經歷、見聞。因此，自1979年10月，著者先後拜訪了路易・艾黎、盧廣綿兩位先生，其後十數年間又或拜訪或致信許多工合運動親歷者，如海倫・福斯特、梁士純、秦柳方、張福良、千家駒、梁漱溟、鹿地亘、陳翰笙、彭澤益、楊堅白以及當時的社員、見習工等，傾聽他們寶貴的經歷，提出各種問題以確認某些具體、細小的史實。透過這一系列採訪，著者不僅獲得了許多啟發，而且發現了不少新的事實，也增強了本書研究的創新性。

　　綜上所述，本書從宏觀、微觀兩個層面考察抗日戰爭時期工合運動的全貌，相信不僅對工合運動研究，對抗日戰爭史、合作運動史、第三勢力史、國共兩黨史、國際關係史等領域的研究也有所補益。

（楊韜　譯）

Ch 1

抗日戰爭時期的中國工業合作運動

前言

　　中國工業合作運動，是以抗日為目的、以合作社方式組織起來的工業生產運動。該運動曾深入全國各地基層，廣泛團結民眾力量以支撐持久抗戰，對實現經濟民族統一戰線做出了極大貢獻。其計劃成於1938年4月，是由實業界、文化界等第三勢力和民間有志之士自發討論後制訂的。根據該計劃，同年7月在漢口成立了工合協會，8月26日，第一個工合組織誕生於陝西省寶雞。

　　當時，工業城市上海、無錫、天津等相繼被日軍攻佔，中國被迫迅速實行經濟重建。國民政府緊急決定工廠內遷、開發工礦業資源，並輔以大量開辦小型工廠、承認工合運動。亦即，工合運動被國民政府視作建設抗戰工業、鞏固支撐持久戰經濟基礎的三大支柱之一。實則，工合運動因其新穎的移動工廠設想而受到關注，承擔了對前線游擊隊提供補給的重要任務。該時期，由於戰火不斷擴大，無數人或失業、或淪為難民；而如何解決這些問題，左右著抗戰的前途。工合協會試圖在救濟難民的同時，恢復和提高生產能力。而且，由於工合運動透過組織機構的民主化來吸引、團結眾多民眾參加，因而作為推動「全民抗戰」的新潮流而受到中共支持，成為抗日民族統一戰線的重要一環。

　　1978年以後，中國實行改革開放政策，允許多種經濟形式並存。在這種形勢下，工合運動也逐漸受到關注。但如本書序章所述，許多相關問題尚不明確，工合運動研究與合作社史研究一樣尚顯不足。但是，假如分析中華人民共和國成立後的中國必須研究初級合作社、高級合作社、人民公社乃至現在的鄉鎮企業、合作和集體經濟的工業，則自然不可忽視中華人民共和國成立前的生產關係、社會制度之一部分即合作社，尤其對出現於抗日戰爭時期、曾提出嶄新理念、為抗日工業和中國內地民主化發揮過積極作用的工合運動，更須深入探討。因此，本章擬考察如下內

容。①工合運動開始前的合作運動的狀況及背景、理念、財源、組織結構、生產品
類等；②工合運動在全國迅速發展的實際狀況；③工合運動停滯的主要原因等，本
章將探討其中之一即國民黨壓制工合運動的實際狀況及其邏輯。④就工合運動的意
義做多方面考察。總之，作為全書總論，本章將用實證手法，對出現於抗日戰爭時
期並迅速擴展至全國各地的工合運動，從整體上闡明其歷史作用。

一、工業合作運動肇始及其背景

　　1937年爆發七七事變後，在日本的軍事進攻之下，上海等沿海、沿江各工業
城市相繼淪陷，國民政府治下工業十之七八落入敵手。比如，集中了近代工業65%
的上海，損失總額達2億9,000萬元，紡織工業的損失尤其嚴重，占到34.6%。除上海
外，江蘇、浙江、山東等地的損失也有1,465家工廠、計金額2億4,000萬元。[1]按行業
看，除輕工業幾乎被悉數摧毀外，此前20年間不斷成長的重工業也大都或被破壞、
或被置於日本人管理之下，其比重高達約70%。[2]

　　這種情況當然極其嚴重地打擊了國民經濟。首先，中國失去重要港口，來自外
國的商品進口急劇減少。其次，絕大部分機器生產不復存在，且交通不便、軍事物
資需求增加，使後方難以得到工業產品和生活必需品的供應。因此，輿論開始呼籲
立即動員所有經濟資源和工業資源以加強抗戰力量，同時防止日貨流入；將中小民
族工業納入抗戰經濟並作為基本力量；把即將淪陷地區的機器轉運至內陸以建設新
工業。[3]

　　面對這種局面，國民政府開始緊急調整國家體制和產業結構。1938年4月1日，
國民黨臨時全國代表大會透過《抗戰建國綱領》，試圖組織全國力量建立「總動員
體制」，同時在經濟方面採行「管理統制政策」，力圖擺脫對外依賴，實現國內
自給；[4]還決定將集中在沿海、沿江各城市的重要工廠轉移到西南、西北等內陸各

---

[1] 陳真、姚洛等編《中國近代工業史資料》，第1卷，三聯書店，1957年，第85頁。

[2] Pearl S.Buck, "Free China Gets to Work", *Asia*, April 1939, p199.

[3] 何俊〈一年來的中國工業合作運動〉，《東方雜誌》，第35卷第4號，1939年9月。

[4] 經濟部編《十年來之中國經濟》，1948年3月；再版：《抗戰時期之中國經濟》（上），1968
年，（A）第15、20頁。前引何俊〈一年來的中國工業合作運動〉。

城市。抗戰以前，中國內陸極其落後，其近代工廠僅占全國的8%，發電量也僅占2%。[5]《綱領》試圖將這些落後地區建設成工業地帶，以支持抗戰。

　　為執行工廠轉移和再轉移，國民政府成立了以蔣介石為委員長的「西南經濟委員會」。該委員會下設「工礦調整委員會」和「中央遷廠委員會」，在其強有力指導下實施淪陷區工廠內遷和內陸工業建設。[6]政府還為遷廠撥付貸款，其中用於轉移交通、電力設備的最多，為325萬元，轉移化學、水泥、玻璃設備的撥款為234萬元，轉移機械和金屬製造設備的為114萬元。這些撥款，保障軍需供給的性質極強。其次是用於轉移礦業、日用品製造設備的為188萬元，是用於西南地區的經濟開發和生產民眾生活必需品的資金。[7]1938年至1940年各年轉移工廠數（表1-1）和其後大後方民族工業概況（表1-2）如下。

表1-1　各年內遷工廠數

行　業	遷廠數			隨遷技工人數			重建工廠數		
	~1938	1939	1940	~1938	1939	1940	~1938	1939	1940
鋼　鐵	1	0	0	313	47	0	1	0	0
機　械	121	47	13	797	4,791	398	47	88	20
電　力	17	11	1	161	523	60	4	8	0
化　工	41	13	2	126	1,250	32	7	22	7
紡　織	71	11	5	135	1,468	85	3	50	5
飲食品	15	7	0	12	537	31	3	7	1
文　化	22	9	6	184	422	29	11	11	2
雜工業	9	5	3	50	220	134	4	6	0
礦　業	7	1	0	15	362	0	1	1	0
總　計	304	104	30	1,793	9,620	769	81	193	35

※根據陳真、姚落等編《中國近代工業史資料》第1卷（三聯書店，1957年）第88頁編製。

---

[5]　翁文灝〈邁進於工業建國之途〉，《中央日報》，1943年7月10日。

[6]　〈抗戰中に於ける奧地工業建設〉，《東亞》，第13卷第4號，1940年4月。

[7]　沈雷春、陳禾章著《中國戰時經濟建設》，世界書局，1940年12月，第10-11頁。

表1-2　1943年9月大後方民族工業概況

工人數	百分比	資本金額	百分比
不足30人	42	不足5萬元	47.3
31～50	18	5～10萬元	17.6
51～100	19	10～50萬元	22.8
101～500	18	50～100萬元	6.5
501～1,000	2	100～500萬元	4.9
1,000人以上	1	500萬元以上	0.9

※根據《新華日報》1943年9月31日有關數據編製。

　　由表1-1可知，遷廠數最多的行業是機械製造，其次為紡織和化工；而表1-2則反映出，工人在1,000人以上、資本金超過500萬元的大型工廠極少，工人不足100名、資本金在50萬元以下的中小工廠約占80%。政府對企業提供貸款，同時要求其重新開工，[8]並對生產施加各種統制。

　　然而，遷至內陸的許多工廠面臨各種問題，經營也十分困難。首先是缺乏生產所需資金、機器及勞動力，交通網絡也亟待建設。其次，這些工廠多集中於各地方城市，且與大型工廠分佈在一起，極易成為日軍空襲的目標。當然，空襲的危險在遷廠前也存在。比如，政府曾計劃向長江上游流域遷廠，但日軍提前對重慶、成都施以猛烈轟炸，致使此類計劃受到嚴重打擊。[9]尤其嚴峻的是，南京、上海一帶的大小機器製造廠共有5,000餘家，但最終得以搬遷的只占其0.5%。[10]顯然，僅憑內遷工廠不可能支撐持久抗戰。

　　在這種形勢下，工合運動作為工業界的新潮流而備受關注。工合協會計劃以合作社形式建立眾多小型工廠，充分運用富餘勞動力和分佈各地的豐富資源來生產各種日用品、軍需品；這些工廠將應用「移動手工廠」、「半手工業」的生產方式與工業、農業結合起來，在全國各地形成從事生產和銷售的經濟動脈，除滿足當下抗戰需要外，還可為戰後中國建立起新經濟機構的基礎。[11]當時中國的運輸手段和

---

[8]　前引沈雷春、陳禾章著《中國戰時經濟建設》，第10-11頁。

[9]　Pearl S. Buck, op.cit, p.199.

[10]　述周〈抗戰中的新流──工業合作社〉，《群眾》，第3卷第11期，1939年8月13日。

[11]　前引述周〈抗戰中的新流──工業合作社〉。前引何俊〈一年來的中國工業合作運動〉。

運輸網絡十分落後，因此，靠近資源產地設立工合社，其意義十分重大。而日軍的經濟封鎖造成物資匱缺，也為建設農村工業、內陸工業創造了絕好機會，尤其是手工業品重獲發展機遇，為推動和發展工合運動提供了有利條件。[12]實際上，工合協會並不集中設廠，而是分散設立可隨時搬遷的小型工廠，以最大限度地避免空襲等。[13]工合運動並不僅為重建經濟，還帶有某種政治目的。《西北區工業合作事業原則》明言要利用工業合作組織、發揚民族意識、養成民主精神，[14]即工合運動的另一重要使命是培養和激發抗戰意識。

出於這種目的所組織的工合社要獲得成功，必須得到民眾的廣泛支持，工合社本身必須成為民眾組織。換言之，必須吸引、吸納眾多難民、失業工人及農民，並對其進行資金支持，在各地遍設小型工廠。眾多的進步青年、愛國人士、中外技術人員及合作運動專家贊成工合運動的宗旨，並自發地離開大城市遠赴內陸加入了工合運動。[15]就這樣，工合運動是在民間、民眾自發支持下獲得發展的。

此處就工合運動開始前的經過作一概觀。該運動由美國人海倫・福斯特・斯諾（Helen Foster Snow, 1907-1997，斯諾之妻。筆名：尼姆・韋爾斯，Nym Wales）提出構想、斯諾（Edgar Snow, 1905-1972）廣為宣傳、紐西蘭人路易・艾黎（Rewi Alley, 1897- 1987）[16]付諸實施的。他們從抵制日本侵略需要怎樣的工業基地這一問題進行思考，並得出如下結論，即只有適於運動戰的工業才是拯救中國的唯一途徑。[17]該設想經上海實業、金融、文化等各界人士討論，一致認為應將近代生產方式引入小型合作社。1938年4月，中國工業合作促進委員會成立，浙江興業銀行總經理徐新六被推為主席。隨後制訂《中國工業合作社組織計劃案》，並提交給國民政府。[18]該案

---

[12]　Joy Homer, "China's Industrial Co-operatives'", *China Today*, August 1939, p.6.《解放日報》，1942年2月8日。

[13]　E. R. Carlson, *The Chinese Army, 1940*, p.59. Rewi Alley, "New Men-New Industries", *China Today*, November 1939, p.13.

[14]　董文中編《中國戰時經濟特輯》，續編，中外出版社，1940年1月，第140頁。

[15]　時事問題研究會編《抗戰中的中國經濟》，抗戰書店，1940年，第208頁。

[16]　艾黎（工合協會技術顧問）1927年來到中國。任上海工部局工業科長時曾參觀、考察過上海的許多工廠，瞭解到工廠內普遍存在虐待童工、超體力勞動等，這使他後來在工合運動中強調民主管理工廠、改善勞動條件等。請參閱《香港大公報》，1940年8月10日等。

[17]　埃德加・斯諾著、森谷岩譯《アジアの戰爭》，みすず書房，1956年，第75頁。

[18]　日本興亞銀行調查部〈現代支那に於ける合作社の意義と特質〉，《日本興業銀行調查月

在贊同艾黎意見的宋慶齡、宋子文、英國駐華大使科爾（Archibald Clark Kerr, 1882-
1951）、英國駐華大使館秘書亞歷山大（J. Alexander）等幫助下，受到蔣介石、宋
美齡、孔祥熙等國民黨首腦的重視和支持。對工合運動而言，上層的支持是在全國
順利開展運動並獲得國民政府資助的重要一環，而國民政府關注的則是工合運動受
到外國高度評價，並將有捐款從海外流入。就這樣，謀求遍設小型工廠的工合協會
得到支持，意味著推動遷廠的「中央遷廠委員會」、旨在開發工業資源的「工礦調
整委員會」和工合運動這三大工業重建的支柱就此確立。[19]在工業城市相繼淪陷並
被日軍佔領、戰線不斷擴大帶來軍事失利的情況下，國民政府在1938年12月召開了
南嶽軍事會議，被迫決定放棄正規戰而採用游擊戰體制。其結果，工合協會在上述
三機構中最受重視，大量建立以游擊經濟為基礎的小型工廠顯得越發重要。[20]

　　工合協會按照創設「三萬單位工業合作社」的計劃開始了實際工作。1938年夏，
艾黎帶領難民約千人來到陝西省寶雞，所需各項經費由宋美齡籌措。就這樣，出於
軍事、經濟方面的重要性和安全性考慮，陝西成了工合運動的發源地。民眾歡迎工
合社。因為，工合社一定程度上可以解決工業落後、極度貧困、政情不穩等問題；
更重要的則是，該省北部即為共產黨支配的邊區，民眾有所覺醒，並渴望進步政
策。[21]1938年8月26日，寶雞鐵器工合社成立。其後僅三個月間，該地使用從漢口運來
的機器組織了酒精、紡織、製革、運輸等工合社80餘社，發展之迅猛引人注目。[22]

　　那麼，各黨派、個人是基於怎樣的立場和思想支持工合運動的？此點若不釐
清，則難以得出工合運動具有經濟統一戰線重要特點的結論。

（一）國民黨方面，宋美齡曾高度評價工合社是日軍所造成破壞的救濟者，承擔了
　　　建設、商品供應等任務，從而防止了中國人民抗日精神的崩潰。[23]孔祥熙也
　　　強調工合運動對「持久戰」、「改善民主」的貢獻。不過，孔同時也提及戰

報》，1942年11月號，第95頁。

[19]　〈支那国防工業の組織過程〉，《東亞》，第12卷第6號，1939年6月。

[20]　〈支那經濟抗戰に於ける工業合作運動の意義〉，《東亞》，第13卷第1號，1940年1月。

[21]　Nym Wales, *China Bulds For Democracy: Emocracy: A Story of Cooperative Industry*, New York, 1941, p.64.（東
　　亞研究所譯《支那民主主義建設》，東亞研究所，1942年12月，第89頁）。

[22]　Pearl S. Buck, op. cit, p.200.

[23]　前引Nym Wales, *China Bulds For Democracy*, op. cit, pp.28-29.（東亞研究所譯《支那民主主義建設》，
　　第39-40頁）。

後建設，稱政府承擔重工業建設，而工合社可分擔輕工業重建。[24]孔的立場或出於以下背景。即，國民政府曾設想建立以重工業為中心、由國家資本主導的經濟構造，以將工業全部置於政府統制之下，而工合運動在其中或被置於從屬地位。此外，海倫・福斯特在論及國民黨對工合運動的態度時說，他們試圖把工合社變成將來打倒共產主義的社會性、經濟性武器。[25]戰前南京國民政府在其統治地區推動的合作運動，的確曾是反共的社會性、經濟性手段，在圍剿江西蘇區的過程中和之後為重新組織農民、恢復生產而制訂的《剿匪區內各省合作社條例》（1932年）即充分反映了此點。[26]國民黨方面對工合運動的理解，基本上沒有超越這種局限。

（二）工合協會方面，艾黎的見解與國民黨截然不同。艾黎認為，工合運動不僅可以重振輕工業，也能夠承擔重工業建設。而且，艾黎等是從民主、民生的角度看待工合運動的。對他們而言，工合社不僅為工人們提供工作和最低限度的生活保障，更可喚起工人們對勞動的積極性，並透過參與決定生產而增強其責任感。這點與共產主義關係頗深。不過，實質上與國民黨左派思考方式相通的宋慶齡將工合運動視作民生主義的具體表現，對人性的恢復、經濟的進步和民主教育也都有其意義，尤其認為其將發展為生產者本身掌握指導權的大眾運動，因而極具價值。[27]還在抗戰開始之前，第三勢力的全國各界救國聯合會（下文簡稱「全救聯」）曾主張排除對工人的一切非人待遇和壓迫、向農民提供低息貸款並培養合作農場、為婦女提供教育機會和實行職業上的男女平等，並以該主張為民族統一戰線中民主、民生的基本條件。[28]該主張儘管未得實現，但工合協會當初設想由全救聯的章乃器和杜重遠、鄒韜

---

[24] 孔祥熙〈中國工業合作運動之現在與未來〉（1940年），《孔庸之先生演講集》，臺北文海出版有限公司，1972年，第509、511頁。

[25] 前引Nym Wales, *China Bulds For Democracy,* op. cit, p.28.（東亞研究所譯《支那民主主義建設》，第39頁）。

[26] 壽勉成、鄭厚博編著《中國合作運動史》，正中書局，1937年，第39頁。章有義編《中國近代農業史資料》，第3卷，三聯書店，1957年，第209頁。

[27] 宋慶齡〈中國工業合作社之意義〉，《香港大公報》，1939年12月11日。

[28] 〈全國各界救國聯合會之內容及其活動狀況〉（1936年7月10日），《中國資料月報》，第3卷第3號，第88頁。

奮分別出任總幹事和副總幹事，實非偶然。他們都認為工合運動是反法西斯
統一戰線的一環，[29]對在邊區開展工合運動也持積極態度。海倫・福斯特尤
其重視工合運動的統一戰線作用，認為工合運動是左右兩派都可接受的重建
綱領，因而是戰時民主統一的基礎。[30]

（三）中共方面，毛澤東認為工合運動是進步的嘗試，並希望邊區也成立工業合作
社。毛說，「最重要的組織不是現在已出現的兩三個工廠，而是眾多的合作
社企業」，[31]此話充分表達了他對工合運動的態度。毛還這樣論述道，合作
社具有統一戰線的性質，所有農民、工人、地主、資本家都可以加入。[32]這
些話使我們得窺工合協會試圖動員包括地主在內的所有階層的民眾參與工業
建設的理念，同時也顯示了邊區對工合運動的積極態度。即邊區也視工合社
為人民大眾的經濟機構和民主組織之一部分，[33]並希望引入邊區。實際上，
邊區的工合社確有地主、資本家參加。[34]邊區對工合運動的態度或曾受到當
時蘇聯對工合運動評價的影響。如蘇聯學者考蘭就曾指出，戰時中國的工業
建設面臨諸多困難，但同時認為中國存在豐富資源和眾多工人，在擁有手工
業傳統的中國正不斷湧現出許多組織小工業的天才，高度評價工合運動，並
讚揚民眾的犧牲精神、熱情和抵抗力量。[35]可見，工合運動的形態也足以回
應民眾要求、吸納其精神力量。

就這樣，不同立場、不同思想的黨派、人士，在維持原有觀點的基礎上，都對
工合運動表示支持。但其共同項是抗日和強化生產能力，而對工合運動的大眾運動
性質及促進民主的作用是否給予積極評價，則是其差異所在。

---

[29]　宋慶齡著《為新中國奮鬥》，人民出版社，1952年，第110頁。

[30]　前引Nym Wales, *China Bulds For Democracy*, op. cit, pp.27-28.（東亞研究所譯《支那民主主義建設》，第38頁）。

[31]　斯坦因（Guenther Stein）著、野原四郎译《延安》，みすず書房，1965年，第147頁。

[32]　《解放日報》，1944年7月4日。

[33]　高崗〈合作社要為群眾辦事〉，《解放日報》，1944年7月2日。

[34]　前引斯坦因（Guenther Stein）著、野原四郎譯《延安》，第147頁。

[35]　考蘭〈民族支那の戰時經濟に就いて〉（1941年），東亞研究所譯編《蘇聯側より觀たる奧地支那經濟論》(1)，1941年12月，第4-5、13頁。另，「考蘭」，日文作「コーラン・A」，歐文名不詳。

二、工業合作運動在全國的展開

　　工合協會成立之初，總幹事劉廣沛曾提出宏大計劃，要在一年內發展合作社一萬社、兩年內發展三萬社；這些合作社將透過運輸機構的擴充和建設形成既分散又相互聯繫的大規模經濟有機體。工合協會的目標計有八項。①援助舊有工業，同時發展新工業；②在抗戰期間運用機器發展工業，以奠定戰後發展工業的基礎；③建立國防經濟；④確立自給自足經濟，並對各游擊區的對日持久抵抗提供協助和支援；⑤將工合社普及到農村，以抵制來自日本的壓迫；⑥充分利用失業技術人員及閒置機器發展工業；⑦利用各地原料進行生產，以滿足中國內地需求；⑧安置傷殘軍人、難民從事生產。[36]

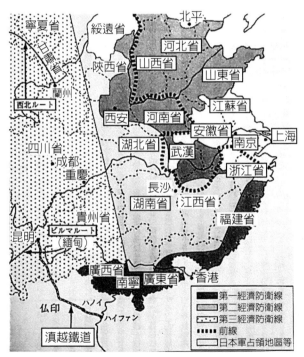

圖1-1　工合協會經濟防線設想

※根據Ida Pruitt, "Chinese Industrial Cooperatives", *China Today*, Oct.1939重新繪製。

---

[36] 前引沈雷春、陳禾章著《中國戰時經濟建設》，第31頁。

　　工合運動的區域劃分和生產形態大體如下。全國分三個經濟防衛地帶，分別採取適當的生產形態。如圖1-1所示，在「第一經濟防線」內，戰區工合社是最小單位，位於前線及游擊區（山西省南部、安徽省南部、廣東省南部、浙江省東部），採用輕便、適於攜帶的生產工具與游擊隊共同行動，故此類工合社又稱為「工業游擊軍」。「第二經濟防線」內的中等規模工合社設於戰區和大後方的中間地帶（江西、廣東、湖南各省），進行半手工、半機械生產。「第三經濟防線」內的大規模工合社則設於大後方（四川、雲南、陝西省等），運用規模較大且現代化的機器進行大量生產。[37]

　　賑濟委員會曾召開會議討論1939年度經費短缺問題，參會者有行政院、財政部、經濟部、賑濟委員會和工合協會。據會議記錄等記述，賑濟費共支出740萬元，其中工合協會基金和經費470萬元、農業促進委員會事業費及重慶轟炸特別賑濟費各100萬元等，餘額僅120萬元。賑濟委員會本身也計劃設立難民工廠，需要資金，另需臨時緊急救濟費以應對戰區難民大幅增加和空襲。會上有意見認為，工合協會的主要工作對象不是難民，不應從賑濟委員會支出經費。後經解釋稱工合協會本身具有組織失業者和難民從事生產的「社會團體」性質，才決定工合協會可透過賑濟委員會追加申請經費；並規定來自國民政府的這些資金屬補助性質，和國民政府不發生隸屬關係。[38]可見，工合協會當初並無自有財源，只好自我規定為「社會（民間）團體」，以求分得賑濟委員會用於難民救濟等的資金；但國民政府也面臨財源短缺的嚴峻局面，不願與之發生隸屬關係，故而把該部分資金視為補助金。而且，如後所述，工合協會是「社會團體」之表態，後來成為社會部對其實行管理統制的口實。

---

[37]　盧廣綿〈工業合作運動中的投資問題〉(2)，《香港大公報》，1940年5月18日。張法祖〈抗戰中的工業合作運動〉(2)，《香港大公報》，1940年7月10日。另，《大公報》是國民黨政學系的報紙，但民族意識較強，報導比較客觀。《香港大公報》（正式名稱為「《大公報》香港版」）創刊於1938年，1941年12月日本佔領香港後停刊（1948年復刊）。因香港有工合促進社，故該報時常可見有關工合運動的報導。

[38]　〈賑濟委員會請將中國工業合作協會經費別行籌撥案審查會記錄〉（1939年9月15日）、〈賑濟委員會原呈〉等，經濟部（一）工業司《中國工業合作協會》（上），中央研究院近代史研究所藏檔18-22-58-(1)。

表1-3　工合協會資金來源（1940年）

項　目	金額（元）	百分比
政府出資	11,060,000	30.20
社員交託股金	381,388	1.04
海外等捐助	1,890,000	5.16
銀行借款	23,200,000	63.33
個人借款	100,000	0.27
總　計	36,631,388	100.00

※Nym Wales, *China Bulds For Democracy*（東亞研究所譯《支那民主主義建設》，東亞研究所，1942年12月，第271-273頁）。

　　工合協會1940年的資金來源如表1-3所示。資金總額約3,663萬元，其中30.2%為國民政府補助，銀行貸款占63.33%。該期銀行貸款主要有，四家國有銀行即中央、中國、交通、中國農民向東南區融資100萬元，陝西省銀行、金城銀行、甘肅省銀行等向西北區投資293萬5,000元，廣東省銀行決定向廣東的工合社貸款200萬元。[39]

　　各銀行在向工合協會融資時指定用款區域，除因營業區域有所劃分外，更多的是考慮該區域工合社是否穩定及發展前途、資金回收的難易度。因此，工合運動在步入正軌前，銀行不願貸款，尤其對游擊區幾乎不予融資。這是銀行融資的特點。[40]

　　較之銀行融資，海外捐助雖然比重不大，但對工合運動卻有重要意義。工合運動欲標榜民主主義並保持其大眾運動的靈活性、自主性，同時還要增加生產能力，就必須在國民政府和國家銀行以外擁有獨自財源。因為，國民政府雖然表態與工合協會不存在隸屬關係，但卻試圖以提供補助為條件將工合協會置於其統制之下。事實上，正是因為得到了來自海外的支持和資金援助，工合協會雖然形式上隸屬行政院，[41]卻仍能不受其約束，堅持以無黨派立場開展運動，而且在一定時期內得以免受陳果夫主導的合作事業管理局（1939年5月成立，成立時隸屬經濟部）的支配。[42]而海外資金援

---

[39]　前引時事問題研究會編《抗戰中的中國經濟》，第210頁。

[40]　張法祖著《工合與抗戰》，星群書店，1941年2月，第338頁。

[41]　劉大鈞著《工業化與中國工業建設》，商務印書館，1946年，第67頁。

[42]　Edgar Snow, Journey To The Beginning, 1958, p.222.（日文版：松岡洋子譯《走向覺醒之旅（目覺めへの旅）》，紀伊國書店，1963年，第193頁）。前引Nym Wales, *China Bulds For Democracy*, op. cit,

助的管道則是設於香港、上海、馬尼拉、紐約、洛杉磯、倫敦等的工合促進社。促進社的中樞是香港的工合國際委員會（主席為何明華，即Ronald Owen Hall，秘書為陳翰笙）。對工合協會提供支援的主要國家的團體、個人如下：菲律賓有福建華僑李清泉為首的「菲律賓抗敵協會」（The Philippine Anti Enemy Association）捐助2萬元，「華僑婦女救災會」（The Philippine Chinese Women's Relief Association）捐助19萬元；至1941年底，該二團體的捐款總額達200萬元。[43]在美國，由於羅斯福總統夫人愛蓮娜（Anna Eleanor Roosevelt, 1884-1962）支持工合運動，因而成立了由100名顧問委員、28名執行委員組成的「中國工合美國委員會」（The American Committee in Aid of Chinese Industrial Cooperatives），使工合運動獲得了關注太平洋問題的美國知識分子階層的強有力支持。另有「救濟中國非戰鬥人員美國諮詢委員會」等各種團體也對工合協會提供了資金援助。歐洲方面，英國的英中合作發展公司（Anglo-Chinese Cooperative Development Society Limited，下文簡稱「發展公司」）、法國的「國際工會聯合會」（International Federation of Trade Union）巴黎支部等都伸出援手。亞洲方面，爪哇華僑林氏、巴達維亞中國婦女協會捐助了資金，印度的尼赫魯（Jawaharlal Nehru, 1889.11-1964.5）、緬甸的「多米亞‧森」則捐贈了資金、舊輪胎等。[44]

　　工合社的產品在1939年達四十多種，主要有：①軍需品：武器、彈藥、醫藥品、軍毯、皮革等；②生活必需品：棉織物、靴鞋、紙張、鐵器、鹽等；③工業原料和機器：石油、鐵、硝酸、酒精、各種機器；④換匯品：植物油、茶、生絲、麻；⑤財源輔助品：砂金等。[45]其後，產品種類迅速增加，1940年1月，僅在香港舉行的工合展覽會展出的即達百數十種。[46]其行業，紡織業占30%，服裝業占20%，其次則是化工、日用品、食品、採礦、冶金等，而機器、金屬占比較低。紡織、服裝、靴鞋等多供軍用，化工品如硝酸、酒精等也多為滿足軍需。由此可知，工合社

---

　　p.44.（東亞研究所譯《支那民主主義建設》，第61頁）。

[43]　田家英〈抗戰中的工業合作運動〉(1)，《解放日報》，1941年12月8日。前引沈雷春、陳禾章著《中國戰時經濟建設》，第37頁。

[44]　前引Nym Wales, *China Bulds For Democracy*, op. cit, pp.184-190.（東亞研究所譯《支那民主主義建設》，第262-270頁）。

[45]　刘屋久太郎著《支那工業合作社運動》，畝傍書房，1941年11月，第267頁。

[46]　《香港大公報》，1940年1月9日。

的生產將國防置於首位。[47]

　　1939年的經營狀況總體良好，工合社盈利者約占60%，部分工合社年終決算時甚至增資一倍。約30%的工合社收支平衡，仍需資金支持的只有約10%。[48]工合社使用資本，最多的20萬元，小型社不過2、3千元；社員人數，多者數十名，最少的僅7人。湖南省零陵火柴工合社有社員「約千人」（實際約480人），規模較大，但屬極少數。[49]

　　那麼，工合社的經營原則如何？首先，要組織合作社，須至少有七名工人組織起來，然後接受各區辦事處下設的工合事務所的審查，透過後即可獲得相應放款。合作社的理事、主席由公選產生，社員的權利、義務對等。所有社員須至少認購一股，每股2元。亦即，凡年滿20歲以上、有勞動能力並出資2元者，任何人都可正式加入工合社。按規定，持股總額不能超過該社資本金的20%；與一般股份公司不同，投票權每人只有一票，而且股東必須參加勞動。如果理事、主席有貪墨等問題，社員、監事可提出彈劾立即予以免職。這被視為民主主義的實踐、社員參加政治的初步訓練。[50]工資實行按件計酬，年底分紅也按產量，而與出資多寡無關。原則上實行八小時工作制，集體用餐，社員輪流做飯。[51]

　　工合協會的組織系統圖及五區辦事處轄下合作社概況，如圖1-2和表1-4所示。下文將參照該圖、表，就各區工合社的實際狀況和特點作一概觀。

（一）五區辦事處所管理工業合作社

　　(1)五區辦事處中，西北區辦事處成立最早，於1938年8月設於陝西省寶雞。除山西省南部、湖北省北部的游擊區外，管區內大型工合社較多，一般以較先進的機器進行大規模生產，可完成政府的部分經濟計劃。這些工合社利用關

---

[47] 上海每日新聞社編《華中現勢》，上海每日新聞社，1942年，第839頁。該書對「國防工業」的理解不限於狹義的武器生產，而是指一切與軍事有關的工業。

[48] 前引時事問題研究會編《抗戰中的中國經濟》，第209頁。

[49] 前引張法祖〈抗戰中的工業合作運動〉(2)，《香港大公報》，1940年7月10日。前引田家英〈抗戰中的工業合作運動〉(1)，《解放日報》，1941年12月8日。

[50] 上海日本大使館特別調查班譯《三年來支那工合運動の發展》，1942年12月，第206-207頁（原著：張法祖《工合發軔》，1941年11月）。

[51] 福斯特（John Bellamy Foster）〈西南支那に於ける工業合作社〉，《情報》，第7號，1939年12月1日。

中的棉花、延長的石油、鳳縣的鐵、甘肅的皮革、青海的黃金和鹽等豐富資
源和大量富餘勞動力進行產業開發，不僅實現了自給自足，還可滿足北方戰
場的需要。[52]比較特殊的工合社有，運用100輛馬車和120名難民組織的西北
運輸合作社、供銷處（業購銷）、月產煤炭約1,500噸的採煤工合社，以及聯
合紡織、織布、染色各工合社的聯營組織等，這些工合社努力發展業務、提
高效率，令人矚目。[53]

(2)西南區辦事處成立於1938年9月，其工作區域包括湖南、廣西、貴州等。該區
交通較為發達，資源豐富，具備發展工合社的有利條件。其機器工合社能夠
製造迫擊炮彈、切麵機等；女工比例較大，因而相關福利較為充實，如辦有
婦女手工訓練班、婦女社會福利部、托兒所等。這也是該區工合社的特點。[54]

(3)東南區辦事處成立於1938年10月，設於江西省贛縣，工作區域含江西、福
建、浙江各省。該辦事處主要招用難民組織了許多製革、紡織、火柴、製糖
等工合社。該區各省主席對發展工合社態度積極，如浙江省主席黃紹竑就曾
要求發展工合社以抵制日貨。[55]

表1-4　五區辦事處管理工合社概況（1940年）

辦事處	事務所數	合作社數	社員人數	股金（元）
西北	18	423	5,572	54,783
西南	10	227	2,884	12,866
東南	16	236	2,783	20,333
川康	12	464	5,862	173,615
雲南	1	8	69	881
總計	57	1,358	17,170	262,478

※沈雷春、陳禾章著《中國戰時經濟建設》，1940年，第47-51頁。

[52] 謝君哲編著《經濟的新堡壘──介紹中國工業合作社》，生活書店，1940年1月，第17頁。

[53] Ruth Vey, "Cooperatives in the Northwest", *The China Weekly Review,* May 4, 1940, pp.348-349. Rewi Alley, "Industry in a New Setting", *China Today,* May 1939, pp.15-16. 前引《中國經濟抗戰中工業合作運動的意義》。

[54] 前引謝君哲編著《經濟的新堡壘──介紹中國工業合作社》，第21頁。前引沈雷春、陳禾章著《中國戰時經濟建設》（1940年），第42頁。

[55] 何俊〈一年來的中國工業合作運動〉，《東方雜誌》，第36卷第18號，1939年9月16日。

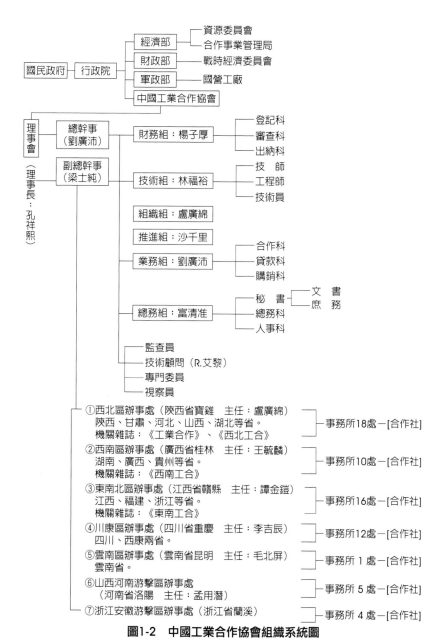

圖1-2　中國工業合作協會組織系統圖

※根據下述等史料編製：ⓐ沈雷春、陳禾章著《中國戰時經濟建設》，1940年，第31-32頁。ⓑ董文中編《中國戰時經濟特輯》，續編，1940年，第139-140頁。ⓒ謝君哲編著《經濟的新堡壘》，1940年，第96-116、131頁。ⓓ菊池一隆〈中国工業合作運動について〉，《亞洲經濟（アジア経済）》，第21卷第5號，1980年5月。

(4)川康區辦事處成立於1939年1月，主要以重慶為中心開展工作。該區是國民政府所在地，在後方抗戰中佔有重要地位，得到政府、銀行的有力支持。該區工合社數，1939年4月有104社，社員1372人，利用放款總額約14萬5,000元；該年4月以後利用放款在五區中居首。產品有酒精、化學藥品、玻璃、毛毯等37類，其產值，僅成都事務所每年即達168萬元。[56]另，劉廣沛曾在1939年提出《三個月計劃書》，其重點似在發展電器工業，計劃在重慶成立4家工合社，分別從事無線電器和發電機的製造和修理、乾電池製造和電鍍；在成都則計劃成立電鍍和電焊機製造2家工合社。[57]

(5)雲南區辦事處成立於1939年2月，五區中成立最晚。該區工合社發展最為緩慢，社數也僅有棉紡織、麵粉、製革等8社。發展緩慢的原因之一是缺乏勞動力，該區人口既少（人口密度僅為每平方公里29.5人），難民人數也不多；也與國民政府對該區在抗戰中地位的判斷有關。國民政府當初曾基於滇緬公路的價值而重視包括雲南、四川在內的西南地區，也曾制定以昆明為核心的經濟建設、軍事設施計劃。然而，由於日軍封鎖滇緬公路、兵指雲南，西南地區的軍事價值大為降低；而日軍反覆轟炸重慶、成都、昆明等地，也使國民政府不得不改變策略，更加重視和開發西北地區。[58]

（二）邊區的工業合作社

1938年以前，邊區的生活必需品多依靠與外部交易。該期即使公營工廠也只有規模極小的印刷、服裝、軍需等廠，職工人數僅270人。[59]這種情況到1939年也沒有多大改觀，工廠僅有10家，而且使用新式機器很少，生產方法也多是對手工作坊稍加改良而已。為改變這種局面，陝甘寧邊區政府發動軍隊、民眾開展生產運動，試圖實現糧食、棉花最低限度的自給自足，以支持持久抗戰。[60]生產運動取得初步成

---

[56] 前引謝君哲編著《經濟的新堡壘——介紹中國工業合作社》，第23-24頁。滿鐵調查部《支那抗戰力調查報告》，三一書房，1970年復刻版，第497頁。

[57] 劉廣沛〈中國工業合作協會三個月計劃書〉（1939年4月），前引經濟部（一）工業司《中國工業合作協會》（上）。

[58] 《情報》，第74號，1942年9月15日，第70頁。

[59] 陝甘寧邊區政府辦公廳編《為工業品的全面自給而奮鬥》，1944年10月，第42頁。

[60] 李富春〈生產運動總結與新的任務〉，《解放》，第106-107合刊，1940年5月15日，第12-13頁。

果，建立了毛紡織、棉紡織的難民工廠和農具、製革等工廠，還培植了農民為主體的農村手工業。此外，為研究生產、調查資源，還成立了自然科學研究院。生產運動的原則是自力更生，但也努力爭取外援。

如表1-5所示，邊區的生產合作社，到1939年已有146社，社員人數增至2萬3,531人。各行業社數，紡紗114社、榨油10社、紡織4社、製鹽3社，以及麵粉、毛紡織、運輸各2社，另有化工、煉油、燒炭、製磚、豆腐、靴鞋、被服、染色、造紙各1社。按邊區政府的設想，這些生產合作社未來將成為走向社會主義經濟的橋樑。[61]

表1-5　陝甘寧邊區的生產合作社

年	合作社數	社員人數		出資金額（元）		借入款（元）
		總人數	每社平均	總額	每社平均	
1937	1	70	70	623.0	623.0	0
1938	4	3,620	905	5,186.8	1,296.7	0
1939	146	23,531	161	42,338.4	289.9	19,400

※據於冬芳《陝甘寧邊區經濟研究》（《新華日報》，1940年8月14日）編製。1939年的數據含工合社。

邊區已有不少工業方面的合作社，邊區政府為何仍全面贊成工合協會在邊區發展工合社？首先是為了彌補資金短缺。由於資金匱乏，邊區的生產手段極其落後。如表1-5所示，1939年，生產合作社的社員數平均為161人，使用資金平均為289.9元，亦即社員人數偏多，而利用資金卻極少。其次，工合協會在國際上評價較高，接受其在邊區發展工合社，既有助於擴大邊區的影響，也有望在物資、精神兩方面得到廣泛支援。最後，工合協會的運動具有統一戰線性質，這與中共的基本戰略相吻合。於是，1939年4月，在得到工合協會西北區辦事處的貸款後，該協會延安事務所正式成立。國民政府反對工合協會向邊區發展工合社，切斷了對延安事務所的援助。但該事務所得到了外國人士、海外華僑的捐助。艾黎及海外華僑在1939年、1940年分別向該事務所捐款計48萬3,232元、69萬819元；1941年，來自菲律賓、爪哇等地華僑的捐款達20萬428元，1942年、1943年則有宋慶齡等人組織的「保衛中國同

---

[61]　于冬芳〈陝甘寧邊區經濟研究〉，《新華日報》，1940年8月14日。

盟」向該事務所共捐助142萬3,567元。[62]除外部支援外，邊區政府、地方建設廳、邊區銀行也給予支持。因此，該事務所成立後的五個月間，工合社就已遍佈15個行業。

表1-6　陝甘寧邊區的工合社

年	社數	社員人數		出資金額（元）		每月產值（元）
		總人數	每社平均	總額	每社平均	
1939	10	199	19.9	11,315	1,131.5	4,167.00
1940	17	386	22.7	64,087	3,769.8	34,471.34
1941	30	?	?	578,162	19,272.0	200,000.00

※據《解放日報》1941年8月1日相關數據編製。

　　如表1-6所示，邊區工合社在1939年（調查月份、日期不詳）每社平均社員數為19.9人、平均資金1,131.5元；到1941年，平均資金增至19,272元，約為1939年的17倍，月產值也增至20萬元。僅以1939年的數據比較，工合社社員每人平均資金遠高於邊區生產合作社；這表明，在生產技術、生產設備和生產能力各方面，工合社均占得優勢，資本的有機構成也更加合理。因此，邊區政府認為工合社足以匹敵公營工廠，與邊區的其他合作社區別對待，特別允許其由社員集體所有。[63]邊區政府之所以採取這種態度，還另有原因。曾經對在邊區內成立合作社十分消極的地主、商人及熟練工人，卻將大量資金投向工合社，甚至親自前往延安事務所要求成立工合社。[64]顯然，為解決資金匱乏問題，加強這些階層積極投資的興趣是有效方法之一。為此，1939年，所有邊區生產合作社都進行了改組，採用工合協會原則，並歸該協會管理。就這樣，與國統區不同，在邊區，地主、商人也都成為工合運動的擁護者。換言之，工合運動在邊區充分發揮了經濟方面民族統一戰線的作用。

---

[62]　Nym Wales, *Note Of The Beginning Of The Industrial Cooperatives In China*, no date, p.64.

[63]　Peter Schram, *Guerrilla Economy: The Development of the Shensi-Kansu-Ningsia Border Region, 1937-1945*, State University New York Press, 1976, p.74.

[64]　前引斯坦因（Guenther Stein）著、野原四郎譯《延安》，第147頁。前引Nym Wales, *China Bulds For Democracy*, op. cit, p. 292.（東亞研究所譯《支那民主主義建設》，附錄7，第41頁）。拙稿〈中国工業合作社について——レウィ・アレー、盧広綿両氏に聞く——〉，《亞洲經濟（アジア經濟）》，第21卷第5號，1980年5月。

（三）游擊區的工業合作社

　　所謂游擊區，指山西省南部和東南部、安徽省南部、河南省南部、湖北省西部等地區。其中部分地區為西北區辦事處的工作區域，但第六個區辦事處決定設於山西和河南的游擊區，第七個區辦事處則決定設於浙江、安徽的游擊區。在抗戰期間，游擊區的經濟抵抗在軍事上尤其急迫。1938年底，孔祥熙指示工合協會承擔對前線的所有補給。[65]因為，由於運輸通道或已被切斷、或面臨空襲威脅，大型企業的產品此時已無法轉運。於是，游擊區工合社在防止日貨滲透的同時，將工廠也按游擊隊形式加以改編，堅持向游擊隊補給彈藥、糧食等。即部分工合社以車輛裝載服裝、糧食及修理工具隨游擊隊一同行動。[66]這些工合社尤其符合游擊區的需要，故被俗稱「游擊工業」。其特點是，①遇有緊急狀況發生，數十人即可迅速拆遷工廠。工合運動之所以成為工業史上的獨特一幕，就是因為此類可移動工合社擁有機動能力。②小型機械廠或手工工廠，因所需設備簡單，容易開辦，對場地條件要求較低，甚至可設在偏遠地區。③抗戰以來，農民嚴重缺乏流動資金，因而願意積極參加可提供貸款的工合社的生產，等。[67]1938年至1940年上半年，八路軍、新四軍曾研究怎樣的軍工廠才能適應游擊戰，[68]而適於兵力頻繁移動和機動作戰的工合社與該要求完全一致，因而極大地提高了八路軍、新四軍的戰鬥力。

　　觀諸山西省南部陽城、安澤、沁水三縣的工合社30餘社，可知工合社在游擊區的生產以供應軍隊為最大目的；而滿足當地民眾需求則次之，主要生產軍民兩用的生活必需品，如靴鞋、肥皂、紙張、麵粉、服裝等。[69]工合社等的移動兵工廠儘管規模較小，但有的也附設熔爐及鑄造、軋鋼、機械等車間。當然，熔爐和軋鋼車間的技術水平極低，每月只能生產炸彈、手榴彈20噸至30噸。但對極難得到軍事物資補給的游擊區已屬難得，其意義之大難以估量。除生產步槍、子彈外，有的工合社

---

[65]　〈支那国防の組織過程〉，《東亞》，第12卷第6號，1939年6月。

[66]　前引〈支那国防の組織過程〉。

[67]　前引董文中編《中國戰時經濟特輯》續編，第144頁。

[68]　前引考蘭《民族支那の戰時経済に就いて》（1941年），第21頁。

[69]　前引滿鐵調查部《支那抗戰力調查報告》（1970年復刻版），第496頁。

還能修理、組裝戰鬥中繳獲來的機槍、大炮。[70]工合社不僅生產武器、彈藥，也生產藥品，除供應游擊隊外，還供應正規軍。

三、工合運動的停滯及其原因

工合運動開始後曾迅速發展，1941年6月工合社增至1858社，同年8月社員數增至35,000人。但這已是頂峰，其後逐漸減少。如表1-7所示，儘管當時中國內地物資匱乏，物價持續飛漲，客觀上更需要工合社，但同年12月工合社卻減至1,737社、23,088人，翌年12月再減至1,526社、20,010人。那麼，工合運動何以出現停滯？

表1-7　全國工合社統計（1938-1945）

年月		社數 (A)	社員人數 (B)	平均社員人數 (B/A)	月　產　值 （元）
1938	12	65[a]	1,090[a]	16.8	
1939	6	724[a]	9,534[a]	13.2	
	8	1,398[b]	16,789[b]	12.0	2,300,000（7月）[f]
	12	1,321[a]	16,029[a]	12.1	4,000,000[g]
1940	6	1,612[a]	22,330[a]	13.9	5,783,450[h]
	7	1,715[c]	23,231[c]	13.5	9,000,000[i]
	12	1,754[a]	25,517[a]	14.5	9,592,154[h]
1941	6	1,858[a]	29,326[a]	15.8	14,246,595[h]
	8	1,700[b]	35,000[b]	20.6	
	12	1,738[a]	23,088[a]	13.3	25,000,000[h]
1942	6	1,596[d]	22,237[d]	13.9	17,370,566[d]
	12	1,526[a]	20,010[a]	13.1	
1943	11	781[a]	12,395[a]	15.9	
1944		463[e]	7,214[e]	15.6	
1945		423[e]			

※a.彭澤益編《中國近代手工業史資料》，第4卷，1957年，第374頁。
　b.田家英〈抗戰中的工業合作運動〉(2)，《解放日報》，1941年12月9日。
　c.《香港大公報》，1940年7月16日。

---

[70]　前引考蘭《民族支那の戰時經濟に就いて》（1941年），第22頁。

d.劉大鈞著《工業化與中國工業建設》，商務印書館，1946年，第68-69頁。
e.中國合作事業協會編《抗戰以來之合作運動》，1946年，第69頁。
f. 述周〈抗戰中的新流——工業合作社〉，《群眾》，第3卷第11期，1939年8月13日，第311頁。
g.《香港大公報》，1939年12月11日。
h.內地研究室編《重慶經濟戰力二關スル報告》，1944年，第124頁。
i. 滿鐵調查部《支那抗戰力調查報告》（1970年復刻版），第39頁。

　　第一，資金匱乏。國民政府遷至重慶後，關稅、鹽稅等稅源喪失殆盡，而戰爭支出卻不斷增加，於是大量發行法幣。結果，1940年以後通貨膨脹加劇，工業等所需資金嚴重匱乏。在這樣的時期，商業利潤總是超過生產利潤。因為，較之長期投資產業，短期的商業性貸款更加有利可圖。[71]於是就出現了一般銀行、錢莊將90%的資金集中投向商業的不正常狀況。[72]此外，生產成本、勞動力成本等大幅增加，而原料、電力不足，銷路阻滯。這種種要素疊加在一起，嚴重打擊了機械、鋼鐵等骨幹產業。比如，1943年重慶近郊的364家機械工廠中，歇業和停業的分別有55家、13家，約占全部的19%；而18家鐵工廠中，停業的竟有14家。[73]這種狀況，工合社也難以倖免。

表1-8　重慶工合社32社的資金來源（1944年）

項目	百分比	項目	百分比
社員出資金	18.18	國家銀行	2.35
法定準備金	3.73	商業銀行	7.71
工業合作協會	2.10	高利貸	43.39
重慶工合社聯合會	5.36		
重慶市合作金庫	20.18	合計	100.00（照錄）

※秦柳方〈重慶的工業合作社〉，《四川經濟季刊》，第2卷第3期，1945年7月。

　　表1-8所示為1944年重慶工合社所用資金的來源。值得注意的是，高利貸竟占到43.39%。高利貸月息為1分5釐至5分，有的高達8分。1944年度決算顯示，工合社

[71] 〈最近の重慶経済〉，《情報》，第27號，1944年7月10日。

[72] 許滌新〈論戰時中國的民族產業〉（續完），《新華日報》，1943年4月23日。

[73] 千家駒〈昨年の中國經濟を回顧す〉，《情報》，第22號，1944年4月15日。

32社中，竟有26社使用了高利貸。[74]亦即，重慶工合社資金不足非常嚴峻，不得不高度依賴高利貸。社員出資的比重亦有增加，占到18.18%；而工合運動發軔之初的主要資金來源即國家銀行的資金支持則占比下降。的確，國民政府財政部曾為抑制銀行投機行為而於1941年12月公佈《各種銀行取締辦法》，加強了對銀行的統制，如鼓勵運用存款、限制信貸規模、禁止兼營商業等，同時督促銀行加強對生產事業融資；[75]1942年8月又進一步嚴格銀行業務劃分，規定中央銀行負責發行法幣、中國銀行總攬國際匯兌、交通銀行專司工礦業融資、中國農業銀行專門負責農業信貸。[76]1943年度又制訂工礦業預算，但該預算的主要撥付對象是國營廠，民營廠得到的份額極少，而工合社獲得的融資額也自然減少。而且，融資手續複雜，資金不能及時到位。[77]結果，陝西省雙石鋪等各地工合社遭到沉重打擊。[78]另一方面，通貨膨脹導致糧食價格上漲，1944年的米價漲至1939年的600倍。當時的中國，米價是影響工資的基本要素，米價上漲導致各種物價隨之飛漲，必然推高勞動力成本。[79]當然，產品價格也隨物價上漲，但其漲幅遠不及原料價格，利潤減少也就不可避免。如上所述，生產成本、勞動力成本上升和利潤減少，是阻礙工合運動發展的重要原因。

不過，據推測，通貨膨脹對工合社的打擊似小於一般工廠。比如，因產量較少，煤炭價格在1944年漲至1937年的118倍，大工廠的五噸熔爐每月需耗1,000萬元。[80]但工合社則有工合協會的自營煤礦，且距原料產地較近，獲取原料相對容易；尤其是獨自經營供銷處、運輸合作社，對原料採購、產品銷售極為有利，組織方面也發揮了共同經營的優勢。因此，工合社的生產成本要低於一般工廠，1944

---

[74]　秦柳方〈重慶的工業合作社〉，《四川經濟季刊》，第2卷第3期，1945年7月。

[75]　前引《最近の重慶經濟》。

[76]　《重慶大公報》，1942年8月22日。

[77]　徐旭〈工合改組的展望〉，中國工業合作研究所（桂林）編《中國工業》，第21期，中國工業月刊社，1943年11月。

[78]　陝西省銀行經濟研究室〈陝西省提防經濟調查〉，1940年（上海日本大使館特別調查班譯《陝西省地方經濟調查報告》，第155頁）。

[79]　〈惡化しつつある支那經濟事情〉，《情報》，第30號，1944年8月15日。郭達〈物價高漲下的工業合作社〉，《中國工業》，第15期，1943年5月。

[80]　前引〈惡化しつつある支那經濟事〉。前引郭達〈物價高漲下的工業合作社〉。

年，儘管運用資金總額不足1,000萬元，但僅12月的產值即達959萬元（表1-7）。[81]西北區辦事處主任盧廣綿稱，工合社的資本回收週期短，向工合社投入一元相當於向民營廠投資百元；[82]這份自信是有一定根據的。

　　第二，工合社內部腐敗增生。這方面問題不少，且相互關聯。如社內混入投資分子、有的理事與過去工廠和村落的支配階層關係密切、工合運動的作用和意義因抗戰教育不徹底而得不到充分理解、社員缺乏自發的生產積極性以及貸款和組織被少數人利用等。

　　最大的問題是，部分原為舊工廠主、地主的社員為追求利潤而支配和壟斷工合社。換言之，勞資關係、村落裡的傳統關係、親戚關係被帶進工合社，舊工廠主、地主在工合社內就任理事或主席，並開始剝削其他社員。各區在1941年下半年均出現這種情況，成為嚴重問題。[83]關於此類事例，孟用潛曾作如下說明。即，不少工合社原為小工廠，工廠主借用工合社名義從工合協會獲得放款，但其內部組織、營運卻仍維持私人企業舊習，工廠主兼任理事、主席操縱合作社的一切事務，從而出現了投資而不參加勞動的不正常狀態。[84]出現此類問題的部分原因或來自工合協會試圖救濟民族工業的政策。例如，寧波的機械、紡織等行業的30家小型工廠（職工總數608人），就曾因經營難以為繼而接受工合協會改組成為工合社。[85]當然，改組是為了向這些工廠移植工合社的優越性，對工合運動的發展有其意義；但新生的工合社卻難免因此而遺傳舊習。此外，地主、富農等加入工合社有利於推動民族統一戰線，部分地解決資金匱乏問題；但同時也為他們在工合社內部獲取支配地位創造了條件。舊有的合作社曾成為地主支配農民的手段，造成多方面的嚴重弊害。因為，地主和高利貸資本投資企業最重視安全，往往因此而勾結權勢、欺壓和剝削工

[81]　《香港大公報》，1940年9月8日。

[82]　前引Nym Wales, *China Bulds For Democracy*, p. cit, p. 220.（東亞研究所譯《支那民主主義建設》，第317頁）。

[83]　田家英〈抗戰中的工業合作運動〉(2)，《解放日報》，1941年12月9日。也曾出現相反情況。據說，湖南的某榨油工合社不問能力、責任和成績大小而一律降低工資，結果陷入絕對平均主義，打擊了社員的生產積極性，阻礙了工合社的發展。

[84]　孟用潛〈兩年來工合運動的檢討〉，彭澤益編《中國近代手工業史資料》，第4卷，三聯書店，1957年，第399頁。

[85]　張法祖〈怎樣搶救東南區的民族工業〉(2)，《香港大公報》，1940年4月15日。

農大眾。[86]隨著社會形勢惡化，工合社內部也開始出現這種現象。而國統區的工合社卻無力對其監督和抑制。

　　第三，勞動條件惡化和見習工問題。工合協會規定實行八小時工作制，但以「為自己勞動」為由要求社員延長工時的現象逐漸增加，每天勞動10至12小時較為普遍，有的甚至長達18小時。[87]不過，儘管不能一概而論，工合社的勞動時間一般比內遷廠要短。如國民政府指定的軍需工廠四川絲業公司一廠有男女工計600人，其工作時間每天早4點半至下午7點，長達14.5小時。[88]工合社的月工資最高40元、最低7元，金屬行業的平均工資為30元，紡織行業為15元，也都比內遷廠的平均工資10元要高出許多。[89]

　　另有見習工和雇工的問題。按照工合協會所定原則，認購社股是社員的絕對義務，也是在工合社獲得工作的條件。工合協會為提高社員的自覺性，規定社員須負擔部分營運資金——即使金額很小——才能取得參與經營的資格。然而，實際上，除持有股份的正式社員外，合作社內還有不持股的預備社員、見習工、雇工，且其人數不斷增加。他們不僅沒有資格參與分紅，勞動條件也受到歧視。例如，南鄭視察員於1941年7月報告稱，南鄭工合社員總數211人，但另有預備社員、見習工、雇工等非正式社員多達271人。[90]表1-7顯示，1940年、1941年工合社員總人數分別為22,330人、35,000人，但若把非正式社員包括在內，則直接或間接地加入工合的，1940年、1941年分別約有25萬人、15萬人。[91]南鄭的工合社，見習工每天勞動9小時，但月工資僅8元。成為見習工的資格是，滿15歲以上並曾接受初等教育至少三個月。[92]較之有的內遷廠甚至以一般工人1/40至3/20的工資使用5歲至8歲的童工，[93]

---

[86]　前引章有義編《中國近代農業史資料》，第3卷，第216-217頁。

[87]　前引田家英《抗戰中的工業合作運動》(2)。

[88]　前引《支那国防工業の組織過程》。

[89]　前引滿鐵調查部《支那抗戰力調查報告》（1970年復刻版），第491頁。

[90]　黃道庸《中國工合的工業化與社會化之研討》（1942年11月），前引彭澤益編《中國近代手工業史資料》，第4卷，第378頁。

[91]　前引考蘭《民族支那の戰時経済に就いて》（1941年），第13頁。前引田家英《抗戰中的工業合作運動》(2)。

[92]　前引福斯特（John Bellamy Foster）《西南支那に於ける工業合作社》。

[93]　前引《支那国防工業の組織過程》。

工合社尚可謂富有良心。據說，僅在重慶，童工就有1,650人，全四川則有2,400人。[94]當然，時值戰爭，給一定年齡以上的非正式社員以職業，也具有緩和就業形勢的意義，一概否定似有不妥。

如上所述，資金匱乏、生產萎縮、利潤降低等，加之工合社內部各種複雜問題相互影響，致使運動走向停滯。當然，日軍反覆空襲、轟炸大大加劇了這些困難。然而，停滯的最主要原因仍在如下兩點。①國民政府的政治壓制、經濟壓迫；②國民黨改變了其對工合運動的態度，在實行工業統制政策時以國營廠、公營廠為優先，而工合社從原料採購到產品銷售都受到極大限制。那麼，國民政府對工合運動的態度為何發生了改變？

四、中國國民黨壓制工合運動的邏輯及其目的

本節將詳細探討國民黨阻礙、壓制工合運動的實際情況及其邏輯。國民黨對工合運動施以壓制，是因為隨著工合運動發展，其嶄新構造，尤其是尊重工人的革新方向——工人參與出資、經營和分紅等——在國統區與當地地主、商人、高利貸之間引發了矛盾，並引起國民黨的統治基礎即國家壟斷資本集團的警惕。[95]工合運動要求工人參加工合社管理，透過投票決定經營方針及工資等一切事項。從經濟角度看，這種方針及其內容具有劃時代意義，各方也因此視該運動為經濟界的新潮流而予以積極支持，並寄予熱切希望。但國民黨內的保守派卻因此開始對其抱以敵視態度。他們不僅大量截留海外支援工合運動的捐款，還派密探打進工合協會各級領導層，給工人、技術人員貼上「共產主義者」的標籤並加以逮捕，甚或破壞機器設備等。陝西省漢中縣工合事務所主任李華春就是被政府的特務逮捕、殺害的。在江西省贛縣，1940年至1941年間，東南區辦事處的主要職員19人被警察拘捕，數周後得到保釋，但其間辦事處的業務卻完全陷入停頓。[96]同樣事件在雲南、貴州、河南及新四軍活動區域等全國各地時有發生。此外，政府也以國家銀行給予支持為誘餌對

---

[94] 于雪〈後方工業中的童工問題〉，《新華日報》，1942年11月4日。

[95] 《情報》，第75號，1942年9月30日，第84頁。

[96] Ralf and Nancy Lapwood, *Through The Chinese Revolution*, 1959, p.19.

工合社施加多方干涉，強迫其忠誠、服務於國軍。

　　下面將根據臺灣的法務部調查局（原中央調查統計局，即所謂CC系特務部門）藏調查報告（《共黨在中國工業合作協會之陰謀活動與本黨防制對策》，1941年4月，孫雲峰撰寫），對國民黨壓制、鎮壓工合運動的邏輯作一探討。該報告許多內容與實際鎮壓過程相符，是較為重要的內部史料。其內容概要如下。

　　　在本黨（即國民黨）整體經濟建設計劃指導下，工合協會能夠強化長期抗戰的基礎，打破敵之「以戰養戰」、「以華制華」之陰謀，進一步發展「建國大業」，具有重大意義。其特殊使命為，利用各省農村原料進行各種生產，擴大內地市場；吸收和安置難民、失業工人，增加生產、減少消耗；吸納淪陷區和未淪陷區人民的資金，促進生產、流通和金融；使各種生產走上正軌，適應戰時統制經濟的原則；構築新經濟基礎，改善民生，以實現三民主義經濟政策。工合協會是中國經濟建設的重要機構，（工合社）遍及全國各地，其參加者為金融家、工程師、工人、農民、知識分子、學生。因此，工合協會不僅具有重要經濟意義，也具有重要的社會、政治意義；不僅對工業，對改進農業也有其意義。[97]

　　此處值得關注的是，報告對工合運動評價極高，認為其意義關乎國家根本即挫敗日本侵略和抗戰建國，並重視其對經濟、工業以及政治、社會、農業發展的重大影響。

　　報告認為，正因工合運動意義重大，中共當然企圖侵入工合協會。中共秘密派遣「共黨分子」的技術人員、知識分子和工人進入合作社，並利用統一戰線形勢、利用「人民戰線分子」章乃器、沙千里（別處稱其為「共黨分子」）。其活動如下。利用工合名義開辦各種訓練班，如在屯溪工合講習班宣傳共產主義；利用工合社等合法組織建立和發展中共據點；利用工合協會資金在延安等地發展邊區工業生產；在距寶雞二十餘華里的瓦魚寺糾集工合社工人80餘人進行武裝訓練；在寶雞、

---

[97] 孫雲峰《共黨在中國工業合作協會之陰謀活動與本黨防制對策》（1941年4月20日，毛筆手書），（臺灣）法務部調查局藏件。

邵陽等地煽動逃避兵役。[98]不過，就被指破壞徵兵制度一項，工合方面認為是徵兵破壞了工合運動。

　　報告還列舉操縱工合運動的「重要共黨分子」如下。①艾黎自稱「社會主義者」，但報告斷定其為共產國際派來的「公開活動工作人員」。其根據是，經他介紹加入中共者頗多；他在考察各地工合社時宣傳共產主義；他把來自馬尼拉的捐款10萬元轉交給了延安事務所；延安事務所成立時，他曾在就川飯店密會中共領袖王明等。②報告認為劉廣沛也有「重大共黨嫌疑」。他曾邀請、任用孟用潛（原鮑羅廷秘書）、沙千里等大量「共黨分子」和左傾分子，並曾就成立延安事務所一事在重慶與中共的王明、董必武、鄧穎超秘密協商。延安事務所表面上隸屬西北辦事處，實際上中共利用其發展當地經濟，主任是「共黨分子」曹菊如。此外，報告還指盧廣綿、梁士純、王毓麟等工合協會、各區辦事處及事務所的幹部約50人是「共黨分子」、「左傾分子」。被指名道姓地歸入此類的，有西北區和安徽浙江區辦事處的許多幹部及蒲城（陝西）、屯溪（安徽）、邵陽（湖南）等地事務所的主任，還有陝西省寶雞、西安、鳳翔的工合社等的負責人。[99]亦即，陝甘寧邊區在內的西北區、新四軍活躍的安徽等被視為危險區域。報告雖然形式上對「共黨分子」和「左傾分子」作了區分，但實質上對中共和第三勢力未作區別，而他們都是壓制和鎮壓的對象。比如，報告除將艾黎誤作共產國際的間諜外，還把劉廣沛、梁士純等第三勢力的工合協會幹部也視作「共黨分子」，還稱盧廣綿的親戚有「共黨分子」，等。

　　報告認為中共在工合協會的活動猖獗，形勢嚴峻，故應採取如下對策。合作事業管理局應加強對工合協會的管理和監督；應由國民黨中央派遣幹部組織理事會，加強對工合協會的指導，同時將執行政策的權限以及財政權限集中於理事會；須將「共黨分子」和左傾分子排除出工合協會，各區辦事處、事務所的負責人應由理事會或當地國民黨黨政機關推薦，而由理事會加以任命；工合協會的工作計劃及其進展情況須報告行政院，以防止中共自由發展。理事會下應設視察室，以忠實於國民黨的同志充任之，並令其視察、改善各區辦事處、事務所的工作；國民黨中央應舉

---

[98]　同前。

[99]　同前。

辦工合人員訓練班，對專科學生施以訓練，然後派赴各地任事務所、合作社的主任，主管基層工作。工合協會及其區辦事處、事務所、各工合社均應設國民黨黨團或其區分部，接受所在當地國民黨部指導。省市黨部之調查所（CC系）應對當地工合社及中共潛伏活動進行調查，並取締之，等。[100]

1940年7月，經濟部合作事業管理局長壽勉成（CC系）提出，工合協會既然具有「社團法人」性質，自應接受國民政府主管機關之監督和審查。即，工合協會各級組織須接受中央和地方合作主管機關的監督指導，中央合作機關須對工合協會的「組織章程」、「組織內容」、職員姓名及職歷、黨籍予以審查，中央及地方合作機關須對轄區內各地辦事處、事務所的工作狀況、社務和業務狀況進行巡視。[101]此舉的目的是，透過強調工合協會的「社會團體」性質而為CC系盤踞的社會部干預工合運動鋪平道路，從而將工合運動從中央到地方完全置於其管理之下。

就法規而言，1940年8月制訂的《中國工業合作協會工作及用款監督考核暫行辦法草案》規定，①工合協會須在工作開始兩個月前將下一年度工作計劃報請行政院接受審查；②各辦事處的工作概況、工合社數、社員人數、業務種類及使用放款額等，須在接受主管機關審查後，每半年向行政院提交報告一次，以審查工合協會的工作進度；③經濟部合作事業管理局及地方合作主管機關須隨時派員巡視各工合社的社務及業務狀況，並由行政院加以審查。這意味著，行政院對工合協會的工作計劃、資金分配等擁有最終決定權；而既然工合協會隸屬行政院管轄，此規定亦屬順理成章。[102]

1942年1月，行政院秘書處召集經濟部、財政部、社會部、軍需部等舉行會議。工合協會的列席代表就工合運動近況進行說明後，會議對工合協會提交的《中國工業合作協會執行顧問報告》進行了審議。該報告原為提交軍事委員會而撰寫（預算、招聘顧問等項似為提交行政院時追加）。報告內容概要如下。表明工合運

[100] 同前。

[101] 合作事業管理局致經濟部《遵令擬具監督考核中國工業合作協會工作辦法意見呈覆鑒核由》（1940年7月20日），經濟部（一）工業司《中國工業合作協會・法規》，（臺灣）中央研究院近代史研究所檔案館藏檔，18-22-58-(3)。

[102] 財政部、賑濟委員會、經濟部《中國工業合作協會工作及用款監督考核暫行辦法草案》（1940年8月22日），前引經濟部（一）工業司《中國工業合作協會・法規》

動經費過少，要求增加支出；敘述國際社會對工合運動的高度評價和支援；論述與軍事機構的良好關係，及工合社生產軍毯等的重要意義；要求保障職員身份；要求承認招聘如下人士為顧問，即合作專家徐仲連和喬啟明、工程師葉楚飛和林福裕、銀行家陳光甫和顧翊群、軍事代表馮玉祥等二人、財政顧問林奇（F. B. Lynch）和楊格（Arthur N. Young, 1890-1984）、外交界人士拉鐵摩爾（Owen Lattimore, 1900-1989）。其中，要求保障職員身份的部分，列舉了工合運動在全國各地遭到壓制、鎮壓的具體事件，並予以正面反駁和批判。比如，東南區辦事處主任是華僑，純為技師，與政治無涉，沒有加入過任何政黨，這樣的人物遭到拘捕，使許多優秀技術人員、會計員、華僑不願繼續為工合協會工作；安徽茂林的涇太事務所為傷殘軍人和當地民眾所組織，新四軍事件發生後，事務所人員已悉數更換，以避免與新四軍發生關係；要求遇有對工合社等的「誹謗中傷」（「控告」），「行動」前應知會工合協會；請命各地長官免除工合社骨幹職員和工人的兵役。還強烈警告稱，工合社生產大量產品，每月產值達兩千萬元，（目前狀態若繼續下去，將嚴重打擊工合運動）中國的抗戰力量也將受直接影響。[103]

亦即，工合協會利用軍方及行政院與CC系的矛盾，在CC系勢力盤踞的社會部也參加的會議上，對CC系鎮壓工合運動當面提出了抗議。會議在工合協會代表退席後對其報告進行審議，最後發佈行政院訓令，內稱「顧問」人事屬工合協會內部問題，可自行斟酌處理。但會上似有人對國民政府不能處理工合協會的國際信貸表示不滿。關於保障職員身份，「訓令」強調「工合」是「社會團體」，其成員無特殊權利；「受理控告」一件，「訓令」稱無需逐一知會工合協會；免除兵役一項，則僅稱由軍政部、社會部、經濟部「依現行法令處理」。此外，社會部很可能以是否「加入國民黨」作判斷標準，對工合協會代表所說的「無黨無派」，在會議上並未表示接受。

此次會議後，CC系等對工合運動的管理統制仍不斷加強。社會部於1943年2月制訂《中國工業合作協會工作及用款監督考核暫行辦法》草案規定，工合協會「組織章程」的制定和修改、理事和所有工作人員的名單及其崗位調動乃至各合作社的

---

[103]　《審查中國工業協會執行顧問報告案》（1942年1月7日），經濟部（一）工業司《中國工業合作協會》（下），（臺灣）中央研究院近代史研究所檔案館藏檔，18-22-58-(2)。

社務、業務、放款運用等，全部由社會部負責監督、審查；對此，行政院基本予以認可，並指示尤須注意審查人事。[104]由此可見，該時期，CC系曾試圖掌握的經濟部合作事業管理局成功實現了與社會部合作事業管理局的隸屬關係轉換，行政院與CC系也已統一步調。

　　如上所述，外部有CC系陳果夫掌握的合作事業管理局擴大權限並加強對工合運動的管制，內部則有國民黨對工合協會理事會的權限擴大，並在協會各層級成立國民黨組織、加強特務活動，都試圖將工合運動置於國民黨一元化控制之下，不允許運動本身發揚其自發性、民主性。然而，一系列鎮壓事件和強化管理的措施，反而激發和加強了工合運動領導人反對國民黨的意識。

表1-9　工合運動停滯時期的合作社

年	合作社總數	社員總人數
1941	155,647	9,373,676
1942	160,393	10,141,682
1943	166,826	13,803,183
1944	171,681	15,824,716
1945	172,053	17,231,640

※中國合作事業協會編《抗戰以來之合作運動》，1946年5月，第13-14頁。

　　國民政府對工合運動採取高壓態度，與加強對一般合作社的統制是一致的。行政院早在1940年8月就已頒佈《縣合作社組織大綱》，用半強制方式在各鄉各保均成立合作社，規定每戶出一人為社員。[105]一般合作社因這一政策而有所增加（表1-9）。1941年4月，合作事業管理局的壽勉成再次賦予合作運動以防止共產主義的作用。[106]

　　國民政府加強統制管理的背景如下。其一，隨著中共及八路軍、新四軍在抗日戰場上日益活躍和解放區迅速擴大，國共武裝衝突不斷發生，至1941年的「皖南

---

[104] 社會部《中國工業合作協會工作及用款監督考核暫行辦法》及行政院秘書處《審查會記錄》（1943年2月16日），前引經濟部（一）工業司《中國工業合作協會‧法規》。

[105] 高士瑾〈大後方合作運動的性質問題〉，《解放日報》，1942年2月2日。

[106] 前引高士瑾〈大後方合作運動的性質問題〉。

事變」達到頂點。國民政府極度害怕工合運動向其直接支配區域以外發展。這種恐慌，無疑源自對民眾運動發展、八路軍和新四軍等力量增強的恐懼。而這又與第二次世界大戰爆發和德國在戰爭初期捷報頻傳動搖了國民黨右派戰勝日本的信心、該時期各在野黨在國民參政會上要求實行民主威脅到了國民黨的一黨獨裁等有關。國民黨於是走向反動，對民眾運動尤其敏感。其二，國家壟斷資本支配產業界的方向已經明確。比如「湖南民生企業公司」，「官股」占其資本總額9億元的六成，[107] 還為壟斷支配地位而制訂強制性管制法規禁止工人罷工等。國民政府就這樣加強了對工合社及民間工廠的支配和壓制。[108]

　　不過，如前所述，國民黨對工合運動的重要性有充分認識，壓制、鎮壓的目的並非要徹底取消該運動。1943年10月，工合協會第二次理事年會在重慶召開（第一次理事會召開於1942年6月），蔣介石在會上高度評價戰時工合運動的意義，指出這種意義將越來越大。[109]蔣的訓辭概要如下：我們要準備戰後建設，為此，重要的是實行孫中山的民生主義和實業計劃。其兩大目標是，促進中國工業化、提高人民生活。百分之八十的人民從事農業，改善農民生活的唯一方法就是從農村工業化入手。因此，工合協會必須肩負起戰後經濟建設的使命，其性質和經營方式最適合擔當農村工業化的任務。十一屆全會透過了《戰後工業建設綱領》，規定政府須支援工合運動的開展和改革，利用人民的剩餘時間使其從事工業生產。這明確顯示政府提倡工合運動的決心。[110]亦即，蔣介石及國民政府已開始思考戰後經濟建設問題，明確提出旨在改善農民生活的農村工業化方向，並認為工合運動將在其中承擔重任。

　　繼之，孔祥熙在報告中提出「工合大改革」方案。第一，在指導層面，要分別壓縮、減少軍需民用不需要、不健全的工合社，將現有人力、財力集中於幾種核心工業，並加以擴充，致力於生產的機械化、管理的科學化。第二，工合協會機構臃腫，為加強業務，三處四室應精簡為兩處一室，全國七區並作三區。即，西南區、

---

[107]　《情報》，第18號，1944年2月15日，第105-106頁。

[108]　石島紀之〈国民党政権の対日抗戦力〉，《講座中国近現代史》，第6卷，東京大學出版會，1978年，第51頁。

[109]　〈重慶側工業合作協會理事會〉，《情報》，第15號，1944年1月1日。

[110]　《桂林大公報》，1943年10月14日。

東南區及浙江安徽游擊區合併為新東南區（含湖南、廣西、江西、福建、廣東、浙江、安徽等），川康、滇黔兩區並作新西南區（含四川、西康、雲南、貴州），河南、陝西等游擊區併入西北區，成立新西北區。各區辦事處組織機構由四科一室簡化為兩科，工合協會和區辦事處工作人員由300人壓縮至100人。第三，工合系統財務管理整體不統一，今後所有基金、捐助須由工合協會財務處長保管並統一分配。第四，為加強視察員的權限，工合協會設總視察、各區設區視察，令其對各地工作進行監督、指導和審查。第五，工合運動的使命之一是中國的農村工業化，此番改革在致力於「農工合一」；要淘汰舊機器，機器或由工合社自造、或從海外購置，用實物信貸方法分配給各工合社使用。孔還提到工合協會對「盟軍」（即美軍）的支援。[111]報告稱改革的目的是加強業務，但實際卻是因經費短缺而壓縮機構、壓縮人員；而在此前提下擴大各區工作範圍，也只能適得其反，導致業務能力被削弱。

這次年會決定由宋美齡接替蔣介石就任工合協會名譽理事長，並按孔祥熙報告的思路對各區核心行業作了限制。即新西北區重點生產棉毛紡織、皮革、罐頭、小型機器；新西南區和新東南區主要生產棉麻紡織、絲織品、皮革。孔祥熙報告稱要致力於生產的機械化、管理的科學化，孔、蔣都表示希望工合協會參與戰後的建國工作；但上述決定將產品種類限定在如此狹小的範圍內，幾乎肯定將剝奪各地工合社對市場的適應能力。此外，會議還議決工合運動須依國家政策努力深入農村，積極利用農民的剩餘勞動時間，以實現農村工業化、工業系統化、產品標準化之目的。工合協會為此向國民政府要求1944年度國家預算488萬元，據說美國聯合援華會也將向工合協會匯來特別捐助164萬元。[112]

從上述蔣介石、孔祥熙的報告可知其意圖如下。(1)戰後建設構想此時已帶有現實意味，故須對工合協會加以改組，使其完全符合國家政策需要；(2)蔣介石引用孫中山的話來強化和推行自己立場的價值，而對工合運動則試圖從節制資本方面加以利用；(3)不允許工合運動在輕工業建設、農村工業化以外發揮作用。此外，孔祥熙報告提出精簡工合協會和區辦事處的機構、依民用軍需程度減少工合社的計劃，也將導致工合運動整體萎縮，而且有可能被用作打擊帶有民主、大眾運動傾向的工

---

[111]　《桂林大公報》，1943年10月15日。

[112]　《桂林大公報》，1943年10月13、14日。

合運動的口實。而且，儘管後來工合社絕對數減少，但的確有意在各區辦事處下組織一定數量的工合社，以謀求擴大各區的工作區域。可見，壓制的目的在於對工合協會進行改組和整頓，以使其忠於國民政府。因為，工合運動的發展、成功已超出國民政府的預期，國民黨、國民政府因此對其自主性、民主化傾向產生了警覺。此外，1941年12月太平洋戰爭爆發，中國成為同盟國一員，也使國民政府得到英美大量物資援助的預期增大，在一定時期內降低了國民政府對工合運動物資供給作用的評價。總之，上述因素是相互關聯的。

五、工業合作運動的性質和意義

眼見工合協會開展自主性民眾運動取得顯著發展，成為足以影響政治、經濟、社會的又一有機組織之後，國民政府開始公開對其整頓和鎮壓，試圖將其置於政治統制之下。政府的這一系列動向和通貨膨脹，在工合協會內部和外部分別引發了各種問題，這些問題複雜交織，阻礙了工合運動的發展。但是，工合運動所揭示的多方面問題卻並未因運動停滯而消失，其意義也並未因此而降低。此處就工合運動的幾點重要意義做重點探討。

第一，工合運動是兼行生產和救濟的運動，作為持久戰經濟基礎的組成部分發揮了作用。當時的各種慈善事業無法從根本上解決難民、失業者、傷殘軍人的問題。假如僅透過慈善事業解決據稱人數達5,000萬至6,000萬人之眾的難民[113]問題，無疑將消耗巨大財力。比如，1943年，國民政府為救濟僅約13,000人的河南省難民，就支出了約2億元。[114]但工合運動的目的遠不止於此，而是試圖一舉解決兩大問題，即在為難民和失業者提供獨自謀生手段的同時，恢復和提高生產力。好在難民中有許多技術工人、熟練工人，其中約31%希望從事手工業。[115]日本的侵華政策遭遇中國意外頑強的抵抗，被迫從「速戰速決」改為「以戰養戰」、「以華制華」。後者是精心設計的戰略，試圖在佔領區樹立傀儡政權，並利用其人力、物力、財力

---

[113] Nym Wales, "Industrial Cooperative Needed to Strengthen China", *The China Weekly Review*, December 24, 1938, p.119.

[114] 《情報》，第3號，1943年7月1日，第24頁。

[115] 《香港大公報》，1939年12月11日。

繼續侵略中國。假如失業者、難民的問題得不到解決，則他們必定為生存而成為敵方的勞動力，並成為其戰鬥力的一部分。開展工合運動，就是為確保這部分人力資源不被敵方利用，並阻止日本的經濟進攻。在工合社的組織、幫助下，難民、失業者才可能在從事生產、服務國家的同時獲得生活之資。其結果，民眾重拾自尊，並堅定了堅持抗戰、取得最後勝利的信念。[116]

　　第二，工合運動試圖最大限度地開發、利用中國的資源，以抵抗日軍。因為，日本侵華並非僅是軍事行為，經濟要素也是重要動機，目的在於形成為日本壟斷的市場、攫取中國的物資和原料。例如，日本在1938年11月成立兩大國策公司即「華北開發株式會社」和「華中振興株式會社」，就是為了掌握中國的資源和勞動力、進行多種產業的綜合開發，以構築繼續侵華的經濟基礎。[117]而中國自然必須保護和動員所有的人力、物力資源以作應對。孔祥熙曾明確表示，經濟的持久戰才是決定近代戰爭勝敗的關鍵，而時間、人力、物力的爭奪戰則是經濟持久戰的開始。[118]在中國與日本的經濟戰爭中，工合運動在抵制日貨、恢復市場、實現經濟自給以阻止日貨走私、打破經濟封鎖等方面，都取得了顯著成果。如下數據或有助於把握工合社的生產力在戰時中國經濟中的地位。工合社在1939年12月的產值為400萬元（表1-8）；而當時所有內遷廠的月產值不過約2,083萬元。[119]另據《新華日報》報導，在紡織、造紙、肥皂等行業，工合社1942年的生產幾乎占到全國消費總量（日占區除外）的約一成；[120]考慮到工合社的生產在戰地等也能滿足緊急需求，其特殊意義不言而喻。據說，由於工合社產品的流通，某些地區甚至出現物價跌落的傾向，當地農民無需再向日商出售棉花。[121]

[116] 宋美齡〈中國工業合作運動〉（1939年5月），《蔣夫人言論彙編》，第1卷，中正書局，1956年，第106頁。

[117] 興亞院政務部〈北支開發及中支振興兩會社概況〉，《調查月報》，第1卷第4號，1940年4月。

[118] 前引刈屋久太郎著《支那工業合作社運動》，第260頁。

[119] 前引Nym Wales, *China Bulds For Democracy*, op. cit, p.220.（東亞研究所譯《支那民主主義建設》，第316頁）。本章月產值數據由年產值換算而來。

[120] 左文〈不應緊縮的工貸農貸〉，《新華日報》，1942年3月21日。

[121] 前引Nym Wales, *China Bulds For Democracy*, op. cit, p.229.（東亞研究所譯《支那民主主義建設》，第184頁）。

　　第三，工合運動是民眾運動。該運動絕非單純的經濟動員，也是政治動員之一環。只有進行政治教育，才能讓大眾擁有反帝意識並主動加入抗戰陣營。所以，工合協會非常重視民眾自下而上的自發參與、主動合作。以組織的民主化和「勞動者參與經營」為原則、給予社員以平等的選舉權和罷免權，以及成立合作社須有至少七人自願赴工合事務所辦理申請手續的規定，都是為將工合運動轉化為大眾運動而設計的。工合運動就是這樣教給成年男女乃至少年自治、自助、互助的原理，培養他們尊重人權、平等和協作自治等精神，並以之取代封建的家父長制度。而以社員為主的社務大會、社員大會、慶祝勞動節大會、國民公約宣誓大會，以及為傷殘軍人自發募捐的運動、社員家庭教育活動等，都是工合運動推動民眾教育的成果。[122]中國民眾此前受地主、資本家、高利貸等的壓迫，眼前又遭到日本侵略，一直被置於直接或間接受剝削的地位；而工合運動則試圖將民眾從任人擺佈的狀況下解放出來，並提高其經濟地位，因而備受歡迎。因為，首先確立生活基礎才能解放民眾的精神，也才能使工合運動作為民眾運動不斷發展。因此，統一的大眾性經濟運動，自始即帶有打破內地封建割據性質的必然性。[123]而國民政府在逐漸感覺到工合運動的威脅後，即不斷加以阻撓，並企圖對工合協會進行改組和整頓。工合運動儘管不無改良主義色彩，但仍得到較國民黨為進步的中共的擁護，並影響了邊區的生產合作社；這一點，觀其大眾運動、經營民主化等即可理解。中共本身也希望有某種既可推動現實的對日抵抗、又能實現人民民主統一的運動方式，[124]而工合正是這樣一種運動方式。

　　第四，工合運動對技術、文化工作有貢獻。工合協會注意從生產、分工、教育三方面充實工作，自然需要更多地兼及社會性附屬事業、福利事業。其附屬事業有，設立工合社指導人員訓練班、社務訓練班、紡織等技術訓練所。這些訓練班、訓練所是工合協會獨自培養指導、會計、教育、衛生等多方面人才的措施，[125]與文化工作也密切結合。這也是其與排斥勞動者於文化之外的舊產業體的重要區別。透過西南區的幹部訓練學校，我們可瞭解工合協會所辦訓練學校的概況。該校招收的

[122] 前引述周《抗戰中的新流——工業合作社》，第312頁。
[123] 前引《支那国防工業の組織過程》。
[124] Nym Wales, Is the Sleeping Giant Awakening, *The China Weekly Review*, October 18, 1938, p.190.
[125] 《香港大公報》，1940年9月11日。

知識青年至少高級中學畢業，分三科學習指導、會計和技術。其教育方針是「手腦
並用」、「行動軍事化」、「生活民眾化」，強調學習和工作不可分離。[126]而川康
區對一般社員的訓練分為合作、技術、團體，要求社員必須把「工」（生產）、
「合」（團結）、「學」（學習）及「做」（實踐）融匯、結合起來。[127]由此可知
工合協會所辦教育，綜合了戰時生產、團結和文化等內容。

　　第五，工合運動極大地推動了婦女解放。在當時的陝西、山西，文盲占人口
總數高達95%，很多人還在纏足，買賣婦女及殺嬰橫行；紡織業女工則被迫在嚴酷
條件下從事重體力勞動，甚至被稱為「紡織奴隸」。[128]工合運動則為這些婦女提供
生產工具和技術訓練；即使在最落後的地區，婦女也因參加生產而改善了其經濟狀
況、提高了其社會地位。比如，1939年夏，成都及其近郊的工合社曾對1520名婦女
進行紡織技術培訓，婦女們在這裡學習讀書寫字、接受關於人民權利的講習。[129]福
建的某工合事務所則每晚開展各種啟蒙活動，如讀寫、算術、學習合作法規及業務
討論、時事報告等。[130]工合協會透過提高婦女的修養促其覺醒，從而徹底改變了其
生活方式。那麼，工合協會是如何成功地使婦女參加勞動的？在西北區，1939年4
月，宋美齡出資5萬元成立了婦女工作部，編成衛生、托兒、教育、服務四班，以
倡導婦女從事生產，並承擔婦女、兒童的福利工作；其中，出於解放婦女走出家庭
的意圖，托兒所、幼兒園尤其受到重視。[131]工合事務所還對軍屬給予照顧，派專任
指導員到各軍屬戶瞭解其要求；各區辦事處則對這些家庭施以生產訓練，訓練期間
提供食宿，訓練後貸與資金幫助生產。就這樣，工合協會透過改善勞動條件、提高
工人的自覺意識、對婦女提供職業訓練來鼓勵其生活獨立等，極大地支持了持久抗
戰。值得重視的是，這些啟蒙、宣傳活動不僅在工合社內部開展，還面向周邊的廣
大民眾，從而形成了中國內部民主化的基礎。例如，婦女工作部的識字班就曾組織

[126] 錢慶燕〈「工合」的新生〉，《香港大公報》，1940年4月18日。

[127] 前引謝君哲編著《經濟的新堡壘——介紹中國工業合作社》，第63頁。

[128] 前引宋慶齡著《為新中國奮鬥》，第132頁。

[129] Ruth Vey, Cooperatives in the Northwest, *The China Weekly Review*, May 4, 1940, p.349.

[130] 張法祖〈戰時閩南的生產運動〉(2)，《香港大公報》，1940年6月18日。

[131] 前引述周〈抗戰中的新流——工業合作社——〉，《香港大公報》，1940年6月25日。

歌詠話劇團，深入到周圍農村演出和宣傳，以此嘗試與廣大民眾建立聯繫。[132]

　　第六，工合運動對手工業的改進。工合社，據稱手工作坊式占80%。[133]但是，工合運動並非單純運用手工業形態，而是不斷革新其技術和組織、竭力引進近代生產技術、勵行協同作業，以有效使用時間、勞動力和經費、提高生產作業效率。舊有手工業的特點是，缺乏計劃性和組織性，且流通過程中受商人盤剝；技術水平極低，生產力一直難以提高；規模極小，資金極少。[134]尤其是，銀行發放信貸需要固定資本作抵押，或需要相當的信用，舊有手工業因而被拒之門外；只有加入工合社這樣有信用的集體組織，才可能獲得銀行貸款。[135]而工合協會在各地擁有獨自的購銷組織，技術人員和改善作業方法的專家在不斷嘗試技術改良，與學術組織也保持聯繫並開辦常設技術訓練班，制訂統一標準以排除劣質產品，開辦模範合作工廠等。[136]尤其是，為提高品質和生產效率而重視技術改良。比如，戰時後方廣泛使用的腳踏式七七紡織機曾得到改良，還有立式水車的發明。據說，前者由於採用鐵輪等而使作業效率提高兩倍，後者則使用傳送帶、滾珠軸承等，其動力較之傳統水車提高數倍乃至數十倍。[137]

結語

　　透過以上考察，本章可得出如下結論。

　　第一，抗戰開始後，中國並無必勝希望，其輕工業中心上海、重工業中心武漢等工業地帶相繼淪陷，而內地遷廠也已達極限，工業生產能力難以支撐長期抗戰。工合運動就是在抗戰初期如此困難的情況下構想並開始的抗戰工業的輔助方式。中國內陸經濟以農業為主，在持久抗戰不得不依靠農村、農業和農民的形勢下，十分需要某種能夠將農業和工業銜接起來的工業形態。而且，內地越是偏僻地帶，其手

---

[132] 前引謝君哲編著《經濟的新堡壘──介紹中國工業合作社》，第60頁。

[133] 田家英〈抗日戰爭中的工業合作運動〉(1)，《解放日報》，1941年12月8日。

[134] 卓芬〈手工業與「工合」運動〉，《新華日報》，1940年9月1日。

[135] 《新華日報》，1942年11月15日。

[136] 前引上海日本大使館特別調查班譯《三年來支那工合運動の發展》，第212-213頁。

[137] 前引張法祖著《工合與抗戰》，第207-210頁。

工業越具有強韌的生命力。從這個角度看，工合運動在有機地結合工業和農業的同時，為利用內陸的諸多優勢而深入偏僻之地，透過接觸眾多民眾而促進了手工業、小型工業的迅速發展。即，工合運動為手工業者輸入新知識，並施以集體訓練，促進了由手工生產向機械化生產、由家庭工業向集體生產的轉變。[138]

　　第二，工合運動由中國和外國的專家計劃並實施、推動，是對日本入侵程度和各地區特性深思熟慮後，按照三條經濟防線決定運動形態，並將其付諸實施的。工合運動得到國民政府支持，因而必然迅速擴至全國。而且，工合協會及工合社發揮了結合國民黨、第三勢力和中共的媒介作用；與政治上的國民參政會一樣，工合協會也是社會經濟方面統一戰線的具體表現，因而成為「全民抗戰」的象徵，在海外也得到美國等的基督教徒、希望國共合作的無黨派華僑的有力支持和資金援助。可以說，工合運動作為援助中國抗擊日本的國際力量集聚器的作用發揮得淋漓盡致。

　　第三，抗戰中期以後，工合運動陷入停滯。這是一系列重要因素相互作用的結果，如通貨膨脹加劇、國民政府實行優先支持國營和公營企業的政策、工合社缺乏資金及原料、日軍直接破壞、工合社內部出現腐敗、運動原則被部分破壞等；但是，相對而言，工合社的勞動條件等仍比國營、公營企業和一般民間工廠好得多。若將日本侵略的要素暫置一旁，則從內部和外部扼殺工合運動繼續發展可能性的，不能不說主要是國民政府、國民黨的政策。只不過，國民政府、國民黨的反覆壓制乃至鎮壓，並非要取消和消滅工合運動，而是要對其改組、整頓，以貫徹國民黨的管理和統制。國民黨充分認識到工合協會、工合運動的重要性，尤其重視其對政治、社會──而不僅對於經濟──也擁有巨大影響。正因如此，國民黨才認定中共已侵入工合協會及運動內部開展活動、爭取影響、利用合法名義擴大勢力，並視之為必須根除的危險。然而，在國共合作框架下支援延安事務所開展工作，本來並不存在問題。換言之，國民黨因懼怕共產黨利用工合運動擴大勢力而鎮壓工合運動，意味著國民黨已開始輕視統一戰線。而且，國民黨也把第三勢力與中共等而視之，一併當作壓制和鎮壓的對象。這樣的政策當然招致第三勢力反彈，並將第三勢力推向了中共。其結果，國民黨不僅阻礙了工合運動的發展，還削弱了自身的支持基礎。當然，國民黨在看清抗戰必勝的趨勢後，出於戰後重建的目的而重視面積、人

---

[138] 張法祖〈抗戰中的工業合作運動〉(1)，《香港大公報》，1940年7月9日。

口占絕對優勢的農村、農民，並試圖推進農村工業化，對此還應給予正當評價。亦即，對國民政府而言，作為結合農村、農業和工業的生產組織，工合協會及其運動的重要性仍然無可替代。概而言之，工合運動儘管受到國共兩黨間矛盾、對立的影響，但在抗戰期間一直呼籲並維持了抗日統一戰線的立場。[139]

第四，工合協會隸屬行政院，孔祥熙任理事長。這是獲得國民政府和國民黨支持的保障之一，也使工合運動更容易推向全國。政府方面的實質合作機構是經濟部工業司。但是，工合協會在運動開始之初，為爭取賑濟委員會難民救助資金的援助，曾自稱是以生產方式救濟難民和失業者的「社會團體」。後來，國民黨——尤其是CC系——為壓制和鎮壓工合協會獨自開展活動而加強對其指導、監督時，主張工合協會必須首先接受經濟部合作事業管理局的指導和監督，以將其限制在合作事業框架之內。再後來，合作事業管理局本身由經濟部轉屬CC系掌握的社會部；而該部則透過強調工合協會的「社會團體」性質，對工合運動施加了更強有力的管理和統制。就這樣，隨著抗戰的進展，國民政府和國民黨對工合協會的態度和政策，儘管有些方面前後一致，但的確發生過如下變化。即，運動之初，曾期待其有助於救濟難民和彌補已形崩潰的工業生產力，後來又期待其能夠在培植農村社會經濟基礎、進而結合工農業方面發揮作用，最後則認為工合運動作為社會運動存在抵制國民黨統制的嚴重傾向，因而對其作強制性改組和整頓。

第五，工合運動的意義首先在於，透過生產性救濟方式將抗戰的消極要素即難民、失業者轉化為積極要素，使之成為抗戰力量的一部分。這意味著在緩和國民政府財政消耗的同時，阻止難民和失業者為日本侵略者所利用，並使其形成抗戰經濟力量的基礎。與舊有手工業不同，工合社可得到銀行放款，因而能以相對豐富的資金，利用當地的人力、原料從事工業生產，以實現當地經濟自給，最終對日貨形成抵制。工合運動為此倡導民主，並團結民眾形成了大眾運動。而且透過對中國內陸民眾依不同階層、不同教育程度施以技術訓練等教育，不僅逐步提高了尚未或正在

---

[139] 中國工業經濟研究所、中國工業合作研究所編《中國工業》新7、8期（1946年7月）之「工業團體消息」（第30-31頁）載，抗戰勝利後工合協會歷次集會，除工合協會領導人艾黎、何明華、張法祖等和國民黨方面的孔祥熙外，中共方面的董必武、鄧穎超、民主同盟的梁漱溟、沈鈞儒、張申府等也都作為政治協商會議代表出席。這點或間接證明，工合運動堅持民族統一戰線的姿態至少在抗戰時期未曾改變。

開發地區民眾的意識，還為其帶來了文化、福利。而這又促進了生活於條件最惡劣
地區的內陸婦女的解放。

（袁廣泉　譯）

Ch 2

中國工業合作運動在中國合作社運動史上的地位

前言

迄今為止，對1910年代、1920年代合作社的研究，除概論外幾為空白；至於1930年代，雖有對華洋義賑會所組織的信用合作社及安徽、江蘇、江西等各地合作社的研究有一定積累，[1]較為清晰地描述了合作社曾對形成中國社會經濟基礎的發揮過如何重要的作用，但尚不足以呈現其全貌。而有關工業生產合作社的研究，據著者陋見，似尚無之。在這種情況下，要把工合運動在合作社運動史上作恰當定位，無疑極其困難。為此，本章擬另闢蹊徑，首先就辛亥革命時期傳入中國的合作社思想如何被接受、五四時期又如何被付諸實踐加以論述。具體而言，將首先探究最早以上海為中心組織的早期合作社（1919年到1923、1924年成立的合作社，本章稱「早期合作社」，餘同）的實際狀況及其領袖人物，而後參考川井悟的研究[2]等，力求從不同角度把握華洋義賑會所組織的信用合作社的實際狀況和特質。國民黨在該時期也終於開始摸索組織合作社，故本章將對其肇始、目的、合作社政策的演變及管理統治作綜合考察。然後參照1920年代合作社的狀況以及農村工業、合作社理論，對1930年代的合作社、尤其是工業合作社的發展、實際狀況及其特徵加以探究，以闡明工合運動在中國合作社歷史上的地位。另外，關於工合運動的構想，此前的研究多強調海倫・福斯特・斯諾（筆名：韋爾斯）的「創造性」；[3]而為探究其

---

[1] 請參照本書〈序章〉。

[2] 川井悟〈華洋義賑会と中国農村〉，《五四運動の研究》，第二函，同朋舍，1983年。

[3] 不少學者認為，工合運動，中國本無之，完全是新事物；而依本書著者管見，此前雖有學者對工合社和信用合作社作比較研究，但並無學者將工合運動開始以前與以後的工業生產合作社進

「創造性」、「繼承性」，本章還將就工合運動曾如何繼承1930年代工業生產合作社的理論、構造進行考察。

一、合作社思想的傳入和中國合作社肇始

合作社思想在辛亥革命前後從英國、德國直接流入中國，也經由留日學生間接傳來。1918年3月，北京大學的教職員、學生成立了中國最早的合作社北京大學消費公社，銷售各種圖書、文具、日用百貨等。不過，這僅是孤例，並未作為先驅而誘發更多合作社誕生。儘管如此，此事仍表明，在五四運動前夜，社會經濟方面的要求在廣大民眾中已經萌芽，並開始以具體方式展示其力量。知識分子、學生在得知中國在巴黎和會沒有國際地位、認識到國內政治如何腐敗等之後，尤其感到必須對國家加以徹底改造。在此背景下，西歐的社會、經濟、政治狀況及各種思想被大量介紹到中國，各種社會主義思想如無政府主義、共產主義、國家社會主義等尤其被奉為救國思想而得到熱烈討論。而合作社思想也被認為是救國思想之一，吸引了不少青年知識分子。[4]。

最早主張組織合作社的，是受德國的舒爾茨型、萊夫艾森型[5]信用合作社影響

行比較研究。實則，海倫・福斯特自己把「合作社和工業」的結合視作自己的創舉，斯諾也認為是海倫・福斯特「頭腦的產物」（尼姆・韋爾斯著、春名徹等譯《中国に賭けた青春》，1991年，第421、427頁等）。本書著者認為，要真正弄清工合運動的意義、局限等諸多問題，須先明確「獨創」與繼承的內涵及其關係。

[4] 朱乃康《中華民國產業組合運動史》，高陽書店，1936年，第19-20頁；伍玉璋《中國合作運動小史》，1929年，第15頁等。

[5] 關於該二形態，簡述如下：①舒爾茨型：舒爾茨（Herrmann Schulze, 1808-1883）承認，為解決城市手工業者、工人的貧困問題，承認可從城市型信用合作社開始，以短期放款為支柱擴大營業區域，並對出資金配發紅利。該形態的特徵是，排斥基督教倫理觀及慈善理念，重視社員通過自有資本實現自助、自立、自治，否定來自國家的一切補助。②萊夫艾森型：萊夫艾森（Fiederich Raiffeizen, 1818-1888）認為，慈善對於乾旱、饑荒等不可能有長久效果，並基於這一認識，呼籲在各地組織分散的農村型信用合作社。該形態一貫堅持基督教倫理觀，如規定合作社幹部不取酬、廢止分紅等，「愛鄰人」及慈善理念色彩仍較濃厚。放款時也從道德角度重視其使用目的，僅允許合作社在有能力償還放款的範圍內開展業務，放款額度較低，考慮農業週期而採用長期放款；至於國家補助，也並不拒絕，只需保持自立即可。請參閱陳般公著、日本青年外交協會研究部譯《支那農業協同組合論》，1939年，第91-108頁；西山久德著《協同組合概論》，博文社，1985年，第65-71、82-97頁等。

的朱進之和徐滄水。他們認為，資本主義使中小企業主、工人等階層陷入困境，應透過組織合作社對其施以救濟。另有無政府主義者李石曾主要以法國、英國的消費合作社為例，主張應設法消除資本家和工人、生產者和消費者之間的差距，並強調工會和合作社對社會改革的重要性。[6]實則，認為工會和合作社相得益彰的想法，或者把合作社視為工會經濟基礎的觀點並非李石曾所獨有，而是屢屢見於早期合作主義者的論述之中，從而形成該時期的思潮之一。

　　在這種情況下，上海復旦大學教授薛仙舟開始實際組織合作社。他在柏林大學留學時，曾在實習銀行業務時著意研究舒爾茨型、萊夫艾森型信用合作社，確信合作社有助於解救中國的貧民。他對資本主義的發展帶來貧富差距的觀點和以階級鬥爭史觀為核心的馬克思經濟理論，均持批判態度，堅信合作社思想是「左右兩種思想中間的大道」。[7]而支持薛仙舟的，是復旦大學等的一群知識分子。他們認為左右兩種思想光喊口號而無具體方法，故而主張須重視「實際」即經濟，並呼籲從合作銀行入手改善金融中樞，從消費合作社著手創造未來「民主」。[8]1919年10月，薛仙舟創設舒爾茨型合作社即上海國民合作儲蓄銀行，1920年4月，復旦大學成立合作研究宣傳機構平民週刊社（平民學社之前身）。平民週刊社貫徹向民眾灌輸知識、重視經濟的態度；其宗旨稱，社會改造之大要在於教育、經濟，而週刊選「經濟問題」進行探究，並以歐美流行的「合作主義」作為經濟改造之手段，一面宣傳，一面實行。[9]可見，早期合作社的組織乃始於民間，且主要是在上海以復旦大學為核心展開的。

　　早期合作社的特點有三。第一，受羅奇岱爾式[10]消費合作社的影響最為濃厚。

---

[6]　李石曾〈社會革新之兩大要素〉，《華工雜誌》，第45期，1920年4月25日。

[7]　余井塘〈我所認識的薛仙舟先生〉，中國國民黨中央委員會黨史委員會編《革命文獻》，第85期，1980年，第2頁等。

[8]　陸思安〈合作運動的研究〉，《覺悟》，1920年7月26日。鮑思信〈消費合作社與謀利商店利害觀〉，《平民》，第18期，1920年9月18日。《平民》為《上海民國日報》副刊。

[9]　毛飛〈續刊感言〉，《平民》，第11期，1920年7月31日。

[10]　所謂「羅奇岱爾式」，即英國「羅奇岱爾公平先鋒社」（Rochidale Society of Equitable Pioneers）開創的被稱為世界最早的消費合作運動。羅奇岱爾是距曼徹斯特約12公里的英國北部小鎮。十九世紀，資本家殘酷剝削導致所謂「飢餓的1840年」，許多工人在極端貧困中來到這裡。1844年，28名工人在討論飢餓及罷工失敗後令人絕望的境遇時，決定將所有希望寄託於羅伯特‧歐文（Robert Owen, 1771-1858）、威廉‧金（William King）所主張的「自助、互助」精神

該形式的合作社為經歷過產業革命的先進國家形態的合作社，本來難以在農業國中國扎根。但合作運動的領袖皆生活於大都市上海，傾向於重視消費合作社；他們在大學和工人中發現了組織合作社的基礎。第二，信用合作社曾受到德國舒爾茨型和萊夫艾森型合作社的影響，其中前者對上述上海國民合作儲蓄銀行的影響尤為顯著。第三，生產合作社曾試圖取範於法國，但後來發現，中國不可能引進受政府保護、規模宏大的法國式工業合作社。例如，大同合作社就是採用羅奇岱爾式、歐文（Robert Owen, 1771-1858）式「農工一體複合社會系統」、無政府主義、工讀互助運動等多形態的特殊混合體。其他生產合作社則與工會、罷工關係密切，具有保護和保障工人生活的濃厚色彩。據統計，中國至1923年共組織合作社45社，其中消費合作社23社、信用合作社5社、生產合作社6社。[11]但是，1924年以後，這些合作社幾乎不復存在。其主要原因是，中國是農業國家，不適合組織城市型合作社；沒有政治和經濟支持，當時也還沒有制訂保護和鼓勵合作社的「合作社法」；軍閥政府敵視合作社運動，並對其加以干擾和鎮壓。

　　軍閥何以敵視合作運動？合作社思想是作為「救國」思想、經濟改造思想傳入中國的，其所催生的合作社運動自然反對強權、反對封建主義。加之，合作社運動致力於培植抵制日貨的經濟基礎，並試圖改革流通機構、抵制剝削、謀求改變勞資關係等，自始即具有顯著的反資本主義、反帝國主義傾向。特別是工人受《平民》等影響而自發組織的生產合作社，被軍閥政府視為無政府主義、工人運動的外圍，直如洪水猛獸。

　　為給軍閥鎮壓下陷於停滯的合作社運動尋求出路，運動領袖們認識到或需放棄自立而接近國民黨。早期合作社運動領袖張延灝於1924年4月指出，英國因組織合

和「集聚力量」的合作思想，組織「公平先鋒社」，以全力保衛自己的生活。社員每人每週出資2便士成立共同基金，用以設立「商店」（消費合作社），以低廉價格銷售乳品、麵粉、砂糖等。該社後來發展迅速，分店達百餘處、社員達4萬人，1851年甚至在經營麵粉廠、紡織廠及農業。羅奇岱爾式合作社的「原則」是：①社員不論投資多少，每人皆有一票權利，②股票紅利不超過一般銀行利息，③為社員提供日常必需品，④合作社有生產、分配、教育、管理等的權力，爭取實現自給自足的合作社會。張德粹著《農業合作》，1944年，第14-16頁；山本秋著《日本生活協同組合運動史》，日本評論社，1982年，第3頁；前引西山久德著《協同組合概論》，第46頁等。

[11] 拙稿《中国初期合作社史論》之表5，京都大学人文科学研究所編《中国国民革命の研究》，1992年3月。

作社黨而獲得成功後，各國競相效仿，合作社迅速發展；並強調說，湖南大同合作社、蕭山（衙前）農民協會之被查封、我們平民學社《平民》之被禁止郵遞、……在腐敗（軍閥）政府統治下合作運動之不得發展一至如此。……假如要打倒現在的腐敗政府、建立良善政府，合作主義者顯然只有參加政治。國民黨的宗旨與黨綱完全符合合作主義，國民黨是中國唯一無二的、最完全、最合乎平民心理的政黨。因此，如果我們合作主義信徒希望平民的良善政府助力發展合作運動，當然只有與中國國民黨合作。[12]這在當時還只是希望，後來卻成為現實（後述）。

　　在早期合作社走向崩潰的1923年，華洋義賑會開始在河北省等地組織信用合作社。這些合作社避開城市而走進農村，以救濟因1920年華北地區遭遇嚴重乾旱而經濟凋敝、處於慢性饑饉狀態的農村。具體而言，即利用美國資本組織萊夫艾森型農村信用合作社，並透過基督教理念加以指導，以救濟農村、實現農村經濟自立。其指導中樞即執行委員會的外國委員，主要是美國人，計有艾德敷（Dwight Woodbridge Edwards, 1883-1967）、G. D. 格雷等6人，他們是傳教士、基督教青年會活動家、銀行家、記者、大學教授。中國委員則有蔡延乾等5人，皆曾留學美國，與美國關係較深。1922年4月，華洋義賑會設農利分委辦會，主任為英國傳教士、燕京大學教授戴樂仁（J. B. Tayler, 1878-1945），[13]秘書是章元善（畢業於康奈爾大學）。分委辦會在直隸、山東、安徽、江蘇、浙江五省進行經濟調查，認識到農民

---

[12] 張廷灝〈合作主義者為什麼應該加入政黨〉，1927年4月4日，《五四時期的社團》（四），三聯書店，1979年，第88-89頁。

[13] 戴樂仁是英國聖公會傳教士、合作社專家。來華後在天津「新學書院」（Anglo-Chinese College）教書，不久任代理院長。後任燕京大學經濟系教授（1921-1932年），據說因關心中國的鄉村合作事業，自華洋義賑會組織信用合作社伊始即參與其計畫、籌備工作，並為之傾注心血。亦曾供職實業部，從事農村工業研究。七七事變爆發後離開北京，任蘭州中英科學教育館顧問，與該館館長、原燕京大學校長梅貽寶一同積極支援蘭州的工合運動，他們還協助制訂了工合協會組織章程、會計財務管理制度。後來，戴樂仁任工合國際委員會副主席，在成都工合研究所進行研究，並從事訓練工作。另，蘭州工合事務所主任薛覺民、其後任張官廉都是戴樂仁在燕京大學時的學生（盧廣綿〈西河農民棉花運銷合作的初次試驗〉，《合作訊》，第100期特刊，1933年11月；盧廣綿〈抗日戰爭時期的中國工業合作社運動〉，《文史資料》，第71期，1980年等）。戴樂仁的著作有：①*Text-book in Cooperation*（Dept. of Economics, Yenching, 1930）；②"The Hopei Pottery Industry and the Problem of Modernization"（Yenching Series on *Chinese Industry and Trade*, No. 1931）等（陳其田〈經濟學系十年來的回顧〉，燕京大學經濟學會《經濟學報》，第1期，1940年5月）。其有關工合運動的論文有〈工合的成長〉（上、中、下），刊於《中央日報》，1942年12月7-9日。

最需要的是用於生產、生活的資金，於是在1923年6月，在河北省香河縣組織了華洋義賑會最早的合作社，稱「第一信用合作社」。由於以農民自發自願為前提，不借助從省到縣各級行政機構，故該省內各地合作社的分佈並不均衡；但發展迅速，據說至1928年，信用合作社已達604社。[14]

　　如上所述，中國的合作社，最初主要是消費合作社，生產合作社僅有湖南大同合作社、長沙筆業工人合作社、上海工人合作銀樓等，為數極少；而且，大同合作社所採用形態十分特殊，其餘則是工人們以罷工為契機組織的自助組織。這些組織被軍閥等視為無政府主義、工人運動的一部分而遭到鎮壓，不久即分崩離析。其後，華洋義賑會在河北等地組織起眾多合作社，但卻都是信用合作社，工業生產合作社的組織則長時期處於空白，直至1929年初江蘇省吳江縣成立生絲精製運銷合作社。

二、中國國民黨的合作社政策和管理統制

　　此處就國民黨如何推動組織合作社作一探討。國民黨著手組織合作社較晚，其基礎是孫中山於1920年發表的《地方自治開始實行法》。該文擬以一縣或數村聯合為地方自治範圍，以實行民權主義、民生主義為目的；並規定開始地方自治之準備工作六事，即調查戶口、成立（自治）機構、確定地價、修築道路、開墾荒地和設立學校。但地方自治團體須同時實行農業合作、工業合作、交易合作、銀行合作、保險合作。總而言之，地方自治團體不僅是「政治團體」，也是「經濟團體」。[15]在和地方自治的關係方面，該文列舉出各類合作社，要求以此開發產業、建立經濟基礎，但未釐清應以怎樣形式組織合作社。孫中山後來也曾談及合作社，但他重視的主要是消費合作社。如其《民主主義》在論及「分配社會化」時，以透過團體、政府分配商品來減少商人盤剝、保護消費者的觀點；特別舉英國消費合作社為例，對國家資本和合作社予以同樣重視。另外，孫中山主張應「調和」包括資本家和工人在內的社會大多數的經濟利益以促進社會進化，而不主張馬克思所說的「階級鬥

---

[14]　前引川井悟《華洋義賑会と中国農村》，第24-34、45頁。鄭林莊《中國合作運動史初稿》，燕京大學經濟學會《經濟學報》，第1期，1940年5月。

[15]　孫中山《地方自治開始實行法》，1920年3月，中國國民黨中央委員會黨史委員會編《國父全集》，第2冊，1971年再版。

爭」。[16]

　　那麼，國民黨從何時著手組織合作社？1924年1月，國民黨第一次全國代表大會在廣州召開，決定了聯蘇、容共、扶助農工三大政策，並改組國民黨，第一次國共合作就此確立。大會宣言規定須「改良農村組織」、「增進農民生活」。為實現該目標，國民黨中央農民部開始研究合作社問題，並認為合作社的目的在於徹底打破現行經濟制度之最大弊端，即自由競爭和私有財產制度，在新的組織確立前將小農、地主、富農置於平等地位，以增進其幸福。[17]此後制定的不少章程、條例都提到合作社，但並無單項合作社法規，僅在《農民協會章程》、《工會條例》、《商民協會章程》等裡面附有相關規定。1924年6月，國民黨的首個合作社終於成立，但也是附設於中央執行委員會的消費合作社。

　　這一系列動向中值得重視的是，國共兩黨曾以第一次國共合作為背景發起成立中國合作社運動協會，其首倡者乃陳果夫及其叔父陳靄士。1924年7月，其發起人會議在上海寧波旅滬同鄉會召開。國民黨員列名發起人的有陳果夫、戴季陶、邵力子、汪精衛、胡漢民、馬君武、葉楚傖等，以及早期合作運動領袖張延灝、許紹棣、湯蒼園、王世穎、毛飛等（王世穎等後來加入國民黨），中共的毛澤東也在其列。會議主席是張延灝，書記為許紹棣，他們都是早期合作社運動領袖；張延灝、葉楚傖、陳果夫、毛澤東當選籌備委員。不妨說，在這次會議上，早期合作社領袖全面主持會議，並把國共兩黨聯合了起來。經此番準備，合作運動協會於同年8月正式成立。其宗旨稱將研究合作主義、培養合作人才、促進合作事業。但據認為並未開展日常性工作。[18]

　　1925年5月，廣東省農民協會召開第一次代表大會，會上提出《農村合作運動決議案》；該決議案在翌年的第二次代表大會上再次被提出。另外，同年3月的廣東省農民協會會務報告指出，農村中最緊急的建設工作無過於合作運動和平民教育運動；盡人皆知，販賣、購買、消費、生產、信用各合作社對農民有益，還應向

---

[16]　孫中山〈民主主義第一稿〉，1924年8月，前引《國父全集》，第1冊，第168-169頁。

[17]　前引朱乃康《中華民國產業組合運動史》，第19-20頁。

[18]　〈合作運動協會發起人會議〉，《上海民國日報》，1924年7月27日。中國合作事業協會編《中華民國臺灣合作年鑑》，1986年3月。陳松岩著《中國合作事業發展史》（上），臺灣商務印書館，1983年，第150頁等。

農民明確合作社的利益和組織方法，使其對合作（社）發生強烈要求，而後著手組織之。[19]其重視自下而上地發展合作社的態度，明顯反映出實際指導農民協會的中共的主張，而農民協會則成為國共推動合作運動的結合點。由於統計中並未單獨列項，農民協會是否曾組織合作社不得而知。不過，1926年12月，江西省南昌、新建、吉安、萬縣等地曾決定實驗性地組織信用合作社，湖北省武昌各地也有合作社形式的「民生社」成立，並開始組織農民墾荒。[20]

1927年，「四・一二」反共政變後成立的南京國民政府，決定以「調合」、「中庸」的理念全面推進合作社，於是把中共領導的農工運動斥為「破壞」，並欲排除合作社的先進部分即工業生產合作社。比如，國民黨的著名合作社領袖、CC系的壽勉成就曾明言，不應採用重視階級鬥爭、與資本家衝突的（工業）生產合作制。國民政府欲極力排除合作社抵制權力的傾向，以對抗中共的土地革命，希冀借助合作運動來矯正「破壞（性）的」農工運動，並將其轉化為「建設（性）的」農工運動。

在此種情況下，曾陷入低谷的薛仙舟等早期合作主義者，於同年7月擬定《全國合作化方案》。該方案將三民主義歸結為民生主義，並稱只有合作社才能實現民生主義的節制資本、平均地權，若想革命成功，就必須依靠國家權力制訂大規模計劃以促進全國合作化，同時呼籲創辦合作訓練院，以培養發展合作事業和國營經濟事業的人才，並將其作為國民黨員接受基本訓練的機構，[21]試圖透過此舉與國民黨完全融為一體。後來，早期合作運動的主要領袖為實現其理想，逐漸匯入了南京國民政府推行的合作事業。

1928年10月，國民黨中央召開第179次常會，透過了旨在建立「地方自治」的《下級黨部工作綱領》。其「綱領」列舉「七項運動」為：識字運動（發展平民教育）、造林運動（墾荒）、造路運動（發展交通）、合作運動（發展平民經濟）、保甲運動（安定地方秩序）、衛生運動（發展國民體育）、提倡國貨運動（提倡製

---

[19] 廣東省農民協會全體執行委員會等〈會議　報告決議案〉，《犁頭》，第4期，1926年3月5日。《犁頭》是廣東省農民協會的刊物，1926年1月在廣州創刊。

[20] 《漢口民國日報》，1927年1月15、17日。

[21] 前引伍玉璋《中國合作運動小史》，第12-13頁。

造和銷售國貨）。[22]此後，合作運動成為國民黨的重要政策之一。國民政府主要在江蘇、浙江兩省正式開展合作事業，以復興和建設農村，至1930年代波及除中共支配地區以外的全國各省，而農村信用合作社則在其中占絕對優勢。這意味著，與保甲運動一樣，合作運動也已成為南京國民政府透過組織農民來實行管理統制的重要手段。南京國民政府還設置、充實相關行政機構，除中央新設合作司外，省市設合作事業委員會、合作事業管理處，縣設合作指導委員會、合作指導室，以加強政治指導。[23]換言之，國民黨推行的合作運動已轉化為行政主導，合作社須接受自上而下的行政指導。當然，除信用合作社外，也組織了運銷、生產、消費等各類合作社；農村合作運動也自1934年開展起來，但其主體仍是信用合作社。之所以如此，乃因農村急需資金，且信用合作社機構簡單，容易組織，經營和管理也較容易。[24]而且，信用合作社便於自上而下地指導。從江蘇的情況可知，合作事業在全國獲得成功，離不開國家尤其是省、縣的指導。這些合作社並不拒絕地主、富農加入，實質上也將他們納入其中，在阻止土地向地主等集中的同時，將他們也包括在內以實現農村共同富裕，從而獲得省、縣的財源。而這必然使地主、富農支配合作社成為可能。[25]再後來，合作社成為化解土地革命、二五減租的工具，[26]南京國民政府出於其政策目的而組織合作社，使合作社蛻變為以「剿共」為目的的農村統治機構。

全國的合作社數量，1931年為2,796社（江蘇省占45.2%），1932年為2,673社（58.2%），1933年增至6,946社（27.3%），1934年6月再增至9,948社（22.3%），1935年達到26,224社（15%），1936年則多達37,318社（8.9%）。但1937年較前一年大幅減少8,802社，降至28,516社（0.3%）。[27]亦即，與前一年相比，合作社數除1932

---

[22]　蔣建白〈十年來的社會教育〉，中國文化建設協會編《抗戰前十年之中國》，1965年，第603頁。

[23]　王達三〈現在我國合作社事業評述〉，《東方雜誌》，第38卷第18期，1941年9月15日。

[24]　壽勉成、鄭厚博著《中國合作運動史》，正中書局，1947年，第323-324頁。

[25]　拙稿《江蘇省合作事業推進の構造と合作社》；野口鐵郎編《中国史における教と国家》，雄山閣出版，1994年，等等。

[26]　日本興業銀行調查部《現代支那に於ける合作社の意義と特質》，1942年11月，第35頁。

[27]　1931年及1935至1937年的數據，見賴建誠著《近代中國的合作經濟運動》，正中書局，1990年，第98-99頁；1932年的數據見《申報年鑒》（1933年版），（P）第89-90頁；1933年的數據見《申報年鑒》（1934年版），（T）第1頁；1934年6月的數據見《申報年鑒》（1935年版），（P）第1頁。

年略減外,至1936年都在持續增加。而江蘇省在全國占比一直較大,1931年、1932年甚至高達45%、58%。這表明,江蘇省是國民政府合作事業的中心。江蘇省的占比後來呈降低趨勢,但這是合作事業在全國各省逐漸展開的結果,並不意味著江蘇合作事業遭遇了挫折。實則,自1931年至1935年,江蘇省的合作社逐年增加,分別為1265社、1609社、1897社、2220社、4077社;1936年減至3305社,[28]則是該省為減輕江蘇省農民銀行的財政負擔而對「不健全」合作社進行清理的結果。至於1937年出現驟減,則並非合作社本身存在問題,而是同年8月日軍進攻上海、挑起淞滬會戰、繼而大舉進犯華中造成的。

表2-1　中國合作社統計(1928-1936)

年	信用合作社 (%)		消費合作社 (%)		生產合作社 (%)		運銷合作社 (%)		利用合作社 (%)		購買合作社 (%)	
1928	604a											
1929	1241				20		4				5	
1930	1937		6		47		9		4		12	
1931	2362		54		160		15		13		42	
1932	3227	81.1	216	5.4	271	6.8	57	1.4	149	3.8	57	1.4
1933	5720	82.3	125	1.8	304	4.4	61	1.9	35	0.5	129	1.9
1934	9841	67.2			1260	8.6	1059	7.2	466	3.2	547	3.7
1935	15429	58.8			2321	8.9	2293	8.7	1066	4.1	738	2.8
1936	20620	55.3	296	0.8	3199	8.6	2366	6.3	c		267	0.7

年	公用合作社 (%)		兼營合作社 (%)		其它 (%)		合計	社員人數	不詳
1928							722	15301 [a]	118社
1929							1612	37434 [b]	342社
1930			14				2463	78832 [b]	434社
1931			73		1		3618	104600	898社
1932					1		3978	151212	
1933					572	8.2	6946	233541	

---

[28] 同前。

年	公用合作社 （%）		兼營合作社 （%）		其它 （%）		合計	社員人數	不詳
1934			1365	9.3	111	0.8	14649	557521	
1935			4374	16.7			26224	1004402	3社
1936	56	0.1	10514	28.2			37318	1643670	

※鄭林莊《中國合作運動史初稿》，《經濟學報》，第1期，1940年5月。另，「a」僅為河北省信用合作社的統計，「b」僅為河北、江蘇、浙江三省的社員數。「C」表示「利用合作社」之名被實業部廢止，各社根據其性質改稱為「生產合作社」、或「公用合作社」。「不詳」乃因各省報告缺失等無法確定其類型。

　　表2-1為不同類型合作社的統計，與上述全國合作社數據不盡相同；但據此仍可知，中國合作社的發展自1920年代後期一直以信用合作社為主。如該表1931年的數據顯示，信用合作社數僅占全部合作社的65.3%，但若以類型「不詳」的898社中亦含同比例信用合作社，則該類合作社占比將升至81.5%。其它年份此類「不詳」者亦不在少數，故自1928年至1933年，信用合作社占比或一直維持在80%以上。不過，1934年以後，因業務發展、資金積累，信用合作社開始轉為兼營；又因其它類型合作社增加，信用合作社占全部合作社的比重呈現減少趨勢。而生產合作社，1929年僅有20社，其後逐年增加，1930年至1936年的數字分別為47社、160社、271社、304社、1260社、2321社、3199社。可見，生產合作社在抗戰前已有一定基礎。那麼，這些生產合作社是在怎樣的背景下、基於怎樣的理論組織起來，其真實狀況又如何？

三、工業生產合作社理論的發展與「合作實驗」

　　工業生產合作社在摸索發展農村工業、副業的過程中再次受到重視，是在1930年代初期以後。其對象，當然不是工人，而是農民。至其背景，眾所周知，1931年、1932年以後，中國農村先後受世界經濟蕭條、農業蕭條及自然災害的衝擊和打擊而陷入嚴重凋敝，如何復興農村、救濟農民成為當務之急。金融界也面臨城市資本過剩、游資充斥的困局而急於尋找投資對象，1933年、1934年甚至實施過「商資歸農」。[29]在這種情況下，人們認識到，除發展重工業、大型工廠外，培植農村經

---

[29]　拙稿〈農本局の成立とその役割〉，《大分縣立藝術短期大學研究紀要》，第21卷，1983年，

濟基礎、穩定農民生活也同樣重要，於是開始強調應將合作制度運用於農村工業、小型工業。這種思路轉變，在僅關注歐美的大型工廠、並將其視為最高理想的人身上顯然不可能發生。因此，最早轉換思路的，自然是那些有可能瞭解歐美大型工廠缺陷的部分歐美人士。

最早讓人們認識到農村工業重要性的，是曾在華洋義賑會致力於組織信用合作社的戴樂仁。他在1931年5月發表的文章中說，「中國可以採用一種在科學及合作的基礎上發展農村實業的政策」。[30]該文分析道，農業是季節性實業，其收入不穩定，但可透過農村家庭工業增收；農村工業成本低廉，如山西鄉村工業生產鐵，其成本只有漢陽鐵廠的三分之一；而中國採用大規模實業相當困難。還介紹了歐洲各國手工業、小工廠在經濟發展中的重要作用。即，在現代經濟生活中，小型工業、手工業仍佔有重要地位；德國五分之一的人口靠手工業維持生計，瑞典、意大利、比利時等在積極發展手工業；交通發達且（因電力普及）易於獲取動力，使生產單位擴大，能夠大量生產，但這些條件也可供小型工業利用；福特汽車公司是現代大型生產組織，但同時也在鄉鎮雇用農民、建立小工廠；把小生產單位聯合起來，即可發揮與大型生產組織同樣的作用。而要在中國發展農村工業，戴樂仁提出可預作如下準備，即使一定區域內的小生產者實現聯合、透過合作社方式等融通資金、組織專家進行指導、透過改良與合作確保原料供應和備件購置、實行聯合銷售計劃和產品標準化、集中供應電力和動力。合作社方式雖不包括以牟利為目的的富人，但將減輕民眾向城市集中、為鄉村注入新生命、穩定勞動力雇用和農民收入；而其結果，將避免社會利益向少數人集中，並增加生產者參與利益分配的機會。戴樂仁呼籲中國政府、中國青年及教會實施這些措施，並要求中央、地方政府加以提倡和輔助。[31]

1935年，戴樂仁又以印度西部和美國農村的工業為例，指出其重要性，稱中國政治已步入正規，農村建設已成為其重心。並強調指出，全國經濟委員會在浙江

等等。

[30] J. B.Taylor〈發展中國小規模工業的一個建議〉，《東方雜誌》，第28卷第9號，1931年5月10日。另，張錫昌〈工合到農村去〉（《湘桂工合》，第1卷第5-8期合刊，1941年11月1日）稱，農閒期以東北為最長，約有半年，黃河流域則有四、五個月，長江流域為三、四個月。

[31] 同前。

開辦造紙廠（資本金100萬元）也是提倡「農村工業化」之始，農民自發的農村工業，如山西農民在農閒期採礦、河北高陽縣的紡織業等，在農村經濟中佔有重要位置。他說，農村工業須由農閒期的農民和失業者所經營，並須採用科學方法；其組織應採合作社原則，採購、運輸、銷售也可採用合作社方式，如此可獲得城市大型工業同樣的利益；由於農民拋棄鄉村而向城市集中，撂荒土地不斷增加，農村救濟極端困難，故只有將工業、農業融為一體，使其發生密切關係，救濟才能奏效。[32]。戴樂仁後來就任工合國際委員會副主席，並曾在成都的工合研究所從事研究和訓練工作。

　　吳知也於同時期評道，最近的討論，其論調從「以農立國」轉為「工農並重」，這是好現象。他認為農村工業將增進農民的知識和進取心，並特別強調農村工業須用合作社方式加以組織。織布用棉紗，1913年力織機消費占2.69%，手工業消費則高達97.31%；但在1930年，雖然力織機消費量升至21.54%，手工業則降至78.46%；但手工織布消費棉紗依然占近八成，顯示手工業極其頑強。換言之，鄉村織布工業是大多數民眾衣物的來源，其他日用品、食品，大多也是農村手工業的產品。而從國防角度考慮，一旦發生戰爭，外國產品或無法供應，大城市的工廠或遭轟炸，則日用品只能依靠鄉村工業。吳知強調，在重視重工業、基礎化學工業建設的同時，更須援助鄉村工業，並使其立於「進步的原則之下」。[33]

　　高矜細也強調福特「工業分散化」、「副業工業化」的意義，呼籲小工廠採用合作方式。在合作社裡，各階級團結於同一目標之下，業務以會議形式決定而不允許一兩人支配，純利潤依勞動、供應原料數量及出資金額多寡公平分配；合作社透過工業生產可改良產品品質、擴大生產力，擁有合理組織，最大限度地避免資本主義生產惟利是圖、資本集中的弊端。而且，鄉村工業生產合作社應用科學方法改進技術，根據各地情況、特產進行加工，這都有利於振興農村。[34]總之，除農村工業的重要性外，高矜細還強調農村工業須改組為合作社，且須進行技術改良。他還主張，生產合作事業須走向工業化，如使用一種以上的新式機器；某合作社缺少資

---

[32]　戴樂仁（Taylor）〈中國農村工業之亟需及倡辦〉，《天津大公報》，1935年6月16日。

[33]　吳知〈工業立國下中國鄉村工業的新評價〉，《天津大公報》，1935年7月24日。

[34]　高矜細〈鄉村工業合作社之組織〉，《浙江合作》，第7、8期合刊，1936年10月1日。

金能力時，同類合作社應共同採購、共同管理、共同使用；從農民借貸所等獲得貸款後，合作社須引進機器，把農村副業變為機器工業的雛形。高矜細還斷言，要提高農田的生產力、增加作物產量，唯有「農村工業化」一途。可見，除副業工業化外，當時也已有人把能夠直接增加農業生產的農業機械化納入農村工業的範圍。[35]

農村復興和建設團體，曾有山東農村建設研究院和四川農村建設學院成立。而此處擬探討的是工業生產合作社，及與戴樂仁關係密切的兩個「合作實驗」。

第一，清河鎮社會實驗區。戴樂仁奉職的燕京大學社會學系，[36]於1928年接受洛克菲勒財團的資金援助，在農作物和商品的重要集散地、距北平十八華里的清河鎮，在楊開道教授指導下實施了初步調查，後於1930年2月在此地設清河鎮社會實驗區。1932年，基督教徒盧廣綿結束其在蘇格蘭亞伯丁大學的學業後，前往丹麥考察合作社和農民高中，然後回國任清河鎮社會實驗區負責人。1933年在實驗區開展工作的，有專任職員17人、兼任職員4人，另有來自燕京大學社會學系的實習生23人。其經濟方面的工作有：①1929年與華洋義賑救濟總會合作成立信用合作社；1934年成立信用合作社、合作農場、合作商店、水利合作社等，其中獲得華洋義賑會承認者17社、未獲承認者4社，並成立區聯合會作為各社的共同組織。②小額放款（低息、短期，放給未組織合作社的鄉鎮民眾）。③發展「家庭工業」。④發展「畜牧」（養雞、養豬）。⑤進行農業改良、舉辦農業展覽會等，並與金陵大學合作開辦農作物實驗場。社會工作則有，開辦幼稚園、開辦女子手工班（縫紉、算術、識字）、舉辦小學教師討論班、建立圖書館等。農村衛生工作有，接種牛痘、改善環境衛生、助產、醫療（委派北平公安局第一衛生事務所的醫生等）。[37]

---

[35]　高矜細〈如何使本省生產合作事業工業化〉，《浙江合作》，第22、23期合刊，1934年5月16日。

[36]　戴樂仁職屬燕京大學經濟系（1918年創辦），而非社會學系。1928年洛克菲勒財團對燕京社會科學研究提供援助基金，經濟學系獲得其一部分，用於招聘教授、增設學科，該系其後逐漸發展起來。其特色大抵如下：①除經濟理論的基本知識外，還重視職業和技能訓練，如銀行會計、合作社經營等；②研究方面，重視對過去中國經濟資料的整理和現在經濟狀況的調查；③教授除授課外，有較多時間從事副業、消費合作經營、農村金融改造等問題的研究。據稱，該系至1940年止畢業二百餘人，以進入銀行界者為最多。前引陳其田《經濟學系十年來的回顧》。

[37]　張鴻鈞〈燕京大學社會學系清河鎮社會試驗區工作報告〉，鄉村討論會編《鄉村建設試驗》，第1集，1933年，第66、68-91頁。楊開道〈燕京大學農村建設工作〉，《天津大公報》，1934年11月8日等。

　　此處再就該實驗區與農村工業關係密切的「家庭工業」作一觀察。實驗區為提倡農閒副業，曾興辦毛織、刺繡等，且重視技術傳授。1932年6月，實驗區曾選拔兩名學員送往贊助此項工作的北平工程學校，令其專習毛織。12月，在戴樂仁等鼓勵下開辦家庭毛織業訓練班，男女學員各10名，結業後即在實驗區的毛織廠（1934年有織機5架）工作。據說女工每日紡線8小時，月工資8元；男工織呢每日8.5小時，月工資15元；織毛、漂白、染色等工序，因農戶無力購置每架35元的木輪機、每架55元的鐵輪機，故在廠內完成；紡車等價格較廉，故紡線由農戶借用實驗區的紡車在自家進行，線成後送至毛紡廠。[38]不過，當地的「家庭工業」是否採用合作社形式，不得而知。

　　第二，華北工業改進社。該改進社成立前，戴樂仁曾嘗試以合作社形式改革流通機構。在他的提倡和幫助下，1932年秋，河北省深澤、束鹿等縣組織了棉產區第一個棉花運銷合作社。合作社將棉花分級，並得到400元貸款以充包裝、運輸等費，然後農民自行船運至天津，直接售給出口商。這樣做，比在產地銷售獲利多出一成。據說，華洋義賑會根據深澤的經驗，也決定從1933年秋讓所指導的各合作社經營棉花運銷合作。[39]觀諸後來運銷合作社的發展，深澤等地嘗試棉花運銷，其意

[38]　前引張鴻鈞〈燕京大學社會學系清河鎮社會試驗區工作報告〉，第77-78頁。

[39]　盧廣綿〈華北工業改進社事工進行概況〉，前引《農村建設試驗》，第1集，第173-174頁。盧廣綿（1908-1995），奉天省（現遼寧省）海城縣人。或因文革期間曾受迫害，盧不願詳談家族歷史，僅稱其父是「中醫」。不過，從其名「廣綿」、其兄名「廣績」推斷，其父有可能是經營紡織的民族資本家。曾在北京大學攻讀化學，被推為該大學東三省學生同鄉會會長，同時任該大學基督教青年會（YMCA）會長。1927年畢業。受晏陽初「平民教育」和陶行知「教育救國」思想影響，曾在曉莊實際體驗共同生活。1928年至1929年任瀋陽基督教青年會學生幹事。1928年春訪日，見到賀川豐彥、大山鬱男。1930年至1932年留學蘇格蘭亞伯丁大學，學習經濟學、合作社論。其間曾去丹麥參觀農民高中和合作社，由「教育救國」轉而信奉梁漱溟的「鄉村建國救國」思想，確信在中國農村發展合作社十分重要。後參與華北工業改進社，繼之參加工合運動，如本章所述。1945年4月，盧曾以工合協會代表身份參加戰後第一次ICA大會。文革時期作為民主派遭迫害，改革開放以後的1981年，代表全國供銷合作總社前往瑞典、英國考察消費合作社。歷任工合協會副理事長、全國政協委員、中國民主同盟宣傳部長、中國基督教青年會總幹事等（拙稿〈中國工業合作運動について——レウィ・アレー、盧広綿両氏に聞く——〉，《アジア經濟（亞洲經濟）》，第21卷第5號，1980年5月；拙稿〈中國工業合作運動指導者からの書簡について〉，大阪教育大學歷史學教室《歷史研究》，第23號，1985年9月；《盧広綿氏からの書簡》，1989年1月3日）。可見，盧廣綿的一生，對歷史性地考察晏陽初、陶行知、梁漱溟，也很有參考意義。他終生應都是基督徒，可視之為以人道主義為情懷的「國際合作主義者」、「社會主義者」。

義顯然不可忽視。

　　不過，若考慮與工業生產合作社及工合運動之間的關係，更重要的是1932年9月成立的華北工業改進社。中國基督徒的全國組織即中華全國基督教協進會（1922年成立）曾積極推動成立該社。他們在遭遇反基督教運動、收回教育權運動浪潮的衝擊後，試圖透過「本色」運動實現基督教中國化和自我變革，更曾經歷1927年反基督教運動最高潮的洗禮。基督教能對中國做出怎樣的貢獻？認真討論後，基督徒們得出結論，即必須著手「社會改造」、「社會運動」以拯救中國。特別是在1930年以後，世界基督教會運動對世界的認識是，「第一次世界大戰後，世界和平陷入危機，全世界的基督教會必須竭盡全力，為世界正義和人類福祉而戰鬥」，因而出現了新的動向。[40]

　　在這種背景下，基督教協進會的領袖們認為，發展鄉村手工業是救濟中國農村的途徑；基督教經濟委員會於1932年制訂了促進鄉村經濟的計劃。戴樂仁和盧廣綿或即按此計劃開始了活動，而華北工程學院院長（Dean）則進行了鄉村毛織工業的初步實驗。1932年9月，南開大學校長張伯苓[41]和燕京大學教務長司徒雷登（John Leighton Stuart, 1876-1962）[42]共同召集華北工業改進社成立大會，除翁文灝（1889-

---

[40]　山本澄子著《中国キリスト教史研究》，東京大學出版社，1972年，第127-128、136、139-140頁。

[41]　張伯苓（1876-1951），天津人，1892年入北洋水師學堂，五年後入海軍，為士官生。1898年在艦上目睹英國強行租借威海衛，自此開始思考「教育救國」，以之為中國自強之路。1904年赴日視察教育，1909年皈依基督教。1915年開始在南開學校實施高中教育，1917年在哥倫比亞大學研究教育，調查美國私立大學的組織結構等。1919年正式開辦南開大學。對五四運動持否定態度，主張「學生的本分在學習」；但對被捕學生、教師則積極營救。其「教育救國」思想，認為中華民族的最大缺陷乃在「愚、弱、貧、散、私」，提出「重視體育、提倡科學、團體組織化、道德訓練、培養救國力量」的口號。1938年任西南聯合大學校務委員會常務委員、國民參政會副議長等。同年加入國民黨。1945年5月任國民黨中央監察委員。1949年蔣介石勸其同往臺灣，不應，留滯重慶，1951年在天津病逝。李斯、孫思白主編《民國人物傳》，第2卷，1980年，第306-309頁。菊池貴晴著《中國第三勢力史論》，汲古書院，1987年，第9章。

[42]　司徒雷登（John Leighton Stuart, 1876-1962），生於杭州，其父為基督教新教傳教士。在美國大學畢業後，1904年回到中國，在南京金陵神學院任希臘語教授。1918年任燕京大學校長，1929年任校務長；1941年太平洋戰爭爆發後在北京遭日軍拘禁。日本投降後再任燕京大學校長。1946年接受馬歇爾特使（後任國務卿）推薦，出任美國駐中國大使。他雖支持國民政府，但對蔣介石的腐敗及其政策持批判態度，主張美國對華援助應以國民政府實行政治經濟改革為前提。曾致力於調停國共關係、試圖防止有中共參加的聯合政府成立等，皆歸於失敗。1949年8月離華返美。中國社會科學院近代史研究所編《近代來華外國人名詞典》，中國社會科學出版社，1981

1971）、華北基督教鄉村事業委員會的亨特（James A.Hunter）、華洋義賑會救濟總會的周貽春（1883-1958）外，許多教育團體、社會團體也派代表出席。[43]

華北工業改進社的宗旨是，確立發展鄉村手工業的方法，提高鄉村民眾的經濟生活，同時以合作組織予以增強，使城市工商也得以均衡發展，為中國樹立一個新的經濟制度。換言之，其主要工作即透過合作社方式組織、改進鄉村手工業，並進行技術改良。因其母體實質上是天津南開大學、燕京大學及北京大學地質實驗所，故社長由張伯苓就任，副社長為司徒雷登和北京大學地質系主任翁文灝，執行幹事為戴樂仁，總幹事則是盧廣綿。工作人員也主要是燕京大學、南開大學的教師和學生。[44]

華北工業改進社的工作主要針對毛織業、煉鐵業、陶瓷業和職業教育等。具體而言，即對河北省高陽縣的織布業、山西省綏遠的毛織業、山西省陽泉的手工式小鐵工廠進行改進。下面依據史料就毛織業、煉鐵業的改進狀況作較為深入的探究。

(1)毛織業改進。基督教協進會為改進華北鄉村毛織工業曾撥款3,000銀元，工具、設備方面的實驗、改良由華北工程學院院長負責。由於鄉村民眾大多貧窮，故按所有利益分配給農民的原則採用如下漸進方法。即首先向其推薦無需購買的簡單機器，使每人每天增加收入3角至5角。待生活不再窘迫後，勸其購置每套500元的機器，同時引導其組織合作社，結果使社員平均獲利9角。而在合作社鞏固後，就推薦其購置生產能力為兩三倍、每套千元的機器，使其獲利進一步增加。[45]在進行上述指導的同時，還致力於人才培養。華北工程學院院長在成功改良梳毛板、分毛機後，於1932年10月借用華北工程學院校舍成立了毛織訓練廠，招收練習生，暫定訓練期為三個月，招聘曾在英國利茲大學研究毛織工業、回國後任力資毛織廠經理的李連山任技術指導。李除引進德制毛織機以提高毛毯品質外，還對機器做了改良。訓練廠還重視生產、購買、銷售等各類合作社，在教授練習生技術的同時，還向其灌輸合作知識，訓練其組織合作社的能力。該訓練廠從1932年10月至1933年6月

年，第461-462頁；松葉秀文《米國の中國政策1844～1949年》，有信堂，1971年，等等。

[43] 前引盧廣綿《華北工業改進社事工進行概況》，第167-169頁。前引《盧広綿氏からの書簡》。

[44] 同前。

[45] 前引盧廣綿《華北工業改進社事工進行概況》，第169-170頁。

共開辦三期，結業練習生37人。據說，這些練習生由清河鎮實驗區、華北工程學院、山西銘賢中學、銘義中學、保定同仁中學、東北大學、金陵大學農科、定縣平民教育促進會、山東鄉村研究院及各地宗教團體選派而來，結業後即回各地幫助農民從事和推進毛織工業。[46]當然，該事業的目的並不限於改進毛織業，也是為了棉花、棉織業等紡織工業整體的改良和發展。

(2)煉鐵業改進。山西農民土法煉鐵者眾多。為對此加以改進，戴樂仁曾計劃建造四至五噸的化鐵爐，並在銘賢中學和燕京大學化學系幫助下預先進行調查。實現該計劃的資金主要來自洛克菲勒財團，即該財團給基督教協進會的捐款4,000元。此外，改進社曾求助英國伯明翰大學，該校則推薦了冶鐵專家、工程師沃爾特斯（Walters）。沃爾特斯於1933年5月抵達中國後即著手調查，並向改進社礦業委員會的「威爾遜」和翁文灝提交了報告。其要點是：①化鐵爐太小，不能充分熔融鐵礦石；②當地煤含硫磺過多，混入鐵水，故煉成的鋼鐵變脆，可換用井陘煤，但將提高成本；③稍加改良，即可提高產量一成。執行委員會據此開會決定支援銘賢中學試製化鐵爐，並對煉鐵方法進行技術改良等。另計劃改良礦石採掘方法、開辦模範煉鐵廠，以便將來製造農村所需器具如農具、軋花機、榨油機等。是否曾實際組織合作社不得而知，但該計劃無疑包括組織合作社。因為，改進會曾打算將這些小型工廠聯合起來組織「公會」，並使其與城市的鐵工廠建立緊密聯繫。[47]

南開大學經濟學院院長何廉（1897-1975）曾向中國工程學會全體會員介紹華北工業改進社的這些活動，並希望他們都加入改進社。部分銀行界人士也開始予以關注。應該說，改進社的活動整體上呈現發展勢頭，吸引了眾多支持者。除毛織、棉織、煉鐵、陶瓷各行業外，改進社還曾計劃對罐頭等食品加工業、製革等工業加以改良。此一過程之後，改進社曾研究過分工實施。即組織、指導、訓練、普及由改

[46] 前引盧廣綿《華北工業改進社事工進行概況》，第171-172、175-177頁。〈華北工業改進社工作報告〉，《天津大公報》，1933年11月3日。另，結業人數，前者作「37人」（171頁）、後者作「40人」，本書從前者。再，前者（174頁）稱，工業改進社1933年度預算為51,000元，其中35,000元容易籌集，不足部分擬向英美和中國國內募捐（周貽春負責國內募捐，數月已得4400餘元云）。斯諾稱，盧廣綿此時正在山西的小型鐵工廠嘗試運用合作社理論。東亞研究所《支那工業合作社問題關係資料》（一），1941年，第129頁。

[47] 同前。

進社專門負責，而調查、實驗則由燕京大學、南開大學承擔。[48]後來。以華北工業改進社為基礎，南開大學、金城銀行、平民教育促進會（定縣實驗區）於1934年聯合成立了華北農業研究改進社（周作民任理事長，張伯苓、晏陽初任副理事長）。至七七事變爆發前，華北農業改進社成績顯著，在河北省52縣全部組織了棉花運銷合作社。但其工作重心已完全從生產轉移到運銷。亦即，華北工業改進社開創了成立工業生產合作社的重要契機，但仍處於摸索階段；雖曾組織若干毛織、棉紡、煉鐵等合作社，或亦曾試圖推動其繼續發展，卻因缺乏組織合作社的經驗而未能推廣。但是，這些經驗後來被盧廣綿等運用到了抗戰時期的工合運動中。

四、一九三〇年代合作社行政的確立和工業生產合作社概況

　　較之燕京大學的社會實驗區、華北工業改進社等民間的活躍動向，國民政府在復興農村方面顯得行動遲緩。但為解決財政危機、確保稅收，國民政府也必須面對農村凋敝問題，並且也期待合作社能為解決該問題發揮重要作用。

　　1935年9月施行《中華民國合作社法》，是國民政府在行政方面有關合作社的重要舉措。在國民政府的各種政策中，該舉措也被視為富有革新精神。其第一條規定合作社須根據平等原則、以共同經營之方法為社員謀求利益、改善其生活；第三條「業務」之二則是專門針對工業生產合作社的規定，稱為謀工業發展，應設置社員製造上必需之設備，其產品則聯合推銷。在隨後有關合作社的一般性規定中，基本明確將採取措施鼓勵合作社，免除其所得稅和營業稅（第6條）；設立合作社須有社員7人以上（第7條），社員資格為中華民國公民、年滿20（以上）者（第10條），且須有社員二人以上之介紹（第13條），但被剝奪公民權利者、破產者、吸食鴉片者不得成為社員（第12條）。社員至少認購社股1股，最多不可超過合作社股金總額的20%；社股面額須在2元以上、至多20元（第15條）。社股年息不可超過一分（第19條）。若產生純利，應提20%以上為公積金、提10%以上為公益金、提10%為理事及事務員酬勞金（第20條）。理事（任期1至3年，可連任）、監事（任期1年，可連任）至少各設3人，由社員大會從社員中選任（第29、30條）；經社員

---

[48]　同前。

大會過半數決議，可解除理事、監事之職權（第39條）。合作社之會議有四種，即
社員大會、社務會、理事會、監事會（第43條），社員大會須有過半數社員出席方
可召開，半數出席者同意可形成決議（第46條），社員表決時每人僅有一票表決權
（第47條）[49]。該法具體實施狀況如何，仍有不明之處，但就合作社的目的、稅收
優惠、社員資格、純利分配、民主營運程序等皆有明確規定，顯示中國有關合作社
的法律在該時期已基本確立。而工業生產合作社原則上也包括在該法律範疇之內。

　　同年10月，蔣介石在太原發表〈國民經濟建設運動之意義及其實施〉指出，當
前我國唯一的緊急問題在於如何救濟已經崩潰的國民經濟；並說，較之新生活運動
是民族的、修身的，主要針對道德和精神方面，國民經濟運動則是民生的、生產
的，主要針對行動和物質。蔣把增加生產總量、解決失業問題等定為國民經濟運動
的目標，並指出，振興農業方面須增加生產、改良農作方法、活躍農村資金，而運
銷則須完全以合作社為基礎；促進工業方面，農村的簡易工業、農產品加工製造等
簡單工業，須透過農村或其附近之合作社系統進行經營；而且，對調節消費，合
作社也須予以協助。[50]1936年10月，建設運動委員會召開總會，常務主任委員吳鼎
昌、總幹事周貽春等出席。會議決定改進農村工業、瓷器業，力爭建成全國網絡，
並在江蘇、安徽、廣東、寧夏、福建、貴州等地設建設運動委員會分會，在河南、
陝西、湖北等地設籌備會。[51]就這樣，為重建國民經濟、確立經濟基礎，南京政府
非常重視合作社，並循此思路注意到了工業生產合作社、農村工業的作用。

　　觀諸1930年代的統計，「生產合作社」大都未作「工業」、「農業」之分類，
故難以據此把握其中有多少工業生產合作社。不過，幸運的是，中央統計處曾於
1933年對全國合作社作過統計，一定程度上反映了生產合作社在各行業的分佈狀
況。本書將該統計中的行業分為「農業」、「工業」，並據此推斷1937年以前工業
合作社的數字，其結果如下。即，生產合作社總數為299社，其中農業生產合作社
為養蠶125社、養魚65社、造林16社、種桑13社、養豬11社、棉花2社、養蜂2社、鴨

[49]　國民政府《中華民國合作社法》（1934年公佈、1935年實施），秦孝儀主編〈抗戰前國家建設
　　　史料　合作運動（一）〉，收於《革命文獻》（第84輯），1980年，第436-450頁。

[50]　蔣介石〈國民經濟建設運動之意義及其實施〉（1935年10月），《蔣總統思想言論集》，卷5，
　　　（臺灣）中央文物供應社，1966年，第35-40頁。

[51]　《天津大公報》，1936年10月15日。

毛1社、「畜牧」1社、「麻」1社，計237社，占生產合作社總數的79.3%；工業生產合作社則為織布13社、機器零件11社、造紙3社、裁縫3社、陶器1社、釀酒1社、木器1社，計33社，占總數的11%。不過，另有難以分類的「普通生產」28社、原料生產1社，共有29社，占總數的9.7%。[52]。亦即，1933年時，工業生產合作社占生產合作社總數的11%，即使將難以分類的也包括在內，也僅占20.7%。

如表2-1所示，全國的生產合作社，1932年有271社（占合作社總數的6.8%）、1933年為304社（4.48%）、1934年為1,260社（8.65%）、1935年為2,321社（8.9%）、1936年為3,199社（8.6%）。若以上述1933年的比率為基準推斷生產合作社中工業生產合作社的數量，則1932年應為27社至55社、1933年應為33社至61社、1934年為126社至265社、1935年為232社至488社、1936年為319社至672社。

那麼，工業生產合作社的實際狀況如何？首先，其地區分佈極不平衡，大多集中於江蘇、浙江、河北、江西等省。這些省份，雖說互有差異，但無不原料豐富且副業基礎較好、有向外國或外地輸出的傳統，並且接受組織合作社的指導。下面與《中華民國合作社法》的實施情況（1935年9月以後的情況）聯繫起加以觀察。

第一，江蘇省。該省的工業生產合作社多為毛氈、織布、桐油、製糖等行業。著名的有吳江縣開弦弓村的生絲精製生產合作社、吳縣唯亭的毛氈生產合作社、武進和南通的織布及毛巾生產合作社、阜寧的襪子生產合作社、興化的榨油生產合作社、盛澤和丹陽的絲綢生產合作社等。[53]。下面就毛氈、織布、生絲等生產合作社作一探討。

(1)**毛氈生產合作社**。吳縣唯亭、後戴各村擁有毛織技術的農民組織合作社，社員領到由合作社聯合社共同採購的原料後，各在自家加工。亦即，其製造過程分散，為基本不使用機械的手工業形態，社員只對生產責任。產品完成後或交給合作社，由聯合社負責運銷。武進的毛巾生產合作社、吳縣的草席生產合作社等也採用同樣形態。[54]

---

[52] 〈中國之合作運動〉（下），《經濟研究》，第2卷第10期，1941年6月。

[53] 江蘇省建設廳，〈江蘇省合作事業之經緯〉（1936年11月），《革命文獻——合作運動（三）》，第86期，1981年，第13頁。

[54] 梁思達、黃肇興、李文伯編，《中國合作事業考察報告》，天津南開大學經濟研究所，1936年11月，第60頁。

(2)**織布生產合作社**。如在武進等地，主要由擁有織機的農民組成此類合作社。原料由合作社理事從銀行融資一併採購後發給社員，各社員則或在家各自織布，或雇人代織。織成的布匹交給合作社，由推銷員賣給當地布商。亦即也允許商人參與其中。不過，商人不能任意定價，銷售狀況取決於棉價波動。但據說因是手工業，產品標準難以統一，很難與進口的廉價機織布競爭。[55]再看宿遷城廂的織布生產合作社。宿遷農民自古多以織布為副業，其織布合作社或為組織織布農民而成立。此地最早有馬陵鎮織布生產合作社成立，後來發展到有社員25人、股金800元，遂於1936年4月召集社員大會，改稱城廂織布生產合作社，擁有織機100台。該社的主要業務是採購棉紗，以地契和織機作抵押獲得省農民銀行貸款，購入棉紗，再以低於市價的價格售與社員（棉線每包市價232元，合作社則售230元）。1936年結算純利3,092.8元、共同基金存款900元（或存於省農民銀行）、公益金96元、職員酬金100元，還根據購買棉紗數量和認購股數給社員配發紅利。這等於不用現金而用股票購買棉紗，必然帶來合作社資金的增加。該社1937年度計劃籌備和成立襪子合作廠、提倡鄉鎮合作織布合作社、實施合作訓練教育，並逐步將城廂織布合作社改為批發合作社。[56]可見，雖說是生產合作社，但其功能則偏重原料採購等。

(3)**開弦弓生絲精製生產合作社**。該合作社規模大、基礎牢，為當時合作社的佼佼者。江蘇女蠶校教員費達生（1903-2005，費孝通之胞姐）根據其留學日本時的經驗，於1922年組織吳江縣開弦弓改進社，翌年改組，成立養蠶合作社（21戶，每股20元，分五年交訖）。該社1927年已在進行生絲生產，1928年組織運銷合作社，同時致力於生絲改良。在此基礎上，1929年擴充為工業生產合作社，即生絲精製運銷合作社；此時，社員和股數從400餘戶、700多股增至552戶、833股，資金則有從江豐農工銀行融資57,878元、江蘇省農民銀行吳江分行融資25,000元，另有社員股金3,200元。經大會選出理事和監事5人、技術員2人、事務員等9人、工人76人；女工為經過培養的社員子女。

---

[55]　同前。

[56]　劉海雪，〈宿遷城廂織布生產合作社概況〉，《江蘇合作》，第25期，1937年6月16日。

擁有車間30餘室，置日式紡車32架等，索緒鍋和檢驗設備亦為日式。選繭則肉眼和機器並用。該社是否曾按股分紅不詳，但工資按工序、品質決定，每日大約4角，定有獎罰制度。據說，該社業務從養蠶、繰絲直至生絲銷售，故並未放棄農業，應屬「工農兼營生產合作社」。換言之，該社尚屬混合形態。[57]

農業生產合作社有養蠶、養牛、煙草、林業、開墾等業，而養蠶合作社的代表區域是吳縣光福區，這裡從1928年即開始進行合作指導。1929年有兩個合作社（社員為30多家養蠶戶）接受了技術指導，靠蠶種改良提高了賣價，帶動合作社及其社員分別增至12社、516人。其運作，先由聯合社「催青」（用暖房加快孵化）後，各合作社組織社員共同飼養；蠶繭則交給聯合社一併烘烤，而這道工序從前是包給繭商的。[58]

1936年，省建設廳以城市大廠受「國際資本主義」圍困無法對抗廉價進口貨、戰時易受轟炸等因素，欲在原料豐富的農村建立工業生產合作社，以實現「農業工業化」，將城市的工業生產能力分散到農村。至其實施，則由建設廳制訂方針，令各縣據以提倡。其方針是，工業生產合作社由農民組織、以鄉鎮為單位；謀求利用剩餘勞動、消化過剩人口；原料從本鄉及附近各鄉選購；產品銷售就近尋求銷路，而後再向大城市開闢永久管道，同時留意增加出口、防止進口。[59]可見，省建設廳方針依據的「工業分散化」理論及其強調的組織工業生產合作社的意義等，與前述合作運動家、合作研究者的主張在相當程度上有共通之處，不妨說，雙方在1936年已經形成共識。

第二，浙江省。該省繰絲業發達，占全國的三分之一；茶葉年產426,342擔、桐

---

[57] 徐新吾主編，《中國近代繰絲工業史》，上海社會科學院經濟研究所，1990年，第544-549頁。弁納才一〈南京国民政府の合作社政策〉，《東洋學報》，第71卷第1、2號，1989年12月。該社十分有名，機構、設備等應屬當時生產合作社之最先進者。1930年代，國民政府推行復興農村政策；在此背景下，社會對該社期望較大，希望其有助於消化過剩人口，增加農民收入乃至促進社會變革。然而，據說因時代局限，擁有最終決定權的社員總會因社員「無學識」而很難行使其權力，加之社員意識低下，不理解合作社為何物，一味固執於實際利益，無分紅即撤回出資（奧村哲〈恐慌下江南製糸業の再編再論〉，《東洋史研究》，第47卷第4號，1989年3月）。或許，1930年代未能擺脫利益誘導形態的其他合作社，多少都存在同樣傾向。

[58] 前引梁思達、黃肇興、李文伯編，《中國合作事業考察報告》，第61頁。

[59] 前引江蘇省建設廳，《江蘇省合作事業之經緯》（1936年11月），第11頁。

油166,405擔、紅糖670,000擔、柑橘622,716擔。這些產業不僅是全省的經濟基礎，也形成全國國民經濟的一部分。[60]據1935年1月統計，浙江省有合作社1,498社、社員48,616人、股金293,866元。但其中絕大多數是信用合作社，生產合作社僅占236社（15.8%），其社員6,106人（12.6%）、股金27,204元（9.3%）；但其比重高於其他省份。[61]

(1)桐油生產合作社。蘭溪縣提倡最早，該縣1936年已組織合作社11社，但因缺乏資金而未能擴充。社員大多數為榨油工人，每社各有榨油車僅一部。據說，原料由合作社購自桐樹所有人，或先付訂金，或隨時支付現金，但最大問題是買賣雙方利害不一。桐油產品賣給當地商人。[62]

(2)製糖生產合作社。金區合作製糖廠於1933年11月開始籌備，一年後大部分機器安裝到位，1935年10月開業。該廠和省建設廳有直接關係，盈虧由政府負全責。工人160餘人（多為社員，少數經人推薦補充），分兩班。合作製糖廠與合作社的關係如下。①組織原料委員會採購和供應甘蔗，委員由合作社理事擔任。②研究技術、改良製糖方法。不過，其所謂研究人才，實為招聘工人的手段。③該廠同時也是甘蔗合作社聯合會。據稱，聯合會下有合作社33社（社員560人），皆為該廠生產而組織；但後來聯合會解散，該廠與合作社的聯繫也被削弱，有名無實。[63]此外，義烏也有合作社5社。每擔甘蔗的產值，用土法僅得9元，而合作社成立後則提高至12元。該縣於是計劃再組織合作社數社，成立全縣糖業生產合作社聯合會，並將民間團體併入其中，再募集外國資本數萬元以成立合作製糖廠。[64]

浙江省生產合作社的狀況，由於不掌握工業生產合作社的史料，故僅以1932年的農業生產合作社作一觀察。第一農村合作實驗區（區域不詳）的養蠶合作社，養蠶由社員共同起居、相互合作進行，產繭後共同銷售。[65]黃沙塢合作社（社員45

---

[60]　陳仲明，〈浙江應提倡生產合作〉，《浙江合作》，第22、23期合刊，1934年5月16日。

[61]　〈浙江省各縣市合作社分類統計表〉，《浙江合作》，第37期，1935年1月1日。

[62]　前引前引梁思達、黃肇興、李文伯編，《中國合作事業考察報告》，第62-64頁。

[63]　同前。

[64]　前引陳仲明，《浙江應提倡生產合作》。

[65]　同前。

名、股金1,645元）有產桃部，將桃子加工成桃脯，每擔3元；但運至上海銷售，每擔則賣到16元，每戶每年增加收入700元。[66]麗水縣正在籌備的沙溪鄉慈竹生產合作社，共200股，每股5元，為防止合作社被少數人操縱，規定每人認購不得超過10股。[67]

　　農民參加合作社後，其自身發生了怎樣的變化？若欲瞭解合作社如何影響農村社會、如何改變農民的意識，這個問題不可忽視。這方面同樣沒有工業生產合作社的史料，但其他合作社應與之相似，可參考者不少。如於潛縣養蠶生產合作社社員戚興來表示，靠共同努力、互助合作，大家更團結了；合作社可得到金融機構放款，利息壓力減輕了；銷貨由合作社負責，不再受商家盤剝了。而海鹽縣農業生產信用兼營合作社社員不單學會了認字，加入合作社後，透過社務、討論、選舉、表決、記帳、計算等，無意識間受到了知識訓練；合作社員須有責任感和自立精神，因而自治能力得到了訓練。[68]可見，合作社也帶有改造農村社會的功能。

　　第三，河北省。吳知對高陽縣織布業分類如下。第一種是「家庭工匠」，因缺少耕地而以織布為副業，織戶大抵為此種形態。第二種是「家庭工廠」，主人即織布師傅，擁有兩三架織機，雇人生產。採此種形態者占兩三成。第三種為合作社，極少，但組織起來生產，應予以評價。合作社經營又分四種：①「生產合作社」形態：於留左村有7、8社，由五至十人組成（另雇童工數名），集小額資本，租用民房，一般購置鐵織機5、6架；定一兩人為代表，使其任經理等，但所有成員皆須從事織布；原料採購、成品銷售委託給印染廠；年底決算，所有成員平分利潤、平攤虧損。②「銷售合作社」形態：西田果莊有數社。1929年，先有3家織戶合作、共用7架織機為高陽城內的同和工廠織布；1932年增至9戶、25架；欲加入該社需技術好，且需所有成員同意；原料共同採購，車間分散於各家，產品則共同銷售給布線莊。③「利用合作社」形態：由四五人共同出資，用50元左右造簡易共用車間，內置織機，用以織布。④「勞資合夥」（labor copartnershipz）：在長果莊有兩三人發起，資本家提供房屋、織機、原料，獲利則勞資雙方均分。[69]可見，較之江蘇、浙

66　陳仲明，〈浙江合作事業之進展〉，《浙江合作》，第26期，1934年7月16日。
67　劉照藜，〈麗水縣茲竹生產合作社之展望〉，《浙江合作》，第7期，1933年10月1日。
68　〈第二次社員徵文〉，《浙江合作》，第3卷第15期，1936年2月1日。
69　吳知著、發智善次郎等合譯，《鄉村織布工業の一研究》，岩波書店，1942年（原著1936年出

江，河北省合作社的形態相對落後，也幾乎無法阻止商人居中盤剝。

　　第四，江西省。該省農村工業頗有名氣，有織布、造紙、製糖、榨油、茶葉等行業，曾大量出口。但其手工業多固守舊工藝，成本高、產量低、銷售困難，故日漸衰退。於是，省農村合作委員會按主要產品分區，以合作方式進行改良和恢復生產。結果，如奉新、靖安、石城、貴溪、永豐等地所產紙張，輸出估值達100餘萬元。南昌的織布、南康的糖業、遂川的榨油也是從指導經營、運銷入手，進而透過改良生產而降低成本、增加收益。亦即，仍是先改革流通、然後再改良生產的模式。1937年5月的合作社統計顯示，信用社2521社（社員131,378人）、兼營社550社（117,290人）、利用社517社（49,708人）、運銷社115社（12,997人）、供給社32社（3,120人）、生產社14社（876人）、消費社2社（173人），計3751社（315,542人）。[70]可見，在江西省，純粹的生產合作社（單營社）在合作社總數中僅占約0.4%，絕大多數合作社著重運銷，即改革流通和改善經營，而非致力於改良生產技術和生產工序，生產要素大部分情況下或包含在兼營形態之中。而這些兼營形態中的工業合作的產值為1,815,948元、農業產值為1,043,337元。[71]

　　由上述探討可知，1930年代工業生產合作社的特點是，社員是農民，目的在於阻止商人居間盤剝；但不少地方也不完全拒絕商人介入，有的地區工業、農業並未分化。至於生產場所，更多的是在各自家庭分散生產，而非集中生產。因此，儘管已開始摸索提高技術、統一產品，但遭遇困難在所難免。[72]

結語

　　至此，本章就合作思想傳入中國後至1920年、1930年代的合作社，圍繞工業生產合作社的發展狀況作了探討，並力圖明確和把握組織、推廣合作社的理論、機構，同時重點分析合作社的構造性發展。現總結如下。

　　　版），第143-152頁。

[70]　文群，〈江西省農村合作委員會工作報告〉，1937年6月，前引《革命文獻》，第86輯，第466-467、472頁。

[71]　同前。

[72]　前引梁思達、黃肇興、李文伯編，《中國合作事業考察報告》，第65頁。

　　第一，關於工合運動在中國合作社運動史上佔有怎樣的地位，首先須把握如下幾點：①合作思想本身是作為「救國」思想傳入中國的，早期合作社是以復旦大學為中心、由民間主導自發組織的。此時的合作社，主要是城市的消費合作社。②華洋義賑會是美國人主導、以基督教為指導理念的組織。該會為救濟河北農村而組織的信用合作社，其對象當然是農村，而且尊重農民的自發性。③國民黨組織合作社以孫中山為其思想基點。第一次國共合作時期，早期合作社領袖與國民黨員聯合成立了中國合作運動協會。亦即，合作社自始即帶有可能成為國共兩黨紐帶的性質。④南京國民政府成立後，國民黨因北伐成功而掌握政權，但同時也走向保守。國民政府將合作社運動的重點置於農村、農民，自上而下地將合作社移植到農村，並予以保護、指導，但其目的則在於強化對農村的管理統制。主要在江蘇省實施的此一政策後來獲得成功，引導合作事業逐步發展到全國。⑤但是，在推動工業生產合作社發展方面，國民政府行動遲緩，其主導力量仍是民間的華北工業改進社等，也有不少外國人參與，而且，他們不少人是基督教徒。如華洋義賑會的戴樂仁曾經重視信用合作社，至此期其思想已大為發展，開始呼籲重視農村工業；後來成為工合運動領袖的盧廣綿，此時也加入了工業改進社。不妨說，後來的工合運動，即上述合作運動的經驗和人才結合、匯流而成。在抗日戰爭的背景下，以中國合作社運動的初衷「救國」為旗號的工合運動，雖由民間力量主導，但得到了國民政府的支持和援助，還獲得許多信奉基督教的技術人員的參與和美國方面的有力支持。而在第二次國共合作的形勢下，實質上繼承了第一次國共合作時期合作運動協會精神的工合協會，也必然成為統一戰線組織。從發展歷程看，中國的合作社運動從服務城市的消費合作社發展到以農村為對象的單純的信用合作社，而後擴展為覆蓋城市、農村的全國性運動，最終孕育出了組織更為複雜的工合運動。工合運動不僅帶有反帝意識，而且具有工業合作社特有的濃厚的反權力意識，因而抵制國民政府自上而下的過度的「指導」和「保護」（干涉和統制），並始終堅持民主、自主、自立，重視自發性。

　　第二，工業生產合作社的發展歷程大體如下。進入1930年代，復興農村成為亟需解決的現實問題，農村工業得到重視，於是以農民為社員的工業生產合作社，開始以重組家庭副業的形式出現。當時，合作社的主流是組織機構簡單的信用合作社，工業生產合作社不過是一般合作事業的一部分。這些合作社分散於各地，接受

各省建設廳指導，尚未有跨省的合作或聯合，除原料採購外，後續的共同生產、分工等亦不多見。亦即，該時期工業生產合作社的主要目的，在於共同採購原料、改革銷售等流通過程以增加農民收入，而不在於生產。儘管如此，合作社內部仍盡可能地實行公平分配、選舉等，其自治精神在一定程度上仍得到加強。清河鎮社會實驗區還曾在農村工業、技術訓練、識字、衛生、婦女解放等方面進行探索，改造農村的契機已經顯現。華北工業改進社則專注於農村工業，尤其是織布、煉鐵等，並試圖改善其組織、改良其技術並引進機器生產。特別是對土法煉鐵的改良和合作社組織的探索，在織布等以外開創了新局面。後來的工合運動能夠迅速進入煉鐵行業，相當程度上得益於此時的經驗。後來，國民政府公佈合作社法，以對合作社進行鼓勵、規範和管理；其中合作社須有七名社員方可成立、社員皆擁有平等表決權、阻止特定個人操縱合作社等規定，也就是後來海倫・福斯特所強調的工業生產合作社的管理營運原則。總之，後來工合運動所實施的措施，其中許多在1930年代已經出現，儘管尚嫌分散，但無疑已有社會基礎。[73]

　　第三，1937年七七事變爆發，此前不斷發展的合作事業因此遭到打擊。沿海、沿江的工業中心相繼淪陷，日本封鎖港口導致工業品嚴重匱乏。但這為發展農村工業、推進「工業分散化」、建設內地工業提供了有利時機。工合協會隸屬行政院，但也是許多第三勢力參加的全國性統一組織，因此得以在鄉鎮、地方城市組織了為數眾多、相互有機聯繫的小型工業。還使工業生產合作社從一般合作社裡獨立出來，實現了突破省界、跨越國共支配地區的聯繫，其成員亦迅速擴至民族資本家、技術員、技術工人、一般工人、農民等各階層。生產則為支持國防而以軍需、民用為兩大支柱，生產本身受到重視，產品種類亦迅速增加，除以織布為主的輕工業外，還開始製造機器及武器，建立起了化學等工業。應該說，對於建立重工業，國民政府態度並不積極，但工合運動領袖卻欲負起責任。此外，家庭分散生產已不見蹤影，工合社內共同生產及分工自然成為主流。從前，外資僅來自洛克菲勒財團等，但工合運動卻極大擴展了利用外資的範圍，因而足以作為國際反法西斯統一戰線而發揮作用。隨著工合運動向重慶等西南地區、蘭州等西北地區擴展，部分工合

---

[73] 「生產性難民救濟」，也是救國會派的李公樸提出的。當然，「合作社」與「工業」結合非海倫・福斯特獨創。一定要說獨創，或當屬戴樂仁。

社與各省企業公司一同被「升格」為國營、公營工廠，從而在一定程度上改變了中國工業的不合理佈局，成為「工業分散化」真正意義上的先驅。

　　至此，關於海倫・福斯特的「創造性」，我們或可作如下表述，即海倫・福斯特是七七事變爆發前「工業分散化」等理論與工業生產合作社的經驗、各種實驗、農村改造工作及合作社法的民主性規定的集大成者，她為徹底實施這些經驗等，而把它們有機結合起來，並進行了體系化、發展性的概括。經上述融合和發展，海倫・福斯特把工合運動塑造成了左右政治勢力皆可接受的「重建綱領」，而且將其發展成自下而上的全國規模的運動形態。該運動不僅吸納了各階層——因抗戰爆發而迷茫的盧廣綿、戴樂仁等合作主義者在內的宗教人士、中國農村派、劉廣沛等「培黎弟子」（Baili Boys）、福特汽車公司等的技術人員、民族資本家等——加入，還是國共兩黨力量的結合點，從而形成抗日聯合體，並在全國範圍內將其發展為自下而上的抗日運動。這應是工合運動的最大意義，也是海倫・福斯特的最大「創造性」。然而，工合運動與中國的歷史、合作運動的發展並非沒有關係；實際上，工合運動的不少參與者，從前也都參加過合作運動。不過，更重要的是，中國民眾原本即有自發形成組織的傳統，如上述高陽縣的失業工人在1933年曾自發籌集資金共同織布、被稱作「穴倉」的相當原始的作坊等，都是這種傳統的體現。[74]正因如此，艾黎等人的思路、設想，中國民眾並非將其完全視作外來思想，而更多的是視其為自主合作這一傳統的一部分，並具有主動參與、承擔的自覺意識。但海倫・福斯特卻完全無法理解民眾在工合運動中表現出的這種意識和精神，反而斥之為「偏執狹隘的國粹立場」。[75]

（史天沖　譯）

---

[74]　有澤廣巳，《支那工業論》，改造社，1936年，第103-104頁。

[75]　Nym Wales, *China Bullds For De,pcracy*, 1941, pp.179-180.（東亞研究所譯《支那民主主義建設》，1942年，第254頁）。

中國工業合作協會的成立與第三勢力
——以救國會派為中心

前言

　　工合運動是由美國人海倫・福斯特・斯諾（Helen Foster Snow, 1907-1997，斯諾之妻。筆名：尼姆・韋爾斯，Nym Wales）提出設想、由斯諾（Edgar Snow, 1905-1972）、紐西蘭人路易・艾黎（Rewi Alley, 1897-1987）共同參與方案設計，而後被付諸宣傳、實踐的。據說，1937年11月，他們在上海的救國組織即上海救國會成員占多數的「星一聚餐會」上提出該方案時，立即得到了支持。方案獲得回應和支持似未費吹灰之力，此點值得關注。之所以如此，除方案新穎、可行而切實有助於抗日外，更重要的原因或是其思想已達到一定高度，因而能得到參會者理解並接受，而且是此前類似運動的延伸。本章擬就這方面——既往研究未予充分重視的工合運動與第三勢力的關係——加以實證性考察。在開始組織該運動時，除斯諾夫婦、艾黎等外，曾發揮重要作用的還有第三勢力，特別是救國會派。有鑑於此，本章試圖探究如下問題，以明確救國會派在工合運動中的作用及其局限。即，救國會派的思想、主張及其與工合協會、工合運動的關係；救國會派與合作社的關係；「星一聚餐會」的活動與組織工合協會的情況；工合協會總幹事、副總幹事人選與救國會派（尤其章乃器、杜重遠、鄒韜奮的活動與決定人選的關係）；工合協會的人員配備及其意義等。透過對上述問題的探討，我們將會看到，工合運動的發動者並不是國共兩黨，而是第三勢力。

一、救國會派的主張及其與合作社的關係

　　探討救國會派，須首先考察全國各界救國聯合會（以下作「全救聯」）的主

張。1936年1月28日，上海文化界、職業界、學生界、婦女界的各救國會共同成立上海各界救國聯合會。5、6月間，又有各地六十多個救亡團體的代表在上海召開全救聯第一次代表大會，發表了〈抗日救國初步政治綱領〉，就各方面問題提出具體的主張和要求。即，政治制度：確立民主制度是各黨各派合作的基本條件，結社、集會、言論、出版自由是聯合戰線的前提條件；工商業：加於貨物的苛捐雜稅、阻礙貨物流通的各種制度應予廢除，同時應嚴查日貨走私入關，抵制日貨；工人：改善工人待遇，保障工人生活，透過法律規定最低工資、最長勞動時間、最高和最低年齡，禁止對工人的非人待遇和壓迫，給予其透過讀書、集會等參與救國的自由；農民：廢除苛捐雜稅、兵差、勞役等，直接以低息向農民提供貸款，給予農民組織救國運動的自由；婦女：在教育、政治、法律、經濟、職業上實施男女平等，充實和提高婦女的能力以加強救亡陣線；少數民族：平等對待少數民族，努力提高其文化水平，但對其語言、文化、習慣、宗族則不應試圖統一和干涉；華僑：善加組織，華僑將在國際宣傳及經濟方面為救亡陣線發揮巨大力量，應保護其合法利益，同時促進具有國防工業熟練技術之華僑回國服務；難民、失業者：施以普遍救濟，徹底消滅失業，並將其組織於救亡陣線之下。[1]這些主張、要求的許多部分，後來作為組織論和運動論被工合運動所吸收、繼承和體現。

　　那麼，救國會派在工合運動開始前對合作事業的主張如何？救國會派的鄒韜奮主編的《生活日報》曾刊文稱，當前救濟中國農村的唯一生力軍就是合作運動。但該文同時也批評道，信用合作社占58.8%，生產合作社不過8.9%，生產合作社最重要卻極少；還稱信用合作社被地主、商人壟斷，合作社在生產方面羸弱無力。為改變這種局面，該文要求必須健全政治，糾正合作社集中於江蘇、各地分佈極不平衡等現象。[2]當然，該文討論的是農村和農村生產合作社，而非城市和工業生產合作社；但顯然更重視生產合作社，而非信用合作社，此點值得留意。

　　救國會派與城市型合作社的關係怎樣？1936年，上海職業界救國會曾實際成立上海救國職員消費合作社，其宗旨在於提倡國貨、服務於救亡大眾。他們認為，大量日貨因日本武裝走私而流入中國，導致工商業陷入困境、民族經濟命脈遭到破

---

[1]　〈抗日救國初步政治綱領〉（1936年6月10日），《救亡情報》，1936年6月14日等。

[2]　〈每週中國經濟通訊──風靡全國的合作運動〉，《生活日報》，1936年6月27日。

壞；因此，該合作社的目的是提倡抵制日貨、買賣國貨。該合作社的成立受到各救國會會員的歡迎，也得到工商界的響應。[3]

　　尤其重要的是，後來工合運動著意主張的「生產性難民救濟」，在鄒韜奮主編的《抗戰》雜誌中早有強調。當時，江蘇省政府決定向數縣撥款用於設立平民工廠，以普遍救濟江北難民，同時增加生產、充實後方。《抗戰》認為此舉「值得我們的特別注意，並斷言這不僅可以在生產方面積極救助失業者，對持久戰的前途也大有裨益，而且是救國工作的重要部分，希望國民政府制訂大規模生產計畫加以實施。[4]這一立場與同屬救國會派的李公樸的主張多有重疊。李的〈救濟難民工作計劃大綱〉一文認為，在全民抗戰的局勢下，救濟難民的事業已成當前最最迫切的要求。然後說，難民救濟往往與自然災害等而視之，以提供食物等為主，但那是消極救濟，消耗巨大，且經濟上也做不到；難民本為從事生產的人民，戰時亦可從事生產；對難民不去組織和教育而放其自流，不僅妨礙軍事工作，而且會被敵人利用，其不良分子甚至可能成為漢奸；應挑選救濟機關收容的手藝人、汽車工及有軍事經驗者以供軍用，其他壯丁則充後方防衛，安排其從事各種生產，國家利用這些勞動力從事修築鐵路和公路，或開礦、墾田、造林等國防事業。[5]可見，難民不僅是救濟對象，也是勞動力、生產力，應動員其充實國防，或安排其在工廠勞動，如此一舉解決難民救濟、提高生產、加強國防等問題——這種看法和設想，在救國會派裡已形成一定共識。

　　不僅如此，上海職業界救國會極可能在1936年8月成立過消費合作社。其機關報稱，由於日本武裝走私，日貨大量流入市場，中國工商業因而陷入困境，民族經濟面臨嚴重破壞；故擬於上海市中心成立專門經銷國貨之消費合作社，現正籌備，全救連各救國會會員皆表歡迎，並將予以支持。[6]

　　除救國會派外，王世安、吳覺農、馮和法等上海合作界人士、經濟學家等18人，也曾於1937年8月4日公開呼籲「救國」。他們主張，在政治方面，應發動全國

---

[3]　《上海職業界救國會刊》，第2期，1936年8月3日。

[4]　〈時評──平民工廠〉，《抗戰》，第13號，1937年9月29日。

[5]　李公樸，〈救濟難民工作計劃大綱〉，《抗戰》，第2號，1937年8月23日。

[6]　〈本會員發起組織上海救國職員消費合作社〉，《上海職業界救國會會刊》，第2期，1936年8月3日。

的合作社運動家和合作社社員參加當地抗敵救國團體，組織救亡歌詠隊，宣傳政治形勢，發行牆報，慰勞抗敵軍隊，加強軍事訓練，維持交通和地方治安，並隨時隨地進行有利於抗敵救國的工作；經濟方面，所有合作社社員應拒絕買賣日貨，須貯備糧食、進行救國儲蓄。[7]該時期，在合作社有關人要求「救國」的呼聲日益高漲的形勢下，政治方面及抵制日貨等經濟方面的抗日活動似已具體展開，但合作社自身的抗日活動及其在抗戰經濟中的地位、作用尚不明確。

二、「星一聚餐會」與工合協會之組織

　　救國團體「星一聚餐會」成立於1937年11月上海淪陷時，其核心是上海救國會成員。名「聚餐會」，乃為避免引起敵偽注意。既然是「聚餐會」，也就無需制訂成文章程。「聚餐會」的目的是組織上海淪陷後的救亡工作。具體而言，即透過宣傳、募捐來激勵、鼓舞上海民眾抗日救亡的熱情。參加「聚餐會」的，文化界有滬江大學校長劉湛恩[8]及胡愈之[9]、鄭振鐸，新聞界有王任叔、王藝生、薩空了、梁士純，工商界有陳巳生、蕭宗俊（華僑），海關方面有丁貴堂（海關總稅務司）[10]，

---

[7]　〈我國合作界呼籲救國──上海合作同仁發表致全國合作界同仁書〉（1937年8月4日），《救國時報》1937年9月5日。

[8]　1938年4月7日晨，劉湛恩在上海靜安寺路至小沙渡路拐角處的汽車站上被三名暴徒槍殺。據說，他拒絕就任南京偽中華民國維新政府教育部長，遂招此殺身之禍。劉1895出生於湖北省陽新。1915年畢業於蘇州的東吳大學醫科預科，後留學美國芝加哥大學教育系，1918年入哥倫比亞大學教育學院，1922年獲哲學博士學位。劉在美期間重點研究職業教育，回國後，先任東南大學教授，1923年到上海就任中華基督教青年會全國協會教育部總幹事，同時任上海職業指導所主任，致力於提倡職業教育。鄒韜奮也參加了劉領導的職業指導運動。1928年任滬江大學校長。1937年「八一三事變」後，主持東吳、聖約翰（St. John's University）等各大學參加的基督教會聯合大學的教務行政，並擔任上海各界救亡協會主席、上海各大學抗日聯合會負責人。劉的夫人是婦女界有名的王立明。鄒韜奮，〈敬悼不受偽命的劉湛恩先生〉，《抗戰》，第61號，1938年4月9日；《民國人物大辭典》，河北人民出版社，1991年，第1446頁，等等。

[9]　胡愈之（1896?1885?-1986），生於浙江，國際政治學者、世界語學家。杭州英文專門學校畢業後赴巴黎大學留學。回國後任《東方雜誌》編輯。1936年曾作為文化界救國會領袖活躍於上海。任中國民主同盟馬來支部主任。日軍佔領馬來後，在婆羅洲繼續從事抗日活動。中華人民共和國成立後，曾任1964年第三屆全國代表大會常務委員會副秘書長、中國人民保衛和平委員會委員。霞山會《現代中國人名辭典》，1966年版，第245-246頁。

[10]　丁貴堂（1891-1962），生於奉天省（現遼寧省）海城縣。1916年畢業於北京稅專，入海關奉職。

銀行界有徐新六，婦女界有王國秀[11]，宗教界有吳耀宗（中華青年會書局總編、全救聯理事）等；另有英國管轄下的上海工部局的陳鶴琴等。「聚餐會」在劉湛恩主持下，每週一晚上開會，討論如何開展上海地區的救國工作。[12]後來，劉湛恩被暗殺（三名殺手據信為梁鴻志的偽「中華民國維新政府」所派），胡愈之代之。秘書是張宗麟，而張的助手即盧廣綿，[13]主要負責安排每週開會的時間、地點及聯絡事宜。開會地點開始在法租界，後為躲避日本特務破壞，每次都改變地點。與會者談論國際國內形勢及上海狀況，然後討論上海地區的救國工作，研究如何維持士氣、增強民眾對抗戰的信心。當時，上海《大公報》主筆是王藝生，《大美晚報》和《每日譯報》則由王任叔負責編輯，故報紙能夠隨時反映和宣傳「聚餐會」的意見。[14]「聚餐會」曾透過上海各界組織募捐以支援東北義勇軍，1938年元旦在淪陷後不久的上海發起了懸掛青天白日旗運動。「聚餐會」的所有參加者還每人捐款50元作基金組織復社（胡愈之負責出版，張宗麟負責日常事務），出版了斯諾的《西行漫記》中譯本和《魯迅全集》等。其中特別重要的活動有以下兩項。

其一，重視抗戰教育的同時，為解決淪陷後上海青年的學習問題，「聚餐會」

反對列強干涉中國海關，一貫主張中國自立。九一八事變爆發後，呼籲愛國捐款，曾為十九路軍、東北義勇軍、東北抗日救國會以及馮玉祥、吉鴻昌等率領的察綏抗日同盟軍提供大量經濟援助，後來亦援助新四軍。上海淪陷後，曾從事調查日本人動向的活動，1942年3月被日本憲兵以「間諜嫌疑」逮捕。中華人民共和國成立後歷任海關總署副署長、人民代表大會代表委員等（中國人民政治協商會議全國委員會等編《工商經濟史料叢刊》，第3輯，文史資料出版社，1984年，第83-86頁）。丁與劉廣沛、盧廣綿同為東北人，其行動讓人感到他對日本建立偽滿洲國的憤怒。

[11] 王國秀（1895-1971），生於江蘇省。哥倫比亞大學哲學博士，曾任南京金陵女子大學、上海大夏大學史學系主任及上海女子大學教授。中華人民共和國成立後曾任政協第三、四屆全國委員會委員。中華基督教女青年會（YWCA）名譽主席。外務省情報部編《現代中華民國・滿洲帝國人名鑑》，1937年，第29頁；前引《民國人物大辭典》，第81頁，等。

[12] 盧廣綿，〈抗日戰爭時期的中國工業合作運動〉，全國政治協商會議《文史資料》，第71輯，1980年。盧廣綿，《回憶斯諾和中國「工合」運動》，1985年7月。

[13] 盧廣綿於七七事變後的1937年8月離開北平，經天津、煙臺、濟南、南京，於8月中旬即八一三事變後到達上海。他曾在華北農產研究改進社等從事棉產運銷合作社的工作，於是參加了設於國民政府農本局之下的全國農產調整委員會。他曾期待國民政府「有組織地動員眾多有能力的合作社工作者投入奪取抗戰勝利的工作中去」，但未能如願。正在這時，斯諾將艾黎介紹給他，並經原燕京大學新聞學系主任梁士純介紹參加了「星一聚餐會」。盧廣綿〈星一聚餐會和胡愈之先生〉，《文史資料選輯》，第89輯，1983年5月。拙稿〈現在の中國工業合作運動について──盧廣綿氏に聞く〉，《季刊中國研究》，1988年春季號。

[14] 前引盧廣綿，〈星一聚餐會和胡愈之先生〉。盧廣綿氏致本書著者信（1987年5月9日）。

恢復了李公樸所辦上海量才補習學校，設學校兩所。其中，進修補習學校（校長盧廣綿）設於上海南京路女子銀行大樓內，招收中學水平學生千餘人，於夜間利用業餘時間學習。另一所是社會科學夜校（負責人梁士純、鄭振鐸），設於圓明園路滬江大學，為兩三百名大學程度學生講授社會科學等。這兩所學校卓有成效，許多學生後來前往中國內地從事救國運動。[15]

其二，工合運動即經過「聚餐會」討論而誕生。海倫・福斯特與斯諾等在摸索、討論如何建立工業基地以抵抗日本的過程中，認識到適於運動戰的工業才是拯救中國的唯一途徑，最後得出如下結論。即，只有工合運動才能把如下目的——迅速重建、對難民進行生產性救濟、訓練並動員工人參加戰鬥、奠定政治民主主義的經濟基礎、打破日本商品的封鎖和經濟征服以防衛游擊區等——全部結合起來。[16] 1937年11月，海倫・福斯特和斯諾在「聚餐會」上發言說，八路軍需要工業生產合作社，中國沿海工業地帶相繼淪陷，戰爭已進入持久戰，必須主要採用游擊戰術。然後談到工合運動設想，建議把合作社方式應用於工業生產，動員後方的人力、物力生產日用必需品和簡單武器，以供應軍需和民用，支持長期抗戰。[17]對此，與會者當即興奮地予以贊成。因為，救國會派在幾個方面也有相似見解（儘管尚未形成體系和理論），工合運動設想既包含這些見解，又著眼高遠、規模宏大，救國會派自然不會有異議。

1938年4月3日，他們在上海錦江飯店（經營者梁士純）發起了工合運動。此時參會的有海倫・福斯特、斯諾、艾黎、胡愈之、梁士純、王藝生、王國秀、王立明[18]、蕭宗俊、丁貴堂、徐新六、盧廣綿、胡玉琦。[19]隨即，工合促進委員會組織

---

[15] 同前。

[16] 埃德加・斯諾著、森谷岩譯，《アジアの戰爭》，Misuzu書房，1956年，第75頁。

[17] 前引盧廣綿，《回憶斯諾和中國「工合」運動》。

[18] 王立明（1896-1970），生於安徽省。美國西北大學畢業，回國後從事婦女運動，領導中華婦女節制協會，致力於職業教育、福利事業。曾在上海、香港、重慶等地設婦女職業學校、婦女工藝生產社。八一三事變爆發後在上海發動募集冬衣運動，還救濟難民、支援平津流亡學生。丈夫劉湛恩遭暗殺後赴四川，任第一屆國民參政會參政員。1944年加入民主同盟。歷任中華婦女運動同盟會理事長等。著有《中國婦女運動》、《自強之路》等。前引外務省情報部編《現代中華民國・滿洲帝國人名鑑》，第50頁；前引《民國人物大辭典》第47-48頁。

[19] 拙稿〈中国工業合作運動について——レウィ・アレー、盧広綿両氏に聞く——〉，《アジア經濟（亞洲經濟）》，第21卷第5號，1980年5月。

起來，浙江興業銀行總經理徐新六被推為主席。八一三事變後，徐新六作為民間金融界代表負責上海租界內的金融事業，當時頗有影響力。思想方面，徐本屬政學系，或也有「親日」傾向，1936年10月曾參加「日中經濟提攜」訪日經濟調查團；但後來其反日意識逐漸強烈，對開展工合運動設想深表支持，稱為抗日應採用具有可行性的合作社方策。[20]大家一致同意將現代生產方式引入小型合作社。其後又在法租界的艾黎家裡開會，推選數人成立工合設計委員會。委員會的召集人是已辭去上海工部局科長職的艾黎，委員有盧廣綿、上海電力公司技術員林福裕、吳去非等。胡愈之也參加了該委員會，並在討論研究組織工合運動的政策問題等之後，起草了成立工合運動的中樞機關（即工合協會）和發展工合運動的計劃。5月，這些計劃草案用中、英文出版，恰在上海的宋慶齡立即表示贊成和支持。然後，計劃草案被拿到「聚餐會」繼續討論，經對具體組織、推進方法研究後，制訂了計劃。這些討論，除「聚餐會」主要委員外，斯諾、艾黎、英國大使館秘書亞歷山大（J. Alexander）及美國大使館人員也曾出席。[21]

此時，國民政府已撤至漢口。徐新六於是攜該計劃前往漢口呈給孔祥熙，希望政府給予支持和資金援助，同時與漢口各方面協商組織工合協會。孔祥熙起初並不熱心，但其夫人宋靄齡卻對艾黎闡述的開展工合運動的意義深表贊同，在宋開導下，孔最後表示同意。不過，孔的妥協，除來自當地抗日團體的壓力外，更主要的或為把工合運動與各有關銀行聯合起來，如此既可獲得政治資金，還可利用來自美國的援助資金等，有利於擴大自己的政治勢力。[22]而且，當時除支持工合運動外，孔並無重建抗戰工業的良策。就這樣，在已表明贊成態度的宋慶齡及宋子文、英國駐華大使科爾、尤其是亞歷山大的積極協助下，最終說服了孔祥熙及宋美齡、蔣介石

---

[20] Nym wales, "China Builds for Democracy", 1941, p.38.《工業經濟史料叢刊》，第1輯，1983年，第77-80頁。

[21] 前引盧廣綿，〈抗日戰爭時期的中國工業合作運動〉。

[22] 路易・艾黎〈「工合」運動記述〉，前引《文史資料》，第71輯。張官廉，〈路易・艾黎與山丹培黎學校〉，《文史資料選輯》，第80輯，1982年2月。陳真編《中國近代工業史資料》，第3輯，下卷，1961年，第996頁。正因如此，劉康〈孔祥熙的私人資本〉（《經濟導報》，第96、97期，1948年11月，收於前引《中國近代工業史資料》，第3輯，下卷）才認為，中國工業合作協會，是（孔家）官僚資本利用、吞併合作社運動的典型例證（第995頁）。這一觀點在文革時期再度出現，「孔祥熙為理事長」成了批判工合協會的有力根據。不過，劉康把梁士純、盧廣綿都視作孔系人物，以證明工合協會是孔系機關，顯然過於勉強。

等國民黨首腦。對工合運動而言,得到最高當局的支持,是在全國順利推進運動、進而得到國民政府支援的關鍵。7月,孔祥熙就任工合協會理事長。在徐與孔交涉時,斯諾則在漢口會見周恩來,並得到周的積極支持。中國共產黨(下文簡稱「中共」)方面表示支持的還有王明、董必武。就這樣,工合運動的確是民主派所推動,但國共兩黨都參與其中,所以才能夠發揮經濟方面抗日民族統一戰線的作用。

工合協會成立前的7月,促進委員會編小冊《中國工業合作運動》在漢口出版,其中,關於工合協會的性質、組織等論述如下。即,工合協會的性質、目的:工合協會是政府、實業家、工人的共同組織,旨在培養人民的團結精神,使人民與政府團結一致;工合協會將把中國的救亡團體引向一個嶄新階段,使其從空喊口號轉為從事實際工作。工合協會的內部機構:組織處(組織和規劃各地工合運動)、財政處(負責錢款、財產的管理及信託,處理合作社的財政事務)、技術處(負責管理各種生產技術等)、總務處(負責文書和會務)。工合協會放款章程:由行政院財政處主管員據過去15年推行合作事業的經驗制訂,放款利息為年息6至8釐。[23]

三、工合協會總幹事、副總幹事的人選與救國會派

據盧廣綿回憶,艾黎和盧廣綿等隨後開始考慮工合協會實際業務的主要幹部、總負責人即總幹事和副總幹事的人選,最後指定章乃器為總幹事、杜重遠和鄒韜奮為副總幹事。[24]透過如下考察我們將看到,章等擬被委以重任,是對他們的實際活動、尤其是身為民族資本家而擅長經營、對合作社有所理解和參與等綜合考慮的結果。但實際上,他們未能就任。

章乃器似乎並未實際組織過合作社。不過,他曾寫過〈中俄商約與全國消費公社〉一文,其概要如下。即,當前正值國難,對蘇斷交乃極端錯誤,勿寧說締結中蘇商約才是當務之急。蘇聯的對外貿易統由國家經營,政策一貫;而中國欲以民間個別貿易競爭,結果恐難以取得優越條件。設(對蘇貿易)局以期地位對等當然可以,但不如更進一步,將全國消費市場組織起來,構築強有力的經濟聯合戰線。此

[23] 港滬工業合作促進委員會《中國工業合作運動》,漢口,1938年7月30日,第51-53頁。

[24] 前引拙稿〈現在の中國工業合作運動について──盧廣綿氏に聞く──〉。

前，對日戰爭以經濟絕交（抵制日貨）為武器，但那是消極抵抗，少有積極組織。所謂提倡國貨運動，其方法與基礎空虛，流於分散。故而，如若可能應更進一步集中巨大資力，組織一全國消費公社，以國產品為中心，同時以蘇聯產品補其不足。[25]可見，章重視對蘇貿易，且本有統一全國消費市場而組織「全國消費公社」的宏大構想。這或許尚難稱之為全國消費合作社，但其著眼於全國消費市場的「經濟聯合戰線」設想及建立統一的市場聯合組織的主張，的確具有豐富的想像力和創造力，因而值得關注。1935年，章還針對共產黨的土地政策提出過丹麥式「改良主義辦法」，其中談到合作農場，稱政府應購買全國土地分配給農民，然後立即將土地集中於合作農場制度之下。[26]此外，章還是有名的救國會派「抗日七君子」之一，又是民族資本家，有實際經營的手腕。如此看來，章被指定為總幹事實屬自然。

　　但是，此時的章乃器已應李宗仁聘，從1938年1月到翌年5月就任安徽省政府委員和財政廳長，並致力於重建該省的財政和經濟。其間的主要工作有，在全省排除貪官污吏，提倡勵行節約運動；在財政廳內設貨物檢查局、貨物檢查處，徵收通貨稅以紓解、重建該省戰時財政困難；就任安徽省戰時動員委員會秘書長，把大量進步青年吸收進該委員會，以促進對民眾的宣傳和組織工作；向省政府政務會議提出議案，經透過後，在統一稅收機構的條件下，財政廳每月向新四軍撥付資金三萬元，章本人也與新四軍保持關係。[27]對章乃器，批判著實不少，但如上述，章確曾做過不少重要工作。1938年夏章到武漢時，蔣介石發表章為工合協會總幹事，但章不就。章的夫人胡子嬰回憶道：我認為工合協會總幹事比做官好，因此勸他接受，但他不聽。[28]言下甚為不滿。不過，章的真實想法與工合協會並不矛盾。他曾說，安徽省當下的困難在經濟而不在政治，認為要查禁日貨，若非在經濟上大量發動手工業和小工業生產，是不可能做到的。[29]可見，章與工合協會的認識是相近的，章

[25]　章乃器〈中俄商約與全國消費公社〉，《章乃器論文選》，生活書店，1934年4月，第238-240頁。

[26]　平野正，〈一九三〇年代における章乃器の思想とその政治的立場〉，西南學院大學《文理論集》，第18卷第1號，1977年8月。

[27]　胡子嬰，〈我所知道的章乃器〉，前引《文史資料選輯》，第82輯。許漢三，〈章乃器和抗戰初期的安徽財政〉，《第二次國共合作在安徽》，1986年等。

[28]　胡子嬰，〈我所瞭解的章乃器〉，《右派分子章乃器的醜惡面貌》，1957年8月，第40頁。

[29]　章乃器，〈戰時的安徽〉(1)，《香港大公報》，1939年8月10日。

拒絕就任總幹事，其原因並不在思想認識方面。或許，章反感工合協會直接受蔣介石控制，又或者，在安徽省三分之二的縣城已被攻陷的情況下，他認為重建該省的財政和經濟以阻止日本進一步侵略，比就任工合協會總幹事更為緊急和重要。

杜重遠是上海救國會成員，自然屬救國會派，而且是著名民族資本家。杜認為中國積弱的根本原因在於產業不發達，為實現「實業救國」，他曾於1923年集資6000元在奉天創辦小型磚瓦廠，後來又成功增資到10萬元創辦東北第一個機械製陶廠，即「肇新窯業公司」。在這家公司裡，杜重遠努力提高生產效率，同時增加工人的工資，注意改善員工生活、興辦福利事業。這些都是民主派人士的典型特徵。[30]

杜重遠有關合作社的最重要活動是，他把振興民族工業當作抗日救亡運動的重要一環，於1933年在上海創設中華國貨產銷合作協會，翌年又開辦中國國貨公司。該協會與該公司如何營運、相互關係又如何？杜重遠主編的《新生》刊有這兩個組織的宣傳、招募廣告，從中可見端倪。①招募廣告稱，產銷合作協會為在各地籌設國貨公司，特招募國貨公司副經理及會計員，將派往各地國貨公司服務。[31]亦即，產銷合作協會除設立國貨公司外，還替國貨公司招募和訓練職員。②在產銷合作協會指導下成立「中國國貨公司介紹所全國聯合辦事處」，以期聯合各國貨公司，同時嘗試在各地廣設國貨公司。③為響應開發西北，產銷合作協會組織了「國貨西北流動展覽團」，並呼籲國貨工廠參加。亦即，為阻止外國商品侵入國內市場，最早提出從上海搬運國貨，在至蘭州的隴海鐵路沿線各地流動銷售。參加該展覽團的有絲織、琺瑯、鋼精、染織、針織、紡織、化學製藥、化工等工廠。[32]④中國國貨公司本身，目的是讓「中國人買中國貨」，不僅生產，還把重點放在銷售、流通方面。例如，該公司自稱「全國最偉大最完備的國貨總庫」，在上海於南京路大陸商場銷售罐頭、茶、五金、電器、瓷器、藥品、文具、書籍、服裝、香煙、酒類等；[33]另在廣州、南京、天津、漢口、青島、杭州、濟南、北平、長沙、重慶、福

---

[30]　菊池貴晴著，〈中國第三勢力史論〉（汲古書院，1987年）之《杜重遠と民族民主運動》等。

[31]　《新生》，第1卷第45期，1934年12月15日，第920頁（各卷通頁）。

[32]　《新生》，第1卷第4期，1934年3月3日，第90頁。

[33]　《新生》，創刊號，1934年2月10日，第17頁。

州、廈門、鄭州、西安、寧波、無錫、成都、昆明等地共有50處國貨公司。[34]由上可知，產銷合作協會是以國貨公司為成員的共同體，同時作為上層機關而設立、指導、聯合、宣傳國貨公司，並為其代募職員。國貨公司在生產、銷售兩方面積累了經濟實力，實際上站在了抗日的最前線。值得注意的是，新生週刊社最初也設在上海圓明園路的產銷合作協會內。[35]由此判斷，新生週刊社、產銷合作協會、國貨公司都出自杜重遠的構想，是啟蒙宣傳、指導、實踐三位一體的關係。

此外，杜重遠還曾在九江創辦新式瓷廠（資本100萬元），為改進景德鎮陶瓷，曾成立江西陶業管理局（杜自任局長），管理局下附設陶業人員養成所，以培養新事業所需人才。該養成所宗旨是培養陶業的技術和管理人才，學習期限一年，課程分上課和實習；入學條件為高中畢業以上、18至25歲、身體健康、無鴉片等不良嗜好者；定員為男生八十名；養成所為學員提供服裝及食宿、書籍等，畢業後代謀職業。此外，養成所選拔學員的考場設於上海職業教育社，[36]可見其與職業教育社的關係也較密切。顯然，杜被指定為工合協會副總幹事，其原因在於杜的上述經歷、思想和成就。但是，杜為與實行「新政」（「聯蘇」、「聯共」）的盛世才合作在新疆建立抗日根據地（即迎擊日本侵略的「大西北大聯合」）而去了新疆，未能就任。

不過，新疆的《反帝戰線》雜誌第12期載有杜重遠〈抗戰中的工業合作運動〉文，顯示杜去新疆後仍在關注和思考工合運動。該文稱，近代戰爭並非單純的軍事戰爭，是集全國人力物力的總決戰。全國性工合運動的誕生，即為抵抗日本侵略。其意義在於①為抗戰建國，必須廣泛動員民眾。而工合方式在全國性組織計劃之下合理調配各地手工業及小機械工業，不僅把龐大的游離勞動力組織起來，還形成了強有力的朝氣蓬勃的部隊，對抗戰前途大有裨益。②工合運動在工業落後的中國，對抗戰經濟大有裨益。③透過合作方式使小工業集中起來以增加生產，既可滿足後方需要，亦可抵制日貨。④「文化下鄉」雖經大力宣傳，但在經濟、生活方面難以實現；而工合運動興起，文化人隨之下鄉，文化工作亦將在農村扎根。⑤工合運動

[34] 前引《新生》，第1卷第4期，第90頁。
[35] 觀諸《新生》創刊號至第1卷第12期的發行處，尤其第1卷第12期之目次，可知新生週刊就設在產銷合作協會之內。
[36] 杜重遠〈替青年們找一條小小的出路〉，《新生》第1卷第49期，1935年1月20日，通頁第1000頁。

興起，農村婦女死寂般的生活為之一變，婦女工合社、婦女識字班、婦女紡織訓練所、婦女俱樂部等隨之湧現，婦女得以享受基本文化生活。亦即，前線有武裝同志在戰鬥，後方則有工合運動解決民生困難，四億五千萬人的「散沙」已化為堅不可摧的巨石。[37]杜重遠對工合運動在動員和組織民眾、傳播文化、婦女解放、尤其是形成包括農村在內的全國大團結等，給予了高度評價。

　　鄒韜奮也是民族資本家、救國會派「抗日七君子」之一。不過，較之作為民族資本家，其記者之聲望更高。探討鄒韜奮，不可不提到其活動基礎生活書店。如胡愈之所指出，合作社才是生活書店的真正形態。[38]生活書店依合作社精神經營，所採取的是以集體管理、民主紀律為內核的民主集中制。其最高機關是全體同人共同選出的理事會，最終決定人事的也是選舉產生的人事委員會。生活書店是全體同人用勞動所得共同投資的文化事業機關，從理事會主席、經理到實習生，全體同人皆透過勞動獲得工資而生活，禁止追求個人利潤，經營帳目也徹底公開。這種做法非常有效，儘管開始時資金極少、規模極小，後來迅速壯大，從上海遍及全國，在14省擁有55處分店，並發行《生活週刊》。[39]有如此經歷的鄒韜奮被指定為副總幹事，應該說亦屬實至名歸。但是，蔣介石厭惡鄒韜奮，這一安排也流於失敗。

四、工合協會人事之確定

　　工合協會於1938年8月5日在漢口成立，[40]名譽理事長為宋美齡，理事長是孔祥

---

[37]　杜重遠〈抗戰中的工業合作運動〉（1939年9月），《杜重遠文集》，文匯出版社，1990年，第380、382-384頁。

[38]　胡愈之，〈鄒韜奮與「生活日報」〉，收於《生活日報》（影印本），上海書店，1981年。

[39]　鄒韜奮，〈抗戰以來〉（60），《華商報》，1941年6月8日。抗戰開始後，生活書店是向民眾灌輸「抗戰建國」的知識、宣傳抗日，曾出版雜誌8種、計100萬冊，和書籍1000種、計300餘萬冊。因此，國民黨以查禁書刊為由，認定資本極少而事業規模如此之大即為接受共產黨補助之明證，民主集中制有政治影響，「自治會分組（自我教育、讀書會、集體討論）乃政治活動」等而兩次鎮壓生活書店。第一次自1939年3月至1940年6月，第二次自1941年2月。兩次鎮壓後，西安、天水、宜昌、曲江等48處分店被迫停業。鄒韜奮，〈抗戰以來〉（61）、（62）、（63），《華商報》，1941年6月9、10、11日。

[40]　工合協會於1938年8月5日在漢口成立，並為躲避戰火而輾轉於宜昌、萬縣，同年年底，幾乎所

熙。理事會理事的人選，是艾黎、盧廣綿與周恩來商議後決定的，有國民黨內民主派邵力子、張治中及翁文灝、王世杰、蔣廷黻、俞鴻鈞，中共方面有鄧穎超、董必武、林祖涵，第三勢力方面有救國會派的沈鈞儒（「抗日七君子」之一）、黃炎培（職業教育派）、莫德惠（民立黨），宗教人士有于斌（天主教）、陳文淵（新教）等20餘人。技術顧問是路易‧艾黎。[41]

確定總幹事、副總幹事曾一波三折，最終分別由劉廣沛、梁士純擔任。下文就他們的經歷、思想作一探討。

與盧廣綿一樣，劉廣沛也是東北奉天省海城縣人，工程師、基督教徒。1924年到1926年，曾在美國辛西那提大學學習工學，在福特汽車公司實習時結識了約瑟夫‧培黎（Joseph Baili, 1860-1935）。培黎對劉說，如果把在美國大學學習的中國學生100人派到福特等各類工廠裡訓練，那就不單是傳教，更能實質上拯救、重建中國；劉被深深打動。留學數年回國後，馬上與已回到上海的培黎取得聯繫，並積極指導針對貧苦見習工的技術訓練計劃。1928年回到東北，任東北大學工學院土木系教授，參與張學良政權財政廳的工作，並出任遼寧國貨銀行經理。「九一八事變」後離開東北，得孔祥熙關照到當時有名的腐敗縣安徽省和縣任縣長。在和縣任上，劉推行一系列進步政策，如廢除苛捐誅求、清理行政並撤換腐敗官員等，還嘗試禁絕鴉片和賭博，致力於農業改良和植樹造林。經劉努力，和縣的狀況為之一變，劉也一舉成名，被譽為「模範縣長」。後來曾任甘肅省建設廳長，七七事變後回安徽，致力於組織抗日的農民自衛軍和游擊隊。此時，即1938年7月，接受孔祥熙建議參加了工合運動。劉是受培黎感化的基督教系民主派、工程師，且通曉行政、金融、經濟，因出身東北而具有強烈的抗日意識，並深受孔祥熙信任。所以，劉任總幹事，雖然艾黎似稍有不滿（大概擔心其與孔關係過近、權勢欲較強），但並未有人提出反對。[42]劉曾與章乃器同在安徽省工作，此事對該項人事安排或亦有影響。

　　有職員轉移至重慶歌樂山，自1939年1月起，一直在此地領導抗日戰爭中的工合運動。國共內戰時期遷至上海，解放後再遷北京。刈屋久太郎著《支那工業合作社運動》，畝傍書房，1941年，第265頁。

[41] 劉家泉，〈「工合」對抗日戰爭的重大貢獻〉，《人民日報》，1985年9月1日。前引拙稿〈中国工業合作運動について——レウィ・アレー、盧広綿両氏に聞く——〉。

[42] Dougals R.Reynolds, *The Chinese Industrial Cooperative Movement and the Political Polarization of Wartime China, 1938-1945*, Columbia University, 1975, p.458.《東亞》，第13卷第1號，1940年1月，第91頁。

總之，最終劉就任工合協會總幹事，並兼任了業務組組長。

　　梁士純也是基督教徒、「培黎弟子」之一。梁1903年生於江西省南昌，在中國的公立學校、教會學校接受基礎教育後，赴美國留學威廉・奈斯特大學。曾在福特汽車公司接受過技術訓練，但後來轉入報界，1926年至1928年曾在底特律報社工作。回國後做過《底特律報》、《基督教科學箴言報》（*The Christian Science Monitor Times*）的特約通信員，還曾任燕京大學新聞學系主任（在此結識斯諾、盧廣綿）、中華基督教青年會（YMCA）全國委員會理事。七七事變爆發後，梁辭去燕京大學教職赴上海，從事教育、文化及民間抗日團體的聯絡活動。該時期，他作為擁護民主和民主制度的「革命的民主主義者」，主張「聯合戰線」、「積極抗日」、宣傳日本絕對征服不了中國。他對青年期望很大，呼籲青年要為自由獨立的新中國而把自己的隊伍化為聯合組織從事救國工作，進行長期的「艱苦的鬥爭」。[43]尤其是，梁看到與日本的戰爭不會很快結束，因而重視決定勝敗的關鍵即經濟和民主。

　　本書著者曾詢問梁士純為何參加工合運動，梁這樣回答：

　　　　要使中國能夠堅持長期抗戰，後方經濟十分重要。我希望通過工合協會那樣
　　　　的組織，在後方從經濟方面強有力地支持抗戰。同時我還認識到，打倒日本
　　　　帝國主義，樹立中國的民主，即經濟民主、政治民主以鞏固獨立自主，是
　　　　緊迫而重要的問題。通過工合協會以及其他類似組織樹立經濟民主是可能
　　　　的。……我認為，如果有了真正的經濟民主、政治民主，中國將不可避免地
　　　　走社會主義道路。[44]

Nym Wales, op, cit, pp.48-49.（東亞研究所譯《支那民主主義建設》，1942年，第53頁）。另據鹿地亘著《砂漠の聖者》（弘文堂，1961年）第104-105頁及前引拙稿〈中國工業合作運動について──レウィ・アレー、盧廣綿兩氏に聞く──〉等記述，1942年，劉廣沛與曾在洛陽八路軍辦事處工作的昌廷甫（東北人）勾結，以艾黎曾援助共產黨、按毛澤東指示在洛陽與八路軍有過接觸等為由剝奪了艾黎技術顧問之職。劉在戰後被任為聯合國救濟復興會議（UNRRA）主任、中央銀行總行東北分署長，但因任上中飽私囊被逮捕。國共內戰後去臺灣。

[43]　梁士純著，《中國的抗戰》，1938年。Nym Wales, op, cit, pp51-52.（東亞研究所譯《支那民主主義建設》，1942年，第72頁）等。

[44]　梁士純致本書著者信（1980年8月11日），收於拙稿〈中國工業合作運動指導者からの書簡について〉，大阪教育大學歷史研究室編，《歷史研究》，第23號，1985年。梁是工合運動開始前「星一聚餐會」的主要成員，這點與劉廣沛不同，其職位不是上面安排的。

可見，對梁而言，最重要的是建立支撐長期抗戰的後方經濟和民主，而其最終目標則是「社會主義」。那麼，梁所追求的是怎樣的「社會主義」？關於此點，盧廣綿的觀點可做參考。

工合運動早期，一般宣傳稱工合運動是實現三民主義、特別是實現民生主義的良好手段。而在當時，人們認為所謂民主主義就是社會主義。所以，部分工合運動發起人抱有樸素的社會主義理想，因而憧憬能夠帶來民主的經濟機構。[45]

眾所周知，孫中山本人曾說：「民主主義就是社會主義，又名共產主義，即是大同主義」。[46]所以，梁士純等可謂孫中山思想、特別是其民生主義的繼承人。即使梁不屬救國派，但他也參加了「星一聚餐會」；由此推斷，他與上海救國會無疑關係匪淺，而且與深受三民主義影響的救國會派在思想上應不存在任何矛盾。

此處就劉廣沛和梁士純深受其影響的培黎稍作探討。培黎是美國籍傳教士，出生於愛爾蘭。1890年來華，義和團運動時曾從事傳教，後來感到中國的問題非傳教所能解決，慈善救濟幾乎沒有意義。於是改變方式，1920年代開始將中國青年基督徒送到美國的福特汽車公司學習技術。這些「培黎弟子」如劉廣沛、林福裕、吳去非、梁士純、梁士純、毛北屏、黃子民、譚錦韜等，在工合運動興起後即成為其技術骨幹，對手工業的重組及其近代化、科技化和組織化發揮了很大作用。劉大鈞也是「培黎弟子」之一，並支援工合運動。他曾在上海開班以工人子弟為對象的技術訓練班，其畢業生後來也成為工合協會的幹部。培黎逝於1935年，但其遺志為艾黎所繼承，並在抗戰時期開出了工合運動的果實。培黎還認為中國貧困的原因在於農業技術落後，因而為南京金陵大學創辦農學系傾盡全力，並成為該系教授。[47]

---

[45] 盧廣綿致本書著者信（1980年2月18日），收於前引拙稿〈中国工業合作運動指導者からの書簡について〉。

[46] 孫中山《民生主義》（1924年8月），中國國民黨中央委員會黨史委員會編《國父全集》，第1冊，1981年再版，第157頁。

[47] 張法祖著、上海日本大使館特別調查班譯《三年來支那工合運動の發展》，1942年12月，第8-12頁。Nym Wales, op. cit, pp. 45-47.（東亞研究所譯《支那民主主義建設》，1942年，第62-65頁）。中國社會科學院近代史研究所編《近代來華外國人名辭典》，1984年，第2版，第23頁。中國各地曾設培黎學校，以紀念培黎對工合運動的貢獻；不過，受戰爭影響，這些學校後來或停辦或遷址，很不穩定。實難的培黎學校，根據適應能力、志向、毅力、服務態度等招收12至18歲少年入學，學制2至4年；課程有發動機、採礦機、生產工具、紡織機等，還須學習讀寫、算數、記帳、地理、唱歌、體操等；學生畢業後均派往各工合社擔任指導工作。雙石鋪的培黎學校，

　　劉廣沛、梁士純領導下的各組負責人如圖3-1所示。財務組組長是與美國貝爾公司有聯繫的楊子厚，技術組組長是上海電力公司的林福裕（工程師，「培黎弟子」之一），組織組組長是合作社活動家盧廣綿。推進組則是清一色的救國會派，組長是沙千里，副組長是胡子嬰[48]。業務組組長由劉廣沛兼任，而總務組組長是北京基督教青年會總幹事富清准。

　　的確，工合協會在得到國民政府支持之時即歸屬行政院，並以孔祥熙為理事長；但其理事卻分別來自國民黨、中共、救國會等民主派以及宗教界，即以抗日民

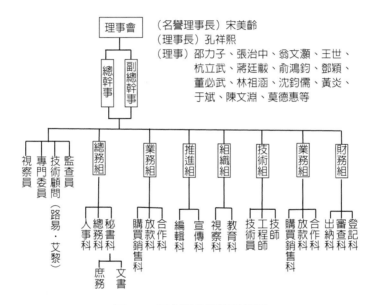

圖3-1　工合協會組織系統圖

※根據下述等資料編製。①本書第1章；②《盧広綿氏からの書簡》（1981年7月12日）；③劉家泉〈「工合」對抗日戰爭的重要貢獻〉（《人民日報》，1985年9月1日）。

　　由實難培黎學校和躲避饑饉而來的洛陽培黎學校合併而成，據說有學生約200名。1944年夏，雙石鋪、成都、重慶、蘭州、山丹等地皆有培黎學校，美國副總統華萊士（Henry Agard Wallace, 1888-1965）和霍普金斯大學校長拉鐵摩爾（Owen Lattimore, 1900-1989）曾參觀蘭州培黎學校，並對其讚不絕口。少年們雖經歷過戰爭、逃難、饑荒等，但他們住在宿舍，自己安排和打理生活，還承擔宿舍的所有管理；他們學習發動機的知識及操作、拆裝等，製造縫製自己衣服的織機，研究調製礦植物染料的技術。（拉鐵摩爾《ベイリー學校の少年達》，日本生產合作社協會編《民族の再建——中國工業合作社史》，1946年，第29-30、60-61、85-86、91頁）。

48　據前引路易・艾黎《「工合」運動記述》記載，後來沙千里、胡子嬰都為國民黨所迫而辭職。

族統一戰線為背景形成了聯合戰線。而總幹事及其下承擔實際業務之各組，則由救
國會、「培黎弟子」、基督教等的宗教界人士、合作社活動家、工程師等（互有重
疊）民主派構成，沒有一名國民黨員。亦即，工合協會是民主派即第三勢力主導
的組織，國民黨僅向頂層安插了9人，即名譽理事、理事長及7名理事。當然，救國
會派因與國民黨處於對立關係，在協會中也不佔優勢，僅有理事1人、推進組正副
組長各1人。而彌補此缺陷、使工合協會不至於喪失其民主性質的，就是「培黎弟
子」等民主派群體。所以，盧廣綿說，工合協會由當時的知識分子、宗教人士、愛
國者構成，其特點在於它「不是國民黨的行政組織，而是民眾組織」，原本就是
「民間組織」。[49]後來，宋慶齡聯絡海外華僑和支持工合運動的外國人士，並就任
各工合促進社的中樞即香港的工合國際委員會名譽主席。宋慶齡也說，工合協會
是生產者自己的運動，是生產者發動的。[50]如上所述，工合協會是第三勢力等發起
的，嚴格講來並非「生產者」；但宋認為工合運動是來自下面（生產者）的運動，
是從下面形成的。這一說法自有其道理，應加以充分重視。

　　先看推進組組長沙千里如何理解工合運動。沙認為工業合作社是十九世紀的
產物。彼時，歐洲各國相繼發生大大小小的革命運動，自由平等思想噴薄而發；同
時，產業革命導致勞資矛盾加劇，頻繁發生罷工。工人政治上追求經濟自由平等，
生活上要求「自衛自救」，工業合作社遂應運而生。[51]可見，沙是從工業合作社誕
生的背景、民眾的自由平等和生活自衛角度來理解的。而關於工合運動的意義，沙
說，①必須重建各種新工業，樹立新國防基礎；工合運動在各地進行各種工業生
產，輔助整體工業建設，建立各地經濟防衛線，支援抗戰。②工合運動將使中國走
上獨立自主的工業化康莊大道，擺脫帝國主義的束縛。③工合社不會導致勞資撕
裂，利潤由社員均分，可減少社會糾紛。④社員為自己而生產，無人居間盤剝，能
夠改善生活。⑤工業品奇缺、物價飛漲；工合社生產生活用品，可供應戰時需求，
也可解決生活困難。⑥工合社為工人、失業者提供就業機會，將寶貴的人力資源用
於抗戰而不致浪費。⑦傷殘軍人不斷增加，工合社為他們提供工作機會，可維持其

[49]　前引前引拙稿〈中国工業合作運動について——レヴィ・アレー、盧広綿両氏に聞く——〉。

[50]　宋慶齡，〈中國工業合作社之意義〉，《香港大公報》，1939年12月11日。

[51]　沙千里，〈論工業合作〉，《工業合作月刊》，創刊號，1939年4月15日。

對國家的忠誠。⑧中國人民如同「散沙」，但工合社是有組織的集團，教給人民學習如何組織、如何管理，同時使他們獲得民主精神。[52]沙千里在1939年7月第十七次國際合作社日（International Day of Cooperatives）時，還有如下論述。①合作運動是改善人類生活的運動，同時也是發揚民主精神、保障和平的國際運動。②日本帝國主義無情地破壞了中國合作運動。為實現合作運動的理想，為挽救被壓迫、被麻醉而處於「迷夢」中的日本合作主義者，必須揭露日本法西斯的欺騙政策，呼籲他們立即站起來打倒合作主義者的共同敵人「日本法西斯軍閥」。③合作組織是輔助經濟建設、改善人民生活的利器，在戰時尤可發揮增加生產、抑制物價、調整金融的特殊功能。在這裡，沙千里從國際合作主義者對中國的支援、日本合作主義者的覺醒和中國合作主義者的奮鬥三方面，呼籲必須打倒與合作精神背道而馳、蹂躪人類幸福的日本軍閥。[53]

　　輔佐沙千里的推進組副組長胡子嬰又如何理解工合運動？胡似並無論述工合運動的文章，但曾撰文強調工廠內民主。她說，我們主張「民主集權」，在工廠裡也一樣。特別是管理工人不應透過高壓來維持秩序、提高生產率，而應努力使工人明確理解工作，自發遵守紀律，努力生產。決不能運用權力發動制裁，而應集體檢討工作，以自我批判方式來改正失誤，這樣的理想在組織難民從事生產的過程中已得到驗證。管理者不應該從外部請來，而須從內部選出。所有規定、勞動時間、工資等都應以會議方式經共同討論來決定。[54]

　　下面來觀察陶行知、原合作運動活動家、中國農村派與工合運動的關係。

　　救國會派的陶行知未直接參與工合協會，但他認為，工合運動以「工」、「合」、「學」為三位一體，其理想與他曾在上海指導的工廠、學校、社會一體的「工學團」相同。他提出要聯合各「工學團」成「工學軍」，以適應戰時需要；「學」的方面，要致力於技術教育、政治教育、軍事教育、打破對知識和新發現的秘密主義，並重視培養指導員；他高度評價工合運動是偉大的生產運動、教育運動、社會運動，給人以無限希望。[55]事實上，在各地的工合社，「工」（生產）、

---

[52]　沙千里，〈工業合作社的意義〉，《工合之友》，第1卷第1期，1939年3月。

[53]　沙千里，〈在抗戰中慶祝國際合作節〉，《工合之友》，第1卷5、6期，1939年7月。

[54]　胡子嬰，〈難民工廠裡的好人和壞事〉，《工合之友》，第1卷第1期，1939年3月。

[55]　陶行知，〈工合與工學團〉，《工合之友》，第1卷第4期，1939年5月。

「合」（團結）、「學」（學習，訓練）都被有機地結合為一個整體。

　　探究原合作運動活動家參加工合運動的情況，可以工合協會組織組組長、西北辦事處主任盧廣綿為例。盧受晏陽初的平民教育和陶行知的「教育救國」思想影響很大。還在北京大學求學時，他就曾以「基督教青年會」（YMCA）的名義組織同學前往北京郊外的農村，在農民中開辦知學班，教農民唱歌，宣傳救國思想。1928年、1929年，盧任瀋陽基督教青年會學生部幹事，繼續向青年、學生宣傳「教育救國」思想。1929年10月赴英留學，1930年前往丹麥參觀農民高中和合作組織。據說，他因此覺悟到在農村發展合作社的重要性，其思想也由「教育救國」轉向梁漱溟的「鄉村建設」。1932年回國後，盧在河北省深澤、束鹿等棉產地組織產銷合作社等。[56]他被聘為工合協會幹部，就是因為有這段經歷和經驗。亦即，盧先是作為基督徒接受了「教育救國」思想，而後受「鄉村建設」潮流的影響成為合作社運動活動家，而後才加入工合運動的。換言之，他雖是合作社運動的活動家，卻曾接受過多種思想，此點應切實予以把握。另外，曾在直屬江蘇省建設廳的丹陽合作實驗區（1934年11月成立）任建設廳實業指導工程師、實驗區副主任的李吉辰，後來就任工合協會川康區辦事處主任；雲南、貴州的工合事務所一級的幹部，多為燕京大學、南京金陵大學、江蘇師範學院、東北大學等的畢業生。他們在七七事變前就熱心合作事業，具有從事農村合作運動的經驗。可見，工合運動並非與從前的合作事業毫無關係，而是汲取其經驗、繼承其人才，並按新理念重組、展開的。

　　曾經嚴厲批判南京國民政府指導的合作運動是上面組織的、信用合作社過多、地主和富農支配合作社並獨佔其利益的中國農村派，也加入了工合運動，其代表人物陳翰笙還就任了工合國際委員會秘書。陳翰笙說：工合運動是一群富有愛國熱情、有抗戰決心的人自發組織的生產救國團體，在共有、共營、共享的原則之下，實現了民主的集體生產和集體生活。工業合作社是民主的生產組織，可以說是民主政治的實驗室。如果僅用自上而下的行政方式推行這個新興的生產事業，就不可能發揮民主精神。[57]亦即，陳視工合協會為「生產救國團體」，並特別強調其「民主」性質。正如三谷孝所指出，「作為集結大後方民主派的統一戰線運動、立足於

---

[56]　盧廣綿致本書著者信（1980年2月18日、8月10日）。

[57]　陳翰笙，〈工合運動的前途〉，《華商報》，1941年6月19日。

農村的『社會運動』、且政府公開予以承認，『工合』這一運動形態對他們（中國農村派）而言，是再理想不過的了」。[58]中國農村派之加入工合運動，或是為解決內地農村的各種問題，如消除價格剪刀差、推進農村工業、改善農民生活、健全社會機構等。工合協會成立時，很可能僅有陳翰笙一人加入；但後來，應是在1944、1945年以後，該派的駱耕漠、王寅生、秦柳方、張錫昌等也參加了進來。

結語

　　工合運動是由海倫・福斯特、斯諾、艾黎等代表國際反法西斯統一戰線的「世界第三勢力」所構思、且以他們為媒介而實現的，但同時也是救國會派、「培黎弟子」們、合作社活動家、中國農村派乃至婦女解放運動家、華僑等各種力量的結合點。上述考察可使我們明確如下幾點。①全救聯早在1936年5、6月間發表的《抗日救國初步政治綱領》中即已提出各種主張，其中就包括後來工合運動思想的基礎部分，即改善勞動條件、廢除非人待遇等。②《抗戰》注意到了江蘇省平民工廠，李公樸則看到難民是潛在勞動力，這些都與後來工合協會的「生產性難民救濟」一脈相通。③救國會派與合作社關係密切。救國會不僅重視生產合作社，還在上海創辦消費合作社，鄒韜奮的生活書店實際上也是合作社書店。陶行知在上海組織的「山海工學團」，其「棉花工學團」、「織布工學團」、「養魚工學團」，性質也是共同生產、共同銷售的「生產合作社」，只不過出於地區社會自衛的目的而更重視教育。[59]然而，儘管重心不同，但也有共同之處。陶行知認為工合運動是他自己組織

---

[58]　三谷孝，〈抗日戰爭中の「中国農村」派について〉，亞洲經濟研究所《中國農村變革再考》，1987年12月。

[59]　小林善文，〈陶行知と山海工学団〉，《多賀秋五郎博士古稀記念論集——アジアの教育と社会——》，不昧堂，1983年。據齋藤秋男研究，1932年10月在上海近郊開設的「山海（寶山・上海）工學團」，「工」指勞動，「學」指科學，「團」指團結，即其目的是要把軍隊、家庭、商店、工廠、監獄、農村變成生產集團、區域社會自衛集團。「兒童工學團」每天學習三至四小時、勞動二至三小時；另外還有「織布工學團」和「婦女工學團」等（齋藤秋男著《陶行知生活教育理論の形成》，明治圖書，1983年，第27-31頁）。雖然在理念上有許多共同之處，但為了正面抵抗日軍侵略，工合主要是在全國範圍開展運動，並未以兒童為對象，較之教育更重視生產。而且從國家和地區行政的支持以及獲得了第二次國共合作背景下的國共兩黨的支持來看，也有許多不同之處。可見，二者在理念上確有共通之處，但在如下方面顯然不同於

的「工學團」的發展，並對工合運動給予支持。④因上述因素、條件的存在，工合運動計劃經海倫・福斯特在上海救國會成員占多數的「星一聚餐會」上提出後，即迅速得到實施和發展。

　　透過上述考察可得出如下結論。還在工合運動設想被提出以前，其思想的核心部分已見於救國會派的主張，而且，救國會派在合作社的組織和運作方面已積有經驗。正因如此，他們立即贊成海倫・福斯特等的設想並行動起來，成為實現工合運動設想的動力。換言之，海倫・福斯特等的設想並非突發奇想，而是以中國救國思想的成熟、特別是救國會派的主張和實踐為背景的；只不過，救國會派的主張未成體系。而海倫・福斯特等的貢獻在於，他們引入英國的合作思想等，把救國會派分散的主張有機地結合起來，[60]使之在工合運動中發展為統一形態，並更符合現實。工合運動要在全國順利推行，必須得到國民政府的支持。但在這個階段，處於蔣介石、國民黨對立面的救國會派如鄒韜奮等只好退於一旁，後來只有兩名進入工合協會的領導機構（不久後，推進組組長沙千里、副組長胡子嬰也在國民黨的壓力下被迫辭職）。在這情況下，使工合運動得以保持其民主性質的，除海倫・福斯特、艾黎、盧廣綿等外，就是劉廣沛、梁士純、林福裕、吳去非、毛北屏、黃子民、譚錦韜等「培黎弟子」們。

（楊韜　譯）

　　「工學團」，即工合社須直接面對日軍的侵略、實際上已形成全國性運動、工作對象並非兒童、與教育相比更重視生產、有國家及地方政府支持、在第二次國共合作的大背景下得到國共兩黨的支持等。

[60]　拙稿〈中国工業合作運動の起源と現代的意義──ニム・ウエールズ女士からの書簡について──〉，辛亥革命研究會編《中国近現代史論集──菊池貴晴先生追悼論集》，汲古書院，1985年。

西北工業合作運動與技術人員群體
——以陝西、甘肅兩省為中心

前言

　　隨著侵華日軍逐步深入，沿海、沿江各工業城市相繼淪陷，支撐長期抗戰的西南、西北的國防工業建設成為當務之急。較之西南，西北工業基礎薄弱，且交通不便，其資源幾乎未得開發。西北的工合運動就是在如此惡劣的條件下發動起來的。1938年8月，西北區辦事處在陝西省寶雞成立。這是全國五區中最早成立的區辦事處；同月26日，全國第一個工業合作社也誕生於此。西北區轄陝西、甘肅、河南、山西、湖北五省，也兼顧在鄰近的寧夏、河北、新疆、青海開展工作，計劃主要在「第三經濟防線」內——山西省南部、湖北省北部的游擊區除外——組織大型工合社，使用現代機器進行大量生產。西北的工合運動開啟最早，在前期，其發展甚至超過以重慶為中心的川康區，在全國成績最佳，但後來卻陷入停頓。何以如此？為解答這些問題，本章將聚焦西北區的重心即陝西、甘肅兩省的工合運動。即首先探討西北工合運動的發動與背景，及區辦事處的結構與技術人員群體的關係，然後聚焦陝西、甘肅兩省，就工合運動的發展作全面考察。在此基礎上，透過對軍毯織造和採金這兩個行業作重點探討，明確該兩省工合運動的實際狀況。而為探討工合運動停滯的原因，還將重點考察國民政府對工合運動的鎮壓以及見習工、雇工等問題。最後將觀察訓練、教育和福利問題，以分析工合運動對農村社會經濟改造的作用。[1]隸屬西北區管轄的陝甘寧邊區、游擊區的

---

[1]　篇幅所限，僅舉專論西北工合運動的李宗植〈西北工合運動述略〉（《西北大學學報》1983年第3期）。該論文主張「實事求是」，就西北工合辦事處的成立背景、發展過程及衰退的原因作了開拓性的研究和論述，並高度評價中共及進步團體等的支持，承認其對戰時經濟建設的

工合運動,則請參閱本書第九、十章兩章。

一、西北區引入工合運動及其背景

國民政府正式開發西北,始於1934年3月全國經濟委員會制訂西北建設計劃以後。後來,楊虎城等國民黨軍閥曾在西北推動水利、交通、教育等建設,但對陝北、陝甘蘇維埃邊區的圍剿和此起彼伏的農民運動,以及軍閥間的矛盾和對立,使這些建設並未收到預期成果。1936年12月的西安事變和翌年9月開始的第二次國共合作,使國民政府的力量得以進入西北,具有重大意義。但國民政府並未因此而消除對中共的疑慮。加之回民工作仍未奏效,如何動員回民加入抗戰和經濟建設也是重要課題。因此,國民政府雖加強了對西北的影響,但仍不得不受到制約。在這種形勢下,戰時經濟建設的重心偏向了西南。

西北建設的中心陝西省為工業落後區域,連工業較發達的西安也只有紡織廠一家、麵粉廠兩家,近郊咸陽有榨油廠、酒精廠、包裝材料廠各一家而已,且基本為省營。[2]但就工業原料而言,西北區工業資源非常豐富,除有名的陝西棉外,還有延長的石油、神木的鹽、鳳縣的煤炭和鐵礦石、漢江上流的砂金、興平的鉛礦、臨潼的硫磺、榆林的毛皮,以及甘肅的石油和皮革、寧夏的毛皮,青海也富產黃金、鹽、毛皮等。

七七事變爆發後,國民政府為保存和形成抗戰的工業基礎,將大量工廠內遷至西南、西北。截至1938年12月,內遷廠達304家;遷至陝西省的工廠,在全國僅次於四川和湖南,列第三位,但也只有20家,即紡織廠14家、機器五金廠3家、化學廠2

貢獻、培養人才等方面的意義;同時將工合社與手工業等而視之。而其結論,如本書序章已經提及,斷言工合運動、工合社是「半封建半殖民地的舊中國手工業的悲劇」。須本諸「實事求是」原則,本書亦然;但本章認為工合運動、工合社並非手工業,並基於此認識重點關注工合運動的組織機構、技術人員群體,深入工合社內部以觀察各地工合社的實際狀況,以詳細考察工合運動、工合社的內在發展要素。而且,較之中共的作用,本章將著重考察與國民黨經濟戰略的關係,把握國民黨打壓工合運動的目的及其結果。考察時,尤其重視實難地理方面的特徵。亦即,從不同角度、以實證手法深入探究西北工合運動的實際狀況,並將下限置於中華人民共和國成立之後,以探討西北工合運動在中國近現代史上的歷史定位。

2　〈西北區工作報告——二十七年九、十兩月份〉,《香港大公報》,1939年1月13日。

家、食品罐頭廠1家。甘肅省則沒有工廠遷入。其分佈，寶雞最多，有14家，此外漢中2家、西安1家，延安也有1家。其中，為確保安全，申新紗廠、震寰紗廠、福新麵粉廠都把工廠分散遷至重慶和寶雞兩地。申新紗廠從武漢遷到重慶的織機有80架、紗錠有8,500錠，而遷來寶雞的則多達740架、20,800錠。這說明當時人們認為寶雞比重慶更加安全。此外，遷寶雞的有洪順機器廠和湖北紗布局，遷漢中的有毓蒙聯華公司（行業不詳）等。遷到延安的利用五金號是槍械修理廠。[3]遷到陝西的工廠，在1939年增至27家，1940年6月內遷結束時再增至44家，內有紡織廠19家、機器五金廠10家等，部分從河南、山東、山西遷來。不過，這些工廠只占內遷廠總數的10%，隨遷而來的機器、技工（熟練工）也僅占內遷總數的9%和6%（760餘人）[4]。國民政府的農業貸款，1940年度總額達2億915萬元，絕大部分也投向西南各省，陝西、甘肅、寧夏三省所得貸款加起來也僅占約11%。[5]

　　儘管如此，內遷廠為陝西省帶來工業資本，其總額，1941年時達1,490萬元，若加上新建、籌建工廠，則增至5,253萬元。只不過，其中機械、電力、礦業只占260萬元（4.9%）。陝西富藏煤炭，但交通落後，大型廠也不得不依賴高價外地煤或土窯煤，動力問題極大地制約著工業發展。比如，在省內煤炭交易較旺的同官（今銅川），每噸煤在當地30元，運至寶雞則漲至270元，寶雞的申新第×紗廠1940年僅購煤就耗費8萬元，占總支出的28%。再如，陝西每年產綿達110萬擔，但省內紗廠極少，大型紗廠僅3家，加上手工紡紗等，每年只能消化40萬擔，過剩棉達70萬擔。而棉紗產量，西安的大華紗廠加上申新紗廠，甚至連西安當地的需求都難以滿足，咸陽紗廠的棉紗則質次量少。因此，棉紗緊缺屢屢發生，各地織布廠頻頻停產歇業。此外，火柴廠雖有10家，但原材料皆依賴國外進口，致使其中幾家被迫停產。[6]上述情況意味著內遷、新建的大型廠面臨如下問題。即，難以適應陝西工業落後、交通不便的生產環境，不能充分利用當地豐富的原料資源；依賴進口原料的

[3]　《經濟部工礦調整處工作報告──（民）二七年八月至十二月》，中央研究院近代史研究所檔案館藏件，18-33-3-(3)。

[4]　曹敏，〈抗戰時期企業遷陝概況及對陝西經濟發展的作用〉，《西北大學學報（哲社版）》，1994年第4期。

[5]　《中支那經濟年報》，II，第3季度，1942年，第530頁。

[6]　余永畋，〈從整個西北工業中看西北工合〉，《工業合作月刊》，第2卷第1期，1942年1月。

工廠生產困難，機器、電力、礦業等重要部門的內遷廠較少，隨廠內遷的熟練技工也不足。這些缺陷，使內遷廠難以充分發揮其現代工廠的優勢。

七七事變後，難民問題凸顯，成為當時最難解決的問題之一。「寶雞地區」（寶雞及鳳翔、扶風、隴縣、岐山、眉縣等周邊各縣）也有大量難民、產業工人、手工業工人蜂擁而至，使該地區人口在1937年即已達86萬2,083人，連寶雞縣城內也從原來的5,186人驟增至9萬8,049人。[7]對此，國民政府試圖以墾荒政策應對，武漢會戰時曾對可耕地進行調查，並據其結果推斷，陝西省黃龍山一帶除可安排8,000餘人墾荒外，還可收容難民6萬餘人。實際上，早在1937年10月，山西省政府即依南京國民政府令成立了非常時期難民救濟委員會陝西省分會，由省民政廳牽頭設置難民收容所、招待所計13處，還與中央賑濟委員會西安總站合作，在寶雞和南鄭設難民轉運站42處，為難民提供食宿。[8]這些措施的財政消耗極大，且應對稍有失誤，難民即會失控，政府亦將受到巨大衝擊而崩潰，更遑論抗戰。不過，儘管僅陝南就有駐軍、難民超過20萬人，幸運的是未現糧荒，而且米商還從川陝省境運米來陝，故陝西省未出現難民風潮。

從地理來看，西北工合運動的核心寶雞位於隴海鐵路終端，是連接西北、西南的重要交通樞紐，而且三面環山，在國防上位置極其重要，擁有肥沃土地達18,200平方公里。另外，政治方面，國民黨對此地的統制也弱於省會西安。艾黎曾奉國民黨中央令，並在八路軍駐武漢辦事處秦邦憲等幫助下，將武漢的64家工廠（應是小型廠，不包含在上述內遷工廠內）遷至寶雞和西安。1938年夏，艾黎本人得宋美齡資金援助，親率難民千人來到寶雞。他的目的是支援建設陝甘寧邊區。他認為，如在寶雞設立工合協會的區辦事處，就能支援延安；在江西設立區辦事處，就能支援新四軍。艾黎在接受本書著者採訪時曾回答說，工合協會之所以首先在西北、而非在西南開展工作，是因為當時西北局勢不穩，日軍隨時可能進攻寶雞，整個西北都有可能成為游擊區。[9]亦即，首先進入西北，是為做好迎擊日軍的準備。這種想

---

[7]　梁福義《寶雞史話》，陝西旅遊出版社，1990年，第331、336頁。

[8]　《重慶大公報》，1939年1月23、29日。

[9]　拙稿〈中国工業合作運動について──レヴィー・アレー、盧広綿両氏に聞く──〉，《アジア経済（亞洲經濟）》，第21卷第5號，1980年5月。另請參閱Nym Wales, *CHINA BUILDS FOR DEMOCRASY*(New York), 1941, p.64.（東亞研究所譯，《支那民主主義建設》，1942年，第89

法在當時確有現實意義。因為，1936年11月已有綏遠抗戰的先例；而當時的判斷也是，日軍將先取華南，繼而西向進攻西安等。故當時呼籲加強包括新疆在內的西北地區的建設、並借助與蘇聯的良好關係加強該地區軍事力量的呼聲不絕於耳。[10]

那麼，抗戰前西北地區合作社的發展狀況如何？首先來觀察陝西省。1931年，陝西華洋義賑會最早提倡合作社，受到省建設廳重視，於是誕生了合作社5社，其中4社是消費合作社（另一不詳）。1932年涇惠渠完工，解決了涇陽、三原、高陵一帶的乾旱問題。隨之，流域內以村為單位組織了10個棉花生產運銷合作社（社員254人），每年外運原棉1,200餘擔；另從上海商業儲蓄銀行、金陵大學農學院分別借款1萬2,000元和3,000元，購置軋花機12部。[11] 1933年，陝西華洋義賑會和省建設廳合作，舉辦過兩期合作訓練班，還為指導合作社、普及優良棉種而成立了省棉政改進所。1934年春，陝西省大力提倡合作社以救濟農村經濟，省建設廳要求關中各縣政府遵守《棉花產銷合作章程》，制定了信用、農業生產、墾荒等各類合作社的模範章則，令92縣政府組織合作社。同年，全國經濟委員會和省政府在西安共同成立農業合作委員會，8月成立省農業合作事務局（中國華洋義賑救濟總會總幹事章元善任主任）。該事務局也透過銀行投資，在涇惠渠及渭河兩岸9縣組織了合作社，還計劃在農民資金匱乏、經濟貧困的34縣，以引進商業資本為原則首先組織互助社，以為將來成立合作社打下初步基礎。此外，四省農民銀行、陝西省銀行、中國銀行也開始放款，1935年4月對臨潼、咸陽、長安、高陵、渭南等13縣的放款總額達117萬3,946元；依行業統計放款對象，計信用59社、棉花產銷17社、蔬菜產銷2社、果樹產銷4社、棉花生產35社、農業生產14社、消費1社、墾荒1社。[12]如此，至1936年6月，陝西省已成立合作社1,390社，其中長安縣120社、咸陽107社、醴泉102社；互助社則有1,465社，其中南鄭72社、寶雞65社、城固46社、醴泉45社、鳳縣36社。[13]此時陝西雖尚無工業生產合作社，但確已組織起農業生產、運銷等眾多合作社；寶雞和陝南的合作社雖稱互助社，但也已達到一定水準，並具有繼續發展的條

頁）。

[10] 〈社評——充實西北〉，《重慶大公報》，1938年12月5日。

[11] 中國國民黨黨史委員會編，《革命文獻——合作運動（一）》，第84輯，1980年，第168-169頁。

[12] 前引《革命文獻》，第84輯，第169-175頁，及176-177頁間之表。

[13] 同前。

件。換言之，從全國範圍看，陝西也已成為農業生產、流通類合作社的先進地區。不過，該時期，合作社尚未發展到蘇區所在的陝北。

　　再看甘肅省。1932年底，甘肅僅有消費合作社2社、生產合作社1社，共3社。[14]1933年、1934年，經國民黨黨部指示又有數社成立，但因組織不完善，不久即行解散，最後只剩下蘭州、靖遠、皋蘭各有消費、信用、水利合作社1社。1934年，甘肅省建設廳擬定單行組織章程，令各縣政府從信用合作社入手。但因省政府財政困難、無款放貸而未見成果。1935年，合作社的發展步入正軌，農民銀行在蘭州開設分行，政府同時提倡組織合作社以救濟農村，並在皋蘭、榆中、酒泉等地進行宣傳和指導。因此，1935年6月始，甘肅省在一年內成立信用合作社95社（社員5,173人），放款110萬餘元。1936年3月，省政府成立農村合作委員會，以之為指導、監督合作社的總機關；另擬開辦合作訓練班（60餘人），學員結業後將在臨洮、天水、靖遠、定西等地組織合作社。[15]可見，甘肅省的合作社起步較晚，而且幾乎都是組織、管理較為容易的信用合作社，數量也不多，是合作社較為落後的地區。

二、西北區工合辦事處的成立和技術人員群體

　　工合運動在規劃階段，早已存在重視以重慶為中心的西南地區的傾向。在1939年5月的全國生產會議上，工合協會的劉廣沛發表《一年工作計劃書》，提出全國五區將組織合作社1萬社、社員將達35萬人、放款3,200萬元；其中西北區將組織2,300社（占五區總數23%）、社員將有10萬人（28.6%）、放貸833萬6,900元（26.1%），位列第二；但較之川康地區的4,700家（47%）、19萬8,000人（56.6%）、1,427萬8,000元（44.6%），[16]則約僅為其半。

　　1938年8月西北區工合辦事處成立後，即開始相關宣傳、調查工作，並積極組織合作社。區辦事處高層由主任（棉業合作專家盧廣綿）、總工程師、區視察等組成，全面負責技術、調查、指導工作。其下設8部門。總務科負責人事及向事務所

---

[14]　中國國民黨黨史委員會編，《革命文獻——合作運動（二）》，第85輯，1980年，第227頁及該頁之表13。

[15]　前引《革命文獻》，第84輯，第179-188頁。

[16]　滿鐵調查部，《支那抗戰力調查報告》，三一書房，1970年復刻版，第492-493頁。

傳達工合協會的指示等，會計科負責有效調配資金，組織科負責組織合作社並訓練社員，供銷科負責原料採購和產品運銷，技術科負責技術改進和指導；婦女工作部成立於1939年，負責婦女教育、組織婦女合作社，以實現婦女在政治、經濟上的獨立和解放；另有工業試驗所，1940年增設工合金庫（圖4-1）。可見，區辦事處為實現工合運動的理念、開展工業生產運動，而把「原料採購」、「合作社方式的組織營運」、「科學技術」、「生產」、「銷售」等各環節緊密結合在一起，其組織形態極富實踐性。

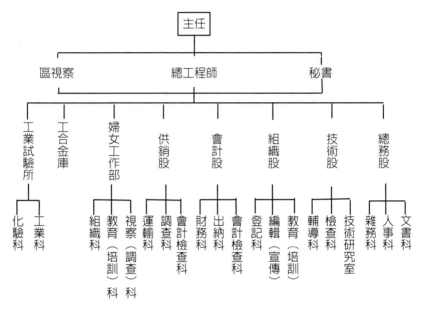

圖4-1　西北區辦事處組織機構圖

※根據表4-1、表4-2及《西北工合》第2卷第3期（1938年8月1日）第34頁等編製。另，當時技術股似尚未細分，但確有檢查科、輔導科之設。不過，因業務與工業研究所重疊，技術研究室很可能並未設置。

區辦事處的職員，各年皆有增減，大體在100人至200人之間，1940年有115名，其規模較大。主要幹部之經歷，如表4-1所示；可知辦事處高層，包括主任在內，多為國內外大學、研究生院畢業，或為合作社、棉業等技術專家，有的還與軍方有關係，曾在相關機構或民間從事過新生活運動、青年訓練、大眾教育等，有些則曾

是大學教員。總務股也可見同樣傾向，但較多的是師範學校畢業後曾任教員、視導員，或曾奉職工廠者。組織股任用的是較熟悉陝西省的情況、在當地人脈較廣者，如抗戰前即在陝西指導過合作事業者，有的曾在西安民眾教育館任教導部主任等。尤其是王作田，曾任陝西省合作事務局指導組長、該省合作事業委員會訓練科長。而負責批判日本侵華、宣傳工合運動意義的編輯科長則曾經留學日本。會計股集中了曾在上海商學院、專門學校等學習過會計、商學、簿記等，畢業後又在航空委員會、公司、銀行任會計的專業人才，有的也參與過合作事業。如會計員王洛常曾奉職華洋義賑會農利科（科員）、陝西省合作事業委員會，其存在是工合運動與華洋義賑會及曾經的合作事業存在繼承關係的眾多例證之一。供銷股幹部大多曾任職河北省棉產改進會、陝西省合作事業委員會及晏陽初指導的中華平民教育促進會。婦女工作部主任為任柱明，成員皆為女性，曾任大學或小學教員、研究員、婦女生活指導委員會指導員等。總之，辦事處乃至工合協會吸引了各類曾從事、參與合作事業的人才，可以說是此類人才的聚合體。

表4-1 西北區辦事處職員名簿（1940年）

職務	人名	年齡	籍貫	加入工合協會前之簡歷等
主任	盧廣綿	33	遼寧	北京大學化學系畢業。該大學YMCA會長。英國阿伯丁大學研究員。華北工業改進社總幹事。河北省棉產改進會技術部主任。軍事委員會農產調整委員會技術專員、棉產處副主任。軍事委員會西北青年勞動營技術訓練班主任。工合協會組織組長。
總工程師	吳去非	36	上海	美國密西根大學碩士。機械技師。美國道奇汽車公司工程師。上海電力公司工程師。交通大學工學院教授。軍事委員會西北青年勞動營技術訓練班總教官。工合協會技術組副組長。
視察主任	劉大作	32	山東	北平中法大學畢業。南京曉莊學校研究部社會教育研究員。全國經濟委員會江西農村服務區主任幹事。新生活運動總會科長。軍事委員會戰時工作幹部訓練團政治教官。
區視察	侯雨民	33	廣東	英國倫敦大學碩士。軍政機關秘書科長。中央訓練團黨政訓練班訓育幹事。

職務	人名	年齡	籍貫	加入工合協會前之簡歷等
秘書主任	高乃同	30	江西	上海大夏大學畢業。浙江省國外派遣教育視察員。吳淞中國公學大學部教授。浙江省立民眾教育館長。軍事委員會西北青年勞動營上校政治教官、生產技術訓練班副主任。
秘書	何　克	26	英國	英文名「George Alwin Hogg」。牛津大學畢業。美國記者。雙石鋪及山丹培黎學校校長。
〈總務股〉				
股長	秦喜霖	33	遼寧	東北大學畢業。新生活運動總會幹事。西北聯合大學高中教員。軍事委員會保定行營民眾訓練處政治教官。中央軍校特別訓練班政治教官。
文書科長	萬永昌	30	遼寧	東北陸軍講武堂畢業。陸軍少校，兵器官、師範學校教員。
人事科長	任霈霖	32	遼寧	北京大學畢業。陝西省民政廳視察員。
雜務科長	王福詳	27	陝西	三原縣立中學畢業。上海天開祥電器廠職員。
統計員	方逸民	29	江蘇	江蘇省立洛社師範學校畢業。陝西省合作事業統計員。西北區辦事處組織科員。寶雞、蘭州等工合金庫會計科長。
書記	李景泰	26	山西	山西省立長治師範學校畢業。長治縣立高小主任。新民工廠指導員。
同上	王海峯	26	遼寧	中學畢業。陸軍騎兵第四師範中尉書記。
※辦事員3人、見習員1人，計4人，略				
〈技術股〉請參閱表4-2				
〈組織股〉				
股長	王作田	32	河北	河北法商學院經濟學系畢業。陝西省合作事務局指導組長。陝西省合作事業委員會訓練科長。
教育科長	吳銳峰	38	江蘇	江蘇省立無錫民眾教育學院畢業。江蘇省立湯山農民教育館鄉村教育組主任。陝西省立西安民眾教育館指導部主任。
編輯科長	王亞平	32	河北	日本早稻田大學文學部畢業。第八集團軍總司令部少校科長。長沙《陣中日報》編輯。中國詩人協會理事。
登記科長	何志伊	30	陝西	陝西省立第一師範畢業。藍田縣立師範講習所教員。陝西省農業合作事務局指導員。陝西省合作委員會辦事員。
視察員	孫鐵衡	29	遼寧	經濟部合作人員訓練所畢業。泉蘭縣政府科長。
指導員	徐新柳	25	遼寧	東北大學畢業。陝西省教育廳婦女流通班教員。陸軍第八十六師政治部政治隊分隊長。

職務	人名	年齡	籍貫	加入工合協會前之簡歷等
同上	邸止菴	24	遼寧	遼寧省立第一工科高中畢業。
〈會計股〉				
股長	沈午憲	27	浙江	上海商學院畢業。建設委員會科員。航空委員會會計處科員。
會計專員	朱鍾昌	29	江蘇	北平財政商業專科學校畢業。上海精藝木業公司、中央汽車公司會計主任。
會計檢查科長	王學善	25	河南	財務人員特種考試合格。工合協會沔縣事務所會計科長。
出納科長	楊革塵	31	河北	河北法商學院商科畢業。天津永利化學公司塘沽鹽廠會計員。江蘇六合硫酸廠材料科主任。
財務科長	賀家俊	30	河北	中華會計專門學校畢業。財政部河北財政特派員公署駐廠主任。唐山市公安局會計科長。西北公路管理局第八戰區購糧委員會會計主任。
視察員	孫經天	31	陝西	西安中山大學經濟系畢業。陝西省公路局咸陽特稅局和陝西省酒精廠會計主任。
會計員	王洛常	43	北平	天津銀行簿記學校畢業。天津中華儲蓄銀行會計。華洋義賑會農科員。陝西省合作事業委員會會計科科長。
同上	董粒民	37	江蘇	北平平民大學商業專科畢業。交通銀行、中華匯業銀行職員。華北農業合作委員會視察員。
同上	王鳳來	38	北平	北平朝陽學院經濟系畢業。武昌興記公司成本組主任。軍政部毛織會計科員。軍政部紡紗廠會計科出納員。
同上	杜恒鈞	31	河北	新華商業學校畢業。陝西省立醫院、陝西省酒精廠、北平五星酒精廠會計員。陝西省公路管理局會計室科長。
同上	謝　璋	28	河南	第二集團軍軍需學校畢業。陸軍第七十五師軍需處中尉軍需員。
同上	滕餘中	22	河北	河北磁縣中學畢業。河北省磁縣怡立煤礦會計科員。
同上	史世璋	41	江西	江西陸軍測量學校製圖專科畢業。江西省測量局科員。江西省土地局審查員。
〈供銷股〉				
股長	侯敬民	40	黑龍江	北平中國大學畢業。黑龍江官銀號會計檢查。河北省棉產改進會晉縣區主任。
會計檢查科長	郎維杰	35	河北	北平財政商業專門學校畢業。教育合作事業委員會信貸組長。
調查科長	徐曉航	35	河北	燕京大學畢業。《北平晨報》、《東南日報》編輯。保定中學教導主任。中華平民教育促進會農民生計調查員。

職務	人名	年齡	籍貫	加入工合協會前之簡歷等
運輸科長	鄭輔庭	33	遼寧	東北農林專門學校畢業。教育會常務委員。農林學校主任。
※辦事員6人略				
〈婦女工作部〉				
主任	任柱明	29	湖南	英國倫敦大學研究員。湖南大學、湖南省地方行政幹部學校教授。
視察	姜漱寰	30	遼寧	燕京大學理學士研究院研究員。全國YMCA幹事。燕京大學助手。曾領導學生運動。工合協會上海設計委員會委員。
教育科長	劉士範	25	遼寧	東北大學畢業。
組織科長	方　紀	28	河北	北平中國大學畢業。婦女生活指導委員會指導員。
指導員	倪六因	31	上海	上海中學畢業。曾任小學教員六年。遭日軍轟炸而死。
同上	張坤中	21	河南	開封北倉女子中學畢業。
同上	劉克頓	25	河北	安徽大學教育系畢業。新生活委員會婦女高級幹部班畢業。第五戰區政治部組員。賑濟委員會第二新村組員。

※姜漱寰著《工合運動在西北》，西北區辦事處出版，1940年6月，第21-24、32-37頁。《西北工合》，第3卷1、2期（底頁），1940年2月15日。本章注120。拙稿〈西北区工業合作運動關係者に対するインタビュー──抗日戰爭時期、国共內戰期、そして現在〉，《亞洲經濟》，第33卷5號，1992年5月等。

　　從表4-1可知，西北區辦事處各股及婦女工作部的人員配置大致為7至13人；但如表4-2所示，吳去非任股長兼總工程師的技術股配備人員卻多達62人，其中曾留學歐美者，包括吳在內有4人，留日回國者有5人。觀諸學歷，雖然當時大學畢業生尚屬罕見，但該股卻有23名大學和研究生院畢業生，另有5名河北省立工業學院等單科大學畢業生，其他人也大多畢業於河北省立高級工業學校。由此可知該股技術力量相當雄厚。再以所擅長專業觀之，紡織方面有工程師、技師5人、技術員15人、助理技術員8人，計28人，其專業、經歷足以應對紡織、漂白、染色等技術指導；工程師則曾擔任毛紡廠廠長、織布廠主任，具有管理工廠、領導技術團隊的能力。機械方面有技師4人、特約技師（區辦事處招聘？）2人、技術員2人，計8人。其中果沈初（後任北京師範大學教授）為中美工程師學會會員，熟知世界技術發展現狀；馬萬田原為漢口某機器製造廠的設計技師，擁有發明和改良機器的能力。採礦、冶金方面工程師1人、技師4人、特約技師1人、技術員1人，計7人。其中，技師曹羨曾任金礦管理局技術員、兵工隊採金隊長，理論和經驗兼而有之；楊鳳書

曾任煤礦公司技術員和煤鐵公司化學實驗室主任，能勝任煤礦、鐵礦的採掘和檢驗等；李逢源畢業於大學地質學系，具備地質調查專業知識。而特約技師楊子榮曾遠赴南非調查過金礦，並歷任北洋官礦技師主任、資源委員會礦山技師等，是有相當影響的專家。總之，關於採礦、冶金的理論和實踐，可謂人才濟濟。製革方面有3人（其中1人原為山東省鄉村建設專科學校教員，或顯示工合運動與梁漱溟的鄉村建設運動亦不無關係）、造紙方面2人、化學方面有8人等，其中有些是高級技術人員。另外，合作社和農村工業專家、英國人戴樂仁（J. B. Tayler, 1878-1945）也曾就工業技術對工合協會提供過寶貴意見。各合作社也有不少技師相當優秀，如蘭州皮革合作社經理曹天欽（燕京大學畢業）就曾大顯身手，他在新中國成立後任上海生物化學研究所所長，成為世界著名學者。綜上所述，西北區工合辦事處的技術體制相當完備，具備了對西北區的所有行業進行調查、實踐、研究、發明、改良的實力。

表4-2　西北區辦事處技術股人員名簿（1940年）

職務	姓名	年齡	籍貫	加入工合協會前之簡歷等
股長	吳去非	36	上海	美國密西根大學碩士。機械技師。上海電力公司工程師。
技術顧問	楊毓禎	50	遼寧	柏林大學工程博士。東北大學工學院院長。陝西省政府委員。
紡織工程師	楊如圭	44	山西	比利時紡織專門學校畢業。清河毛織廠廠長。太原西北毛織廠廠長。
採礦工程師	○　治	33	山西	比利時「列日」大學採礦及礦業系畢業。
紡織技師	劉鍾奇	29	河北	「日本工業大學」紡織系畢業。天津裕元紗廠第三廠織布廠主任工程師。
同上	路清准	32	河北	「日本工業大學」紡織系畢業。山西絳州雍裕紡織公司工程師。
同上	袁模山	40	河北	河北省立工業學院染織系畢業。天津中國染色公司技師。裕元紗布廠總監督班。
同上	崔文○	37	河北	北平大學工學院機械系畢業。天津肇新實業公司技師。榆林工業職業學校染色技師。
機械技師	果沈初	38	北平	北平師範學校機械系畢業。中美工程師學會會員。北平市公務局材料廠廠長。南開大學工廠工程師。北洋工學院和北平師範大學講師。

職務	姓名	年齡	籍貫	加入工合協會前之簡歷等
同上	紀麟書	29	吉林	東北大學電機系畢業。中學數理化教員。甘肅省建設廳工程師。
同上	馬萬田	29	遼寧	東北大學機械系畢業。山東中興煤礦公司機務處設計師。漢口發昌機器製造廠設計師。
同上	閻伯玉	33	遼寧	唐山交通大學機械系畢業。
機械特約技師	仇春華	37	遼寧	日本大阪工業高等學校機械系畢業。山西陽泉鐵廠經理。
同上	岳常儉	45	遼寧	東北大學機械系畢業。陝西酒精廠技師。中英庚款蘭州科學教育館研究員。
採掘・冶金技師	鄭吉三	34	山西	日本東京工業大學礦冶學科畢業。山西陽泉保晉公司材料部主任。
同上	曹羨之	34	遼寧	東北大學採冶系畢業。山西岱縣金礦管理局技術員。青海大通金礦工程師。陸軍第一百師兵工隊採金隊長。
同上	楊鳳書	36	河南	焦作工學院採冶系畢業。河南中原煤礦公司技術員。中福煤鐵公司化學實驗室主任。利民煤礦公司工程師
同上	李逢源	34	遼寧	北京大學地質學系畢業。遼寧省立第二工業職業學校採冶系主任。本溪湖煤鐵公司礦務主任。
採掘及冶金特約技師	楊子榮	68	河南	實業部註冊礦山技師。曾調查南非金礦。河南焦作中福公司礦山技師。河南武安北洋官礦礦山技師主任。資源委員會礦山技師。
製革技師	王象夷	39	山東	燕京大學製革學系畢業。綏遠製革廠總經理。山東第五行政區視察主任。樂陵縣長。
製革特約技師	賈伊箴	33	山東	山東省鄉村建設專科學校教員。
同上	張煥草	50	河北	蘭州製革廠、西安製革公司、天津製革廠等經理。
造紙特約技師	康洪五	46	山西	日本東京工業高等學校造紙學科畢業。山西造紙廠工程師。
同上	王榕城	31	福建	北平中法大學化學系畢業。北平研究院研究員。北平師範大學附中化學教員。陸軍大學國防化學教員。
化學工業技師	孫鏡清	33	遼寧	南開大學化學系畢業。西北臨時大學、東北大學化學系講師。陝西省建設廳工程師。陝西省工業試驗所化學實驗科長。
同上	房廣遠	38	江蘇	北平大學農業化學系畢業。陝西省建設廳技士。陝西省工業試驗所主任化學實驗員。陝西省農業改進所技士。
同上	陳景福	30	浙江	北平大學農業化學系畢業。陝西省建設廳技士。陝西省工業試驗所主任化學實驗員。

職務	姓名	年齡	籍貫	加入工合協會前之簡歷等
化學工業特約技師	高為炎	25	河南	北京大學化學系畢業。重慶西部科學院研究員。河南省立中學化學教員。重慶精油廠研究員。
建築特約技師	郭毓麟	31	遼寧	東北大學建築系畢業。上海中國銀行建築科製圖主任。陝西省酒精廠工務科長。
紡織技術員	葛南極	25	江蘇	南通學院紡織系、西北工學院紡織系畢業。
同上	李子厚	36	河北	河北省立工學院染色科畢業。天津生生公司技師。農本局運輸處褒城倉庫長。
同上	范靜波	32	河北	河北省立高級工業學校畢業。
同上	王道生	23	河南	河南省立高級工業學校畢業。安徽合肥女子職業學校工務主任。教育部第區教師服務團紡織訓練所教務主任。
同上	王化珍	26	河北	河北省立高級工業學校畢業。河北獲鹿初級職業學校染色主任。山西晉華紡織公司工務員。
同上	解士俊	32	河北	河北省立高級工業學校染色專業畢業。河北獲鹿初級職業學校校長、第二廠長。
同上	張文治	26	河北	河北省立高級職業學校染色專業畢業。西安大華紗廠。
同上	姜紹豐	30	山東	煙臺蠶絲專科學校畢業。在上海德華洋行技術部實習漂白、染色三年。煙臺匯昌泰織染廠總管。河南省立鎮平工業學校教員。
同上	高彥碧	23	河南	河南省立高級工業學校畢業。
同上	潘允敏	36	陝西	西安省立模範紡織廠培華女子職業學校技師。
同上	蘇錫典	28	河南	河南省立高級工業學校畢業。河南省立鄭縣工業職業學校教務主任。陝西華陰職業學校教員。
同上	馮振江	24	河南	河南省立高級工業學校畢業。河南西平職業學校教員。
同上	彭百祥	27	河南	河南省立高級工業學校畢業。該校教員。
同上	李德賢	26	河南	河南省立高級工業學校畢業。中央第五賑濟區災童教養院製造部技師。
同上	朱有樟	24	湖北	河南省立高級工業學校畢業。河南修武縣社會軍訓政治教官。
機械技術員	蕭在田			
同上	殷鳳培	31	上海	上海高級商業學校畢業。上海復順電器廠總務。復昌機器廠綸昌機器廠技術員。
採掘・冶金技術員	侯健俠	28	吉林	遼寧省立第二工業學校礦冶科畢業。河北古北口通興金廠工務員。
造紙技術員	耿恒隆	25	山西	山西省立太原工業職業學校化學專業畢業。山西西北實業公司造紙廠工務員。

職務	姓名	年齡	籍貫	加入工合協會前之簡歷等
化學技術員	劉培淪	31	陝西	北平中國大學化學系畢業。陝西省酒精廠技士。陝西省工業試驗所技士。
同上	顏季瓊	25	四川	金陵大學化學系畢業。
紡織助理技術員	呂光祖	22	河北	河北省立保定高級工業學校畢業。
同上	張雨茵	23	陝西	陝西培華女子職業學校染色專業畢業。興平振華職業學校教員。
同上	劉思敏	22	河北	河南省立工業職業學校畢業。河南省立鄭縣職業學校助手。
同上	陳　亮	35	河北	清河毛織廠訓練班畢業。清河毛織廠助手。山西西北毛織廠技術員。
同上	閻志潔	38	山西	山西工業專門學校畢業。內政部統計員。
同上	楊伯功	32	河南	河北省立鎮平職業學校畢業。鎮平福和絹縮緬漂白染色廠經理。
同上	陳　彥	24	浙江	陝西培華女子職業學校染色專業畢業。陝西省合作委員會華縣紡織訓練所技師。
同上	張繼魁	21	河北	河北省立保定高級工業職業學校畢業。
化學助理技術員	劉子午	29	河北	陝西省立農業職業學校畢業。陝西省工業試驗技佐。
同上	胡振湘	27	河北	天津河北中學畢業。北平工學院飛機研究會助手。陝西省工業試驗所技佐。
日用化學助理技術員	溫雨祥	26	河北	陝西省立農業職業學校畢業。陝西省建設廳技佐。
同上	孫允生	27	遼寧	河北農學院畢業。山東菜陽中學教員。西北高級藥科學校教員。

※據姜漱寰《工合運動在西北》（西北區辦事處出版，1940年6月）第24-23頁編製。另，「技士」、「技佐」是技術人員職稱，地位在技師之下。「日本工業大學」或即為東京工業大學。日軍佔領北平後，北平大學、北平師範大學與滯留北京的北京大學合併、改組，稱「北京大學」。另，眾所周知，北京大學的部分教職員工和學生為避日軍侵略而遠遷雲南，於1938年4月在昆明和清華、南開大學共同成立了國立西南聯合大學。

　　綜觀表4-1和表4-2所記籍貫可知，西北區辦事處成員來自全國各地，但仍能看出一定傾向。即河北、北平人數最多，為31人，其次是遼寧20人（加上吉林2人、黑龍江1人，東北地區計23人），其他依次為河南12人、山西7人、陝西6人、山東4人、浙江3人；廣東、福建、江西、湖南各1人，另外上海和江蘇計9人。其畢業院校有北京大學、北平大學、北平師範大學（北平大學和北平師範大學，在日軍佔領

北平後合併改組為北京大學)、燕京大學、中法大學、天津南開大學、金陵大學、東北大學等;但東北大學較多,有8人,甚至還有該大學工學院院長楊毓楨。這意味著什麼呢?

　　表4-3所示為各事務所主任的籍貫、簡歷等,其傾向亦與區辦事處類似。但因事務所需直接指導合作社,故其主任多為曾長期在棉業及合作社一線工作的視察員、合作指導員。如鳳翔事務所的李家鋆,抗戰前曾在盧廣綿等領導的華北農產研究改進社接受過培訓,後任河北省棉產改進會視察員,後來又任陝西省合作事業委員會視導員;而該委員會視察組組長就是天水事務所的齊常五。寶雞事務所的鄭長家則曾在華北工業改進社[17]工作,還曾任河北省棉產改進會無極事務所主任等。鎮平事務所主任於魯溪從名校金陵大學畢業後,曾在晏陽初領導的中華平民教育促進會華北實驗區任農業推進主任,還曾在梁漱溟領導的山東省鄒平實驗縣任科長等。雙石鋪事務所的李國楨畢業於山東鄉村建設研究院,後一直在合作社領域工作。據已掌握史料,僅經確認為共產黨員的就有3名,這可能意味著事務所自始就是國共兩黨相互爭奪的陣地。值得關注的是,事務所主任中也有遼寧人6名(曹羨之兼職技術股)。其中4名畢業於東北大學。

表4-3　各事務所成立時間及主任之簡歷(1940年)

省份	事務所名	成立時間	主任	年齡	籍貫	畢業院校	簡歷等
陝西	西安	1938.10	徐緯藩	29	遼寧	東北大學	榆林高中教員。陝西省統稅管理所秘書。
	南鄭	1938.10	李華春	28	遼寧	東北大學	北平中國外交學會研究員。《外交月刊》編輯。中共黨員。
	鳳翔	1938.12	李家鋆	27	河北	河北省立第八師範	曾在華北農產研究改進社接受培訓。河北省棉產改進會晉縣區視察員。陝西省合作事業委員會視導員。
甘肅	天水	1939.2	齊常五	33	遼寧	南開大學	陝西省合作事業委員會視察組長。

---

[17]　關於華北改進社,請參閱本書第二章。

省份	事務所名	成立時間	主任	年齡	籍貫	畢業院校	簡歷等
山西	晉南	1939.2	鞠仁卿	32	遼寧	遼寧省警官高等學校	河北省警官訓練所教務主任、警官學校教育長。寶雞縣政府秘書。
陝西	雙石鋪	1939.3	李國楨	30	四川	山東鄉村建設研究院	鄒平實驗縣合作委員會幹事。豐石鄉（山東省？）鄉村建設實驗區合作事業部主任。四川省立民眾教育館合作負責人。
	隴縣	1939.3	苗文成	25	河南	河南省立高中	《河南晚報》編輯。陸軍第五十三師政治部幹事。曾在西北區第一屆指導人員訓練班受訓。
甘肅	蘭州	1939.3	薛覺民	30	山西	燕京大學	中華平民教育改進會幹事。中央賑濟委員會委員。
陝西	延安	1939.3	曹菊如	30？	福建	無	曾參加印尼等國的華僑反帝大同盟。中共黨員。曾參與組建閩西工農銀行、中華蘇維埃共和國國家銀行。陝甘寧邊區銀行行長。
湖北	老河口	1939.4	楊士淦	39	安徽	南京東南大學	安徽省立第四棉業試驗場技師。江蘇省立原蠶種製造所技術員。河北省棉產改進會指導員。
陝西	寶雞	1939.4	劉大作	32	山東	北平中法大學	兼工合協會視察主任。其他請參閱表4-1。
			鄭長家（副主任）	29	遼寧	東北大學	華北工業改進社、河北省棉產改進會無極事務所主任。農本局貴陽辦事處主任。
河南	鎮平	1939.4	于魯溪	39	山東	金陵大學	中華平民教育促進會華北實驗區農業推進主任。河南村冶學院農場長。山東鄉村建設研究院負責人。鄒平試驗縣科長。
陝西	榆林	1939.8	楊鳳儀	35	河北	北平朝陽大學	河北省甯津黨務指導委員。北平求實中學代理校長。北平市政府諮議。河北省建設廳科員。
	沔縣	1939.9	曹羨之	30	遼寧	東北大學	山西岱縣金礦管理局技術員。青海大通金礦工程師。陸軍第一百師兵工採金隊長。採掘及冶金技師。

省份	事務所名	成立時間	主任	年齡	籍貫	畢業院校	簡歷等
	安康	1939.10	郭德潤	33	山西	北平大學	大同縣黨部常務委員。《西北論衡》編輯。《申報月刊》特約編輯。河北省棉產改進會信貸科長。
山西	晉東南	1940.2	孟用潛	36	北平	燕京大學	《中國日報》（英文）主筆。兼工合協會視察。1927年加入中共。中共滿州省委組織部長、陝西省委書記。

※姜漱賽《工合運動在西北》（西北區辦事處出版，1940年6月），第74-78頁。中華人民銀行金融研究所編《曹菊如文稿》（中國金融出版社，1984年）之〈序言〉。《中國近現代人名大辭典》（中國國際廣播出版社，1989年），第485頁等。

　　眾所周知，東北大學由張學良創辦並自任校長，抗日意識極強。西北區工合的領導人、支持者，大部分都是加入了東北救亡總會的東北大學學生，辦事處主任、遼寧人盧廣綿也十分重視西北，認為此地的地理位置對收復東北至關重要；《西北區辦事處工作報告》也強調西北是全面反攻的基地，由此揮兵掌握華北，即可收復東北。[18]亦即，西北區的遼寧人、東北大學的畢業生們，是因「滿洲國」成立而失去故鄉的流亡者，是懷抱復土之志的技術和合作社專家群體。華北人、北平人當然也期待從日本侵略者手中奪回以北平為核心的華北。來自華中、華南的技術人員當然也是為了抗日，他們不去重慶而選擇西北，或因國民黨對西北的統制相對薄弱。陝西本地人較少，顯然是因為當地工業不發達而缺少技術人員。總之，西北區辦事處、事務所的技術人員、合作專家主要來自外地。

　　工合協會所撥資金，由區辦事處主任權衡工作人員薪資、辦公經費等決定，然後分配給下屬十個事務所。據陳翰笙回憶，區辦事處的資金分配由工合協會決定；盧廣綿因也是協會的組織組長，故亦參與資金分配，且對分配方案很有影響。陳抱怨說，盧光給西北區撥款，西南區、東南區得不到資金。[19]不過，工合協會整體資金不足，分配時應重視西北區還是西南區，必然導致激烈競爭；而欲以西北為基地

[18]　〈西北區辦事處工作報告〉（1939年4月），《中國工業合作協會工作概況》，1939年，第27頁。
[19]　拙稿〈陳翰笙氏に対するインタビュー──中国工業合作運動を中心に──〉，《近きに在りて》，第21號，1992年5月。

收復東北的盧廣綿，在這點上自然不會退讓。盧廣綿曾說，發動工合運動是為了沉重打擊日本提出的殖民性質的國際分工論，即「工業日本、農業中國」。不妨說，他的信念就是，工業關乎現代國家的國防，工業化是創建現代國家的基本要素。[20]

由上述可知，西北的工合運動聚集了來自全國各地工業城市的各類人才。據當時報導，上海、重慶的很多青年希望前往陝北延安，但途經寶雞看到這種新運動的活潑氣象而決定留下；木工合作社社員多數是上海人，某煤炭合作社社員是一群東北難民和當地農民，[21]而某機器合作社，社員則來自濟南、天津、漢口等工業城市。國民黨的合作社指導員也被吸引。如總務股統計員方逸民，原在西安奉職陝西省合作委員會，因感受到工合運動的嶄新作風而辭去原職，為貢獻抗戰而來到寶雞。[22]

下面依據表4-4就西北區組織工合社的概況作一考察。工合社數，1938年11月為40社，其後呈增長趨勢，1940年6月達到高峰，計有582社；後經合併、清理，同年12月減至524家，但社員人數仍在增加，達到10,245人的峰值；經充實後的各社平均社員數也達到20人。標誌合作社經營穩定與否的股金交訖率在60%至70%之間，考慮到入股合作社者不少是難民，該比率並不算低。1940年12月，晉豫區分離、獨立後，西北區縮為陝西、甘肅、寧夏三省；1941年6月的統計顯示，工合社數和社員人數分別減至352社、4,529人（不過，寧夏工合社的情況不詳，該數字絕大部分應為陝、甘兩省的工合社）。1941年12月，經社員努力，股金交訖率提高至99.9%，獲得放款亦達492萬元。但1942年以後明顯開始停滯、衰退；1943年底新西北區成立，山西、河南、湖北三省重新劃歸西北區，但工合社仍僅有287家。後來雖稍有改觀，增幅卻不大，直至迎來抗戰勝利。關於放款，除1939年9月外，其金額一直低於月產值。這意味著，西北區僅用1939年9月一個月即大幅提高了生產能力，其後再無需大量放款即可生產軍需品、民用品以支持抗戰。西安的物價上漲率，若以1939年為1，則1940年為1.9、1941年為6.3、1942年為24.6、1943年為106.3、1944年為146.4，可謂逐年飛漲。這些數據乃基於西安的小麥價格計算而來，用以比較整

---

[20]　盧廣綿〈四年來的西北工合〉，《工業合作月刊》，第3卷第1、2期，1942年8月。

[21]　制甐〈中國工業合作運動的一個報告〉，《香港大公報》，1939年5月26日。

[22]　拙稿〈西北区工業合作運動關係者に対するインタビュー──抗日戦争時期、国共内戦期、そして現在──〉，《アジア経済（亞洲經濟）》，第33卷第5號，1992年5月等。

個西北區各行業的月產值不無問題。但因不掌握1938年至1945年的完整物價統計數據，故暫以此計算近似值。經計算可知，西北區合作社的產值，1939年為47萬8,843元（以之為1），1940年增至168萬1,485元（3.5），1941年為500萬5,668元（10.5），1942年為422萬9,744元（8.8）。亦即，至1941年，西北區工合社生產能力的增速一直高於各該年的物價上漲速度，但1942年則開始低迷。1943年的數據不詳，但在1944年，僅陝、甘兩省的產值就高達8,908萬3,705元（186.0），明顯超過物價上漲率。

　　西北的物價上漲率本低於西南地區，又因大量難民湧入，勞動力豐富且工資低廉。此傾向後來亦無甚變化，後方大城市中，物價上漲率以蘭州為最低。例如，與抗戰前相比，1941年重慶的物價漲至18倍、成都漲至16倍、昆明漲至19倍，而西安和蘭州則僅漲至10倍多。1941年9月，重慶的原料價格是抗戰前的22倍（礦物價格則是33倍）、成品價格是29倍，而蘭州的原料價格僅漲至8倍、成品價格僅漲至13倍；燃料價格，較之重慶的暴漲，蘭州則僅是微漲。棉花價格，重慶、成都漲至12至20倍，而西安、蘭州僅漲至8倍。至於工資和糧價，重慶產業工人1941年的工資為1937年的約6倍、糧價是20倍，而蘭州則分別為4倍半和約8倍。[23]總之，較之抗戰前，西北的物價上漲率遠低於西南，這對西北工合運動的組織和發展十分有利。

---

[23]　劉世超〈西北工業建設之希望〉，《重慶大公報》，1942年8月3日。

表4-4西北區工合社統計（1938-1945）

年月	社數 (A)	社員人數 (B)	平均社員人數 (B/A)	總股額 (元)(C)	交訖股金 (元)(D)	D/C %	利用放款 (元)	月產值 (元)	物價上漲率 h	備考
1938.11^a	40	615	15.4				115,390			西北區（陝西、甘肅、山西、河南、湖北5省）
12^b	62	1,010	16.3	17,680	11,734	64.2	98,700			同上
1939.3^a	156	2,624	16.8				345,430	478,843	1	同上
9^c	357	4,308	12.1	133,436			1,066,080	825,949		同上
12^b	375	4,484	12.0	155,462			1,111,620			同上
1940.1^d	382	4,545	12.0	160,335	97,127	60.6	1,363,915	1,681,485	1.9	同上
4^b	557	8,100	14.5	247,737	153,171	61.8	2,372,980	4,135,270		同上
6^d	582	8,929	15.3	361,178	249,086	69.0	2,598,663	4,129,595		同上
12^d	524	10,245	20.0	512,160	365,374	71.3	2,674,124	7,248,932		晉豫區分離、獨立（含湖北）（1940年12月）
1941.6^d	352	4,529	12.9	513,455	331,949	64.7	4,671,500	5,005,668	6.3	西北區（陝西、甘肅、寧夏3省）。寧夏合作社數據等不詳。
12^b	362	4,864	13.4	598,612	598,510	99.9	4,925,999	6,997,312		同上
1942.5^b	261	2,872	11.0	829,368	584,650	70.5	3,069,659	4,229,744	24.6	同上
1943.11^e	261	2,744	10.5				12,580,647	102,300,073	106.3	全國分3區（1943年10月）

年月	社數(A)	社員人數(B)	平均社員人數(B/A)	總股額(元)(C)	交訖股金(元)(D)	D/C%	利用放款(元)	月產值(元)	物價上漲率 h	備考
1944.12^f	287	2,985	10.4	17,792,518	15,983,415	89.8	30,621,884	89,083,705	146.4	新「西北區」（陝西、甘肅、寧夏、山西、河南、湖北6省）
12^f	246	2,401	9.8	15,897,638	14,442,435	90.8	29,883,884			陝西、甘肅兩省之合計
1945.3^g	310	4,347	14.0						1378.8	新「西北區」
12^g	131	1,521	11.6							同上

※a.《中國工業合作協會工作概況》，1939年，第22～24頁。b.盧廣綿〈四年來的西北工合〉，《工業合作》（月刊），第3卷1、2期，1942年8月。c.東亞研究所《中國工業合作社資料》(1)，1941年7月，第143、147、149頁及150頁後第5表。d.賴樸吾（E. R. Lapwood），〈工合的統計問題〉，《工業合作月刊》第1卷4期，1941年11月。e.彭澤益編《中國近代手工業史資料》第4卷，三聯書店，1957年，第381、385-386頁。f.《西北工合通譯》，第8卷，第1、2期，1945年2月，第326頁及附表。g. Douglas Reynolds, Ph. D., 1975, pp.451.453. h. 西安市的小麥價格，1938年平均1市石（＝100立升）9.5元，1939年為13.2元，1940年為25.3元，1941年為82.8元，1942年為325元，1943年為1402.5元，1944年6月為18,200元。陝西省地方誌編纂委員會編《陝西省志——物價志》，第42卷，中國物價出版社，1992年，第42頁。本表採用此數據，並以1939年作為「1」加以計算。

三、西北區工合運動與西北建設

那麼，西北區的工合運動是如何開展、推廣的？

1938年8月，盧廣綿和上海技工孫夏威來到寶雞。盧除得到艾黎所贈起步資金300元外，還將按約定每月接受經費300元左右。10月，工合協會會計長陳瑞僎匯來4萬元，但所組織合作社至該月底已達二三十社，還有十數社正在籌備。之所以有此成績，全賴銀行放款。陝西省銀行經理李維城[24]、金城銀行總經理周作民[25]皆支持工合運動，兩家銀行向西北區辦事處各放款5萬元，計10萬元；到1939年，兩銀行放款總額超過50萬元。[26]該二行放款對初期工合運動發展的重要意義非同一般。此外，較之東南、西南兩區有華僑捐款可期，西北區缺少資金來源，於是西北區重點向華僑宣傳此區乃「抗戰救國」的重要地區，希望籍此獲得華僑的經濟援助和投資。[27]

---

[24] 李維城，湖南人，程潛任湖南省主席期間，曾任湖南省銀行經理。西安事變前程潛任西安行營兼陝西省主席時，李維城亦任陝西省銀行經理。李是進步銀行家，西安事變時周旋於張學良的東北軍、楊虎城的西北軍和中共之間，致力於三者團結。陝西開展工合運動後，李立即予以積極支持；盧廣綿到寶雞後即前往陝西省銀行寶雞分行，而李早已決定對工合社放款。1949年後，李任人民銀行總行顧問，1977年去世。前引拙稿《中国工業合作運動について——レウィー・アレー、盧広綿両氏に聞く——》。

[25] 金城銀行總經理周作民（江蘇人）曾成立通成公司，從事商業、運輸業，從而擴大了金城銀行的業務。1934年，周組建華北農產研究改進社，並自任理事長。1934年至1937年，該社在河北省進行棉產改進工作，組織棉花產銷合作社數百社，金城銀行向這些合作社放款計100餘萬元，還資助研究改進社研究費、工作推進費每年約7萬至10萬元等（拙稿〈中国工業合作運動指導者からの書簡について〉，大阪教育大學歷史學研究室編《歷史研究》，第23號，1985年9月）。亦即，還在抗戰開始之前，金城銀行即已主要在河北致力於合作事業；而此期則開始重視陝西。1934年6月，金城銀行與交通、上海商業、浙江興業、四省農民各行聯合，委託陝西棉產改進所組織棉花產銷合作社，並讓其代理生產、運銷、利用三種放款業務（羅炳光編《金城銀行史料》，1983，第468頁）。不妨說，河北淪陷後，金城銀行已將支援重點轉向陝西等西北地區的工合運動。中共當時曾強烈譴責周作民，如《解放日報》（1941年5月23日）曾以〈周逆作民到港活動〉為題報導稱「著名漢奸金城銀行總經理周作民近來港活動，聞周逆除配合敵寇經濟上的南進政策，並有策動中日和平之企圖。」不過，該報導宣傳成分居多，缺乏真實性。考慮到金城銀行投資合作社和工合社、支援重慶國民政府的西南建設及1949年後周作民被推為全國政協委員等事實，周作民無疑值得進一步研究並作重新評價。

[26] 前引拙稿《中国工業合作運動について——レウィー・アレー、盧広綿両氏に聞く——》。前引拙稿《中国工業合作運動指導者からの書簡について》。

[27] 如侯雨民〈海外僑胞應積極資助西北工合運動〉，西北區辦事處編《西北工合》，第3卷第5期，1940年6月。西北區辦事處從1938年12月開始發行機關雜誌《工業合作》（半月刊），出至

第一階段（1938年9月至11月）

　　1938年8月19日，工合協會工作人員從漢口經西安到達寶雞，準備成立區辦事處。當時，黃河北岸的難民除逃往西安者外，相當部分集中在寶雞。區辦事處首先透過報紙、廣播宣傳工合運動的意義，但在城市能夠理解的只有知識分子，工人則只是似懂非懂，收效不大。區辦事處於是前往工廠、農村、難民站先行調查、登記，並向人們解釋工合社的本質、組織方式、對民眾的緊迫性、對工業落後的西北地區的必要性，初步贏得理解。與此同時開始組織工合社。8月26日，大華手工鐵器工合社成立，這是工合協會在中國組織的第一個工業合作社。不久後，艾黎等抵達寶雞，對秦嶺的森林、煤炭、鐵礦等工業資源展開勘驗，引起陝西各方面關注。戴樂仁也到訪漢中及甘肅的天水、蘭州等地，同西北聯合大學、中英庚款科學教育館（戴樂仁後來任該館館長）等進行交涉，打開了工合運動向甘肅發展的道路。經此番努力，工合運動得到了西北最高軍政當局蔣鼎文[28]以及王瀾生、韓威生、盧乃庚、陳體誠、梅貽寶（燕京大學文學院院長）等陝甘各界的支持。繼之，工合協會技術組副組長吳去非到來，區辦事處內部亦逐漸充實，工作進展加快。此時，武漢會戰已經打響，在宋美齡指示下，新生活運動總會把武漢紗廠的熟練女工和基督徒工人計400人疏散到了西北。他們在區辦事處組織下，成立了裁縫、織布、精棉、藥棉、襪子、紐扣等工合社。當時因寶雞附近房舍不足，工合社就在十里鋪等村開挖窯洞數十個，其堅固足以抵禦日軍空襲。據說，鐵器工合社曾被炸，但損失僅100元，60元即已恢復生產，收集炸彈碎片竟還值100元。[29]

　　第10期；後為有別於工合協會刊行的《工業合作月刊》而改稱《西北工合》（半月刊）。

[28]　蔣鼎文（1895-1974），浙江人，軍人（是否軍統不詳）。畢業於浙江講武學堂。1921年任廣州大元帥府參謀部副官，1924年任黃埔軍校教官，1926年北伐時任總司令部直屬傷兵團少將團長，1927年任南京國民政府南京警備團長，1933年任「剿匪」軍北路前敵總指揮，1935年任國民黨中央執行委員。觀其履歷可知，他是積極推行蔣介石「安內必先攘外」政策的反共分子。1937年11月任軍事委員會委員長西安行營主任，1938年6月就任陝西省政府主席兼省保安司令。1941年5月任委員長西安辦公廳主任，同年12月調任第一戰區司令長官兼晉察冀戰區總司令，與陝西省行政當局不再有直接聯繫。《民國人物大辭典》，河北人民出版社，1991年，第1377頁，等。

[29]　前引《西北區辦事處工作報告》（1939年4月），第20-22頁。前引梁福義著《寶雞史話》，第333頁。〈西北區工作報告〉(1)(2)(3)，《香港大公報》，1939年1月13-15日，等。

　　該期西北區組織的工合社及其狀況如下。①西北雖為棉產區，但紡織業僅有大華紗廠（2萬錠）。而在秦嶺大山深處的偏僻農村裡，不少女孩十幾歲還赤身露體，有的人家連被子都沒有。區辦事處於是聯合數村組織紡織合作社6社。②機械工合社。寶雞附近的鐵器手工業無資金支持，相互分散，且沿襲舊法，但大部分產品為軍品、農具等。鑒於其重要性，西北區組織了機器工合社，籌集資金助其大量採購原材料，並作技術指導，力圖提高生產能力和產品品質。再，西北區機器製造和修理廠極少，損毀汽車棄置各地。區辦事處於是與陝西省銀行、第五十三軍交涉，將該軍機器廠的機器運至某地，開辦了機器工合社。③寶雞的蠟燭、肥皂、鞋帽、食品等工合社緩解了民眾日用不足，穩定了物價。④西安以西只有小型石版印刷所，而無機器印刷。區辦事處於是邀集許多印刷工人組織了印刷工合社，並在西安購來鉛字印刷機和鉛字，以印製、出版工合西北區的機關雜誌《工業合作》及縣動員委員會所編《寶雞抗戰週刊》等。⑤國民政府對汽車實行統制，交通工具多為軍事運輸及國營、公營企業所壟斷。西北區辦事處於是與隴海鐵路局合作，購入大量騾馬，組織難民120人，成立了擁有100輛膠輪車的西北運輸工合社，以轉運毛毯原料及產品等。就這樣，至1938年11月，西北區辦事處組織工合社40社（社員615人），涉及紡織、機器、食品、印刷、運輸等各行業，產品亦達14種之多。[30]

第二階段（1938年11月至翌年3月）

　　武漢、廣州相繼淪陷後，為加強抗戰力量，西北區必須更廣泛、深入地開展工作。為此，西北區辦事處在南鄭、鳳翔、隴縣、雙石鋪、天水、蘭州、榆林、延安開設事務所8處，並將工合社迅速增至156社、社員達2,624人、產品達到41種。另在山西省南部設晉南事務所，組織流動工合社赴前線從事生產運動。[31]

　　該時期運動的特徵，見諸軍毯、機械五金、採礦、冶金等工合社。區辦事處招聘毛紡專家，在榆林、秦安進行調查，並組織工合社，以滿足軍毯生產之需。1938年11月在沔縣（今勉縣）組織了採金工合社。另在南鄭難民總站招集400人組織工合社，招請數名礦山技師進行指導。1939年，經礦山技師勘探後開始在鳳縣開礦採

---

[30]　同前。

[31]　前引《西北區辦事處工作報告》（1939年4月），第22-24頁。

煤。先期用小煤車運煤，以後打算修建輕便鐵軌將煤運到雙石鋪，以滿足陝南和寶雞一帶的需求。1938年11月，開始籌備鐵鏴工合社（社員28人），區辦事處派來技師，並配置各種設施。該社運用自設水電站（約24馬力），擁有廢鐵熔爐和熔礦爐各4座，計劃每年生產織布機、紡織機鐵件各1,500對、貨車零件1,000對及各種機器零件10萬斤。在雙石鋪開辦機器工合社，一面修理各種器械、武器，一面生產各型步槍、機槍及生產工具，以使工具自給自足。陝西省銀行購置機器一部，在襃縣成立酒精工合社，生產酒精以替代汽油。油墨和土紙供應不足，嚴重影響宣傳抗戰、豐富文化，於是在鳳縣和雙石鋪成立造紙工合社各1社，在漢中、天水成立製墨工合社各1社，以生產由麻紙改良的新聞紙、包裝紙、公文用紙等。[32]

　　全國範圍內，西北區成果顯著，1939年1月至9月，營業總額達到500萬元，其產品售價，據說比當地商店一般便宜20%。[33]寶雞的工合社原由區辦事處直接指導，但因發展迅速、業務繁忙，遂於1939年5月成立了寶雞事務所。

　　1938年底，盧廣綿前往重慶宣傳西北的工合運動，《重慶大公報》等主要報紙亦刊載相關報導。《西北工業合作》文稱，大型工業短期內難以復興，發展各種小型工廠應屬當務之急；[34]《社論——論工業合作》介紹了西北工合運動三個月的成果後指出，現代國家不能只建立在農業基礎之上，工業化是必須條件。國無輕工業則不富、無重工業則不強。中國沒有輕重工業基礎，鴉片戰爭以來呈「奇形的」經濟發展；今後應糾正其方向，把軍事、經濟中心建設在中國內地。工合運動解決不了國家的所有工業建設問題，但能解決當下急迫的民生問題，能樹立將來工業建設的基礎。[35]另有徐瑩〈鞏固工業經濟防衛線——記中國工業合作協會西北區的成功〉一文稱，必須打破日本「工業日本、農業中國」的企圖，建設自己的工業，構建經濟防線；並強調，中國過去的大工業都集中在毫無防衛的大城市，內地小工業沒有得到發展和改進；為了抗戰，國民政府除設計、研究、遷移大型國防工業外，還須運用最簡單、最有效且能打破勞資對立的方法，即組織為數眾多的工合社。[36]

---

[32]　同前。

[33]　《香港大公報》，1939年11月18日。

[34]　《重慶大公報》，1938年12月13日。

[35]　《重慶大公報》，1939年12月14日。

[36]　同前。

各大報的報導喚起了重慶社會對西北工合運動的關注和支持，對在全國開展工合運動也具有極大意義。西北區透過展示其成果，為在全國開展工合這一大眾性經濟運動發揮了實質性的示範作用。

如表4-5所示，滇緬公路被切斷前的1940年4月，西北區有工合社557社，社員8100人，利用放款總額304萬元，[37]在所有五區中分別占到32.5%、34.9%和55.4%。這表明，在國民政府把建設內地的力量主要投向西南時，工合運動在西北穩步構建起了工業基礎。依表4-6觀察，僅陝、甘兩省的工合社數就相當可觀，如寶雞有67社、沔縣有102社、安康有68社、天水有56社等。不過，因工合社雇用難民較多，股金平均交訖率只有48.8%，尤其是延安，其交訖率為零，拉低了平均交訖率。因為，延安的工合社，幾乎所有社員都沒有自有資金；放款回收率也極低，平均僅有8.1%，距工合協會追求的各工合社獨立核算的目標相去甚遠，表明這些合作社主要依靠放款擴大生產。將表4-6與表4-7結合起來分析可知，西北區工合社所涉行業雖多，有機器五金、礦冶、紡織、服裝、化學、食品、文化等，但其中從事紡織的有159社、從事礦冶的有161社，皆占所有合作社的28%強。如後所述，這與這些地區主要因軍毯生產和採金而迅速獲得發展有關。工合社員以從事礦冶者為最多，占西北區社員人數的42.6%；但人均月產值很低，只有89元。這顯示，其技術、方法雖經改良，但大多仍沿用土法。所謂「礦冶」，除採金外，還包括採煤和鐵礦、冶煉等；有助於換取外匯的採金合作社以及獨自從事採煤、土法煉鐵等的合作社如此之多，對抗戰時期彌補財源和原料不足，具有重要意義。與礦冶相比，化學工合社的人均月產值則高達2,828元，意味著生產技術已經進步。紡織工合社也採用獨自改良的流線型紡織機等，因而提高了產值。如此看來，西北區似乎只有紡織、礦冶工合社較為突出，實際上其社數也最多；但據1941年的統計，化學、食品、建築材料也分別占13.2%、6.2%、4.9%（表4-8）。應該說，較之川康、雲南和貴州、湖南和廣西，西北區工合社的行業分佈比較均衡。

---

[37]　各銀行放款所占比重不詳，但在1940年，陝西省銀行、金城銀行、甘肅省銀行等共「出資」293萬5,000元（時事問題研究會《抗戰中的中國經濟》，1940年，第210頁）。據此推斷，放款主要來自上述三行等，而中國、交通二行雖屬國家銀行，但其放款僅為輔助性質。再，表4-4之金額與此不同，或不包括來自工合協會的約70萬元。

表4-5　西北區工合社與其他四區之比較（1940年4月）

地區	工合社數	社員數	放款總額（元）
西北	557　（32.5%）	8,100（34.9%）	3,040,000（55.4%）
川康	530	7,227	1,625,000
西南	187	2,203	439,833
東南	336	4,598	219,301
雲南	105	1,076	166,000
合計	1,715（100）	23,204（100）	5,490,134（100）

※《東亞》，第14卷11號，1941年11月，第91頁。謝君哲〈我國合作事業的演進〉（二），《香港大公報》，1941年8月24日。

表4-6　陝西甘肅各地工合社統計（1940年4月）

事務所	工合社數（A）	社員數（B）	B/A	股額（元）	交訖率（%）	放款額（元）	回收率（%）
寶雞	67	785	11.7	104,927	55.5	930,904	7.2
鳳翔	23	276	12.0	3,729	56.7	115,700	2.2
隴縣	5	52	10.4	585	32.8	23,930	23.7
西安	5	83	16.6	1,862	100.0	26,250	2.2
延安	14	298	21.3	21,590	0.0	49,200	7.7
榆林	5	38	7.6	1,040	27.9	18,010	0.0
南鄭	32	261	8.2	17,078	71.6	264,828	2.5
沔縣	102	1,621	15.9	5,992	66.3	20,200	4.0
安康	68	1,950	28.7	6,341	54.6	33,400	0.6
雙石鋪	23	361	15.7	26,240	38.9	214,278	2.0
天水	56	471	8.4	11,871	42.4	347,490	17.3
蘭州	31	258	8.3	9,072	56.6	438,703	11.3
合計	431	6,154	14.3	210,327	48.8	2,482,893	8.1

※基於張法祖著《工合與抗戰》（星群書店，1941年2月）第34頁編製。不含山西、河南、湖北各省。

表4-7　西北區各行業工合社統計（1940年4月）

行業	工合社數（A）	社員數（B）	B/A	月產值（元）（C）	社員每人每月平均產值（C/B）
機械五金	17	226	13.3	298,526	1321
礦冶	161（28.9%）	3,454（42.6%）	21.5	308,160	89
紡織	159（28.5%）	2,122（26.2%）	13.3	2,238,508（33.9%）	1,055
服裝	58	588	10.1	623,838	1,061
化學	60（10.8%）	586	9.8	1,657,296（25.1%）	2,828
食品	41	425	10.4	563,692	1,326
文化	17	312	18.4	215,896	692
建築	24	193	8.0	362,588	1,879
交通工具	1	21	21.0	5,320	253
其他	19	173	9.1	326,200	1,886
合計	557（100.0%）	8,100（100.0%）	14.5	6,600,024（100.0%）	815

※張法祖著《工合與抗戰》，星群書店，1941年，第35頁。

表4-8　全國各區各行業工合社統計（1941年前後）

類型＼地區	西北	川康	雲南·貴州	湖南·廣西	江西·福建·廣東	全國
紡織	29.9	45.7	51.3	51.4	12.2	32.8
服裝	13.6	9.1	10.3	12.9	12.2	11.8
食品	6.2	2.9	3.7	5.0	10.5	6.3
文化	2.5	2.3	1.9	3.2	4.2	3.0
化學	13.2	27.5	10.3	9.6	21.6	18.3
機械五金	3.2	3.6	1.9	2.8	3.4	3.2
建築	4.9	1.6	4.7	4.1	15.5	7.9
礦冶	22.5	3.9	-	1.4	10.3	10.5
運輸	0.6	-	7.5	-	0.6	0.8
其它	3.4	3.4	8.4	9.6	9.5	6.3
合計	100.0	100.0	100.0	100.0	100.0	100.0

※賴樸吾（E. R. Lapwood）〈工合的統計問題〉，《工業合作月刊》，第1卷4期，1941年11月，第18-19頁。
　該資料所使用的主要是1940年度的統計數據，但標有「總會最近」，故視作1941年度數據。

　　鑒於工合社數迅速增加，至1940年6月已達582社，西北區開始重視提高品質，對現有工合社進行清理和充實，原則上不再組織新社。不過，生產軍毯的工合社仍未停止增設。1940年度，礦冶工合社數最多，達150社，社員3,483人；其次為紡織工合社，有142社，社員2,563人；化學工合社則有60社、1,234名社員。1939年秋，陝南大旱，數十萬人淪為饑民，另有來自安徽、湖北、河南等地的大量難民，急需救助。而宋靄齡所捐10萬元和美國賑濟委員會的2萬5,000元捐款為採金專用款，故用於訓練難民和組織工合社的只有倫敦援華基金會的5萬元。陝南的安康、沔縣兩事務所用此款項把3,000多難民組織為工合社，但據說間接得到救助的不下5萬人。另外，1940年因「軍事第一」方針，軍方採購毛毯、布匹、酒精等物資占當年西北區年產值的50%以上。[38]

　　1940年12月，為加強和發展游擊區的工合運動，工合協會決定將晉豫區辦事處從西北區分離、獨立，並將晉南、晉東南、鎮平、老河口四處事務所劃歸其管轄。因此，西北區的工合社數、社員人數在1941年度均有所下降，但股金總額未見減少，而且還在韓城、耀縣新設兩處事務所。1941年7月，西北區工作會議在雙石鋪召開，制定了《三年計劃綱要》，規定了各地的核心業務。如寶雞以棉紡、毛紡、染色和皮革為主，南鄭以棉紡、染色和皮革為主，天水則重點發展毛紡和染色，蘭州發展毛紡、染色和製革，西安發展棉紡、毛紡、染色，安康發展採金、雙石鋪發展機械和採礦，榆林則以毛紡、染色為主等；延安未定。各地均定一兩社為模範工合社。

　　工合協會曾與軍政部簽訂生產40萬條軍毯的協議，其中陝西生產25萬條，四川生產15萬條。為此，工合協會撥款200萬元，用來購買羊毛、棉花、燃料，並兼充工人培訓及膳食等費，還趕製了大批紡車、織布機、榨水機等木製機械，[39]而後開展了生產「百萬條」軍毯運動。運動中，西北區前後共接到訂單四批。第一批是1939年6月，在短短五個月內生產毛毯32萬7087條，遠超25萬條的配額。第二批是1940年5月，生產毛毯45萬8147條；第三批在1941年11月，生產64萬2710條。第二批訂單開始生產時，寶雞成立了軍毯製造管理處，西安、天水、蘭州、榆林則開設其

[38]　前引盧廣綿《四年來的西北工合》。

[39]　《香港大公報》，1939年12月19日。

分處。生產的組織、管理、技術、機器等逐步完善，品質也得到提高，工作效率也提高數倍。南鄭、沔縣設有紡紗站，以動員農村婦女投入紡織。第三批訂單時又在寶雞、天水、蘭州等地設紡紗站，動員陝、甘兩省45萬人加入紡線運動。三批訂單共動員人數超過20萬人。其生產成本，原料費約75%，人工費24%，管理費則壓至1%。第四批訂單（1944年5月至翌年5月）的生產目標為55萬條。[40]盧廣綿稱，僅就紡線者看，80%以上為西安、寶雞、天水、蘭州的農村婦女，城鎮婦女和難民也有參加，傷殘軍人則極少。[41]軍毯是棉毛混織而成，經線為機製棉線，占三分之一，緯線則是農村婦女手紡的羊毛線，占三分之二，[42]如此織成的毛毯柔軟耐用。由此可知，工合運動有力支持了國民政府抗戰，同時以生產手段為大量失業工人和難民提供了救濟，也為當地農村婦女開拓了經濟自立的道路。

抗戰前，西北每年輸出羊毛一千數百萬擔。抗戰爆發後，海港被封鎖，出口中斷；本地毛紡業不發達，消化能力極弱，導致羊毛價格跌落，陝、甘、青、甯四省牧民無法生活。而中國內地各省份卻不得不購買高價進口毛織品。甘肅毛皮輸出額為500萬元，主要市場是蘭州和張家川；但蘭州雖有貿易委員會以每擔35元至40元收購，張家川的毛皮卻陷入滯銷。生產方面，軍政部在蘭州設有製呢廠（前身為清末左宗棠所設織呢局），但日產軍毯僅40條，日用羊毛不過400斤。於是，西北區在蘭州、天水各成立毛紡工合社1社，使用小型梳毛機、分毛機，日產毛線500斤，再用30台織布機和織毯機，每天生產毛巾1,200碼（1碼=0.9144米）、毛毯10條，還為工合社以外的製呢小廠供應毛線250斤。[43]西北地區的羊毛原來供給天津製造業，天津淪陷後透過易貨貿易方式出口蘇聯，工合社則利用大量過剩羊毛生產軍毯等。

工合社的輔助機構也進一步充實。

（一）聯合供銷處：寶雞附近有工合社60餘社，為防止商人囤積居奇和商店收購部分產品時居間盤剝，也為了各工合社順利開展業務，需要成立聯合供銷處，

---

[40] 前引盧廣綿〈四年來的西北工合〉。《西北工合通訊》，第8卷第1、2期，1945年2月，第342頁。關於生產量，後者所記數值更精確，故從之。

[41] 前引拙稿《中國工業合作運動指導者からの書簡について》。

[42] 前引拙稿《中國工業合作運動について》。前引制豔《中國工業合作運動的一個報告》。

[43] 《中央日報》，1938年12月13日。

以統一代購原料、代銷產品。1938年12月，聯合供銷處成立，設於寶雞最大的土產百貨商店內。該供銷處本應由聯合社單獨組織，並為聯合社下轄部門之一；但實際上，區辦事處給予大力支持，不僅選送3名理事、1名監察，還派員擔任供銷社的主要幹部即總經理、會計主任（圖4-2）。實則，解決原料不足、加強產品銷售是當務之急，各合作社聯合的力量極弱尚在其次，故聯合社並未成立。1939年度決算顯示，當年實現純利潤8萬3,450元。其中收入項目有，代購手續費3,665元、代銷手續費1萬88元、原料等批發31萬3,154元、商品銷售等57萬7,210元（或也代銷工合社產品以外的物品）；支出項目（包括消化庫存）為，原料等庫存200萬481元、產品等庫存6萬2,570元、營業費（納稅、廣告印刷、搬運、房費、保險等）9,914元，管理費（工資、設備、衛生、圖書、訓練、娛樂等）1萬3798元，另空襲損失2,093元。為處理如此規模的業務，聯合供銷處形成相當龐大的組織，其中經理室11人，總務科14人，會計、營業、倉運各科共11人，第一至第三小賣部各9人，西安分處（1939年1月成立）25人，計110人。[44] 1939年5月在天水、10月在雙石鋪、1940年2月在蘭州、3月在南鄭分別成立了獨立供銷處，據說成立安康、鳳翔供銷處的籌備工作也在進行。1940年度供銷總額計達377萬餘元，1941年度大幅增至逾800萬元。[45]聯合供銷處銷售的商品質優而價廉，穩定了物價。而觀諸寶雞供銷處下設西安供銷分處可知，為適應業務發展，當時已開始整合各地供銷處以構建寶雞為核心、覆蓋全西北區的聯合供銷網絡。

（二）工合社聯合社：1939年3月，寶雞的工合社40餘社共組工合社聯合社，以培養自主自立的合作精神、協調各社的生產和銷售、促進共同福利。其資金或為各社的共有基金。該聯合社下設總務、會計、福利、教育、供銷五科。該聯合社也本應由各社發揮自發性自下而上地形成，各社代表大會應為其最高機關；但如圖4-3所示，它不僅無力自主成立，而且成立後完全不能自立，故很可能也不得不接受區辦事處和寶雞事務所的強有力指導。各科等具體業

---

[44]　〈西北區寶雞縣工業合作社聯合供銷處二十八年度工作報告〉，《西北工合》，第3卷第1、2期，1940年2月15日。

[45]　前引盧廣綿《四年來的西北工合》等。

務如下。①同業公會將紡織、縫紉等同行業工合社聯合起來，以提高生產效率。②福利科業務有，(1)開辦保健所，以治療疾病、預防傳染病。具體則是，對社員進行衛生教育、普及傳染病基礎常識、免費種痘、檢查飲用水及消滅蚊蠅、跳蚤、蝨子；(2)向社員宣傳儲蓄；(3)開辦食堂、宿舍，為來寶雞的各地社員提供便利。③教育科為灌輸合作知識而開展職工識字運動，開設識字夜班。④聯合供銷。如上所述，聯合供銷處應由聯合社組織；但在寶雞卻恰好相反，聯合社是以聯合供銷處為基礎組織起來的。所以，聯合供銷處雖然在機構上是聯合社的一部分，實際上卻專事供銷，獨立開展業務。供銷處還為各社社員統一購買糧食等，1941年還成立了消費合作社，以確保社員生活無後顧之憂。⑤下述各項或透過特種委員會實施。即(1)設軍毯管理處，支援各工合社生產並統一管理毛毯；(2)組織聯合視察團，對各社業務進行視察、指導，並加強各社間的聯繫。(3)對遭遇空襲的社員給予精神、物質上的幫助等。1940年2月由33社組成的雙石鋪聯合社還發揮了溝通各社、各金融機構的媒介作用，[46]補充了事務所的功能。天水、蘭州、南鄭、西安、安康、鳳翔等地也曾成立聯合社，提高了各社、各地區的生產和流通力量，同時充實了社員福利等。

（三）工合金庫：隨著社數增多，迫切需要構築獨立的金融機構、金融網絡。1940年11月，寶雞成立了第一個工合金庫；1941年後，蘭州、天水、南鄭等地也相繼成立工合金庫。其主要財源，除各社認購金庫股票外，香港推進委員會也提供了定額基金。金庫業務人員，寶雞有8人、蘭州5人、天水5人，可見其規模並不大。金庫由會計、出納、經理等人員構成，開展存款、放款及各工合社的代理收支、放款、匯兌、保險等業務。較之省合作委員會、農本局等以信用合作社為對象，工合金庫的服務對象當然是工合社，其目的在於解決各社資金困難，吸收各社存款、滾存金、社員的剩餘資金及閒置資本等，然後再將其放給各工合社。銀行放款手續繁雜，且需提供抵押。工合金庫於是簡化放款手續，降低放款利息，期限也可長可短，靈活便捷。如此可調整

---

[46] 姜漵寰著《工合運動在西北》，西北區辦事處出版，1940年6月，第198-201頁，等。另，著者姜漵寰是盧廣綿的夫人，時任西北區婦女部主任。該書由西北區造紙工合社、印刷工合社印製。

金融、確保放款順利回籠，使資金在工合系統內部循環，防止資金外流。金庫營業半年，資金即增至100萬元。1941年1月，區辦事處所在地設立金庫管理處，負責統一規劃全西北區工合金庫的業務、分配各項基金和特殊資金的發放、調配各地資金、檢查和指導各工合社帳目等。[47]此外，工合金庫還在銀行向各工合社放款時居間斡旋，保證銀行放款安全，從而使工合運動深入農村。[48]

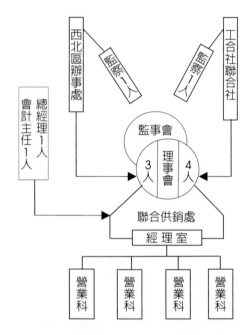

圖4-2　寶雞縣工合社聯合供銷處之機構

*根據〈西北區寶雞縣工業合作社聯合供銷處二十八年度工作報告〉（《西北工合》，第3卷第1、2期，1940年2月15日，第75頁）及附表綜合考察後編製。

---

[47] 前引盧廣綿《四年來的西北工合》。盧廣綿〈西北區工合事業的現狀及其動向〉，《工業合作月刊》，第1卷第1期，1941年7月。前引拙稿《西北区工業合作運動關係者に対するインタビュー——抗日戦争時期、国共内戦期、そして現在——》。

[48] 《解放日報》，1941年12月8日。

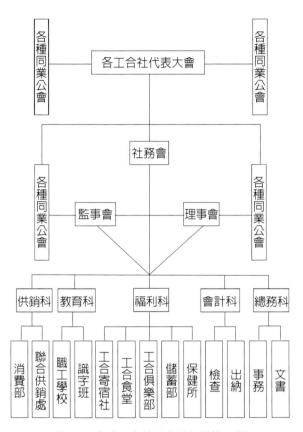

圖4-3　寶雞工合社聯合社組織機關圖
*姜漱寰著《工合運動在西北》，西北辦事處出版，1940年6月，第199頁。

　　不過，工合協會的目標遠不止工合金庫，而是有更宏偉的設想。那就是徹底實現「自有、自營、自享」，並成立擁有強大基礎的中央工合銀行。為此，1940年8月，西北區工合銀行籌備委員會成立，並制定了《工合銀行章程準則草案》。該《草案》提出將首先在寶雞成立西北區工合銀行（資本100萬元），業務區域為陝西、甘肅、寧夏、青海、綏遠、新疆、山西、河南、湖北九省。從上述工合金庫擁有資金看，以100萬元作起始資本是很現實的。其基本組織與工合運動的三級體制（協會→辦事處→事務所）相對應，計劃先從「中級」著手，即在區辦事處所在地分別成立區工合銀行（最高權力機關為工合社員代表大會），基礎穩固後，在「下級」事務所所在地

分別成立分行。待該區遍設分行後即將各區「銀行」聯合起來，最終成立「上級」的中央工合銀行。至其業務，工合金庫的存放款、匯兌等相同業務擬大規模促進其繼續發展；所不同的是，工合銀行成立後除經辦工合協會的所有收支外，還將代各縣政府及稅收機關辦理收支業務；為保證工合業務平穩，還強調應重視保險，尤其須著力辦理「兵火」保險，並提出應依客觀情況將各工合社所在區域分為甲、乙、丙三類。[49]然而，上述成立工合銀行的設想並未見付諸實施。該設想提出數月後，工合運動本身即陷入停滯、衰退；但這應不是導致該計劃未能實現的根本原因。成立全國性正規銀行、試圖透過工合運動構建某種意義上的合作社國家這一全新設想，因可能改變國家的性質，不可避免地與國民政府、國家銀行發生矛盾，也將在工合運動內部圍繞財政支配權與工合協會發生尖銳矛盾；而在稅收問題上，工合銀行將逾越工合運動的框架，觸動地方政府、稅收機關、地方銀行的既得權益。這才是工合銀行設想最終被放棄的根本原因。

（四）工業試驗所。前身是1936年春在西安創辦的工業化學實驗所，是陝西省建設廳的附屬研究機構。1938年，因省財政匱乏而停止業務，但技術人員皆為國內外大學畢業的專家，積有德、英、中文書籍共650餘種，及購自德國、價值約2萬元的實驗器具和藥品300餘種，重要設備基本齊備。而工合協會正需要一個研究機構，以對農產品、礦物進行分析。經與省政府協商，工合協會將工業化學試驗所的實驗儀器、書籍等移至雙石鋪，1939年3月，以區辦事處和省建設廳合辦方式成立了工業試驗所，下設化驗科和工業科。省政府每月補助600元。3月份預算1,463元，其中863元應由區辦事處負擔；而僅工資即達840元，所以設備、藥品購置用費並不多。人員配置，主任1人、科長1人（2人？）、技師2人、助手4人，其他為會計及事務員等，計16人。其業務，化驗科除完成工合社委託的分析、化驗外，還對來自省建設廳、農本局的西北各地鐵礦、馬鈴薯（製造澱粉、酒精等）、硫磺等樣本進行成分化驗，以分析其實用價值高低。工業科則研究硫酸鉛製取方法，及從肥皂廢液抽取甘油的方法等，並予以公佈；還特別負責稀缺原料的生產，如蘇打、漂

---

[49] 《西北工合——工合銀行專號——》，第3卷第10期，1940年8月16日，第4、13-14、17、20-26頁。

白粉、各類酸等。[50]該試驗所不僅承擔了各工合社的技術改良，還為解決因進口中斷而極度短缺的藥品、工業原料等問題發揮了極其重要的作用。

除重慶、成都、昆明受到日軍空襲、轟炸外，1940年7月，滇緬公路也被日軍切斷。這使西南地區在抗戰中的地位下降，而西北地區則受到重視。當時國民政府開始採取重視西北的政策，並謀求西北地區的西南化，遂於1940年12月成立了由生產、貿易兩大部門組成的陝西省企業公司（資本金2,000萬元，官股、民股比重不詳）。此前，省營公司有機器局、大華紗廠、咸陽酒精廠、集成三酸廠等，以及與龍海鐵路局合辦的煤礦公司；這些都被置於企業公司傘下，而且連組織工合社也被納入統一計劃。[51]。

1942年，蔣介石視察陝、甘、青、寧四省，前後一個月，對戶籍調查、保甲等政治工作給予一定評價；翁文灝也前往西北視察甘新公路和油田。報紙也對蘭州召開第一屆全國工程師學會年會、甘新公路建設的進展、甘肅省油田增產等進行了報導。[52]政治方面，回教徒聯盟的白崇禧訪問西北；7月舉行西北軍事會議，白崇禧、馮玉祥被推為主席，西北各省主席均參會，中共也有朱德出席。[53]此次會議是安撫回民、改善對邊區關係之一環。此外，經濟部也組織西北工業視察團（林繼庸為代表），自1942年11月至翌年2月對陝西、寧夏、甘肅、青海、新疆進行調查。該視察團多數成員是對西南地區的發展前景感到悲觀的輕工企業經營者。[54]林繼庸認為，在西北，紡織最有希望，其次是油脂加工和造紙，而發展的關鍵則是金融。國民政府號召西北地區工業化，滇緬公路中斷後甘新公路成為唯一國際交通線，這些都促使西南金融界和經濟界開始關注西北。在此背景下，眾多銀行也紛紛前往西安開展業務。[55]

---

[50] 前引《西北區辦事處工作報告》（1939年4月），第24-25、31頁。〈工業試驗所工業報告摘要〉，《中國工業合作協會二周年紀念特刊》，1940年7月，第44-47頁等。

[51] 陳真編《中國近代工業史資料》，第3輯，下卷，三聯書店，1961年，第1154頁。

[52] 〈社評──再建西北之管見──〉，《重慶大公報》，1942年9月23日。前引劉世超《西北工業建設之希望》。

[53] 《中央日報》，1943年4月9日等。

[54] 同前。

[55] 劉毅〈西北工業化的關鍵〉，《中央日報》·《掃蕩報》聯合版，1942年11月4日。拙稿〈重慶政權の戰時経済建設〉，《歷史學研究別冊特集──地域と民眾──》，青木書店，1981年。

　　甘肅省銀行成立於1939年6月，至1943年，資本金已從100萬元增至800萬元，分行、支行也從20處增至56處，其金融網絡遍佈甘肅省內，力壓蘭州的商業銀行，與國家銀行共同支撐了該省經濟發展。甘肅省銀行是財政部指定的後方復興銀行，獲准發行輔幣券1,000萬元、領券3,000萬元。該行四年間放款額增至約4倍，尤其是出口押匯增至8倍、定期擔保放款增至6.6倍、小工商擔保放款增至4.5倍。1941年度，該行發放糧食增產貸款2,100萬元、向省營貿易公司投資200萬元、向水利林牧公司放貸5,000萬元，這幾項占該行當年業務的65.7%；此外還為水利、畜牧、交通、民間小資本及生產消費合作社放貸500萬元，[56]為培植甘肅省的經濟基礎傾盡全力。

　　1940年，甘肅省亦曾計劃成立資本2,000萬元的企業公司，經營範圍擬包括棉、毛、火柴、酒精、水泥、印刷、機械、電力及黃金、鐵、煤炭等。[57]該計劃是否付諸實施，不得而知。同年有雍興實業股份有限公司（以下簡稱雍興實業公司）成立，資本金2,000萬元全部來自中國銀行，故實質上為國營，而非省營。該公司業務中心在蘭州，天水、西安、咸陽等地也有分公司，自營、參與、投資工廠有15家，業務主要為紡織，另涉及麵粉、機械、製藥、皮革、印刷、煤炭、火柴等。1942年度產值約3億7,511萬元，其中棉紗生產占73%。當然，該公司的發展並非一帆風順，也曾遇到不利因素。主要是缺少原棉等原料、物價飛漲、游資紮堆投資商業等，蘭州本地人和外地人也曾圍繞職位發生糾紛。[58]儘管如此，該公司與各工合社都以陝、甘為經濟圈而成功提高了生產能力，同時又和各省企業公司一樣吸收或參與傳統工業，建起了康采恩形態的企業聯合體，而且在陝、甘兩省對經濟加以組織和統制。

　　就這樣，國民政府透過建設西北表示了繼續抗日的態度。其結果，1944年，陝西省的工廠，僅在經濟部完成登記的就激增至246家（其中當然包括社員30人以上、設施完備的工合社）。陝西省的工廠資本從抗戰前的1913萬元增至9639萬元（5倍），使用動力從1429馬力（1馬力=0.735KW）增至11879馬力（8.3倍），漢中

另，甘新公路為經潼關、蘭州、甘州、肅州通往蘇聯的公路。據說，抗日戰爭時期，中國曾通過該公路以易貨貿易方式出口茶葉、鎢砂、錦砂，進口武器、彈藥、飛機等。

[56]　《中央日報》，1943年6月21日。

[57]　前引陳真編《中國近代工業史資料》，第3輯，下卷，第1154-1155頁。

[58]　《中央日報》，1943年5月11日。

的西京電廠的發電能力也從3570馬力增至16449馬力。[59]另外，蘭州工業在抗戰以來也獲得迅速發展。蘭州的工廠數，1941年是1937年的4倍，資本總額則是20倍，工人數是13倍，產值則是150倍；可生產棉紗10餘萬公斤、牛羊皮20萬張；所使用燃料，煤炭從1.5噸增至200餘噸、石油從1000餘噸增至2萬噸。[60]陝、甘兩省經濟已獲得飛速發展。

四、西北區各地工合社概況及其發展動向

各事務所管理的工合社概況如下。

一、**南鄭事務所**。成立於1938年底。原主任侯敬民調任寶雞的聯合供銷處後，李華春於1939年7月接任，事務所陣容亦隨之改變。李將事務所人員分為四組，對各社進行為期一周的檢查。第一組檢查各社帳冊及社員的合作知識，第二組檢查產品、機器及工合社的分佈情況，第三組清點財產，第四組檢查財務管理及出納。檢查結果經匯總、討論，制訂了今後工作的標準。1939年11月，各社在合作委員會重新登記，以獲得法人資格。第二階段的工作是對現有工合社進行指導，並組織新社，至1940年3月止。南鄭事務所管理工合社48社，其中13社移交沔縣事務所管理，4社被合併；社員計259人，見習工217人；至1940年3月中旬，利用放款總額達25萬6,127元（其中，金城銀行放款6萬8,390元、陝西省銀行放款7萬元）。南鄭的工合社以棉織為最多，但因各地紗廠遭到轟炸，原料嚴重短缺。事務所於是成立婦女紡織站，在婦女支部主持下開展農村婦女紡紗運動，計有600餘人參加，使用舊式紡車日產棉紗2,000餘兩。運動中按地區、人數編組，委託組長發棉收紗、支付工錢等。還運來手搖紡紗機、彈棉機各1台，計劃儘快實現機器生產。1940年3月，南鄭事務所指導各社組織聯合社和聯合供銷處，供銷處的日交易額，最高時曾達數千元。[61]

二、**安康事務所**。該事務所成立於1939年10月，當時主要為解決1938年、1939

---

[59]　《中央日報》，1944年2月14日。

[60]　前引劉世超《西北工業建設之希望》。

[61]　前述《中國工業合作協會二周年紀念特刊》，第49頁。

年陝南大旱而發生的饑饉問題。其所管理的工合社主要從事採金和紡織。當地採金，工具、技術都很簡陋，工人也深受剝削之苦。但陝南各地的大量難民需要工作，金價也從每兩180元暴漲至416元。[62]有鑑於此，事務所成立後對採金地區作重點調查和宣傳，在資金、技術、經營三方面予以援助，並於1940年春天至5月組織採金工合社70社，社員達1,000餘人。事務所不僅為其配備了礦山技師及有經驗的經營管理人員，還注意確保安全、改善社員生活。月產值2萬元以上，至1940年底生產純金652兩（合29萬7,000餘元）。紡織方面，有絹織合作社4社、棉織合作社1社。社員均為技工，充分理解工合運動自己生產、沒有剝削的理論，勞動積極性也高。年底決算時，各社盈利2,000元至3,000元，只有絹織合作社一社曾為躲避空襲而三次轉移，導致虧損。[63]另外，造紙社的產品在安康市場佔有優勢，蠟燭社的產品也頗具競爭力，皮革社的經營也較穩定。安康事務所管理指導的採金工合社70社和其他行業的工合社12社，社員總數約3,000人，利用放款總額約7萬元。[64]

　　陝南的工合社多從事採金，故此處擬聚焦安康，就採金工合社的概況再做探究。漢江流域出產砂金，安康、沔縣、漢陰等地皆為黃金產區。此地的砂金稱「麩金」，因顆粒極小，亦稱「浮金」，國民政府也從未予以重視。但工合協會方面探明，此地不僅有砂金，還存在黃金礦脈，且埋藏量頗為可觀，據估算僅漢江河床的埋藏量即達2萬2,500兩。金礦石小的重7、8錢（1錢為1兩的十分之一，重3.75克），大的有7兩重。往年，除採金工人外，因乾旱而遭遇歉收的許多農民也曾利用農閒從事採金；僅在1939年，採金者即達約2,000人之多。但他們未經組織，因而受到地主、工頭、商人等的壓榨和盤剝。[65]一名工頭雇用數十名工人採金時，收穫的三成須付給土地所有人，其餘七成，工頭要從中拿走自己的份額，再扣除工人的伙食、工具損耗等費（具體數字不詳），剩下的才允許工人平分。若工頭沒有資金而向商人借錢時，照例須以低於銀行公示的價格將所採黃金賣給該商人，比如銀行公示價格為每兩360元，則賣價只有320元。[66]

[62]　《西北工合》，第3卷第11期，1940年9月1日，第14頁。

[63]　〈「工合」運動在安康〉(1)，《香港大公報》，1941年5月26日等。

[64]　前引盧廣綿《四年來的西北工合》。

[65]　張法祖著《工合與抗戰》，星群書店，1941年2月，第117-118頁。

[66]　楊漢平〈到桓口調查及組社歸來〉，《西北工合》，第3卷第1、2期，1940年2月15日.

　　有鑑於此，工合協會制訂了西北採金計劃，籌集100萬元，運來最新式採金機器，開始調查金礦，並著手採掘。據說，較之慈善事業更重視資助經濟自立的宋靄齡，曾為此捐出10萬元作創業費。[67]區辦事處組織採金工合社170餘社，將陝南劃成兩個區域，分區開採。東區以安康為中心，括石泉、白河、洵陽；西區以沔縣為中心，含略陽、褒城、南鄭。為擴大生產，區辦事處統一和規範了採金技術，還徵集初中畢業者20名，教其學習地質、採礦及合作社相關知識三個月，然後派往各礦區擔任技術指導和社員教育，以彌補技術人員之不足。還在沔縣成立採金工程處，為當地熟練採金工人和難民提供資金和技術，一年內組織採金工合社30社（社員30至40名）。據稱，每人每天勞動四五小時，可採砂金3至5釐（合1元多），30社每月生產一百數十兩（約合4萬元）。[68]

　　表4-9為安康事務所指導的採金工合社統計。由該表可知，從1939年11月始，僅六個月即組織工合社43社、社員1193人。社員應為採金工人、難民及遭遇旱災的當地農民，而觀諸合作社成立之迅猛，可知他們急需這一工作。每社平均社員27.7人，多者有55人、64人等，多於一般合作社。或許，其中有的工合社原為工頭率領的採金組織。放款額一項，1939年各社一律500元，後來似以社員人數為準，並考慮採金工具的數量、性能等（採金工人和難民不同）分別放款500元至100元不等。不過，整體看來放款並不積極，資金支持不夠，難以滿足組織工合社的迫切需求。

表4-9　安康事務所組織之採金工合社（1940年4月）

名稱	成立時間	社員數	股金額（元）	放款額（元）
城區第一	1939.11	10	30	500
恒口第一	12	25	100	500
恒口第二	12	32	64	500
恒口第三	12	45	90	500
恒口第四	12	64	128	500
恒口第五	12	40	80	500
恒口第六	12	5	100	500

---

[67]　《香港大公報》，1939年9月23日、12月7日、1940年2月24日等。

[68]　子岡〈陝南一瞥〉，《桂林大公報》，1941年5月27日。張法祖著《工合與抗戰》，第118-119頁。

名稱	成立時間	社員數	股金額（元）	放款額（元）
城區第二	1940.1	10	24	100
城區第三	1	15	30	300
香獐東嶺	2	8	16	200
香獐西嶺	2	8	16	200
○○○	3	42	84	500
石家營	3	35	70	400
高樓子	3	38	76	400
賀家窩	3	39	74	500
新建鋪	3	36	72	400
王家台	3	26	52	300
馬堰河	3	40	80	500
花園溝第一	3	25	50	400
花園溝第二	3	26	52	400
張家營	3	29	58	400
三渡鋪	3	34	68	500
老君關第一	1940.3	16	32	300
老君關第二	3	7	14	140
老君關第三	3	8	16	100
小李家山	3	10	20	150
三宮殿	3	37	74	400
沈家窩	3	24	48	350
葉家溝	3	34	68	400
朱家灣	3	38	76	400
賈家溝	3	24	48	200
花園溝第三	3	36	36	400
李家山	3	9	18	140
秦郊鋪	3	34	68	400
周家溝	3	41	82	500
章家嶺第一	3	8	16	120
章家嶺第二	3	8	16	120
章家嶺第三	3	8	16	150
越梅西	4	39	78	500
閘子溝	4	38	76	400

名稱	成立時間	社員數	股金額（元）	放款額（元）
其他三社		92	230	1,110
合計	43社	1,193	2,446	15,280
	每社平均社員數27.7人，平均放款額355.3元			

※楊漢平〈安康淘金工作之動向〉，《西北工合》，第3卷11期，1940年9月1日。「其他3社」因史料印刷模糊無法判讀。所有工合社股票皆每股2元，乘以股數即得股金額。各工合社資本金則是「股票金額＋放款額」。另，未繳股金者或亦有之。

阻礙採金合作社發展的還有其他因素，如賄賂行政人員、負責人等惡習盛行，也常與當地農民發生糾紛。採金地點即使遠離農田，但農民稱風水被破壞而出面阻止，往往演變成毆鬥。[69]與地主、工頭以及未加入工合社的採金者發生衝突或亦難以避免。為穩定經濟基礎、擴大採金事業，區辦事處於1941年2月和省企業公司共同成立了陝南採金管理處。這是工合協會與省企業公司合作之一例。管理處成立後，區辦事處即敦請省建設廳指示各縣縣長對採金事業提供幫助和合作，以減少浪費、排除外來干擾。對此，4月10日，省建設廳根據《非常時期採金暫行辦法》，令報告有關採金礦區的計劃面積及實採礦區是否與他人之礦業權存在衝突，另據《加緊收金辦法》報告黃金生產是否曾受四家國有銀行金銀兌換辦事處等機構的委託。關於後者，區辦事處、省企業公司曾於4月5日和中央銀行南鄭分行訂有《委託代理收購金類合約》，省政府將據此向各縣政府下發合作通令。合約規定，區辦事處、省企業公司將在南鄭、安康以外之沔縣等陝南21縣生產的所有黃金按月交售南鄭分行，黃金價款外加手續費、精煉費（8%），以法幣結算。合約期限六個月，但後來未曾終止。[70]南鄭、安康為何被排除在合約之外，理由不詳，或許工合社需要自由支配的黃金亦未可知。總之，工合協會的採金事業，透過大量組織工合社、建立與中央銀行的關係、爭取省政府許可和各縣政府的合作，穩定並鞏固了經濟金融和政治基礎，取得了穩步發展。

然而，同年4月，第二戰區經濟委員會以陝西盛產黃金為由，提出由該經濟委

[69] 徐曉航〈戰時的採金事業〉，《西北工合》，第3卷第1、2期，1940年2月15日.

[70] 《委託代理收購金類合約》，1941年4月5日等，陝西省建設廳編《工礦企業類——省企業公司關於工合西北區辦事處合作開採陝南金礦的報告・本廳關於開採情況的指令》，陝西省檔案館藏件。

員會、省建設廳和經濟部採金局三方合組陝西採金公司，以進行「大規模開發」。省建設廳因內部已有工合協會與省企業公司的合辦組織，因而就是否需新組公司進行了討論；省企業公司強烈表示「沒有必要」，工合協會方面或亦同此議。可是，經濟委員會的提議在6月卻得到批准，理由是採金事業須進一步廣泛開展。7月，省建設廳結束了對經濟部採金局所擬草案的具體審定。草案規定聯合公司資本暫定國幣60萬元，分1200股，每股500元，採金局、省建設廳、第二戰區經濟委員會平均分擔，一次納清。但就應否一次納清「20萬元」鉅款，省建設廳呈請省政府決定。[71]

　　對國民政府而言，黃金能充盈國庫、換取外匯，是獲取軍需和建設資金的重要財源。正因如此，國營、公營及民營採金事業才得以在全國積極推進。尤其是受國民政府意向左右的經濟部採金局在全國擁有12處直屬採金處、6支勘探隊，還與各省官方合辦金礦局4處、與民間合辦採金公司6家。1942年，面對財政緊張局面，經濟部試圖削減經費，同時計劃在陝西、甘肅、青海、湖南等地新設採金處，引進新式機器，將產金量提高至兩倍半。[72]最重要的是，獲得礦業權須透過省主管機關報請經濟部核准後才能得到許可。亦即，經濟部擁有決定核准與否的絕對權限。陝南工合社雖以採金為中心，但儘管糧價暴漲，黃金價格卻止步於每兩680元，各社難以維持，管理處也於1942年1月被迫解散。不過，這僅是表面原因，中央銀行或亦曾壓價收購。再加上經濟部在陝南新設採金處，或亦成立了陝西採金公司。如此看來，上述一系列動向的背景或為，一直不受重視的陝南採金業經工合社努力被證明大有可為之後，國民政府收回了權限，並將其完全置於經濟部管轄之下。總之，西北工合社最後被迫全面撤出採金事業；而西北區工合社此前正是依靠採金而獲得了發展，故受到的打擊格外沉重。

　　安康事務所也被迫重新調整發展思路和方式。該事務所其後以礦冶和紡織為中心，新設礦冶（其業務或為煤炭、冶鐵）、紡織合作社17社和榨油、造紙、印刷等合作社18社，應近鄰各縣要求在平利、紫陽、漢陰三縣分設工合社指導站，還計劃新設供銷處、工合金庫。[73]安康的各工合社也定期召開社務會議，還經常舉辦讀書會、討

[71]　〈抄錄三方合組採金公司辦理經過情形〉，1941年8月16日，前引陝西省建設廳編《工礦企業類──省企業公司關於工合西北區辦事處合作開採陝南金礦的報告・本廳關於開採情況的指令》。

[72]　《中央日報》・《掃蕩報》聯合版，1942年6月8日。

[73]　〈「工合」運動在安康〉(2)，《香港大公報》，1941年5月27日。

論會、集中訓練班、講習班等，閒暇時開展球技、歌唱、音樂會等活動。保健所則為社員及其家屬免費診療，事務所還採購大量食鹽，透過各社低價供給社員。

　　三、鳳縣雙石鋪事務所。雙石鋪為人口不足2,000人的小鎮，為陝西、甘肅、四川三省公路之結點，且四面有秦嶺山脈環繞，不易受到轟炸，故抗戰爆發後成為戰略要地。同時，此地易於獲得工業原料和動力燃料，距市場亦不遠。1939年4月，工合事務所在雙石鋪成立，至1940年4月已組織起機器、造紙、耐火磚、煤炭開採、木材、紡織、製革等工合社23社。

　　雙石鋪各工合社概況及其特徵如下。①為躲避轟炸，西北區規模最大的機器工合社似曾分設兩處，經理是薛明九（工業專家）；工程師果沈初領導修理部和指導部，指導部下設五部，即機械車床、木工、鍛造、機器組裝、鍋爐。機器較為齊備，有刨床、旋床、澆注機、鍋爐等，使用水能和重油作動力。社員和工人計77人，利用放款達7萬元。每月可生產紡線機100台、織布機30台、人力車15輛，以及各型車床、槍支、彈藥等，也能修理機器。②大中華造紙工合社，理事主席兼技師為李介岑，在造紙行業擁有二十年的經驗，擅長工廠管理。該社社員、雇工計50餘人。最高權力機關為社員大會，其下設社務會議、理事會、監事會。理事會下有經理、金庫管理員、會計、文書、技師，技師下分設原料製造、造紙、曬紙、裁紙、蒸汽鍋、卷紙等各部門，另有工作室（第1至第4室負責16個紙池，第5至第8室負責12個打漿池）、材料保管室、裝訂室、壓平室（機器兩部購自機器工合社）。原料為麥稈、麻、廢紙、竹子等，全部取自當地，除每日生產新聞紙2,400張外，還生產通信紙、公文紙、名片、牛皮紙及各種彩紙等。③耐火磚工合社，理事主席兼經理是李權，理論扎實、經驗豐富。技師領導燒窯、木模、乾燥、粉碎、運料、雜工六組，各組由組長督導，效率頗高。社員和工人計30餘人，利用放款5,000元。燃料炭時有短缺，但每月仍生產耐火磚1萬塊、青磚3萬5,000塊、青瓦5,000塊。該社為滿足重工業區建材需求而設，在陝西省內亦屬罕見行業，常有軍政部軍糧處、西北製造廠等派員前來洽購、訂約。④煤炭工合社，社員、雇工計30餘人，採用8小時三班倒採煤，日出煤10噸、煉焦5噸，除滿足機器、耐火磚工合社需要外，申新紗廠、大新製粉廠、西北製造廠、西京電廠等也不斷洽商求購。不過，該社礦井位於大山深處，距陝甘交界的公路有八公里之遙，致使積炭400噸無法外運。事務所主任田

德一於是著手修路，並完成其中一段。[74]另，1939年11月，雙石鋪事務所曾派員前往甘肅省徽縣，組織「特產品」（不詳）加工工合社3社，並使其和當地農業生產合作社建立緊密聯繫；還發動過婦女紡線運動。亦即，徽縣的合作社是在雙石鋪事務所指導、幫助下開展起來的。

　　到1939年12月，雙石鋪工合社利用放款總額為23萬4,450元，其中陝西省銀行放款4萬元，金城銀行放款3萬4,000元，餘為事務所放款。在向雙石鋪工合社發放的貸款中，機器、煤炭兩社獲得總額的42.8%（10萬7,000餘元），此亦金融機構在雙石鋪放款的特徵。[75]另，1939年又成立採鐵工合社，區辦事處曾於同年10月向省建設廳要求批准其鐵礦煤炭礦業權、免其稅負。內稱，1938年3月，行政院賑濟委員會盧廣績（盧廣綿之兄。工合協會與賑濟委員會之關係，亦因此類人際關係而更加緊密）等曾指出難民太多，僅靠開墾無法應對；艾黎、戴樂仁勘查附近後，發現鐵礦石蘊藏豐富，又經區辦事處的馬萬田試採一個月，證明具有經濟價值，故從「抗戰救國」、「救國濟民」觀點考慮，組織了採鐵工合社。[76]煤炭礦脈，除雙石鋪外，南鄭、沔縣等地也不罕見，民間採煤年達4,405噸；各縣也富蘊鐵礦，土法開採年產即可達6,959噸。此外還發現有銀、鉛、硫磺等礦。[77]

　　雙石鋪事務所還致力於教育和訓練。①開辦工合小學。1939年6月，事務所開辦夏季講習班，招收工合社員子弟。8月將其改為工合小學，除社員子弟外，兼招當地兒童。教員最初僅兩人，借用造紙工合社房屋作教室。12月，辦事處支給特別資助，遂用此款新建校舍。1940年2月，工合社團體（聯合社？）成立董事會，運用其資助購置了所需設備、運動器械等，區辦事處亦支出2,800餘元用於經常費。②開辦婦女紡織訓練班。1939年9月，遵區辦事處指示開辦紡織培訓班。由區辦事處婦女部專職人員和事務所技術員充任教員，對象為社員家屬和當地婦女，年齡20至

---

[74]　呂之光〈雙石鋪工業合作社巡禮〉，《西北工合》，第2卷第10期，1939年12月15日。盧廣綿〈抗日戰爭時期的中國工業合作運動〉，《文史資料》，第71輯，1980年等。

[75]　〈雙石鋪事務所工作實施概況〉，《西北工合》。該號封面脫落，無法判別期號。但從內容看，應為「第3卷第9期」。另，原件「雙十鋪」為「雙石鋪」之誤，已訂正。

[76]　《中國工業合作協會西北區辦事處公函——請設立礦業權由》（總字752號），1939年10月27日，前引陝西省建設廳編《工礦企業類——省企業公司關於工合西北區辦事處合作開採陝南金礦的報告・本廳關於開採情況的指令》。

[77]　前引子岡《陝南一瞥》。

40歲，經考試有40人合格入學。訓練期三月餘，其間免除一切學費、雜費，並提供食宿。訓練結束後，組織了婦女紡織合作社等。③開辦合作社夜校。1939年10月，事務所舉辦第一期工合夜校，向社員、雇工70餘人教授工合常識、技術講話、算術、抗戰歌曲等，翌年1月結束。後聯合社成立，2月起在聯合社指導下舉辦了第二期。④社員訓練班。1940年4月開辦訓練各社幹部的訓練班，結業後請其各回原社指導其他社員。為期兩周，對象為30歲以下且身體健康、粗通文墨且會做筆記、頭腦清晰者。第一期選拔40人，重視培養自學精神，課業有工合理論、法規解釋等。每天有討論會，夜晚兩小時由事務所工作人員分析自學情況，並作講解。[78]

四、西安事務所。1938年10月成立，為西北區最早的事務所。首先在西安設事務所，或為考慮到區辦事處在寶雞，為照顧國民黨方面的感受所做的安排。為透過生產手段救濟難民，計劃將3,000人組織為各種工合社，並首先組織了9社。規模最大的3社生產軍毯，東北婦女難民的縫紉機工合社生產了2萬件服裝等。繃帶工合社則生產了藥棉和紗布2萬磅，以滿足當地各醫院的需求。還開辦了托兒所和公共食堂。[79]可見，西安作為省會，其工合運動的起步相當順利。1939年夏，西京市非常時期疏建委員會向各工廠發佈疏散命令，以躲避日軍轟炸。儘管如此，西安東北部的「工合」新村仍在11月遭到轟炸，設備被毀，1名社員死亡。其他社員相繼退社，工合社因之停止生產。事務所於是著手重建工合社。如衛生材料工合社在區辦事處和事務所支持下，獲得放款1萬元用於購置機器設備，一度減至6人的社員增至15人，股份也從19股增至142股。為改善社員、工人的生活，給失學職工以受教育的機會，事務所還開辦了補習班。[80]但是，因西安整體局勢不穩，加之工合協會工作人員厭煩國民黨干涉，未能盡全力開展工作，工合社發展緩慢，直至國民政府加強對工合運動的鎮壓、重組和統制。

五、榆林事務所。艾黎提拔延安事務所的幹部李志成，於1939年8月開設了榆林事務所。此舉當然加強了榆林和陝甘寧邊區的聯繫。榆林是漢、蒙交易活躍之地，考慮到原料供應，榆林事務所決定主要發展毛皮業務。工合社發展順利，曾

[78] 前引《雙石鋪事務所工作實施概況》。

[79] 《香港大公報》，1939年12月8日。

[80] 《西北工合》，第2卷第3期，1939年8月1日，第50頁；第3卷第7期，1940年7月1日，第27-28頁。

向前方運送軍毯10萬條、軍靴4萬雙，有效抑制了當地物價。事務所把來自區辦事處的29萬元基金貸給皮革工合社和毛織工合社。事務所主任曾計劃前往新疆伊犁調查，擬在蒙旗開展工合運動，而蒙旗人士也希望引進工合社；陝北及臨近之內蒙古伊克昭盟一帶也很有希望。事務所因此開始籌備成立供銷處和工合金庫。[81]蒙綏交界附近的旗公署也曾敦請區辦事處組織工合社，可見蒙古族也歡迎工合運動。[82]西北工合運動一直試圖向少數民族區域發展，希望透過工業生產改善當地居民生活、加強民族團結；蒙古族要求組織工合社可謂求之不得。關於榆林等地蒙古族組織工合社的情況，著者不掌握相關史料，但確曾組織工合社的可能性較大；至少，工合協會曾與蒙古族維持著良好關係。

　　甘肅省的工合運動，不明之處頗多，此處擬作重點探究。

　　一、**天水事務所**。天水事務所成立於1939年2月，首任主任是王作田。事務所首先透過口頭、文字、漫畫等形式向各機關、士紳、工會、難民、技術專家、知識青年、勞農大眾進行廣泛宣傳，難民工人和技術專家等被吸引，連日來事務所探聽詳細。但當時尚兼任區辦事處合作科及訓練班事務等的王作田去了寶雞，離開天水三周，故天水事務所並未能正式運作。3月，王帶回合作指導員4名，遂正式組織合作社，僅兩個月就成立50餘社。其做法是，依能力、技術高低，對各種技工指導其成立日用品方面的工合社，對知識青年和技術專家則請其組織天水尚十分落後的新工業——如機器、造紙、印刷油墨、機械油、苛性蘇打等——工合社。還把天水本地玉泉女子紡織學校的畢業生和來自戰區的女大學生等組織起來，成立了紡織、縫紉機等合作社3社。[83]9月，區辦事處婦女工作部的任柱明和合作股股長羅子為來天水視察，對各社進行指導。軍毯生產開始後，事務所進一步擴大紡線運動，縣政府也予以協助。事務所的合作科（原組織科，為明確「合作」的意義而改名）、技術科、婦女部聯合組織紡毛團，分頭前往周邊各鎮，發動當地婦女6,000多人。[84]

　　1940年3月以後組織的，有棉毛紡織、織布及染色、服裝、皮革、製粉、機

---

[81]　《重慶大公報》，1942年10月24日。

[82]　前引《西北區辦事處工作報告》（1939年4月），第27頁。

[83]　〈中國工業合作協會西北區天水事務所工作報告〉，天水事務所編《隴南工合》，創刊號，1939年10月。下文略稱〈天水事務所工作報告〉。

[84]　薛青黎〈各社巡禮〉，《隴南工合》，第2期，1939年11月。

器、印刷等工合社，其中發展較為順利的如下。①毛織工業，因與軍毯生產關係密切而深受重視。已成立的毛織社得到擴充，還設立了模範社。毛織社有14社，擁有織機131部。1939年入冬後，為加緊生產軍毯，天水、秦安等地從事毛織的工人有568人，參加紡線的有農村合作社員等1萬餘人，生產軍毯6萬條。另，服裝合作社承接了生產8,000套軍服的訂單。②製革工合社2社，社員大多為熟練工人，經營狀況良好，產品品質可靠，加上周邊即原料產地，故發展穩健，每月可生產牛羊皮2,000張。皮革社則生產軍用皮帶、軍靴等。③小型機器製粉社，由從上海、漢口避難而來的熟練技工所組織，用84馬力動力日產麵粉1,000斤，產品售價合理，供不應求。④印刷方面有工合社1社，使用3部石印機、1部鉛印機，業務甚有聲色，印製雜誌、銀行帳冊、教科書及事務所機關雜誌《隴南工合》。⑤機器工合社1社，社員學歷較高，多為天津北洋工學院畢業，業務穩步發展。除接到不少紡機訂單外，隴海鐵路所用大量螺栓、螺母也由其製造。⑥天水事務所似曾組織軍用木材採伐工合社，還為給毛紡工合社提供原料而成立過畜牧工合社。此類工合社與農業生產合作社存在聯繫，故有其特殊性，值得關注。

　　1940年度的工作重點是礦業、化學、紡織。①煤炭工合社，社員皆本地人，土法開採，日出煤6,000斤，供給天水的電燈廠等。②織布工合社、紡織工合社各1社。織布社是曾在甘肅省建設廳所辦手工紡織推進所接受過訓練者組織起來的。較之織布社，紡織社數量過少，當時棉紗極度短缺，組織紡織社為當務之急。③火柴社由肥皂社改組而來，計劃每月生產火柴7,200小盒。[85]

　　天水事務所開展的輔助性事業如下。(1)1939年5月成立天水聯合供銷處，原料供給總額達14萬1,575元，產品銷售額達22萬1,180元。各合作社成立之初，曾因通貨膨脹而遭遇資金流轉困難；供銷社即以產品作抵放款，為各社提供短期流動資金。(2)1939年6月，成立婦女工作部天水支部，開辦臨時兒童識字班和婦女識字班。8月開辦工合小學，招社員子弟、抗日軍人子弟、難民兒童等計70人入學。另有婦女紡毛訓練班，先後訓練80餘人，日產80斤。為支援軍毯生產，事務所工作人員曾前往各團體、各學校及鄉村協助發動紡線工作。(3)事務所曾與天水工合社縣聯合社合

---

[85]　前引〈中國工業合作協會二周年紀念特刊〉，第50頁。前引《天水事務所工作報告》。

辦供銷業務，並擬成立工合俱樂部、工合衛生所、工合消費部。[86]此外還曾組織擁有10輛膠輪貨車的小規模運輸工合社。還開辦巡迴書庫，將有關合作社、「抗戰建國」等的書籍裝入木箱，巡迴各社供社員閱讀，既為社員提供閱讀機會，又可使他們加深對工合運動的理解，堅定其抗戰必勝的信念。據說，工合醫院、招待所、職工俱樂部也在籌備當中。關於巡迴書庫，不明之處尚多，但天水事務所的運動形態，如從宣傳到組織工合社、聯合供銷處、婦女工作部、聯合社、運輸工合社、工合醫院等，都與陝西的工合運動幾乎完全相同，陝西派來的指導人員也為數不少。不妨說，甘肅省的工合運動是受到來自陝西的強烈影響而發展起來的。

　　二、**蘭州事務所**。蘭州事務所成立於1939年3月，辦公地點位於科學教育館內，設總務、合作、財務、技術、供銷五科。蘭州事務所的工作也從宣傳開始，除運用報紙、廣告外，還前往勞動條件極其惡劣的小工廠進行宣傳，吸引不少人前來事務所辦理登記。事務所準備了《技術人員登記表》，詳細詢問並記錄姓名、年齡、性別、籍貫、受教育程度、工廠工作經歷、有無所需資本、原料採購地及產品銷售地、營業計劃、有無保人等，並向其解釋、說明工合運動的目的、組織工合社的手續及入社後的權益等，使其初步瞭解工合運動。當時有失業技工70至80人完成登記，其中部分人成立工合社4社，此即蘭州事務所組織的首批合作社。4月20日，事務所幹部會同區事務所派來的三人正式開始工作。他們首先召開事務所業務會議，決定九項任務，其中包括擴大宣傳、確定工作計劃、確定工作區域、補充事務所職員、編輯各種讀本等。其工作計劃，1939年擬分三個階段進行。第一階段為3月至6月，計劃放款10萬元，工作區域定蘭州市區，目的為救濟失業工人、改造現有小工業為工合社，而後基於市場需求，應用當地原料開展生產。第二階段為7月至9月，仍計劃放款10萬元，工作區域則擴至平涼、臨洮、武威等周邊各縣；將調查工業品流通、組織各類工合社，同時改良和發展家庭手工業；設婦女支部，提倡生產教育和兒童教育。第三階段為10月至12月，安排放款15萬元；吸收技術人員以充實已成立各社、培植重工業基礎，發展探礦、機器、化學、毛紡織、皮革各業；積極開展社員訓練，其方式有社員講習會、指導員談話、請各社優秀職員教育其他社員等。按蘭州事務所的龐大計劃，組織工合社的區域將分為中區（蘭州等）、東

---

[86]　前引〈中國工業合作協會二周年紀念特刊〉，第50-51頁。

區（平涼等）、南區（臨洮等）、北區（武威等）、東北區（靖遠等）。經上述努力，至6月底，事務所已組織工合社20社、社員145人，涉及紡織、染色、服裝、軍用皮件、製革、肥皂、印刷油墨等行業。[87]

蘭州也曾發動軍毯生產運動，由軍毯管理分處負責。原料羊毛由貿易委員會採購，棉紗由區辦事處供應，顏料由事務所準備。工合社數一度達到37社，後因合併、拖延還貸導致社員退社等，剩下34社、261名社員。這些社員，小學及更高學校畢業者占三分之二以上，識字沒有問題。他們來自山西、陝西、山東、河南、河北、遼寧、湖北等21省，但以甘肅人為最多。工合社股金總額為9,442元、交訖率57%，各社獲放款總額12萬1,650元。1939年10月曾召開檢討會，戴樂仁和工合協會理事梅貽寶對各社做了詳細評述，稱讚回民合作社合作精神好、社員都參加勞動、業務也好。[88]當地回民人數眾多，占全部人口的三分之一，對合作社的熱情亦高。例如，曾有名叫阿洪的回民親自來到事務所，要求全由回民成立工合社；他組織了有15名社員的毛皮工合社，因工作勤勉、成果優異而受到事務所嘉獎。該社曾貸款2萬元，一年後即償還3,500元，另獲純利7,000元，社員每月工資也高達60元。[89]

五、國民黨對西北區工合運動的鎮壓和運動重組

1941年1月「皖南事變」發生後，寶雞的工合運動也開始受到鎮壓。該年農曆5月，寶雞縣政府令藍衣社逮捕紡線工合社的地下黨員章若夢、李懷信、李維州、喬積玉等，並把他們關進西安的勞動營。[90]南鄭事務所受到CC系干涉和破壞，主任李春華（畢業於東北大學政治系，中共黨員）被國民黨陝南警備司令祝紹周逮捕後殺害。國民黨右派懷疑所有工合協會工作人員都是親共分子，1941年1月以後，僅西北區就有30餘人被逮捕（其中婦女8、9人）。[91]同類事件在江西、雲南、貴州、

---

[87]　王錫餘〈蘭州事務所工作第一期〉，《西北工合》，第2卷10期，1939年12月，第55頁。

[88]　〈蘭州事務所工作概況〉，《西北工合》，第2卷10期，1939年10月1日。

[89]　張法祖著、上海日本大使館特別調查班譯《三年來支那工合運動の發展》，1942年12月，第55頁。

[90]　楊參政〈工合在寶雞〉，《寶雞文史資料》，第2輯，1984年9月。

[91]　前引拙稿《中國工業合作運動について》。前引制甄《中國工業合作運動的一個報告》。

河南等全國各地也頻頻發生。如浙皖區茂林事務所曾為新四軍製造手榴彈、修理過汽車，因而受到葉挺表揚；但在「皖南事變」時遭到國民政府軍機槍掃射，會計員身負重傷，事務所職員大多被逮捕並關進上饒集中營；區辦事處主任孟受曾也被逮捕，押送到了重慶。[92]工合運動因與八路軍、新四軍關係密切而受到嚴厲鎮壓，而西北區因有陝甘寧邊區和中共中央，所受鎮壓更為殘酷。

於是不斷有人逃亡。原寶雞事務所幹部險遭國民黨殺害，逃到太行山八路軍控制區，在那裡成立了共和社。劉靖原來經東北救亡總會陝西分會介紹從事東北軍第53軍後方家屬工作，1941年經寶雞事務所主任鄭長家（東北救亡總會成員，中共黨員，盧廣綿的同學）介紹在紡織工合社工作。該社當時有李維周等數名中共黨員和來自安徽農村的見習工。後來，劉靖得知自己也上了國民黨陝西省黨部的黑名單，即逃往晉豫區辦事處在游擊區開設的陽城工合事務所（主任是孟用潛）。[93]還有許多青年厭棄國民黨破壞工合運動而離開工合社前往邊區。

在這樣的形勢下，蘭州事務所表面上仍風平浪靜，維持著和區辦事處的正常關係，但內部卻相當複雜。甘肅省國民黨部在蘭州的工合社內成立了區分部，1941年就任事務所主任的張官廉與省國民黨部秘書長楊德翹私交甚厚。蘭州的培黎學校也成立了三民主義青年團區隊部。另一方面，來自延安等地的男女多為中共地下黨員，他們在蘭州加入工合社，部分人是鹽楊堡的紡織工合社社員，他們為了自衛，在張家灘組織了只有共產黨員參加的紡織工合社。[94]國共兩黨的較量已在蘭州的合作社內部展開。

國民黨的迫害和鎮壓，連西北工合的幹部也未能倖免。1941年8月，工合協會決定在寶雞舉辦工合運動三周年紀念，盧廣綿邀集全國各區代表參加。省國民黨的蔣鼎文此時卻捏造所謂軍毯「貪瀆嫌疑」，欲逮捕盧廣綿等4名西北區工合幹部，要求其前往西安的地方法院到案自首。盧把紀念活動託付給艾黎後，利用孔祥熙和CC系的矛盾，逃往重慶投靠孔祥熙；而未及逃走的區辦事處視察員、西安宿舍主任、聯合社負責人等工合幹部悉數被國民黨逮捕，關進了監獄。如前所述，盧廣

---

[92] 馬壽先〈中國工合運動在蘭州〉，《甘肅文史資料選編》，第14輯，1982年。

[93] 劉靖〈工合游擊隊〉，《吉林大學社會科學學報》，1983年第5期。

[94] 前引馬壽先《中國工合運動在蘭州》。

綿當時身兼工合協會組織組組長，輔佐時任總幹事、美國人費奇（George A. Fitch, 1883-1979，中文名「費吳生」）工作。1941年12月太平洋戰爭爆發後，一批支援中國的財政、軍事方面的外國要人和專家來到重慶，他們都非常重視工合協會及其開展的運動，向軍方供應毛毯的西北區尤為重要。因此，盧廣綿以接受艾黎邀請的方式，時隔八個月後回到西北。在西安被逮捕、關押的劉大作、侯敬民、徐介人三人也被釋放。但是，國共對立在1942年以後仍未好轉，國民黨統治區的工合社依舊困難重重。因為，國民黨經常派人到工合社，看到有青年人就拉夫、徵兵。國民政府對工合社倒是不收重稅，但對新建工廠已不再予以必要登記。1941年6月，軍政部和財政部頒佈《戰時國防軍需工礦業技術工緩服兵役暫行辦法》，其中規定工廠擁有機械、動力和工人30名以上且已在經濟部登記，可免除兵役。但是，許多工合社不符合該規定，因而都成了徵兵對象；若不願成為徵兵對象，則需破費一定金錢。徵兵的做法似非常粗暴，有時甚至不帶任何手續就來到工合社，拿繩索綁起社員就走。有的工合社因此被迫解散。觀諸1940年9月以前西北區工合社解散的原因，缺乏資金35社、經營困難19社、社員人數不足15社、工作能力差11社、人事糾紛10社、職員壟斷和貪墨9社、與他社合併10社、對合作方式不適應4社，合計156社。因兵役而解散的此時尚僅1社，[95]後來卻越來越多。1943年秋天，省政府還趁艾黎和盧廣綿不在，搜查了他們在寶雞的辦公室和住宅。不過，CC系對工合運動可以壓制、打擊，卻無法公然破壞。因為，1942年、1943年有不少海外人士如美國副總統、總統競選人、英國議會訪華團及許多英美記者到訪西北，他們參觀工合社後，都給予了極高評價。[96]

那麼，工合運動與中國共產黨的關係怎樣？工合協會聲稱工合運動是經濟方面的抗日民族統一戰線，其與中共自然有著良好關係。1938年，艾黎在武漢八路軍辦事處會見周恩來、秦邦憲，得到他們對工合運動的支持，從此和中共建立了聯繫。1939年至1940年，艾黎又三次前往延安指導生產合作社，還應毛澤東要求將山西省南部製鐵工合社遷往該省西北，為賀龍的部隊製造手榴彈。1940年初，毛澤東從延安派劉鼎、陳康伯、黎雪、趙一峰到寶雞和雙石鋪協助工合運動，工合方面也為中

[95]　石曉鐘〈現階段的工合問題及其對策〉，《工業合作月刊》，第1卷1期。
[96]　前引拙稿《中國工業合作運動について》。前引制甄《中國工業合作運動的一個報告》。

共部隊製造手榴彈。但是，因CC系和藍衣社破壞，1941年1月以後，區辦事處同延安和山西省南部的事務所難以維持正常聯繫，區辦事處給延安事務所的資金也無法到位。1942年，艾黎又因支援八路軍、新四軍而被解除了工合協會技術顧問職。其後，仍任國際委員會執行秘書的艾黎將主要精力用於設立培黎學校，以為「解放後的大西北建設」做準備。[97]然而，陝北地區儘管遭遇國民黨軍隊封鎖，但延安事務所的運輸工合社仍能大量採購到榆林產羊毛，並透過邊區向寶雞、西安的紡織工合社供應軍毯原料。[98]而八路軍則購買寶雞生產的軍毯。亦即，太平洋戰爭開始後，工合運動仍在對八路軍、新四軍提供物資支援。

　　國民政府對工合運動的嚴酷鎮壓，與其加強對工合社以外普通合作社的管理統制是一致的。1940年8月，行政院頒佈《縣合作社組織大綱》，用半強制方式要求各鄉各保皆須組織合作社1社、每戶出社員1名。在該政策推動下，普通合作社大為增加。其結果，自抗戰前合作社即相對發達的陝西，在1937年達到4,009社，並逐年增加；工合運動開始停滯的1941年已增至11,542社，1942年雖有所減少，但1943仍達到峰值，有12,306社之多。社員人數，1938年至1945年一直在增加，1945年達134萬人。合作社基礎薄弱的甘肅省，其合作社數在1942年達到頂峰，有6,752社，而社員人數同樣一直在增加，1945年達到57萬7,000人（表4-10），雖不及陝西省半數，但亦屬大幅增加。1941年4月，合作事業管理局的壽勉成再次強調合作運動須發揮防止共產主義的作用。[99]總之，國民政府試圖像管制新縣制下的合作社那樣統制工合運動，甚至欲使其發揮縣工業功能的意圖日益明顯。[100]1941年4月，專賣制度開始施行，至1942年，鹽、煙草、火柴等都成專賣商品，部分工合社因此再次受到打擊。如天水火柴工合社的產品，市價4萬元，卻被壓價為2萬元。[101]

---

[97]　《人民日報》，1984年1月22日。路易・艾黎〈「工合」運動記述〉，《文史資料》，第71輯，1980年。

[98]　前引拙稿《中國工業合作運動指導者からの書簡について》。

[99]　高士瑾〈大後方合作運動的性質問題〉，《解放日報》，1942年2月2日。

[100]　劉玉漢〈縣工業建設芻議〉，《中央日報》・《掃蕩報》聯合版，1943年3月24日。

[101]　前引李宗植《西北工合運動述略》。

表4-10　陝西甘肅合作社統計（1937-1945）

年	陝西		甘肅	
	合作社數	社員數（千人）	合作社數	社員數（千人）
1937底	4,009		437	
1938底	4,659	243	2,562	13
1939底	5,378	268	4,681	229
1940底	9,780	428	5,561	270
1941底	11,542	555	6,659	365
1942底	11,260	592	6,752	373
1943底	12,306	978	6,197	443
1944底	11,206	1,147	6,105	510
1945底	9,345	1,340	5,637	577

※中國合作事業協會編《抗戰以來之合作運動》，1946年，第16-17頁。本表「合作社數」、「社員數」自應包括工合協會所組織工合社及其社員人數。

　　不過，需要強調的是，國民政府、國民黨並未欲徹底剷除工合運動。1943年10月，蔣介石在工合協會第二次全體理事年會上曾高度評價工合運動對抗戰的意義，並指出其重要性今後會更大。這次年會決定，要把毛紡、棉紡、皮革、罐頭加工、小型機器製造作為西北區的核心工業。[102]孔祥熙則發表「工合大改革」，指出工合協會機構過於龐大，工作效率低。關於工作區域，理事會決定陝甘寧、晉豫鄂合為西北區，全國分作三區，即西北區、西南區、東南區；還擴大了各區主任的權責，即各區事務由區主任、財務股長、業務股長召開區務會議商議決定，由區主任負責執行。[103]

　　1942年8月，四大國家銀行的業務區分被劃定，1943年度還制訂了工礦業預算。但預算對象主要是國營廠，民營廠所得份額很少，針對工合社的融資自然亦隨之減少；加之手續繁雜、放款遲緩，陝西各地工合社因之深受打擊。[104]此外，國民政府的通脹政策也對工合社造成直接打擊。的確，通貨膨脹抬高了產品價格，但

---

[102] 請參閱本書第一章。

[103] 〈工業合作重大改革──孔理事長在理事會報告詞〉，《中央日報》，1943年10月14日。

[104] 陝西省銀行經濟研究室著、上海日本大使館特別調查班譯《陝西省地方調查報告》，原著1940年出版，第155頁。

其上漲幅度卻不及原料價格，如此，利潤必然被壓低。亦即，囤積原料比從事生產更加有利可圖。以織布為例，與其開動機器織布，不如囤積棉紗、瞅準機會拋售利潤更大。可見，融資困難、成本及工資上漲、利潤減少都是阻礙工合運動發展的重要因素。不過，較之一般工廠，工合社因通脹而受到的影響似乎要小。如煤炭合作社，因距礦井較近，獲得原料相對容易。而聯合供銷處、運輸工合社的存在，也使工合社在原料採購、產品運銷方面更為有利，也便於工合社發揮多社合作的優勢。比如，西北區應宋美齡指示生產5萬元的軍大衣時，曾同時動員城市和郊區的織布、梳棉、紐扣、服裝等各工合社分工協作，僅10天就完成大衣6,600件。[105]

　　雖然尚不掌握西北區工資的詳細統計數據，但工合社的工資，一般採用計時制或計件制。根據合作社的原則，社員須年滿20歲，且須認購股票，這是成為社員的絕對義務，也是在工合社參加勞動的條件。然而，據說因存在見習工、雇工，且不斷增加，因而分紅及勞動條件自然出現差異。所謂見習工、雇工是未認購股票、不是社員的工人，見習工年齡在16歲至20歲之間，雇工為年滿20歲。西安的軍毯工合社1940年3月份的工資情況如下，即經理月薪50元、職員35至40元；社員工資按計件制者，最多140元、至少80至90元；見習工則是25至33元。[106]不過，該社在西安以工資高而聞名，業績不好的工合社自然應低許多。在1939年的南鄭，15歲以上、至少曾接受三個月初等教育者被視為見習工，其月工資為8元，勞動時間為9小時。[107]1941年7月的視察員報告記載，南鄭有工合社員211人，但預備社員（見習期結束，但尚未達20歲）、見習工、雇工等達271人之多。[108]這種傾向一直都有，且西北區各處皆不例外。如寶雞，正式社員412人，而見習工、雇工則有464人；在蘭州，正式社員233人，見習工、雇工199人（表4-11）。可見，該時期在合作社勞動的，除正式社員外，還有大量見習工、雇工。

[105] 前引《西北區辦事處工作報告》，第26-27頁。
[106] 張法祖著、上海日本大使館特別調查班譯《三年來支那工合運動の發展》，1941年12月，第60頁。
[107] 福斯特（John Bellamy Foster）〈西南支那に於ける工業合作社〉，《情報》，第7號，1939年12月1日，第74頁。
[108] 黃道庸〈中國工合的工業化與社會化之研討〉，1942年11月，彭澤益編《中國近代手工業史資料》，第4卷，三聯書店，1957年，第378頁。

　　那麼，應如何看待見習工、雇工問題？有關該問題，史料極缺；為彌補此一缺憾、儘量接近、呈現見習工問題的實際狀況和工合社的勞動條件，著者曾親往寶雞，對當時的工合社員和見習工進行實地採訪。下面即採訪所得。①劉東峰，南京人，難民，是1939年8月成立的美最時工合社的社員，工資依計件制（劉本人稱之為「按勞分配」），布鞋1雙2角、皮鞋5角；各人因技術不同，每月工資在50至20元不等，主任拿第二位的工資。衣服是合作社的，大家共有，伙食免費。社員有12、3人，見習工有2、3人。②滑九思，12、3歲時，為躲避日軍而從河南逃難到寶雞。1939年進入實幹第一製鞋工合社（該社主任也是難民）做見習工。該社有社員20多人，見習工30到40人。每天勞動8小時，按件計酬。合作社給見習工發放單衣和棉衣、毛巾等，伙食免費，大家一起就餐。有醫院，生病也不用擔心。③劉俊愷，1939年從西安來寶雞，隨後進入生產軍毯、毛織品的紗布工合社做見習工。該社有社員70人、見習工30人左右，後來發展成有150人的大型工合社。勞動時間是8小時，也有學習時間。據說，一般民營廠每天要工作15、6小時。工資開始是3元，後來增加到6元。一般沒有加班，趕織軍毯時才會加班。伙食免費，會發毛巾、肥皂。該社還把劉送到培黎學校，學習了4年會計。[109]

表4-11　陝甘兩省主要區域工合社社員、雇工、見習工人數（1943年11月）

地區	工合社數	社員人數 (a)	雇工人數 (b)	見習工人數 (c)	a+b+c	$\left[\frac{a+b+c}{b+c}\right]$%
寶雞	66	419	150	314	883	52.5
安康	13	140	12	22	174	24.3
南鄭	27	368	51	58	477	22.9
隴縣	23	225	42	61	328	31.4
沔縣	7	110	27	27	164	32.9
蘭州	22	233	61	138	432	46.1
天水	43	346	28	17	391	11.5
平涼	3	47	3	4	54	13.0

※彭澤益編《中國近代手工業史資料》，第4卷，三聯書店，1957年，第374-375頁。

[109] 前引拙稿《西北区工業合作運動關係者に対するインタビュー》。

　　那麼，工合社與一般工廠相比如何？據1939年2月調查，在西安市，工廠提供食宿時，工資最高的是鐵工行業，每月25元。但鐵工、麵粉、製革、棉織、化學等行業的月工資，最高平均14元1角，一般是8元7角，最低4元9角；若無食宿，最高平均20元5角，一般為14元7角，最低12元6角。見習工，如有衣食和住處則不發工資，只在年底發給獎金。從事織布的裕生平民工廠，幹事、工頭有衣食、住處，月工資6至10元，年末視效益另發獎金；普通工人每天勞動12小時，按件計酬，每匹布4角，另外每月支給伙食費；見習工也有衣食、住處，但三年內不發工資。[110]當時為通脹時期，單純比較自應慎重，但就工資、勞動條件而言，工合社顯然比一般工廠優越。見習工的待遇，雖然各社不盡相同，但衣、食、住基本有保障，工作時間也幾乎都是8小時；工資雖低於正式社員，但按件計酬，總能領到工資。

　　關於工合社內部待遇存在差異問題，須從工合運動的理論、理想和戰時特殊狀況這兩方面來考慮。有關於此，《西北工合》雜誌所載李國楨的文章頗有說服力。其要點如下。(1)工合運動是「軍事第一」，執行的是國民政府整個戰時經濟計劃中的戰時生產任務。例如，要生產超過百萬條的軍毯，單憑不足百社的紡織工合社是不可能完成的；要在短期內完成，就必須動員社員以外的熟練工及相關生產者。(2)工合社是從手工業生產向資本主義生產、從「私營資本主義」向民生主義、國家資本主義轉換的過渡形態，要使大部分小商品生產者加入工合社組織。若這樣考慮，雇工、見習工也是培養未來社員的過渡性手段。只不過，工合社獲得發展以後不允許剝削存在，「雇工」、「見習工」的說法也將成為過去。(3)合理的會計制度和完善的管理制度，是工合社得以健全發展不可或缺的條件。以難民、技術人員等為主體的工合社和農村手工業者的工合社，往往缺乏會計、財務人才，因而有必要從社員以外雇用實務人才。(4)在社會組織不健全、生產方式落後的中國，工合社也難以避免誘之以利，毋寧說，可以利用這樣的機會灌輸工合知識。手工業和小工業的工合社需要改良技術，故需從社員以外雇用各種技術人才，請其從事技術教育和生產方式、工具的研究和改良。(5)中國尚無為不滿20歲的青年提供職業教育的適當機構，而小工業的消亡使他們陷入失業的窘境。將這些有用的青年工人排斥在工合社之外，是國家的損失。李國楨儘管認為雇工、見習工的存在有其客觀必然性和必要

---

[110]　前引《十年來之陝西經濟》，第149-150頁。

性，但仍主張須改善他們的待遇，並提出如下具體建議。即分配結餘、按技術之提高增加其報酬，勞動時間視年齡決定，可仿蘇聯的「有償勞動者協作社」（artel，小生產者、工人的自主性組織），如16至18歲每天勞動6小時、19歲以上者勞動7、8小時；見習工可向指導員要求改善待遇；見習工的工資可扣除必要費用等。[111]可見，關於雇工，李國楨是從廣義上加以理解，把專業人才也包括在內，從而主張雇工在戰時有其必要，同時呼籲改善其待遇。

表4-12　西北區各行業工合社統計（1944.12）

事務所	機械五金	礦冶	紡織	服裝	化學	食品	文化	建材	其他	社數合計（A）	社員數（B）	B/A
寶雞	8		20	2	8	3	2	4	1	48	478	10.0
南鄭	1		17	4	3		1	1	2	29	360	12.4
西安	6		12	3	2		2		3	28	479	17.1
雙石鋪	1				1	1		3		6	101	16.8
大荔	2		3	3	2	1	2	1	1	15	169	11.3
榆林			5	3						8	63	7.9
隴縣	1		6	1	2	5		2	2	19	190	10.0
蘭州	1		15	2	2			1		21	180	8.6
天水	3		11	4	15	2	2	2	1	40	191	4.8
徽縣			1		2			4	1	9	80	8.9
岷縣		1	1	1	3	3	1		1	11	110	10.0
平涼	1		6	1	2	1		1		12	不詳	
鎮平	1		25	4			2			32	475	14.8
臨河	1		2	3	2				1	9	109	12.1
合計	26	1	124	31	44	17	11	21	12	287	2985	10.4
%	9.1	0.3	43.2	10.8	15.4	5.9	3.8	7.3	4.2	100.0		

※《西北工合通訊》，第8卷第1、2期（1945年2月），第326頁。另，天水每社平均人數為4.8人，少於工合協會「7人以上」的規定。

　　表4-12的統計數據顯示，西北工合運動在1944年12月已呈全面衰退之勢，同時反映出如下傾向。新西北區雖稱工作區域較原西北區擴大，實則，除河南省鎮平

---

[111] 李國楨〈工業合作社雇工及學徒問題之研究〉，《西北工合》，第3卷第3、4期，1940年3月1日。

和綏遠省臨河外，只有陝甘兩省（工合社占總數的85.7%）。亦即，該表從寶雞到
隴縣為陝西省，有合作社153社；蘭州到平涼為甘肅省，有合作社93社；甘肅呈整
體增長，故兩省的差距大為縮小。其中較為突出的是有48社的寶雞和有40社的天水
（但平均社員數為4.8人，未達標準，見習工和雇工似有所增加）。不妨認為，一個
以寶雞、天水為中心、包括南鄭、隴縣、雙石鋪、徽縣、平涼等的經濟體系已經形
成。同時，礦冶工合社只在岷縣有1社，曾因採金而獲得飛速發展的安康、沔縣已
無工合社存在；作為重工業工合社地區而被期望發展為合作社鎮的雙石鋪，雖仍有
工合社，也已明顯衰落。面對國民政府對工合運動施以壓制、重組反而逆勢發展的
是西安，此時工合社達28社，其中機器五金6社、紡織及服裝15社等；似乎正向西
安市場供應產品的大荔也已有機械五金、紡織、服裝、化學、食品等計15社，儘管
仍為數不多，但各行業分佈較為均衡。最後，耀縣、韓城也已成立事務所，一直與
西安進行物資交流的榆林事務所仍然存在。顯然，國民政府此時正試圖在西北地區
恢復以西安為中心的工業體制。

六、西北區工合運動對農村社會變革的影響

　　工合運動不僅有經濟目的，也帶有政治目的。《西北區工業合作事業原則》即
明言，要利用工業合作組織發揚民族意識，培養民主精神。[112]因此，工合運動在社
會改造方面也頗為著力。

（一）**訓練事業**。(1)合作指導人員訓練班。工合運動曾面臨基層指導人員不足、因
　　　而難以有效組織和改善工合社的問題。為此，1939年2月，第一期合作指導
　　　人員訓練班在區辦事處內開學，招收高中以上學歷的男女30名，由戴樂仁等
　　　講授合作原理、合作法規、合作簿記、化學、工廠管理、登記等。為期三個
　　　月，其中兩個月為理論學習，一個月在各社實習。因寶雞屢遭空襲，5月1日
　　　開始的第二期遷至雙石鋪。[113]該訓練班至1942年8月共開辦6期（各3個月），
　　　256名學員接受訓練後，分赴各地任指導或會計工作。(2)高級工作人員訓練

---

[112] 董文中編輯《中國戰時經濟特輯・續編》，1940年，第140頁。

[113] 前引《西北區辦事處工作報告》，第25、28頁。

班。1940年10月初舉辦，以集體的自我教育、自動學習自動合作、教學作合一等為宗旨。招收有大學學歷者20名，對其施以理論和技術訓練兩個月，結業後分任各事務所科長以上職位。[114] (3)各社職員社員訓練。此項訓練也深受重視，各事務所每年舉辦兩次，依工作內容和熟練程度，分別以集體、個別方式教授財務、會計、合作常識、國語、珠算、時事、唱歌、識字等。總之，考慮學員的能力及結業後所能從事工作而開展的各類多層次訓練，使工合社的各方面人才得到了充實和加強。

（二）**紡織訓練所**。該訓練所是經區辦事處主任盧廣綿和農產促進委員會主任穆藕初認真制訂合辦方案、並在農產促進委員會的資金援助下開辦的，招收訓練生30名。為躲避空襲，校舍設在寶雞東關外，擁有工廠、教室、辦公室、宿舍、伙房等計10室。設備有織布機2架、手動紡紗機2架、腳踏式紡紗機5架、針織機2架、梳棉機1架，另有機器工合社製造的七七式手動紡織機數架。第一期於1939年2月開學（期限不詳），每日理論2小時、實習6小時，重視掌握技術。理論課有機器紡織學、漂白及染色學、毛巾製造法、農村經濟、合作組織等。教職員除常住訓練所內的3人外，也聘請工合協會的技師前來授課。實習分9組進行，學員多來自農村，對學習農村工業特別熱心，尤其河南省建設廳選派的7名學員，其水平高，能力也強。還組織了學員委員會，選出飲食委員，輪流做飯；另選監察委員，以監督、改善實習和課外活動；每天召開工作技術討論會，星期日所有學員參觀寶雞等地的工合社，並須提交報告。按要求，學員結業後每人須在農村組織工合社1社，以推進農村紡織工業。第二期計劃訓練當地婦女，以幫助她們參加農村副業生產、增加收入，以提高其生活水平。[115]最終，技術培訓方面，區辦事處和農產促進委員會合辦的棉紡訓練在寶雞共舉辦4期，122人接受訓練；天水、蘭州開展的是毛紡織技術訓練，隴縣則是麻紡織技術訓練。據稱，接受訓練的主要是婦女，至1942年8月達1,000人之多。[116]

---

[114] 前引盧廣綿《四年來的西北工合》。

[115] 前引《西北區辦事處工作報告》，第25、28-30頁。

[116] 前引盧廣綿《四年來的西北工合》。

（三）**婦女教育**。1939年4月，在宋美齡5萬元特別資助下，西北區設置以提倡婦女
生產教育、推進兒童福利為目標的婦女工作部。該工作部內設衛生、托兒、
教育、服務四組，聘湖南大學教授任柱明，依軍人家屬、難民婦女、當地農
村婦女、工合社婦女社員及妓女等不同人群，分別施以知識教育和生產技術
訓練。[117]該部還分別在寶雞、雙石鋪、南鄭、天水、蘭州、沔縣各事務所設
其下級機構婦女工作科，先後組織婦女工合社計18社，社員達400餘人。除
這些活動外，如表4-13所示，該部還經常舉辦各種教育、訓練活動，參加人
數少則數百、多則逾千人。如曾在寶雞等地開辦工合小學7所，招收學生625
人；其中既有工合社員子女，也有周邊失學兒童，有效地加強了工合社與地
方人士的聯繫。所辦婦女識字班前後有28班，學生達560人，在施以識字教
育的同時，還開展時事講演。還在寶雞的女子職業學校教授織布、縫紉、染
色等。另曾開辦兒童識字班17班，入學兒童達531人。

表4-13　西北區婦女工作部教育訓練統計（1938.4-1940.2）

形式	地區	寶雞	雙石鋪	天水	蘭州	南鄭	合計
工合小學	校數	5	1	1			7
	人數	420	85	120			625
兒童識字班	班數	10		3	2	2	17
	人數	300		71	100	60	531
婦女識字班	班數	12	2	5	8	1	28
	人數	250	30	60	195	25	560
職工班	班數	6	2				8
	人數	250	70				320
紡織培訓所	班數	2	1				3
	人數	80	50				130
紡織講習班	班數	4		3			7
	人數	900		250			1150

---

[117] 前引《西北區辦事處工作報告》，第25-26頁。述周〈抗戰中的新流──工業合作社〉，《群
眾》，第3卷第11期，1939年8月。

形式 ＼ 地區		寶雞	雙石鋪	天水	蘭州	南鄭	合計
女子職業培訓班	班數	1					1
	人數	200					20

※《西北工合》第3卷，第1、2期（1940年2月25日），第70-71頁。職工班由工合小學教師任教，主要教授識字，另有珠算、合作常識、抗戰歌曲等。

（四）**培黎學校**。欲探討學校、訓練、教育問題，培黎學校自當受到足夠重視。培黎學校於1940年初創設於江西省贛縣。同年秋，寶雞也開辦了與其類似的短期訓練班，但只存在了六個月。延安事務所的劉鼎曾與黎雪（艾黎養子）一同來寶雞、雙石鋪考察合作社。劉鼎非常重視雙石鋪，認為如果日軍逼近寶雞，八路軍可進入山嶽地帶，而雙石鋪則是其理想的活動中心。有鑑於此，艾黎於1941年5月創辦了進行技術訓練的雙石鋪培黎學校。當然，為八路軍補充、修理武器或亦其目的之一。1942年3月，何克（George Alwin Hogg，1915-1945）到任校長後，學校走上軌道。該校校訓是「創造・分析」，教育採「半工半學」方式，向各工合社選派來的見習工及難民兒童、孤兒等30人分別施以機械、化學、紡織等技術訓練。資金則來自國際援助和自籌。該校在工合國際委員會支援下，搜集部分卡車、機器，設實驗場所28個。1943年12月，培黎學校離開國民黨統制日益加強的雙石鋪，遷至甘肅省山丹重新辦學，設紡織、陶瓷、醫療、畜牧各組，繼續實施理論教學與實踐相結合的技術訓練。[118]

（五）**工合醫院**。1939年5月，區辦事處研究決定在雙石鋪開設工合醫院，除施醫外，並對各工合社開展衛生教育。醫院有醫師（兼院長）、醫師助手（兼會計）、護士（兼接生）各1人、事務員和學生各1人。房屋15間，分別是診療室、手術室、藥房、儲藏室各1間，病房2間（病床4張），其他為廚房、職員宿舍等。其財源，區辦事處至1939年底為其支出5000元，但仍左支右絀，遂請各地聯合社酌量分擔，其餘擬募捐彌補。當時藥品、醫療器材十分緊張，西京廣仁醫院支持一些，另前往西安和寶雞設法購求。後來，應西北

---

[118] 《永久的懷念──紀念路易・艾黎誕辰九五周年》，1992年，第129頁。前引《艾黎自傳》，第164頁。參本書補章。

區請求，香港的「某國」慈善團體捐贈了大量藥品和器材（價值3萬元），艾黎和「湯」牧師（外國人，不詳）也提供了許多藥品。至1940年5月，在工合醫院接受診療者計2592人，其中工合社員為1526人。後來，雙石鋪爆發斑疹傷寒、結核、瘧疾等，導致29人死亡。工合醫院於是在當地開展健康檢查，發現各工合社未染病的社員只有25.2%，一般民眾情況更不容樂觀，未染病者僅14.2%。工合醫院對此十分重視，於是為社員315人和一般民眾563人接種了牛痘，為包括社員347人在內的2058人進行了斑疹傷寒預防注射。還召開衛生運動大會，實施道路清掃、增設便廁、開鑿水井等一系列計劃，準備出版衛生讀本。另計劃開辦產科訓練班，向民間產婆傳授科學接生方法和衛生觀念，以破除迷信、保護娠婦和幼兒。[119]後來寶雞也希望開辦醫院，但因資金有限，雙石鋪的醫院於1941年1月遷到寶雞，雙石鋪仍置保健所。此外，天水、蘭州、南鄭、安康、大荔等地，也依靠各聯合社出資開設了保健所。本就具有社會運動性質的工合運動，透過開展區域醫療活動，也為撲滅傳染病等社會衛生工作做出了貢獻。

結語

　　西北區工合運動的特徵在於，其工作區域內既有國民黨控制區，也有陝甘寧邊區和游擊區。陝西省位置特殊，國民黨和共產黨的力量在此交織；寶雞雖在國民黨控制區內，但緊鄰延安。工合運動的起點定在寶雞而非西安，可以說是運動創始人艾黎有意支持中共的設想、盧廣綿謀求收復東北的最終目的、以及運動的最高領導機關工合協會被納入行政院等錯綜複雜的關係相互交織碰撞下，最後在地理位置上尋得平衡的結果。選擇寶雞，工合運動既可作為生產機構維繫國共兩黨的聯繫，又可在國民黨統制下獲得一定自由以自主開展運動。而從國民政府角度看，工合協會是民主性生產組織，且能與中共、蒙古族、回民都形成友好關係，故而不得不給予其建設西北的主導權。國民政府的戰時經濟建設原本以管理統制為基礎，謂之「強制經濟」亦不為過；但為得到共產黨、第三勢力的支持以遂行「全面抗戰」，也需

---

[119] 慕稔〈「工合醫院」的以往現在及將來〉，《西北工合》，第3卷第6期，1940年6月16日。

要表明其「民主」指向。不妨說，體現戰時經濟建設「民主」性質的，就是國民參政會和工合運動。以抗日民族統一戰線為旗幟、謀求中國工業自立的工合運動，就這樣在西北這一連接國共兩黨勢力的特殊空間開展起來，發展軍毯生產、採金、機器五金等，為抗戰經濟打下了基礎。值得注意的是，工合協會的機構本身採用了以合作社方式開展抗日工業生產運動的極具實踐性的體制，而且直至基層事務所都由技術人員群體組成，他們決心將西北建成抗戰的根據地，以便將來收復東北、華北。他們中不僅有組織和營運合作社、會計、金融、財政、流通等方面的專家，還擁有大量工業、礦山、化學、生物等技術人員，其能力足以從理論和實踐兩方面保證紡織、機械、採礦、冶金、造紙等各種業務順利進行。

　　由圖4-4可知如下幾點。(1)西北區的工合運動重心在陝西，並帶動比陝西更加落後的甘肅而形成了共同經濟圈。隴海鐵路從寶雞展至天水是在1939年底，但在鐵路入甘的十個月前，工合事務所即已在天水、蘭州成立，並已在當地著手開展工合運動；徽縣的工合運動也是由雙石鋪事務所派員發動起來的。亦即，工合運動的網絡已經以陝西省的寶雞或雙石鋪為基點向東西南北擴展開來。寶雞的地理位置不僅便於工合運動向甘肅省發展，也使運動在工業落後地區陝南擴大規模成為可能。如此所形成的陝甘經濟區的基礎，後來又因雍興實業公司等的發展而得到進一步加強。(2)就公路交通看，陝西省透過川陝公路與四川省成都相連，又可經過漢中的漢白公路直通湖北省。而且，陝西鄰接七省，與各省都有某種通道相連。亦即，在日軍從綏遠、山西、河南、湖北四省侵入西北之前，工合協會已經與陝西省及位於陝西背後且可與蘇聯聯通的甘肅省，共同構建了運用經濟手段迎擊日軍的態勢。(3)僅就陝西省來看，抗戰爆發前，陝西僅有少數工廠，且為就近利用同官煤而集中於西安、咸陽；後來，工廠內遷和工合運動使寶雞迅速成為新興工業的核心基地。尤其是工合運動的興起，使工業生產呈現出由寶雞向陝西全省擴展的趨勢（如今，寶雞已是陝西省僅次於西安的第二大城市），省內工業佈局得到極大改善。加之，雙石鋪因被認為比西安更安全而成為工合運動的基地，並計劃依靠鳳縣的煤炭、鐵礦組織機器工合社，雙石鋪因而發展為重工業工合社集中的地區；而且，為將雙石鋪建成「合作社城市」，使之成為全國模範地區，還開辦了學校、醫院等。正因如此，較之寶雞，工合協會有關人士甚至更重視雙石鋪。

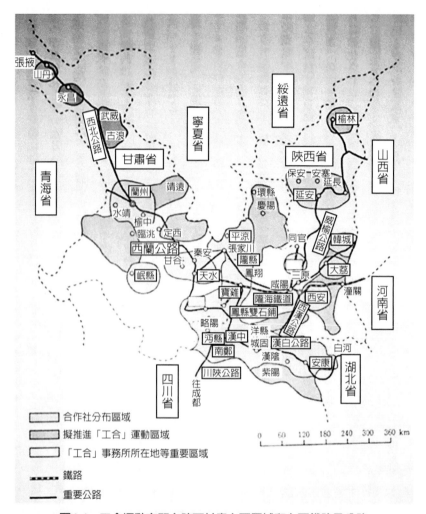

圖4-4　工合運動有關之陝西甘肅主要區域和主要鐵路及公路

※依據《中國地圖集》（新興出版公司，香港，1996年）並參考東亞同文會《支那省別全誌——陝西省》第6
卷（1943年）附錄地圖、滿鐵調查部《支那抗戰力調查報告》（三一書房，1970年復刻版）第235-249頁及
本章相關各處綜合考察後繪製。另，除圖示公路外，另有許多不通汽車的地方公路，工合合作社躲避日軍轟
炸時也利用這些公路。再，寶雞至天水於1937年11月動工鋪設鐵路，擬於1939年開通。

　　見習工、雇工問題，此前曾被視作工合社發生腐敗、陷入停頓的主要原因，故
此處擬加以論述。關於見習工[120]，儘管有年滿「16歲以上」等規定，但實際上12、3

---

[120]　「見習工」，即同業公會、師徒制度背景下的「學徒」；後來，從抗日戰爭末期至國共內戰時

歲的見習工似並不罕見。不過，對此不應僅從雇用、驅使和剝削兒童及青少年的角度進行理解，相反地，工合社使用見習工，似應從保護、培養、訓練青少年的角度予以肯定。因為，工合社不僅一般都為見習工提供衣、食、住，而且按八小時工作制，參加勞動即可領取工資，還可在各社或學校接受識字教育乃至各種技術訓練；三年見習期滿後，若不滿20歲則暫時為預備社員，滿20歲則獲得正式社員資格。工合社採按件計酬制，故見習工的工資雖說較低，但考慮其技術等尚未熟練，亦屬無可厚非，其性質並不完全等同於所謂「剝削」。而雇工大體有如下三類：第一，無力認購工合社股票的難民、失業工人；第二，農閒期的農民和農村婦女；第三，各種擁有專業技能者，如會計、有工廠工作經驗者等。第一類人，假如一定要他們認購股票而將其拒之門外，則工合運動在戰時幫助難民、失業工人「生產自救」的宗旨即成空談；而排斥第二類人，就是否定農民的副業勞動，不僅其勞動力得不到利用，也無法穩定農民的生活，結果等於堵塞了工合社通向農村的道路。至於第三類人，其中不少或已在其他機關或內遷廠奉職，原無需強迫他們加入工合社，一定那樣做，無異於將急需的人才趕走。換言之，工合運動的確以自有資金、自主經營、消滅剝削為宗旨，但在抗戰時期，雇用第一、二類人有助於救濟難民、減少失業、充分利用勞動力以提高生產力，因而是值得肯定的；而從合作社的經營、提高工業生產技術等觀點考慮，雇用第三類人亦屬必要之舉。如此看來，見習工、雇工的存在，不僅不是工合運動停滯的主要原因，反倒是運動停滯時期更需要發展工合社的有力佐證，也是工合運動內含發展要素的例證之一。

　　本章最後就新中國在人才、經濟基礎方面對工合運動的繼承做一概述。針對筆者就此問題的提問，艾黎曾回答說，山丹培黎學校被人民政府接管後，改為培養石油管理人才的國立蘭州石油學校，當時的學生成長為技術人員，在全國各地工作，有的還成為黨組織的書記。全國各地的無數工合社員則成為建設工作的帶頭人，當時的工合社有的已發展成大型工廠。[121]著者曾前往寶雞進行採訪和實地調查，親眼看到由當時的工合社發展起來的幾家大型工廠，證明艾黎所言不虛。例如，新中國

期，似又漸次演變成「練習生」。前引拙稿《西北区工業合作運動關係者に対するインタビュー》。

[121] 前引拙稿《中国工業合作運動について》。

成立後，寶雞南關的製革工合社成為寶雞鞋帽廠，還有工合社遷到西安成為帆布廠。透過調查還瞭解到寶雞製鞋廠如何從工合社發展為大型工廠的詳細過程。即，寶雞的美最時製鞋工合社（經理劉東峰）、實幹製鞋工合社和南關製革工合社於1946年合併，成立了南關製革生產合作社。1958年又合併寶雞市第一、第二、第三皮革製革社，成立了集體所有制的寶雞製鞋廠，滑九思（原紗布工合社見習工，雙石鋪培黎學校畢業）負責業務，劉俊愷（原紗布工合社見習工）任會計。後來，劉東峰、楊德厚（原南關製革工合社）調到寶雞市第二輕工業局，再後來，楊就任生產技術科長。1964年，製帽部門部分人員分離，另組服裝廠，但寶雞製鞋廠仍繼續發展，1991年2月有職工457人，固定資產約600萬元，年產鞋181萬雙，實現純利潤約400萬元。據說，作為集體所有制亦即合作制度的大型工廠，該廠至今仍繼承著工合社時期共同勞動的制度及福利傳統。[122]綜上所述，在抗戰結束後，工合運動在培養人才、建立工業基礎以及勞動形態、重視福利等方面，都被新中國所繼承，因而具有深遠的歷史意義。

（張新藝　譯）

---

[122] 前引拙稿《西北区工業合作運動關係者に対するインタビュー》。

Ch5

重慶國民政府所在地川康區的工業合作運動

前言

　　本章將論述以四川、西康兩省為工作區域的川康區的工合運動。工合協會最初的設想是，依三條「經濟防線」將全國分為戰區、中間地帶和大後方，四川、陝西和雲南等被劃為大後方。亦即，大後方是不易受到日軍進攻的安全地帶，工合協會計劃在這裡組織規模較大的工合社，使用現代化機器，與內遷廠一同進行大量生產，以支持抗日持久戰。由於大後方以國民政府所在地重慶為中心，故該地帶的運動自然受到重視，工合協會、川康區辦事處及各事務所對運動的指導亦較細緻，運動開始後發展順利。本章所論將涉及川康區工合運動的發動及其背景、指導機構的成立、運動的開展及其實際狀況、各事務所組織和指導的工合社的狀況與特質、抗日戰爭末期發生的問題等，然後論及工合運動的教育、福利事業，最後將運用實證方法就川康區工合運動的意義及其局限進行考察。工合運動作為社會經濟運動，自然須重視其如何參與經濟活動；但作為合作組織而致力於社會運動，如舉辦教育及訓練事業、抗日宣傳等，同樣不可忽視。本章出於對這兩方面的重視，將重點探討軍毯織造運動、支援美軍等問題，力圖從不同角度呈現川康區工合運動的全貌。[1]

---

[1] 管見所及，至今尚沒有針對川康區工合運動的研究。究其原因，或有如下數端。即，對以四川為中心的抗戰時期國統區的研究相對落後，川康區的工合運動亦未達到預期發展目標，大大落後於西北區，而且四川是國營、公營工廠和內遷廠等大型工廠聚集區，工合運動在提高生產力方面的作用、意義相對較低等。但是，要全面探究抗戰時期工合運動的實際狀態、意義和局限，並瞭解國統區的社會經濟狀況，顯然必須對工合運動在重慶國民政府根據地即川康區的發展狀況進行深入研究。

一、川康區工合運動肇始與指導機構的確立

工合運動開始前，四川的合作事業發展狀況如何？1935年省政統一時，農村已遭受嚴重破壞，金融極度枯竭。為振興農村，蔣介石於同年10月令設四川省農村合作委員會。委員長行營命省西北各縣發放「匪（中共）災救濟貸款」，省政府和中國農民銀行於是在1936年成立了省合作金庫。1937年大旱，省政府指令發放「旱災救濟貸款」，1938年春發放了穀物種子貸款。可見，四川省的合作事業，當初是以救濟農村為目的，故而偏重信用貸款，以極低利率為生產四川特產如棉花、甘蔗、桐油、生絲、紙張、煙草等提供了必要資金。七七事變後，為滿足抗戰需要，貸款的重點逐步轉向建立全省合作金融網絡和社會經濟建設事業。同時開始舉辦合作教育以培養人才。1936年2月曾舉辦合作委員會工作人員訓練所（學員61人，為期兩個月），1937年12月省政府舉辦省農村合作人員訓練所（學員484人，為期四個月）等。這些訓練所，招收學員較前增加，訓練時間也延長一倍。[2]。就這樣，在工合運動開始之前，四川省的合作事業已有一定基礎，也曾進行合作人才的訓練。不過，史料顯示，至1934年，四川省僅有生產合作社1社（農業合作社還是工業合作社不詳）、社員僅15人而已。[3]可以肯定，工業生產合作社彼時幾乎不存在。對於抗戰開始後已成抗戰大本營的四川而言，由於其工業基礎原本極其薄弱，除重建250多家內遷廠及新建工廠外，迅速組織工合社、開展工合運動已成當務之急。

在1939年5月召開的全國生產會議上，工合協會總幹事劉廣沛曾提出《一年工作計劃書》，試圖在一年內在全國組織工合社約1萬社、社員約35萬人、放款3,200萬元；其中，川康區將組織4,700社、社員19萬8,000人、放款1,427萬8,000元。[4]亦即，川康區分別占工合社總數的47%、社員人數的56.6%、放款總額的44.6%。該計劃規模如此龐大，以至於後來遠未能實現，但充分反映出川康區因地近國民政府而受到重視，亦即工合協會擬以該區為中心開展運動的意圖。

1939年1月，工合協會派胡士琪負責籌建川康區事務所。1月23日，川康區辦事

---

[2]　任敏華〈現階段的四川合作事業〉，《四川經濟季刊》，第2卷第1期，1945年1月。

[3]　《革命文獻——合作運動（2）》，第85輯，1980年，第475頁。

[4]　滿鐵調查部《支那抗戰力調查報告》，三一書房，1970年復刻版，第492-493頁。

處以該事務所為基礎成立，辦公地點即設於重慶的工合協會內。不妨說。較之其他區辦事處，川康區辦事處自始就具備與工合協會溝通、協調的便利條件，因而能夠直接得到協會的支持和援助。《川康區辦事處工作報告》所記該辦事處最初的組織系統如圖5-1。

圖5-1　川康區辦事處組織系統

　　辦事處成立後，因副主任梁鴻裁前往成都、嘉定考察，組織組長葉德光則前往萬縣工作等，致使區辦事處人手緊張。4月初，工合協會下發《省區辦事處暫行組織規定》，區辦事處藉機調整和充實了人員，副主任一職被取消，主任之下設區視察及組織、技術、會計三股。主任是胡士琪，區視察是梁鴻裁；喻志東任組織股長，梁鴻裁兼任技術股長，戴麟任會計股長；會計員是白肖泉，會計助理員為楊兆高；技師有華春城等3人，區指導員有杜元信等6人，指導員則有周祖憲等5人；另有事務員、文書各1人。[5]

　　事務所決定設在原料豐富、有一定手工業基礎且交通方便的區域。四川有重慶、萬縣、成都、嘉定、灌縣、三台、榮昌、綦江8處，預定地有江津、內江等4處以及西康的康定、雅安、西昌3處。各事務所除主任外，置合作指導員、技術員、事務員若干人、會計員1人。但重慶事務所因當時事務不多，暫未設立，由區辦事處代為組織工合社，並直接指導。[6]

　　川康工合運動的目的是，為國防、民生提供必需品，透過手工業或小型機器輕工業從事生產，促進對外貿易，並使用當地原料以減少貿易赤字。因此定機器（包

---

[5]　〈川康區辦事處工作報告——（民）28年1月至4月——〉，《中國工業合作協會工作概況》，1939年，第49-50、60頁。

[6]　前引〈川康區辦事處工作報告——（民）28年1月至4月——〉，第50-53頁。

括製造金屬產品）、紡織（棉、麻、絹、毛4項）、化學（皮革、油脂、釀造、肥皂、窯業等）、礦冶（煤礦、鐵、黃金等）為核心業務。[7]可見，此時的設想已非「使用現代化機器」「進行大量生產」，而是開展「手工業或小規模機器輕工業」，較之當初展望大為後退。

那麼，川康區工合運動的領導人對運動的認識如何？接任胡士琪任區辦事處主任的李吉辰在機關報《川康工合》發表「發刊詞」說，在「抗戰建國」的洪流中，工合運動應發動工人組織、增加工業生產，負起新經濟國防建設的任務，鞏固新經濟基礎，支持長期抗戰……粉碎侵略，[8]明確表示工合運動的目的在於從經濟方面進行抗日，以獲得「民族解放戰爭」的勝利。李光美則說，工合運動的主要意義不僅在於消極地救濟戰區失業者和難民；資本主義生產無計劃、利潤（分配）不均，導致尖銳的勞資衝突，造成社會不安現象；為將來不再重蹈舊轍，合作方式的生產則基於生產勞動者自身的需要和自助相結合，以自助、互助的精神從事生產工作，按社會需要實現生產、分配的合理化和社會化，建設民生主義經濟的最高目標。[9]。

川康區辦事處自1939年1月30日至4月15日對工合社43社的放款為，面向固定資本的長期放款8萬9,125.5元，短期流動資金放款5萬5,651元。尤其是僅重慶的印刷工合社1社即接受放款4萬5,950元，其中長期3萬9,740元、短期6,210元。印刷機等比較昂貴是原因之一，但也可視為重視宣傳等的結果。附言之，接受放款僅次於上述印刷工合社的是藥棉製造工合社，得到8,900元；而獲得2,000元以上放款的僅20社。[10]

川康工合運動開始後，區辦事處在不足三個月內即登記工合社104社，社員1,372人，涉及30多個行業。觀諸如下主要行業，可知川康區非常重視技術改良。①「人造汽油」（汽油代用品）；②製造子彈殼、手榴彈和修理武器的有4社；③「麻製藥棉」品質好，且成本低廉，僅為一般藥棉的三分之一；④採掘工業原料煤炭的有2社；⑤榮昌工合社生產的「棉麻交織」、「絹麻交織」為新產品，將來作為衣料出口，獲取外匯；⑥因西藥稀缺、價格昂貴，區辦事處準備組織生產；⑦

7　同前。

8　李吉辰〈發刊詞〉，工合協會川康區辦事處編《川康工合》，創刊號，1940年3月。再，《川康工合》由重慶市沙洲壩的印刷工合社印製。

9　李光美〈現階段的工業合作〉，前引《川康工合》，創刊號。

10　前引〈川康區辦事處工作報告——（民）28年1月至4月——〉，第50-53頁。

重慶大學的教授和畢業生準備組織酒精工合社，區辦事處正予以指導；⑧「真空製鹽」。產鹽區許多鹽井塌陷，食鹽供應緊張，擬組織製鹽工合社，招江浙地區熟練工人，設「真空機械」，以節約燃煤、增加產量。區辦事處將發放長短期貸款各5萬元，預定每月生產食鹽4,500擔。⑨樂山沿河一帶產砂金，有人請求工合協會派工程師；⑩西康省榮經鐵礦資源豐富，急需開採；區辦事處派員組織了工合社；⑪鐵鉻。技術人員極少，已在重慶與山西西北實業公司製鋼廠原技術員和熟練工人十餘人交涉，促其組織工合社。[11]

《工作報告》提到，川康區存在不少問題，其組織機構等亟需改善。①區辦事處成立之初，各種事務尚可在協會內辦理，但工合社發展之迅速出乎預料，且區辦事處人員增加，辦公場所狹窄，工作效率下降。②區辦事處機構設置不合理，會計制度及技術、財政方面的巡視制度亦未建立。③區辦事處直接組織的工合社多達83社，僅重慶就有45社，但真正符合工合原則的不多。④川康區整體的核心業務雖已決定，但區內各地的核心業務尚未確定，如樂山的絹織及毛織、綦江的棉紡織等。⑤社員、職員訓練不足。造就合作觀念的效果甚微，收入增加即流於奢侈。此外，營運儲蓄部及消費合作社、提高各工合社的衛生水準和社員及其家庭成員的教育水準，都是區辦事處今後的重要工作。[12]

1940年3月，工合協會曾派視察員石曉鐘調查重慶工合社的社務、業務進行狀況。由此可知，辦事處曾得到協會大力支持；但換個角度看，亦可說二者分工不明，辦事處在協會直接影響之下，其行動自然也受其限制。工合協會曾與中國銀行重慶分行簽訂協議，由該分行向四川的工合社放款100萬元；區辦事處將其分配給各事務所用作業務費用。各事務所的分配額如下：重慶9萬元、成都17萬元、綦江3萬元、榮昌14萬元、三台10萬元、萬縣15萬元、雲陽3萬元、開縣2萬元、梁山4萬元、樂山15萬元等。[13]分配給重慶的款項較少，而給成都的則較多，令人感到意外。這或是考慮到重慶遭受轟炸的危險較大，工廠也多，故而其分配額被有意壓低的結果。川康區的工合社，1939年6月有486社，1940年增至497社，但其發展遠較西

---

[11]　同前。

[12]　前引〈川康區辦事處工作報告——（民）28年1月至4月——〉，第58-60頁。

[13]　前引《川康工合》創刊號，第23-24頁。

北區緩慢，首位已被西北區奪占。[14]

　　為扭轉局面，區辦事處進行了人員調整；還為儘快從工合協會自立而開設了代營處等，事務所亦增至10處。此次調整後，區辦事處的人員配備如下：主任李吉辰、秘書張國維、組織股長喻志東、總務股代理股長李光美、技術股長李鶴田、會計課長戴麟、代理貸款股長羅平、代營處經理李厚埏。各事務所主任則是：栗宗章（成都）、朱棣章（萬縣）、張官廉（榮昌）、楊福東、綦江）、張光鈺（三台）、馮模（灌縣）、馮杞靖（樂山）、李英斌（梁山）、朱玉海（開縣）、胡春彪（雲陽）。[15]

　　1940年6月，川康區辦事處的領導人及各事務所主任召開了首次區工作會議。會議的主要目的是，對運動面臨的各種問題和困難進行討論，以準備向第二屆全國工作會議（第一屆全國工作會議召開日期不詳）提交的資料；同時，由於工合社在重要城鎮和廣大農村已成立起來，需要對當下工作進行討論，並制訂將來工作的計劃。工作會議雖逢日機飛來重慶轟炸，仍堅持按原計劃召開。會議以工合協會「既是事業（經濟）機關，又是社會團體，大家應基於前方抗戰、後方生產之要義，……增加生產、支持抗戰」為前提，分「行政組」（機構、人事、經費、法規等）、「業務組」（組織工合社、放款、供銷等）、「教育組」（宣傳、訓練、福利等）展開討論，並進行表決。表決事項如下。

　　(1)要求工合協會增加本區事務所（民國）29年度下半期的經費額度。

　　(2)工合為協會、區辦事處、事務所「三級制」機構，應明確責任範圍以提高
　　　　指導效率。特別是，事務所為推進工合運動的基層機構，作用重要，故最少

---

[14]　前引滿鐵調查部《支那抗戰力調查報告》，第496-497頁。

[15]　〈中國工作合作協會川康區職員簡要介紹〉，《川康工合》，第1卷第4期，1940年6月。不過，根據劉仲瘝〈川康工合三十一年下半年紀要〉（《工業合作月刊》，第4卷第1期，1943年1月）記述，1941年6月，川康區辦事處遵工合協會指示改組為工合協會川康區工作指導室，工合協會業務處長劉廣沛兼負其責，石曉鐘8月就任主任。可見，川康區當初曾試圖獨立開展工作，但因與工合協會同在重慶，後來似再無勉強獨立的必要。另，跨區人事調動，似主要由工合協會決定。如川康區辦事處視察汪錫鵬曾按工合協會命轉任東南區屯溪事務所主任；區辦事處南岸指導室主任陳先瑪調任其他系統的機關即市社會局合作指導室主任，其職位則由派駐樂山金礦工合社的指導員接任（《川康工合》，第1卷第2期、1940年4月、第30-31頁）。再，川康區工作指導室成立後，《川康工合》亦被納入工合協會出版的《工合通訊》。《工合通訊》刊載全國工合運動的綜合報告，後來擴充為《工業合作月刊》。

須由組織、技術、會計三科構成，並視需要增設總務、供銷、教育、婦女四科，並可成立特種委員會（圖5-2）。

圖5-2　「工合三級制」與事務所機構

(3)為構建供銷網絡，應增加放款基金、改善中國銀行貸款辦法、設立工合實驗工廠等。

(4)實施工合教育，振興社員福利事業，開辦工合圖書館，開展宣傳工作。教育內容具體為，①幹部人員訓練，分高級和初級，高級訓練由工合協會募集大學及專科學校畢業青年，考試進行，施以一年訓練後，聘為各事務所重要職員；初級訓練由辦事處募集中學畢業青年，進行考試，訓練六個月後，派往各事務所任助理員、指導員。訓練內容為合作、技術、會計。②社員訓練，開辦講習會、識字班、工合夜校。③職員訓練，分如下幾項。a.各工合社理事、監事等輪流集中訓練；b.開辦「工藝」（加工、製造）訓練班；c.開辦工合小學、婦女訓練班以訓練社員家屬。

(5)再次要求中國銀行改訂向各工合社放款辦法，短期放款月息6釐、長期5釐，期限則短期改為2年、長期改為5年。

(6)成立工合銀行，獨自流通工合金融。工合協會出資500萬元作基金，另在民間募股，不足則請政府補助，以之設立工合銀行總行和各地分行。然後商諸普通銀行，以獲得大量資金投資於工合運動。

(7)改善農村副業各工合社的經營方法，使之能靈活應對變化；各社社員人數至少為30人，每人認購社股不得超過2股，針對每股放款不得超過100元，社員相互擔保。

(8)決定將運動正式推向西康，為開發工業資源，建議協會在雅安、西昌、康定成立事務所。前兩地開設事務所，已得協會同意。[16]

　　同年7月，第二次全國工作會議在重慶歌樂山舉行。與會者為各區辦事處主任、股長、事務所主任等約70人，討論了各區工作近況，以及今後如何增加資金、充實幹部等。在川康區辦事處建議下，還研究了加強工合指導機構並提高其效率的問題，並根據「三級制」明確了各級機構的職權。即，工合協會不從事具體業務，為制訂組織工合社的全國計劃、配置工合金融、進行技術指導等的最高指揮監督機構；區辦事處介於協會與事務所之間，為計劃和推進各區運動的中樞，直接指導和監督各區轄下之事務所；事務所為工合運動行政的基層機構，實際執行組織工合社並進行技術指導、放款等具體業務。[17]由此可知，工合協會的運作相當民主，各區辦事處的建議能夠得到採納，而後集思廣益摸索現實對策；就全國性問題亦有提案，如要求成立工合銀行；而關於事務所機構問題，川康區提出具體方案，透過了「三級制」及事務所機構等重要決定，對促進全國工合運動發揮了重要作用。

　　此後至1942年，川康區的工合運動已在重慶、成都、萬縣、榮昌、隆昌、梁山、樂山、雲陽、三台、射洪、開縣、江津、綦江、灌縣、松潘、雅山、廣縣、昭化、巴縣、江北、華陽等21個重要縣市開展起來。[18]

[16] 譚錦韜〈我所要表達的幾點意思〉、李吉辰〈召開工作會議之意見及個人之觀感〉，《川康工合》，第1卷第5期，1940年7月。

[17] 李光美〈對第二屆工作會議之願望〉，《川康工合》，第1卷第4期。

[18] 韋特孚〈發展小企業與增加生產〉，中國經濟建設協會（重慶）編《經濟建設季刊》，第1卷第2期、1940年10月。1942年6月，工合協會曾召開理事會全體會議，出席者25人，即理事長孔祥熙、理事宋美齡、宋靄齡、何應欽、吳鐵城、孫科、俞鴻鈞、谷正綱、陳儀、賀耀祖、陳行、陳光甫、穆藕初、錢新之、劉鴻生、徐恩曾、壽勉成、于斌、蔣廷黻、杭立武、梅貽寶等（《桂林大公報》，1942年6月15日）。觀諸該出席者名單，其中包含民主派、宗教人士等第三勢力，雖不無意外，但藍衣社、CC系也與國民黨主流人士、政學派並列其中，已可見對工合協會及其運動加強管理統制的趨勢。1942年8月，工合協會在重慶歌樂山召開成立四周年紀念大會，理事長孔祥熙、總幹事周象賢、顧問費奇（George A. Fitch, 1883-1979）及來賓、職員200餘人出席。孔就當前國內經濟形勢及旨在擴大生產的工合運動的重要性致訓辭。另據報導，工合運動一年來因人事和經費問題而陷於停滯，但最近為國際上所矚目，加之實際需要，行政院正予以積極援助。《重慶大公報》，1942年8月5、6日。

二、川康區工合運動的展開

下面首先就川康區工合運動的展開作一觀察。

表5-1不含1943、1944年的數據；1945年川康區調整為新西南區，工作區域增加了雲南、貴州，故用於分析存在諸多不便，但仍可充分反映1939年至1942年的狀況。由該表可知，工合運動在1939年1月開始後，儘管重慶頻遭日軍轟炸，但其他地區發展順利，至同年11月已組織工合社達491社。1940年4月減至384社，但12月又恢復到418社。也就是說，僅就社數看，至1940年雖有所增減，總體上發展較為順利。但從1941年起開始減少，由324社減至305社，再減至280多社。不過，觀諸社員人數，除1939年12月6,042人的數字稍顯突兀外，1941、1942年並無減少，亦即發展尚稱穩定；或者可以說，社員們已經理解他們需要工合社。每社社員數也在增加，由當初平均12、3人，到1942年已達17.9人；且如後所述，雇工、見習工也有所增加。因此，工合運動顯然為擴大當地雇用做出了一定貢獻。「社股總額」為工合社的基本資金，「社股交訖額」即社員已實際繳納的股金額。換言之，理論上講，「社股交訖額」除以「社股總額」再乘以100，所得數值即為標誌工合社穩定程度的指標（即表5-1之D/C%）。經如此計算可知，該指標在1939年12月為45.5%，翌年4月升至69.6%，同年12月升至71.5%，至1942年則高達91.7%；這顯示，社員認購社股的積極性越來越高。僅從自有資金角度看，工合社的穩定程度至1942年是逐步提高的。然而，工合社主要依靠金融機構放款，社股資金占比很低（如表5-5所示，1944年重慶工合社僅為18.18%）。此點顯示，工合社的經營基礎薄弱，其發展為金融機構放款所左右。其結果，放款減少後，雖然自有資金比重因此加大，但有工合社被迫歇業停產也就在所難免。考察月產值，必須參照物價指數。只不過，物價因地區、物資品種而存在較大差異，分析起來較為困難；但若採用公開數據，將1937年6月的物價作為100，則1939年12月是306（1倍）、1940年12月為801（2.6倍）、1941年12月為2,111（6.9倍）。[19]川康區工合社的月產值，1939年12月為101萬2,551元（1倍）、1940年12月為230萬7,584元（2.3倍）、1941年12月為248萬3,511元（2.5倍）。不妨認為，至1940年，工合社產值的增長雖低於物價上升幅度，但仍在追

---

[19] 拙稿〈重慶政府の戰時金融〉，《中国国民政府史の研究》之表3，汲古書院、1986年。

趕；但進入1941年卻已被大幅上升的物價徹底甩開。

　　基於上述考察可知，川康區的工合運動在1939、1940年間，整體上呈發展趨勢，但1941年以後，儘管工合社在雇用方面作用更大，亦曾試圖增加自有資金以穩定工合社的經營，但終難抵抗通貨膨脹的打擊。

表5-1　川康區工合社統計（1939-1945）

年月	社數(A)	社員數(B)	平均每社社員數(B/A)	社股總額（元）(C)	社股交訖額（元）(D)	D/C(%)	月產值（元）	利用放款（元）	備註
1939. 4ª	104	1372	13.2					100,000	川康區（四川、西康）
12ᵇ	491	6042	12.3	195,983	89,123	45.5	1,012,551		
1940. 4ᶜ	384	4591	12.0	181,887	126,522	69.6			
. 7ᵈ							929,947		
.12ᵇ	418	4902	11.7	480,654	344,047	71.5	2,307,584		
1941.ᵉ	324	4773	14.7	627,191	611,892		2,171,565	3,548,204	
.12ᵇ	305	4771	15.6	768,096	1,100,000	79.7	2,483,511		
1942.ᶠ	超280	超5000	17.9	1,200,000	1,960,301	91.7			
1942 下半年ᶠ	224	3997	17.8	2,411,949		81.2			
1945. 3ᵍ	303	6245	20.6						新西南區（四川、西康、雲南、貴州）合計
.12ᵍ	131	2362	18.0						

※基於如下史料編製。a.〈川康區辦事處工作報告——（民）28年1月至4月〉，《中國工業合作協會工作概況》，1939年，第53-55頁。b.石鳴〈三年年來之川康工合〉，《工業合作月刊》，1942年8月。c.《川康工合》，第1卷第3期內表，1940年5月。d.李吉辰〈川康區工合生產概況〉，《中國工業合作協會二周年紀念特刊》，1940年7月，第30頁以後之數據。e.韋特孚〈發展小企業與增加生產〉，《經濟建設季刊》，第1卷第2期，1942年10月。f.劉仲癡〈川康工合三十一年下半年記要〉，《工業合作月刊》，第4卷第1期，1943年1月。g. Dogulas Reynolds, *The Chinese Industrial Movement and Political Polarization of Wartime China*, 1975, pp.51, 453.

　　下面就川康區工合運動的發展過程作一探討。1939年7月開始生產軍毯，是川康區的第一項重要工作。1938年12月，艾黎致信宋美齡，告知江西前線缺少禦寒衣物，已有士兵凍死。宋美齡於是請工合協會會同南京金陵大學教授史邁士（Lewis Strong Casey Smythe, 1901-1978）制訂生產軍毯的計劃草案。為此，川康區於1939年5月組織了工合社10社，到10月，婦女從事紡織者逾4,000人，每天生產軍毯1,000條。有鑑於此，工合協會和軍政部簽訂了承製軍毯100萬條的合同，軍政部每月預付100萬元用於採購羊毛、支付工資。當時似曾考慮過羊毛、棉紗分別由貿易委員會和農本局提供。[20]最後，香港工合促進社瞭解到有動員失業工人、難民大規模生產軍毯的計劃，於是也制訂計劃，委託陝西（西北區）生產25萬條、委託四川（川康區）生產15萬條。為此，工合協會為採購羊毛、棉花、染料及訓練工人、支付工資等而支出了200萬元。如成都計劃生產7萬條，並開辦婦女訓練班，訓練婦女1,520人；機器工合社還為此製造改良紡車4,000架，每人每天可生產12條。12月交貨時，雖未完成計劃，但也生產了3萬條之多。[21]

　　據《中國工業合作協會二周年紀念特刊》載文稱，生產目標後來依生產能力作了調整，西北區承製30萬條、川康區承製10萬條，兩區共發動工人數十萬人。但是，許多工人未受訓練，機器亦須從頭製備，因而無暇顧及品質。尤其是，較之西北區，川康區存在幾方面劣勢。技術方面，川康區原不如西北區那樣擁有毛紡織手工業的基礎；西北區技術人才眾多，他們直接參與生產，幹部、工人也比川康區訓練充分。原料方面，西北區羊毛產量豐富，儘管也在統制之列，但採購要比川康區容易。管理方面，川康區不如西北區那樣權限、責任和工作推進體系較為統一。其結果，西北區承製的軍毯量多質好，成本也低。[22]該文指出西北區比川康區技術人員多、管理責任和指導等較為統一，值得關注。這意味著，如本書第四章所指出，西北區聚集了厭棄國民政府過度干涉的盧廣綿等第三勢力及與之關係密切的合作主義者與技術人員；而川康區則是區辦事處與工合協會分工不清、國民政府也常出面干預，因而區辦事處無法獨自推動工作。

---

[20]　曹茂良〈四川的工合事業〉，《四川經濟季刊》，第1卷第3期，1944年6月15日。

[21]　《香港大公報》，1939年12月19日。

[22]　夏循元〈本會過去承製軍毯所遇困難的檢討〉，《中國工業合作協會二周年紀念特刊》，1940年7月。

　　此外，川康區的工合社60%為織布業，承製軍服布料；1939年度經營狀況良好，1940年則摸索如何進一步發展。但也發生了一些問題。①毛巾工合社產品品質較好，仙舟信用合作社於是大量訂製；七里街織布工合社則生產民康藥廠所需紗布。在重慶，棉織品也有各團體訂購。但據說因各工合社標準不統一，有人希望開設代銷機構。②為防止商人居間盤剝，區辦事處於1940年2月說服團體社員（工合社）20餘、個人社員200多人，籌集1500股，另得到區辦事處放款3,000元，組織了彈子石消費合作社，並在社會局完成了登記手續。亦即，川康區已有必要組織其他類型的合作社。③李吉辰認為工合社和農業合作社皆屬生產合作社範疇，是合作運動的雙璧，呼籲加強聯繫。④軍政部稱工合社承製的布匹不合標準，大為不滿。各工合社也考慮不再承製，但資金短缺問題難以解決。[23]

　　除生產外，下述工作反映了工合協會的社會團體性質。1940年5月，川康區辦事處開展了「寒衣」（夾襖、棉衣）募捐運動，共募集3,857元，重慶的4處指導室及萬縣、開縣等事務所承製了夾襖72件、棉衣140件。1940年4、5月，由川康區辦事處發起並得到工合協會批准，開展了「傷兵之友」捐款活動，共募得2,086元，其中萬縣事務所捐1,040元、綦江事務所捐194元等。[24]不僅如此，一些工合社本身就是其他機關的榜樣，此點也不應忽視。如經濟部合作事業管理局曾開辦全國合作人員訓練所，其第二期學員結業後，於1940年4月訪問重慶，參觀了工合社；對各省區黨政軍教主管人員進行訓練的全國最高訓練機關中央訓練團，也曾請求川康區辦事處在該團附近組織模範工合社。辦事處於是決定將裁縫工合社遷去。1940年7月，在國民政府提倡和工合協會理事長孔祥熙努力下，第二屆全國工合產品展覽會在重慶舉辦，展出了紡織、化學、機器、食品等產品。川康區辦事處自然也不會缺席。同時期，貴州合作委員會為展覽、銷售各省市合作社的產品，也要求川康區將產品送至貴陽。據說川康區決定送去了嘉定的絹織品等。[25]可見，川康區與其他省的一般合作機關保持著良好關係，而與貴陽等的聯繫似更為密切。

　　1940年7月6日為第十八次國際合作節（International Day of Cooperatives），因恰

[23]　《川康工合》，第1卷第2期，第21、22頁。李吉辰〈召開工作會議之意義及個人之觀感〉，《川康工合》，第1卷第5期。

[24]　《川康工合》，第1卷第3期，1940年5月，第7、27頁。

[25]　《川康工合》，第1卷第2期，第36頁；第1卷第4期，第23-24頁等。

逢抗戰三周年，李光美論述了合作運動對國際和平的意義。他說，合作運動的最高目標是消滅人類之間的剝削、侵略行為，到達人類共存共榮至上的領域；全世界的合作主義者須不分國界、不分種族、不分階層，站在全人類平等、互助、公平與和平的基點上。因此，全世界的合作主義者要親密攜手，擴大與鞏固反侵略陣線，積極從事反侵略的工作，還要強化現有的合作機構，調整合作主義者的陣容，集中意志、集中力量，廣泛地佈置新合作社的組織，充實舊合作社的內容，堅決實踐經濟動員、精神動員的綱領，以發揮合作社在戰時的特殊功能。[26]這篇格調極高的文章明確了國際反法西斯主義的立場，主張站在國際視野，透過合作運動的網絡加強團結，並透過發展國內合作社來阻止日本的侵略、開創未來。而工合協會自然將肩負重任。

　　工合運動向西康發展是在1939年上半年。此動向雖有先驅意義，但正式開展運動應是1941年。1939年底，華僑也已著手開發西康。澳洲華僑派李華洲等前往西南各省實地調查，結果讓他們感到有必要開發西康。因為他們本就認為戰爭已進入對峙階段，應迅速強化民族的生產力，而後才能實現軍事反抗的勝利。因此，由梁寒操、郭劍英等發起，以李華洲為籌備處主任委員，募集資本3,000萬元，開始籌設華僑興西實業公司，以對資源豐富、原料低廉而未經開發的西康進行綜合開發。其投資計劃為，礦務、銀行各100萬元，工廠50萬元，運輸及商店經營各10萬元，旅館經營1萬元，流動資金19萬。[27]這一動向，無疑刺激了自始即已著手開發川康的區辦事處，促使該地的工合運動步入正式發展階段。1940年5月，為支援和推動西康工合運動，區辦事處決定成立西康省工合推進委員會，下設總務、宣傳、募捐、視察指導四部門。[28]顧彼得說，西康擁有棉、絹及銅、鐵、煤等大量礦物資源，但西康高原居住的大半為藏民，他們不信任法幣。不過，中央銀行在巴丹、甘孜兩地開設分行後，情況有所改善。再加樂西公路通車，西康的西昌、漢源與四川的交通也便利起來。這些都是西康正式開展工合運動的前提。只是，懂合作運動的專家非常少，必須在當地訓練技術人才、指導機器的使用方法等，故須從速開辦訓練班。當

---

[26]　李光美〈今年的國際合作節〉，《川康工合》，第1卷第5期。

[27]　《香港大公報》，1939年12月19日。

[28]　《川康工合》，第1卷第3期，第29頁。

時還考慮過是否動員藏族、彝族加入工合社。經多方摸索，1941年11月已成立4處事務所，並順利地組織起部分工合社。即，康定事務所組織工合社20社、漢源事務所組織20社、西昌事務所組織40社、滎經雅安事務所組織14社，共計94社。所涉行業甚多，主要有皮革、紡織、陶器、酒精、煤炭、製藥、鐵器、印刷、機器、軍用鋼盔、運輸等。[29]

　　世界上的合作社，因以培育中下層經濟基礎、穩定國家為使命，不提倡追求利潤，故許多國家都給予減免稅負的鼓勵。中國的工合社是否曾享受若何優待？1940年曾有免除印花稅的政策，但《合作社所用各種憑證免印花辦法》明確規定，各種合作社與其聯合社「必須貼印花稅票。唯金融機關經合作主管機關舉行農貸，與合作社及聯合社約定貸款金額時，……各種借入憑證暫時免貼（印花）」；[30]故印花稅雖非全面免除，倒也沒有發生什麼問題。

　　發生糾紛的是免除營業稅、所得稅事。國民政府曾在《合作社法》（修正）第七條中規定「合作社免徵所得稅及營業稅」，[31]財政部也曾規定，已註冊且非專以營利為目的，自動免徵營業稅。然而，四川省政府卻根據1937年9月的課稅標準，於1938年10月訓令所有合作社一律徵收營業稅。[32]中央法令和省政府訓令發生衝突，導致發生一系列問題。1940年，區辦事處明確表示無須交納營業稅，但省下各縣營業稅稽徵所繼續徵收，尤其綦江催徵甚烈。3月11日，該地稽徵所長韓師嬰帶領「憲警」來到木棉工合社查帳，並徵收營業稅。該社根據財政部免稅電文和《合作社法》要求解釋徵稅理由。但韓卻將帳冊全部沒收，還逮捕了社員黃在清和會計郝志謙。該社於是訴至縣政府，工合協會、中國銀行、四川省銀行也考慮是否要求該所長賠償損失，區辦事處則要求省政府對蔑視中央法令等行為徹底調查，工合協會總會也要求行政院責令省政府嚴厲懲處韓師嬰。這一系列嚴厲應對起了作用，6、7月，省營業稅局根據省政府訓令，承認財政、經濟兩部有關合作社免稅的規定有效，頒佈了《四川省各種合作社免徵營業稅暫行辦法》。其第一條再次重申合作社法及財政、經濟兩部1940年4月的免稅規定，第三條承認該規定適用於合法註冊

29　顧彼得〈西康實業概況及建立工業合作社意見〉，《工業合作月刊》，第1卷第4期，1941年11月。

30　《川康工合》，創刊號，第25頁。

31　《川康工合》，第1卷第4期，第22頁。

32　《川康工合》，創刊號，第27頁。

的各種合作社。如，關於工合社在內的生產合作社，該《辦法》雖然也定有附加條件，即所售物品確為社員自己共同生產或製造之物品，非社員生產品、製造品決不經銷代售；[33]但省政府、營業稅局的確做出了大幅讓步。

當然，也有令人興奮的情況。比如，四川省第三行政督察區的鄉村建設設計委員會在各縣實驗鄉大力推進經濟建設事業，對農村工合社的支援尤為熱心。該委員會曾開辦訓練工合幹部的講習所，學員結業後被分派到各縣實驗鄉調查農村工業狀況，同時組織工合社。工合協會與其他機關亦關係良好，區辦事處即曾與貿易委員會合作，為獲取外匯組織了刺繡工合社，並聘張學賢等為技術指導員。[34]

自1940年3月31日始，宋靄齡、宋慶齡和宋美齡三姐妹曾在重慶、成都逗留七周之久。她們探望了傷兵醫院，還參觀了重慶、成都等織造軍毯的許多工合社，尤其關心婦女工人的福利待遇。[35]據說，某軍毯工合社有社員、雇工700人，其中有300人是女工；宋靄齡為該社捐款7,000元，該社則用此款開辦了托兒所。[36]宋慶齡說，工業合作社事業在真正實行總理的三民主義，一邊改善人民生活，一邊追求充實國家經濟能力。[37]這些都直接或間接地支援了整個工合運動，牽制了蔣介石、CC系對帶有民主傾向的工合運動的干涉。

華僑及外國人士十分關注並不斷來參觀工合運動，尤其值得重視。因為，工合社要進行自主活動和民主管理，海外華僑等對此如何評價十分重要。工合運動的影響不止於國內，自始就對華僑產生了影響，他們甚至在海外實際組織過工合社。如越南救國總會常務理事顏子俊等，為救濟因中國沿海各省發生戰禍而逃至越南的難民約10萬人，曾提倡組織華僑工合社，以生產紡織、肥皂、印刷、文具及日用品等。[38]這些計劃是否曾被付諸實施，不得而知；但華僑的確非常關心國內的工合運動。不妨認為，華僑希望得到的，是既能為「抗日救國」效力而又不偏袒國共任何

33　《川康工合》，第1卷第5期，第35-36頁；第1卷第2期，第37頁。

34　《川康工合》，創刊號，第24頁；第1卷第4期，第21頁。

35　《川康工合》，第1卷第3期，第28頁。

36　張法祖著、日本駐上海大使館特別調查班譯《三年來支那工合運動的發展》，1942年，第136頁。

37　伊斯雷爾‧愛潑斯坦著、沈書儒譯《宋慶齡》，人民出版社，1992年，第369頁。

38　何俊〈一年來的中國工業合作〉，《東方雜誌》，第36卷第18號，1939年9月。

一方的機會。在這個意義上講，由第三勢力發動、受到國共兩黨支持的工合運動，對他們無疑最有吸引力。

　　1940年4月7日，以南洋華僑籌賑祖國難民總會（南僑總會）[39]主席陳嘉庚[40]、副主席莊西嚴、常務委員侯西反等南洋華僑為代表的「南僑慰問團」一行，在工合協會總幹事劉廣沛、李吉辰及國民政府海外部處長駱介子、中央組織部視察郭兆麟陪同下，參觀了重慶的毛毯工合社等。參觀後，侯西反發表感想說，工合社是一種「自治工廠」，社員為自己的生活而勞動，並為增加戰時生產而工作。他認為工合運動有四個意義，即生產救濟、建設經濟國防、建立新經濟制度、增強人民的組織力量。尤其關於「建立新經濟制度」一項，他說，三民主義是「建國立國的最高原則」，民生主義中有節制資本及消滅勞資對立；當前，各地的工合社是完成民生主義經濟建設的橋樑，在工合社內，社員是勞動者，勞動者是主人，沒有勞資對立，

---

[39]　孔祥熙致電新加坡的陳嘉庚稱，華僑救國工作需要統一機構。陳嘉庚接電後成立了南洋籌賑總會。陳嘉庚〈參觀重慶工合社後的感想〉，《川康工合》，第1卷第3期。

[40]　陳嘉庚（1874-1961），生於福建同安縣（現屬廈門市）。1891年，陳嘉庚前往新加坡，在其父經營的順安米店幫工。後經營兩家罐頭廠，獲得成功。1906年2月，孫中山到新加坡，成立中國同盟會分會；1910年陳加入同盟會，在經濟上予孫以援助。1919年創辦廈門大學。1925年擁有橡膠園，成為最大華僑橡膠園主之一。陳因此認識到工業的重要性，開辦橡膠製品工廠。陳對教育亦極熱心，這在新加坡華僑地區辦有道南等小學、南僑師範、水產航海學校、南洋華僑中學。其教育特徵是，提倡女子教育、提倡培養生產技術人才和職業技術教育以振興實業。在普及教育的同時重視實業，重點培養技術人員，這樣的思想與工合運動地主張多有重合，或為陳認同工合運動的主要原因之一。1931年「九一八事變」發生後，陳在新加坡華僑大會上呼籲華僑投身抗日愛國運動，這與世界大蕭條後橡膠價格暴跌、與日本商品的競爭日趨激烈、陳的公司因此受到極大打擊不無關係。1938年，陳就任抗日救國的統一組織即南僑總會主席，確立其華僑領袖的地位。1939年，南僑總會募集抗戰捐款達5億元。陳還致電汪精衛稱「和平絕不可能」。1940年組織「南僑慰問團」，4月在南京謁見蔣介石，高度評價其為「中國的最高領袖」，還參觀了工合社；但拒絕了蔣和中央組織部長朱家驊要其加入國民黨的勸告，並不顧國民黨的反對於5月前往延安，會見了毛澤東、朱德，其後開始支持中共。1941年12月，日軍轟炸新加坡；翌年2月避禍爪哇。爪哇被日軍佔領後，陳仍在此地藏身兩年，1945年10月返回新加坡。國共內戰時期，陳明確反蔣。後組織新加坡華僑各界促進祖國和平民主聯合會（民聯會），並就任主席，領導人有胡愈之等。該會支援國統區反內戰、反飢餓、反獨裁的各界代表大會，陳並向農商學、文化界174個團體代表呼籲「政治民主化」、「反蔣」。1949年6月，應政治協商會議籌備會邀請前往北京，9月就任政協第一屆全國委員會常務委員。中華人民共和國成立後，1956年任中華全國歸國華僑聯合會主席，1958年後任政協會議第二、三屆全國委員會副主席等。1961年8月在北京逝世，享年88歲。《回憶陳嘉庚》，文史資料出版社，1984年，第1-25、222頁。熊尚厚〈陳嘉庚〉，李新、孫思白主編《民國人物傳》，第2卷，中華書局，1980年。上述兩部資料年月記述有出入，本書主要從前者。

利潤也公平分配，是「理想的自治工廠」，是「新經濟制度」；關於「增強人民的組織力量」，侯讚揚說，工合社是自主生產集體，在這裡可以學到組織、管理、學識和經驗，還可以養成團體生活習慣和民主精神。[41]

據說，陳嘉庚在新加坡聽說，面對「九一八事變」後的民族危機，國民政府積極進行各種社會教育事業和經濟建設，尤其是全國有「合作社」已達「萬餘」，銀行則對合作事業予以支援，十分高興。陳嘉庚對此十分關心，還曾向七七事變前為訪問英國途徑新加坡的孔祥熙詢問過有關情況；但直到1940年訪問重慶、聽劉廣沛介紹工合運動現狀時，才知道所謂「合作社」並非消費合作社。他參觀毛毯工合社後留下了深刻印象，並抱有深深的敬意。他看到經理工作很認真，工人們都熱心工作，說假如全國的工合社都如此，中國工業的前途就非常有希望；還說，工合運動是國家在抗戰建國時期的迫切事業之一，既增加了生產，又訓練了工人。[42]亦即，他認為大城市的工業區域已成日軍轟炸破壞的目標，將陷入難以自給自足之境地；對此，必須「確立經濟之尖兵」，採用「強韌的持久戰」。而工合組織就是為實現這一目的產生的。[43]陳嘉庚在回憶錄中寫道，當時參觀了兩個工合社，一個是軍毯工合社，以棉線作經線、羊毛線作緯線，機器則對木製舊式手工機器進行了改良；另一個是紡織工合社，使用的也是經改良的舊式機器。他當時感到必須進一步改良。但另外一件事更令他憂心。他聽說西安的某工合社規模頗大，有工人1,000餘人，卻因有國民黨員向政府報告說不少工人有共產色彩而幾近關閉，其他工合社也有許多工人被國民黨特務懷疑是共產黨員。[44]國民黨對待工合運動的態度，令陳嘉庚深感憂慮。此且不提。據陳嘉庚披露，抗日戰爭爆發後至1941年，華僑向國內匯款達20億元，其中8億是支持抗戰的捐款；另外，兩年間支援工合運動的款項達100萬元。[45]

此外，1940年5月，工合協會的外籍顧問戴樂仁和賴樸吾（E. Ralph Lapwood, 1909-1984）也參觀過灌縣的紡織、印刷工合社等。他們仔細詢問灌縣事務所的各種

[41]　侯西反〈工業合作運動的意義〉，《川康工合》，第1卷第2期。

[42]　陳祖庚〈參觀重慶工合社後的感想〉，《川康工合》，第1卷第3期。

[43]　張法祖著《工合與抗戰》，群星書店，1941年11月，第357頁。

[44]　陳嘉庚《南僑回憶錄》，草原出版社（香港），1979年，第123頁。

[45]　前引張法祖《工合與抗戰》，第357-358頁。

情況，將其教育計劃郵寄香港，刊登在工合協會的英文刊物上。同一時期，美國女作家、社會教育家賈菲（Agnes Jaffe）也來到重慶，就工合社員的工資和社員教育問題做了重點調查，還參觀了區辦事處南岸指導室開辦的工合夜校。該夜校有社員100人聽講，每晚分兩班學習合作要義、抗戰狀況、工合歌曲等。[46]5月2日，艾黎來到榮昌，參觀了陶瓷、棉織、麻織各工合社，約400名社員為他舉行了歡迎會。艾黎在會上說，希望將來一切必要物品都用中國的原料、中國的勞力來生產，以滿足社會需要。……不應依靠外力，[47]批判工合過於期待外國援助，呼籲必須自立。

　　如表5-2所示，自1939年至1941年，川康區工合社以紡織為最多，占45-50%，若加上服裝製造，則多達近60%。其次是肥皂、造紙、桐油等化學行業占16-30%，且呈逐漸增加趨勢。紡織行業平均月產值也高於其他行業，各年分別為2,191元、6,657元、1萬535元，已成川康區穩定的主要產業。第三位是機器行業，雖低於預期，但也在穩步增長，分別為1,938元、5,085元、1萬2,051元。觀諸每社平均利用放款，機器、文化（印刷）行業1939年利用放款較多，分別為1萬4148元和2萬1,408元（紡織行業為2,863元），1940年、1941年仍保持前兩位。這或許是這兩個行業需要更多資金購置設備、以及印刷和宣傳更受重視的反映。整體看來，1939年工合社數為491社，利用放款148萬8,446元，1940年則為418社、266萬2,626元，1941年為305社、342萬3,190元，呈社數減少而放款增加的趨勢，亦即每社平均利用放款從1939年的3,031元增至1940年6,369元，再激增至1941年的1萬1,223元。至1942年上半年止，川康區工合社接受工合協會放款135萬4,927元、接受四聯總處放款130萬元、接受供銷放款基金60萬元。此外，中國銀行曾與工合協會簽訂向其提供2,000萬元戰時生產貸款協議，其中分配給川康區500萬元；川康區還曾接受重慶市合作金庫放款100萬元等，總計達925萬4,927元。[48]不過，據說除國民政府、四聯總處的放款約300萬元外，中國銀行的放款配額500萬元中，此時僅到位100萬元。[49]

---

[46]　《川康工合》，第1卷第3期，第30、34頁。

[47]　《川康工合》，第1卷第4期，第26頁。除艾黎等外，還有許多人曾參觀工合社。1940年2月，國立中央大學農學院的師生30人曾來瞭解工合社的生產、管理狀況，在聽取李吉辰講解後，參觀了重慶市南岸一帶的工合社。《川康工合》，創刊號，第25頁。

[48]　石鳴〈三年來之川康工合〉，《工業合作月刊》，第3卷第1、2期，1948年2月。

[49]　同前。

表5-2　川康區工合社各行業產值與利用放款統計（1939-1941）

行業	社數(A)	%	月產值（元）(B)	放款額（元）(C)	平均每社產值（元）(B/A)	每社利用放款額（元）(C/A)
			1939年底			
紡織	237	48.3	519,347	678,515	2,191	2,863
化學	83	16.9	153,094	274,652	1,845	3,300
礦冶	54	11.0	115,863	17,022	2,146	315
服裝	49	10.0	85,611	143,559	1,747	2,930
機器	10	2.0	19,384	141,483	1,938	4,148
食品						
土木石	37	7.5	12,312	21,745	333	588
文化	7	1.4	8,546	149,860	1,221	21,408
其他	14	2.9	22,394	61,610	1,600	4,401
計	491	100.0	1,012,551*	1,488,446	2,062	3,031

行業	社數(A)	%	月產值（元）(B)	放款額（元）(C)	平均每社產值（元）(B/A)	每社利用放款額（元）(C/A)
			1940年底			
紡織	209	50.0	1,391,379	1,506,075	6,657	7,206
化學	106	25.4	547,420	416,937	5,164	3,933
礦冶	15	3.6	7,818	36,555	521	2,437
服裝	33	7.9	160,029	169,995	4,849	5,151
機器	15	3.6	76,274	165,086	5,085	11,006
食品	10	2.4	31,717	98,983	3,172	9,398
土木石	6	1.4	8,198	8,995	1,366	1,499
文化	10	2.4	26,297	206,216	2,630	20,621
其他	14	3.3	58,452	58,784	4,175	4,199
計	418	100.0	2,307,584	2,662,626	5,521	6,370

行業	1941年底					
	社數 (A)	%	月產值（元） (B)	放款額（元） (C)	平均每社產值 (元) (B/A)	每社利用放款額 (元) (C/A)
紡織	140	45.9	1,474,873	1,731,921	10,535	12,371
化學	92	30.2	392,491	890,547	4,266	9,680
礦冶	8	2.6	1,490	38,070	186	4,759
服裝	23	7.5	247,285	182,423	10,752	7,931
機器	9	3.0	108,458	196,876	12,051	21,875
食品	8	2.6	19,730	32,949	2,466	4,119
土木石	4	1.3	25,766	17,920	6,422	4,480
文化	8	2.6	154,420	242,231	19,303	30,279
其他	13	4.3	59,028	90,223	4,541	6,940
計	305	100.0	2,483,511*	3,423,190	8,143	11,224

※石鳴〈三年來之川康工合〉，《工業合作月刊》，第3卷第1、2期，1942年8月。
* 經重新計算，1939年為「939,551」，1941年為「2,483,541」，本表未作訂正。

　　1942年，工合社的組織對象是失業工人、軍屬、榮譽軍人、難民、手工業者等。同年下半年，區辦事處決定集中人力、財力重點發展重要工業。辦事處從原料、技工到交通、運輸都做了仔細、慎重考慮，並重新確定各地的核心行業如下。重慶：化學、機械和日用品；成都：機械、印刷、棉紡織、毛織；萬縣：紡織、桐油和日用品；江津：酒精、陶瓷；綦江：紡織；榮昌：棉紡織、麻紡織；梁山：造紙；三台：棉紡織、染色；樂山：絹織與化學；灌縣：毛紡織；廣元：冶金。[50]表5-3顯示，在川康區，工合社數和社員人數最多的是萬縣，分別為53社、1,164人；其次是三台，40社、693人；重慶為28社，社數列第三位，但社員人數（412人）排在梁山（662人）之後，為第四位。可見，因日軍大轟炸影響，組織工合社的重心避開了重慶，而被置於萬縣、三台等地。此外，該時期成都也不見顯著發展。關於事務所與指導站的職責如何劃分，尚有不明之處；不過，事務所的職責應是有關工合社的組織、指導及放款等綜合事務，而指導站則專事指導。或因缺少會計員等，資金、工合社數和社員較少的綦江、樂山和廣元的事務所被降為指導站；而雲陽、

---

[50]　前引劉伸癡〈川康工合三十一年下半年記要〉，《工業合作月刊》，第4卷第1期，1943年1月。

雅安和開縣，則因工合運動發展餘地不大，其事務所被以人力、財力集中為由，於1942年11月被裁撤。

　為獨自構建自主供應系統，各工合社合組工合社聯合社的動向越來越顯著。組建聯合社的目的在於發展和加強工合社的業務和生產，尤其是解決各社原料採購、產品銷售的困難，同時合理地運用基金。1940年5月，16個工合社組成萬縣工合社聯合社後，梁山、重慶也組織了聯合社；此外，廣元和雲陽在1941年、三台、江津、綦江、榮昌在1942年也都相繼成立了聯合社。聯合社的成立，使其成員社與經濟部物資局、社會部合作管理局以及合作供銷機構等加強了聯繫。如物資局對重慶工合社聯合社、合作供銷處對重慶各工合社、經濟部工礦調整處對綦江各工合社都形成了原料、燃料、資金等的供給關係。[51]

表5-3　川康區各事務所和指導站之工合社統計（1942年下半年）

所、站	工合社數（A）	社員數（B）	（B）/（A）
重慶事務所	28	412	14.7
成都事務所	9	102	11.3
萬縣事務所	53	1,164	22.0
三台事務所	40	693	17.3
灌縣事務所	14	195	13.9
梁山事務所	27	662	24.5
江津事務所	23	276	12.0
榮昌事務所	7	201	28.7
樂山指導站	7	69	9.9
綦江指導站	9	260	28.9
廣元指導站	7	63	9.0
計	224	3,997	17.8

※劉仲癡〈川康工合三十一年下半期記要〉，《工業合作月刊》，第4卷第1期，1943年1月。

　太平洋戰爭爆發後，來自英美的物資進口日益困難。面對此局面，工合協會開始摸索與擁有230家工廠會員的遷川工廠聯合會建立聯繫，希望遷川的工廠、大

---

[51]　前引石鳴〈三年來之川康工合〉；前引劉仲癡〈川康工合三十一年下半年記要〉等。

型機器工業幫助工合社提高技術。他們期待工合的技術人員在研究和實習、舊機器改良、新機器的設計與製造方面能夠得到援助，並強調此舉也有利於大工廠的發展。[52]這也暗示著，工合運動與這些機構此前幾乎未曾建立聯繫。

　　1942年下半年，確保會計員穩定、加強會計工作成為當務之急。由於通貨膨脹和中國銀行收緊放款，各地工合組織難以編製預算，而會計員則因需求增加、選擇餘地增大而頻繁「流動」。為解決這一問題、健全財務，亟需充實會計力量。區辦事處首先謀求改善會計制度，委託工合研究所、金陵大學及中央政治學校合作學院教授謝允莊進行研究，同時指示重慶事務所（設立日期不詳）召開會計會議，以討論使各工合社採用明確、簡潔的會計制度，還計劃在成都、梁山各地開辦會計人員訓練班。[53]

　　1943年進行「工合大改革」，新西南區的辦事處改設成都，工作區域含四川、西康、雲南、貴州四省。區域雖擴大，但區辦事處的組織卻縮小，僅設業務、財務兩股和總務室，配備人員也僅主任、秘書和工程師各1人，各股、室亦僅數人。這與其說是工合運動發展的結果，不如說是為應對運動在全國發展遲滯而對指導機構採取的人員精簡措施。原川康區曾有事務所21處，「大改革」後相同區域的事務所減至15處。不過，其中9處在四川，即重慶、廣元、萬縣、三台、榮昌、綦江、梁山、樂山、灌縣事務所。事務所配所長1名及指導員、會計員、事務員若干名。西南區辦事處有職員20名，事務所職員共50名，總計70名。西南區決定其核心工業為棉紡織、製革、造紙、絹織和麻織；而四川則依該總方針，決定主要發展棉紡織等，同時兼顧毛紡織、化學。該時期，西南區的工合社有457社，但實際上正常生產的僅約350社，停產、半停產的約占23%。四川的情況也大同小異。據認為，其原因在於資金短缺、原料不足、物價飛漲導致成本高於產品價格。[54]

　　1943年，西南區成立後仍繼續生產軍毯，產地為成都、灌縣兩地，管理機構稱

[52] 陳念孫〈從邊川工廠出品展覽談大工業與工合聯繫問題〉，《工業合作月刊》，新2卷第2期，1942年2月。

[53] 前引劉仲癡〈川康工合三十一年下半年記要〉。另據該文記載，因中國銀行收緊放款，川康區要求重慶市合作社金庫將放款額度由100萬元增至200萬元，並得到中國農業銀行對梁山的放款90萬元，各地的主要業務才得以順利開展。

[54] 曹茂良〈四川的工業合作事業〉，《四川經濟季刊》，第1卷第3期，1944年6月。

區辦事處軍毯管理處，1944年2月底完成第三批生產，至此共織毯22萬條。生產方針是如期交貨、確保品質、降低成本。1944年3月開始生產第四批軍毯，因被定為重點業務，生產這批軍毯幾乎沒有遇到原料、經費困難。[55]

如前所述，萬縣、梁山、重慶、廣元等地曾組織各縣市聯合社。但西南區成立後，縣市聯合社下的工合社為數甚少，而支出反倒增加。為集中產品，西南區決定透過擴大縣市聯合社籌備成立更多工合社加入的區聯合社。此決定迅速付諸實施，所成立區聯合社籌備處設有4組，即信託組、供銷組、運輸組、教育福利組；教育福利工作包括開辦（孫）中山室、進修會、會計訓練班、社員講習所、每月同樂晚會、消費合作社、托兒所、工合小學、診療所。[56]

當時的重要工作之一是對「盟軍」（美軍）提供物資補給。自1943年起，在中國戰區作戰的美軍日益增多，並要求工合協會提供補給。工合協會為此籌集特別資金用作周轉，首先在桂林成立了東南區盟軍服務處。後來，大量美國空軍進駐成都，亟需物資補給。1944年春，孔祥熙表示西南區辦事處要竭力協助美軍，並劃撥特別資金3,000萬元充作周轉資金。西南區辦事處用此款在成都成立了「盟軍服務處」，承製帆布、毛巾等，還曾就生產蚊帳、降落傘等進行過協商。[57]重視支援盟軍的國民政府再次認識到工合社的重要作用，決定撥付2,500萬元充作工合事業基金。1943年12月，工合協會決定其中2,000萬元作如下分配。①撥給「東南區盟軍服務處」及東南區1,120萬元。②撥給西南區560萬元，其中374萬5,000元似為成都的新辦事處留用，其餘185萬5,000元用作各事務所的準備金，重慶事務所得100萬元、成都聯合社得40萬元、成都事務所得25萬元等。③撥給西南區辦事處320萬元。[58]據《工業合作》第3期載，西南區已簽訂膠皮管、木器、睡椅、取暖爐等合同計1,000萬元，並已聘品質管理、設計等各類技術人員著手改良，經半年努力如期交貨，且品質、設計、成本、技術皆令人滿意。盟軍物資供給負責人於是希望所有物資皆由工合協會提供。而工合協會則以成都的工合社太少、難以滿足盟軍大量緊急需求為

[55]　同前。
[56]　同前。
[57]　同前。
[58]　〈工合消息〉，《中國工業》，第24期，1942年2月。

由，透過盟軍要求美國政府支援各種小型機器。[59]其後，在為盟軍提供補給方面，東南區佔據絕對重要地位，其次受到重視的就是西南區，尤其是成都；而此前生產能力最強的西北區的地位則相對下降。

1944年4月，工合協會下發《中國工業合作協會參加省市合作促進工作辦法》，明確表示將與各省市合作主管機關進行合作。其中規定，①工合社每當登記時，省市合作機關讓工合協會各區辦事處或事務所承擔處理之責，經其證明、主管機關認為合法時，准予登記。②工合的業務經營、技術指導、資金供給及業務檢查由工合協會負責，主管機關於必要時，隨時派員視察審查。③工合協會舉辦之職員、社員定期培訓，省縣市主管機關派員協助，主管機關訓練時，工合協會亦派員協助，等。[60]就這樣，工合協會和省縣市建立了合作體制。這一動向，雖然從完善合作行政的角度看應該予以肯定；但原來工合社的登記由區辦事處辦理即可，現在卻完全納入社會局甚至省市的合作事業管理體制，原本自主的工合運動，其活動因此大受限制。

三、川康區各地工合運動的實際狀況與動向

為進一步探討川康區的工合運動，本節將就各事務所、各工合社的實際狀態展開論述。

（一）**重慶**。重慶是戰時首都，機關、金融機構等眾多，技術人員和工人從各地大量湧入，這對發展工合運動十分有利。因此，川康區的運動首先從重慶開始的。重慶的工合社，1939年為118社，但翌年驟減為28社；其後雖有所恢復，但增加極其緩慢，1941年29社、1942年為30社、1943年為31社，至1944年才終於恢復到40社。[61]亦即，重慶的工合運動，儘管當初成績斐然，其後卻步履維艱。

59 〈西南區盟軍供應工作近況〉，《工業合作》（半月通訊），第3期，1944年9月10日。中國的工合運動在美國得到高度評價，或與海倫・福斯特與斯諾的呼籲有關；但與該期工合協會對美軍的有效支援也有很大關係。

60 〈中國工業合作協會參加省市合作促進工作辦法〉，《重慶合作》，第3卷第3、4期，1944年4月30日。

61 秦柳方〈渝市工合社調查報告〉，《工業合作》（半月通訊），第13、14期合刊，1945年7月5日。

　　重慶的運動由工合協會於1939年2月開始，後來由川康區辦事處接管。少數工合社成立後，工人們印象很好，認為於己有利；其後工合社迅速增加，數月後即從10社增至100多社，社員亦達數千人，[62]據說一般工廠的雇工也紛紛轉而加入工合社。但是，1939年5月3、4兩日，日軍對重慶實施大規模轟炸，[63]各工合社地處轟炸區域，雖有印刷工合社等堅持生產，但後來的持續轟炸，給各工合社造成嚴重打擊。混亂中，放給各工合社的款項是否安全曾引發擔憂，但所幸各社皆經數名理事嚴格保管，沒有任何損失。這證明，較之其他工廠，工合社的管理還是比較健全的。此外，重慶事務所（成立年月不詳）還曾組織工合互助會，負責衛生、教育工作，以增加社員福利、加強互助關係。不過，運動開始後僅五個月即因資金短缺而停止了放款，並不得不著手清理工合社。這導致工合社組建減少，也讓運動推動者深感挫敗。重慶城內的工合協會也因日軍頻繁轟炸而遭到破壞，被迫於1940年初遷至歌樂山。[64]在1941年的空襲中，工合社數社的房頂、牆壁受損，但肥皂工合社仍堅持生產，每月生產優質肥皂2,000箱；機器工合社的業務也得到發展，置備了牛奶儲存室等。另外，據說工合社生產的毛巾、襪子品質很好，較之上海工廠的產品亦不遜色，在市場上很受歡迎。該時期，社員並無生活困難。[65]1942年，有40多個工合社維持下來，其重要原因有數端。如承製機關、學校、公司、商店等所需產品，生產因而得以維持；中國銀行還在堅持少量放款，部分工合社因而獲得了周轉資金等。此外，對工合社的指導較為容易，自始即非常到位。工合協會的總會視察、區辦事處主任、秘書、組織股長、重慶各指導室主任曾組成重慶工合督導團，到各社

---

[62]　喻志東〈重慶市工合運動發展之檢討〉，重慶市社會局合作指導室編《重慶合作》，第1卷第2期，1942年8月4日。

[63]　日軍轟炸重慶始於1938年2月，至1943年共計128次，即1938年3次、1939年25次、1940年49次、1941年50次、1942年未能轟炸、1943年1次。尤其在1938年5月初，日本海軍航空隊的飛機36架於3日由漢口飛抵重慶，在市內投下炸彈98枚、燃燒彈68枚，致千餘人死傷；翌日即4日，日軍飛機27架再次投下炸彈120枚、燃燒彈數十枚，引起大火，致市民死傷5,230人、房屋倒塌3,800餘棟。該兩日之慘狀，史稱「五三、五四重慶大轟炸」。此外，日軍飛機還曾侵入萬縣、梁山。西南師範大學、重慶市檔案館編《重慶大轟炸》，1992年，第5-7頁，等。

[64]　畢平非，〈從歌樂山歸來〉，《西南工合》，第2卷第9、10期，1940年10月。

[65]　前引張法祖著、日本駐上海大使館特別調查班譯《三年來支那工合運動の發展》，1942年，第134-135頁。

巡迴指導。[66]可見，與其他區僅由事務所負責指導不同，重慶得地利之便，工合協會、區辦事處等都在指導和督促。

　　1942年2月，重慶事務所為解決原料供應和產品銷售困難，與同市直機關合組的川康區代營處共同制訂了《輔導重慶市生產合作社供銷業務暫行聯繫辦法》。根據此《辦法》，各工合社將每月所需原料及其數量填表送交代營處，由其代理採購，供應各社；同時，各社按代營處所定標準生產各種產品，並交代營處代銷。[67]

　　1943年夏，梁慶椿、鄭厚博等調查了重慶的31個工合社，其結果如下。關於社務，①發起人以工廠主、技師、管理人員為最多，其次是工人，而商人、公務員、教師占極少數；前兩類原本即有經驗和知識基礎，對業務有相當把握，不會輕易改變職業，其所組織的工合社存在時間也長。最後一類則多為生活所逼，或嘗試性地加入工合社，沒有技術素養，對職業容易見異思遷，他們所組織的工合社亦多半途而廢。②各工合社的主席、理事長職權很大，與民間企業主無異。這些工合社的主席、理事長中，出身工人階層的有11社，原為工廠主、管理者的為6社，曾是公務員、軍人、「學者界」的有9社。來自工人階層且仍從事原職業者，技術上自然駕輕就熟，成功率高，合作社也就健全。至於學歷，私塾9人、小學8人、中學5人、大學及專科9人，文盲僅有1人。可見，高學歷者並不算少。③監事是監督各級職員和內外業務的重要職務，但能夠主動執行任務者卻極少。不過，他們願意做工務主任、物資保管員，在這方面發揮作用不小。工合社多設於南區的長江南岸，或北區的嘉陵江沿岸。這些地方交通便利，且不易遭到日軍轟炸。工廠管理方面，較為先進的是菜園壩機器工合社。該社接到訂貨後，工務組長安排必要工具、原料和時間；開工後，記錄員記錄勞動時間、原料用量，工務組長進行監督。技術方面，各社參差不齊。織布、染色等工合社在行業內競爭力較強；玻璃、印刷兩社技術極高，遠在其他同行之上；肥皂、藥棉等工合社的技術在市場上也頗有好評，在行業內擁有競爭力。然而，製革工合社雖號稱手工技術熟練，但方法陳舊，生產效率低，品質也差。還有的工合社因技術落後，無法繼續生產，如電池工合社等。業

[66] 艾黎〈重慶事務所〉，《工業合作月刊》，第1卷第1期，1941年7月。前引喻志東《重慶市工合運動發展之檢討》。
[67] 李光美〈川康工合近態〉，《工業合作月刊》，新2卷第2期，1942年2月。

務方面，各工合社的會計員半數為兼職，南岸的許多工合社由私立中華大學學生兼任會計員。專任會計員由各社自行選拔，普通中學畢業生占多數，受過短期會計訓練的有2、3三人。會計員的工資，最高的是蠟燭蘇打工合社，除提供食宿外，月薪520元；300元至400元的有4社，200元至300元的也有4社；兼職會計則很少超過300元，大多為200元左右。會計員的流動性很大。關於工合社的股金，各社允許社員持股最多的是200股，最少的也有數十股，每股5至10元者占半數。股份總額最高的是石馬精油工合社，達10萬元之多；最少的是榮譽軍人雨傘工合社，僅有700元；一般為1萬元左右。業務負責人為經理。理事兼任經理的為6社，由理事會聘任能力較強的社員為經理的有24社，由監事兼任的有1社。[68]

　　下面就為推動各工合社加強合作而成立的重慶工合社聯合社（經理由重慶事務所主任兼任）作一探討。該聯合社於1940年12月召開成立大會，1941年8月獲得社會局登記許可。但後來未能籌足資金，12月改選理事等後，1942年3月才正式開始營業。聯合社成立時有14社加入，1942年7月增至29社，1943年增至34社，但到1945年有8社已不存在，餘26社。聯合社1942年的營運資金，有來自工合協會的放款20萬5,000元，占17%強；另有從市合作金庫借款及結轉54萬2,000元，占45%。此即主要營運資金，自有股金極少。1942年，聯合社為各工合社代購原料的金額為192萬5,638元，受各社委託代銷產品金額達177萬6,558元。1944年，聯合社的核心業務是代購棉紗，每月交易價額90萬元。1944年的主要業務如下。①向各工合社供應原料。其方式有如下三種。**訂貨**：視各社生產狀況而簽訂。聯合社向各工合社提供準備好的原料和生產資金，或讓各社自備原料，並讓其將產品交給聯合社；**代辦**：聯合社受各社委託代購原料，並收取利息和1%至3%的手續費。**買賣**：該方式不多用，如聯合社提前採購各社皆有需求的漂白粉等，並適時售給各社。②銷售。聯合社將預訂產品從工合社或回收、或收購，然後將其在市場出售。銷售業務的主要對象是錦織工合社。1944年，該社在供銷部的信託部滾存500萬元，1945年突破600萬元。由此可知，聯合社所運用的資金，大部分已依靠其所吸儲的存款。此外，聯合社在金城、開源、工礦、裕民四家商業銀行的滾存額為140萬、支票200萬、抵押貸

---

[68]　梁慶椿、馮世範，〈渝市工業合作生產社之組織經營及改進意見〉，《重慶合作》，第2卷第9期，1943年9月30日。

款200萬。事務則由事務所和聯合社共同進行，職員含指導員在內共18人，其中事務所主任兼聯合社總經理1人、會計4人、業務4人（原為6人）、總務1人、指導員3人、「練習生」（業務助手）1人。由於通貨膨脹因素，總收益高達1000萬元，1944年共同基金為20%、公益金10%、工資10%、分配金60%。分配金按股金分配4成，按交易額分配6成。[69]聯合社的股東是各工合社，而非個人，故此分配金應分給了各工合社。

　　關於技術革新、技術改良，在技術員帶動下曾進行各種嘗試。①軍毯專用肥皂的生產。市面銷售的肥皂鹼性太強，不適於洗滌毛毯。於是降低鹼性成分，經實驗效果良好，遂派遣技師前往肥皂工合社，生產肥皂數千磅，供應各織布工合社。②硫酸的品質及其製造方法的改進。區辦事處為改進品質派員前往土沱製酸工合社指導，結果，該社產品被財政部硫磺管理處定為「上選」，價格也被調高。③地雷外殼的生產。訂單來自兵工廠，但因技術能力不足，產品不合規格；後經技師指導重新生產，如期交貨。此外，聯合社還曾嘗試印製刷有「工合」統一標誌的漂亮包裝紙，用來包裝各工合社的產品，以提高宣傳效果。之所以能夠做到這些，其原因之一是，重慶設有工合技術資料室，以收集各種原料和產品並加以研究；另有工合技術研究委員會，聘各類專家從事設計和研究，並進行技術指導。[70]

　　此外，各合作機關的聯繫也得到加強。1943年7月，社會局主辦國際合作節擴大紀念會，社會部事業管理局、工合協會、西南區重慶事務所、中國合作物品供銷處、各機關公務員眷屬生產合作社推廣部、市合作金庫、市生產合作社聯合社、市消費合作社皆在受邀之列。在這次會議上，社會部長谷正綱、合作事業管理局長壽勉成、市黨部主任楊公達發表演講。這些團體應該也曾參加合作社產品展覽會。[71]

　　重慶的工合運動，在其初期、中期對抗戰的貢獻如下。①1939年5月，重慶遭

---

[69]　前引秦柳方〈渝市工合社調查報告〉。

[70]　前引張法祖著《工合與抗戰》，第13、15-16頁（日譯：東亞研究所《支那工業合作社關係資料——支那工業合作運動的全貌——）(3)》，第28、31-32頁）。

[71]　〈重慶市三十二年度合作事業報告〉，《重慶合作》，第3卷第1、2期，1944年2月29日。該報告記，重慶市合作金庫於1941年（史料作「（民）三十三年」，但稱「三年來之努力」，故應為「三十年」之筆誤）1月開業，因市政府、中央信託局、工合協會及各合作社提倡認購社股，1943年度實收股金增至4,405萬5,360元。

到日軍轟炸，一般商店多遷至農村避禍，致使物資極度缺乏。重慶事務所於是組織聯合供銷處銷售工合社的產品。②工合運動除推動生產技術進步外，還向後方供應物資，起到了穩定物價的作用。③直接供應軍毯等軍需物資，其品質亦佳。此外還生產硫酸等，僅就重慶而言，這方面的供應量極大。據說，工合社的管理費用低於一般民間工廠、公營企業，該時期工合社員的流動性也低於一般工廠的工人。[72]

　　（二）成都。成都是四川省城，一直是中國西南的政治、經濟、文化中心。各種手工業較為發達，但其中75%為紡織業。1939年2月，工合協會在成都開展運動，成立了川康區駐蓉辦事處，後改為成都事務所。由組織、技術、財務（會計）、教育四科構成的事務所，首先對當地的工業狀況進行調查，而後決定組織紡織、機器、化學等工合社，繼之登記技工，打算以他們為核心組織工合社。資金為來自工合協會和中國銀行的放款。還開展了訓練工作，指導生產軍毯。1940年5月，對「不健全」的工合社進行清理、整頓，同時新組工合社，結果得52社成立。成都富產皮革，成都事務所於是籌備成立製革工合社，同時指導組織運輸工合社。1940年1月至3月底各行業工合社的產值，機器工合社1社為5萬968元，紡織工合社37社為136萬8,862元（平均每社3萬6,996元），化學工合社1社為2萬8228元，服裝、皮革工合社計20萬6,882元。[73]該時期，各工合社獲得放款增加，故業務發展較快。

　　成都工合運動的開展及實際狀況如下。①四川的絹織工業有名，成都乃其中心，織機達一萬餘架；但因資金不足，實際使用的不過五分之一。事務所於是制定計劃，第一階段擬有效利用閒置織機。第二階段組織工合社，實際組織2社。其一是蓉仁絹織工合社，其二是義學巷絲織工合社。後者是在資本家方質彬的資金支援下，並對他個人的工廠改組而成。據說該二社社員技術較高、產品花色豐富，曾在香港、馬尼拉、紐約展覽，博得好評。[74]②蓉光機器工合社擁有建築物兩棟。一棟為機器工廠；另一棟設熔礦爐等，理事、監事、工程、會計各室亦在其中。社員25人（職員7人、工人18人），每人認購社股1,000元，這2萬5,000元即為創辦經費。1939年3月創辦後，工合協會曾直接予以指導、監督，並派會計員；工合協會和交

72　前引喻志東《重慶市工合運動發展之檢討》。

73　《川康工合》，第1卷第3期，第12頁；第1卷第4期，第7-8頁。

74　前引張法祖著、日本駐上海大使館特別調查班譯《三年來支那工合運動の發展》，第138-139頁。

通銀行分別對其放款7萬元、10萬元。工廠等由社員自己興建，機器全部從其他工廠暫借。分「車」、「鉗」、「鑄」、「煅」、「木」五個工序，已接到山西銘賢學校機器訂單1萬餘元，並在趕製。為響應軍毯生產運動，還生產紡線機、彈毛機等，據說縮毛機的性能很好。1941年遭人放火（原因不明），半數機器毀壞，受損金額達150萬元。但後來重建，工人自製大型工作臺4、刨床1、銑床2、大小旋床4等，儘管資金有限，其規模尚屬可觀。[75]此外還有印刷工合社承印《四川省政府公報》、《成都英文日報》及金陵大學的刊物、大學教科書等；製藥工合社則使用國產原料生產新型凡士林供成都的醫院、藥局使用。[76]

　　技術方面，史邁士發明了紡線用的縮絨機、製絨機、梳毛機等，工合社產品的品質得到改善，生產效率也提高數十倍。此外，工合協會還在成都設立工合研究所，以進行理論研究和幹部訓練。[77]

　　滿鐵所作調查稱，1940年，成都已有工合社員507人，此外尚有預備社員97人、雇工534人。勞動時間為每天10小時，社員工資主要採按件計酬制，雇工則按時計酬。機器工合社社員的收入為30元至40元，紡織工合社女社員是12元左右，高於西北區。[78]表5-4顯示，1944年底，成都有工合社11社，其中紡織7社、機器2社、縫紉1社、印刷1社；社員計155人，雇工、見習工則有100人以上。而且，社員從事勞動的僅50人，其餘為指導、管理人員。而替代管理等人員勞動的，顯然是雇工。[79]曾因承接盟軍補給品生產而較為興旺的成都工合社，也已有絹織2社、紡織1社被迫停產。該3社，社員出資即社股金額相對較少，且遭遇放款緊縮。可見，基礎脆弱亦應為停產原因之一。其他工合社，雖然蓉新印刷、小天竺機器仍擁有80%以上的生產能力，但整體上生產能力僅餘45%。因為，雖然小天竺機器工合社和幹槐樹工合社因訂單增加而設備不敷應對，黃莊毛紡工合社也開動所有設備趕產量，

[75] 孫克鴻〈成都工廠調查日記〉，《中國工業》，第24期，1944年2月。前引張法祖著《工合與抗戰》，第155頁等。

[76] 前引張法祖著、日本駐上海大使館特別調查班譯《三年來支那工合運動的發展》，第139-140頁。

[77] 同前。

[78] 前引滿鐵調查部《支那抗戰力調查報告》，第497頁。

[79] 孟受曾〈成都工合社現狀〉，《工業合作》（半月刊），第9、10期，1944年12月25日。

但其餘工合社的設備因資金、原料短缺而停止運轉的卻多達30%。

表5-4　成都工合社設備及生產能力一覽表（1944年底）

工合社名	成立年月	社員數	現有股金（元）	設備數量（台）	生產能力（元）(A)	實際產值（元）(A)	(B)／(A)
義學巷絹織	1939.1	8	4,000	織機5	350,000	停產	
蓉光機器	.3	12	18,000	旋床、刨床、車床等9	1,000,000	500,000	0.50
蓉新印刷	.4	24	24,000	印刷機13	150,000	130,000	0.87
蓉昌紡織	.7	13	16,000	毛巾織機4、毛織機2、織機2	485,000	停產	
幹槐樹裁縫	.7	12	6,000	縫紉機4	110,000	110,000	1.00
蓉仁絹織	.?	13	6,500	織機6	510,000	停產	0.63
黃莊毛織	1940.7	17	20,247	紡織機、毛織機計12	950,000	600,000	0.55
龍王廟紡織	1944.1	24	360,000	木機11	4,000,000	2,200,000	0.83
小天竺機器	.4	14	250,000	旋床、刨床、沖床計3	1,200,000	1,000,000	0.12
博愛帆布	.8	9	667,040	鐵機10、木機2	4,003,000	480,000	0.27
四維街染色	.12	9	115,000	木機4	320,000	85,000	0.45
計		155	1,486,787		13,870,000	6,175,000	0.45

※孟受曾〈成都工合社現況〉，《工業合作》（半月通訊），第9、10期，1944年12月25日。從表中可知，1942年至1943年組織的合作社因基礎薄弱而被迫停產。

　　（三）萬縣。萬縣於1939年1月成立事務所。不過，工合協會從漢口撤退過程中曾短期停駐萬縣，因此萬縣在川康區的地位自始即較高。又因萬縣為川東工商業中心，事務所成立後即轄開縣、雲陽、梁山、奉節等地，並在各地設置了分所（後為集中發展萬縣和謀求前三縣獨立發展，該三縣的分所獨立為事務所）。事務所曾接受婦女慰勞總會委託，於1940年1月為抗戰士兵生產棉製軍大衣8,000件。[80]工合社在縣城周圍3、4華里到10華里範圍內相繼成立，深入民眾，故合作教育也較為容易。萬縣的染色業也很有名，在市場上佔有重要位置。但當時逐漸被內遷大型工廠

---

[80] 〈本區各事務所工作簡報——萬縣〉，《川康工合》，創刊號，第12頁。

壓迫，產品須更加物美價廉才能立於不敗。由於自1939年起海外進口困難，各工合社業務得以發展，獲利頗豐，但也存在問題。①當地工合社職員態度嚴重保守，總懷疑既得利益會被奪走，新社員入社困難，技工要求入社往往遭到拒絕，即使接納，也僅將其當作雇工使用。②社員知識水平普遍較低，他們認為工合社只是幹活掙錢的地方，並把職員當「雇主」，好幾個工合社完全為職員所操縱。③當地工合社社股認購限制較其他地區寬鬆，1939年決算按持股金額分紅，導致利潤為少數人霸佔。④不少工合社的工資低於一般工廠，再加上各工合社營利情況不同，各社之間工資高低不一，社員生活沒有保障；其結果，社員往往不再相信工合社，遇有工資較高的地方來打招呼即退社他就。[81]儘管如此，萬縣的各類工合社已建立起相當基礎，1941年1月有工合社31社、社員382人，5月增至50多社、社員899人。該50多社涉及紡織、染色、榨油、豬鬃、縫紉、製革、機器等十種行業。其中有紡織及染色15社、榨油13社，計28社，占半數以上。利用放款總額為255萬4,150元，其中工合協會放款9萬8,600元，其餘放款來自中國銀行。[82]事務所還派指導員前往「傷殘院」，對收容於此的傷殘軍人1,000多人施以技術訓練，並組織工合社。此外，事務所在萬縣西溪埠建立了工合新村，設有工合圖書館、醫療所、工合俱樂部、工合茶園，還打算增設技術研究室、社務業務推進會、工合小學、工合托兒所等。[83]1942年，為解決各工合社單獨採購原料、銷售產品的困難，萬縣也成立了聯合社。

技術改良方面，紡織、染色各工合社將木製機器改造為鐵木機器或電紡織機。七七紡織機也被改良為「工合手搖式紡織機」，產量增加一倍以上。麵粉工合社也在改良機器，力爭用電。機器工合社購置大量機器，製備鑄造機，生產數種武器和刨床、鑽床等小型機器以及工合社使用的鐵製紡織機。[84]

萬縣工合社曾被強制加入萬縣同業工會。對此，工合方面堅持不接受工會規定，區辦事處經工合協會諮詢經濟部，試圖擺脫工會干涉及由此引發的糾紛。[85]著

[81] 蔡噴〈漫談萬縣的工合〉，《川康工合》，第1卷第2期。前引李光美《川康工合近態》。
[82] 前引張法祖著、日本駐上海大使館特別調查班譯《三年來支那工合運動の發展》，第142-144頁。
[83] 同前。
[84] 同前。
[85] 《川康工合》，第1卷第3期，第33頁。

者不掌握論述工合運動與工會關係的其他史料，但憑此推斷，工合方面似拒絕與工會發生關係，竭力迴避參與政治；而其目的，或是為避免來自政府的干涉和統制。

（四）榮昌。榮昌是沱江流域夏布業的中心，在海外市場也久享盛譽，農村手工業也有一定基礎。該地有成渝公路之便，水運也較發達。1937年，沿海、沿江被日軍佔領，夏布輸出被徹底阻斷，一時百業凋敝。但由於上海等地的大型紡織廠被破壞，後方布料驟然短缺。夏布於是作為綿織物、絹織物及醫用藥棉、紗布等的代替品而銷路大增。榮昌事務所就是在這種狀況下於1939年3月成立的。該事務所主要發展夏布和棉紡織，在縣政府和各界人士協助下，業務進展順利，至6月，已組織工合社52社（社員700餘人）。所涉行業，麻織27社（年底增至30社，社員291人；機器250部，占榮昌當地麻織機器總數的三分之一）、棉紡織及染色17社、裁縫3社、印刷及藥棉、陶瓷、玻璃等各1社。[86]據說，參加工合社後，社員的生活水平日益提高。開始三個月利用放款僅3萬元，資金稍顯緊張；後來區辦事處將來自中國銀行的放款100萬元分配給榮昌事務所18萬元。特別是麻織工合社運用集體優勢和相對充裕的活動資金，強烈影響了以手工業、家庭工業及零散個人工廠為主的榮昌、隆昌一帶的麻織工業，並成為其核心，使舊式工具、技術得到改良。事務所認識到落後的舊式手工業形態難以生存，於是著手改良麻織工業。如對舊式麻紡方法進行改進，引進機器，提高了生產效率和產量；舊式漂白、染色法需時10天至20天，採用化學方法後，用時大為縮短，且保持了纖維本身的強度和韌性；加大夏布幅寬，擴大了其用途。事務所利用餘款數百元請技術員改良手動棉織機，在1939年即已基本解決生產速度、幅寬、斷絲問題，較一般工廠先進一步。綿紡工合社同樣取得發展，每月消費大量棉紗，聯合社供不應求。各工合社於是用布匹與紗商交換棉紗，但對商人榨取大部分利潤不滿，呼籲加以改善。此外，產品也實行聯合運銷，據稱已形成抵制日貨走私進口和傾銷的經濟堡壘。[87]

榮昌事務所在第一年度決算後，召集各工合社主席、理事、監事探討如下問題。即，為健全各社組織，應排除不良分子，工合社有實在無法挽救者即行解散；

86　〈川省麻織工業一頁盛衰史〉，《香港大公報》，1941年6月3日。

87　前引〈川省麻織工業一頁盛衰史〉。《川康工合》，第1卷第2期，第13頁。前引張法祖著、日本駐上海大使館特別調查班譯《三年來支那工合運動の發展》，第151-152頁。

建立合理的會計制度；組織聯合社，以供銷、信託、消費為主要業務；加強社員教育工作。教育工作形式有三。即，①定期集中訓練，選拔工合社的「健全分子」舉辦社員訓練班，施以短期集中訓練，以培養幹部人才。②個別訓練，事務所聘有關專家，請其在各工合社擔任教育和訓練工作。③事務所與民眾教育館合辦「巡迴文庫」，到各社巡迴出借圖書。[88]為應對通貨膨脹，事務所還多次開會，決定撙節支出，採購應慎重，須先寫申請書，經主任和會計簽章後方有效力。榮昌全縣有出征軍人眷屬3,000多戶，縣政府、榮昌事務所及中國銀行榮昌辦事處還計劃將其全部組成工合社，授以生產技能並貸給資金，使其從事生產、實現生活自立，同時減輕政府負擔。事務所還呼籲中國銀行榮昌分行舉行聯席會議，以討論工合運動面臨的困難等。[89]

（五）梁山。梁山位於川東，油桐、煤炭等資源豐富；尤其造紙原料毛竹極多，號稱全國第一。梁山事務所（成立日期不詳）將縣域劃作五區，分別設定榨油、造紙、日用品製造等為其中心業務。

榨油業，以梁山桐油為原料進行精加工，生產替代燃料。大華煉油工合社月產1萬3,000餘斤（燃油替代品8,400餘斤、石油替代品4,900餘斤）。經在重慶實驗證明，燃油替代品可用於長途客車，甚至可作飛機油料。據說，萬縣水電廠、無線電信台、梁山航空總站、民生公司等紛紛前來洽購，供不應求。[90]後來，桐油被定為重要物資，受國民政府管制，其轉運、輸出均由四川桐油貿易公司專營，禁止民間採購、囤積。因為，國民政府與美國於1939年2月簽訂500萬美元的「桐油借款」，約定中方以桐油抵還。國民政府於是對桐油實行了管制和壟斷。在這種情況下，上八廟精油工合社似也被視為民間公司，桐油採購受阻。區辦事處於是具文財政部貿易委員會申請採購許可。該委員會決定，限定精油工合社僅在梁山採購桐油，且須將採購量、實際使用量每月以書面形式報告委員會，以接受審查等。[91]就這樣，重要物資被國民政府壟斷，工合社的發展受到極大限制。

造紙業。梁山紙曾遠銷廣東、廣西、甘肅、綏遠、東三省等地。據工合協會調

88　《川康工合》，創刊號，第16-17頁。

89　《川康工合》，第1卷第3期，第23頁；第1卷第2期，第34頁；第1卷第5期，第38-39頁。

90　前引張法祖著《工合與抗戰》，第23頁。

91　《川康工合》，創刊號，第26頁；第1卷第4期，第16頁。

查，梁山全縣有3萬2,000戶從事造紙，年產量高達76萬8,000擔；可是「九一八」、「七七」兩次事變後，梁山紙輸出驟減，全縣槽戶幾乎全部停業，工人失業，落草為寇者也不乏其人。梁山事務所鑒於戰時文化事業之重要，且發現七成毛竹被棄置山野，於是組織人手帶槍伐竹。抗日戰爭爆發後，進口紙和國產紙都日益短缺，每擔價格從7元暴漲至30元甚至40元。為緩和供需矛盾，事務所組織了造紙工合社13社。由於對白紙品質進行了改良，重慶、萬縣各地紙商及報社紛紛前來洽購。於是增添紙漿槽，提高產量，增加產品種類，供應重慶一帶的大量需求。這一成功，是工合協會的指導、經濟部中央工業試驗所的設計、中國銀行的資金援助相互結合的結果，不僅恢復了已徹底衰敗的造紙業，還改變了梁山造紙業的結構，打破了當地資本家的壟斷。此外，隨著造紙業的振興與發展，對煤炭的需求大增，遂有工合社3社決定合組煤炭工合社。[92]

事務所也非常重視各工合社的供銷工作，並把成立工合社縣聯合社列為工作重點之一。為改進造紙技術、自主採購原料並銷售產品，事務所增加了各社股金，請求中國銀行等增加放款，同時著手組織縣聯合社。1940年3月，造紙工合社縣聯合社正式成立，事務所派任經理和會計。造紙的單一行業聯合社，梁山或為孤例，可見造紙工合社的生產已在梁山擁有穩固基礎，而事務所則希望其進一步發展。聯合社開始其業務後，年產量達2,000萬張，產值500餘萬元。[93]

造紙工合社縣聯合社組織圖如5-3。各社代表大會由各工合社推選代表1至2名組成，理事會有理事5名，監督機關則是監事會；理事會下置總經理和會計檢查員各1名。具體業務由4部分擔。即運銷部負責接收、檢查、包裝、運輸和銷售各社產品；供給部主要負責各社社員米、鹽等生活必需品的供應，兼管向各社供應原料以降低生產成本；信用部則在各社流動資金不足而又無力直接獲取時，以每社1,500元為限向其發放臨時貸款；指導部對各社業務及社員生活提供技術、教育、衛生、娛樂等方面的支援，並負責會計事務。各部設主管1人、事務員若干人。[94]與榨油業不

---

[92] 前引張法祖著、日本駐上海大使館特別調查班譯《三年來支那工合運動の發展》，第145-146頁。前引張法祖著《工合與抗戰》，第23頁。

[93] 李英斌〈梁山造紙縣聯合社之過去與未來〉，《工業合作月刊》，第1卷第4期，1941年11月。

[94] 同前。

同，造紙沒有發生過問題，事務所也積極組織和發展造紙工合社。重慶市各報幾乎都與梁山造紙工合社縣聯合社簽約求購，需求極大，故業務一直較為穩定。[95]

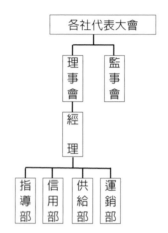

各社代表大會

理事會　　監事會

經理

指導部　信用部　供給部　運銷部

圖5-3　造紙工合社縣聯合社組織系統

※根據李英斌〈梁山造紙縣聯合社之過去與未來〉（《工業合作月刊》，第1卷第4期，1941年11月）編製。

　　1940年5月，事務所制定了今後一個時期的工作計劃。關於組織，首先組織聯合社，並使其在利用機器、統一與集中產品、設置倉庫、促進教育等方面，在工合體系中發揮核心作用；透過倉庫銷售產品，應對市場價格波動；設立供銷處，以進行原料採購和產品銷售。關於指導工作，擬健全指導制度，所有指導員每月須巡視各中心工作地點20天以上，以隨時指導；推進社務民主化，健全各種會議制度，加強其力量；根據各社業務計劃加以指導，同時制定帳簿監查制度和業務人才訓練辦法。關於技術改進，由設計部負責分析、研究和制訂計劃等，由指導部就技術改良、時間分配、市場狀況把握、原料採購、工廠管理等進行指導。[96]這是為摸索如何進一步發展工合社業務而制訂的計劃。

　　（六）**樂山**。樂山為川西南重鎮，交通便利，資源豐富，特產是絹織品。因此，樂山事務所（1939年4月成立）的目標是，利用當地原料發展各種小型工合社，以擴大生產，並實施經濟改造。1940年，事務所將「踏板織機」用於軍毯生

95　前引李光美《川康工合近態》。

96　《川康工合》，第1卷第3期，第21頁。

產，提高了產量；聯合社則承包了1,000餘條軍毯的染色工序。事務所將生絲、絹織品列為重點工作，除整頓、健全已有絹織工合社外，還與新生活運動總會樂山蠶絲試驗區、江蘇省立蠶絲專門學校（內遷學校？）及各實驗教育機關取得聯絡，請其在技術與品質改進方面給予支援。為與樂山合作事業界及有關機構協調工作，事務所還聯絡省農業合作委員會樂山視察員、中國銀行、農民銀行、新生活運動、蠶桑試驗區、中央工業試驗所等，舉行了樂山合作事業協進會成立大會。可見，樂山事務所非常重視與各有關團體的聯絡、合作，並試圖積極取得外部支援。而在內部，同樣注重各工合社的合作。如絹織各社曾舉行會議，經討論決定，為排除商人居間盤剝，烘繭工合社須把乾繭直接售予繅絲工合社，而繅絲工合社則須把生絲直接售予織布工合社。[97]1930年代的合作運動曾強調必須改革流通體系、排除商人盤剝，而樂山工合社相互合作，顯然是對1930年代流通改革方向的繼承。1940年5月，事務所決定以紡織、化學、採金為核心工作，除事務所技師指導繅絲、玻璃、機器等工業技術外，還招聘繅絲技工加強指導效果。樂山的工合運動開始一年後，工合社已深入民間，逐漸組織農村手工業者、軍人眷屬等成立了24個工合社，行業涉及生絲、絹織、織錦、毛紡、針織等；所利用放款來自工合協會和中國銀行，計30萬132元。[98]

（七）綦江。在綦江，資源委員會在積極開發鐵、煤等資源，但紡織、化學工業似較薄弱。綦江事務所於1939年3月成立後，於4月組織了23個工合社（社員387人），其中紡織10社、化學8社、其他5社。[99]事務所曾召開所務會議，做出如下重要決定。①1940年的工作方針，以棉紡織、桐油等為核心，同時將工合運動推向鄰縣江津、南川。江津主要發展酒精、製糖、陶器，南川則以玻璃、造紙、桐油等為主。江津已有中國銀行辦事處，各社借款較為便利。②為督促各社嚴密會計制度，將依據工合協會頒佈的《合作社會計規則》對綦江縣各社會計規則加以改進。後來讓各社都印製了新帳冊。③整頓和統一同行業產品的品質標準。關於綦江工合社的經營狀況，此處僅觀察一例。菊坡路染色工合社1939年度決算結餘1,555元。1940年

---

[97] 《川康工合》，創刊號，第17-18頁；第1卷第2期，第15頁。

[98] 《川康工合》，第1卷第3期，第24頁；第1卷第4期，第13-14頁。

[99] 《川康工合》，第1卷第4期，第14-15頁。

1月開社員大會，依章程將結餘的50%作為共同基金、特別共同基金、公益金和職員報酬，20%給社員分紅；其他部分，或為強化工合社的經濟基礎，決定依社員工資高低，按一定比例請其增購社股，使社股總額由195元增至「540元」。[100]

來綦江的難民，技工極少，難民本人也希望從事農業或小本生意。於是，1940年4月，綦江事務所經與縣政府協商後，決定介紹技工加入紡織工合社，其餘則由縣政府安排其從事墾荒。此外，縣政府向來自湖南的30名難民提供飲食，但考慮到此非長久之計，因而希望他們成立工合社，以自謀出路。[101]

（八）其他事務所。

①**開縣。**開縣為產棉區，尤其浦里農村以織布為副業，男女皆從事織布，產品銷往萬源。戰爭爆發後，外國布進口中斷，開縣土布供不應求。1939年2月，開縣事務所成立後，首先放款1萬元，組織了西街染織工合社。另有大河染織的工人22人、浦里南門場的染色工人49人要求成立工合社。此外，事務所曾前往浦里陳家場進行調查，並指導「技術優秀為人誠實」的工人成立了染色工合社（社員50人、社股總額820元）。該社分彈花、染色、機織三個部門，曾向事務所提交業務計劃書，要求放款1萬2,000餘元。據稱，開縣工合運動的資金為來自工合協會和中國銀行的短期放款。全縣工合社月產值16萬4089元，各社借款均為小額，但為提高生產能力發揮了重要作用。[102]

②**灌縣。**灌縣為川西貨物集散地，商人雲集，煤、鐵、砂金、羊毛等工業原料豐富。工合協會經調查後，於1939年4月成立了灌縣事務所，定紡織、採金為核心業務。不過，當地民眾知識水平低，宣傳、啟蒙費時很久。對紡織業，事務所重視棉、毛，首先組織了聚源場紡織工合社。其社員多為學校同窗，皆來自簡陽；他們曾為小學教員、校長、公務員等，但為抗戰建國，織造軍毯的積極性很高。第一次承製軍毯時，也有很多婦女參加；但事務所因婦女指導員不敷應對，訓練和指導頗感不便，曾請求全國基督教女青年會

---

[100] 《川康工合》，第1卷第2期，第17-18頁。若社員全部認購社股，則應為「661元」，而非「540元」。或有社員因故未認購。

[101] 《川康工合》，第1卷第3期，第20頁。

[102] 《川康工合》，第1卷第3期，第16頁。

（YWCA）社會服務部幹事給予協助。[103]灌縣事務所在一年間組織工合社28社，社員300人，放款20萬元；1939年7月以後十個月間的總產值達25萬4,000元。尤其是採金工合社採用科學方法進行準確測量，提高了效率，且利潤平均分配，極大改變了憑經驗採金的方法。此外，紡織工合社的社員和「練習生」（見習工）達670餘人，事務所於是為他們開辦工合講習會、夜校，以講解工合運動的意義、傳授合作常識、技術等。[104]

③**雲陽**。雲陽事務所指導的有煤炭工合社等，其行業影響不可小覷。煤礦工合社計16社，日產煤80噸，月產2,400噸。這些煤炭，在湯溪流域大部分售給雲安廠，在彭溪流域則半數作當地民眾的燃料，半數運往萬縣、宜昌，售給民生輪船公司。另有冶金工合社6社開採鐵礦石，而後用木炭提煉鐵。這樣的土法製鐵，前後需時兩個月才能出鐵，但據說每年產量可達150噸。[105]在戰時特殊狀態下，土法煉鐵仍具有重要意義。

④**廣元**。廣元原為並不引人注目的小縣，但在抗戰時卻成為國防要道，川陜交通大動脈的樞紐。1941年，該地成立工合社11社，主要以採金、煤炭、鐵為中心業務，同時聯合採煤、採鐵、冶煉各工合社，共同進行系統化的合理化嘗試。[106]但因資金短缺，1943年底，工合社7社中有6社倒閉，只剩下製鞋服裝工合社。不過，1944年又有3社成立，即機器工合社（尚在註冊）、紡織工合社、飲食品工合社。該4社的經營狀況如下。製鞋服裝工合社業務狀況尚好，但製鞋部門因原料短缺而臨時歇業，服裝部門也因資金短缺，主要依靠高利貸維持。機器工合社原為汽車修理廠，艾黎、成都培黎學校的「包爾德」等常來指導；每月可修汽車七八輛，但因工合國際委員會的貸款遲遲不到位，沒有資金購買材料，被迫停工。紡織工合社社員5人，原在成都軍毯製造工合社，1944年春來廣元開辦織布廠（資本50餘萬元），經事務所指

---

[103] 漼所〈灌縣聚源場紡織工業合作素描〉，《川康工合》，第1卷第4期；第1卷第5期，第38頁。

[104] 前引張法祖著、日本駐上海大使館特別調查班譯《三年來支那工合運動的發展》，第155-157頁。

[105] 《川康工合》，創刊號，第19頁。

[106] 前引張法祖著、日本駐上海大使館特別調查班譯《三年來支那工合運動的發展》，第153-155頁。

導改組為工合社。資本100萬元由全體社員分擔，社員10人，擁有木織機10架。生產狀況良好，每月收益有14萬至15萬元。擬不再向布店供貨而設店自銷，正在辦理許可證。食品工合社（自籌資本60萬元）由山東難民數人開辦的點心廠改組而來，正在辦理註冊。業務極好，每日零售一萬餘元。此外，城郊農民以製粉為副業，但生產工具粗糙；於是說服其購置小型麵粉機一台（4、5萬元）成立製麵工合社，農民表示贊成，但沒有能力購置機器。[107]

四、抗日戰爭末期重慶的工合運動

抗日戰爭末期，通貨膨脹極度惡化，游資不斷流向投機，投入生產的資金劇減。秦柳方受西南區辦事處委託，自1945年1月至3月，對重慶市的工合社計40社中的37社（棉紡織14社、化學11社、服裝6社、日用品2社、機械、食品、文化、印刷各1社）進行了調查，並發表了兩個內容詳實的報告，即〈渝市工合社調查報告〉和〈重慶的工業合作社〉。[108]該時期的史料極為罕見，且重慶以外幾無史料可資利用，故此處主要透過這些報告來探討抗戰末期工合運動的狀況。

如表5-5所示，1944年底決算結果，32社（其餘5社不詳）的資金總額不過3,823萬4,184元，平均每社199萬4,818元。其中，社員資金（合作社股金、共同基金）為837萬7,602元，占總額的21.9%。各社股金最高80萬元，最低不足1萬元，其餘則在此區間，金額不等。工合協會放款（包括海外捐款）為80萬4,605元，僅占2.1%。不過，工合協會放款多為工合社創辦時、或緊急轉變行業時的長期放款（月息2分5釐），用於購置設備等固定資產，具有重要意義。金融機構放款，國家銀行最少，僅90萬元（月息3分2釐），占2.35%；商業銀行放款180萬（短期，月息8、9分），占4.71%；聯合社放款205萬2,562元（短期，月息8分5釐），占5.36%；市合作金庫放款771萬8,590元（月息原為3分7釐，1944年2月改為4分2釐），占20.18%，期限為三個月或六個月。這些資金不敷周轉，急需流動資金，於是不得不依靠高利貸。[109]32

---

[107]　王燕生〈廣元工合事業之現狀〉，《工業合作》（半月通訊），第9、10期，1944年12月25日。

[108]　前引秦柳方〈渝市工合社調查報告〉。秦柳方〈重慶的工業合作社〉，《四川經濟季刊》，第2卷第3期，1945年7月。

[109]　秦柳方文記作「私人」（民間），秦本人解作「高利貸」。為明確資金實質，此處直接作「高

社使用高利貸總額1,658萬8,024元（月息多為8、9分，但每月須償還利息，拖欠則計入本金，結果是利滾利），占43.39%。未借高利貸的僅有6社。故秦柳方斷言，當前工合社的生產幾乎完全被高利貸所支配。[110]

表5-5　重慶工合社32社資金來源（1944年底決算）

類型	金額（元）	百分比（%）
工合社股金	6,950,974	18.18
共同基金	1,426,628	3.73
工合協會	804,605	2.10
工合聯合社	2,052,562	5.36
市合作金庫	6,132,055	20.18
國家銀行	900,000	2.35
商業銀行	1,800,000	4.71
高利貸	16,580,824	43.39
計	38,234,184	100.00

※秦柳方〈重慶的工業合作社〉，《四川經濟季刊》，第2卷第3期，1945年7月1日。

　　比秦柳方更早論述重慶工合社30社（棉織13社、化學9社、服裝5社、機器2社、印刷1社）經營狀態的，還有伍玉璋的論文。秦文和伍文的統計數字不同，但將二文綜合起來，則可明顯看到一些傾向。伍文記，工合社股金額，以化學工合社為最高，平均每社10萬3,611元；其次是機器工合社，為3萬2,529元；第三位則是棉織工合社，為3萬363元。[111]觀諸表5-6可知，該時期的放款，市合作金庫最多，占46.6%；工合協會占19.6%，高利貸[112]則占26.5%等。亦即，伍文所記高利貸的比重要低於秦文，這暗示著高利貸曾在短期內迅速增加。每社借高利貸平均為59萬8,000元，遠超來自其他金融機構等的放款。為推動工合運動整體發展，工合協會、市合作金庫對工合社放款時並不按其行業而設限，但高利貸卻集中投向化學行業工合

利貸」。

[110]　前引秦柳方〈重慶的工業合作社〉。

[111]　伍玉璋〈重慶工合之解剖〉，《四川經濟季刊》，第1卷第3期，1944年6月。

[112]　原文作「私人」，應與秦柳方文一樣指「高利貸」。

社，高達164萬9,000元；其次是投向機器行業的工合社，為14萬5,000元，而其他行業則不見高利貸的蹤影。不妨認為，高利貸之所以積極投資化學行業，乃因該時期化學行業經營最為穩定，且為工合運動重點發展的行業。

　　資金短缺是工合社發展的一大限制。但問題尚不止於此。實則，工業統制政策也是一大障礙。例如，據稱針對花布的統制就造成了如下三個困難。①加工費標準定得過低。重慶1945年1月的物價指數為戰前的492倍，與制定加工費標準時相比高出許多，故重新制定標準時上調了三分之一，但仍無法應對物價暴漲。②織布後在花布管理局辦理手續耗時過長，重新獲得棉紗一般要兩周，其間棉紗斷檔，無法生產。一般工合社又不能透過黑市補充棉紗，只好減產或歇業。而其間仍需支出飲食、管理等費，自然入不敷出。③上交棉布手續繁雜，很難被評定為「上」等。如茶盤溝第二棉織工合社，管制局不接受其棉布，無奈之下，只好自行銷售。實則，1944年，在統制政策之下，產品價低而原料價高，有的工合社甚至為減少虧損、獲取伙食費而拋售原料。此外，小龍坎紡織染色工合社因原料不繼，再加停電，其生產能力只能發揮37.5%；蔡家場硫酸製造工合社則因原料、產品皆受硫磺局統制，每年只能生產十個月，最後不得不減產。秦文指出，雖說1943年23社中只有12社是赤字，但實際上其他工合社亦處於虧損狀態。[113]

表5-6　重慶工合社獲得放款金額（1944）

行業	工合協會	市合作金庫	工合社聯合社	代營處	高利貸	計	%
染色	743,119	730,000	77,000			1,550,119	22.9
化學	336,106	1,406,500	13,000	264,000	1,649,000	3,668,606	54.2
機器	73,900	534,000	10,500		145,000	763,400	11.3
服裝	81,700	380,000		30,000		491,700	7.3
印刷	89,000	100,000	100,000			289,000	4.3
計	1,323,825* (19.6)	3,150,500 (46.6)	200,500 (3.0)	294,000 (4.3)	1,794,000 (26.5)	6,762,825 (100.0)	100.0

※伍玉璋〈重慶工業之剖視〉，《四川經濟季刊》，第1卷第3期，1944年6月15日。
* 經重新計算，實際數字應為「1,322,825」，本表未予訂正。

---

[113] 前引秦柳方〈渝市工合社調查報告〉。前引秦柳方〈重慶的工業合作社〉。

　　工合社使用設備，可從如下實例進行觀察。①使用電動設備的僅如下4社。沙坪壩印刷工合社有五馬力電動機1台。興隆橋機器工合社有電動機4台（其中3台為租用），計18馬力，另有鋅壓縮機2台、旋床2台；1943年，因重慶機器工業不景氣而停工，但經翌年春改組後，一年生產鋅板44噸。小龍坎紡織染色工合社有電動機1台，7.5馬力。龍門浩牙刷工合社有14馬力電動機1台。②化學行業有11社，蔡家場製酸工合社有製備硫酸用的「鉛室」2間、南岸化學工合社有打字印刷機2台、大佛段電池工合社有鋅壓縮機、金屬折曲機等8台，均為簡易機器。③棉織工合社計14社，其中小龍坎紡織染色工合社的機器設備相對先進，使用電力。14社共有「鐵木機布」131台、織布機17台、織毯機12台、地毯織機10台、繞線機10台、毛巾織造機91台、織襪機84台等；但因原料短缺，不少機器處於閒置狀態。④服裝工合社6社（歇業1社除外），其中4社有縫紉機共31架，內17架是雇工租來的。另外，龍門浩婦女裁縫工合社有縫紉機18架，其中14架是雇工帶來的。⑤日用品工合社2社。沙坪壩牙刷工合社擁有各式機器，使用電力。沙坪壩印刷工合社有五色大石印刷機、鉛字印刷機等6台、鑄印字爐2台等，使用電力。⑥食品行業的海棠溪釀造工合社沒有機器設備。[114]

　　1945年初，工合社計有34社、社員472人。依工合社原則，社員均負有認購社股、參加勞動的義務。然而，認購股票卻不在社裡勞動的卻有172人，占全體社員的36.44%；另有管理人員如經理、保管、文書、事務等有111人，占23.51%，也不參加勞動。亦即，參加勞動的社員最多只有189人，僅占40.05%。可見，社員已依業務不同而出現分化。不僅如此，非社員而在工合社勞動的人數在增加。34社長期雇用的職員、技工、雜工、「練習生」（實為「見習工」）等已超過社員人數，達530人（短期雇用除外）。其中職員41人、技工305人、雜工61人、「練習生」123人。雇用技工最多者達47人。不雇用的僅有8社，而其原因乃在於業務停滯。亦即，業務越順利的工合社，越有能力大量雇用技工。有些工合社極少有社員在勞動。如小龍坎紡織染色工合社，社員而參加勞動的僅有從事機器修理的2人，紡織作業則全部由37名雇用技工來完成；在上浩皮革工合社，從事製鞋作業的全部是雇工和「練習生」；沙坪壩針織工合社的勞動社員僅有4人，從事生產的主要是從社外雇來的

---

[114] 前引秦柳方〈渝市工合社調查報告〉。

技工47人。「練習生」的工作大多是雜務，與雜工大體無異，工資遠不及技工。例如，龍井灣織襪工合社採按件計酬制，「練習生」的工資，第一年僅為社員標準工資的40%，第二年是60%，第三年是80%。各工合社中，「練習生」最多的有17人，未雇用「練習生」的僅6社。[115]

　　這種狀況極易導致特定人物壟斷工合社、收入差距擴大並發生腐敗。如興隆橋機器工合社只有社員5人，其經理兼理事主席操縱社務，將未認購社股的年僅13歲的兩名見習工提升為社員。土沱化學玻璃工合社的雇工人數是社員的4倍，其經理兼理事主席壟斷社務，社員沒有實際權利，結餘金分配有名無實，雇工和「練習生」的待遇太過苛刻，工作沒有保障。蔡家場硫酸製造工合社，社員中的負責人等12人私自採購原料，利用社裡設備製造硫酸在黑市出售獲利，私分70萬元。小龍坎第一紡織工合社，社員僅為雇工人數的七分之一，無一人參加紡織勞動，除1943年召開社員大會外，也從未開過其他會議。[116]海岸棉織工合社的經理、理事主席等4人私分棉紗，每人獲利16萬元。竅角鎮針織工合社1945年1月分配結餘81萬元，但既不公平，也未按規定提存共同基金。上浩皮革工合社因虧損，1944年11月由第一藥棉工合社經理負責經營，1945年2月又由南岸棉織工合社接手，但並未交接帳冊。磁器鎮皮鞋工合社，其社務被經理和理事主席操縱，產品保管制度亦不健全，銷量與金額不符。木質電器工合社成立後，從未召開過社務等會議，儘管其會計制度相對健全，體現了工合社的特色，但卻從未公開帳冊。在34個工合社中，事務所派任會計員的僅20社，其他11社的會計員，或由社自行招聘，或指定社員兼任；其餘3社，據說已數月沒有會計員。而遇有事務所派任會計員能力較差，或社務為經理所壟斷時，則會向事務所隱瞞利潤，甚至偽造帳冊。[117]

[115] 前引秦柳方〈重慶的工業合作社〉。前引秦柳方〈渝市工合社調查報告〉。此外，據秦柳方〈渝市工合社調查報告〉記，社員的教育水準，留學回國者8人（1.85%）、高中畢業65人（12.84%）、中學畢業121人（23.9%）、小學畢業或私塾261人（51.58%）、文盲51人（10.21%）。如斯，社員中曾留學或接受高中教育者，雖占比不高，已相對較多。

[116] 其他也有工合社從未開會，但在1944年，召開社員大會次數最多的為7次，大多數為1至2次；召開過理事監事聯席會議的有6社，其中最多的開過5次；召開過理事會的有16社，其中最多的開過6次；召開過監事會的有7社，其中最多的開過4次；召開過座談會的有7社，其中最多的開過7次；調查時尚未提交會議記錄的有5社。前引秦柳方〈渝市工合社調查報告〉。

[117] 前引秦柳方〈渝市工合社調查報告〉。前引秦柳方〈重慶的工業合作社〉。

　　針對此類現象，秦柳方也提出了改進意見。他認為，從事勞動的社員大多沒有多少文化，能力不足、不能應對複雜的社會狀況。重慶的不少工合社，無法從勞動社員中選出管理人才，即使選出也難以掌握業務，因此被迫停業甚至解散。這與前述梁慶椿等調查的結論似乎相反，但二者都是說勞動社員雖不會輕易改變職業，也擁有製造技術，但對如何管理和經營處於不景氣重壓下的工合社，卻無能為力。為改變這種局面，秦柳方建議，在管理人才不足、資金短缺的時期，應該歡迎資本家社員加入工合社；但工合社內須實行民主、貫徹「一人一票」，如資本家社員欲操縱社務、謀求剝削，則當然應予排除。對於雇工多於社員的情況，秦呼籲必須改變，如雇工最多占勞動社員數的20%，且應逐步使之（認購社股）成為社員。而工合社若不健全，則與共同經營的手工廠無異，不過是利用「工合」名義逃避稅捐，甚至利用銀行放款從事投機活動、非法獲利而已。秦力陳須清理這些工合社，同時組織新工合社。秦批評道，如來自湖南、廣西的難民中，曾經營工廠和擁有技術者不在少數，儘管他們曾向主管當局要求成立生產合作社，但重慶事務所卻至今不考慮這個問題。[118]秦顯然在批評工合運動本應重視救濟落難技工，實際上卻冷眼旁觀；但也反映出工合方面因資金短缺、經營困難等已無暇顧及組織新社。

表5-7　重慶工合社職工月薪統計（1944.12）

行業	社數	職員		社數	技工	
		最高（元）	最低（元）		最高（元）	最低（元）
機器	1	6,000	3,500	1	5,000	3,000
化學	9	9,139	3,091	10	6,340	3,138
棉織	12	5,018	2,673	13	2,350	593
服裝	5	4,600	2,900	5	13,120	3,910
食品	1	4,500	1,400	1	2,400	2,400
日用品	2	7,000	4,200	2	7,000	1,800
文化	1	3,500	2,000	1	4,000	1,600
計・平均	31	5,680	2,823	33	5,744	2,349

---

[118] 前引秦柳方〈渝市工合社調查報告〉。

行業	社數	雜工		社數	練習生	
		最高（元）	最低（元）		最高（元）	最低（元）
機器	0			1	1,500	700
化學	7	2,000	1,180	6	1,086	470
棉織	10	1,514	933	8	1,415	487
服裝	10	2,500	1,300	4	1,000	466
食品	1	1,700	1,700	0		
日用品	1	1,500	1,000	2	1,800	1,800
文化	0			0		
計・平均	29	1,843	1,223	21	1,360	785

※秦柳方〈渝市工合社調查報告〉，《工業合作》（半月通訊），第13、14期合刊，1945年7月5日。原史料記「含社員、非社員」，故職員、技工中應含社員、非社員在內，亦即社員、非社員的最高及最低工資。不過，職員的最高工資應即職員社員的最高工資。

　　工合社的工資水準，如表5-7所示，社員中職員的月工資，以化學行業為最高，為9,139元，其次是日用品行業，為7,000元；再其次是機器行業的6,000元、棉織行業的5,018元，最低的是文化行業，僅為3,000元。技工的工資，整體上低於職員，但也有例外。如服裝工合社將職員的工資定在4,600元，同時卻以1萬3,120元的高薪聘用高級技術人才（或為請其任技術指導）。而「練習生」的工資，有的低至不足50元，其間差距極大。

　　社員除工資外，一般還享受伙食及旅費、接待費等待遇。如棉織工合社的經理、理事主席的工資，就比照勞動社員的最高工資。但那些社務不健全的工合社，為經理等支出的旅費、接待費等往往比工資還要多。例如，興隆橋機器工合社經理，其工資為6,000元，但1945年1月的旅費、接待費卻高達1萬6,390元。

　　再看技工的工資。棉織、服裝、日用品行業採行按件計酬制。因此，如服裝行業的裁縫工合社夜班較多、製鞋工合社則因使用「見習工」而工資最高；相反，棉織行業則因經常歇業而工資最低。機器、化學、食品、文化等行業也採用按件計酬制。土沱化學玻璃工合社技工的工資是按件計酬、按月結清，同時又根據每天產量有嚴格規定。國營、公營工廠的工人能夠享受「平價」購物的政策。如電池工合社技工的工資是5,650元，但軍政部電信廠的技工則是8,000元，還可按每斗26元的低價限購三斗軍米。而茶盤溝製革工合社的技工月工資僅3,170元，且被拖欠達4個月之久，其間只供給伙食；有的「練習生」因此對工合社很失望，訓練結束後即去民間製革廠，有的

竟能拿到一萬元的工資。蔡家場硫酸製造工合社因資金短缺而拖欠技工1945年2月的工資，其間僅供伙食。而「練習生」的工資至多2,000元，少的甚至僅有400元。[119]

工合社內從事勞動的社員，其待遇當然越來越低，不僅無法和國營廠相比，與一般民營廠也拉開了距離。因為，國營廠本有力量為技工提供優渥待遇，而民營廠吸引資金的能力也相對提高，1945年度似乎還有國民政府低息工業放款的鼓勵，停工歇業比各工合社大為減少。[120]面對這種狀況，重慶事務所的指導工作也逐漸消極，1944年對近距離工合社很少指導，距離稍遠的一年僅指導過一次。指導員原有3人，但1945年1月至2月被調走2人，只剩1人。[121]

就這樣，重慶的工合運動進入全面停滯時期。然而，該期工合社聯合社的活動仍較為活躍。聯合社於1945年初召開第六次社員代表大會，透過了《（民）三十四年度業務計劃》。該計劃規定工作重點如下。①加強供銷業務，擴大各社生產，促進社務發展。供銷業務以供應、代購、買賣三種方式為各工合社提供原料，並以收購銷售、代理銷售、分包承製三種方式，使產品銷售更加通暢。②擴大信託業務，調整供銷與生產資金的周轉。信託業務以定期、活期、儲蓄三種方式吸收必要營運資金，並以抵押、票據、透支、信貸等各種方式放給供銷部和各工合社。③分組織、社務、財務、業務加強對工合社的指導工作，促進各社社務、業務發展。另擬實施普遍合作教育以加強所有社員的合作意識，並針對部分社員施以特別訓練，以培養會計、技術骨幹人才，同時注意醫療、衛生，改善社員生活。其預算為，(1)營運資金7,200萬元，其中包括社股、借款（來自工合協會、市合作金庫、商業銀行等）、聯合社信託部存款；(2)教育、福利費189萬元，包括工合基金、聯合社公益金、捐款。但詳細使用計劃不詳。再，1944年度上半年，重慶工合社產品的銷售去向及銷售額如下，即售給合作供銷機關1,138萬1,000元（26.4%），供應消費合作社1,623萬4,700元（37.8%），直接面向消費者銷售530萬8,614元（12.1%），市場銷售1,025萬5,010元（23.7%）。[122]

---

[119] 同前。

[120] 〈重慶市工業生產合作社聯合社三十四年度上期業務報告〉，《工業合作》（半月通訊），第17、18期合刊，1945年9月5日。前引秦柳方〈重慶的工業合作社〉。

[121] 前引秦柳方〈渝市工合社調查報告〉。

[122] 前引《重慶市工業生產合作社聯合社三十四年度上期業務報告》。

五、川康區工合社的教育功能與福利事業

　　工合教育被視作直接、間接地支援工合運動不可或缺的基礎工作，故從工合協會、川康區辦事處到各事務所都十分重視這項工作。具體實施，一般是在各工合社成立後開辦短期講習會，向社員授以工合常識。各地指導員也透過座談會、茶話會、月例會等指導社員，以培養其合作精神，提高職員的經營能力。除經常舉行這種廣義的工合教育外，也努力以各種形式開展針對具體階層的工合教育。如①工合協會曾與金陵大學合辦工合幹部訓練班，所聘教員都是著名人物，如合作事業專家戴樂仁、史邁士（Lewis Strong Casey Smythe, 1901-1978）、洪謹載、沈經保、張官廉等；訓練對象則招收高中畢業者及大學、專科學校學生，以上課、實習、生活相結合的方式施以綜合訓練，為期六個月。第一次訓練15人，第二次在重慶、成都招收18人。而川康區的辦事處、各事務所則相繼舉辦過如下訓練。②工合人才訓練班，1939年5月由區辦事處和四川省第三區行政專員公署合辦，對象為與經濟建設有關人員計39人，為期三個月。③工合會計業務人員訓練班，1939年11月，由區辦事處主辦，對象為具有高中文化水平者和原小學教師，計59人，為期三個月。④業務會計訓練班，區辦事處主辦，計59人於結束訓練、實習後，被派往各事務所、各指導室和各工合社任指導員、經理、會計等。月薪一律40元，視工作成績酌加工資。⑤工合職員訓練班，1940年6月，區辦事處主辦，參加者24人，為時兩周。⑥婦女職業訓練班，1940年4月，成都事務所主辦，60人參加，為時三個月。⑦工合短期訓練班，1941年4月，成都事務所舉辦，參加者14人，為時兩周。⑧會計訓練班，1939年5月，榮昌事務所開辦，30人參加，為期一個月。⑨理事、幹事、主席及經理訓練班，1939年5月，榮昌事務所舉辦，招30人，為期一個月。⑩會計人員訓練班，1940年4月，榮昌事務所、綦江事務所與合作金庫合作室共同舉辦，招60人，為期兩個月。⑪會計業務人員春季講習班，1940年2月，樂山事務所舉辦，學員40人，為期六天，內容為會計、合作、技術等。採集訓方式，期間學員生活起居實行「軍事化」，要求行動機敏迅速。講師除事務所職員外，還有本縣合作事業界及金融界人士。⑫工合社職員冬季講習會，1941年1月，灌縣事務所開辦，招250人，為期四十天。此外，萬縣、梁山也曾舉辦會計人員訓練班。[123]只不過，據說工

---

[123] 前引石鳴〈三年來之川康工合〉。《川康工合》，第1卷第2期，第15、35頁；該刊創刊號，第

合教育並無統一計劃和完整體系，也沒有教育經費的整體安排。[124]

　　特別是對婦女，在重慶基督教女青年會協助下開辦了婦女訓練班，施以軍鞋、軍服生產訓練。第一次訓練結束後，組織她們成立工合社，數月內生產軍鞋1萬雙，據說因物美價廉，以至於供不應求。[125]成都在婦女訓練方面成果顯著。成都曾完全不關心婦女的職業教育，且文盲占絕大多數。有鑑於此，除上述⑥的婦女職業訓練班外，為促進工人教育，成都事務所於1939年9月增設專事教育的職位，並舉辦織造軍毯的婦女訓練班，其部分學員是贊同工合運動前方抗戰、後方生產等立場和思路的「中流階級」婦女。這一動向似與宋美齡、基督教女青年會及新生活運動對工合運動的支持有關。當時，希望參加軍毯織造的婦女已達2,500人，成都事務所也已在如下四處開辦紡毛訓練班。即在育兒所開辦三期，每期十天，學員850多人；在中學內開辦兩期，學員計約200人；在廟內開辦，學員60人；在東門外開辦五期，學員300人接受訓練。這些學員幾乎都接受了工合事務所的指導，但似乎並非工合社員。所以，她們不是在工合社內、而是在家裡分散勞動，並按居住地成立「組」，由組長收集產品、支付工資。另有2,500名農村婦女、城鄉共計5,000人參加紡線。[126]1940年，為把婦女勞動從育兒中解放出來，還開辦了萬縣工合小學，招收工合社員子弟；重慶工合小學也在籌辦之中。據艾黎記載，1941年，重慶某工合社的社員每晚都去夜校，這對減少見習生在內的文盲很有幫助。再，重慶事務所也曾舉辦軍屬訓練班。[127]

　　川康區似有意將工合思想直接引入教育，並分機械、紡織和化學三組設學，進行技術訓練，並以「工合」二字為標識（圖5-4、5-5），即以工合理念為校訓和教育目的。而該標識的含義則為，「天」表示「天地人」，「合」即大家一心、誠心誠意的結合，三角形表示工合運動的最高理想「三民主義」，外圍圓環表示世界。其意為，毅然立於大地、萬眾一心推進工合運動以建設三民主義新中國、促進世界大同。

26頁。「發展」140-141頁。

[124] 同前。

[125] 前引張法祖著、日本駐上海大使館特別調查班譯《三年來支那工合運動の發展》，第136頁。

[126] 前引張法祖著《工合與抗戰》，第137-138頁（日譯：東亞研究所《支那工業合作社關係資料──支那工業合作運動の全貌──）(3)》，第272-273頁）。

[127] 前引劉仲癡《川康工合三十一年下半年記要》。前引艾黎《重慶事務所》。

圖5-4　「工合」標識

※本書著者採自甘肅省山丹縣「艾黎與何克陵園」墓碑。

圖5-5　「工合」標識

※採自Indusco Bulletin, July-August, 1947. 可知外周圓環一般省略。

　　總之，川康區的教育活動是「學」、「做」結合。「學」計14課，分三期進行講授和實習。第一期三個月，灌輸基本知識和集中訓練；第二期三個月，半上課、半「工作」（實習）；第三期為六個月，三分之一上課、三分之二「工作」。「基本訓練」科目有公民、國語、初級數學、實用理化學、工業常識、合作常識、簡易簿記、歌唱、體育、英語；「選擇」科目有機械常識、商業常識、紡織常識。這些課程每週38小時，按標準授滿25周，共計950小時。「做」分機械、化學、紡織三組，學生選其一參加。機械組進行五金加工，製造車輛零件、小刀等；化學組從事造紙、製革和肥皂製造；紡織組則生產毛巾、帶子、布匹等。可見，這些教育在很大程度上引進了陶行知的教育思想。[128]

　　1941年10月，梁山事務所與經濟部中央工業試驗所共同開辦了造紙技術及經理人員訓練班，以培養造紙工合社的經理和技術人員，學員結業後派往各社，或擔任事務管理，或進行技術改良以提高產品品質。其中技術班有學員13人，經理班有11人，均為期兩周。經理班學習商業常識、業務問題和記帳，技術班學習造紙技術

---

[128] 《工業合作月刊》，第1卷第4期，1941年11月，第46頁。本書著者所收集史料似為前引李英斌《梁山造紙縣聯合社之過去與未來》之續篇，但其中第42至45頁已缺失，故無法斷定。如本書第一章所述，川康區的嘗試較為先進，如曾進行「工、「合」、「學」的綜合訓練等。由此推斷，此類嘗試，其他區或亦為之，但無疑是川康區基本態度的反映。

等；另有工廠管理、工合社經營、會計常識、自然科學為兩班共通科目。[129]工廠管理被定為兩班共通科目，或因事務所沒有能力於各工合社同時配置經理和技術人員，而只能配置其中之一。

至1944、45年，越來越多的工合社似已無暇顧及社員教育。不過，觀音橋抗屬製鞋工合社從成立之初即由重慶市基督教女青年會派來教師一名，每晚教授國語、算術兩小時，同時輔助社務。第一藥品工合社則每週召開座談會，或討論社務、或報告時事；另有職員充當老師，每週舉辦化學常識講座兩小時、英語補習班三小時。可見，此時社內職員兼作教師已非罕見，會計也在閒暇時加入教育工作。[130]

此外，宣傳也被視為「廣義的教育」，透過宣傳工合運動現狀，可獲得人們對運動的理解和援助，也有助於國際宣傳。因此，重慶事務所曾將印刷、機械、藥棉等優秀工合社的工作狀況及合作運動專家卡朋特（Henry Carpenter）前來視察的情景拍成電影。[131]各事務所舉辦的歌詠會、音樂會、戲劇、競進會、展覽會等，也成為推動社會教育的有效手段。

福利事業因直接影響社員生活和生產效率，故深受重視。如兼任區辦事處醫藥顧問的醫生梁樹芳，是國立北洋醫學院畢業的重慶市立醫院外科主任；據說辦事處職員和工合社員皆可免費接受診療。[132]重慶辦有工合托兒所、工合俱樂部及工合互助會，成都有工合診療所，三台則開辦了保健所，這些相繼出現的福利設施，取得了良好效果。不過，1942年，托兒所因經費短缺而被迫停辦。[133]據說，到1945年，重慶工合社聯合社仍在開展「醫療衛生工作」，派員到各工合社巡視，以改善各社的衛生環境、預防傳染病，同時開設診所免費診療。實際上，聯合社還派護士作醫務員到各社巡迴診療，近處工合社每月巡迴一兩次，最遠的距事務所有135華里之遙，也一兩個月巡迴一次。此外還計劃聘請兼任醫生一人在事務所內開設診療所。[134]

---

[129] 前引李光美《川康工合近態》。

[130] 前引秦柳方〈渝市工合社調查報告〉。

[131] 前引劉仲癡《川康工合三十一年下半年記要》。

[132] 《川康工合》，第1卷第5期，第41頁。

[133] 前引石鳴《三年來之川康工合》。

[134] 前引《重慶市工業生產合作社聯合社三十四年度上期業務報告》。前引秦柳方〈渝市工合社調查報告〉。

　　廣元的工合社不多，經費也有限，但事務所仍不辱工合運動使命，不僅開辦了工合保健所、工合閱覽室等，還代為營運「聯合國」電影宣傳處廣元放映站。保健所由事務所聘「廣元名醫」潘仲文開辦，除為工合社員免費診療外，還負責監督和指導各社衛生。開辦閱覽室得到了縣政府許可，並與民眾教育館合作設於該館內。放映站則是基於教育工合社員並為社會提供服務的觀點，代「聯合國」進行電影宣傳而設立的。[135]據推測，該站經費或間接來自美國，但如前所述，不僅廣元，各地工合社基本上都是支持、支援美國的。

結語

　　第一，以重慶為中心的四川是國民政府抗戰體制的核心，故川康區在全國工合運動中自始即最受重視。各事務所的分佈，是從地理、地形、交通、資源、勞動力、手工業基礎及市場等方面綜合考慮決定的（圖5-6）。由於大量承製軍毯，川康區的工合運動開始後曾發展得十分順利；1944年又按照國家政策積極支援美軍，從而使工合運動得到了美國國內的極高評價。但川康區的工合運動也存在如下等許多不利因素。①日軍連續轟炸重慶，使以川康區為全國工合運動核心的設想未能實現。②由於受國民政府、省政府、市縣政府多級嚴格管制，工合社在四川註冊手續繁雜、原料採購困難。③生產能力方面，四川執行以國營和公營工廠、內遷廠為主體的工業佈局，故大型工合社沒有多大必要。實則，就社員人數看，川康區的工合社規模都較小。不過，在某一時期，若包括雇工、見習工在內，則人員超過50人的大、中型工合社也不在少數；因此，組織大型工合社的設想本身，也並非完全不切實際。④川康區的資金儘管比其他區相對寬裕，但仍自始就存在資金短缺問題，而且後來愈益嚴峻。⑤川康區的技術人才也不充分。的確，區辦事處主任李吉辰在抗戰前曾在江蘇省從事合作事業，並任丹陽合作試驗區副主任、技師；[136]川康區能夠接納此類人物，其意義自然重大。但是，國民黨系統的技術人員許多投身於資源委

---

[135] 前引王燕生《廣元工合事業之現狀》。

[136] 拙稿〈江蘇合作事業推進の構造と合作社〉，《中国における国家と教》，雄山閣出版，1994年。

員會或國營、公營工廠，而為工合運動所吸引的第三勢力技術人員，又因厭惡國民
黨管制而雲集西北區，其結果，在川康區工作的技術人員極少。

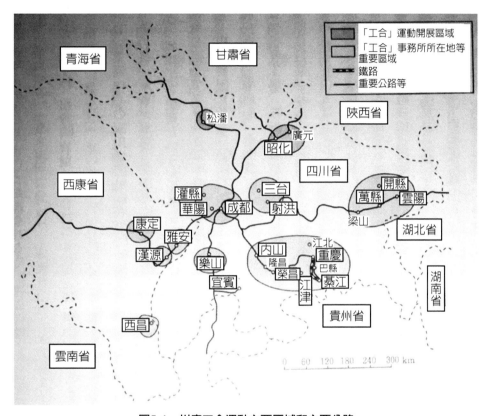

圖5-6　川康工合運動主要區域和主要公路

※據《中國地圖集》（新興出版公司，香港，1996年）、並參照中國抗日戰爭史學會等編《中國抗日戰爭史地
　圖集》（中國地圖出版社，1995年）第115-116頁、神田正雄編《四川省綜覽》（海外社，1936年10月）附
　錄地圖及本章有關內容編製。

　　第二，李吉辰、李光美等川康區工合領導人的基本思想是合作主義，他們領導
工合運動，目的在於為抗日持久戰提供經濟支持，並將運動引向「民族解放戰爭的
勝利」；他們也持有國家資本主義觀點，希望透過工合運動為將來的中國經濟打下
基礎（與其他區不同，未見有川康區的工合社在日本戰敗後發展為大型工廠）。同
時，他們倡導國際主義，主張世界合作社主義者聯合起來反對侵略，結成國際反法
西斯統一戰線。而中國合作思想中一以貫之的「反資本主義」、「階級調和」的特

徵，與孫中山的三民主義、尤其與民生主義存在共性，因而使二者容易結合；工合運動領導人積極強調並著意宣揚運動與民生主義的聯繫，其原因在此。工合教育也重視三民主義，而且，宋慶齡及南洋華僑代表也都將工合運動與民生主義關聯起來予以高度評價。而這樣做，起碼在形式上能夠得到蔣介石等的支持，同時對他們試圖阻礙帶有民主主義傾向的工合運動，也足以形成牽制。當然，工合運動並非總與國民政府對立。尤其是在減免稅負問題上與省、縣政府的對立，對貫徹國民政府的方針、實現中央集權最終起到了促進作用。對國民政府統制桐油等資源，川康區工合方面或有不滿，但如發生在西北區等的國民政府與工合方面的公開衝突、對工合運動的鎮壓，卻沒有出現在川康區。這也從側面證明，川康區因地處陪都所在地，其運動主流對國民政府的政策採取了配合態度。

　　第三，觀諸工合運動與其他合作機關、合作事業的關係，以及工合運動在此類關係中的作用，可知工合運動在逐步加深與其他合作社的關係，而且也曾組織消費社合作社。比如曾參與重慶市合作金庫、與省農業合作委員會也關係密切、和重慶市消費合作社聯合社形成了業務合作，[137]甚至，與貴州省合作事業委員會之間也存在人員流動等相互交流。四川省合作事業的發展狀況如下。1937年有合作社2,274社，1938年有8,236社，1939年有1萬6,693社，1940年為2萬4,146社，1941年為2萬3,599社，1942年為2萬3,586社，1943年2萬4,349社，1944年為2萬2,663社，1945年為2萬3,400社。[138]合作社在1940年迅速增加，與同年8月行政院頒佈《縣各級合作社組織大綱》有關。該《大綱》明確規定縣各級合作社為發展國民經濟的基本機構，須配合其他自治工作，原則上每保須有1社、每戶須有社員1人。[139]從上述數字看，不僅重慶的合作事業整體有所發展，四川的合作事業在1940年以後整體上也並未衰退。但川康區的工合運動卻與此相反，陷入了停滯。這與其說工合運動本身存在問題，毋寧說是多種外在原因——日軍轟炸重慶、國民政府的經濟政策和管制、導致這些政策出臺的通貨膨脹以及資金和原料不足等——綜合作用的結果。

　　第四，工合協會曾多次改善其組織體制。因組織系統過於龐大，上層機構與下

---

[137] 前引《重慶市三十二年度合作事業報告》。

[138] 中國合作事業協會編《抗戰以來的合作運動》，1946年5月，第16頁。

[139] 任敏華〈現階段的四川合作事業〉，《四川經濟季刊》，第2卷第1期，1945年1月。

層組織難以充分溝通。有批評道，下層工作人員甚至向（全國）工作會議提意見的機會都沒有。[140]處於基層、分散各地的各工合社，或的確難以向工合協會直接反映意見。但工合協會、區辦事處、事務所也透過巡視、視察、調查等努力把握各社現狀，在給予適當指導的同時，當然也曾傾聽各社意見並討論改善方法。此外，川康區辦事處提出的「三級制」曾在全國工作會議上討論通過，工合協會、區辦事處、事務所的職能分擔因此得以明確。總之。較之其他組織、團體，工合協會的營運還是相當民主的。

第五，工合社成為其他機關參觀學習的對象和榜樣，顯示工合運動與其他機關、組織之間關係良好，它們都在為支撐抗日經濟而互相積極配合。如前所述，樂山事務所曾與省農業合作委員會以及新生活運動會、蠶桑實驗區、中央工業試驗所、中國銀行、農民銀行等共同舉辦樂山合作事業協進會，與社會局、合作事業局自然也關係密切，甚至還接受過基督教女青年會的協助。為應對劇烈的通貨膨脹、資金和原料短缺，工合社聯合社曾多方努力，如果斷改革流通，對合理運用資金、穩定原料供應卓有成效。在這方面，工合研究所也曾與金陵大學、合作學院緊密合作。技術的革新和改良一直深受重視。為提高生產能力、降低生產成本、統一產品標準、提高產品品質以加強市場競爭力，工合社改善了製造工序，力圖引進和改良機器進行生產。烘繭、繅絲、織布各工合社相互聯合，主要目的在於排除商人盤剝，但也不妨視為提高效率而模仿大型工廠按工序分工的生產管理方法，只不過各工序的生產分散在不同空間而已。此類革新、改良等嘗試，對當地手工業等產生了極大影響。

第六，重慶工合社反映出的抗日戰爭末期工合運動的主要傾向和特質如下。當時工合社面臨極度通貨膨脹、資金短缺，不得不依靠高利貸；有的工合社已經只供伙食而發不出工資。這種情況催生了腐敗，有人甚至利用工合社名義借貸，或造假帳。曾幾何時，不少人才紛紛加入工合社；但經營狀況惡化後，人才又從工合社紛紛外流。工合社內部出現分化，管理層、職員和勞動社員之間出現裂隙，技工、雇工、見習工等非社員增多導致待遇、工資等差距拉大。對此，秦柳方曾尖銳批判說，工合社如此，則已與一般企業無異。當時，法國的工業合作社有社員2萬8,000

---

[140] 前引王燕生《廣元工合事業之現狀》。

人，其中，不參加勞動的股東社員為8,000人，勞動社員為1萬2,000人，雇工為8,000人，其傾向與中國工合社相同。[141]據認為，工業合作社在取得成功後將逐步帶上資本主義企業的性質，經營規模擴大而雇用工人時，更傾向於支付工資，勞動和資本發生分離，從而將不再是工業合作社。[142]亦即，工合社的管理層與勞動工人分化是世界性現象，極可能是工業合作社的內在問題。工資、待遇的巨大差距等一定程度上需要糾正，但按諸當時情況，儘管工合運動的理想面對現實已發生偏離，但工合運動沒有排斥雇工、見習工等產業預備軍，而是給他們工作，使其在困難中能夠生活下去，而且還為他們創造了在工合社內接受教育和訓練的機會，使其能夠理解工合運動的民主理念等，這些都決不可忽視，而應予以公正評價。[143]

　　第七，合作教育在抗戰時期持續受到重視，僅省級訓練，就有省農村合作委員會講習會和省地方行政幹部訓練團合作組。前者舉辦兩期，各為期兩個月。第一期舉辦日期不詳，學員59人；第二期於1940年1月舉辦，學員55人；後者於1941年1月舉辦，學員115人，亦為期兩個月。[144]但這些訓練僅為培養幹部，人數也僅229人，對基層人員的訓練極不充分。而補充這一缺陷的則是工合社層面的教育和訓練。這些訓練內容豐富，既有單純的識字教育，也有較為專業的工廠管理、經營、會計、機械技術等，對培育各類各級人才發揮了重要作用。至於開辦工合小學招收社員甚至見習工的子弟，則既可解除婦女的育兒負擔，使其能夠參加生產，也是消滅文盲的有效嘗試。工合運動也注意改善勞動條件，重視醫療、衛生等福利，進行免費診療、巡迴診療。這些活動，在當時的一般工廠幾乎不見先例。總之，工合運動不單是手工業現代化運動，還立足於合作主義、工合思想，並將這些思想、實踐帶往城市和農村，以此來培植中國社會中下層的基礎，其活動甚至已涉及社會經濟結構的變革。

（陳傑中　譯）

---

[141] 前引張法祖著《工合與抗戰》，第240頁。

[142] 請參閱國弘員人《協同組合概論》增訂版，岩松堂書店，1954年。

[143] 此為西北区事例，請參閱拙稿《西北区工業合作運動關係者に対するインタビュー——抗日戰爭時期、国共内戰期、そして現在——》（《アジア経済（亞洲經濟）》，第33卷第5號，1992年5月）所記對原社員、學徒的採訪。

[144] 前引任敏華《現階段的四川合作事業》。

西南區工業合作運動與農村社會經濟改造
——以湖南、廣西兩省為中心

前言

　　在工合運動的全國設想中，湖南、廣西兩省處於「第二經濟防線」，即前方與後方之間的緩衝地帶，將利用當地原料透過半手工、半機器方式生產軍需和民用品；工合社則以中型為主，視需要將其改編為可分散、移動的小型工合社。此類工合社將為數最多，在廣大區域內形成「工合主力軍」。[1]不過，湖南省幾乎全部在「第二經濟防線」之內，長沙附近已接近前線；而廣西省則有一半在與日軍直接對峙的「第一經濟防線」之內。亦即，該二省東、北、南三面受到日軍日益嚴重的威脅，極可能成為保衛四川、重慶的前沿激戰區。由於七七事變、淞滬會戰相繼爆發，國民政府加緊鋪設湘桂鐵路，1939年12月基本完工。該路是從粵漢鐵路線之衡陽經祁州、全縣（現全州）到桂林、柳州、南寧直達中越邊境的幹線鐵路，與湘桂公路並行。如此，較之其他地區，西南區交通大為便利，而且棉花、甘蔗、煤炭等原料、燃料豐富，各種工業原料幾乎皆可在當地獲得，具備發展工合運動的有利條件。工合協會西南區辦事處於1938年9月在湖南邵陽成立。這是繼西北區成立的全國第二個辦事處。此後，該辦事處在粵漢鐵路、湘桂鐵路及湘桂、湘黔、黔桂公路沿線以及湘江、資江等沿岸相繼組織了工合社。

---

[1]　張法祖〈抗戰中的工業合作運動(2)〉，《香港大公報》，1940年7月10日。

表6-1　全國五區中之西南區工合社（1940.4）

地區	社數	社員數（人）	平均社員數（人）	放款總額（元）	％
西北	557	8,100	14.5	3,040,000	55.4
西南	167	2,203	11.8	439,833	8.0
東南	336	4,598	13.7	219,301	4.0
川康	530	7,227	13.6	1,625,000	29.6
雲南	105	1,076	10.2	166,000	3.0
總計	1,715	23,204	13.5	5,490,134	100.0

※《東亞》，第14卷第11號，1941年11月，第91頁。謝君哲〈我國合作事業的演進（二）〉，《香港大公報》，1941年8月24日。史料記作1940年6月；但由表6-3可知，實為該年4月之數據。

　　如圖6-1所示，除單獨成區的雲南省（區）外，工合運動發展最緩慢的就是西南區。因此，關於該區的工合運動，除初期、中期的部分狀況較為明確外，至今尚無完整研究，許多問題尚不明確。[2]然而，僅探討運動發展迅速地區的工合社，顯然無法明確工合運動的整體結構；運動相對落後地區的工合社，由於不得不採取對策以迅速打開局面，才能從另外角度表現出與發展較快地區不同的「特質」、意義乃至局限。因此，對落後地區進行探討，才能得到衡量如下問題的有關指標，即工合運動的理念起碼在多大程度上得到了貫徹、面對現實其性質發生過或被迫發生過怎樣的改變。本章將把抗日戰爭後期工合運動尚不明確的發展狀況納入視野，首先觀察湖南、廣西的工合運動在城市、農村如何開始、背景如何，而後對運動的發展輪廓依據相關數據作計量性把握，並分析其特質及在全國各區中的地位；在此基礎上，將運動的具體展開過程分西南區、湘桂區、新西南區三個時期作詳細探究；在就兩省各地運動的狀況及工合社內部構造作深入的實證性探討後，本章還將述及工合運動的訓練、福利問題，以檢視運動對改造農村社會經濟的作用。

---

[2]　管見所及，有關該兩省工合運動的專門研究，戰後至今尚無之。而戰爭期間論及該兩省工合運動、工合社的著作有如下兩部。即張法祖著《工合發靱》，光華書店，1941年（上海日本大使館特別調查班譯《三年來支那工合運動の発展》，1942年）；滿鐵調查部《支那抗戰力調查報告》，三一書房，1970年復刻版，第497頁。其中，前者視湘桂區為交通發達、資源豐富的國防中心區域；而後者因缺乏資料，僅就湖南、廣西早期工合運動作了簡單介紹。而本章將重點闡述湖南、廣西工合運動的實際狀態及區域特徵，並基於工合運動、工合社不僅是手工業這一認識，對通過合作運動方式形成的組織、機構調整、技術改良、技術訓練等各方面以及各行業工合社的生產能力等加以考察，還將探究工合運動自太平洋戰爭爆發至抗戰末期陷於停頓的狀況。

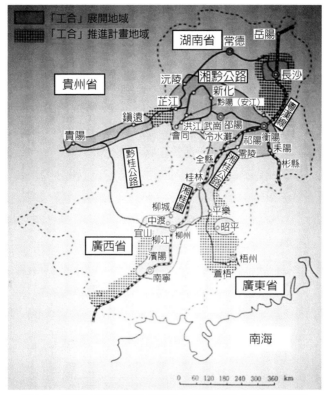

圖6-1　湖南廣西兩省工合運動主要地區及主要鐵路公路

※根據《中國地圖集》（新興出版公司，香港，1996年）、趙光展《四年來湘桂工業合作之發展及軌跡》
（《工業合作》[月刊]新3卷第3期，1942年9月）及本章有關論述編製。1938、1939年階段，湘桂鐵路除柳
州南寧（50%）段外基本建成。湘桂公路（衡陽桂林柳州）1935年竣工。黔桂公路1934年2月由貴州省政府
修築完竣。據說難行路段較多，抗戰後經重修，路況大為改觀。湘黔公路（長沙貴陽）的橋樑等正實施改善
工程（滿鐵調查部《支那抗戰力調查報告》，三一書房，1970年復刻版，第231-243頁）。另，工合協會對
連接衡陽、零陵、桂林的湘江和連接漵浦、新化的資江等河流的運力亦非常重視（關廣綸〈中國工業合作協
會西南區組織運輸計劃〉，《西南工合》，第2卷第5期，1940年6月）。

一、西南區時期湖南廣西兩省的工合運動

　　西南、西北的工業極為落後，據滿鐵調查部調查，符合中國工廠法標準的近代工
廠（工人30人以上），湖南僅有16家，廣西僅有12家。西南經濟委員會和經濟部工礦
調查委員會將淪陷區的工廠內遷以建設內地工業，至1940年已向內地搬遷機械廠181
家、紡織廠97家、化學廠56家等，共449家，其中有308家後來得到重建。接受淪陷區

工廠內遷的，四川有254家（重建184家），其次是湖南，為122家（重建86家），陝西27家（重建17家），廣西23家（重建14家）。[3]可以說，內遷廠除部分遷往陝西省寶雞外，主要目的地是四川、重慶，其次則落地湖南、廣西二省。換言之，該兩省是接受工廠內遷的重要地區。不過，內遷廠約80%是資本50萬元以下、工人不滿100人的中小工廠。[4]據1938年12月以前的有限史料觀察，湖南省城市有內遷廠落地的為常德（60家）、沅陵（32家）、祁陽和辰溪（各6家）、衡陽（5家）、長沙（2家）、零陵（1家）等；廣西省則為桂林（18家）、全縣（2家）、柳州（1家）。可知內遷廠集中於特定的局部地區。這些地區與工合運動開展的區域，在廣西相互重疊，但在湖南彼此重合的則只有內遷廠較少的祁陽、衡陽、長沙、零陵。內遷廠主要生產手榴彈、水雷、軍用電池等軍用品，以及電氣絕緣零件、水泵、旋床、汽車等，[5]沒有紡織廠等遷來。為打破這種局面，工礦調整處和廣西省政府於1939年在桂林合辦了機器紡織廠；不過，儘管已籌資82萬元，卻只運抵部分機器。[6]而且，82萬元絕非小數目，相當於同年3月西南區工合放款29萬1250元[7]的2.8倍。此外，1935年11月幣制改革以後，廣西仍通行地方貨幣桂鈔，成為工商業發展的主要障礙。因而，國民政府需要鼓勵手工業以彌補大工業之缺陷，金融亦須支持擴大生產和改進產品品質。銀行方面，抗戰前總行在湖南的只有長沙的湖南省銀行、大懋商業銀行等，廣西也只有桂林的廣西省銀行、廣西農業銀行等；但抗戰開始後，新設支行達45處之多。在湖南，1938年有中央銀行進駐衡陽，1939年有中國國貨銀行進駐長沙；而1938年在廣西桂林開始業務的則有中央銀行、中國銀行、中國農民銀行、上海商業儲蓄銀行等；貴州也在1938年有中國銀行、中國農民銀行、上海商業儲蓄銀行等開設分支行。特別是中國銀行遵循國策開設了13處分支行。[8]隨著上述銀行相繼開展業務，法幣的流通範圍逐漸擴大，中央集權從金融方面得到加強，透過金融手段支援經濟發展更加順暢，廣西的半獨立狀態也從金

---

[3] 拙稿〈重慶政權の戰時經濟建設〉，《歷史學研究別冊特集》，1981年。前引滿鐵調查部《支那抗戰力調查報告》，第464-465頁。陳真、姚洛等編《中國近代工業史資料》，第1卷，三聯書店，1957年，第88頁。

[4] 請參閱本書第一章。

[5] 中央研究院近代史研究所檔案館藏《經濟部工礦調查處工作報告——27年8月至12月》，18—33—3—(3)。

[6] 廣西建設研究會《建設研究》，第1卷第3期，1939年5月，第57頁。

[7] 請參閱本章表6-2。

[8] 張琬〈中國銀行業向西南移動的現狀〉，(1)、(2)、(3)，《香港大公報》，1939年9月11-13日。

融方面開始被改變。不過，廣西省政府一直未放棄紙幣發行權，至日本戰敗止共發行紙幣731萬元。[9]這與法幣流入共同成為桂林等地物價暴漲的原因之一。

　　工合運動開始前的合作社基礎，湖南與廣西截然不同。在湖南，長沙早在1920年即已成立合作期成社、大同生產合作社等，在全國也屬合作運動先進地區。[10]其後經過停滯，1933年起正式組織合作社，1934年11月已有合作社417社、社員達3萬4723人。其中信用社為375社（89.9％），占絕大多數；其次是生產合作社，有16社（3.8％）；占第三位的運銷合作社有4社（1％）。這些合作社多分佈於湖南省東北部，即岳陽、沅江、湘陰、長沙等地。不過，上述「生產合作社」似為工業合作社，而非農業合作社。因為，同年9月，該省已有「職工生產」合作社12社、社員543人（每社平均45人），分別在長沙、湘陰、常德、岳陽等地。[11]其產品種類不詳，或從事當地特產刺繡等。亦即，湖南雖為以信用合作社為主的合作事業發達地區，但同時也有一定工業生產合作社的基礎。而廣西省則與此不同，直至1934年12月，該省仍只有信用合作社1社、運銷合作社6社、購買合作社1社，共僅8社，社員800人，[12]不僅完全沒有生產合作社，合作事業整體也十分落後。

　　西南區工合辦事處就是在這種情況下，於1938年9月成立的。辦事處下設組織、技術兩組，工作區域為湖南、廣西、貴州三省。開始時主要在具有合作社基礎的湖南開展工作，在城市和鄉鎮同時組織工合社；其行業及產品，城市是各種日用品，鄉鎮則是紡織、裁縫（使用縫紉機，下同）。[13]組織組等後來改為組織股等，但鑒於工作之重要，其下設有指導、訓練、登記三科，以推動成立工合社。

　　1939年5月，工合協會總幹事劉廣沛在全國生產會議上提出《一年工作計劃書》，計劃一年內在全國五區發展工合社1萬社、社員35萬人、工合協會放款3200萬元。其中西南區計劃組織工合社1,000社（10％）、社員1萬8,000人（5.1％）、放

9　鄭家度《廣西近百年貨幣史》，廣西人民出版社，1981年，第128頁。

10　拙稿《中國初期合作社史論》，狹間直樹編《中国国民革命の研究》，京都大學人文科學研究所，1992年。

11　《革命文獻──合作運動（四）》，第87輯，1981年，第165-168、179-181頁等。

12　《革命文獻──合作運動（四）》，第85輯，1980年，第477頁。

13　何俊，〈一年來的中國合作運動〉，《東方雜誌》，第35卷第4號，1939年9月16日。

款322萬9,500元（10.1％）。[14]從這些數字看，雖然西南區事務所是繼西北區後成立的全國第二個事務所，該區工作受到一定重視，但在工合協會當初的計劃中，該區所占地位並不高，其工合社數、放款金額都排在川康、西北、雲南之後，僅占第四位。不妨認為，西南區並不在以重慶為核心、以昆明和西安為兩翼的抗戰態勢之內，儘管也很重要，但僅是支援、強化該態勢的從屬部分。

表6-2　湖南廣西兩省工合社統計（1939-1945）

年月	社數（A）	社員數（B）	每社平均社員數（B/A）	社股總額（元）（C）	交訖股金（元）（D）	D/C %	放款金額（元）	月產值（元）	物價上漲率[h]	備考
1939.3[a]	62	914	14.7				291,250			西南區（湖南、廣西、貴州合計）
.12[b]	154	1,736	11.5	24,911	13,798	55.4	376,707	187,678	1.00	同上
1940.6[c]	195	2,297	11.8	40,912			530,813	238,833		湖南廣西合計
.12[c]	231	2,717	11.8	66,513	41,756	62.8	638,370	319,539	1.87	同上
1941.4[e]	227	3,049	13.4	88,310	58,387	66.1				湘桂區
.11[e]	386	3,934	10.2	259,733				404,430		同上
.12[b]	279	3,857	13.8	291,273	222,613	76.4	2,004,236	625,889	4.27	同上
1942.3[b]	255	3,439	13.5	308,055	224,889	73.6	1,879,468	945,523		同上
.6[b]	292	3,972	13.8	407,658	237,182	58.2			15.24	同上
1943.11[f]	281	4,222	15.0					8,782,994	79.24	新東南區（湖南、廣西、江西、福建、廣東、浙江等合計）。1944年6月資本總額16,253,185元
1944.6[g]	353	4,339	12.3		3,305,165			22,049,265	205.26	
1945.									881.44	

14　前引滿鐵調查部《支那抗戰力調查報告》，第492-493頁。

※a.楊學坤《支那工業合作協會工作概況》，刈屋久太郎《支那工業合作社運動》，畝傍書房，1941年，第27-279頁。另，楊稱，長期放款用於購置機器、設備，年息6分，最長5年期；短期放款則為周轉資金，年息8分，1年期。同書第278頁。b.《工業合作》（月刊），第3卷第3期，1942年9月，第27-28頁。又，1942年的月產值以全年產值除以月數計算而得。c.賴樸吾（E. R. Lapwood）〈工合的統計問題〉，《工業合作月刊》，第1卷第4期，1941年11月。d.張法祖著、上海日本大使館特別調查班譯《三年來支那工合運動的発展》，1942年，第104頁。e.韋特孚〈發展小企業與增加生產〉，《經濟建設季刊》，第1卷第2期，1942年10月。f.彭澤益編《中國近代手工業史資料》，第4卷，三聯書店，1957年，第381、386頁。g.《工業合作》（半月通訊），第4期，1944年9月25日，第16頁。h.鄭家度著《廣西近百年貨幣史》，廣西人民出版社，1981年，第128頁。另，物價上漲率為桂林數據，鄭以1937年為「100」，本表以1939年為「1」重新計算。

　　由表6-2可知，湖南、廣西兩省的工合社，1941年11月打倒峰值，有386社、社員3934人。1942年6月有所減少，但減幅不大，社數仍有292社，社員則為3972人。至於1943年，尚不掌握該二省的數據，但包括該二省在內的「東南區」六省的工合社也只有281社，可知遭受日軍破壞之大；但1944年出現恢復傾向。每社平均社員數在10至15人之間，據此可知各社規模都較小。標誌合作社穩定程度的股金交訖額占社股總額的比率，1939年12月為55.4%，其後逐年提高，1940年12月為62.8%，1941年12月再升至76.4%；可知各社的自有資金在逐漸充實。放款額是月產值的將近兩倍。桂林的物價上漲率，若以1939年為1，則1940年為1.87、1941年為4.27、1942年為15.24、1943年則猛漲至79.24，亦即物價在不斷飛漲。桂林在全國也是物價上漲最劇烈的城市，且上漲率因物而異，如土布、襪子等輕工業品的上漲幅度為食品的約兩倍。[15]將此與湖南、廣西各地工合社的總產值進行比較雖不無勉強，但不妨礙得出近似值。亦即，據此計算兩省工合社的月產值，1939年為18萬7,678元（以之為1）、1940年為31萬9,539元（1.7）、1941年為62萬5,889元（3.3）、1942年為94萬5,523元（5.0）。可見，工合社生產能力的增長，雖落後於物價上漲率，直至1940年12月卻無疑在全力追趕；但其間差距在1941年12月開始拉大，至1943年3月，生產能力增長已完全趕不上物價上漲的幅度。

[15] 鄭家度著《廣西近百年貨幣史》，廣西人民出版社，1981年，第129頁。1945年的物價上漲率，以1939年為基準計算。

表6-3　西南區工合社行業統計（1940.4）

行業種類	社數	%	社員數（人）	平均社員數（人）	放款金額（元）	月生產值（元）	每社產值（元）
紡織	102	54.5	1,088	10.7	81,440	117,755	1,154
服裝	29	15.5	258	8.8	40,960	31,663	1,091
食品	1	0.6	7	7.0	400	180	180
化學	24	12.8	466	19.4	233,440	66,187	2,758
文化	4	2.1	58	14.5	12,000	4,202	1,050
礦冶	3	1.6	116	38.7	1,400	2,130	710
土木石	8	4.3	69	8.6	4,250	5,204	651
機器	5	2.7	48	9.6	38,043	5,400	1,080
其他	11	5.9	95	8.6	22,900	17,302	1,572
合計	187	100.0	2,205	11.8	439,833	250,043	1,337

※基於孫文藻〈本區二十九年一月至四月工作報告〉（《西南工合》，第2卷第5期，1940年6月）編製。

表6-4　全國各區各行業工合社之占比統計（1941年前後）

地區 行業	西北	川康	雲南・貴州	湖南・廣西	江西・福建・廣東	全國
紡織	20.9	45.7	51.3	51.4	12.2	32.8
服裝	13.6	9.1	10.3	12.9	12.2	11.8
食品	6.2	2.9	3.7	5.0	10.5	6.3
文化	2.5	2.3	1.9	3.2	4.2	3.0
化學	13.2	27.5	10.3	0.6	21.6	18.3
五金	3.2	3.6	1.9	2.5	3.4	3.2
建築	4.9	1.6	4.7	4.1	15.5	7.9
礦業	22.5	3.9	-	1.4	10.3	10.5
運輸	0.6	-	7.5	-	0.6	0.8
其它	3.4	3.4	8.4	9.6	9.5	6.3
合計	100.0	100.0	100.0	100.0	100.0	100.0

※賴樸吾（E. R. Lapwood）〈工合的統計問題〉，《工業合作月刊》，第1卷第4期，1941年11月，第18-19頁。該資料所使用的主要是1940年度數據；鑒於注有「總會最近」，故本表將其視為1941年數據。

表6-5　西南區各事務所等指導工合社統計（1940.4）

事務所等	社數	社員數（人）	放款金額（元）	每社放款額（元）
邵陽	69	705	152,385	2,208
祁陽	18	182	21,074	1,170
臧江	9	73	10,010	1,112
新化	12	217	7,839	653
零陵	5	226	29,930	5,986
會同	5	37	2,290	458
漵浦	52	620	3,850	74
衡陽	6	44	6,565	1,094
桂林	11	92	16,100	1,464
合計	187	2,205	250,043	1,337

※孫文藻〈本區二十九年一月至四月工作報告〉，《西南工合》，第2卷第5期，1940年6月。

表6-6　湖南廣西兩省各地工合社統計（1941.4）

地區	社數（A）	社員數（B）	B/A	社股總額（元）	社股交訖額（元）（D）	D/C	備考
邵陽	48	525	10.9	16,417	4,681	28.5	
武岡	18	166	9.2	1,271	1,271	100.0	邵陽事務所管轄
祁陽	25	228	9.1	13,801	8,422	61.0	
零陵	4	203	50.8	10,840	9,380	86.5	
衡陽	19	149	7.8	5,480	5,038	91.9	
長沙							正在組織
漵浦	53	1,103	20.8	7,040	6,042	85.8	
新化	15	259	17.3	10,510	7,561	71.9	
芷江	10	79	7.9	1,725	1,455	84.3	
會同	5	39	7.8	1,820	1,000	54.9	
南寧							正在組織
賓陽							南寧事務所管轄
桂林	11	92	8.4	8,270	7,170	86.7	
柳江	5	37	7.4	2,430	950	39.1	
全縣	5	39	7.8	4,170	2,680	64.3	
平樂	3	26	8.7	916	916	100.0	
中渡	6	104	17.3	3,620	1,820	50.3	

地區	社數 (A)	社員數 (B)	B/A	社股總額 (元)	社股交訖額（元） (D)	D/C	備考
計	227	3,049	13.4	88,310	58,387	66.1	

※基於張法祖著、日本駐上海大使館特別調查班譯《三年來支那工合運動の発展》（1942年12月）第103-104
　頁數據編製。

　　觀諸表6-3，1940年4月，紡織、服裝工合社共131社，占全部工合社的70%。換
言之，西南區雖說生產軍需，但並不製造武器，而是以紡織品生產為主的工合社地
帶。這也顯示，該區的工合社與前述主要製造機器、武器的內遷廠不可能形成競
爭，二者是互補關係。若把該表與表6-4（據推斷應為八、九個月後的數據）相互
比對可知，湖南、廣西從事紡織、服裝的工合社最多，占總數的64.3%，而且與雲
南、貴州的傾向相同。川康的該項占比為54.8%，同時，化學工合社占到27.5%，引
人注目。再以表6-5觀之，1940年4月，除邵陽69社、漵浦52社外，其他地區社數都
較少，顯示出工合社的地域分佈並不平衡。這或是以邵陽、漵浦為中心組織合作
社、開展工合運動的結果。逆言之，該二地開展運動的條件最為充分。然而，計算
每社利用放款金額可知，零陵為5,896元、邵陽為2,208元，但漵浦卻僅有74元，其差
距一目了然。若說前兩地是重點地區，而後者不是，則差距不可能如此之大。實際
上，如後所述，零陵的工合社多為從距離不遠的長沙遷來的工廠改組而來，此舉的
目的在於救助這些工廠；邵陽的工合社則多為組織失業者、難民而設；但漵浦的工
合社則是對手工業重新組織而成。湖南、廣西的工合社主要是透過這三種方式組織
起來的，而重組手工業需要資金最少，在原有手工業基礎上，對其組織、機構重新
調整即可。再依表6-6觀察可知，一年後，邵陽、漵浦的優勢仍在，但各地工合社也
都有發展，祁陽增至25社、衡陽增至19社、新化增至15社等，顯示這些地區的工合
運動已形成一定基礎，也使工合社的地區分佈更趨平衡。不過，各地每社平均社員
數卻出現相當差異，除零陵50.8人、漵浦20.8人外，其他均在7至9人之間。亦即，在
湖南、廣西兩省，工合社的規模差距極大。另，邵陽工合社的社股交訖比率極低，
僅為28.5%（表6-6），表明其自有資本極少。這也顯示，組織難民成立工合社，須
增加政策性放款，財政負擔較大。

　　如前所述，湖南在抗戰前就是合作社較為發達的地區，而廣西則十分落後。如
表6-7所示，湖南省在1936年就有合作社1,985社，其後不斷增加，1939年有7,077社，

1940年增至1萬4,947社，1941年達到頂峰，為1萬7,755社；社員人數也持續增加，
1945年達到114萬1,000人。同期各行業合作社的數據不詳，但在信用合作社優勢不
變的情況下，生產、銷售、消費等各類合作社均有增加，[16]各行業間日趨平衡。
同期內的驚人變化出現在廣西省。1936年，該省只有合作社6社，以後逐年增至20
社、507社、4,532社、1萬6,334社，至1941年竟多達1萬9,066社。和湖南一樣，社員
數此後仍持續增加，1945年達118萬2,000萬人。由此可知，在湖南省，工合運動改
變了合作社偏重信用的傾向，使各類合作社得以平衡發展，這也是工合運動的意義
之一；同時，日軍的進攻壓迫合作社從原來合作事業較為發達的該省東北部逐漸轉
向南部、西南部。而在廣西省，經濟基礎的重組是由合作社承擔的，而工合運動、
工合社則承擔了其工業生產部門。

表6-7 湖南廣西兩省合作社統計（1936-1945）

年	湖南		廣西	
	合作社數	社員數（千人）	合作社數	社員數（千人）
1936（戰前）	1,985		6	
1937年底	3,674		20	
1938年底	6,111	152	507	14
1939年底	7,077	178	4,532	166
1940年底	14,947	537	16,334	530
1941年底	17,755	834	19,066	721
1942年底	17,530	888	15,601	778
1943年底	17,809	904	13,054	976
1944年底	18,139	1,093	13,625	1,160
1945年底	18,139	1,141	13,692	1,182

※中國合作事業協會《抗戰以來之合作運動》，1946年，第16-17頁。「社員數」應包含工合社社員。

那麼，工合運動在湖南、廣西開展、發展情況如何？下面參照區辦事處所作分
期，並輔以其他史料，就初期的狀況加以探討。

第一階段（1938年9月至12月）。區辦事處成立後，日軍轟炸邵陽，縣城居民
紛紛逃往鄉間避禍，商店、工廠悉數關門歇業，許多工人失業，市場日用品匱乏。

[16] 中國合作事業協會《抗戰以來之合作運動》，1946年，第26頁。

有鑑於此，辦事處迅速開展組織工合社工作，在街頭張貼廣告招募失業者，同時請求各有關機關協助。工合工作人員也直接走進勞動大眾中間進行宣傳，同時對資源等進行調查。如此經二十餘日，招募工人數百。於是視緊要程度組織了製鞋、織布、製筆、製革、皮革製品、毛巾、襪子、印刷、電池等合作社9社。此時，國民政府撤離武漢，蔣介石為阻止日軍進攻，令省主席張治中執行「焦土政策」，將長沙付之一炬。[17]為應對形勢驟變，辦事處暫停組織新工合社，同時鞏固現有各社基礎。在邵陽，區辦事處派出職員2人、各社各選1人，於11月23日組成工合聯合銷售隊，以便向新化、煙溪、漵浦、臧江等地開闢新市場。11月中旬，辦事處開辦社員講習會，傳達抗戰形勢，要求社員為「抗戰救國」而努力工作。武漢戰役戰事正酣時，工合協會號召各類技工赴後方生產，200餘人響應號召來到祁陽，於是在1938年12月設祁陽事務所，以在廣西省南部組織工合社。[18]亦即，該階段的工作，以組織當地失業者生產自救為特點。該時期，廣州於1938年10月21日、武漢於同月25日相繼淪陷，其後日軍封鎖了南海和北部灣，湖南、廣西於是成為保衛四川、重慶的前沿，同時因遭南北夾擊而陷入了經濟孤立。

　　第二階段（1939年1月至3月）。長沙大火後，難民蜂擁至邵陽。國民政府希望他們到農村長期居住，遭到強烈希望留在城市的難民反對。於是，區辦事處決定向部分難民傳授生產技術，使其自食其力。首先派工作人員前往難民收容所調查技工狀況，開辦了紡織、織襪兩個訓練班，隨後組織難民婦女布鞋、難民婦女裁縫、難民麻鞋、難民紡織、難民煙草、第一裁縫、牙刷、化學工藝等工合社8社。布鞋工合社有來自安徽、江蘇、江西的難民「社員」127人，經指導一個月後成立；裁縫工合社有難民女孩兒十數人為傷殘軍人縫製棉大衣；麻鞋工合社有江蘇難民20多人每天為抗戰部隊生產麻鞋200雙。牙刷工合社由長沙的牙刷製造工人、第一裁縫工合社則由失業裁縫組成。[19]在桂林，向難民供應糧食等每人每天需費2角，再加許多人因醫療用品匱乏而死亡，其埋葬費用，大人需10元，孩子亦需6元。難民如不

---

[17] 郭沫若著、岡崎俊夫譯《抗日戰回憶錄》，《中國近代文學選集》，第15卷，平凡社，1962年，第150頁。另，鹿地亘《「抗日戰爭」の中で》（新日本出版社，1982年，第269、273頁）稱，此為諸葛亮「堅壁清野」之計。

[18] 〈西南區辦事處工作報告〉，《中國工業協會工作概況》，1939年，第33-34頁。

[19] 前引〈西南區辦事處工作報告〉，第35頁。

能自立，將來需費甚巨。於是，難民收容所負責人汪恭岩提出開辦難民實習工廠，黃炎培領導的中華職業教育社也開始進行毛巾、牙刷、竹籐工藝品等生產技術的訓練。[20]就這樣，當時各方都在組織難民生產自救，而傾注主要力量有組織開展此項工作的，則是計劃開展工合運動的工合協會及其地方組織。

1938年12月，宋美齡撥付工合協會10萬元，其中5萬元給西南區，要求一個月內為傷殘軍人生產棉大衣1萬件。但是，邵陽沒有軍服廠，難以大量生產。於是，縫紉工合社2社招集難民婦女共400多名，日夜趕製棉大衣5,532件，還生產了上下內衣1萬餘件、布鞋4,200雙。辦事處在1939年1月至3月間的主要工作如下。⑴在長沙設通訊處，登記技工，成立了零陵火柴工合社等；⑵臧江事務所指導的製鐵工合社承製了湘黔鐵路所需鐵器；⑶祁陽事務所組織織帶、織布、印刷、製鞋、毛巾等工合社5社，為紅十字會醫療大隊生產繃帶、為軍政部兵工署承製子彈帶。⑷在廣西設桂林事務所，準備組織「社員」1,000餘人成立大型木材工合社，以生產湘桂鐵路桂林南寧段急需的枕木。此外，全國義賣捐獻運動時，工合社17社也於2月予以響應，難民婦女布鞋等4社，為銷售各社產品而組織了流動義賣隊十餘支。[21]然而，1939年3、4月間，為阻止日軍進攻，國民政府主動破壞了廣東省西部的公路，致使通往北海、廣州灣的交通線陷於癱瘓。

第三階段（1939年4月至12月）。因日軍封鎖和國民政府的戰術性反封鎖而日益孤立的湖南、廣西，急需儘快實現經濟的自給自足。這決定了西南區工合運動第三階段的特徵。⑴在湖南，以邵陽為中心新設西南區業務代辦處，重點放在零陵。即以邵陽為緯線中點、零陵為經線中點組織工合社，編織起生產和運銷網絡，以鞏固西南部工業自立的基礎。另由長沙通信處指導各流動工合社和流動銷售站，隨抗戰部隊行動。⑵廣西以桂林為核心，東南線設事務所於平樂、設聯絡處於郁林，將蒼梧的流動工合社推展到廣東省內；使西線通向雲南；南線設柳江事務所等，龍津設聯絡處，使其通往安南。⑶貴州以貴陽為工作中心。各項工作計劃依上述構想推進實施。湖南在邵陽增設毛巾、襪子為主的鄉村工合社，在零陵組織火柴、機器工合社，洪江組織煤礦及各種日用品工合社，新化組織造紙工合社，漵浦則在鄉村遍

---

[20]　錢慶燕〈桂林的難民收容與組訓〉（下），《桂林大公報》，1939年12月22日。

[21]　前引〈西南區辦事處工作報告〉，第36-40頁。

設紡織工合社。廣西以桂林的機器、電池、鐵礦各工合社為重點，也組織絹織及日用品工合社；安隆組織經技術改良的土法製糖工合社，柳江則組織日用品、繅絲、絹織和木材工合社。工合社與省營工廠的具體關係不詳，但工合方面至少曾摸索與之合作。如，工合方面曾試圖向省營重工業供應煤炭等，以換取所需機器。[22]

為將西南區的工合運動從湖南積極推向廣西、貴州，區辦事處於1939年10月20日從邵陽遷至桂林（邵陽成立事務所）。桂林的中國銀行決定投資100萬元，貴州省紅十字會也要求協助成立傷殘軍人工合社。但是，11月南寧失陷，來自南方日軍的壓力增大。此時，宋美齡再次撥付工合協會120萬元，其中40萬元給西南區，要求其承製軍棉大衣5萬件。衡陽、邵陽、祁陽、桂林四縣的工合社承接了這次任務，並於年底將軍棉大衣送抵前線。[23]

此時，李宗仁在廣西提出「民族至上、抗戰第一」的口號，欲以三民主義為最高指導原則，在「抗戰建國」政策下以「三自政策」（自治、自衛、自給）建設廣西，以發揮全省的抗戰力量。[24]。1939年3月，白崇禧在演講中明確提出建設廣西是手段、復興中國才是目的，呼籲研究對日軍的嚴密海上封鎖如何實行「經濟反封鎖」。[25]至此，面對全國抗戰的形勢，廣西派二巨頭的意識已經變化，民族意識增強，在主張「自治」的同時，開始論述廣西在全國抗戰中的作用。換言之，廣西長期的「半獨立」狀態，到抗戰開始後才從意識層面被逐漸清除。要對日軍封鎖進行「反封鎖」，其前提是需要「自給」，而工合運動則自然被期待擔此重任。3月起，西南區辦事處開始在桂林組織工合社，成立織布2社、裁縫和煙草各1社；4月，中國銀行放款4萬元，又成立織布5社和裁縫、織襪、日用化學各1社，共12社。5月的新社計劃，鑒於桂林的市場現狀，決定主要發展織布工合社。[26]

1940年1月，工合協會在貴州省開設貴陽事務所。該事務所應紅十字會要求對傷殘軍人施以技術訓練，並在貴陽、鎮遠兩地組織工合社，其指導、管理則與當地

---

[22] 同前。

[23] 《西南工合之友》，第3輯，1939年12月，第10頁等。

[24] 李宗仁〈抗戰建國中廣西應負之責任〉，廣西建設研究會《建設研究》，第1卷第1期，1939年3月。

[25] 白崇禧〈建設廣西與抗戰建國〉，《建設研究》，第1卷第3期，1939年5月。

[26] 孫文藻〈本區二十九年一月至四月工作報告〉，《西南工合》，第2卷第5期，1940年6月。

紅十字會密切聯繫、協作進行。正在組織的工合社有硫磺、製鞋、裁縫、織襪、肥皂等11社，社員150人全為傷殘軍人；部分工合社就設在貴陽紅十字會和鎮遠縣第四傷殘軍人醫院內。此後，以傷殘軍人為社員的榮譽軍人工合社從貴陽擴展到廣西省全縣、桂林、中渡、湖南省邵陽及江西、福建等地，全國成立60餘社。[27]中渡的帆船製造工合社2社等共計8社的社員，全部是當地第十二臨時教養院收容的傷殘軍人。[28]值得關注的是，事務所曾試圖聯繫西南行營政治部，欲對俘虜收容所的日本士兵等施以生產訓練，讓其理解「抗戰建國」的意義，自發地在工合社從事生產勞動；但該計劃是否曾付諸實施不得而知。[29]1940年2月，艾黎在桂林行營參謀處長吳石陪同下，親自訪問了桂林俘虜收容所的日本俘虜組成的「日本人民反戰革命同盟會西南支部」（領導人為鹿地亘）。此訪或展現了工合運動追求以民主精神重建日本、建立中日平等互惠關係的理念。不妨說，工合協會此時已不滿足於僅讓日本俘虜實現經濟自立，而試圖對其進行塑造思想的再教育。

　　1940年1月，邵陽和零陵建立難民新村。其目的或在於對難民施以救濟，同時有組織地動員其參加生產。邵陽建立的難民新村，乃為向軍隊緊急供應棉大衣，省振濟委員會出資合辦了難民紡織實驗工廠等。另經省建設廳、公路局許可，組織難民50人成立了運輸工合社，用14輛膠輪馬車在衡陽至洞口之間從事運輸。在零陵，則對難民100多人施以煙草、織襪、裁縫等簡單技術訓練，為期1至3個月，而後組織他們成立了工合社。[30]

　　西南區有桂林指導室。事務所則有邵陽、零陵、衡陽、新化、臧江、會同、漵浦、祁陽、貴陽等9處；1940年6月，全縣、平樂、宜山、柳城又成立4處，至此共有13處事務所。之所以成立新事務所，其原因如下。全縣雖通湘桂鐵路，但造紙、榨油、製糖的方法陳舊，質與量都存在問題；平樂也有交通之便，工業以紡織為主，另有造紙、榨油，但受高利貸盤剝，需要組織工合社進行投資和技術改進。就這樣，西南區組織了工合社187社、社員2,205人，共放款43萬9,833萬元，月產值

[27]　《桂林大公報》，1943年10月15日。

[28]　《湘桂工合》，第2卷第3、4期，1942年4月，第25-27頁。

[29]　前引孫文藻〈本區二十九年一月至四月工作報告〉。

[30]　前引孫文藻〈本區二十九年一月至四月工作報告〉。《西南工合之友》，第3期，1939年12月，第13頁等。

約25萬元。辦事處要求工合協會增撥10萬元，以充各事務所採購原料的流動資金，另與中國銀行簽訂100萬元的放款合同，用於在桂林、全縣、平樂等地開展工合運動。[31]

　　各行業工合社狀況如下。①紡織工合社在桂林、邵陽、衡陽等地有102社，生產花布、毛巾、紗布、棉紗等，大部分是手工業。產品運銷各地，能夠抵制部分進口布。計劃用半機械化改善品質。②服裝工合社在桂林、邵陽、漵浦等地有29社，生產襪子、布鞋、背心、帽子等，在市場有一定競爭力，產量不斷增加。③邵陽有文化工合社4社，從事印刷和製筆，承印各機關文件、書籍、報紙的印刷，毛筆也在他省頗為暢銷。④化學工合社在零陵、邵陽、新化有28社，使用當地原料生產皮革、電池、肥皂、紙張、玻璃等。⑤食品工合社在邵陽有1社，生產麵粉。⑥土木工合社在臧江有8社，生產磚、瓦。⑦礦冶工合社在漵浦、新化有3社，採集砂金以充抗戰財源。⑧五金工合社在祁陽、臧江、新化、零陵等有5社，生產螺絲、機器零件、家具等。⑨雜業工合社在邵陽、新化有11社，生產牙刷、雨傘、煙草等。牙刷工合社使用零陵機器工合社製造的機器，生產效率和產品品質皆有提高；由此亦可見工合社之間互有合作和支援。槍械附件是工合社的特殊產品，祁陽的工合社用木棉原料生產的機槍帶既結實又便宜，衡陽的工合社經改進製造的行軍灶造價低廉，皮革工合社則生產步槍背帶。運輸為原料供應、產品運銷及連通分散的工合社所必需，故深受重視。如前所述，難民新村有運輸工合社，還制訂了《運輸網組織辦法》，1940年7月起開始充實運輸網絡。第一期擬利用桂林衡陽間的湘桂鐵路、衡陽邵陽間的公路，冷水灘零陵間則使用帆船；衡陽設聯絡處，衡陽、邵陽、新化、零陵等六地設聯絡員，以聯結各事務所和運輸工合社及各工合社，使生產、運輸、銷售聯成一體。第二期則計劃與東南區相聯結。[32]

　　鑒於湖南省北部和廣西省南部不斷遭到日軍蹂躪，工合協會於是首先集中力量於安全地區生產必需品，以建立民族工業基礎。另從臨戰區、戰區搶救技工、機器，以免被日軍利用，同時加強後方工合社的力量；並組織輕裝的流動工合社進行

[31] 孫文藻〈西南區工合產銷概況〉，《中國工業合作協會二周年紀念特刊》，1940年7月，第25-27頁。前引孫文藻〈本區二十九年一月至四月工作報告〉。
[32] 同前。

生產和銷售，同時阻止日貨走私進口。1940年5月至12月的《計劃綱要》記，除已成立的187社外，另有228社待成立，其中桂林、衡陽有35社、邵陽有30社等。對已成立工合社的放款計劃，邵陽30萬元、新化和祁陽各6萬元、臧江5萬元、零陵4萬元、桂林及衡陽等各3萬元等，可見此時仍然重視衡陽；但對新成立社的放款，則是桂林27萬元、衡陽22萬元、邵陽20萬元等。[33]亦即，放款的重心已開始轉向相對安全的桂林。

　　該時期，西南區辦事處重新劃定了各地的重點業務。如邵陽因接近原料產地，且有手工業基礎而重點發展紡織，後來造紙等發展迅速，造紙、皮革也被列為核心業務。此外，新化除造紙外又列入煤炭、煉鐵，漵浦在紡織外加上了採金、製糖，臧江則增加煉鐵，衡陽在紡織外增加草席、製糖、採煤，零陵增加了化學、機械，桂林原定主要發展紡織、製革，後來也增加了日用化學。可見，隨著工合運動在湖南、廣西日益發展，重點業務亦呈增加、擴大之勢。為因應此形勢，辦事處在各地成立了規模較大的模範工合社及實驗工廠，試圖以之帶動各地工合社發展；同時在衡陽設供銷處，並置其分處於桂林、臧江、柳州，以統一原料供應和產品銷售，還計劃使這些機構與上述運輸網絡相互配合。至於輔助事業，宣傳方面除繼續刊行《西南工合》等外，還計劃出版社務、業務、技術、會計等各種小冊；在工合圖書庫外，擬設文庫於邵陽，並在新化、漵浦、臧江、衡陽、零陵各事務所開辦巡迴文庫；區辦事處則計劃定期舉辦展覽會，以展示各工合社產品、評定等級，派專人舉行公開講演，以教授原料獲取、生產方法改良、產品銷售等知識。[34]這些舉措旨在提高產品品質。另外，除直接指導外，對於一般社員提出的問題，區辦事處刊行的《西南工合之友》雜誌等也給予仔細答覆。有社員對工合社年底有結餘而不分配表示不滿，區辦事處解釋道，結餘作為工合社的共同基金、公益金處理，也有助於工合社自立，沒有什麼問題。其他答覆如，徵兵是人民的義務無法免除，但須制訂優待規定，如服兵役期間保留社員資格、工合社每月繼續支付一定工資以作家屬撫養費、家屬可以入社等；政府為援助合作社，規定免除所得稅、營業稅，但其他稅目

[33] 〈本區二十九年五月至十二月工作計劃綱要〉（續），《西南工合》，第3卷第8期，1940年8月。
[34] 同前。

不能免除；社員須負同等責任，理事、主席不過是社員的代表，等。[35]可見，辦事處的指導十分細緻，涉及工合社自立、徵兵、稅負等許多方面，以此來加深社員對工合運動、工合社的認識，使工合社的營運更加順暢。

關於推動工合運動的工作要點，辦事處規定應區別對待農村和城市，農村動員當地鄉村工人及婦女、城市則動員城市工人和難民加入工合社；考慮到日軍轟炸的危險，工合社在城市應該分散、在鄉村則應該集中；技術改良應首先改良傳統生產工具，而後逐次採用較新式的機器，新成立工合社採用半機器生產，而後逐漸實現全面機器生產；工作開始時須先作詳細調查並制訂計劃，以提高效率。[36]此外，工合方面往往批判商人居間盤剝，但有人著眼於難民中也有商人，因而提出應靈活對待，比如動員這些商人加入工合社，使其負責銷售，則既可救濟失業，也有利於工合社業務的發展。[37]

此處就西南區辦事處歷任主任之更替作一概觀。首任主任是林福裕。1939年3月，林轉任工合協會技術組長後，譚錦韜繼任辦事處主任。1940年3月，譚任工合協會業務組長，負責籌劃全國供銷業務，工合協會派孫文藻繼任辦事處主任。1941年1月以後由趙光宸任主任。[38]此外，零陵事務所主任楊景祿後轉任川康區樂川事務所主任，祁陽事務所主任趙叔翼則前往西北區服務。此類人事變動，似出於對全國工合運動整體的考慮，並以各地相互交流經驗為目的，故而並非罕見。西南區辦事處與工合協會的接觸也很頻繁，孫文藻即曾出席1940年6月在重慶召開的工合協會第二屆工作會議。而從其他區來西南區者也不在少數。如西北區的王作田同年12月南來考察工合協會時曾來湖南，考察了零陵、衡陽、祁陽、邵陽等地；同月，檢查工合協會財務的韋希吾也對湖南各事務所的會計管理進行了檢查。[39]此外，同年4月，工合協會技術顧問艾黎來西南區考察，在桂林參觀了各工合社和幹部訓練班，在零陵參觀了事務所及火柴、機器各工合社，並建議和強調西南區為獲得

---

[35]　《西南工合之友》，第6期，1940年5月，第13頁；第8期，7月，第16頁。

[36]　前引《本區二十九年五月至十二月工作計劃綱要》（續）。

[37]　王學忠〈工業合作社業務常識〉，《西南工合之友》，第5期，1940年3月。

[38]　趙光宸〈四年來湘桂工合之發展及其軌跡〉，《工業合作》（月刊），第3卷第3期，1942年9月。後來，趙也調任工合協會工程師。

[39]　《西南工合》，第2卷第8期，1940年8月，第31頁；第2卷第11、12期，1940年12月，第35頁等。

火柴原料，應與東南區加強聯繫。[40]11月，艾黎陪同美國工合委員會秘書長卡爾遜（Evans Fordyce Carlson, 1896-1947）再訪桂林，參觀了邵陽、衡陽、零陵的工合社。為在美國擴大工合募捐，卡爾遜此行還拍了許多宣傳照片。[41]

　　此處就當時的重要問題即資金和登記作一探討。1940年6月，國際委員會向西南區放款1萬元，年息5釐，並指定用於邵陽工合社聯合社購買木炭汽車以促進其供銷業務；同時匯寄教育補助款8,000元，其中3,000元用於各事務所舉辦工合講習會、5,000元充秋後幹部訓練班準備金。[42]不過，此類援助無法解決經常性的資金短缺問題。宋子英曾強調各社應增加自有資金，以擴大資金來源。即，為擴充基金，社員應利用閒暇時間自發勞動數小時；仿信用合作社做法，在社內設儲蓄部，以聚攏零散資金；增發社股。認購社股可激發社員的責任感，且社股增加會提高工合社的信用，流動資金也會隨之增加；於共同資金外，還應增加特別共同基金，以擴充業務。[43]不過，這些探索並不足以解決資金短缺問題。工合協會曾將來自中國銀行的貸款2,000萬元作為業務發展基金分配給各區，分給西南區的原為400萬元，因不敷使用而增至550萬元。西南區辦事處將其分配給湖南400萬元、廣西150萬元，並制訂了如下六項計劃。①清理不再需要的工合社，按照各地需要改善業務；②組織運銷工合社聯合社，完成運輸網絡；③在湘桂公路之衡陽、桂林設運輸站，充實運輸機構；④將淪陷區、交戰區比鄰地區的機器搶救出來，逐漸將重工業重組為工合社，進行大量生產；⑤著手開展少數民族的工合事業；⑥促進各地傷殘軍人加入工合社。[44]如後所述，這些計劃都被付諸實施，其中幾項實現了預期目標。

　　「登記」[45]被認為是工合社受國民政府保護和監督、得以免除營業稅、所得稅的唯一路徑。一直以來，區辦事處都在指導工合社獲得這樣的法人資格，但仍存在問題。工合協會規定登記後方可放款，但工合社員多為失業工人和難民，故不得不變通處理。即，工合社成立之初，區辦事處先行貸給基金，等步入正軌再督促其登

[40]　蕭林〈艾黎先生會見記〉，《西南工合》，第2卷第3、4期，1940年5月。
[41]　《西南工合》，第2卷第11、12期，第35頁。
[42]　《西南工合之友》，第7期，1940年6月，第20頁。
[43]　宋子英〈合作社的資本來源〉，《西南工合之友》，第6期，1940年5月。
[44]　《香港大公報》，1940年9月18日。
[45]　合作社登記有五種，即成立登記、變更登記、合併登記、清算登記、解散登記。

記，同時再放款以充業務費等。這就造成登記比率極低，1939年12月，西南區僅有五分之一的工合社完成登記。但是，1939年11月新《合作社法》頒行，經濟部和各省合作主管機關為保護未登記工合社而許其迅速完成登記手續。工合協會亦於1940年1月發出登記指南，區辦事處也下發文件等通告事務所。然而，雖然廣西、貴州兩省各縣政府頒發登記證十分迅速，但集中了西南區九成工合社的湖南，則因省建設廳審查複雜，頒證至少需月餘，有的工合社在得到放款前已被迫解散。於是，區辦事處與省建設廳、湖南合作事業委員會經協商決定，各工合社只要其宗旨、手續與合作原理相符，縣政府即應頒與臨時登記證。1940年6月，區辦事處依此指導所有工合社申請登記，[46]登記工作逐漸步入正軌。

技術方面，以同時提高質和量為目的而進行改良。較為成功者，如製造藥棉需用燒鹼，技術改進後，從廢液提取蘇打，可回收50%；用亞硫酸漂白紙張的方法亦取得較大成功；鞣皮用紅樹液短缺，經研究用國產五倍子混合物替代；製造肥皂所用椰子油採購困難，於是代之以楠木油，肥皂工合社用此法，產品頗佳；對七七紡機、拉梭式織布機進行研究和改良，並請零陵機器工合社製造鐵木紡織機和織布機。[47]此類改良在實際生產中取得較好效果。中國本身在極其緊張、困難的戰爭時期，亦曾透過革新技術來提高生產力，這是不應忽視的。尤其是國防工業生產，如鐵、鋼、汽油替代品、發動機、發電機的生產大幅增加，戰前無力生產的無線發報機、電話、汽油，戰時反倒能夠大量生產。而且，技師們曾進行過機器實驗64項、化學品實驗63項、電器實驗35項，還發明了精煉高碳銅等。[48]不妨說，這種趨勢正是工合運動在基層致力於技術改良並取得可觀成效的背景。

工合運動與一般合作社等的交流也在加深。比如，1940年7月6日的國際合作節，桂林市各合作團體在省政府禮堂舉行紀念大會，參加者800多人，西南區辦事處秘書宋子英亦列席大會主席團。會後在銀行公會舉行的大型宴會上，各團體就合作社管理問題交換了意見。[49]

---

[46] 張子西〈登記工作的演進〉，《西南工合》，第2卷第6、7期，1940年7月。

[47] 劉振翔〈技術工作之檢討〉，《西南工合》，第2卷第6、7期。

[48] 《桂林大公報》，1943年10月17日。

[49] 《西南工合之友》，第8期，1940年7月，第22-23頁。

二、湘桂區時期湖南廣西兩省的工合運動

　　工合協會1941年度總會決定取消西南區辦事處，湖南、廣西兩省組成湘桂區（區辦事處設於桂林），貴州則與雲南合為滇黔區。這是從西南區工作區域過於廣闊及運動現狀考慮後的舉措，其目的應為加強指導以解決人才和資金問題、更加高效地調配和運用人力、財力，使貴州與雲南結為一體，以充分發揮交通之便，促進其相互發展。同月，工合協會進行改革，理事長孔祥熙表示，今後重工業由國家直接經營，小手工業則由民間經營；工合協會雖難稱民間組織，但在該原則下，將積極提倡和支援小手工業的發展，爭取在全國所有地方都有工業合作社組織。[50]不過，試圖推進工合社機械化以承擔重工業生產的工合運動領導人，卻並不認可這一「分工論」。

　　1940年底，西南區辦事處設4股，在湖南、廣西、貴州三省有事務所12（13？）處、指導室1處、供銷代營處2處；工作人員，辦事處有35人，其他機構有80人，計115人。透過改組成立的湘桂區辦事處設4股1室，新設科技室，顯見其欲大力推進技術改良的意圖。由圖6-2可知，工合協會的指示，經區辦事處、事務所等傳達至各工合社，區辦事處的指示，則經視導及事務所等的指導員傳達給各社，其管道十分明確。財務、會計制度嚴格，區辦事處獨立實施檢查，不僅檢查事務所，也檢查各社，以努力預防違規。另，事務所的技術員直接指導各社。機構經如此調整，4股1室配備工作人員29人，此外8個事務所、1個指導室、8個指導站、2個代營處共配備79人，總人數減至108人。其結果，儘管運動有所發展、工合社增多、因而工作量也增大，但或因經費短缺、人材不足，各事務所僅有指導員2人、指導站僅置指導員和助理指導員各1人；指導力量顯得薄弱。銀行放款，中國農民銀行開始對長沙、漵浦、會同三事務所貸款，湖南省銀行也與湘桂區訂立放款合同，使放款額達到約1,171餘萬元。[51]

　　鄒毓秀曾強調，工合社所涉行業種類複雜，按統一計劃推進不易，如果希望工合社在戰後繼續存在，就應發揮有組織、有計劃的團體力量來對抗大企業，把小手工業引向機器工業；並主張廣西應集中力量於紡織、製革、木材加工、化學、瓷

---

[50]　湘桂區辦事處編《湘桂工合》，第1卷第1期，1941年4月，第30頁。

[51]　〈本區本年度一月份至九月份工作擇要〉，《湘桂工合》，第1卷第5-8期合刊，1941年11月。

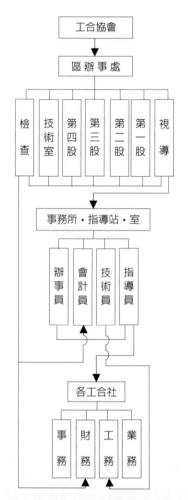

圖6-2　湖南廣西兩省工合組織指示及指導系統圖

※基於趙光宸〈湘桂工合指導概觀〉(《湘桂工合》,第1卷第2期,1941年5月)繪製。除本圖所示縱向系統
　外,當然也有橫向聯繫。此外,據推斷,第1至4股應分別為總務股、組織股、財務股、訓練股。

器、麵粉等7個行業,湖南則應主要發展紡織、造紙、織席、製革、瓷器、刺繡等
行業。這種聲音越來越強烈。工合協會和中國銀行簽訂了2,000萬元的放款合同,並
決定向湖南工合社放款300萬元、向廣西工合社放款250萬元。[52]另,改組後,為顯

---

[52]　鄒毓秀〈湘桂「工合」的現況〉(1),《桂林大公報》,1941年5月28日。又,《桂林大公報》
　　　(41年12月21日)第一版載有桂林的煙草等十大工合社的廣告,1942年1月9日又刊載桂林供銷

示銀行投資的安全性，湘桂區辦事處曾從各工合社收回放款100萬元，而後由銀行再行投資，以此加強銀行的投資信心。[53]

邵陽、衡陽、祁陽三縣之紡織、織席、造紙業發達，區辦事處於是集中力量於該三縣，設立工合社聯合社，內設供銷處，以便對全區各工合社有計劃地供應原料，並推銷產品。廣西工合運動的發展也較順利。全縣小麥產量大，於是利用水力加工麵粉；柳江是牛皮、木材的集散地，故主要發展此業；桂林則適應當地需求進行生產，如化學工合社使用機器生產印刷油墨，每天可產100多磅，價格僅為市價一半，而品質之優足可與進口貨競爭。[54]

當時，經濟對戰爭的重要性越來越受到重視。白崇禧重視軍事戰和經濟戰密切結合，表示現在的戰爭不單是兵力之戰，也是國力之戰，而勝敗則取決於經濟戰。[55]工合運動領導人當然一直認為戰爭勝敗的決定因素是經濟。趙光宸曾指出，「抗戰救國」的要素有三，即軍事、文化、經濟；現在的戰爭不但需要武力，軍事戰爭、文化戰爭也都需要經濟支持，經濟是抗戰的命脈。而經濟戰爭的基礎在於經濟建設，在於生產；生產要素即農業和工業，工業生產在戰時支持長期抗戰，戰後則為移民開墾、國防及各項建設等提供資金。而中國經濟的力量在農村，工業生產的力量在農民，組織農民的最恰當方法則是合作制度，也是三民主義國策之節制資本的有效方法。所以，工合運動實為國防經濟建設的理想事業。[56]趙在指出工業的重要性的同時，明言其基礎不在城市，而在農村、農民。此外，柳休也指出，建國、民族生存的切實保障就是根本打破日本人所說的「工業日本、農業支那」，並主張建國的大道是「農工並重」，應以農業培養工業、以工業支援農業，使其相互聯為一體。柳顯然是從這一角度來理解農村工業的。柳休還指出，工合社與信用合作社不同，工合社從事教育、改良技術、推進經濟建設，並在社會生活組織中推進民權建設；較之信用合作社幾乎不關注公共事業，工合社內部則有教育、衛生、

代營處的廣告，與「支持長期抗戰」、「經濟國防建設」的口號一起宣傳工合社產品價廉物美。由此可推斷，政學派的《大公報》一貫支持工合運動。

[53] 鄒毓秀〈湘桂「工合」的現況〉(2)，《桂林大公報》，1941年5月29日。

[54] 同前。

[55] 白崇禧〈軍事戰與經濟戰〉，《桂林大公報》，1942年1月10日。

[56] 趙光宸〈組社與湘桂工合運動的新動向〉，《湘桂工合》，第1卷第1期。

公共福利等輔助事業，[57]強調工合社改造社會的作用，呼籲應更加重視工合社。此外，鄒枋等指出，戰爭是促進合作運動的要素之一、合作事業在戰時有難以想像的重要性；如工合社生產必需品、信用合作社貸出資金、消費合作社在鄉間以合理價格供應各種物資、住宅合作社以低廉租金出租臨時住宅、衛生合作社在鄉間設立醫院和診所；合作社為救國向國民政府提供金錢或稻穀、軍鞋、襪子等。以前靠進口的許多物資，現在皆由工合社生產，[58]指出合作社整體上非常重要，同時也強調須重視工合社與運輸合作社。

下面就湘桂區的指導和技術改良工作作一探討。據趙光宸記，指導分社務、業務、技術、財務、福利和社會活動六種。社務指導又分社員指導和「社政」指導兩種，前者對社員灌輸合作知識、傳授經營能力、改良生產技術、加強財務管理等，後者則是透過會議等發揚民主。業務指導的目的在於建設軍需和民用為主的工業，及加強農村副業等，以獲取外匯、復興農村、抑制物價上漲。技術指導則是對原料、產品進行檢查，並改進技術。財務指導以有效運用和補充、回收資金為目的。因工合運動是經濟和社會運動，故促進憲政實施等社會活動也極重要。[59]湘桂區也極為重視技術改進。比如，劉振翔（兼零陵火柴工合社經理）就曾建議，辦事處應基於建立基本工業、確定核心工業區域、建立勞動紀律、提高生產效率、改革技術指導的原則，創設手工業實驗工廠，以聚集專門人材、研究技術和工具之改進，在此基礎上巡迴指導各工合社，同時讓各社社員在實驗工廠實習。[60]劉認為指導和技術訓練、技術改進密不可分。

據秦柳方記載，1940年10月，湘桂區有工合社171社，但大多為小型手工業生產，資本亦少。每社社員平均不足12人，社股資金也平均不足193元。其中，社員7至10人的工合社占69.5%、11至20人的占27%，共占96.5%；20人以上的僅不足4%。本區工合社有所發展，狀況也有所改善，但因社股總額僅有3萬2,000元，故放款總額已達37萬6,000元。[61]但是，新縣制施行後，合作社被視為基礎經濟機構，國防最高委

---

[57] 柳休〈邵陽工合向武岡推進〉，《湘桂工合》，第1卷第5-8期合刊。

[58] 鄒枋、顧彼得〈中國合作運動發展概述〉，《工業合作》（月刊），第3卷第3期，1942年9月。

[59] 趙光宸〈湘桂工合指導概論〉，《湘桂工合》，第1卷第2期，1941年5月。

[60] 劉振翔〈湘桂區技術工作應有的建樹〉，《湘桂工合》，第1卷第1期。

[61] 秦柳方〈如何指導工合〉，《湘桂工合》，第1卷第2期。

員會透過的《地方自治實施方案》規定，各保須設合作社、鄉鎮須設中心合作社、縣則須設合作社聯合社。該方案實施後，工合社以兼營為原則，密切配合基層經濟建設，並以基層行政區域為工作區域，業務範圍亦須符合基層經濟建設內容。[62]亦即，新縣制實施後的形勢，要求生產須圍繞國策支持基層，並以鄉村為中心。

如前所述，抗戰後，廣西省的合作事業在全省迅速發展，1941年5月已有合作社8,461社、社員34萬1,760人。其中信用社最多，其次為生產合作社，消費合作社占第三位，另有運銷、供給、公用等合作社。[63]1942年3月，廣西省合作事業管理處根據省政府（主席黃旭初）的《建設計劃大綱》和《廣西省基層經濟建設綱要》，制訂了《廣西省合作事業推進三年計劃》。該計劃提出各合作社一律從事生產業務，除開墾、造林、畜牧、集體耕作外，還提倡鄉村副業和手工業，並擴大和改良之。[64]觀諸重視鄉村副業和手工業的潮流日漸壯大，可知工合運動已發揮其先驅作用。1941年4月，社會部在重慶召開為期七天的全國合作會議，參會者為20省市的合作機關代表等134人。蔣介石對這次會議訓示稱，合作組織對戰時經濟有極大效用，如對敵經濟封鎖、運輸戰區物資、維持農工生產、救濟失業民眾，若以合作方式配合經濟力量則十分有效。[65]但這些都是工合協會一直在追求、實踐的目標，顯示工合運動已深刻影響國家政策的走向。

1941年8月，廣西省企業公司（資本金5,000萬元，其中合體企業資本4,000萬元、廣西省銀行和各縣資金等1,000萬元）成立。該企業採康采恩形態，接收了以前省營的製革、陶瓷器、酒精、機器、製糖、造紙等工廠。依計劃，該公司還將新設電氣化學、造紙、火柴、玻璃等廠，同時協助各區縣營運各種工業、改進手工業，爭取全省工業均衡發展，行有餘力則舉辦公益事業，以期增進民眾福利。[66]可見，連各省企業公司亦須致力於改良手工業，並提出在「有餘力」時增進民眾福利。亦即，企業不論公營、民營，也不論規模大小，在戰時經濟建設中皆不得不重視手工業，對其進行改進、改良已成當務之急。

---

[62] 同前。

[63] 《桂林大公報》，1941年5月21日。

[64] 《桂林大公報》，1942年3月27日。

[65] 〈全國合作會議總決議案〉，《湘桂工合》，第1卷第2期。

[66] 《桂林大公報》，1941年8月21日。

　　當初指導員不敷調配曾引人擔憂，但後來加強訓練工作，使指導員增至40餘人。為進一步增加指導員並開展新工作，1941年12月20日，區辦事處召開了為期四天的第一次工作會議。參加會議的有區主任、秘書、指導、檢查、第一至四股的股長（分別負責總務、組織、財務、訓練）及工程師、各事務所室主任等。會場懸掛工合運動口號、孫文遺像和「天下為公」條幅。這或是為表示工合運動是對孫中山的三民主義、尤其是其民生主義的實踐，以牽制國民黨對工合運動的干涉；同時表明工合協會及其運動乃統一戰線經濟組織，符合國民政府的主流經濟政策。會議總結道，三年來，雖尚不充分，但已在16個重要工業地區為工合運動打下基礎，表示將徹底調整人事、健全行政機構以克服各種困難，在1942年4月前完成所有改組。此時恰值太平洋戰爭爆發後不久，故孔祥熙來電也稱，在侵略和反侵略戰線已經分明、我國抗戰接近勝利之時舉行湘桂工作會議，標誌本會（工合協會）工作作為抗戰大業之一環，其意義尤為重大；並指示今後應根據最高國策精神和最高領袖（蔣介石）指示，檢討此前方策，以策前進。來賓、廣西省合作管理處處長魏競初呼籲農業合作社與工合社攜手合作。廣西大學校長論述了該大學理工學院與工合社在技術方面的合作。中華營造廠經理楊扶青則指出，工合社在勝利後也可作為建國力量而解決勞資糾紛、建設合理的經濟制度。賴樸吾（E. Ralph Lapwood）[67]則建議須重視科學統計、科學管理。討論分總務、業務、財務、科技、推進五組，議題達120個，中心議題則是技術、資金、供銷、教育等。技術問題，決定利用替代品彌補原料短缺，設實驗工廠，依靠機器節約時間和經費；資金問題，決定設工合金融機構；供給與銷售方面，決定對桂林的代營處和邵陽、祁陽、漵浦的聯合社加以擴充；教育方面則強調須加以重視。其他還討論了設立福利處、小學、圖書室、診療所、托兒所、食堂、招待所等。會議閉幕時再次確認，工合運動對建設「三民主義新中國」負有重大使命。[68]

---

[67] 賴樸吾（E. Ralph Lapwood, 1909-1984），英國人。來華後在麥倫中學（Medhurst Colledge）任教，後在安徽省和縣進行農村調查，亦曾執教於燕京大學。作為工合協會顧問全力支持艾黎的工作，特別對工合協會機構的合理化、近代化卓有貢獻（Nyin Wales, op. cit. p.58.，日譯本：東亞研究所譯《支那民主主義建設》，1942年，第37頁等）。與Nancy Lapwood合著有 Through the Chinese Revolution, Lonton（1954）。

[68] 〈中國工業合作協會湘桂區第一次工作會議宣言〉，《湘桂工合》，第2卷第2期，1941年2月。《桂林大公報》，1941年12月18日。

參會者中，當時湖南、廣西兩省工合運動的領導人及其籍貫、略歷如表6-8。首先看籍貫，河北和天津12人、安徽5人、湖南和山東各4人，餘則遼寧、江蘇、浙江、上海各1人。亦即當地人極少，河北等北方人居多。因此，認為該兩省的工合運動是由因日本侵略而南下的北方人所主持，或亦無不可。但該兩省以北的各地，各種合作運動等在戰爭爆發前都曾十分發達。如河北曾有華洋義賑會開展大規模活動，也是晏陽初領導的定縣實驗區所在地；山東也是合作事業十分發達之地，其核心是梁漱溟領導的鄉村建設運動；安徽則在長江水患後有華洋義賑會來此積極開展工作；江蘇是南京國民政府畿輔之地，其合作事業經國民政府自上而下推動而開展得有聲有色；浙江因棉花改良、繅絲等合作社而聲名遠播，等等。觀其履歷，所學專業為工業、教育、軍事、商業、經濟等，有的曾在工廠、教育界奉職，但多曾在工合社以外從事合作事業。其中曾在華洋義賑會工作的有3人，曾在經濟部及省級機關從事合作社工作的亦有3人等，大學畢業後直接參加工合運動的則有6人。此外，邵陽事務所主任柳休，看似並未從事合作社的工作，但其母校金陵大學的農科，正是由培養了工合運動骨幹技術群體「培黎弟子」的培黎所創辦的。此外，漵浦事務所主任彭順之簡歷中出現的「和縣」，也是「培黎弟子」、工合協會總幹事劉廣沛曾任縣長並致力於農業改良、植樹造林等事業的地方。燕京大學也是「培黎弟子」之一、工合協會副總幹事、基督教青年會（YMCA）全國委員會理事梁士純曾經執教的地方。亦即，不少人看似無關，實則在某些重要方面被緊密聯繫在一起。而湖南、廣西兩省，則是為躲避日軍自華北、華中兩個方向的侵略而從合作社發達地區南下而來的原合作社工作人員和西遷人員的匯合之地。

表6-8　湖南廣西工合組織負責人之籍貫和簡歷（1941.11）

姓名	年齡	職務	籍貫	簡歷
趙光宸	40	區辦事主任	天津	法國高等紡織學校，巴黎大學畢業。山東省煙臺市社會局長，安徽省立第一工廠廠長，天津商學院教授。
孫文藻	？	前主任	遼寧	東京帝國大學機械科畢業。回國後，歷任工業界要職後，西南區辦事處主任。

姓名	年齡	職務	籍貫	簡歷
安夢華	37	秘書	河北	南開大學畢業。教育部湖北社會教育工作團團長。
郭沛元	34	視導	河北	南開大學畢業。湖北教育廳督學。
曹國埏	28	第一科科長	安徽	中央軍校特科畢業。軍政部學兵管理處第一科科長。
曹盛明	37	第一科*	湖南	蘇州晏成中學畢業。資源委員會平桂公路局科員。
鄒毓秀	34	第二科長	山東	燕京大學畢業。雲南區工合辦事處組織科科長。
宋重三	47	第二科*	河北	保定高級師範畢業。經濟部湖南合作事業辦事處視察員。
葉慶福	28	第三科科長	上海	滬江大學畢業。雲南區工合辦事處會計科科長。
劉振寰	29	第三科*	河北	北平財政商業專科學校畢業。國立藥學專科學校會計。
王懷良	34	第四科科長	江蘇	江蘇教育學院畢業。西南區工合辦事處訓練科科長。
梁耀寶	26	第四科*	廣西	廣西大學畢業。
陳朝南	30	桂林代營業處經理	安徽	安徽大學畢業。
王玉祥	34	同營處會計主任	山東	北京大學法商學院畢業。財政部所得稅湖北辦事處科員。工合協會財務處會計組組員。
柳　休	32	邵陽事務所主任	安徽	金陵大學畢業。中華平民教育促進會幹事。
彭順之	48	漵浦書屋所主任	安徽	安徽省立甲種工業學校畢業。和縣政府第四科科長。
任柱明	30	長沙事務所主任	湖南	在復旦大學學習後，倫敦大學研究員（社會行政學），作為西北區工合辦事處婦女工作部主任擔任福利教育工作。
崔月輝	28	衡陽事務所主任	河北	上海華東學院畢業。雲南區工合辦事處玉溪事務所主任。
周少卿	31	祁陽事務所主任	山東	山東省立第一師範畢業。雲南省合作事業委員會觀察員。
張希路	34	零陵事務所主任	河北	河北第二中學畢業。津浦鐵路副站長，河北省鐵路局科長，河北省東興縣第四區公安局長。
王雲波	28	桂林指導室主任	河北	山東濟魯大學畢業。天津YMCA幹事，抗戰後，在軍隊做政治工作。創辦《西南工合》。
張蘊良	39	柳江事務所主任	湖南	上海大學畢業。在華洋義賑會湖南省分會作為視察員4至5年，指導農業合作社。

姓名	年齡	職務	籍貫	簡歷
杜克明	42	南寧事務所主任	河北	北平財政商業專門學校畢業。華洋義賑會從事農業合作社有關工作數年後，農本局江西辦事處視察組長。
張鴻賓	40	新化指導站主任	河北	學歷不明。華洋義賑會工作人員。廣西省甯合作主任指導員。
時英傑	36	會同指導站主任	河北	河北省趙縣師範畢業。經濟部湖南省合作事業指導員，代理訓練科科長。
孟祥啓	32	臧江指導站主任	河北	北平中國大學預科。河北省教育廳辦事員。
李成泰	30	全縣指導站主任	山東	山東省濟寧道甲種工業染織科畢業。清甯平民工廠技師。
楚中廬	50	中渡指導站主任	湖南	學歷不明。財政部二級科員。
楊子英	30	平樂指導站主任	安徽	復旦大學農藝系畢業。軍事委員會政治部科員。
李維康	28	新化造紙廠經理	浙江	江蘇省松江應用化學高級中學畢業。浙江省嘉興造紙廠經理。工合協會成立時即加入，西南區辦事處成立後在長沙通訊處從事物資調查。

※《湘桂工合》，第2卷，第1、2期，1942年2月，第10-11、70-72頁。《西南工合》，第2卷第3、4期，1940年5月，第25頁始。另，除孫文藻外，其他人均曾參加1941年12月召開的湘桂區第一次工作會議，年齡為參會時年齡。「＊」為或與科長一同參會的科員。

　　湘桂區1941年底有工合社279社、社員3857人，廣西的桂林、全縣、柳江和湖南的祁陽、武岡、衡陽等地的工合社，其發展亦令人滿意。湘桂區雖落後於其他區，但工合運動的發展堪稱順利。不過，長沙因受日軍兩次進攻而未能形成發展基礎，零陵、新化則因原料、市場關係未能擴充。1942年6月，湖南省政府令戰區各縣增產物資、培養戰地小工業，除當地政府須予以協助、保護外，還委託戰區司令長官傳達給駐軍各部，[69]其協助、保護對象當然也包括工合社。湖南形成了政治、軍事一體保護基層工業生產的態勢。

　　不過，該時期最大問題仍是資金匱乏。工合協會秘書長唐元堯曾直言，太平洋戰爭爆發後，英美人士捐款減少，工合協會雖注入資金予以補助，但錢少地廣，各地工合社都深感資金不足。[70]當然，來自英美的捐款減少，並不意味著英美對工合運動的評價降低。比如，美國合作協會在1942年10月召開大會時還曾提及中國合作

---

[69]　《桂林大公報》，1942年6月7日。

[70]　《桂林大公報》，1942年8月23日。

社，指出除消費、信用兩類合作社外，新興的工合社正在為士兵和民眾生產醫藥品等必需品，讚揚其成就。[71]最後，1942年11月，行政院決定撥付6,000萬元給工合協會，用於為各工合社擴充資金；工合協會將其分配給全國七區用於擴充設備、整理社務，湘桂區得到1,000萬元。[72]

1942年12月，湖南省銀行也開始重視後方手工業，為適應戰時需要而制訂了《促進手工業貸款辦法》。該辦法規定，紡織、造紙、皮革、刺繡等手工業機構，經合法登記可申請貸款（貸期一年以內，利息9釐），並須接受該銀行指導；銀行按當地價格收購各合作社和工廠的產品，並大量代購原料；但違反規定的產品不予收購。[73]而關於工業產品標準化問題，技術工作者的全國性團體即中國工程師學會早在1941年11月的第十屆年會（貴陽）上即曾討論。[74]可見，在戰爭時期，即使是手工業生產，其作用也越發重要，試圖統一產品品質以驅逐劣貨的動向愈益加強。此外，該時期，湘桂區設有中山室[75]14處，以促進社員團結、加強娛樂活動等，桂林成立了工合消費合作社以應對物價上漲。為摸索從金融方面強化工合社，還制訂了組織工合金庫的計劃。

三、新東南區時期湖南廣西兩省的工合運動

1943年10月13日，工合協會第二次全體理事年會（第一次年會於1942年6月召開）在重慶召開，理事長孔祥熙主持。會上分發的蔣介石訓辭稱，工合運動的兩大目標是促進中國工業化和提高人民生活，在國策層面上明確指出了將戰後經濟建設納入視野的農村工業化方向；而承擔這一任務的就是工合運動。孔祥熙在報告中提出「工合大改革」方案，湖南、廣西兩省與江西、福建、廣東、浙江等被一同劃入東南區。孔還談及工合運動如何支援盟軍的問題。訓辭和報告雖然都強調要加強工

---

[71]　《桂林大公報》，1942年10月11日。

[72]　《桂林大公報》，1942年11月4日。

[73]　《桂林大公報》，1942年12月18日。

[74]　《桂林大公報》，1942年11月2日。

[75]　為紀念孫中山而設，用作娛樂室，供社員召開各種研究會及會議、講演、乒乓球、武術、歌唱等，內置「國民必讀書」等。

合運動，但實際卻是因經費短缺而實行的機構縮減和人員裁減，工合運動的實際工作也因管轄區域擴大而被削弱。按照孔祥熙報告，該年會決定重點透過機械化發展各地特產，以便將來實現農村工業化；東南區限定發展棉麻紡織、絹織、皮革。[76]該決定大幅壓縮了工合運動的業務範圍，極可能剝奪其對各地市場的適應能力。10月，按照「工合大改革」方案，湘桂區辦事處被裁減，新東南區辦事處（主任為工合協會委員徐寅初）在桂林成立。

　　孔祥熙之所謂「盟軍」，指支援中國抗戰的美國空軍，此時其規模日漸擴大。此前，美軍曾就營房建造、日用品採購等與商家直接交涉，但容易產生誤會，且少數商家趁機抬價。供給不暢也影響對日作戰。美軍於是要求工合協會有計劃地統一供應物資。之所以反覆要求，與工合協會及其運動在美國評價甚高不無關係。而且，工合協會是全國性組織，機構完善；鑒於美軍駐地市場日用品供應不足，而美軍需求又極易引發價格波動，甚而影響民眾生活，工合協會於是決定切斷商人投機的途徑，如以低於桂林的便宜價格從湖南省當局大量採購麵粉供應美軍等。[77]工合協會與美軍簽訂合同，並準備了專項資金。據盟軍服務處主任孟用潛記載，該處暫以新東南區為業務範圍，分建築、用具、布匹、皮革、機器、紙張等，開始在廣東開展工作，湖南、江西也在籌備。服務處之組織，除事務員外，還配有各類工程師若干人。[78]至11月，東南區盟軍服務處在桂林正式成立。

　　桂林是抗戰開始後的新興工業區，1941年有大小工廠112家（應包括已登記工合社）。在桂林，工合社以外的工廠在增加，如機器製造及修理有48家、化學14家、食品11家、建築9家、電氣產品製造3家、紡織3家等，資本總額達3,451萬3,952元。太平洋戰爭爆發後，上海、香港的許多工業資本再次向後方轉移，其結果，1942年桂林新設工廠達122家之多，其中機械製造及修理38家、教育用品29家、化學25家、煙草12家、紡織5家、冶金3家、食用3家等（不含未登記工廠）。不過，這些工廠，95%以上也是小型手工業生產，有可能隨時歇業或減產。亦即，該時期的許多工廠，其規模、設備與工合社相近，此點需要加以把握。其原因有機器和原料

---

[76]　請參閱本書第一章。

[77]　〈社評──盟軍供應問題〉，《桂林大公報》，1942年10有16日，等。

[78]　《桂林大公報》，1942年10月19日。

不足、獲取動力困難、物價高漲、稅負過重、政策性統制過嚴等，但最重要的問題是大部分資金流向商業部門。比如，桂林銀行的信貸總額3億2,600多萬元中，專賣信貸占22.6%、工業信貸占22.5%、農業信貸占21.4%、軍政機關信貸占9.4%、交通事業信貸3.9%、其他占4.5%。但是，比如專賣信貸，實際上全為對鹽商提供的商業貸款。1943年6月，中央金融當局決定向大後方工業提供特別信貸20億元；秦柳方指出，這些款項不應集中於四川等某一地區，應將其中2億元緊急分配給桂林以作工業信貸，因為桂林的工廠也已超過200家。秦還提出應增加對民營工礦企業的信貸分配，指出，1941年公營廠資本額曾占73.7%，但其後民營廠資本額增加，故信貸資金應按資本額分配，公營廠幾乎獨佔信貸資金、民營廠只得到其12%即600萬元的狀況，必需加以改變。[79]

　　關於該問題，「中南區工業合作協會」[80]曾向經濟部長翁文灝提交意見書。其要點為，①國民政府應首先維持併發展現有工業，減輕稅負、便利運輸、簡化手續，特別應給予其經濟援助；②工業貸款應由經濟部監督，本年20億元工業信貸資金應公平分配；③經濟部應推進農村工業化工作，謀求制訂戰後工業區的總體規劃，等。[81]翁文灝彼時在視察祁陽、衡陽、興安、全縣等地的中型工廠和煤礦，並在祁陽接見各廠負責人後回到桂林。[82]此外，1942年7月，工程師學會祁陽分會的參觀團一行18人曾在桂林就各機器廠的生產狀況、組織管理進行過調查，工程師學會的工程師一行60餘人也曾於1943年10月參觀過柳州工業。[83]翁文灝及工程師學會有關人的視察，標誌著這些地區作為從側面支撐重慶、四川的工業地帶開始受到重視。

---

[79] 秦柳方〈桂市的工資問題〉（正）（續），《桂林大公報》，1942年10月30、31日。

[80] 應為「中南區工業協會」之誤。1943年8月，工業專家等齊集桂林，基於抗戰難以取勝的最大原因在於中國工業落後的認識，議定成立湖南、廣西、廣東三省的工業聯絡機構，以迅速完成工業建設。此即「中南區工業協會」。該協會擁有團體會員70個，似並不包括工合協會；但成立大會時，工合研究所主任陳翰笙、桂林第一機器工合社的溫熾華與美國總領事、廣西省銀行、工程師學會桂林分會及各工廠代表一同出席了成立大會。該協會在衡陽、祁陽成立了工業基地，重慶則成立了其中央機關即中國全國工業協會。《中國工業》，第20期，1943年10月1日，第57-59頁。

[81] 《桂林大公報》，1943年10月29日。

[82] 《桂林大公報》，1943年10月30日。

[83] 《桂林大公報》，1942年7月12日、1943年10月31日。

　　1944年，日軍實施「打通大陸作戰」，作為其一環，打響了在湖南省北部的戰鬥。日軍汲取此前三次正面進攻長沙遭遇失敗的教訓，於5月27日從岳陽開始進軍，三面圍攻長沙，並於6月17日佔領長沙。第九戰區司令薛岳於是據守衡陽迎擊日軍，雙方從6月26日起激戰月餘。鑑於戰況驟變，湖南工合方面在得到工合協會130萬元資金幫助後，已在準備疏散，要求事務所及指導站、聯合社、各工合社的物資隨當地政府運往安全地區，各地盡可能繼續生產，並配合軍隊工作。在衡陽，東南區辦事處業務股長柳休撥給衡陽事務所經費10萬元，並指示其緊急疏散；事務所的重要文件、聯合社的物資及染織工合社等在6月16日前轉移到了衡陽工作中心渣江的安全地區，皮鞋工合社等則疏散到了附近鄉村。疏散前曾決定，轉移後在第二染織工合社內重開聯合社的零售業務，並指導生產、協助對日作戰；但後因渣江既無軍政機關，也無民眾自衛組織，遂再轉移到邵陽，部分機構甚至疏散至邵陽縣境。在祁陽，事務所的工作區域已經擴大，轄祁陽、零陵、冷水灘、文明鋪四地。其中，祁陽、文明鋪大部分是紡織工合社，決定必要時轉移到邵陽；零陵玻璃工合社的設備無法拆卸、搬運，但社員須於必要時去鄉間避難；零陵機器工合社移至桂林，擬與第一機器工合社合併，但因搬運困難，遲遲未得實施。在邵陽，武岡、邵陽二事務所和指導站，決定於必要時遷往鄉間或黔陽縣安江，漵浦、臧江、會同三事務所及指導站合併後組織安江事務所。在桂林，桂林事務所管轄的機器工合社將疏散到鄉間，或進行軍需方面的修理工作；織帶工合社正服務於軍事機關，故跟隨軍隊轉移；煙草工合社轉移到獨山，事務所、聯合社及榮譽軍人的肥皂、皮革各工合社則轉移至平樂。[84]

　　就這樣，湖南的許多地區成為戰區，湘桂鐵路沿線數個重要城市相繼淪陷，各地事務所及各工合社被緊急疏散至後方鄉村和湖南省西部及南部。1944年7月，工合協會公佈《戰地工作辦法》（未見），同時為加強湖南戰地工作，派柳休為湖南指導負責人前往該省，另派孟用潛前往實地調查，自9月3日起在白倉（武岡附近）召開了為期四天的湖南省工作會議。參會者除孟用潛、柳休、新東南區視導徐旭外，還有衡陽、邵陽、祁陽、臧江等各事務所有關人員。孟用潛和徐旭首先分別代

---

[84]　韓南耕〈衡陽工合疏散經過〉，《工業合作》（半月通訊），第2期，1944年8月25日；第4期，1944年9月25日，第6頁。

表工合協會和新東南區致辭。[85]孟用潛致辭概要如下：此番戰事帶給全體工作的影響非常之大，衡陽的製革社等雖在受到嚴重損失後轉移到安全地區，但其他卻仍留在戰地，邵陽、祁陽、零陵等地的工合社依然處於軍事威脅之下。工合幹部、工合戰士必須去戰區、敵後開展工作；因為，前線比後方、敵後比前線更重要。長沙、衡陽等相繼淪陷，湘桂、粵漢兩條鐵路被截斷，經濟上所受打擊是沉重的；物資無法運出，得不到必需品，這影響到所有的工商業和農產品，軍需民用都感到巨大困難。但是，湖南省中部、西部還有堅實的紡織基礎，有公路、河流；工合協會仍在繼續把資金送到湖南，但為數不多，不能解決各社資金問題。我們應該做的是「自力更生」。首先，不能把合作社看成借錢的「合借社」，合作社的任務是為滿足大眾的實際需要，把「小合作社」變成「大合作社」，把尚未組織起來的民眾組織起來，形成自給自足的經濟力量。其次，平均主義不好。比如，某榨油工合社的前身是理事主席劉崇光經營的私人油坊。劉很富有，經朋友勸說成立了榨油工合社。社員7人購入股份1萬4,000元，另從工合協會貸款8,000元，合計2萬2,000元投入經營；但僅夠買進原料，維持社員生活則力有不逮。劉於是說，如果不給他增加放款，就重回個人經營。工合社員有一種平等思想，社股被平均分配，社員間認購社股的金額相差無幾，為保持平均主義性質的平等，他們寧願選擇歇業。而且，不問社員能力和責任大小、有無勞動成果，工資都被壓得很低。如此，要吸引有能力的人入社就很難。工合社透過保障社員平等的地位、發言權、表決權而實現民主，但將其混同於狹隘的平均主義則是大謬。並指出不可陷入小範圍的封閉主義。[86]

　　按照上述發言主旨，湖南省工作會議形成決議如下。（一）資金問題決議。各地工合社資金問題十分嚴峻，工合社應遵循全體人民共同經營經濟事業的原則，「有力出力，有錢出錢」，從「自力更生」中尋找出路。為此，社章之有關資金部分，應經過全體社員大會修改為可獲得社股紅利，並修改或廢止個人持股不得超過社股總額20%的限制。口號是理解當地社會和經濟、研究大眾的生活問題、死抱「合作八股」必定碰壁、工合財務須公開、社務須民主、管理須集中，等。（二）

---

[85]　〈湖南省工作會議幾項重要決議〉，《工業合作》（半月通訊），第5期，1944年10月10日。

[86]　孟用潛〈目前形勢和我們對工合的應有看法與做法〉，《工業合作》（半月通訊），第5期。

組織原則決議。⑴工合社勿從組織化著手，須先調查當地社會和經濟，研究主要工業的全部生產和交易過程，搞清技術、設備、原料、市場、運輸、商家等困難所在，為解決問題提供援助。⑵工合社的組織形式不可簡單劃一，應根據工業的性質、生產設備、經營方式、當地社會經濟條件和各工合社具體情況來決定。工合社可集中生產、集中經營，也可分散生產、集中經營。在手工業地區須發揮指導的作用。⑶工合社是人民大眾共同經營的經濟組織，不僅社員直接參加工合社的工作和業務經營，資本家也可成為社員；但是，選舉時社員每人皆擁有一票表決權、各社主權在社員，這一民主原則須絕對保持。現在各地實施的收回放款、解散工合社的政策，是有害的「取消主義」。[87]亦即，戰爭日趨緊張導致資金極度短缺，工合協會因而提出「自力更生」；從前是否分紅及數額多少因各工合社的經營思路、經營狀況等而不同，至此則把分紅和廢除為防止少數人支配工合社而規定的個人持股限制結合起來，試圖以此吸收游資及各種資金。這顯然意味著工合社將無限接近股份有限公司。

　　此外，工作會議還調整了機構，並成立了湖南事務所（主任為柳休），以作戰時運動指導機關，邵陽事務所的人員隨之全部轉入湖南事務所，以前的各事務所亦被改為指導站或服務站。[88]1944年10月，工合協會撥付湖南事務所100萬元，該所從洪江的中央銀行領取此款。疏散到邵陽、衡陽以西的各工合社在安江（負責人張蘊良）合併為6社，恢復生產，並成立了聯合社。祁陽和零陵的工合社由王子建負責物資轉移和工作重建，柳休則留在臧江負責祁陽、零陵的重建工作。[89]據說，這次工作會議不僅是湖南工合運動工作的轉折點，尤其是有關資金、組織兩個決議，後來被全國各地採納。

　　與湖南剝離後的廣西的情況如何？首先看一般工廠。廣西工業的兩大中心即桂林、柳州的約200家工廠，約半數為機器工廠；但民營廠因資金匱乏、交通不便、銷路不暢、原料價格暴漲、借貸困難等，多數已難以為繼。國營和省營廠也一樣，原料短缺，資金周轉困難，生產效率大幅下降。桂林的發電廠因燃煤無著而停止發

[87]　《工業合作》（半月通訊），第5期，第5-6頁。

[88]　王新〈在火線上奮鬥的湖南工合〉，《工業合作》（半月通訊），第6期，1944年10月25日。

[89]　柳休〈戰地來鴻──湘省工合積極進行復工〉，《工業合作》（半月通訊），第7、8期，1944年11月25日。

電，廣西企業公司的火柴廠也已歇業。[90]總之，民營廠和國營、公營廠已全部陷入危機，大中型工廠已無法再次轉移。而工合社卻與此不同。為躲避日軍進攻，各工合社已把部分機器、原料、物資從桂林轉移並集中到敵後的昭平縣。昭平人口14萬，是穀物半自給的落後山地農村，既無合作社基礎，也無工業基礎。當地各界人士徵得軍政當局同意成立了民眾自衛工作委員會，制訂了動員、生產、自衛、組織等計劃，特別是調配疏散而來的人材、物資，使之配合自衛工作。除桂林事務所、聯合社、第一煙草社轉移到貴陽外，各工合社及東南盟軍服務處的物資轉移到了昭平。轉運的機器有發電機、精米機、機床等，幾乎應有盡有，但分配給各社又顯不足，於是決定以合作方式發起各種小型生產事業。工合事務所於是和自衛委員會共同實施「技術員」（技工和技師）登記，兩日內登記者達100多人。技術員有機械、化學、土木、印刷等人才，工人則有機械、印刷、土木等人材；其中有曾留學美國者，大學、中學、小學畢業甚至學徒工都有。工合協會曾計劃把失業技工組成戰地工作隊，此時恰好在昭平實施該計劃，由事務所和盟軍服務處的部分人員組織了聯營處，開始銷售產品。不過，資金只有30萬元，日銷售額也不過3,000至4,000元。此外，廣西日報社苦於沒有印刷機出報，事務所得知桂林的西南印刷廠有被棄置的機器，於是將其運來，組織了印刷工合社，承印《廣西日報》等。事務所還協助自衛工作委員會成立了發電廠。[91]

　　1945年1月，工合協會總會在重慶召開，柳休在會上做了如下報告。湖南戰區尚有工合社84社，可作戰地工作之基礎。①就此次湖南的經驗而言，工合不做長途轉移，而是從城市就近避往鄉村、山區，則其避難時間既短，損失也最小，恢復也容易。在這點上，工合社具有機動靈活之長，而日軍要深入廣大戰地農村則十分困難。②由於在湖南工作會議上轉換了工作路線與工作方法，撤退到安江的各社復興大會決定採取按比例分紅、支付補償款等，同時集中全體社員的個人資金和原料以解決資金困難，從而取得了穩定各社生產的初步成果。臧江的棉織工合社曾因資金不足接受過當地某商戶投資25萬元，該商戶也以利益對半的條件加入工合社；後因戰局吃緊，該社退還全部資金，並付給商戶「利潤」5萬元。據說該商戶很受感

90　秦柳方〈當前的工業救濟問題〉，《建設研究》，第9卷第4期，1944年3月。

91　周匡人〈深入廣西敵後工合在昭平近況〉，《工業合作》（半月通訊），第7、8期。

動，並按工合協會的放款利率再次把資金借給了該社。洪江的工合社5社，前曾因與商戶合作而被勒令解散，聲明脫離工合協會，但現在5社皆已回歸。可見，路線之轉變，對利用社內社外一切財力、物力以爭取「自力更生」，發揮了顯著作用。③邵陽各工合社撤至白倉，兩月餘未與當地工合社合作，物資救濟也靠該社社員獨自奮鬥。柳休呼籲要克服「山頭意識」，與當地工合社密切聯繫、相互合作。[92]柳休的該報告在總會上透過，成為全國戰區工合運動的指針。亦即，由於日軍從1944年初開始實施的對湖南、廣西、浙江、江西、廣東各省長達一年半的持續進攻，各地公營、私營等工業生產機構均遭大面積破壞，許多工合社集聚地也被攻陷；但在這種局勢下，唯有工合社卻能夠採取戰鬥態勢，將許多機器等運到後方安全區域並恢復生產，許多新工合社在湖南省西部、廣西省東部、江西省西南部、廣東省東部重新發展起來。這表明，大中型工廠對直接破壞十分脆弱，難以隨機應變地疏散、轉移；而這些工合社則開始武裝起來，繼續生產軍需品和民用品，以支持抗戰。在柳休和邵陽事務所主任張蘊良指揮下，邵陽、武岡的工合社從日軍佔領下的白倉突破包圍，把大部分財產、物資轉移到了安江。在安江，先後有工合社員800餘人前來彙聚，精棉、第一紡織和第二十八織布3社及針織、織襪2社分別合併，並開始生產，製革社等也重新開工等，各工合社漸次得到重建，繼續生產。另外，桂林工合社員等在徐旭指揮下，社員、技師一同把重要機器、財產運到昭平。據說，他們在被日軍包圍、陷於孤立的敵後昭平迅速組織了廣西工合促進委員會，在沒有任何資金援助的情況下，開展了敵後生產工作。[93]

四、湖南廣西兩省各地工合運動的實際狀態和發展動向

湖南各主要地區工合運動的實際狀態及其動向如下。

（一）**邵陽**。第一精棉工合社成立於1939年4月。開始時社員30餘人（其中技工10人），社股300股（每股10元）。西南區辦事處對其提供長期放款5萬元（5

---

[92] 〈湖南戰地工作經驗總結及今後應有做法──（民）三十四年一月六日總會會議通過〉，《工業合作》（半月通訊），第11、12期，1945年5月5日，第1-2頁。

[93] 羅海波〈英勇奮鬥的東南工合戰士〉，《工業合作》（半月通訊），第17、18期合刊，1945年9月5日。柳休〈淪為戰地後的湖南工合〉，《工業合作》（半月通訊），第11、12期。

年償還），用於購買原料、機器並充活動費。生產技術、業務管理由指導員指導，區辦事處派李維康任經理，設總務、工務、福利三部門。1940年發展到職員9人、社員48人、雇工77人，計134人。亦即，工合社的工人，除社員外，亦須把未認購社股的雇工考慮在內；如此，則某些工合社足可匹敵大中型工廠。原則上，工合社的工資按技能和完成產品數量由社員自主決定，並經事務所認可。職員的月工資最高100元，最低35元；社員每月18元者佔80%，19至20元者佔10%、21至30元者佔8%、31至60元者佔2%；雇工日工資最高1.5元、最低0.55元。亦即，職員、社員、雇工的工資，依其在社內地位而有高低之別。第一精棉工合社每日晨6時升「工合」旗，唱歌、講話後開始工作。產品為脫脂棉、紗布、急救袋三種，每月可獲純利2,800元。產品價廉，故軍事機關、醫院、學校紛紛求購，1940年6月接到訂單達30萬元。後來社員增至60人，擁有了電動打棉機、鍋爐等，每日可生產優質藥棉100磅、紗布200磅。[94]1941年11月，因中國銀行分區放款等因，邵陽的工合組織決定向武岡擴展，在紡織業中心白倉成立了武岡指導站。白倉的產業主要是農業（稻米和棉花），副業為紡織，且為邵陽、祁陽、武岡三縣的貨物集散地，商業較為發達。

武岡指導站管理邵陽13社、武岡16社、白倉13社，共42社。羅海波主張，在白倉應採用集體勞動和分散生活的方式；社員家庭距工合社較近，分散生活可節約資金，且許多社員是本地人，有資產有信用，可穩定工合社基礎。[95]此外，執行懲罰規定似也較嚴格。比如，雖具體經過不詳，但武岡第六織布工合社的社員2人、第一木工工合社的社員1人因違反社章而被辭退。[96]

（二）**零陵**。零陵原來「地瘠民貧」，幾乎沒有副業，民心也較為保守。但位於湖　　南、廣西的咽喉之地，湘桂鐵路開通後遂成交通樞紐，加上武漢、廣州淪　　陷後難民蜂擁而至，社會狀況為之大變。零陵事務所於1939年4月成立後，　　即組織了火柴、機器、玻璃、磚瓦各工合社。磚瓦工合社後因未達法定人

---

[94] 李維康〈邵陽第一精棉合作社業務狀況〉，《西南工合》，第2卷第5期，1940年等。孫文藻《西南區工合產銷概況》，第26頁。

[95] 羅海波〈武岡白倉經濟及工合展望〉，《湘桂工合》，第1卷第5-8期合刊，1941年11月。

[96] 《西南工合之友》，第2期，1939年10月，第14頁。

數而解散。1940年又新設肥皂、印刷2社，但印刷工合社因社員在其他機關兼職，遂令其解散。最後剩下火柴、機器、玻璃、肥皂4社，其中火柴工合社機構、設備皆較完備，入社者較多，在全國也小有名氣。該4社利用放款共15萬5,000元，但火柴工合社後來償清了10萬元，故實際放款僅5萬5,000元。[97]

(1)火柴工合社的成立經過和經營狀況。1938年10月，長沙和豐森記火柴公司[98]因國民政府發佈疏散令和長沙大火而停業、解散。後來，部分工人出資在黃材鄉開始合夥生產。西南區辦事處鑒於其尚未採取合作社形態，且另有許多工人失業，遂決定成立火柴工合社。同年12月，區辦事處主任林福裕、副主任汪錫鵬經與省政府交涉，以每月100元、為期5年的條件借用火柴公司的所有機器，後在零陵建廠，運來機器、原料；許多工人也從長沙、黃材鄉陸續到來，於是從1939年9月開始生產。但11月有日軍飛機17架飛臨零陵實施轟炸，除辦公室、原料室等外悉數被毀。12月完成修復，5日經區辦事處指導完成登記，正式成立火柴工合社（區辦事處對其提供長期放款10萬元）。此舉實質上救活了大型火柴廠，並對其以工合社形態進行了重組。觀諸圖6-3，在該社組織系統中，社員大會為最高決定機關，這或反映了「工人自主管理工廠」的理念。其下有社務會議，負責制訂計劃，而後以經理為核心將計劃付諸實施。從社員、職員中選出理事11人、監事7人，然後透過互選成立理事會和監事會。經理為區辦事處委派的劉振翔。另設四個特種委員會。其中，採購銷售委員會由經理依委員會決定負執行責任；福利委員會決定和實施社員及雇工的衛生、教育等一切福利事業；自治委員會監督執行勞動規則，擁有懲戒權；技術研究委員會研究國產原料，以補進口原料之不足。這些委員會的成員，也由社員、職員直接選舉產生。經理之下分設業務、工務、福利三部，福利部須遵循福利委員會之指示。金庫保管員被置於經理、理事會之下，並獨立於業務部會計室之外，以便隨時檢查、監督貪

---

[97] 〈零陵事務所三十年度工作報告書〉，《湘桂工合》，第2卷第3、4期，1942年4月。

[98] 其前身為光緒末年的商辦和豐火柴公司，後因外國產品大量流入而衰退。1930年冬，湖南省政府注入官股，重新開業。

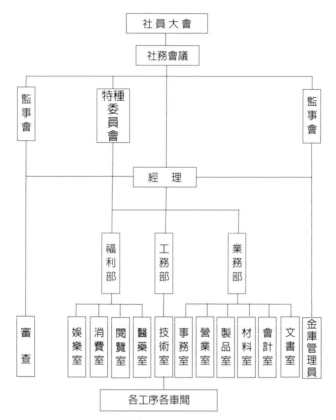

圖6-3　零陵火柴工合社組織系統圖

*劉振翔等〈零陵火柴生產合作社業務狀況〉，《西南工合》，第2卷第5期，1940年6月。

腐。幾座建築物分為火柴梗製造、乾燥、調藥、包裝、裁紙、木工等車間，機器有火柴梗平削機、切梗機、刨機、引線機、調藥機、調磷機、切紙機、銅板機等一應俱全，另有辦公室、宿舍、食堂、浴室、雜役室等也很完備。不妨說，零陵火柴工合社的形態在全國工合社中也是非常接近理想的。由於另外3社也準此形態，其他地區的工合社也努力以此為準，遂使零陵火柴工合社成為模範。

　　零陵火柴工合社有職員22人、社員171人，此外還有雇工150人，另有包裝女工約140人，實際上是擁有480人左右的大型工廠。另有附近鄉村從事糊火柴盒作業的，據說常有數千人之眾。社股每股10元，社員每人最多可認購

3股。職員月工資最高110元、最低30多元；社員每天0.75元至1.5元，雇工為0.7元到1.4元。產品僅安全火柴一種，每天生產小盒火柴15萬盒、火柴棒15擔等，乾燥後每10小盒裝成一包，120包裝一箱。每月產量最高240箱，每箱成本264元，售價約300元。[99]1941年，理事會補充副主席2人，監事會補充1人，以輔佐理事會主席，機構從而得到加強。業務方面，除經理外新設副經理，其下置業務、工務、會計等職。業務主任之下有文書員、材料員、事務員、營業員，工務主任之下有技術員和技能檢查員，會計主任之下有會計員、帳簿員，工廠管理則由工務主任全面負責。然而，1942年，因鹽酸鉀缺貨而被迫停產，[100]4月省營火柴廠成立後買進火柴工合社的原料，收回了森記火柴公司的機器。但該社成為省營廠後，仍因原料不足而難以全力生產，每月僅能生產6箱，比工合社時期大幅減產，1942年度則只開工四個月。[101]湖南省省營廠的組織及其體系化較晚，相當於省營企業公司的湖南實業公司（資本金6億元，省政府和資源委員會官股占6成，民股占4成）成立於1943年11月。該公司除開採煤、金、鋅各礦外，還擁有紡織、火柴、造紙等22家工廠。[102]至此，省營廠體系逐漸成形。亦即，至省營企業公司成立前，零陵火柴等優秀工合社雖被重組為省營廠，最後被併入省營企業公司，但這也顯示，工合運動及工合社以這些輕工業部門為中心已建立起一定工業基礎，其貢獻不可忽視。

(2)零陵機器工合社。長沙大火後，林福裕前往調查，得知湖南省立工業學校機械實習部和湖南造紙廠的大部分機器尚存，於是一邊和該校交涉，一邊建議省教育廳、省建設廳把機器轉移到後方並組織機器工合社。1939年春，部分機器運至零陵冷水灘，繼而建廠、採購五金原料。12月，區辦事處指導組織機器工合社（辦事處長期放款4萬元），選舉理事5人、監事3人成立了理事會、監事會。另設三個特種委員會，即採購銷售委員會、福利委員會、懲獎委員會。職員5人、社員19人（全為來自上海、長沙等地的熟練技工）、預

[99] 劉振翔、陳紹海〈零陵火柴生產合作社業務狀況〉，《西南工合》，第2卷第5期。〈零陵工業新姿態〉（上），《香港大公報》，1941年1月19日等。

[100] 〈零陵事務所三十年度工作報告書〉，《湘桂工合》，第2卷第3、4期。

[101] 陳真編《中國近代工業史資料》，第3輯，下卷，三聯書店，1961年，第1345-1346頁。

[102] 前引陳真編《中國近代工業史資料》，第3輯，下卷，1356頁。

備社員6人、雇工6人，共36人。社股每股10元。職員工資暫定最高100元、最低30元，社員每日工資最高2.2元、最低1.1元，雇工最高0.8元、最低0.7元。工合社有建築物九座，第一座設發動機室、機器室、機械裝配室等四室；第二座設鑄造室、材料室、社員雇工宿舍等；第三座分為辦公室、禮堂、食堂、閱覽室等。機器有從省立工業學校運來的蒸汽發動機、蒸汽鍋爐、刨床、旋床、起重機、熔礦爐等，還有從湖南造紙廠借來的木材加工機、刨床、研磨機等。產品有切麵機、牙刷製造機、鐵木織布機、刨床、旋床、鼓風機，也進行機器修理等。月產值不定，平均純利約3,000元。銷售狀況良好，尤其是切麵機需求較大。[103]由於生產刨床、旋床等母機，不僅可為其他工合社製造機器，也可充實自用設備。

(3)零陵玻璃工合社。事務所主任楊景祿、指導員崔月輝於1939年2月招集原零陵天寶玻璃公司的工人40餘人，於6月成立工合社，10月在省建設廳完成登記。成立時，事務所僅對其放款5,000元，資金不敷周轉，於是又於同年12月和1941年3月借款共5,000元。區辦事處派唐俶任經理，下設工務、業務、福利三部。會計亦由區辦事處委派，但負責銷售等的是社員。社員43人，社股每股20元，共45股。但1940年似已減至20人，另有雇工5人、「練習生」（學徒）6人。經理等職員除津貼、伙食費外，每月平均支給35元；社員、雇工按件計酬，工務部工人採承包制；營業部工作人員和「練習生」除伙食津貼外，每月工資最高36元、最低10元。利潤原則上平均分配。產品有藥瓶、日用等玻璃製品等62種，月產值約7,000元，支出6,000元，純利1,000元。曾承製桂林德成行酒瓶1萬個，桂林工合代營處亦曾接到訂單1,000元。[104]社務較為健全，業務發展良好。

(4)零陵肥皂工合社。該社有社員7人（多為衡陽人）、雇工8人。借款5,000元，生產洗衣皂等，月產值約3,000元。業務範圍較窄，但組織健全。因椰子油等採購困難，使用楠木油替代；但產品顏色不好影響了銷售，後改用烏桕油，大為改善。[105]

---

[103] 潘螢〈零陵機器生產合作社業務狀況〉，《西南工合》，第2卷第5期。

[104] 唐俶〈零陵第一玻璃生產合作社業務狀況〉，《西南工合》，第2卷第5期等。

[105] 〈零陵工業新姿態〉（下），《香港大公報》，1941年1月20日等。

　　當時，火柴需求量大，訂貨亦多；玻璃、機器、肥皂的銷路亦頗暢，對當地社會、經濟產生了良好影響。以火柴為例，其對社會的影響有如下數端。首先是穩定了物價。1939年9月，火柴緊俏，每盒漲至8角；而工合社則銷價4角，將市價壓至5角。其次是補助民生。鐵路職工多工資極低，一般需家人做些副業；火柴工合社為他們提供火柴包裝、糊盒、銷售等工作。火柴工合社有委託銷售處4處，將大量火柴銷往廣西以及重慶、湖南、湖北、貴州等地。各省也有火柴工廠，但工合社產品的品質更好。[106]

（三）**漵浦**。漵浦交通不便，外國貨極少流入，又因富產棉花等，故紡紗、織布、製糖等手工業較為發達，尤以紡紗為最。人口32萬人，婦女八分之五（約10萬人）從事紡紗，女子6、7歲即能使用紡機紡車，12、13歲即能織布。紡機多達5萬餘部，織布機3萬餘架，原料完全自給。紡紗用木製腳踏式紡機每天可紡紗5至6兩，織布則使用10至16支機紗作經線。每月產土紗1萬斤、棉布2,000多匹，除「自織自用」外，還銷往附近各縣。抗戰爆發後，織布業愈益發展，銷路擴至西南各省。但此類生產、銷售皆未經組織；有組織的生產機構，有經營紡紗、印刷、照相等的縣立民生工廠，但也只是因襲舊法，既無研究、改良，生產能力亦低。1939年3月，此地始有工合運動，首以組織手工業、改良生產技術為目的。漵浦縣長曾在晏陽初領導下的河北省定縣從事鄉村教育工作，曾組織農村信用合作社300餘社，對工合運動似也頗有好感。工合社月產棉紗計5,000餘斤、棉布600餘匹，因品質上乘，採購者遂向工合社直接訂購。至1941年7月，漵浦有紡織、化學、文化、礦冶等工合社80社，其中婦女紡織工合社最多，婦女社員1,000餘人在農村各地踏動著紡織工合社的機器。亦即，工合運動僅把約10%的手工紡織婦女組織起來，就不僅改善了產品品質，還將棉紗產量提高50%、棉布產量增加30%，使手工業生產機構的重組和技術改良取得了實效。其運作形態是，首先從工合事務所每人借款5至10元購入棉花，每天紡紗400至500斤，將其集中到城內的事務所，然後再分發給紡織、縫紉工合社。亦即，採用分散方式在農村紡紗，事務所居中將棉紗分發給織布工合社等。大祖廟的織布工合社（工人10名，10

---

[106] 同前。

至23歲，理事、監事原在民生工廠工作）距縣城七華里，擁有織機10架，每人三天織布2匹。據說報酬採按件計酬制，每天勞動10小時，最多僅得5元，但還算滿意。1942年5月底，漵浦有兼營紡紗和織布的紡織工合社46社、社員1,014人，社股金額7,097元，放款總額5萬9,885元，使用原料4萬7,183元，月產值達74,108元，每放款1元的產出為1.3元。

　　1942年，「工合到農村去」成為普遍口號。但漵浦的工合運動自始就以鄉村婦女為對象，三年間即在鄉村建立了紡織工合社的基礎。一般每村有農業合作社和工合社各1社，男子加入合作社，女子則參加工合社。婦女的年齡跨度較大，有的甚至已71歲，據說開會也比農業合作社活躍。許多婦女欲實現經濟自立，也具有社會參與意識，1940年7月的國際合作節時，曾有工合社婦女1,000多人列隊進城。[107]

（四）衡陽。 衡陽事務所從中國銀行借款50萬元，用以創辦機器造紙工合社及模範工合社，同時就如何改進渣江鎮的手工紡織和衡山的手工造紙開始調查。衡陽已成立工合社17社、運輸工合社1社及聯合社，但多在城市附近，需向農村發展。[108]衡陽事務所1941年度工作報告記載，該年曾對各工合社進行如下調整。即，已歇業且開工無望者予以解散、能合併者合併、組織健全但資金不足者為其介紹中國銀行放款、不聽從指導者予以解散、少數分子及不良分子壟斷的則加以改組。部分被調整工合社如下。①第一化學社，社員8人，技術水平參差不齊，產品銷售困難，業務減退，決定解散。②第一毛巾製造和第一染織兩社業務相近，且都不足法定人數，資金匱乏；合併後資金1萬元、社員8人、雇工2人，「練習生」2人。第一、第二五金兩社亦合併，並給與放款6,000元。③第三染織社，社員皆衡陽人，社務健全，但因僅獲得放款3,000元，致業務低迷；於是指導其增加社股，同時斡旋中國銀行向其放款9,000元。第一皮製品社有社員8人，技術亦過硬，因僅得放款1,000元而無法開展生產，經斡旋中國銀行放款5,000元後，經營順利。④運輸工合社不遵從指導，將其解散。⑤第一裁縫社因經理等貪冒造成損失2,000多元，於是開

---

[107] 劉湘長〈漵浦的紡織工合〉，《工業合作》（月刊），第3卷第3期，1941年9月。王作田〈三湘的工合戰士〉(1)(2)(3)，《桂林大公報》，1941年7月11、13日。

[108] 《桂林大公報》，1941年6月21日。

除經理等，追還放款後進行改組。改組後有社員7人、放款3,000元、織襪機7台、月產值6,000元，銷售頗暢。此後決定成立新社須重質不重量。[109]衡陽的工合運動是在摸索中不斷改進、充實起來的。衡陽因粵漢鐵路和湘桂鐵路在此交匯，位置十分重要，故此地設有美軍基地。衡陽的工合社或因基地需求而擴大了銷路，但如前所述，也因此而捲入激戰。

（五）**祁陽**。祁陽屬落後地區，富產棉花、煤炭、甘蔗等原料，但工業卻只有小型、未經組織的紡紗、織布、造紙、織席、製糖等手工業。抗戰開始後，人口增至數倍，導致日用品匱乏、價格上漲。1938年10月武漢淪陷後，先是西南區辦事處安排難民工人來祁陽，後又有長沙大火的災民湧入，於是成立了祁陽事務所。當地失業工人也樂於加入工合社，引起當地人士關注。1938年10月開始調查、計劃、宣傳，1939年4月著手組織工合社，至1940年11月已成立紡織8社、化學6社、服裝4社、五金和建築各1社，共計25社（社員221人），另組織縣聯合社1社。重點生產軍需品，需求很大。比如，織布各社曾為紅十字會生產傷殘軍人使用的繃帶3,000匹、紗布8萬匹、桂林醫院用布2,000斤等；織布三社則應軍政部兵工署委託生產機槍子彈帶2萬5,000條。此外，裁縫工合社為某師生產軍服8,000套、如前述應宋美齡委託生產棉大衣5,000件；泥木社生產竹製軍用水壺3,000個及彈藥箱、蚊帳等。據稱，織布數社和織帶數社在承製機關槍帶時，曾共同採購原料、外運產品，顯示了聯合經營的優勢。工合社之間在生產方面也有合作，如印刷工合社有石印機3台，曾承接零陵火柴工合社火柴盒圖案的印刷。各工合社皆設小賣部，向祁陽民眾出售襪子、雨傘等民用品，為穩定物價做出了貢獻。就這樣，在祁陽，工合社遍佈城市和鄉間，發揮了重要作用。但為躲避轟炸，製傘、鐵工、製鞋等各社後來遷到鄉村，僅少數工合社和營業部留在城市。[110]按照「邊實驗邊展開」的原則，事務所將煙草社作為實驗工合社。該社很大程度上直屬事務所，且社員年齡限制在30歲以下，社規也比一般工合社嚴格。如開除社員之規定，針對的是採購原料、工具時有貪冒行為者，至此與其他工

[109] 〈衡陽事務所三十年度工作報告書〉，《湘桂工合》，第2卷第3、4期。

[110] 吳熊〈祁陽工合概況〉，《西南工合》，第2卷11、12期，1940年12月。挽瀾〈祁陽工合巡禮〉，《西南工合之友》，第5期，1940年3月等。

合作社無異；但煙草社的開除對象還包括入社四個月以上而不思上進者。該社還規定，原料採購等由社員輪流負責，不委諸社外；勞動時間不超過十二小時；不滿20歲的「練習生」，在社務擴充時轉為基本社員等。[111]事務所試圖透過徹底貫徹工合運動原則，並明確「練習生」的地位等為其他工合社樹立模範。經如此努力，至1941年，祁陽已有工合社38社、社員355人、社股總額2萬9,094元、交訖股金2萬4,406元（83.9%），利用放款也增至14萬6,630元。事務所從便於指導、集中生產的觀點出發，把紡紗、織布、織席、造紙定為核心業務，另為幫助榮譽軍人第十七臨時教養院（收容2,000餘人）的傷殘軍人生活自立，成立工合社3社（社員共48人）。此外，聯合社除協助各社開展社務、教育、衛生等工作外，也代銷各社大宗產品；但因利用放款較少，原料代購和一般產品銷售仍須依靠各社小賣部。[112]

（六）**新化**。長沙大火後，在林福裕指揮下，湖南造紙廠的部分大型機器如鍋爐、蒸汽發動機、水塔、發電機等被運離長沙；為解決進口紙張短缺問題，決定創辦機械化的造紙工合社。不過，雖然混料、蒸煮使用機器，但為救濟失業工人計，抄紙、晾曬工序卻仍採用需要人手的傳統方法。工合社並非一味排斥手工方式，為吸收和有效運用勞動力，有時反倒積極採用手工方式。廠址選在湖南紙張產量最多、有一定手工業基礎的新化。首先招募工人進行訓練，但許多人不理解工合社與一般手工業的區別，習慣沿用舊法而並不認真接受訓練。於是從中選拔40人為社員，1940年3月正式成立了半機器、半手工的造紙工合社。該社募股3,560元，另從西南區辦事處接受放款5萬元。組織方面，辦事處委派經理，其下設業務、工務、福利三部。該社同年6月有職員17人，最高工資每月130元、最低25元；社員48人，月工資最高30元、最低12元；雇工11人，月工資最高12元、最低10元。伙食由社提供。原料使用當地毛竹、稻草，藥品除少量進口品外，也儘量使用替代品。產品有證券用紙、書報用紙等，品質較土法甚佳；亞新地學社曾大量採購，用於印製地圖。每月產量最少373令（1令＝500張），產值8,973元；而原料費3,732元、

---

[111]　《中國工業合作協會二周年紀念特刊》，1940年7月，第51-52頁。

[112]　〈祁陽事務所三十年度工作報告書〉，《湘桂工合》，第2卷第3、4期，等。

燃料及人工費等3,771元，故純利約3,000元。[113]該社業務發展順利，社員至7月已增至70多人。社員為當地新化和長沙人。勞動時間有明確規定，業餘有娛樂活動，據說被視為「樂園」。[114]

（七）**長沙**。長沙是省會、地方大城市，但如前所述，因日軍進攻的威脅和蔣介石的「焦土抗戰」而成為湖南省最為動盪的地區。湘桂區辦事處和財政部貿易委員會計劃在該兩省進行手工藝改良。特別是長沙，其刺繡聞名於世，曾向歐美大量出口。辦事處著眼於此，擬動員城區四鄉婦女組織刺繡工合社，以換取外匯、支援抗戰。1941年1月，辦事處和貿易委員會富華公司經協商決定發展刺繡工業，於5月設長沙事務所（主任1人、指導員兼技術員1人、助手3人、基層職員2人，共7人）。據調查，在湖南省北部，有天主教會、英國國教會、基督教女青年會、哥老會及民間商人正組織婦女1,000餘人從事刺繡，長沙仍有生活困頓的技工約400人。此外，湘陰、湘潭、寧鄉的刺繡等手工藝發達，益陽有刺繡工500餘人，但抗戰開始後因資金不足而停工。有鑑於此，長沙事務所決定開辦湖南女子職業訓練班（後述）培養婦女幹部，而後於1941年度在長沙及湘陰、平江、瀏陽等7縣組織大型刺繡工合社25社（社員1500人）。由於婦女離不開家庭，故決定採用分散的家庭副業方式。接受訓練者自發邀集更多婦女，於1941年6月組織了最早的刺繡工合社（59人）和裁縫工合社（48人）各1社。然而，開工不久即逢日軍第二次進攻長沙，遭受沉重打擊。9月，事務所人員暫時撤至桂林，據說至10月此役過後，事務所才重新開始工作，並突擊成立工合社。[115]

那麼，廣西省主要地區的工合運動狀況如何？

首先看桂林。1939年5月，工合運動開始時即首先成立了桂林事務所。10月，區辦事處遷至桂林，桂林事務所隨之被裁撤，桂林的所有工作由區辦事處組織科負責。但因到處要求馬上組織工合社，工作日趨繁雜，故1940年3月新設桂林區指導室，以袁宗海為主任，區辦事處派包永林等指導員7人輔佐其工作。

---

[113] 杜時化〈新化造紙生產合作社業務狀況〉，《西南工合》，第2卷第5期，等。

[114] 匡兆薰〈新化造紙生產合作社〉，《西南工合之友》，第8期，1940年7月。

[115] 〈長沙事務所三十年度工作報告書〉，《湘桂工合》，第2卷第3、4期。任桂明〈湘南女子挑花職業訓練班訓練經過及展望〉，《湘桂工合》，第1卷第5-8期合刊，1941年11月，等。

表6-9　1941年度的桂林工合社

社名	成立年月	社員人數	社股數	交訖股金（元）	%	利用放款（元）	備考（社員教育程度、工資、生產狀況等）
第一煙草	1939.9	11	168	1500	90.9	（中）13,600	廣西省第一個工合社，區辦事處放款800元，社員8人，「紅星」「獅球」等品牌很受歡迎。
第一織布	.12	8	16	65	40.6	（辦）3,500	1939、1940年業務好，1941年因棉紗價格變動（暴漲？）營業低迷，預定解散。
第三織布	1940.4	7	21	200	95.2	（中）4,000	預定解散，原因同上。
第五織布	.4	8	24	240	100.0	（中）4,000	1940年度虧損3000多元，無法償還中國銀行貸款，停業數月。
第六織布	.4	10	70	450	64.3	（辦）12,500	亦曾陷入困境，經調整後經營好轉。
培風鎮煙草	.5	16	416	3250	78.1	（中）30,000	社員全為安徽人。在本省各商港銷售，可與進口貨競爭。每月盈利數千元。
第一印刷	.6	12	600	6000	100.0	（中）49,000	管理、經營皆發展迅速。中國銀行放款5000元，另得長期貸款4萬元，改成大型工廠，附設小賣部。
風北鎮煙草	.9	10	500	3250	65.0	（中）20,000	使用國產原料，「戰馬」等品牌品質優良，營利達5000元，貸款2萬元購置新式機器。
培風鎮日用化學	.3	7	90	500	55.6	（中）18,000	生產印刷油墨，售給廣西大公報和大印刷廠。機器損壞後借九華山機器「工合」的動力機繼續生產。

社名	成立年月	社員人數	社股數	交訖股金（元）	%	利用放款（元）	備考（社員教育程度、工資、生產狀況等）
第一製革	1941.5	10	240	1050	43.8	（中）36,000	社員全為製革熟練工，但受教育程度極低。生產絞皮等售給各地客商。
第一皮製品	.5	10	210	1050	50.0	（中）21,000	在桂林最大的建國市場設小賣部，經營極佳。理事、經理等拿月薪，社員採計件制。
第二製革	.7	10	400	1090	27.3	（中）40,000	各種底皮品質優良，市內商號爭相求購，營利達1萬元。
第一機器	.7	11	850	3400	40.0	（中）45,000	社員是技工，長年工作於湖南公路局。有機器製造和修理二部門，因動力裝置的問題，只部分開工。
九華山機器	.7	14	480	4560	95.0	（中）45,000	社員全曾在大工廠工作。生產各種機械及汽車彈簧，機關、團體訂貨較多。
第二皮製品	.8	13	390	1950	50.0	（中）35,000	社員知識水準高，生產優質軍用皮製品及皮包等。銷路日廣，大量承製軍政部皮製品。
第三製革	.12	10	2000	20000	100.0	無	社員為本地人，賣田籌資，無需貸款。使用當地原料大量生產。
共計16社		173	6472	48555	75.0	376,600	

※基於〈桂林指導室三十年度工作報告書〉（《湘桂工合》，第2卷3、4期，1942年4月）第4-6頁及折疊表編製。第二、第四織布社似於1940年前解散。社股統一為10元。「（中）」指中國銀行，「（辦）」指「工合」區辦事處，皆月息8釐。中國銀行對桂林工合社的放款，長期14萬3,325元，短期21萬7,275元；區辦事處放款僅為短期，金額1萬3,000元。

　　表6-9顯示，1941年，桂林僅有工合社16社。之所以如此少，或因桂林工作的重點在於指導全區，而非組織工合社，同時亦因桂林已有眾多工廠。至於資金，中國銀行提供長期放款14萬3,325元、短期放款21萬7,275元，計36萬600元；而區辦事處僅短期放款1萬6,000元。或許，經營較好的工合社，中國銀行對其不斷增加放

款，而其他工合社，則只能由辦事處放款。不僅如此，有跡象顯示，對國民政府十分重視的行業如軍需等的工合社，中國銀行曾依政策予以集中放款。如對機器行業放款尤其多，其中對兩個工合社計達9萬元；宣傳活動賴以開展的印刷行業也得到4萬9,000元。各行業情況如下。①煙草。第一煙草社成立於1935年9月，是廣西第一個工合社，放款逐步增至1萬3,600元，其「紅星」牌香煙頗受歡迎。鳳北鎮煙草社使用國產原料，品質上乘，營利達5,000元。②製革。製革3社的經營狀況也堪稱良好，其產品售給客商及市內商號。這顯示，工合社自身尚無有效銷售網絡，不得不依賴商人。第三製革社社員是本地人，自籌資金，無需貸款。亦即，本地社員組織的工合社，還款壓力相對較輕。③皮革。第一皮製品社在桂林最大的建國商場設有小賣部，銷售狀況極佳。第二皮製品社生產軍用皮件等，得到軍政部的大量訂貨。④機器。第一機器社社員為原湖南公路局的技工，九華山機器社社員皆曾在大型工廠工作，工合社成為他們的容身之地。⑤印刷。城區第一印刷社的社務、生產皆發展迅速，還利用中國銀行的長期放款4萬元對大型工廠進行改建，並開辦小賣部。⑥化學。培風鎮日用化學社生產優質印刷油墨，售給桂林大公報及大型印刷廠。由上述可知，整體上看，工合社各社的經營狀況堪稱良好。但是，⑦織布工合社業績較差。如第一織布工合社的經營狀況，在1939、1940年業務還好，1941年卻因棉紗價格急劇上漲而銷售萎縮，辦事處擬將其與第二織布社一同解散。不過，據說第六織布社陷入困難後，透過機構調整和借款1萬2,500元，經營有所好轉。由此可知，物價上漲導致資金不足和原料短缺，是工合社發展受阻的主要原因。

1940年1月，辦事處新設桂林供銷代營處（代營處形式各異，或設於聯合社內，或獨立營運），以代購各社所需原料和機器、代售各社產品。但其資金不過3萬元，且因原料、機器價格趨漲，代購只能見機行事。[116]在1941年度的工作中，辦事處採嚴格態度，對無望改善的工合社果斷予以解散，提高工合社的素質；指導室則擬就機器、皮革、紡織等核心工業組織規模較大的工合社，其資本為4至5萬元，以期建立工合重工業的基礎。[117]

桂林各工合社1942年度的產值達到290萬234元。工合協會1941年度給湘桂區的

---

[116] 〈桂林供銷代營處工作報告書〉（1941年12月），《湘桂工合》，第2卷3、4期。

[117] 〈桂林指導室三十年度工作報告書〉，《湘桂工合》，第2卷第3、4期。

放款配額中，未回收款為2萬6,000元；1942年又放款3萬6,000元，回收6,794元。1943年初，中國銀行放款未收額為35萬6,600元，預定年內回收3萬3,934元。可見，儘管資金困難未得紓解，辦事處仍在設法對各社提供支持，並從各方面強化其體質。具體分兩端簡述如下。(1)調整舊社。對組織不健全、改善無望的工合社，追繳放款並予以解散；透過調整人事將把持社務、不事生產者排除出去；透過各種形式的會議規定賞罰辦法，以健全社務。透過這些措施，解散了虧損巨大的織布工合社4社，並擬將組織不健全的鳳北煙草社在追回放款後予以解散，將負責人離世的培風化學社暫時併入九華山機器社，其他工合社則設法加以充實。對同一行業的工合社，如資金短缺、業務低迷，則使其合併，增加其社股、貸給所需資金。如第一、第二皮製品兩社即如此處理。1942年5月，為加強各社合作成立了桂林市工合社聯合社，但現存15社中，只有仍在生產的10社加入聯合社。其資本，除社股2萬4,000元外，區辦事處對其放款5萬元。桂林事務處主任、會計兼任聯合社經理、會計，6月正式開業。但因資金不足，工作停滯，經全體代表會議表決，清理帳目後停止了業務。對季節性的工合社，則指導其兼營他業，爭取全年維持生產，否則即收回放款，暫時遣散社員，需要時再重開生產。(2)指導新社。從桂林的工業狀況及需要和建立戰後工業基礎的觀點考慮，新工合社將繼續以紡織、機器五金、製革、化學等為中心。其組織方針是，確定核心業務、組織規模較大的工合社；工合社是人與人的結合，應事先調查知識、能力、技術、品性等，以選拔優秀社員，每社基本社員至少為15人。其資金計劃則是社員自籌資金，新社成立時，其社股總額不得少於借入款項的五分之一；社員原則上應一次性認購社股，如有困難，亦可在六個月內分期認購；隨時指導其增加社股，提倡儲蓄，以吸收社員存款；限制結餘金分配（分紅不超過純利的3%），以實現工合社自立。[118]亦即，新成立工合社的社員數，已從原則上7人增至15人，並以儲蓄形式吸收社員的零散資金，努力從人數、資金等各方面穩定各工合社。

　　其次看柳江。日軍在佔領南寧後，即以此地出發轟炸柳州、柳江。為避開轟炸，柳江事務所於1940年9月設在了柳城。但中國銀行貸款遲滯，僅於1940年12月向製革工合社放款4,500元。[119]不過，工合社在當地工業中佔據重要位置。例如，

[118] 藍楷〈桂林工作近況〉，《工業合作》（月刊），第4卷第4、5期，1943年5月。
[119] 張蘊良〈柳江事務所的過去和未來〉，《湘桂工合》，第1卷第1期，1941年4月。

1941年，當地民營廠有53家，其中主要企業就包括柳江的第一織布工合社和柳州的第二、第三織布工合社。[120]1941年度，柳江事務所為10社放款1萬1,110元（月息8釐），用作工合社的啟動資金；中國銀行向12社放款25萬5,000元（月息8釐），縣合作金庫向9社提供短期放款2萬7,000元（月息9釐）。事務所設主任1人、技術員1人、指導員2人。1941年11月，柳江有工合社14社、社員169人；其中製革5社、織布4社、木材加工和製鞋各2社。關於該時期社員的月工資，有如下較為詳細的統計數據。①化學行業，100元者20人、110元者18人、120元者11人，平均108.2元；②紡織行業，60元者10人、70元者15人、80元者10人、90元者15人，平均76元；③服裝行業，70至100元者23人、110至120元者11人、130至150元者8人，平均105.5元（按件計酬，另支給伙食費）；④土木行業，約180元者18人，平均約180元（按件計酬，含伙食費）；⑤其他行業，約140元者10人，平均140元（按件計酬）。社員年齡，16至20歲者20人、21至30歲者71人、31至40歲者52人、41至50歲者20人、51歲以上者6人。[121]據此觀之，土木行業工資最高，紡織行業工資最低。各行業的年齡狀況不詳，但21至40歲者為多，20多歲者占絕大多數。就年齡而言，此地的工合社是較為年輕的組織。上述工資高於一般工廠。比如，當時與化學工合社同一行業的廣西製革廠（工人113人），每天勞動10小時，月工資最高72元、最低26元。[122]即其最高工資仍低於工合社的平均工資108.2元。

　　從1941年度下半年起，各社生產顯著發展，越來越需要統一採購和供應原料，故於10月組織了聯合社。除未得到放款而無法生產的皮製品社以外的13社——化學5社、織布4社、服裝及土木各2社——加入聯合社，成為其「社員社」（團體會員）；聯合社的社股每股10元，計857股（8,570元）內，交訖者占194股（1940元）。其理事會有理事5人、監事會有監事3人。在聯合社社員大會上，各社一致要求當務之急是共同採購原料，而產品銷售，則因各社皆有營業部，故僅作次要業務。1942年1月，區辦事處提供供銷放款5萬元，2月又向各社供應緊俏的進口棉紗、木材、硫酸鐵等，給予了強有力支持。辦事處還把各社的產品價格、原料市價

[120] 鍾文典主編《二十世紀三十年代的廣西》，廣西師範大學出版社，1992年，第309-310頁。

[121] 〈柳江事務所三十年度工作報告書〉，《湘桂工合》，第2卷第3、4期。

[122] 前引鍾文典主編《二十世紀三十年代的廣西》，第313頁。

製表通報各地聯合社和代營處，以圖資訊暢通；但也僅止於此，各聯合社並未相互交易。柳江因日軍空襲，四分之一地區遭到破壞，聯合社也無固定辦公處所。故於1942年2月召開各社代表大會，決定動用1941年度各社全部公益金等1萬元營建聯合社辦公處，內設營業部、事務所、中山室、招待所等，還計劃開辦診療所、子弟學校，[123]以充實社員福利。

再來看南寧。南寧被日軍佔領逾11個月，於1940年10月被奪回。被佔領前，南寧的公營企業有廣西土布廠（工人141人）、南寧製革廠（82人）、染織廠（196人）及發電廠（不詳）等，民營企業則有永同機器廠（48人）、大成印刷局（37人），怡聚煙草廠（24人）等，但日軍除留下發電廠和自來水廠自用外，將其他企業悉數破壞，僅餘瓦礫。手工業有銅器製造30餘家、織席200家等，也因進口貨從香港、廣州流入而衰敗。在這種情況下，廣西合作管理處組織了戰區合作工作團，重建信用合作社，實施春耕放款；同時試圖利用桂林紅卍會、省振濟會提供的南寧城區手工業放款20萬元著手組織各種生產合作社。有鑑於此，區辦事處為推動恢復當地工合運動，向工合協會申請撥款20萬元，同時緊急召開座談會。與會者認為，日用品生產是燃眉之急，但原料無法保證；工具和熟練工都嫌不足，但尚有舊工具可用，各種工具亦可修理；可得到黨政軍機關的協助、社會各方面的援助。因此決定就需要緊急發展的行業在城市、近郊、農村進行調查，而後分別開展工作；其行業，在城市為發電、五金、鑄造（家具與耕具）、建築、文化、印刷等，城市近郊為農具、化學、糧食加工等，農村則在調查後決定；組織工合社，以能夠自立者為優先，做不到則由事務所支援其組織預備工合社。關於管理問題，須強化指導員職權，必要時由事務所代行工合社的所有生產、交易及財務管理；工合放款須簡化手續；工資以生活費為基準，超過勞動時間應發放獎金。另外，使用雇工，應以社員家屬為優先。張蘊良等認為，當下港口被日軍封鎖、外國商品無法流入，是發展南寧工業的絕好機會；他主張應以「建設新南寧」為口號，用工合社方式恢復工廠和手工業，以之奠定南寧工業的基礎。就這樣，工合協會決定與合作工作團共同在城區開展工合運動。[124]1941年5月，南寧事務所正

---

[123] 張蘊良〈柳江工合聯合社工作簡述〉，《工業合作》（月刊），第3卷第3期。

[124] 張蘊良〈南寧調查報告〉，《湘桂工合》，第1卷第1期，1941年4月。《西南工合》，第2卷第11、12期，第13-15、35頁。

式成立，其年度計劃為，調查改良手工業的可能性及原料、銷路等；在勞動團體及各
工廠內開展宣傳，並請工會、商店協助招募社員；以製革、織布為中心工業，並介
紹桂林的中國銀行申請放款。1941年6月，城區第一木工社（社員7人）組織理事會後
正式成立，事務所向其放款2,500元。其後，事務所又招集工人，準備組織製革、造
紙、酒精、碾米、織布等工合社。[125]

五、湖南廣西兩省工合運動的教育功能和福利事業

1939年12月，工程師的全國性組織「中國工程師學會」在昆明召開第八屆年
會，就在國家計劃經濟管制下發展一省一區的自給自足經濟、技工與軍隊的配合、
技工不足等重要問題進行探討。[126]亦即，技術人員、技工絕對不足，已成工業落後
國家中國的根本問題，而著眼於社會中下層致力於解決這些問題，必然地成為工合
運動的任務之一。

如表6-10所示，至1941年10月止，湖南廣西兩省共舉辦各種訓練班23次，學員
人數達2,285人。其中既有對工合運動地方幹部的訓練，也有對職員及社員子弟的教
育，但其主要目的是儘快培養出有能力領導工合社的基層幹部。幹部訓練僅舉辦三
次，受訓83人，並不算多，但屬重點所在。為以培養幹部為核心而順利開展工合運
動，自然需要對各工合社實際從事社務、生產等職員、社員進行訓練，為此舉辦的職
員講習會、社員巡迴教育等對1708人進行了教育和訓練；又因湖南、廣西的工合社多
從事紡織，故對婦女的技術訓練也不可或缺。下面將就訓練、教育活動作具體探討。

表6-10　湖南廣西兩省*之訓練和教育（1938.9-1941.10）

訓練班等	舉辦次數	受訓人數（人）
幹部人員訓練	3	83
社員講習會	3	432
社員訓練	2	548

---

[125] 〈南寧事務所三十年度工作報告書〉，《湘桂工合》，第2卷第3、4期。

[126] 《桂林大公報》，1943年10月19日。

訓練班等	舉辦次數	受訓人數（人）
社員夜學	2	238
社員巡迴教育	2	490
湖南女子職業訓練	1	28
婦女編織訓練	1	8
出征軍人家屬手工業訓練	6	338
工業訓練	2	85
工合子弟教育	1	35
合計	23	2285

※《湘桂工合》，第1卷9期，1941年12月，第31頁。本表不含各種集會、學習會、研究會及恒常性訓練指導。
* 西南區時期含貴州，資料顯示曾在該省對傷兵進行手工業訓練等。

　　區辦事處。（一）各種訓練班。區辦事處曾於1940年1月在桂林舉辦西南區初級幹部人員訓練班。其資金1萬元來自國際委員會。學員為透過考試選拔的男女50人，學歷最低為高中畢業。班主任由區辦事處主任兼任，其下設班務委員會，由區辦事處主任、視察、秘書、各股長、該班教導主任及職員若干人組成。可見辦事處為此投入了全部力量。訓練目標是，使學員立志獻身工合運動，理解工合運動與「抗戰建國」的關係，掌握專門技能和合作知識並可指導社員從事生產，培養互助、團結、合作及「刻苦耐勞」的精神和有規律的生活習慣。教育方針是「首腦並用」、「行動軍事化」、「生活民眾化」。訓練班為期三個月，分合作、技術、會計三組，分別聘專家擔任訓練。如農村經濟為各組共同必修科目，除著名農村經濟學家千家駒外，農村金融由李文伯、工合運動由葉德光、國民黨義由宋子英主講；合作組課程設有合作運動史、合作指導、合作法規、社務處理、合作教育；技術組課程設有機械、化學、製革、製糖、造紙、紡織及工廠管理法；會計組設有簿記、統計、合作會計等課程。合作事業管理處、農本局的負責人也來講課，范長江、胡愈之等許多專家都來做學術講演，可見其講師陣容之強大。訓練班實施軍事管理，所有學員組成一個大隊，分四小隊，各小隊有小隊長、生活幹事、學習幹事各一人，大隊長、小隊長及幹事皆經民主選拔。最高機構是隊務會議，曾舉行過三次全體隊員大會，各小隊、各組及中山室也經常召開會議。每天活動以軍事化、民主化為兩大原則，日程安排十分密集而緊張，7點開早會，7點半至11點20分上課，12點半至下午1點20分讀書或討論，1點半至3點20分上課，晚7點至21點自習。13

點半至15點20分授課，19點至21點自習。伙食由所有學員共同組織的伙食委員會
管理。課外活動分「經常」和「特殊」兩類。「經常」活動由中山室主持，有工
合運動、技術、經濟、時事等各研究會及合唱等；「特殊」則全體學員參加，有
「反汪精衛反妥協茶話會」、歡迎艾黎大會、艾黎講話會等。其成果立竿見影，
如發行《工合新軍》刊登學員研究紡紗、軍需等的實踐活動。此時受訓的學員大
半是湖南人，結業後被派往邵陽等八個事務所，有些人則回到當地參與工合社管
理。[127]後來，工合協會又與金陵大學合作，在成都開辦幹部人員訓練班，並要求各
區派員參加。由西南區派來畢平非、崔月輝等七人，其中包括曾在上述訓練班受
訓的曹吉甫、韋亦英兩人。該訓練班為時四個月，分指導、技術、會計、檢查四
組。[128]

　　1941年8月，湘桂區也曾舉辦第一次初級幹部人員訓練班，為時三周。該訓
練班在桂林、衡陽招收學員，報名108人，考試合格者25人。開設科目有「國父紀
念」、「領袖言論」和精神講話，以及合作概論、法規、登記、會計、放款手續
等，在各工合社的實習也深受重視。結業後的新幹部如何分配也非簡單問題。如
第一次臨時畢業的19人，最終被分配到湖南、廣西各地的區辦事處及事務所任指
導、會計等，從事難易度不同的工作；但分配時既需考慮其方言（來自湖南、湖
北、江西、江蘇、浙江的13人被分到湖南各地，廣西人6名則分到廣西各地），也
須考慮其學歷（大學畢業1人、高級工業學校畢業3人、師範學校畢業4人、高中畢
業11人）和經歷（曾在一般機關工作者10人、曾任小學教師者6人、高中剛畢業者3
人）。[129]至於報考的動機，如唐先孝曾在湖南省東安的合作金庫工作時，在報上看
到訓練班招生的廣告，認為這是參加工合這一新興有希望的工作的機會。就這樣，
其他合作社的工作人員感到工合社更有魅力而投身工合運動者，當不在少數。該訓
練班學員20人，平均年齡25、6歲，來自七個省，曾接受機械紡織、航空機械、法

---

[127] 《西南工合》，第2卷第3、4期，1940年5月，第15-17頁；錢慶燕〈「工合」的新生〉，《香港
　　大公報》，1940年4月18日；《西南工合之友》，第4期，1940年1月，第16頁，等。再，廣西的
　　合作社訓練分為指導員訓練和社員訓練，1941年度第五、六期指導員訓練的學員為617人（陳雄
　　〈一年來之廣西建設〉（續），《桂林大公報》，1942年1月2日）。由此推斷，合作事業也曾
　　培養農業方面的合作社人材，從而取得了與工合運動、工合社的發展相互促進的效果。

[128] 《西南工合》，第2卷第3、4期，第27頁。

[129] 《湘桂工合》，第1卷第9期，1941年12月，第89頁。

律、師範、高中等各種教育，學歷較高，經歷多樣。[130]

　　廣西是少數民族集中的省份，在少數民族中普遍組織工合社也是工作目標。比如，上述西南區第一期初級幹部人員訓練班的畢業生中，就有特別選拔的少數民族3人。他們訓練成績優秀，準備在邵陽、祁陽實習後回到當地組織瑤族的工合社。[131]趙光宸就任湘桂區辦事處主任後，也非常重視在瑤族中開展工合運動，並認為須從教育著手；經與教育部蒙藏教育局長張延休、廣西省教育廳長蘇希洵、湖南省教育廳長朱經農協商後，決定實施《瑤胞工合教育辦法》。其原則是，利用工廠進行職業教育訓練；工合教育須與少數民族的感情相融合，其內容應符合少數民族的需要；舉辦鄉村訓練班施以短期訓練；與瑤族鄉村保甲長定期舉辦談話會等。教育方式則是，與瑤族地區的中心小學、國民學校合作，灌輸工合知識和技術，並需要開設培養瑤族國民意識的科目。[132]亦即，在少數民族開展運動，既要照顧少數民族的感情，也須增強其作為中國人的意識；否則，少數民族將有可能在與漢族的矛盾衝突中被日軍利用。湘桂區擬在三江、興龍、宜都三區的苗、瑤等各族地區組織紡紗、織布、榨油、煤礦、銻礦開採等工合社28社，據稱其預算為15萬元，其中除區辦事處撥5萬元外，其餘10萬元來自香港促進會和海外的捐款。[133]

　　（二）掃盲。為改進技術和生產，湘桂區還著手進行掃盲。這與晏陽初領導的平民教育促進會為根除文盲、建立經濟基礎而組織合作社恰好相反。觀諸《社員訓練辦法》，其要旨為識字訓練（日常必需文字）、合作訓練（一般合作知識）和公民訓練（戰時公民常識），範圍很廣，識字訓練不過其中之一環。教育辦法是，區辦事處的巡迴督導員1至3人巡迴指導；事務所指導員兼任各社教師；各社主席、理事、監事有些是中學或以上畢業，由他們兼任或支持教師、助手，並對社員的學習負責。至於接受訓練者，則不問年齡、性別、職員、社員、雇工，凡文盲、半文盲皆須入學。其人數，定邵陽250人、漵浦240人、祁陽100人、零陵80人、桂林40人等，共850人。時間從1940年11月至1941年1月，計兩個月。經費來自香港為培訓工

---

[130] 唐先孝〈我受湘桂工合幹訓的回憶〉，《湘桂工合》，第1卷第9期。

[131] 《西南工合》，第2卷第3、4期，第27頁，等。

[132] 張延休〈實施瑤胞工合教育辦法〉，《湘桂工合》，第1卷第9期。

[133] 前引張法祖著、上海日本大使館特別調查班譯《三年來支那工合運動的發展》，第130-131頁。

合社員而募集的訓練費3,396元，加上夏季職員講習費的結餘386元。[134]此外還為各社文盲社員開辦夜學班，由江蘇師範學院學生任教。這部分，表6-10似未予反映，但無疑是農村社會經濟改造的重要基礎工作。

文盲的人數，以1941年12月的桂林為例，社員160人中，識字者124人（77.5%），文盲36人（22.5%）；識字者中，曾受教育半年至一年者22人、三至四年者24人、五至六年者29人、七至九年者32人、十至十二年者7人，其他46人。依行業觀之，紡織行業（5社，社員40人）識字者20人（50%）、文盲20人（50%），平均受教育年限1.03年；化學行業（製革2社、日用化學1社，共27人）識字者18人（66.7%）、文盲9人（33.3%），平均受教育年限2.8年；機器行業（2社，31人）全部識字，平均受教育年限7.5年；文化行業（印刷1社，7人）全部識字，平均受教育年限7.1年；其他行業（皮件2社、煙草3社，共55人）識字者48人（87.3%）、文盲7人（12.7%），平均受教育年限4.6年。其籍貫為江蘇、安徽、浙江、陝西、河南、山東等，以湖南人文盲率較高（34.3%），顯示來自近鄰地區者多為失業工人。僅就上述而言，社員受教育程度整體上較高，但參差不齊；因行業要求，機器、印刷等工合社識字社員占比尤其高，而紡織行業文盲較多，即使識字，其受教育年限也較短。[135]此外，邵陽有工合社員736人，其中文盲有380人（51.6%），受教育年限一至二年者148人、三至四年者111人、五至六年者68人、七至八年者15人，[136]教育程度較高者少於桂林。換言之，教育程度較高者或多流入桂林。

（三）西南區鑒於組織出征軍人家屬進行生產訓練的緊迫性，以及香港促進會為支持訓練而捐助的3萬7,000元到帳，決定利用其中2萬2,000元（餘15,000元用於開辦邵陽婦女訓練班）自1941年1月起在桂林為出征軍人家屬等特別開辦第一期手工業訓練班。此舉對出征軍人保持高昂的抗戰意志極其重要。按規定，所招學員男女不限，年齡18至35歲，身心健康，粗通文字，且無吸食鴉片等「不良嗜好」。訓練班的目的在於，傳授手工業技術，然後使其以工合社方式從事後方生產。訓練

---

[134] 〈本區合作社社員訓練辦法〉，《西南工合》，第2卷第11、12期，1940年12月。

[135] 藍楷〈桂林市工合社員教育程度之分析〉，《湘桂工合》，第1卷第9期。

[136] 《湘桂工合》，第1卷第9期，第32頁。

時間三至四個月，分織襪（15人）、裁縫（15人）、紡織（20人）、化學（10人）四組。課目有工廠作業每週52小時，工合常識、工業常識、抗戰常識、國語、合唱等教育課目每週12小時，娛樂活動每週3小時。每月考試一次，成績優異者發給獎金，不合格者則淘汰。訓練期間每月發給伙食、書籍等補貼18元。結業後，利用各事務所放款組織工合社。[137]

1941年8月，第二期出征軍人家屬手工業訓練班開班，錄取學員60人，但因開學推遲，入學者減至53人。後有8人因病退學、3人成績不良，結業者僅35人。其中織襪組11人、毛巾組7人、裁縫組17人。化學組不見有人結業，或因婦女學員多、文盲多，接納專業知識困難而被解散。根據減至42人時的統計，學員來自11省，其中廣西人12人、湖南人9人、湖北和江蘇、四川各4人；年齡16至20歲者19人、21至25歲者13人、26至30歲者9人、31至35歲者1人；受教育程度，文盲7人、小學一或二年級10人、三或四年級16人、五或六年級5人、初中一或二年級4人；各組人數，織襪組16人、毛巾組9人、裁縫組17人。學員分三大類，即考試合格者20人、婦女工合社派來重新接受訓練者17人、「教養院」（妓女等改造設施）送來接受訓練者7人。這次訓練班非常重視技術訓練，聘4位技師任講師；還對出席率、工作能力、勞動時間、產量等進行考察，以把握學習情況。學習方面，除工務、技術、生活外，還開設工合常識、抗戰常識、珠算、唱歌四門課程。還曾組織學員參加「三八婦女節」等社會活動。不過，招收標準因重視理想而導致寬泛，加之選拔辦法、籍貫、習慣、受教育程度等複雜多樣、參差不齊，致使紀律混亂，訓練進度很慢。[138]

此外還曾開辦各種訓練班。西南區辦事處於1940年6月決定舉辦夏季講習會，以教授各社職員合作知識、培養其經營能力，為時一至二周，並定各地最多參加人數，即邵陽100人、祁陽90人、新化80人、桂林60人；參加者僅限於識字者，優秀社員亦可參加。[139]桂林自1940年1月起還舉辦過婦女訓練班，教授肥皂、墨水、粉筆等的製造方法；4月，邵陽第四期婦女訓練班組織了織布、毛巾製造、織襪等工合社3社。[140]

---

[137] 《西南工合》，第2卷第11、12期，第34-35頁。

[138] 王懷良〈桂林征屬訓練班工作述要〉，《湘桂工合》，第1卷第5-8期合刊，1941年11月。

[139] 《西南工合之友》，第7期，1940年6月，第20-21頁等。

[140] 同前。

　　事務所。（一）如前所述，1941年5月，長沙事務所和富華公司手工藝廠共同在長沙開辦了培養工藝幹部的湖南女子職業訓練班，以培養婦女知識分子技術人材及改良手工藝，為時三個月。負責人是曾在西北區從事過婦女工作的任桂明（長沙人）。透過考試選拔學員28人，全是湖南人，年齡20至26歲，其中職業學校畢業13人、高中畢業等15人。訓練分精神、學術、技術三方面。精神方面，使學員理解孫中山的「天下為公」和合作社原則即「萬人為一人，一人為萬人」；學術方面，從合作概論、簿記、公共衛生、國民黨義、戰時常識等多方面著手；技術方面，主要訓練刺繡等。職業學校畢業生有人懂技術，故學員中也可推出「小先生」。另外，學員免除學費、伙食費、住宿費、雜費等。[141]每日晨4點半起床，唱歌、做體操後開始訓練。學員結業後，依成績和工作能力分別擔任刺繡工合社幹部、經理、會計。刺繡產品原定全部交貿易委員會銷往外國，[142]但因日軍攻擊受到很大打擊。

　　（二）邵陽的訓練多由區辦事處主持，事務所則似將重點放在社會活動上。1940年勞動節，邵陽的工合社停工放假，男社員建設工合紀念碑，婦女社員和婦女訓練班學員則和基督教女青年會會員10餘人前往各醫院為傷殘軍人服務。事務所張貼大量壁報，下午，工合社全體社員、婦女訓練班學員和難民新村的400餘人集合，舉行了遊行。7月6日逢國際合作社日，事務所率各社社員100餘人，與邵陽縣黨部、縣各界一起舉行了紀念儀式。七七事變紀念日，事務所全體成員和各社代表約100人參加了紀念活動。另在福利、衛生方面也有舉措。邵陽的婦女難民創辦了托兒所，為主要工合社9社提供服務。托兒所有管理人、教員、護士等各1人。據調查，托兒所招幼童119人，其中1至6歲者41人；後因經費不足，限招2至6歲幼童20人，但隨後應要求增至60人。費用為每日兩餐等，六個月計用278元，故不得不按每人每天4分收取費用（貧窮家庭免費）。對幼童的教育也注重灌輸愛國思想和集體生活習慣，據說幼童皆知「抗戰領袖是蔣介石和白崇禧」。此外，社員多貧窮，看不起病，事務所於是在1939年與平民醫院協商，將其定為工合診療所，社員、婦女訓練班學員來此診療，免其治療費、醫藥費、住院費、伙食費等。事務所還與衛生署第七防疫大隊、紅十字會等特別約定，請其義務種痘、預防注射。另，精棉、

---

[141] 前引任桂明《湘南女子挑花職業訓練班訓練經過及展望》。

[142] 前引王作田《三湘的工合戰士》(3)，等。

鉛石印刷兩社規模較大,資金也較充足,於是用公益金開辦了圖書館,還建了講堂、娛樂室、體育場。[143]

　　(三)祁陽事務所同樣重視宣傳、教育和福利。宣傳方面,曾出版《祁陽工合》月刊等,還曾參展工合協會主辦的第一、二屆全國工合產品展覽會。教育方面,(1)曾辦工合夜校兩期,將城區各社職員、社員依其知識水平分甲乙兩組,設合作概論、工合常識、工合簿記、戰時常識、國語、算術、合唱等課,教授識字的同時,提高學員對工合運動的認識和實務能力等。(2)事務所內設工合文化室,供閱覽各區工合組織出版物、書籍、報紙等。(3)各社每週召開座談會一次,社員討論工作中所遇困難、交換意見。(4)每週日招集各社代表開周會,傳達事務所通知,並加深各社相互理解。(5)各工合社為躲避日軍轟炸而疏散到鄉下之後,組織訓練班等十分困難,於是採巡迴教育方式。即派教師一人(工資從聯合社公益金支給)巡迴各社,以提高社員的自學能力,並幫助解決社員日常生活和工作方面的問題。(6)鑒於少數社員的教育水準過低,事務所制訂了《社員讀訓十二條》,要求社員遵守章則、服從決議,通力合作、團結一致,信任職員並慎重選舉,有效使用時間、改進技術等,以督促社員努力識字,並適應在工合社的工作。(7)按照區辦事處的指示,事務所每年集合職員、社員舉辦夏季講習會,為期一兩日。還曾舉辦簿記人員訓練班,對各社經理、事務員施以相應訓練。福利方面,事務所曾與祁陽衛生院協商,設工合特約醫療所,社員前來求診按半價收費。另決定與衛生院合作開辦工合醫院,以推進工合社員的健康管理、廠內衛生、疾病預防等。據稱,這些設施皆直屬事務所,但要求區辦事處委派醫生、護士、助產士各一人和雜工兩人。較之一般工廠勞動條件惡劣,這些舉措顯然十分重要。此外,1940年10月,聯合社透過了存款、信用貸款的「暫行辦法」,為培養各社員的儲蓄習慣、周轉小額資金,規定福利部將經營存款和信用貸款業務。據說,貸款期限最長三個月,月息一分。[144]

　　此外,桂林也曾有指導員二人每週對各社指導一兩次,對職員、社員作個別訓練,授以合作知識和填表方法,指導召開各種會議,並解決業務上的問題。財務方面,由指導員幫助各社會計檢查和清理帳目,週六則集合會計談話。桂林事務所

---

[143] 〈邵陽事務所之宣傳、教育、福利工作〉,《湘桂工合》,第1卷第3、4期,1941年7月。

[144] 〈祁陽事務所之宣傳教育福利工作〉,《湘桂工合》,第1卷第2期,1941年5月,等。

還聘請醫生周治平為醫藥顧問，以低廉費用為社員診療；聘請律師丁作詔為法律顧問，以幫助各社解決法律問題；還曾在各社決算時，指導其運用結餘認購「同盟勝利公債」。[145]

　　工合各社。不少也重視福利，其中零陵火柴工合社公益金充足，福利亦較充實。經該社經理劉振翔建議，成立了福利委員會，設有閱覽室、俱樂部、子弟小學等，還開展「七七」獻金、急救袋運動、冬裝募捐、地方公益募捐等，共捐款達2,000多元。該社《福利委員會組織大綱》規定，福利委員會由社員5人、職員2人、指導員1人、經理1人組成，其職責為加強社員的教育（子弟小學、補習班、托兒所、閱覽室）、衛生（醫務室、浴室、食堂、洗衣店）、娛樂（體育，音樂）等。其中尤其重視教育。因為，火柴工合社有職員、社員共160餘人，許多人有家庭，但當地幾乎沒有小學。1940年9月，事務所指導福利委員會創辦了子弟小學（資金900元，事務所主任兼校長）。該校有女教員2人（其中一人為社員家屬，曾任小學教師）、學生30餘人；開設小學一至四年級課程，事務所職員也來校講授工合運動、生產救國常識等。《小學校章程》規定，該校隸屬福利委員會，以三民主義為教育原理，以德、智、體三育訓練為宗旨；學生以社員、職員子弟為「基本學生」，有餘力則招收非社員子弟為「普通學生」；其預算，經常費（工資、事務及書籍等費）605元、特別費（校舍租金、設備費）390元，共995元。[146]

　　由上述可知，工合協會、區辦事處、事務所及各工合社多層次地實施各種教育、訓練，不僅培養了從幹部到一般工人等工業人才，還致力於掃盲運動。而且，各事務所還與醫療機構約定，為維護、改善職員和社員的健康、推進廠內衛生提供服務。這些措施，與改善勞動條件一樣，對推進工合運動發揮了積極作用。

結語

　　透過上述探討，可得出如下結論。

---

[145] 藍楷〈桂林工合近況〉，《工業合作》（月刊），第4卷第4、5期，1942年5月。

[146] 〈零陵事務所之宣傳福利教育工作〉，《湘桂工合》，第1卷第1期，1941年4月。張秀路〈回憶零陵工合小學〉，《湘桂工合》，第1卷第9期。

　　第一，湖南、廣西兩省工合社的社員大體分為三類，即①當地或附近地區的失業者，②更遠地區前來避難的難民，③當地的手工業者和農民。對①、②兩類需緊急施以生產救濟，以幫助其生活自立，對③則以合作社方式加以重組，以形成放款基礎並引進技術。兩省工合社多以紡織為主，其所生產的軍需品並非武器，而是軍用大衣、機槍帶等附屬品。而武器則由內遷工廠生產；如此，除有限行業外，內遷廠幾乎無暇顧及消費品生產。換言之，表面上，國家資本支持的重工業及化學工業的發展最引人注目，但實際上，還在戰爭時期，建立混合經濟已日益顯示出其重要性和必要性。各機關、銀行反覆提倡發展和改良手工業，其背景在此。換言之，工合運動、工合社並非僅是大工廠的消極補充，而是與之相互補充，並以軍需、民用的消費品為核心不斷拓展生產空間，從而成為培育城市和農村中下層經濟基礎的重要力量。

　　第二，湖南、廣西兩省交通比較發達區，但被日軍阻斷；再加上中國進行反封鎖，導致交通功能大幅降低。在此種情況下，工合運動得到此前對中央政府堅持「自主」的廣西省政府的全面支持和保護，在各縣都有顯著發展，生產軍需民用品，加強了各地區的自給能力，給持久抗戰以有力支持。但跨縣合作方面，除聯合社相互交流信息外，卻乏善可陳。不同地區的工合社在生產上相互合作，的確有其實例，如邵陽的牙刷工合社曾使用零陵機器工合社製造的機器。但這都是個例，充分利用交通網進行生產合作尚屬少見。此外，交通工具落後、沒有足夠的汽車可用、交通發達地區的優勢未得到發揮，如難民新村從事運輸還主要使用膠輪馬車、帆船等。抗戰末期，湖南、廣西兩省的工合社沿交通線發展，極易受到掌握著城鎮和交通線的日軍的攻擊，暴露了其佈局弱點；但較之受制於行業特點而無法靈活調整的內遷廠、新設大型廠，顯然具有不可比擬的機動性。

　　第三，工合運動的推動體系，以設於戰時首都重慶的工合協會為中樞，其決定經設於地方大城市的區辦事處傳達給地方中小城市的事務所，由中小城市和農村的工合社付諸實施。亦即，事務所發揮了在基層連接城市和農村的作用。資金的流動也同樣。換言之，工合運動不僅推動手工業走上機械化道路、提高資本的有機構成以提高生產力，還立足城市，將基於工業合作方式的組織方式、組織內民主化、計劃制訂能力、技術改良等帶到農村，並透過輸入資金和對手工業實施大規模改革、重組，對農村社會經濟進行了改造。在技術工作方面，據稱，1939年的指導為滿足各工合社的需要，1940年的指導為提高技術，1941年則減少自上而下的指導，

更加重視自主、自力改良；但自1942年起則以研究和實驗方式系統地、實質性地提高技術。[147]除上述技術指導和改良外，還開辦訓練班以培養人材，以具體形式開展福利、社會活動（包括政治活動）。不過，工合運動雖標榜「勞動者自主管理工廠」，但在戰爭日趨激烈的抗戰末期，卻為吸收富裕商人等的資金而取消了相互關聯的分紅規定和持股限制。此舉意味著，為了維持工合社生存，其合作性質已被否定和放棄，工合社因此已無限接近股份公司。不過，雖然如此，工合運動一人一票的民主原則仍未被放棄，較之追逐利潤、按持股數量決定投票權的股份公司，仍有明顯區別。

（史天沖　譯）

---

[147] 趙光宸〈四年來湘桂工合之發展及其軌跡〉，《工業合作》（月刊），第3卷第3期，1942年9月。

淪陷毗鄰區東南區的工業合作運動
——以江西、福建、廣東三省為中心

前言

　　東南各省主要處於沿海、沿江地帶，工商業、交通網較為發達，且資源豐富，是中國最為先進的地區之一。但是，七七事變後上海、廣州等淪陷，致使東南各省直接面對日軍侵略。在這種形勢下，1938年10月，繼西北區、西南區之後，工合協會成立了第三個辦事處，即東南區辦事處。其工作區域甚廣，包括江西省南部、福建省、廣東省、浙江省東部和安徽省南部。其目標主要為確保第二經濟防線（戰區和大後方之間的地帶），按照「抗戰建國」路線開展工合運動，透過半手工、半機械方式增加後方生產，以供給軍民、充實抗戰力量，實現該區自給自足。[1]本章將關注蔣經國等的政策及各機關與工合運動的關係，應用實證方法探討江西、福建、廣東為中心的東南區工合運動的實際狀況、特點及其性質。

一、東南區工合辦事處的成立及其特徵

　　東南區辦事處是在艾黎主持下，於1938年10月在江西省贛縣成立的，譚金鎧任主席。[2]啟動資金是經宋子文同意、由中國銀行提供的貸款20萬元，和馬尼拉等地華

1　王毓麟〈東南區工合運動近況〉，刘屋久太郎譯編《支那工業合作社運動》，畝傍書房，1941年11月，第206頁。

2　繼譚金鎧就任主席的，似依次為王朗（離職後供職聯合國糧農組織[FAO，羅馬]）、陳志昆（或「陳志明」）、王毓麟（南洋華僑）。另，艾黎亦曾長期指導東南區。

僑的捐款。[3]其產品銷售，開始曾計劃江西省南部的工合社供應浙江、福建、廣東各省，福建省的工合社供應該省沿海各城市以滿足工人需要，浙江省南部的合作社則滿足上海工人的需求。[4]工合協會總幹事劉廣沛在《一年工作計劃書》（1939年7月－1940年6月）中曾提出雄心勃勃的計劃，要在一年內在全國發展合作社1萬社、社員35萬人、利用放款3,200萬元。其中東南區為700社、1萬3,000人、171萬8,800元，[5]即分別僅占7%、6.6%、5.4%，在五區中最低。亦即，東南區儘管被劃為第二經濟防線，但因毗鄰日軍佔領區等而被視作危險地帶，故在計劃階段並未受到重視。

　　東南區1939年的資金，工合協會撥給部分占25.8%，工合香港促進社援助占38%；另有華僑捐款占比高達36.2%，引人注目。[6]考慮到香港促進會的援助也包含華僑捐款，則華僑捐款的比例應該更高。眾所周知，東南各省，尤其是福建、廣東兩省與華僑關係密切。比如，南洋各國有福建華僑超過400萬人，他們匯往家鄉的款額，在1936年以後每年都在5,000萬元以上，不僅維持故鄉家人的生活，很大程度上還填補了中國對外貿易的赤字。七七事變後海港被封鎖，匯款十分困難，但該省的金融中樞福建省銀行在香港設事務所，以為華僑匯款提供方便。[7]與家鄉的此類聯繫，也使華僑非常關注東南區的工合運動。據謝君哲記述，菲律賓婦女賑濟會曾為工合運動捐助特別基金，其中向福建的工合社捐6萬元、向安徽的工合社捐6萬元、向東南區辦事處捐2萬800元、向福建和廣東兩省的工合社捐3萬5,016元、向福建運輸工合社捐1,600美元（合法幣18萬7,016元）。[8]安徽省南部的「工合菲律賓單位」，就是用這些捐款的一部分成立的。此外，廣東省北部也曾用美國華僑捐助的1,000美元成立了數個華盛頓合作社。[9]華僑的援助並不限於捐款，南洋華僑青年曾

---

[3]　陳翰笙〈工合——中國合作社史話〉，陳翰笙著《陳翰笙文集》，復旦大學出版社，1985年，第187-188頁。

[4]　港滬工業合作促進委員會編《中國工業合作社運動》，1938年7月，第55-56頁。

[5]　滿鐵調查部《支那抗戰力調查報告》（1970年復刻版），三一書房，第492-493、498頁。

[6]　同前。

[7]　《香港大公報》，1940年5月22日。

[8]　謝君哲編著《經濟的新堡壘——介紹中國工業合作社》，生活書店，1940年1月，第36頁。

[9]　〈工合香港單位的建立〉，《香港大公報》，1940年9月8日。另，香港的一些學校也曾支援內地的工合運動，值得關注。如英華學校曾對廣東省南部的針織合作社、中華中學曾對該地區的製革、造紙、肥皂等合作社提供資金援助等。

有四、五千人回國支援抗戰，其中不少擁有專業技術的華僑如林福裕、王毓麟、王文煒等都直接加入了工合協會。[10]

表7-1　東南區各地工合社統計（1939.9）

省	事務所名	工合社數 (A)	社員人數 (B)	B/A	社股金額（元） (C)	C/A	C/B
江西省	贛縣	40	323	8.1	8,202	205.1	25.4
	興國	51	952	18.7	5,624	110.2	5.9
	雩都	19	161	8.5	1,810	95.3	11.2
	寧都	14	218	15.6	1,340	95.7	6.1
	瑞金	23	190	8.3	-	-	-
	遂川	28	306	10.9	76	2.7	0.2
	上饒	5	96	19.2	816	163.2	8.5
	永豐	10	98	9.8	194	19.4	2.0
	大庾	1	7	7.0	210	210.0	30.0
	龍南	1	13	13.0	160	160.0	12.3
	南康	3	14	4.7*	245	81.7	17.5
廣東省	和平	16	119	7.4	98	6.1	0.8
	南雄	13	85	6.5*	560	43.1	6.6
福建省	長汀	4	35	8.8	998	249.5	28.5
浙江省	麗水	6	152	25.3	-	-	-
安徽省	屯溪	2	14	7.0	-	-	-
計	16	236	2,783	11.8	20,333	86.2	7.3

※根據《中國戰時的工業建設》（沈雷春、陳禾章著《中國戰時經濟建設》，1940年12月）第49-50頁載數據編製。

* 按規定，每社原則上至少須有7名社員，這在其他區得到嚴格執行。而南康、南雄平均僅有4.7人、6.5人，不符合原則，顯示工合社乃倉促間成立。

　　東南區的工合運動始自江西省贛縣，因此，如表7-1所示，至1939年9月，該區的合作社大部分集中於該省，計195社、社員2,378人；其次是廣東省有29社、204人。其他省都只有數社而已，其中福建省有4社、35人，浙江省有6社、152人，安徽省則僅有2社、14人。該時期，整個東南區有事務所16處、工合社236社、社員

[10] 張法祖著《工合與抗戰》，星群書店，1941年2月，第362頁。

2,783人，社員股金總額2萬333元。同一時期（1939年10月）全國共有事務所61處、工合社1,398社、社員1萬6,789人、社員股金總額26萬2,480元，故東南區在全國所占比重，事務所為26.2%、工合社數為16.9%、社員人數為16.6%、社員股金為7.7%，雖遠低於計劃，但就比率而言，較之其他區，東南區的發展還是比較迅速。其原因之一是，東南區較之其他區設事務所較多，對運動發展起到了較大推動作用。不過，社員股金總額顯然過低。社員股金主要是社員在成立工合社時按規定必須交足的出資款。這部分金額各社不同，但按規定每人最低須出資2元。因此，社員股金總額也是衡量工合社成立前社員經濟收入水平的指標。基於這種觀點計算社員每人股金額（C/B），則大庾是30元、長汀28.5元、贛縣25.4元，表明這些地區工合社的社員擁有支付股款的能力，其經濟收入水平在加入合作社前就比較高。當時（1940年）浙江省昌化縣的平均月工資，石工45元、木工37.5元、縫工9元。[11]按此計算，社員入社時交納股金相當於其一至三個月的工資。而江西省遂川、廣東省和平每人交納股金僅有0.2元、0.8元，遠不及規定的最低出資額2元，表明該二地的社員入社前的生活水平非常低。亦即，該二地的工合社需要放款、捐助的大力扶植。從表7-2看，最早成立的60個工合社中，社員全額交足股金的只有麵粉、陶瓷二社，平均交訖率也只有44.9%。

那麼，社員在加入工合社前的生活狀況如何？如表7-3所示，1939年4月最早成立的工合社共618名社員中，當地工人最多，占45.5%；其次為失業工人，占35.6%；傷殘軍人占16.3%；難民有10人，僅占1.6%（婦女也極少，僅24人，占3.9%）。但在八個月後、工合社增至296社的同年12月，劉廣沛卻指出，此時東南區社員的相當部分是難民。[12]這表明，東南區的工合運動是從組織當地工人開始的，但隨後逐漸重視組織難民。實則，難民是組織工合運動的極好對象。有人曾向東南各省難民3,000人調查其所希望的謀生方式，結果顯示，31%的難民希望從事手工業；其他則為，船務或紡織10%、商業及商販30%、醫藥及文化5%。[13]亦即，工合協會組織工合社的工作，以希望從事手工業、紡織、文化各業的難民為主要對象即可。

---

[11] 彭澤益編《中國近代手工業史資料》，第4卷，三聯書店，1957年，第328頁。另，原史料數據為日工資，乘以30換算為月工資。

[12] K. P. Liu, "Industrial Cooperatives'", *The Chinese Year Book,* 1940-41, 1941, p.772.

[13] 宋慶齡〈中國工業合作社之意義〉，《香港大公報》，1939年12月11日。

表7-2 東南區第一次組織工合社60社之各行業社數、社員人數、社股金額及放款一覽表（1939.4）

項目 社員數 行業	社數(A)	社員人數				社股金額（元）			放款（元）			
		男	女	總數(B)	B/A	應繳額(C)	交訖額(D)	D/C ×100%	長期	短期	總計(E)	E/A
紡織	19	112	8	120	6.3	1,640.00	829.50	50.6	1,500.00	8,370.00	9,870.00	519.5
染色漂白	2	50	9	59	29.5	340.00	85.00	25.0	2,800.00		2,800.00	1,400.0
採礦	3	28	0	28	9.3	355.00	342.00	96.3	1,200.00	460.00	1,660.00	553.3
機器	1	25	0	25	25.0	250.00		0.0		27,921.21	27,921.21	27,921.2
文具	1	10	0	10	10.0	100.00	25.00	25.0		600.00	600.00	600.0
日常餐具	10	86	1	87	8.7	1,410.00	443.00	31.4	5,990.00	530.00	6,520.00	652.0
製革	1	14	0	14	14.0	1,400.00	350.00	25.0		6,000.00	6,000.00	6,000.0
化工	2	32	0	32	16.0	226.00	68.00	30.1	700.00	450.00	1,150.00	575.0
食品	4	25	6	31	7.8	500.00	260.00	52.0	600.00	2,700.00	3,300.00	825.0
運輸及運輸工具	1	10	0	10	10.0	300.00	75.00	25.0	200.00	1,800.00	2,000.00	2,000.0
建築及建材	1	10	0	10	10.0	110.00	55.00	50.0	1,300.00		1,300.00	1,300.0
陶瓷	2	19	0	19	9.5	40.00	40.00	100.0	300.00	300.00	600.00	300.0
造紙	3	27	0	27	9.0	252.00	63.00	25.0		2,000.00	2,000.00	666.7
電池	1	8	0	8	8.0	400.00	400.00	100.0	700.00	1,300.00	2,000.00	2,000.0
印刷	2	34	0	34	17.0	210.00	63.00	30.0	1,500.00	350.00	1,850.00	925.0
麵粉、舂米	2	16	0	16	8.0	480.00	480.00	100.0	700.00		700.00	350.0
煙草	2	44	0	44	22.0	66.00	30.00	45.5	600.00	800.00	1,400.00	700.0
縫紉	2	44	0	44	22.0	440.00	214.00	48.6	2,380.00	2,100.00	4,480.00	2,240.0
其他	1											
總計	60	594	24	618	12.4	8,519.00	3,822.50	44.9	20,470.00	55,681.21	76,151.21	1,523.0

※根據謝君哲編著《經濟的新堡壘——介紹中國工業合作社》（生活書店，1940年1月）第119頁編製。

表7-3 東南區第一次組織工合社60社社員背景統計（1939.4）

分類 人數 事務所	當地工人			難民			傷殘軍人		失業工人			軍屬		總計		
	男	女	計	男	女	計	男	計	男	女	計	女	計	男	女	計
區辦事處	120	9	129	6	4	10			111	1	112	6	6	237	20	257
第一事務所	76	2	78				101	101	50		50			227	2	229
第二事務所	19		19						38		38			57		57
第三事務所	53	2	55											53	2	55
第四事務所									7		7			7		7
第五事務所																
第六事務所									13		13			13		13
總計	268	13	281	6	4	10	101	101	219	1	220	6	6	594	24	618

※根據謝君哲編著《經濟的新堡壘——介紹中國工業合作社》（生活書店，1940年1月）第117頁編製。

　　上文觀察了工合社的股金、社員的生活狀況等。當然，工合社的經營是否穩定、能否發展，並不僅取決於股金多少，最關鍵的要素是放款。從這點來觀察工合社利用放款的狀況可知，獲得放款最多的是機器工合社，僅一社即達2萬7,921元，而且是短期放款。這顯示，除當時機器製造倍受重視外，其資本回收週期短，生產效率也高。其他接受放款較多的是製革工合社，平均每社6,000元；而較少的則是麵粉工合社和陶瓷工合社，分別只有350元和300元（表7-2）。

表7-4　全國各行業工合社統計（1942.7）

行業	工合社數									社員人數
	西北	川康	東南	西南	滇黔	晉豫	浙皖	計	%	
機器	12	7	20	6	4	3	5	57	3.6	1,011
礦業	73	8	21	1	-	8	-	111	7.0	972
紡織	101	141	44	142	97	45	14	584	36.7	10,449
成衣	32	20	35	22	15	23	12	159	10.0	1,718
化工	40	46	160	31	13	22	10	322	20.3	4,494
食品	15	6	25	5	7	9	3	70	4.4	707
文具	7	6	17	1	4	6	2	43	2.7	749
木工與石工	22	5	63	8	4	1	3	106	6.7	1,090
運輸	2	-	2	3	-	-	-	7	0.4	67
雜業	21	8	46	27	14	1	14	131	8.2	1,423
合計	325	247	433	246	158	118	63	1,590	-	22,680
百分比	20.4	15.6	27.2	15.5	9.9	7.4	4.0	-	100.0	-

※日本生產合作社協會編《民族の再建——中國工業合作社史》，工業新聞社出版局，1946年10月，第50頁。另，「%」已經實際計算。

　　東南區工合社所涉行業有，①機器工合社製造印刷機、麵粉機、縫紉機等；②礦業工合社從事開採金砂、煤炭等；③紡織工合社有棉紡織、繰絲、織襪等；④化學工合社生產酒精、電池、玻璃、樟腦等；⑤文化工合社從事印刷和文具製造；⑥食品工合社生產小麥粉、罐頭、煙捲；⑦土木工合社從事製磚、製陶等；⑧交通工合社製造木船、汽車；⑨雜工業主要有舂米及雨具、扇子製造等。[14]滿鐵調查部

---

[14] 前引王毓麟〈東南區工合運動近況〉；羅旭和〈中國工業合作社之成就〉，前引謝君哲編著

1939年10月的數據顯示，東南區的工合社，從事「礦冶」（即開採金砂、鐵等──著者）的有38社、723人，金屬機械有18社、321人，化學有31社、429人，電力1社、8人，服裝52社、540人，食品40社、270人，文化23社、231人，其他61社、624人。調查還稱「礦冶」最為引人注目。[15]的確，如表7-4所示，東南區在浙皖區分離（1940年8月）後，其礦業工合社儘管不及西北區73社之多，但仍有21社，在各區中列第二位。不過，更值得關注的應該是，東南區的機器工合社數在各區中占首位，有20社之多。東南區的機器工合社、機械化工合社之所以較多，是因為從大城市搶救搬遷而來的機器較多。七七事變後，長汀事務所在福州面臨淪陷時、曲江事務所在廣州陷落時都曾搶救出不少機器，梅縣的工合社社員在汕頭被攻陷前也被動員搬運機器。這些機器後來被用於新組織的工合社。比如，長汀、韶關、蘭溪的工合社分別使用了從福州、汕頭、寧波搶救搬遷而來的機器。[16]國民政府的中央遷廠委員會將淪陷區的工廠遷至遙遠的四川、雲南、陝西等地，而東南區也將工廠、機器緊急遷至臨近各省相對安全的地帶，而工合組織則在其中發揮了重要作用。

　　此處就工合組織搬遷工廠的情形作詳細觀察。首先看1938年12月成立於上海租界的上海工合促進社的活動。據說該社曾透過非公開活動，鼓動上海的工廠和熟練工人向內地轉移，取得了較大成果。[17]浙江省寧波的遷廠過程如下。1939年夏，因日軍轟炸寧波，部分工廠被迫停產，約5,000人因此失業。1940年，浙東、蕭紹（蕭山和紹興）地區被占，寧波面臨更大威脅。為應對這種局勢，2月，蘭溪事務所主任孟受曾與寧波縣政府建設科長，遵照工合協會指示，一同對寧波一帶進行了調查。後來，東南區辦事處綜合考慮對國防和民需的重要性、機器搬遷的難易程度、原料、市場等，選定有搬遷價值的工廠52家，內有機器製造廠12家、印刷廠12家、麵粉廠1家、造紙廠1家等。然後在全盤考慮安置地的狀況、現有工業行業等基礎上，將工廠和機器遷走，並決定採取一廠分解為數個工合社、數廠合併為一個工合社等靈活方式，重新組織合作社30社。具體方法是，①由東南區辦事處所派主管人

　　《經濟的新堡壘──介紹中國工業合作社》，等。羅旭和是「爵士」（Lord），或為英國人，時任港府行政局民選議員，熱心工合運動。

[15]　前引滿鐵調查部《支那抗戰力調查報告》（1970年復刻版），第497-498頁。

[16]　前引張法祖著《工合與抗戰》，第155頁。

[17]　前引謝君哲編著《經濟的新堡壘──介紹中國工業合作社》，第20頁。

和麗水、蘭溪、屯溪事務所所派人員組成遷移委員會；②香港、上海兩地的工合促進社提供資金支援；③請求省政府、軍事當局給予協助，必要時動用軍政力量強制執行。據蘭溪事務所稱，其預算總計29萬2,220元，其中30社正式開業前的放款約24萬6,300元（機器放款9萬8,000元、原料放款14萬9,500元、工廠建設費等6,000元），搬遷費4萬5,920元。[18]如此所成立的工合社包括機器工合社2社、印刷工合社2社、軍服工合社3社等（表7-5）。新址分別為本省和臨近省較安全地區，其中本省15社、安徽省12社、江西省2社、福建省1社；其中9社立即搬遷。[19]

表7-5　由寧波工廠改組之工合社統計

行業	工合社數	工人數	機器及工具數	主要機器	主要產品
機器	2	48	15	車床、銑床、旋切機等	舂米機、麵粉機、農具等
鑄造	1	12	5	風機、熔爐、磨床等	織布機、榨油機等
電鍍	1	6	2	發電機、電鍍爐	鎖頭、刀具、剪刀等
玻璃	1	30	6	發動機、壓力機、冷卻機等	水杯等日常必需品
火柴	1	35	110	齊梗機、拼梗機、並盒機等	火柴
印刷	2	29	59	劃線機等	書籍、報紙
紡織	2	82	110	織布機等	棉布
針織	1	29	59	背心編織機等	背心、襪子、上衣
毛織物	1	10	12	捲布機、壓榨機等	棉絨布
紗布、脫脂棉	2	19	11	彈棉機、捲棉機等	紗布、脫脂棉
榨油	2	24	16	動力機、榨油機等	桐油、茶油、棉籽油
煙捲	1	33	8	捲煙機、切煙機等	紙捲煙
製磚	2	16	6	開口機	各種磚
餅乾	2	15	2	麵粉機、成型機等	各種餅乾
麵粉	1	31	8	洗粉機、破粉機等	小麥粉等

---

[18] 張法祖〈怎樣搶救東南區的民族工業〉(1)(2)，《香港大公報》，1940年4月14日、15日。另，計算史料所載改組工合社，其數為31社，從史料記載。

[19] 前引張法祖〈怎樣搶救東南區的民族工業〉(1)(2)。

行業	工合社數	工人數	機器及工具數	主要機器	主要產品
罐頭	1	26	4	蒸乾機等	竹筍罐頭、蔬菜罐頭
軍服	3	65	50	縫紉機	軍裝
蠟燭	1	11	10	馬達、原料混合機、壓力機	肥皂、蠟燭
製革	1	20			皮革
銼刀	1	7	5	切紙機、碎粉機、打印機	布銼、紙銼等
鋼盔、水壺	2	20	1	壓力成型機	鋼盔、水壺
合計	30*	568	499		

※張法祖〈怎樣搶救東南區的民族工業〉(2)，《香港大公報》，1940年4月15日。
* 工廠數經實際計算應為31社，本表從原史料記載。另，工人為從原廠選拔的「優秀工人」等。

東南區的工合運動對抗日戰爭的貢獻和不可忽視的工作有許多，上文未曾論及者如下。

第一，軍需品供給。(1)1939年，宋美齡號召棉衣運動，東南區的數個裁縫合作社曾為前線士兵縫製棉衣1萬件。(2)贛縣、興國、永安、屯溪等的皮革工合社除生產武裝帶、背囊、子彈袋、皮靴等外，還製造皮箱等銷往湖南、廣東、浙江，收入萬元。(3)金華鋼盔工合社日產鋼盔約100個。(4)興國由傷殘軍人組成的工合社生產紗布、脫脂棉，廣東省北部的醫院、藥店全部使用該社產品。另有金華製藥工合社生產萬金油、八卦丹。(5)在興國、瑞金、長汀、贛縣、遂川等地，軍屬組成的許多工合社每月生產麻鞋3、4萬雙。

第二，贛縣、瑞金、興國、龍南、長汀、永安、曲江、南雄、屯溪等地設有規模較大的印刷工合社，印製各種書報、雜誌、圖表等，並承印中央軍第三分校、江西省地方政治講習院、廣東省政府、戰區司令長官部的印刷品。[20]

第三，工合運動是社會經濟運動，其社會活動與生產活動同樣重要。其中不可忽視的是透過各級訓練等培養人才。

(1)幹部訓練，分兩地進行。其一為浙皖工合講習班，接受訓練後，有兩人被派往贛縣，其他則在浙江、安徽參加工合社的工作。其二為東南區工合講習

---

[20]　前引王毓麟《東南區工合運動近況》。

班，在江西、福建共開辦三期，有118人結業後被分配到各工合事務所。課
程主要是授課兩個月、實習一個月；其科目，合作科目（合作概論、合作法
規、合作指導、社員教育、會計）占40%、技術科目（機械、化學、農作物
加工、採礦、冶金）占25%、社會科學（三民主義、《抗戰建國綱領》、國
際形勢和中日問題、工合運動與中國經濟）占20%，另有軍事知識、體操、
作文、衛生、唱歌等。幹部訓練最初由區辦事處實施，但學員在學習各種技
能後往往為追求更好待遇而離開工合社他就，於是，自1941年8月改由事務
所實施，訓練對象則選拔熟悉情況、有志於工合事業的中學畢業生。他們一
邊在事務所參加實際工作，一邊接受講習，每天一小時，訓練時間也延長為
四至六個月。

(2)1939年6月，辦事處招收助理員12名，對其施以訓練七周。上午講授合作概
論、合作帳冊、工業合作、合作法規、經濟概論、工業常識、社務管理等，
下午則進行合作社的組織、登記、檢查等實習。

(3)社員訓練，大都在晚間集中一社或數社社員，主要教授讀寫，另有合作問
題、時事問題、唱歌等。

(4)婦女工作方面，在贛縣、遂縣、瑞金設有婦女工作部，面向軍屬、難民婦
女、貧窮婦女開展工作。①利用宋美齡捐助的1萬元，在遂川對40名婦女施
以手工業短期訓練。該訓練的所有事務由遂川工合事務所負責，婦女們在
此分織布、裁縫、「米漿」、肥皂等組接受訓練後加入工合社。②1940年4
月，贛縣婦女手工業訓練班開課，有婦女29人隨招聘而來的技術人員學習裁
縫、製鞋技術，並學習識字、合作、常識、唱歌。訓練班為期五個月，供給
食宿。此外，江西省南部曾辦難民訓練，張福良和農村服務工作組對其提供
了援助。[21]

　　第四，工合運動是新經濟運動，故內部須加強理論建設，亦須著力對外宣傳。
1939年5月，東南區辦事處的機關雜誌《東南工合》出版，系統地刊載經濟資源調

---

[21] 前引張法祖著《工合與抗戰》，第213、235-236頁。前引謝君哲編著《經濟的新堡壘——介紹
中國工業合作社》，第60-61頁。《工業合作月刊》，新1卷第3期，1941年10月，第67頁。另據
謝君哲稱，江蘇省工程學院也與東南區關係密切，該學院的不少畢業生曾來東南區學習，雙方
建立了合作關係，促進了工合運動的發展（同前，第45頁）。

查、工業技術、工業新計劃、工合事業概況及產品運銷等內容，是極具專業性的研究刊物。另有面向工合社員的平易而豐富多彩的《工合戰士》、各事務所為面向大眾宣傳而出版的《工合壁報》等。[22]

二、東南區各地工合社的實際狀況和動向

　　東南區的工合運動始於江西省。此地是原江西蘇區所在地，但中共中央因長征而離去後，重新掌握權力的地主等對一切新思想、新組織都持懷疑態度，對工合運動也極力阻撓。例如，難民組織採金工合社時，地主要求高額分成，並殺害了拒絕分成的社員。艾黎曾就此向地方當局提出抗議，卻被駁回。[23]不過，儘管如此，江西的工合運動還算順利。而這離不開江西省第四區行政督察專員蔣經國[24]的支持。滿鐵調查部的報告稱，「東南區包括廣大地區，但現在僅有350社，而且200多社在江西省南部。江西省南部是有名的蔣經國的統治範圍，此地政治在全國較為先進，這也反映了政治與工業合作社的因果關係」。[25]艾黎本人也在一封信中承認，蔣經國是江西省贛縣縣長，那裡是工合東南區辦事處所在地，蔣經國到任後馬上支持工合運動，派了偏左派的軍隊幹部加以保護。[26]此外，梁士純也稱：在江西省主席熊式輝[27]的英明領導下，政府致力於建設，工農業都取得顯著發展，合作事業也普遍

22　〈工合的出版事業〉，《香港大公報》，1941年11月27日。此外，東南區工合還曾出過許多刊物，主要者如下。①《東南工合通訊》（探討實際問題以提高「工合」工作者的理論水平）；②《組織通訊》（東南區辦事處出版之公報）；③《社員課本》（教材，供社員學習用，收入工業常識、合作社法等）。

23　鹿地亘著《砂漠の聖者——中国の未来に賭けたアレーの生涯》，弘文堂，1961年，第60頁。

24　蔣經國，1906年生於浙江省奉化縣，1925年赴莫斯科的中山大學留學。1937年由蘇聯回國後，任江西省政府保安處副處長，負責訓練新軍等。1939年3月任第四行政區（轄贛縣、大庚、南康、信豐、龍南、定南、虔南、上猶、崇義、安遠、尋鄔等11縣，大體與原江西蘇區重合）督察專員兼贛縣縣長，成為該省僅次於省主席熊式輝的黨政領導人。丁依著、鈴木博譯《蔣經國》，批評社，1981年，第98頁，等。

25　前引滿鐵調查部《支那抗戰力調查報告》（1970年復刻版），第40頁。

26　拙稿〈中国工業合作運動指導者からの書簡について〉，大阪教育大學歷史學研究室編《歷史研究》，第23號，1985年9月。

27　熊式輝（1892-1973），政學系人物，生於江西省安義縣，先後畢業於保定陸軍軍官學校、日本陸軍大學。1926年任國民革命軍第14軍代表。該軍抵達江西後，1927年任省政府委員。1930年

得到發展；熊也關心工合運動，並表示要給予支援。[28]可見，政學系的省主席熊式輝及推動贛南建設的蔣經國的政策，為江西工合運動的發展提供了有利條件。

此處再就蔣經國的政策動向稍作具體探討。當時，蔣經國儘管與CC系、政學系發生矛盾、衝突，但仍依靠藍衣社果斷推行各種政策。他認為贛南11縣的建設是建設江西、建設新中國偉大事業之一環，運用「革命的手段」嚴厲打擊「封建勢力」，並徹底禁賭、禁煙、禁娼。在地方秩序恢復後，1940年夏，蔣經國公佈了《新贛南建設三年計劃》（後改作五年計劃），表明將給予所有人以衣服、糧食、居屋、生計和文化。據說這些政策使江西省南部的社會狀況煥然一新。[29]例如，蔣經國曾在贛縣縣城郊外用近代建設方式創辦了中華新村，並附設托兒所、幼稚園、小學、「正氣中學」等，還辦有貧民食堂及教育犯人重新做人的「新人學校」。在經濟方面則採行統制經濟。專署成立新贛南合作社、開辦公營商店以銷售食油、食鹽、大米等，並著手改革流通機構，以打擊商人居間盤剝，還降低了重稅。這些政策當然不無局限，尤其集中表現在其土地政策上。蔣經國曾試圖按家庭人口分配土地，剩餘土地則由中國銀行用合理價格收購後租給雇農耕種；但該政策完全未得實施。[30]不過，蔣經國無疑曾在江西省推行過頗為全國關注的改革，其中之一即支持發展工合運動。

區辦事處也在與第四行政區協商後，於1941年度提出了《贛南工合合作三年計劃書》。其概要為：工合運動將響應《新贛南建設三年計劃》，在對完成地方經濟建設之工業部門計劃提供合作的前提下，①運用工合社方式替代民間資本以振興立民生經濟、組織和訓練民眾以建立民權政治、擴大生產以建立民族工業的各項基礎；②建立電力、機器、礦冶各工業，以之為工業現代化和農業工業化的基礎；③加強進口替代品的製造能力，以鞏固自給自足的經濟基礎；④實行統一的供給和銷

「反蔣運動」爆發時支持蔣介石，被任命為淞滬警備司令。1931年蔣介石圍剿江西蘇區，熊任陸海空軍總司令部參謀長。同年底江西省政府改組，熊任省主席。1937年兼任江西省游擊總司令，全面掌握該省的軍政大權。後來受蔣經國和CC系勢力聯手壓迫，於1942年春辭職。外務省情報部編《現代中華民國·滿洲帝國人名鑑》，1937年，第490頁，等。

[28] 梁士純〈東南工合現況及其前途〉，《東南工合》，新1卷第2期，1942年5月。梁士純〈贛閩粵暨湘桂兩區工合現況及其前途〉，《工業合作月刊》，新2卷第1期，1942年1月。

[29] 前引丁依著、鈴木博譯《蔣經國》，第101、103-105、113頁等。

[30] 同前。

售，以實現戰時有效且合理的統制；還試圖⑤加強對幹部、職員和社員的訓練，以鞏固工合社的組織基礎；⑥推進教育和福利事業，以充實和提高社員、工人的生活。[31]該計劃書顯然以三民主義為宗旨，試圖從民生、民權、民族三方面對贛南建設提供有力支持，但同時也提出了工合協會的一貫主張，即培養人才、加強教育和福利。1941年8月，蔣經國主持「贛南三年建設運動代表會議」，以討論經濟建設和合作事業的各種問題。工合協會區辦事處也有代表出席，並建議，為推動贛南工業建設，區辦事處和中國銀行每月召開聯席會議一次，以加強合作，解決工合運動中各種問題。後來，區辦事處與中國銀行經對各縣工業狀況共同調查後，與中國銀行簽訂合同，擬對工合社放款200萬元，並準備首先發展塘江的紡織和製糖、贛縣的機械和皮革各業。[32]

東南區各地工合運動狀況如下。

（一）江西省南部工合運動概況

1938年12月8日，部分技術人員利用從工合協會獲得的100萬元貸款，在江西省南部開始組織合作社，此即東南區工合運動之始。[33]選擇從此地首先開展運動，原因主要有二。①該地區有機器、水泥、火柴、酒精、砂糖、紙、捲煙、玻璃、印刷、瓷器、皮革等原料，資源方面具備發展各種工業的優良條件。比如，該地有礦物如鐵、鎳、鋁、錫、銀、鉛（鉛字原料）以及硫磺（火柴原料）、瓷土、「泥沙」（可淘砂金且富含玻璃原料）；農作物則有煙草、麻、甘蔗、地瓜（酒精原料）、木材和毛竹（製造紙張、木船及修路所需），資源極其豐富。②該地區工人眾多、工具充足，且不斷有傷殘軍人、技術工人從各地來此集中；他們亟需生計、資金、技術的援助。[34]而且，如上所述，蔣經國也已明確表態支持工合運動。

---

[31] 工合協會贛閩粵區辦事處〈贛南工業合作三年計劃書〉，《東南工合》，第2卷第4、5期，1941年6月。

[32] 《工業合作月刊》，新1卷第3期，1941年10月，第67頁。

[33] 上海日使館特別調查班譯《三年來支那工合運動の發展》，1942年12月，第73頁（原著：張法祖《工合發軔》，1941年11月）。

[34] 〈中國戰時的工業建設〉，沈雷春、陳禾章著《中國戰時經濟建設》，世界書局，1940年12月，第43頁。

　　其目標是，①運用合作方式扶助原有工業、發展新工業；②藉抗戰時期以機器發展工業，建立戰後工業基礎；③建立國防經濟；④實現各種商品自給，援助各游擊戰區持久抗戰；⑤將工合社普及到鄉村，免受日本蹂躪；⑥利用閒置機器、失業技術人員發展工業；⑦使傷殘軍人、難民轉化為生產者。[35]

　　東南辦事處對各地展開調查，並宣傳工合運動，為織襪、製糖等手工業提供幫助，同時改良紡織、修繕社員宿舍、安裝機器等，在贛縣、興國、南康、永豐、雩都（今「于都」）、龍南、大庾等7縣組織了工合社70社，社員1,000餘人。其行業涉及機器、服裝、食品、印刷、家庭用品、交通運輸、肥皂及皮革（軍用馬鞍、皮靴、皮帶等）。[36]

　　下面就該地的幾個工合社及其活動加以探討。

　　第一，贛縣機器工合社。該社設備費4萬元，是全國較為突出的工合社之一，而且是江西省最大的機器製造廠。社員36名，部分來自上海，其餘來自南昌；另有雇工、見習工70多人。製圖室有7名技術人員，皆畢業於大學或工業學校；他們時刻關注外國的新式機器，以改良製圖、工具和產品。車間分模型、翻砂、車床、組裝；產品則有印刷機、舂米機、榨油機、揚水泵、動力機、紡織機、製罐機以及簡單的武器等，也修理各種機器。引人注目的是，某技師運用自己曾長年供職福特汽車公司的經驗，為公路管理局製造了以木炭為動力的汽車。該社產品運銷江西省臨川、南城、寧都、泰和及廣東省曲江、南雄等地。其業務發展順利，不僅社員，雇工等的工資也較可觀，據說年底紅利頗高。[37]

　　1940年，利用菲律賓工合促進社的捐款在贛縣創辦「培黎學習班」，以紀念約瑟夫・培黎（Joseph Bailie, 1860-1935）的功績，並繼承其遺志，即訓練青年的工業技術和組織能力、以之為救濟中國的兩大動力。該學習班的畢業生，一人加入贛縣機器工合社、一人進入工合管理處、一人就任工合社主任，其他人也全部成為工合社員。[38]

---

[35]　董文中編《中國戰時經濟特輯》，續編，中外出版社，1940年1月，第143頁。

[36]　前引《中國戰時的工業建設》。

[37]　前引張法祖著《工合與抗戰》，第156頁。前引上海日本大使館特別調查班譯《三年來支那工合運動の發展》，第76頁。

[38]　前引上海日本大使館特別調查班譯《三年來支那工合運動の發展》，第8-12頁；前引陳翰笙

　　第二，採金工合社。工合協會在瑞金縣調查後，組織了工合社13社，包括清水採金社（社員35人，每股5元，主席鐘萬沐，監事曾立槐）和夏塘採金社（社員33人，每股6元，主席賴士桃，監事楊世林）。首先採集砂金，繼而開採金礦，同時努力發現新礦區。所得砂金等是工合運動的重要補充財源，對重慶國民政府也具有重要意義。因為，國民政府從工合社收購這些產品後，可以之換取外匯、購買武器。[39]

　　第三，木船工合社。造船廠的原雇工10人創辦的該工合社，製造各種大小帆船。該社曾為江西公路管理局獨自建造渡船兩艘，為時一年；但因大小不合要求，對方拒絕接收。最後，該社承認未曾接受區辦事處的設計和技術指導，並主動降低工資，填補了損失。[40]由此推斷，該社不大可能一帆風順。

　　第四，工合社的合理化、科學化。贛縣近郊的工合社40社組織了聯合供銷處。該處以低價購進原料供應各工合社，同時銷售從牙刷到印刷機、水泵等各種產品。此外還成立了工合技術研究所、工合金庫、醫務所等，使流通、生產技術、金融、福利等得到了改善。[41]

　　除上述外，重慶國民政府還在各省設有「傷殘院」（也稱「傷殘軍人教養院」），以之為傷殘軍人提供幫助，為他們教授生活技能、提高修養。比如，江西「傷殘院」辦有農業新村5處，約1,000人在此從事勞動；農業方面則開墾土地、經營畜牧及園藝、種植稻米、雜穀及梧桐、茶等。許多人希望加入工合社，東南區辦事處為此提供長期放款1萬4,800元、短期放款1萬6,464元，於1940年底組織了化學、印刷、製革等15社。張法祖因此認為，從「傷殘院」出發實現「農村工業化」、「工業鄉村化」是可能的。[42]此外，興國由「榮譽軍人」（即傷殘軍人）構成的工合社，因社員在軍隊接受過生活訓練，且文化水準高於一般工合社員，富有團結互助、遵守紀律的精神，較之他社極少發生糾紛，因而被稱為其他工合社的模範。[43]

〈工合──中國合作社史話〉。另，關於約瑟夫・培黎，請參閱本書第三章。

[39]　前引張法祖著《工合與抗戰》，第113-115頁等。

[40]　前引上海日本大使館特別調查班譯《三年來支那工合運動の發展》，第76-80、82頁。

[41]　同前。

[42]　同前。

[43]　前引梁士純〈東南工合現況及其前途〉。

（二）福建省工合運動概況

七七事變後，福建省廈門、金門島被佔領，但其後兩年間則是各省中戰亂較少的省份之一。因為，此地多崇山峻嶺，最高海拔達3,000公尺，形成天然屏障；且民風剛勇，民間存在大量武器，抗日態度明確。農業方面，每年四個月須輸入食米，日軍封鎖港口後，大米輸入徹底中斷；省政府號召、推行大規模冬耕運動（米、麥每年種植兩季，擴大種植紅薯面積等），基本實現了民食自給。省農業改進處和省棉織局還在該省西北部大面積植棉。貿易公司掌管的茶葉出口，也隨生產提高而增加，換取巨額外匯。合作事業也有所發展。省合作事業管理局負責工合社以外全省合作事業，在各縣設有合作指導員辦事處，指派131人對合作事業進行指導。透過如此努力，1938年底，以農業生產、信貸為主的合作社達到3410社，社員達16萬8,290人，股金達31萬7,797元，為實現自力更生奠定了堅實基礎。[44]交通方面，在徹底破壞沿海公路的同時，努力開發和建設內陸交通。

福建省當時的工業狀況如下。該省本來工廠不多，且全部集中在廈門和福州。福建省銀行以工廠、機器為抵押發放遷廠和重新開工的信貸後，許多小型工廠、工人於是遷到閩江上游各地，另有福州的9家鐵工廠聯合成立了閩北鐵工廠。[45]亦即，福建省開始以省政府為核心積極構建臨戰體制。但是，日軍對福建省沿海各地進行軍事襲擾、對全省展開空中轟炸、福州和泉州因而面臨重大威脅之後，軍事防衛和號召民眾抗戰的工作在全省進一步加強。在這種形勢下，工合運動作為支撐持久抗戰的對策之一得到了省政府的積極支持，和農村合作社理事弗蘭西斯・陳（Dr. Francis Chen）的合作。

關於福建的工合組織，1939年（月日不詳）在該省西南部的長汀成立了事務所。之所以設事務所於此地，乃因此地交通便利，公路可通廣東、江西，四面群山環繞；資源豐富，可發展造紙、冶鐵、製糖、製磚等業。而且，七七事變後，許多中小學及國立廈門大學紛紛遷來長汀，使此地儼然成為福建省的文化重鎮。

長汀事務所的工作對象是流亡工人、傷殘軍人及手工業者。初時活動範圍僅限

44　《香港大公報》，1939年10月2日、5月3日。

45　前引《香港大公報》，1939年10月2日、5月3日。

於長汀、永安，一個月內組織了印刷、縫紉、紡織、運輸等工合社；但數量不多，規模也不大。福建平時輸出茶、木材、紙張，而輸入米麥、布、日常必需品，入超達數千萬元。七七事變爆發後，輸入中斷，須設法自行生產。長汀事務所試圖立足於農村和小生產，解決手工業分散問題，以謀求其集約化和科學生產。換言之，其目標指向農村，欲在農村發展小型輕工業，實現農村工業化。此舉優點是，可避開日軍轟炸、改變工業集中於交通線和城市的弊端；③在鄉鎮奠定將來發展大型工業的基礎，以建設獨立自主的工業。[46]

　　不過，運動的發展並不順利。該地一般民眾比較閉塞，聞聽宣傳便誤以為又要徵丁徵糧，壯丁紛紛逃離。事務所堅持長期宣傳，同時在中心區開辦一、二樣板工合社，以實際成果喚起民眾參加運動，於是越來越多的人希望組織工合社。在運動步入軌道後，長汀事務所進行了如下調整和改革。①事務所工作人員輪流前往各社進行指導，城市工合社每週一次，鄉村工合社則常駐一月，主要由會計人員指導應用新式帳簿，以改善會計工作。規模較大的印刷、機器二社由區辦事處直接派遣會計人員，其他各社的出納、會計員則由事務所每晚訓練帳簿管理一、二小時，為期一個月。②事務所尤其關心出征軍人家屬，向各戶派女助理員一人給予指導。有的軍屬接受指導後加入了文具、布鞋等工合社。③城區的文具工合社發生糾紛，於是淘汰不良分子，代之以失業工人、技術工人等。④機器工合社的社員來自東南各省，語言不通，多生誤解；區辦事處於是向該社派指導助理員一名；⑤將木板工合社二社並為一社。⑥彈棉、油紙二社遠離市區，銷貨不便，於是成立聯合小賣部，除該二社產品外，也批發、代銷其他各社產品。⑦城區社員教育水平低，文盲較多，事務所於是每晚舉辦學習會，內容有唱歌、國語、算術、合作法規、業務討論、時事報告等。此外，福建「傷殘院」（收容約3,000名傷殘軍人）有部分人接受手工業技術訓練，內有50人成立了針織、化學、日用品三社。[47]

　　技術改進成就如下。①造紙。福建造紙，長汀最為發達，但產品是毛邊紙，遠不如西洋紙質優耐用，欲與價格暴漲的西洋紙競爭，質和量皆有待改進。毛邊紙

[46] 張肖梅主編《中外經濟年報》，1940年版，第65頁。

[47] 張法祖〈戰時贛南的生產運動〉(1)(2)，《香港大公報》，1940年6月17日、18日。前引上海日本使館特別調查班譯《三年來支那工合運動の發展》，第80頁。

以嫩竹和石灰為原料，由竹到紙需時半年有餘。四個造紙工合社當初以舊法生產，長汀事務所增加實驗經費，將研究、實驗、生產過程貫通起來，購置壓力機、洗淨槽、分解器等，將出紙時間由數月縮短至數小時，並改進了品質、降低了成本。原料方面，也嘗試使用其他植物纖維、松節油等以圖改良。②機器。長汀事務所認為，機器製造是發展工業的前提。基於這一認識，事務所利用福州遷來的機器和熟練工組織了機器工合社（社員和見習工計30人）。該社與三家製鐵工合社聯合，利用其煉出的灰生鐵生產銷路較廣的切麵機、酒精蒸餾機、製糖機、舂米機等。另有查爾斯·王（Charles Wong）組織的機器工合社，製造榨油機、紡紗機、輪印機等，裝有以木炭為燃料的動力機。該機是從沿海地區運來的柴油發動機改造而成。③印刷用油墨。戰爭中宣傳十分重要，故各種印刷品日益增多。但產於香港、上海的油墨價格不斷高漲，須自行生產。事務所購置了球磨機等設備，以研究生產代用品。④酒精。酒精既是醫用品，也是汽油替代品，屬重要物資。事務所為生產酒精建造了酒精蒸餾塔。⑤榨油。改進木楔榨油法，提高了品質，還將此法用於生產其他工業產品。主要生產桐油和麻籽油，以增加出口和替代汽油。[48]

　　1939年9月，福建有工合社4社，社員共35人（表7-1）；經過上述努力，同年底即增至22社、224名社員；1941年增至38社、443名社員，資本9萬餘元，月產值3萬餘元。[49]事務所也隨之開到更多地區，1939年底，除長汀外，永安、永定、南平、浦城、福州都已有事務所。據艾黎稱，1941年，借助菲律賓華僑的援助，事務所又開到連城、邵武、德化、建陽、上杭、永春、龍岩。[50]

（三）廣東省工合運動概況

　　廣東省近代工業比較發達。但工業核心廣州於1938年10月淪陷後，規模較大的

---

[48]　前引張法祖〈戰時贛南的生產運動〉(2)。前引張法祖著《工合與抗戰》，第144-145頁。前引上海日本大使館特別調查班譯《三年來支那工合運動の發展》，第87-88頁。Nym Wales, *CHINA BULDS FOR DEMOCRACY: A Story of Cooperative Industry*, New York, 1941, p.98.（東亞研究所譯《支那民主主義建設》，東亞研究所，1942年12月，第141頁）。

[49]　前引張法祖著《工合與抗戰》，第66頁。前引上海日本大使館特別調查班譯《三年來支那工合運動の發展》，第86頁。

[50]　前引張法祖著《工合與抗戰》，第66頁。艾黎〈現階段之工合〉，《香港大公報》，1941年7月13日。

機械廠大半或被破壞、或被迫停業，公營廠也只剩下賑濟委員會和建設廳共同經營的小廠還在勉強維持。為應對這種局面，廣東省政府積極進行經濟重建，以抵制日本的軍事侵略。如省建設廳的黃元彬決定向重慶國民政府申請巨額貸款，以在安全地區建設工廠群，並發展手工業。其計劃為，①調查各縣市的手工業和家庭工業狀況；②公佈《戰地手工業指導所組織章程》及「貸款辦法」，透過法令擴充手工業生產，同時在戰地各縣開辦手工業模範工廠；③支援民辦工廠；④工合協會和省銀行等聯合向各縣手工業提供信貸。[51]亦即，在嚴峻局勢下，手工業的重要性已然十分明確，而為充實和加強戰時經濟，合作事業自然也受到了重視。[52]

　　就這樣，東南區辦事處在向手工業提供貸款的同時，承擔起了手工業的組織、近代化重組和技術改良等責任。當時尤其緊要的問題是防止走私，亦即抵制日貨輸入。例如，據陽江縣縣長稱，中國人透過走私獲利以十萬元計者有數萬人，走私者與檢查官時常發生武裝糾紛。廣州灣東營附近三十八村是走私者集聚地，無數中國人在此進行地下交易。另有粵南賑務員報告，在西營卸船並經赤坎、麻章等運往中國內地的日本商品，其貨值每日高達40萬元之巨。[53]工合運動的重大使命之一，就是抵制此類走私活動。

　　對於旨在實現這些目標的工合運動，廣東省政府給予了強而有力的支持。省主席李漢魂的夫人也給予支持，廣東省銀行則積極提供貸款。藉助這些支持，東南區辦事處在和平、南雄、梅縣、曲江等開設了事務所，並在龍川設指導站。各事務所分管下的工合社概況如下。

　　第一，和平事務所（1939年秋成立）。該事務所1940年1月至6月的主要工作有二，即擴大工作範圍、增加新社，和鞏固工合運動基礎、整頓既有工合社。該時期的工合社有25社，社員190人，利用放款1萬6,800餘元。7月後進入發展期，11月社數及社員數分別增至40社、445人，利用貸款也增至9萬2,600餘元。[54]事務所於是計劃進行內部整頓、加強教育，並組織聯合供銷處、聯合社。據《香港大公報》1941年5月25日報導，該時期工合社已達50社，其中化學工合社最多，有25社；其他依

[51]　《香港大公報》，1940年5月13日。
[52]　《香港大公報》，1939年11月29日。
[53]　前引張法祖著《工合與抗戰》，第72頁。
[54]　前引上海日本大使館特別調查班譯《三年來支那工合運動的發展》，第95頁。

次為土木石（製磚、木材、石灰等）13社、食品（榨油等）6社、冶金3社、服裝（裁縫、布鞋）2社、印刷1社。[55]

　　第二，南雄事務所。南雄位於韶關、贛縣之間，建有機場，往來商人也逐日增多。組織工合社的工作就是在這種背景下，自1940年6月開始的。所成立的工合社有：造紙、煉硝、製磚、石灰、木炭等12社，榨油、舂米、麵粉、捲煙等7社，裁縫1社，雨具等2社。放款總額24萬元，月產值20餘萬元。經營狀況各社不同，每月營利10元至6、7百元不等，但大體良好。其中，造紙和捲煙成績優異。造紙工合社有5社，利用原料豐富的條件，產品的質與量都不斷提升。比如，改良紙張幅寬，使其與新聞紙同；將從前的一令195張改作200張，並注意不混入破損紙張，等。產品供應曲江、衡陽、桂林的印刷廠，從而抑制了購買西洋紙的浪費。該事務所還運用香港工合促進社的援助款1萬元開辦造紙訓練班，以傳播科學造紙知識。煙草是南雄的主要作物，1936年的統計顯示出口獲利達1,000萬元。工合社注意到英美煙草公司的捲煙每盒1元，而當地產捲煙僅售1角5分，於是利用價格差距進行競爭，同時改良捲煙舊法，以提供品質、擴大銷路。[56]

　　第三，梅縣事務所（1939年8月成立）。梅縣是廣東省東部交通、商業的中心，但因「山多田少」，遠赴海外的華僑為數甚多。廣州失陷後，許多人從該省各地前來避難，也為當地帶來了資本。梅縣事務所直接指導成立了工合社17社，擁有社員130人、預備社員40餘人，共貸款4萬5,400元。其產品涉及機器、玻璃、印刷、造紙、鍍鋅鐵板、製磚、煤炭、石灰、縫紉、紡織、食品、麵粉等。另暫定以3萬元經費組織「難民組訓團」（難民130人），並期待由此催生更多工合社。[57]

　　事務所進行了如下工作。①潮州、汕頭失陷前曾組織運輸工合社，搶救出許多機器；後來充實該社力量，以使其發揮聯結生產工合社和消費工合社的作用。②潮汕一帶以抽紗聞名，抽紗工藝是出口換匯的重要品目。戰事告急後，該行業的許多工人避禍梅縣。事務所於是將這些工人組織起來，成立了規模較大的「抽紗工合社」，

---

[55]　潘競之〈廣東工合近況〉，《香港大公報》，1941年5月25日。另，工合社總數，原史料作「49社」，但經重新計算，實為50社。

[56]　前引潘競之〈廣東工合近況〉。前引上海日本大使館特別調查班譯《三年來支那工合運動的發展》，第83頁。

[57]　同前。

並將其產品送到香港展銷。③紡織工合社曾計劃以土紗、麻線替代機紗。④毗鄰的五華、興寧二縣冶金工人眾多，事務所於是將他們召集起來，在工合工程師指導下從事採礦。⑤對製糖業進行技術指導和資金支持。⑥梅縣多牛，但製革業者僅有三家，技術也落後。事務所於是決定生產和銷售「柔軟細級」的皮革。[58]可見，梅縣事務所試圖將技術指導和華僑的資金援助結合起來，以推動工合運動的發展。

　　第四，曲江事務所（1939年成立）。該事務所主任是教育股長寶祥兼（接任者是畢平非）。曲江原有不少生產消費品的工廠及商店，經濟比較發達。七七事變後，沿海人口大量流入，當地人口陡增至30萬人。在這種情況下，曲江事務所對來自戰區的技術工人、難民、傷殘軍人、失業工人給予援助，機器則設法搶救，有生產技能的人員、有製造能力的機器則登記造冊，經審查後放給資金，支持其成立工合社。[59]如此成立的工合社有10社，涉及機器、印刷、樟腦、縫紉、肥皂、食品、麵粉各業。其中，①1939年8月成立的機器工合社規模最大，資本5萬1,500元（其中4元8,000元是來自巴達維亞華僑的捐款），為從廣州來此地避難的機器工人自發組織。社員有17人，另有預備社員3人、雇工4人、見習工27人，計51人。業務是修理衡陽、贛州等的汽車，以及零件組裝等。1941年3月的業務成果空前，現金交易1萬2,000元、信用交易逾3萬元。發行股票總額2,550元，社員有未付股款者，則每月從其工資中扣除5元。[60]工程師黃子民在技術、組織兩方面竭盡全力，曾根據東南區的工合運動發展計劃謀求擴大生產能力，還依據培黎學校辦法開辦夜校，以進行技術培訓等。②印刷工合社成立於1939年1月，資本總額1萬3,000元；共有28名成員，其中社員18人、預備社員及雇工10人；所使用印刷機，1940年3月增購1部後達到3部；業務狀況良好，至同年底獲利7,126元，全部用於增購設備。[61]③樟腦（即「賽璐璐」，是無煙火藥的原料，也用作防蟲劑、醫藥品）工合社成立於1939年冬，初始

[58]　張法祖〈工合運動在嶺東〉，《香港大公報》，1941年8月4日。

[59]　《香港大公報》，1939年12月21日。

[60]　前引潘競之〈廣東工合近況〉。前引上海日本大使館特別調查班譯《三年來支那工合運動的發展》，第91-93頁。另，《三年來中國工合運動的發展》所示史料兩件，其機器工合社、樟腦工合社的成立年月日等不同。但曲江的合作社不多，可通過其所從事行業加以判斷和確定，而且其資本金總額幾乎相同，故本書著者判斷或指同一工合社。

[61]　同前。

資金1萬4,550元，開辦後接受短期放款6,000元。社員9人、預備社員和雇工各5人，計19人。股金3,000元全數交訖。其產品行銷華南各省，1940年度盈餘1,300元。[62]事務所基於上述成績和反省進行改革，認為曲江的工合社大都設於城內，危險較大，且許多社員是來自各地的難民，語言不通；此外，各社內部也比較複雜，故而將工合社遷至較安全的郊外即農村，結果有不少農民也加入了工合社。

　　第五，粵南事務所是為救濟高州、雷州一帶的難民、發展該地工合運動而成立的。當時，該地有來自海南島的難民約4,000人、來自欽州及廉州等的難民約2,000人和回國華僑約800人；為解決難民生活問題，省賑濟會在慈善機關協助下開展臨時救濟，同時開辦了兩家工廠。赤坎工廠收容難民30餘人，製造牙刷、電池、肥皂；西營工廠收容70餘人，製造草席、牙刷。如何讓難民生活自立並將其勞動力用於生產，已是重要的社會問題。在這種背景下，事務所決定在1940年度發展造紙、製革、麻紡織三個行業，首先組織模範工合社，以喚起社會關注。隨後又發展了一些工合社。其中，①組織來自合浦的7名技術工人成立了木器工合社；②組織來自海南島的9名難民成立了婦女裁縫工合社。裁縫工合社的社員全都識字，其中有中學生數名。但高雷一帶文化閉塞，婦女的教育水平一般較低，要組織她們成立工合社，需進行各種訓練。於是，事務所開辦了婦女訓練班，以訓練抽紗、刺繡、裁縫等技術，還教給她們商業常識、急救、合作法、音樂、時事及婦女問題等。由於不少人受家庭及封建思想束縛而不能參加工合社，或參加後即退出，事務所又開辦了托兒所、幼稚園各一所。[63]

　　就全省來看，廣東省銀行在1941年度向工合社放款200萬元，始興、樂昌、德慶等地都成立了事務所，工合事務所因此達到18處。[64]1942年1月，在日軍轟炸三

---

[62]　同前。

[63]　〈南路「工合」事業〉，《香港大公報》，1940年6月25日。

[64]　前引艾黎〈現階段之工合〉。另，廣東省政府也非常重視農業，如曾用省務會議的2萬元組織四個農村調查團，就農村經濟、新縣制實施狀況、社會事業等進行廣泛調查；省建設廳則從四家國有銀行和省銀行分別籌借400萬元和200萬元，向臺山、新會、曲江等放款20多萬元（《香港大公報》，1941年9月1日），用於普及優良稻種、開墾荒地、興修水利、擴大冬耕、防治蟲害等，以增產糧食（《香港大公報》，1941年10月1日）。關於合作事業，1939年度《省合作法案》規定於建設廳第三科設合作股，以之掌管全省合作事業；招聘專門人才辦理文書、調查、登記等，並任命合作視察員巡視各縣。還組織戰時合作工作團，以普及合作事業，並試圖在此基礎上積極發展工合運動（《香港大公報》，1939年10月29日）。通過這些措施，1939年尚

天後，營業網絡覆蓋江西、福建、廣東三省的區供銷業務代營處在贛縣開始營業，為解決太平洋戰爭爆發後物價上漲和合作社缺乏原料的問題，從浙江、安徽採購機紗、土紗、顏料、皮革等。例如，該代營處曾以1萬2,000元購進市價1萬5,000元的機紗供給江西各工合社，以市價三分之一的價格採購鹿皮供應曲江的靴鞋合作社，還應第四行政區強民工廠、兵站統監部消費合作社的委託，採購了15萬元的棉紗等；銷售方面，曾接到江西郵政管理局訂購麻袋1,000條（價1萬6,000元）、鎢礦管理局訂購麻袋10,000條（價7萬元）、軍醫署訂購藥棉1萬磅（價4萬元）等，分別委託「榮譽軍人」的麻袋製造工合社、藥棉工合社生產。可知，太平洋戰爭爆發後，工合社仍繼續發揮其重要作用。各銀行也以信貸方式對工合代營處提供支持，如中國銀行曾向其貸款10萬元（抵押貸款）、中國農民銀行放款200萬元（抵押貸款）、廣東省銀行放款50萬元（透支），裕民銀行也曾提供信貸支持。[65]據《東南工合通訊版》（1943年4月）報導，區代營處的主要業務如下。①倉庫：最初僅設於贛縣，後又在新口、曲江、長汀設置倉庫，保管貨物收費低廉，且對工合社貨物降低收費。②保險：代各工合社辦理各項保險手續。③通關：辦理各工合社原料採購及運輸手續。④代辦：調查各地原料、產品、價格等。⑤運輸：即水路運輸。[66]除上述代營處外，1942年6月又有贛縣工合社聯合社成立。

三、中國國民黨對東南區工合運動的阻撓和統制

　　艾黎在回答本書著者採訪時回憶說，「我們的目的在於幫助解放區。……在江西設事務所，就可以幫助新四軍」；我們認為「先設西南辦事處，先把辦事處設在湖南、廣西、貴州、雲南，然後開到東南的江西、廣東、福建，最後開到浙江、安徽」，就可以迴避重慶國民政府的反對。[67]實際上，這種設想在某種程度上得到實

　　僅有725社的一般合作社迅速增加，1940年增至1,913社、1941年再增至6,339社、1942年為8,694社、1943年則多達10,713社（合作事業協會編《抗戰以來之合作運動》，1946年，第16頁）。

[65]　王作田〈東南工合的大動脈〉，《東南工合》，新1卷第1期，1942年3月。

[66]　〈代營處近訊〉，《東南工合通訊版》，第2卷第1‧2期，1943年4月。

[67]　拙稿〈中國工業合作社について——レウィ‧アレー、盧広綿両氏に聞く——〉，《アジア經濟（亞洲經濟）》，第21卷第5號，1980年5月。

現。如前所述，江西省瑞金、雩都、寧都、興國及福建省長汀等都有工合協會的事務所，而這些地區原來都是江西蘇區的統治範圍。被俘的原紅軍戰士在遂川監獄響應工合運動而組織了工合社，瑞金的原紅軍軍人家屬也成立了製鞋工合社為新四軍服務。工合協會還買下原蘇區造幣局的全套印刷設備，並在雩都組織原造幣局工人成立了印刷工合社。此外，利用從寧波搶救來的機器成立的福建省崇安的機器工合社，也為新四軍製造和修理武器。[68]艾黎等對中共也給予積極支持，雖以抗日民族統一戰線已然形成為背景，但仍必然招致國民黨的彈壓。曾對工合運動持支持態度的蔣經國，也應藍衣社的要求開始採取壓制措施。例如，在艾黎離開贛縣時，贛縣事務所的18名幹部在蔣經國授意下被逮捕，並被關進監獄，[69]而被派進工合社的特務則對工合社進行阻撓，甚至逮捕、殺害其領導人。曾支持工合運動的江西省主席熊式輝也指責工合運動是「共產黨的戰線」，並阻撓西華山礦工成立工合社。[70]

　　經濟方面，根據1940年7月的國民黨七中全會決定，十七省成立了省營公司，至此，各省實行工業統制的方針已經明確。①江西興業公司。該公司經1940年12月省務會議議決，於1942年正式成立。資本金共3,000萬元，其中重慶國民政府出資200萬元、省政府出資1,300萬元、四家國有銀行出資1,500萬元；省財政廳長文群出任董事長。該公司對贛縣電廠、吉安電廠、贛縣酒精廠、贛縣糖廠、吉安紡織廠等15家工廠進行整頓、合併，後來擁有40至50家工廠，至1944年日軍侵佔江西省西部、南部，其業務發展一直順利。[71]②福建省企業特種股份公司。控制該公司的是政學系人物陳儀，成立於1940年9月，資本金1,500萬元，董事長是徐學禹，董事為嚴家淦、丘漢平等。該公司控制了省建設廳所辦鐵工廠、造紙廠、酒精廠、紡織廠等14家工廠，後來增加15家工廠，並有意視需要進一步合併縣工廠。作為福建省營工業的唯一代表，該公司除支配該省的工業公司、運輸公司外，還控制了省內流通

[68] 前引鹿地亘著《砂漠の聖者——中国の未来に賭けたアレーの生涯》，第58-60頁。

[69] 在工合運動遭到國民黨鎮壓時期，王毓麟也被到逮捕。中國工業合作協會〈路易・艾黎與工合〉，《人民日報》，1984年1月22日。

[70] 前引鹿地亘著《砂漠の聖者——中国の未来に賭けたアレーの生涯》，第60-61頁。前引拙稿〈中国工業合作社について——レウィ・アレー、盧広綿両氏に聞く——〉。前引拙稿〈中国工業合作指導者からの書簡について〉。

[71] 陳真編《中國近代工業史資料》，第3輯，下卷，三聯書店，1961年，第1341-1342頁，等。

系統。1943年合併省貿易公司等後，資本金增至5,000萬元。[72]③廣東企業公司（後改稱「實業股份公司」）。該公司1941年10月成立於曲江，資本金4,000萬元，省政府派鄭豐為任董事長，下設總務、營業、工業、礦業、運輸計五處，制訂了統一生產、統一運輸的計劃，開始統一管理生產機構的建設和管理、物資的運輸和銷售。只不過，廣東省並未實現對工業的一元化統制，而是存在兩個系列，即該公司轄下的粵新建築材料廠、粵明化工廠、粵華交通器材廠、粵昌機器廠等8家工廠，另有建設廳轄下的電池廠、肥皂廠、酒精廠、紡織廠、肥料廠等13家工廠。[73]總之，如上所述，省營公司不僅從事生產事業，對商業、運輸也擁有影響，在原料、市場、價格方面形成了統制和壟斷。而這卻使此前曾十分活躍的工合社陷入了原料短缺、資金不足、銷售管道和市場萎縮的困境，遭到了沉重打擊。

在這種形勢下，王毓麟在1941年7月的國際合作節發表感想說，國際合作的目的是擁護世界和平，……為取得最終勝利，必須具有充分的經濟戰鬥力，以支持長期抗戰；而工合運動的目的恰在於此。王並引用蔣介石的論述——沒有工業，就不能抗戰，就不能成為自由自主的國家；如欲支持長期抗戰、建立戰後經濟的基礎，就必須在戰時建立新工業——強調說，工合運動的使命是，向抗戰建國邁進，為抗戰勝利和建設、完成三民主義新國家而努力奮鬥。[74]王毓麟雖然引用了蔣介石的話，但其所強調的卻是，工合運動並不違背國民黨的路線，能夠在工業建設方面為抗戰和建設三民主義新國家發揮重要作用。

當然，第三勢力等對工合運動的支援並未中斷。例如，1941年11月，為紀念工合運動三周年，保衛中國同盟和工合國際委員會在香港共同舉辦了為期三周的嘉年華會[75]商品展覽會。出席該嘉年華會的有宋慶齡、何香凝、柳亞子、孫科、陳翰笙、周壽臣、鄭鐵如等。展品有工合社產品及反侵略資料等，展品主要來自東南

---

[72] 前引陳真編《中國近代工業史資料》，第3輯，下卷，第1212-1213、1315、1318頁。

[73] 前引陳真編《中國近代工業史資料》，第3輯，下卷，第1188頁。《香港大公報》，1941年9月22日。

[74] 王毓麟〈紀念國際合作節的感想〉（1941年7月5日），《東南工合——國際合作節特刊——》，1941年9月。

[75] 嘉年華會在菲律賓、美國每年舉辦一次，影響很大。會場設置各種遊藝設施，以招攬遊客、展示和銷售工業產品。香港在1920年代初舉辦過一次，1941年再度舉辦，純為支援工合運動。

區，有棉織物、麻織物、絲織物、毛織物、機電、化學、出版物等100餘種。重工業品，因實物無法搬運，以模型代之。據稱，香港各學校辦理的某「工合社」也展出了粗布、毛巾，時代書店、大公書局、《華商報》出版部等十家書商聯合發售了新書。這些收入全部轉交工合協會，用於發展後方的工合事業。[76]

　　不過，從全國來看，重慶國民政府為實現工業中央集權，正在不斷加強對工業生產的統制。1943年4月，經濟部和教育部召開工業建設計劃會議，參會者為工礦業負責人、各機關專職人員、各大學工學院長、各工業學校校長。蔣介石在會上講話稱，中國如果沒有工業，就無法立國，……今後必須重視工業和政治的聯繫；還說，一方面要發展國營工業，另一方面要扶助民營工業，在全體計劃中分別並進。[77]蔣在此明確而全面地提出，要依據整體計劃，透過政治權力對工業實施統制管理。

　　在這種形勢下，工合協會第二次全體理事年會在1943年10月召開。參會者據稱有來自國內外的4,000餘人，其中除理事長孔祥熙和吳鐵城、馮玉祥、朱家驊、谷正綱、許正英、蔣廷黻、俞鴻鈞、壽勉成等理事，還有美國國務院委派的合作社專家「雷蒙」、美國聯合援華會的「阿德洛夫」等。[78]值得關注的是，壽勉成等CC系人物已進入工合協會理事會。[79]CC系一直是在全國彈壓工合運動的急先鋒，對工合運動的民主傾向持敵對態度；其行動儘管遭遇失敗，但卻已將工合運動置於CC系控制的合作事業管理局支配之下，並反覆嘗試對其強化統制等。CC系進入理事會一事顯示，他們已經握有影響工合運動的更強的政治力量。這至少間接證明成立之初民主派曾占主導地位的工合協會的性質已經改變，已被置於更強的統制管理之下。

　　這次年會上宣讀的蔣介石的特別訓辭和孔祥熙提出的「工合大改革」方案明確

---

[76] 鄭燦輝、季鴻升、吳景平著《宋慶齡與抗日救亡運動》，福建人民出版社，1986年10月，第213-215頁。阮維陽〈嘉年華會商品展覽會之旨趣〉、〈嘉年華會國產品〉(1)，《香港大公報》，1941年11月11日。

[77] 〈工業建設計劃會議、蔣委員長重大訓示〉、〈社說〉，《中央日報》，1943年4月29日

[78] 《中央日報》，1943年10月14日。阿德洛夫在理事年會上表示，美國聯合援華會將對工合運動提供特別捐助。

[79] 另據〈國民黨二中全會所選國大代表一四九名成份統計表〉(《文革》，第1卷第29期，1946年5月)等判斷，谷正綱、壽勉成屬CC系，吳鐵城、俞鴻鈞為政學系，馮玉祥為民主派，而朱家驊則自成「朱家驊派」，蔣廷黻或亦屬CC系。

表示，要①整頓不必要的工合社，以棉紡織、皮革等為新「東南區」的核心工業；②精簡工合機構，提高其工作效率，將西南、東南、浙皖三區合併為新東南區；③實現農村工業化。由此可見國民政府的如下企圖，即，戰後建設構想逐漸明確，將把工合運動完全按照國家政策加以改組；對工合運動，主要從節制資本的角度加以利用；讓工合運動僅承擔促進輕工業、農村工業化的作用。[80]後來，全國的工合運動因縮小區指導機構、削減工合社計劃而受到打擊。至於東南區，其轄區原本五省、後來三省已嫌過大、無力溝通，此次改革則進一步擴大為江西、福建、廣東、浙江、安徽、湖南、廣西七省，而這必定更加削弱區辦事處、事務所間的聯繫。這些因素加快了該地工合運動的衰落。

1944年3月，工合協會在重慶再開年會，要求重慶國民政府放寬對各種原料的統制、免除所有捐稅、增發資金等。但是，儘管通貨膨脹已達極限，國民政府為全國工合運動提供的援助卻只有區區4,000萬元，[81]根本不足以、顯然也無意制止運動的衰落。孔祥熙在年會上再度強調政府和工合協會的分工，稱工合協會的作用在於扶植輕工業、提倡家庭手工業，以增加生產、穩定社會。[82]該時期，新東南區七省有工合社514社，其核心行業是紡織、造紙，另兼對「榮譽軍人」提供製鞋等技能訓練。[83]

為應對這種衰退局面，1944年7月，贛縣工合社聯合社（成員社26社、股金21萬6,100元，事務所主任兼任經理）提出「業務擴充計劃」，試圖按照區域「自給自足」的原則推動如下工作和業務。即，嚴格核算各工合社的成本；檢查產品規格；研究生產流程；確定標準價格，低於市價定價、定期修改、不隨行就市；統一採購原料，即季節性原料大批量採購、距離稍遠也儘量從產地採購；統一銷售各社產品，即各社小賣部一律停辦、按市場需求統一供應、加強與各地聯合社的聯繫、派專人開發新市場並在鄰近各縣設供銷處；開辦聯合社附屬工廠，以整合和大量生產毛筆和墨汁、牙刷和牙粉等相互關聯的產品，需要時則以之為基礎組織工合社；擴充運輸力量，要求區辦事處提供汽車1部、自造帆船2艘，以利原料採購和產品運

---

[80]　請參閱本書第一章。

[81]　《中央日報》，1944年3月25日。

[82]　同前。

[83]　同前。

銷。[84]該計劃的目的是,縣工合社聯合社(經理由事務所主任兼任)接辦事務所的
實踐性項目,並接手與代營處重疊的所有業務,強化權限,以激發工合社的活力,
最終擺脫困境。

就這樣,江西、福建、廣東三省的工合運動,在整頓和削減機構、強化聯合社
功能等摸索、嘗試中走向了衰退。尤其重大的打擊來自日軍在1944年4月至12月實
施的「大陸打通作戰」。因湖南、廣西和江西西部、南部遭遇日軍直接攻擊,許多
工合社無法生存。加之,日軍自1945年1月中旬至2月向粵漢鐵路南段和贛南一帶、
廣東省北部展開攻勢,曲江、南雄、大庾、贛縣、雩都等合作社較為集中的地區相
繼失陷。贛南事務所、各工合社在贛縣失陷前即開始準備避難,但交通工具被政府
和軍事當局嚴格管制,所雇2輛汽車和14艘民船也被扣押,直至21日才用一輛汽車
滿載物品退至長汀。該地其他工合社退躲到會昌或贛縣鄉村,南雄的工合社避至該
地鄉下,曲江的工合社則撤至連縣。重機器、原料等未能運出。不過,如贛縣的機
器工合社,雖不得不放棄機器零件、鑄鐵、燃料等,但最重要的龍門刨床、車床、
鑽床、銑床、發動機等都被搶救出來。據說,該社社員從80餘人減至40餘人,但仍
計劃配合軍事工作在長汀重開生產。暫時避到安全地區的工合社將獲得資金重新開
工,但退至鄉村的工合社只得暫時停業。區辦事處成立了工合信託處,為失業社員
等安排農產品加工、運輸等工作,為此向工合協會申請第一期預算500萬元。[85]但工
合協會也已陷入極度財政困難,或應無從撥發此款。就這樣,1945年底,劫後餘生
的工合社,全國共有336社、東南區有73社。[86]值得注意的是,國共內戰期間工合社
再趨發展,就是以這些工合社為基礎的。

[84] 趙景三〈贛縣工合聯合社擴展業務計劃〉,《工業合作半月通訊》,第4期,1944年9月25日。

[85] 前引陳翰笙《工合——中國合作社史話》。前引陳真編《中國近代工業史資料》,第3輯,
下卷,第1188頁。陳志昆〈敵寇入侵贛南粵北後共南區工合應變經過〉,《工業合作寒月通
訊》,第11、12期合刊,1945年5月5日。

[86] 拙稿〈中国工業合作運動の起源と現代的意義——ニム・ウエールズ女士からの書簡を中心に
——〉,《中国近現代史論集——菊池貴晴先生追悼論集》,汲古書院,1985年。本書本章表
7-6。

結語

第一，東南區1938年12月至1945年12月的工合社統計如表7-6。辦事處在1938年10月成立後，年內組織工合社僅3社，但至翌年5月即有66社，6月增至80社，12月猛增至296社，1940年6月達到299社。1940年8月，浙江、安徽兩省的工合組織分離，單獨成立浙皖區辦事處，主要在游擊區開展運動。但餘下三省的東南區發展勢頭依然迅猛，其工合社數、社員人數至同年12月迎來高峰，分別達481社、5,674人；其後雖有所減少，但1942年7月仍維持433社，在全國七區中列首位。數據的變化表明，1942年1月「皖南事變」後，由於CC系對工合運動加強了鎮壓，國民政府也強化了對工業的統制管理，工合運動在全國走向衰退。但東南區雖未能倖免，所受影響卻相對較小。當然，如前所述，東南區還受到藍衣社等的阻撓和鎮壓，省營企業公司應該也對合作社形成了擠壓。但在東南區，不少工合社從事機器、化學、採金等業，因其地位極其重要，不能輕易加以阻撓和鎮壓。換言之，遭遇嚴厲鎮壓的，或僅限於事務所幹部和與新四軍關係密切的工合社。但是，1943年4月的工業建設計劃會議、同年10月的工合協會第二次全體理事年會召開以後，透過政治權力強化統制管理、整頓和清理工合社的趨勢日趨明顯。同年11月，工合社數驟減至281社，社員人數也比1942年7月減少1,173人。

表7-6　東南區工合社統計（1938.12-1945.12）

年月	事務所數	社數（A）	社員數（B）	平均社員數（B/A）	資本額（元）	社股（元）	借入款等（元）	放款總額（元）	月產值（元）	備考
1938.12[a]		3	80	26.7						東南區：江西、福建、廣東、浙江、安徽五省

年月	事務所數	社數（A）	社員數（B）	平均社員數（B/A）	資本額（元）	社股（元）	借入款等（元）	放款總額（元）	月產值（元）	備考
1939.5[b]		66	944	14.3				104,260		江西省數據（東南區當初僅在江西省開展運動）
6[c]		80	1,106	13.8	13.757		120,849		39,930	
7[d]		132	1,967	14.9				172,799	319,451	
9[e]	16	236	2,783	11.8						工作人員100人、合作指導員32人、技術指導員23人、會計財務人員10人
12[a]		296	3,667	12.4						
1940.6[f]	20	299	3,690	12.3						事務所外有指導社3
1940.[b]		338	4,000	11.8					219,301	東南區：江西、福建、廣東三省。浙江和安徽於1940年8月獨立成立浙皖區，此後之統計為三省合計
年底[g]	28	700餘	8,000餘	11.4						
12[a]		481	5,674	11.8						
1941.6[a]		428	4,890	11.4						

年月	事務所數	社數（A）	社員數（B）	平均社員數（B/A）	資本額（元）	社股（元）	借入款等（元）	放款總額（元）	月產值（元）	備考
12[a]		424	4,632	10.9						
1941.[b]		469	5,000 以上	10.7			2,000,000		1,000,000 以上	
1942. 7[i]		433	5,395	12.5		572,963	3,519,715			* 社員外，雇工1,081人、學徒286人。** 「借入款等」含工合協會3,238,254元、銀行5,240,740元、其他304,000元
1943.11[j]		281	4,222*	15.0			8,782,994**			
1944. 3[k]		514								新東南區：江西、福建、廣東、浙江、安徽、湖南、廣西。此後之統計為三省合計
1945. 6[a]		453	6,668	14.7						
年底[l]		118				20,333			4,633,213	工合社18社外，尚有聯社11社
12[a]		73	1,006	13.8						

※a. Douglas R.Reynolds, The Chinese Industrial Movement and the Political Polarization of Wartime China, 1975, pp.451-453. b.謝君哲〈我國合作事業的演進〉(2)，《香港大公報》，1941年8月24日（謝君哲編著《經濟的新堡壘——介紹中國工業合作社》，生活書店，1940年1月，第20頁）。c.〈中國之合作運動——

戰前與戰後〉（上），錢承緒主編《經濟研究》，第2卷第9期，1941年5月。d. Nym Wales, *CHINA BULDS FOR DEMOCRACY: A Story of Cooperative Industry*, New York, 1941, p.97.（東亞研究所譯《中國民主主義建設（支那民主主義建設）》，東亞研究所，1942年12月，第139頁）；〈中國戰時的工業建設〉，沈雷春、陳禾章著《中國戰時經濟建設》，1940年12月，第51頁。e. 刈屋久太郎譯編《中國工業合作社運動（支那工業合作社運動）》，畝傍書房，1941年11月，第301、315頁。f. 時事問題研究會編《抗戰中的中國經濟》，抗戰書店，1940年，第208頁。g.丁利剛〈論中國工業合作社運動〉，中國人民大學《中國現代史》（複印報刊資料），1983年，第2期。h. 張法祖〈工合發軔〉（1941年11月），日譯本：上海日本大使館特別調查班譯《三年來中國工合運動的發展（三年來支那工合運動的發展）》，1942年12月，第75頁。i. 日本生產合作社協會編《民族重建──中国工业合作社史──（民族的再建──中國工業合作社史──）》，工業新聞社出版局，1946年10月，第49頁。j. 彭澤益編《中國近代手工業史資料》，第4卷，三聯書店，1957年，第381、386頁。k.《中央日報》，1944年3月25日。l. 汪熙、楊小佛主編《陳翰笙文集》，復旦大學出版社，1985年5月，第202頁。另，1943年重劃轄區，新「東南區」轄江西、福建、廣東、浙江、安徽、湖南、廣西七省。即1944、1945年的數據為七省合計。

　　第二，東南區工合運動接受華僑等的援助較其他區為多。而且，在政治方面，運動在初期曾得到蔣經國等人的支持，以配合《新贛南建設三年計劃》的形式得到發展。東南區本來工業較為發達，有條件運用從廣州、寧波、福州等搶運出來的機器組織機器工合社及機械化工合社。由圖7-1可知，面對日本的軍事侵略從沿海步步逼近，在廣東省有梅縣、和平、曲江、德慶、茂名，在福建省則有福州、南平、永安、長汀、永定形成了正面抵抗的工業基礎，而江西省南部贛縣等地的工合社則是支撐該基礎的堅強後盾。只不過，在東南區，社員窮困、甚至無力繳納工合社股金者占比較高，預備社員、見習工、雇工也多於其他區。

　　第三，抗戰前，江西、廣東、福建三省已經存在合作社，有開展工合運動的基礎。如本書第二章所述，江西省在抗戰前已有部分織布、糖業、榨油等工業生產合作社。福建省對合作運動也很積極，曾於1928年向江蘇省合作指導員養成所派遣人員接受訓練等。但福建省正式開展合作事業始於1934年，1935年9月成立農村合作委員會，翌年全省分作七個視導區（一、二區僅有視導員1人）以作推進。[87]隨著合作行政機構逐漸建立，合作社迅速增加，1934年有14社，翌年即增至312社，1936年再增至1946社。[88]儘管合作社所從事行業不詳，但從其重視農村合作社推斷，似主要是活躍農村金融的信用合作社，工業生產合作社應占極少數。再看廣東省。該省很可能早在1921年就由無政府團體成立了廣州工人合助社合作工廠。[89]廣東省合

---

[87]　陳松岩編著《中華合作事業發展史》（上），臺灣商務印書館，1983年，第280-281頁。

[88]　賴建誠著《近代中國的合作經濟運動──社會經濟史的分析》，正中書局，1990年，第98頁。

[89]　拙稿《中国初期合作社史論》之表5，狹間直樹編《中国国民革命の研究》，京都大學人文科

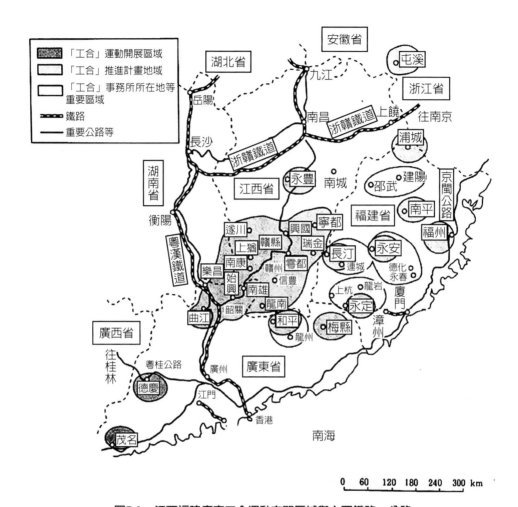

圖7-1 江西福建廣東工合運動有關區域與主要鐵路、公路

※以《中國地圖集》（香港：新興出版公司，1996年）為基礎，參照中國抗日戰爭史學會等編《中國抗日戰爭
　史地圖集》（中國地圖出版社，1995年）第115-116頁、滿鐵調查部《支那抗戰力調查報告》（三一書房，
　1970年復刻版）第236-249頁及本書本章相關內容，並經綜合考察後繪製。

作事業委員會制訂的《（民）二三、二四年度工作計劃大綱》規定，第一年度開展
農村合作事業，第二年開展消費、生產、信用等合作事業，期三年內完成。值得關
注的是，該大綱之「城市建設」一項十分重視市民合作事業，特別是工人生產合作

社。1935年10月，廣東省有合作社194社，含籌設者在內，共有532社。其中信用、生產、消費各類合作社分別占28%、27%、20%；或因重視城市的緣故，信用合作社並不突出，各類合作社比較平衡，此點不同於他省。各地合作社數依次為，番禺57社、順德35社、茂名32社、汕頭25社；但梅縣只有10社，南雄只有1社，和平和曲江則尚不存在合作社。生產合作社及信用消費兼營合作社主要從事畜牧、養蠶、橡膠園、甘蔗、養蜂、養魚等農業生產，但也有3社生產服裝，從事絲織和靴鞋製造、石灰、採金的也各有1社。[90]由上述可知，廣東省是合作社先進省，不僅農業，工業的生產合作社也有一定基礎。不過，抗戰開始後，合作社先進地區即廣州附近的番禺、順德及汕頭因日本侵略而遭受毀滅性打擊，除茂名外，省內形勢嚴峻，不得不轉移到合作社基礎相對薄弱的梅縣、南雄和尚無基礎的和平、曲江發展工合運動。當然，抗戰前合作事業的人才、經驗被繼承了下來。

第四，東南區的工合運動和國家資本的關係。分析國家資本有兩個指標。其一，國家資本是否曾摸索如何克服後進性以實現經濟獨立；其二，國家資本是否形成了現在中國社會主義的物質基礎。由此觀點來看，在克服後進性方面，工合運動進行了組織的近代化、合理化、民主化，並努力改善勞動條件，還對造紙等許多技術進行了改良。經濟獨立方面，工合運動試圖透過在各地建立自給自足的體制而實現中國經濟自立。而且，福建、廣東的幾個工合社在後來的社會主義體制下發展成為大型工廠，比如有2,000名工人的五噸卡車製造廠、有3,000名工人的空壓機製造廠都是從合作社發展而來的，據說這些工廠現在仍展示著抗戰時期工合社的機器。[91]亦即，工合運動透過兩種形態——許多工合社融入了中華人民共和國成立後的手工業合作運動、部分工合社發展成為大型工廠——在一定程度上為後來的中華人民共和國奠定了物質基礎。

（袁廣泉　譯）

---

[90]　秦孝儀主編《革命文獻：合作運動（四）》，第87輯，1981年，第22、93、97-99、110-112頁，等。

[91]　前引拙稿《中國初期合作社史論》。

雲南區的工業合作運動
——與彝族軍閥龍雲的關係

前言

　　七七事變爆發後，當務之急是要加強西南、西北的經濟建設以支撐持久抗戰。其中，雲南省與四川省一樣被視為相對安全的大後方，因而成為西南建設的核心，除遷入和新建大型工廠外，金融、電力、公路等網絡都得到充實或擴建，還新建了當時中國僅有的兩個飛機製造廠。在這種形勢下成立的工合協會雲南區辦事處肩負的使命是，為填補大型工廠遺留的產業空白而組織和發展眾多工合社，以鞏固抗戰經濟的基礎。工合協會分全國為五區，各區分轄數省；但出於對雲南省的重視而在該省獨設一區。不過，當初雲南省優先建設大型工廠，工合運動的作用似並未受到重視，加之運動方針未定，發展並不理想。值得關注的是彝族雲南軍閥龍雲的態度及其對工合運動的影響。龍雲為抵制蔣介石強制推行的中央集權，儘管對省外採取反共態度，省內則實行開明路線，擁護民主派，與中國共產黨也有接觸。在這種政策下，與西南聯合大學（1938年4月）、中國民主同盟雲南支部（1944年10月）的民主活動一樣，工合運動的經濟民主活動也得到了保障。[1]就這樣，工合運動透過以民主方式組織當地手工業者、出征軍人家屬等而走上軌道，在積極開展教育、技術指導、生活改善等活動的同時，還改革流通機構，對遷入廠等的生產力形成了實質性的補充，增強了抗戰力量。本章將討論雲南工合運動的實際狀態和特點，及其在全國五區中的地位等。

---

[1]　民主同盟雲南支部被稱為最具民主性，故在思想、運動方面應與工合協會存在密切關係；但因史料限制，難以確認。國共內戰時期，重慶、廣西的工合組織曾與民主同盟共同呼籲「反內戰、反飢餓」，相互配合。請參閱拙稿〈中国工業合作運動指導者からの書簡について〉（大阪教育大學歷史學研究室編《歷史研究》，第23號，1985年9月）所收之「秦柳方氏との対談」。

一、雲南區工合辦事處的成立及其背景

　　為配合戰時工業生產，工合協會雲南區辦事處於1939年2月成立。在五區辦事處中，雲南區辦事處成立最晚。這或許是因為該省為反對中央政府的雲南軍閥龍雲所掌握，管轄工合協會的行政院不得不謹慎行事；而以民主派為核心的工合協會領導人，也對曾在七七事變前實行反共政策、彈壓民主運動的龍雲的真實態度心存疑慮。[2]不過，七七事變爆發後，龍雲已改變路線，雖為抵制蔣介石推行的中央集權、爭取省內支持而鼓吹以「滇人治滇」為宗旨的地方自治，但也擁護西南聯合大學的民主路線，與中共加強接觸，對工合協會也表示大力支持。例如，龍雲在1939年2月23日對雲南區辦事處的成立表示理解，並稱將令所屬各機關隨時給予支持。[3]在當地地主、商人指責工合社是「既無管理者、也無經營者的工廠」、是「共產黨」的時候，龍雲也舉行集會，為艾黎解釋工合運動的意義提供機會。[4]據說，有人聽了艾黎講話而積極投資合作社。龍雲是明確支持工合運動的。

　　雲南省在抗戰前的合作事業，從合作社數量看，其基礎十分脆弱。即1931年有合作社12社、1932年有27社，1933年5社、1934年和1935年0社、1936年3社。[5]1934、1935年完全沒有合作社，其原因不詳，或與龍雲在該時期被蔣介石任命為「討逆軍」第十路軍總司令而在雲南參與追剿中央紅軍、致使雲南政治大亂有關（後述）。但七七事變爆發後，政府及社會再次認識到合作事業是支撐經濟基礎的基石，合作社於是重新受到重視，1937年組織了129社，1938年增至234社。[6]

　　1937年春，雲南全省經濟委員會成立。同年8月，該委員會得新富滇銀行出資

---

[2]　如龍雲於1929年被南京國民政府任命為雲南省主席時，就曾殘酷鎮壓工農民主革命運動，殺害了中共雲南省委工人委員會領導人王德三、李國柱、吳澄等；據說，在統一雲南過程中也曾逮捕、殺害過省內的中共黨員。孫代興〈滇系軍閥始末簡述〉，《西南軍閥史研究叢刊》，第1輯，1982年；宗志文、朱信泉主編《民國人物傳》，第3卷，中華書局，1981年，第139頁。

[3]　〈中國工業合作協會雲南省辦事處工作報告〉，收於刈屋久太郎譯編《支那工業合作社運動》，畝傍書房，1941年11月。

[4]　拙稿〈中国工業合作社について―レウィ・アレー、盧広綿両氏に聞く―〉，《アジア經濟（亞洲經濟）》，第21卷第5號，1980年5月。

[5]　賴建誠著《近代中國的合作經濟運動――社會經濟史的分析》，正中書局，1990年，第98頁。

[6]　同前。

100萬元成立雲南省合作事業委員會，雲南省的合作事業由此正式進入組織發展時期。省合作事業委員會作為全省合作行政的唯一機構所承擔的任務是，籌劃雲南全省的合作事業、指導農民開展合作事業、對合作主管機關進行指導和監督、籌集和調整合作事業所需資金。其「實施計劃」將全省劃分為11個事業區，並打算透過五年計劃從農村著手向城市普及合作事業、從互助社入手組織合作社、從信用社入手組織生產、運銷、消費等合作社。[7]

1939年合作社的種類，據省合作事業委員會常務委員王武科記述，在總計1,661社中，信用合作社占到1,656社，農業生產合作社僅有4社，消費合作社僅有1社。[8]據此判斷，在工合運動的初始階段，雲南幾乎不存在工業生產合作社。

就是在這種情況下，工合協會出資150萬元成立雲南區辦事處，開始在雲南開展工合運動；而開創性地組織尚不存在的工業生產合作社，則是其必然使命。雲南區辦事處的主任是毛北屏，副主任是余大炎。辦事處設總務、財務、技術、組織四組，總務組主任是葉鋸生，財務組主任是劉本釗，技術組主任由余大炎兼任，組織組主任為王鴻祺。此外，合作指導員有孫雪樵、閻志齡、劉天達，工程師是汪竹雲，事務員為劉之棟。辦事處成立一個月後，工作人員全部就位。[9]此後，區辦事處與省合作事業委員會合作，成為推動合作事業的核心機關。後來又有中央合作事業管理局、農本局參與，雲南省的合作事業於是進入正式開展階段。

區辦事處成立後，雲南省的工合運動仍發展緩慢。這是由多種原因造成的，如資金匱乏、交通落後等；而缺乏勞動力也是重要原因之一。雲南省本來人口稀少（人口密度只有29.5人／平方公里），富裕階層又不事勞動；加之，千里迢迢到號稱「彩雲之南」的雲南躲避戰禍非常困難，因此，除隨機關、工廠、學校等疏散而來者外，純粹的「難民」並不多。[10]而且，雲南因被視作抗戰經濟的後方，遷入、

---

7 張肖梅編《雲南經濟》，中國國民經濟研究所，1942年，（A）第88-90頁、（K）第1111頁。

8 請參閱本書本章表8-4。

9 前引〈中國工業合作協會雲南省辦事處工作報告〉。

10 〈雲南省經濟建設概況〉，《情報》，第13號，1940年3月1日。另據《香港大公報》報導，中央賑委會昆明難民總站成立一年半內，登記難民不過2,179人，其中獲得糧食、物資援助者772人（35.4%）、經斡旋重獲職業者1,132人（52%）、難民兒童94人（4.3%）、移送他處者166人（7.6%）。可見，難民人數的確不多，但他們並非不願工作。

新建、擴充了一批重要的大型工廠，如雲南兵工廠、雲南飛機製造廠、雲南汽車廠等，還有煉錫公司、昆華煤業公司、雲南鐵業公司、中國煉銅廠、西南實業公司等。1939年，全國新建資金在2萬元以上的工廠以四川最多，有382家；其次即雲南，有49家。[11]其結果，相對而言，昆明工廠較多而工人較少，不僅失業者不多，工人的收入也高於當地一般水平，無需在合作社勞動以維持生計。[12]因此，城市不具備開展工合運動的良好條件，若一味說服工人轉投合作社，則形同「挖人」，勢必與大中型工廠發生衝突。

因此，雲南的工合運動在該時期顯得較為被動、消極，主要對象是傷殘軍人及其家屬，以及婦女難民等，而且往往是在有工人主動要求組織合作社、條件成熟時才施以援手。[13]但工合協會並未因此忽視面向工農大眾的宣傳、教育。因為，工合運動是新興事物，人們對其意義等並不十分瞭解。只不過，由於大量時間用於宣傳活動，改善工業技術、擴充資本、改善工人生活等被置於次要地位。

雲南省最早的工合社出現在昆明，計有織襪、銅鐵器、絲織物、松香、織布、木器等7社，社員79人。工合協會對其審查後發給了登記證。這些工合社使用當地原料開始生產，但所獲貸款較少，成果並不令人滿意。[14]

由於雲南存在眾多大型近代工廠，工合運動在此很難找到自己的位置。在工合協會劃分的三個「經濟防衛地帶」中，雲南所處的「第三經濟防線」原擬發展大規模工合社，並使用大型近代機器進行大量生產。但為加強抗戰力量這一最大目的，必須避免與其他大型近代工廠形成競爭，因此不可能組織大規模工合社。例如，劉廣沛在1939年4月提出的《三個月計劃書》就表示，國營、民間工廠生產的主要產品，工合協會不提倡，以避免業務重複；各工合社應最大限度地利用大工廠的下腳料或副產品為原料；應在大工廠附近組織眾多生產半成品的工合社，以供應大工廠，收

[11] 拙稿〈雲南省の戰時經濟建設——軍閥龍雲と蔣介石〉，野口鐵郎編《中国史における中央政治と地方社会》（1985年度文部省科研費補助項目綜合研究A類研究成果報），1986年3月。

[12] 前引《雲南省經濟建設概況》。

[13] 東亞研究所編《支那工業合作社問題關係資料》（一），1941年7月，第125頁。鄒毓秀〈雲南區工合運動的近況〉（1940年），前引刈屋久太郎譯編《支那工業合作社運動》，第215頁。

[14] 謝君哲編著《經濟的新堡壘——介紹中國工業合作社》，生活書店，1940年1月，第25頁。前引《中國工業合作協會雲南省辦事處工作報告》。

「分工合作」之效。[15]亦即，不僅試圖避免與大工廠競爭，而且希望與之合作，甚至要充分利用其下腳料。此外，劉廣沛還注意到雲南存在豐富的錫礦。他說，錫是重要換匯產品，國民政府、地方政府和民間工廠都在生產，但仍有增產之必要。他計劃在個舊組織5個工合社生產錫，並在核算後計劃招社員150名、投入設備費及流動資金共1萬元、每月生產錫25噸、月產值4.5萬元、每月利潤2.46萬元。劉廣沛認為此舉是推動雲南工合運動發展的突破口，但似乎沒有得到國民政府的許可。

　　當然，他們無意使工合社停留在生產力低下、帶有封建手工業組織特點的層次。何廉[16]在西南聯合大學講演時曾直言，一般人仍抱有工業建設不充分之觀念，我們現在既不能用大刀砍殺、戰勝日本人，單純依靠手工業也不能擊退日本人，因此必須從科學方面著手；如果試圖僅憑提倡手工業來振興國家，那種方法是本末倒置。[17]亦即，工合運動要面對並超越此類批判，不僅需要組織民眾成立工合社，使組織合理、健全，還必須引進近代工業技術。只不過，如何廉所指出，現狀是「工業建設不充分」，僅憑大型工廠的生產能力，不足以支撐後方的抗戰經濟。

　　雲南省人口稀少，特別是昆明市的人口原來僅有7萬餘；但抗戰開始後逐漸增加，1938年11月為14.3萬人，後來進一步增至30萬人。[18]人口急劇增加導致工業品供需關係崩潰，輕工業品供應十分緊張。因此，雲南工合運動主要承擔輕工業部門，生產民眾日常必需品，填補大型工廠生產的空白，實屬必然。雲南的工合社也認識到其使命所在，進行澱粉、榨油、製糖、紡紗等農產品加工，以縮短重工業、輕工業和作為工業原料的農作物之間的距離，將工農業連接起來。[19]

　　雲南的傳統手工業普遍較為發達，七七事變前，民眾的衣食住、日常必需品基本上能夠自給自足。抗戰初期昆明的手工業狀況如下：木織機織布約100家、木

[15]　劉廣沛〈中國工業合作協會三個月計劃書〉（1939年4月），經濟部（一）工業司《中國工合合作協會》（上），中央研究院近代史研究所檔案館藏件，18-22-58-(1)。

[16]　何廉（1897-1975），生於湖南，曾留學美國耶魯大學，1926年畢業後任天津南開大學財政統計學教授。1927年主持南開社會經濟調查會。後歷任國民政府財政部上海貨價調查處名譽顧問、立法院統計處名譽專門顧問、行政院政務處長等職。外務省情報部編《現代中華民國‧滿州帝國人名鑑》，東亞同文會業務部，1937年10月，第69頁。

[17]　〈抗戰幾年來的經濟建設——何廉在西南聯合大學講演〉，《香港大公報》，1940年4月12日。

[18]　前引拙稿〈雲南省の戰時經濟建設——軍閥龍雲と蔣介石〉。

[19]　胡達辰〈「工合」運動在雲南〉，《雲南工合》，創刊號，1940年3月。

器約37家、化妝品10餘家、象牙16家、銅器29家、舂米39家、榨油12家、絲織品41家、金銀首飾70家、刺繡14家、鐵器17家、棉業41家、豬毛業8家、小型鐵織機織布廠11家等。[20]此外，1937年有針織業者63家。但是，上述手工業幾乎全是小本經營的家庭工業，不符合工廠法規定。手工製革100餘家也是小本經營。這些業者都是主人自己經營、自己銷售；雇用工人、學徒（後述），除提供食宿外，每月工資最低5元（滇幣）、一般為8元，最高則支付15元。勞動時間不定，一般是日出而作、日落而息。[21]工合運動的使命就是將這些手工業改造為近代工業，並提高其生產力。

二、雲南區各地工合社的實際狀態與動向

　　雲南工合運動的特徵是，工合社與交通網關係密切，幾乎全部集中在沿交通線分佈的幾個地方城市。緊鄰交通線且靠近昆明，被視作發展工合社的良好條件。[22]因此，當初的計劃是，以昆明為核心，在大理、曲靖、玉溪、昭通成立工合事務所，並以滇緬和滇越、滇黔、川黔四大幹線為大動脈來組織和發展工合社。各地的重點工作分別是，以昆明為中心的區域組織製革、機械、冶金等各種「集中社」（後述），以大理為中心的鶴慶、保山、麗江一帶發展造紙、毛織等各種工業，以玉溪為中心的河西、通海一帶發展織布工業，以曲靖為中心的平彝、宣城一帶發展織布、陶器等各種工業，並注意在通貨膨脹形勢下增加生產、降低成本、抑制售價。[23]

　　各地組織工合社的狀況如下。

　　第一，昆明地區。工合社社員不少是技工，而非經培訓的失業者。尤其是機械、五金、工藝、印刷各社有許多知識分子參加，其教育水平也遠高出一般合作社。雲南有10萬餘軍人上前線，其家屬人數甚多；他們本是工合協會當初設想的

---

[20] 彭澤益編《中國近代手工業史資料》，第4卷，三聯書店，1957年，第244頁。

[21] 前引彭澤益編《中國近代手工業史資料》，第4卷，第248、264-265頁。

[22] 韋特孚〈發展小企業與增加生產〉，《經濟建設季刊》，第1卷第2期，1942年10月。

[23] 上海日本大使館特別調查班譯《三年來支那工合運動の發展》，1942年12月，第159-160頁（原著：張法祖著《工合發軔》，1941年11月）。

主要組織對象，但因分散在各地，很難加入需要集中從事生產的工合社。[24]儘管如此，仍成功地在官渡鎮及其近郊組織了織布工合社3社、絲織工合社1社。昆明市的工合社主要從事織布及裁縫、針織、麵粉等輕工業，同時也致力於啟蒙民眾、支援出征軍人家屬、開展工合教育、研究工業技術等。昆明的第二次社員訓練於1940年3月開始（第一次不詳），指導人員到各社巡迴指導，每週兩次、每次一小時。昆明近郊的7社，為加強聯繫、普及工合運動，於1940年2月24日在官渡的省立農校講堂舉行春節大會，所有工合社監事及男女社員、來賓計200人參加。雲南區辦事處主任毛北屏在會上講演稱，工合運動對個人、國家都很重要，必須透過工合建立鄉村工業的基礎。[25]

此外，據《香港大公報》報導，工合協會總會決定在6月1日召開全國工作會議，並舉行各地工業產品展覽會。昆明的雲南區辦事處也積極行動起來，為準備送展產品，決定積極擴大生產，在大理設製革廠、在曲靖設陶瓷廠，並在彌渡、開遠分別著手改良土布和製糖。[26]

第二，大理地區。大理地區工合運動的發展僅次於昆明。大理曾是南昭國都，位於滇緬公路中段，是雲南省西部文化、政治中心，也是重要的商品集散地，生產各種日常必需品的手工十分發達。大理鄉村仍保留古代的聚族制度，職業世襲，故各村宛如一個職業團體。例如，南門外附近各村均從事製革業、五里橋一帶村村加工麵粉，而北鄉近山各村皆業石料加工。距大理城20華里有織布村，女性十五、六歲者皆會織布；但幅寬僅一尺，且使用舊式織機，似並不供應市場。[27]

大理工合事務所成立於1939年6月1日，主任是畢業於東北大學[28]的青年，29歲，曾在南京、廣西投身農業合作運動五年。各幹事也都畢業於南京金陵大學、江蘇師範學院，並曾在安慶、武穴等地參加過農業合作運動。[29]

---

[24] 同前。

[25] 張法祖著《工合與抗戰》，星群書店，1941年2月，第93頁。〈雲南工合簡訊〉，前引《雲南工合》，創刊號。

[26] 《香港大公報》，1940年3月19日。

[27] 前引張法祖著《工合與抗戰》，第94頁。

[28] 由於梁漱溟曾執教於東北大學，故該大學畢業生許多人都與合作事業有關。另如本書第四章所述，西北工合初期，曾得到不少東北大學學生義務支援。

[29] 福斯特（John Bellamy Foster）〈西南支那に於ける工業合作社〉，《情報》，第7號，1939年12

　　1940年，大理組織工合社8社，其中6社在大理及其近郊，下關和西州各有1社；社員共66人，養活家屬271人。社員原來多為失業者，沒有資金開辦工廠。區辦事處於是為其提供資金，購置小型機器、原料和糧食，以為生活獨立之計；還為其提供技術、醫療、教育、衛生等援助。下關附近某村有織布工人數十人，事務所說服其中14人成立了棉花工合社；縣東北也有60人組織了製革工合社。該時期，1941年度計劃出臺，決定成立大型紡紗工合社等3社。鑒於大理以前所用棉紗全部自緬甸進口，計劃第一項試圖利用大理附近各縣所產棉花獨自紡紗，以削減經費、實現生產合理化；為此準備投資20萬元購置機器、原料、設備，成立擁有社員500人的大型紡紗工合社。第二、三項決定設立製革和食品加工工合社，準備各投入資金5萬元，社員200人，由華中大學化學系進行技術指導，據說來自四川的工程師已開始前期準備。[30]就這樣，大理的工合運動，組織失業者、手工業成立工合社本身自不必說，試圖與大學等建立合作關係尤其引人關注。不過，至1941年4月，大理仍只有工合社28社、社員232人，[31]可見上述計劃或未獲完全成功；但由此仍可窺知其發展計劃及其工作方向。

　　關於大理工合社的組織、內容、勞動條件，此處以箱包工合社為例作一探討。據福斯特對該社技術如下。

　　　　該社社員工資平等，每月8至10元，另有共同使用的膳食費，平均每人5至6元；有一名社員抽出工作時間做飯，大家一起用餐。勞動時間每天限8小時。社員年齡20歲以上，學徒須年齡15歲以上、接受過初等教育至少三個月。年底有分紅，但並不平均分配，而需綜合考慮工作的內容和成績、出資多少、所提供生產工具以及捐助等。箱包工合社共有7人，從中選出檢查委員3人、實行委員3人，由前者對後者進行監督，以保證社內業務和各種事務的民主和公正。社員都曾失業三年，其中一人曾是大理箱包行會的首領。他們得到貸款1,400元，購買了皮革、木材、紙張等原料及糧食，兩周後製造

月1日。

[30]　〈中國之合作運動──戰前與戰後〉（上），錢承緒主編《經濟研究》，第2卷第9期，1941年5月，等。

[31]　請參照本書本章表8-3。

　　大小箱包96個，運到上關，在當地最大市場漁潭會上出售，因價格低於市價而大受歡迎，僅剩一個。[32]

　　由上述記述可知該社在工資、分紅、勞動時間、組織內民主化等方面所採取的措施。上述昆明舊有手工製革業的工資，一般為8元，最低為5元，最高為15元；相比之下，大理的箱包工合社則以8元為準，酌情增減，高時達10元，總體上似高於一般工資水準。分紅的標準除勞動時間外，還考慮成績、出資金額和所提供生產工具，既排除了絕對平等，也有利於激發社員的勞動熱情和繼續出資，還能吸引地主、富農、民族資本家參加工合社，是極富現實意義的分配方針。在習慣於日出而作、日落而息、工作時間長達十幾小時的當時，勞動時間限定八小時也具有劃時代意義。[33]尤其是，箱包工合社只有7名社員，卻成立檢查委員會以保障社內民主，可謂典型的工合社。問題是學徒。按照工合協會的原則，能在工合社勞動的須在20歲以上；但箱包工合社卻將該年齡降至15歲──儘管抗戰時期或有此現實需要。該史料雖未明言，但在其他區，學徒的勞動條件、工資等均低於社員；[34]據此推斷，雲南或也大同小異。舊有手工業、民間工廠使用學徒是普遍現象，他們跟隨技術工學習染色、實際從事織布，有的工廠規定三年期滿方可出師，亦即所謂見習工。下關有名為「慶和」的民間織布廠，51名工人中有20名是學徒，占39.2%；另一家名為

---

[32] 前引福斯特（John Bellamy Foster）《西南支那に於ける工業合作社》。

[33] 關於手工業者的勞動時間，暫不掌握雲南省的史料，下列貴陽的相關數據僅供參考。
貴陽手工業者勞動時間（1938-1939）

行業	男工			女工			少年工			年勞動天數
	最長	一般	最短	最長	一般	最短	最長	一般	最短	
印刷	19	14	10	14	10	9	16	14	10	341
制帽	18	14	11	-	-	-	18	13	10	355
靴鞋	18	12	9	-	-	-	17	14	10	355
木匠	18	13	10	-	-	-	17	14	11	345
紡織	20	17	14	18	14	11	19	17	15	361
銅匠	17	12	7	-	-	-	14	12	10	360
鐵匠	17	12	8	-	-	-	16	13	9	360
農服	20	14	12	-	-	-	20	14	12	355

*彭澤益編《中國近代手工業史資料》，第4卷，三聯書店，1957年，第272頁。

[34] 請參閱本書第一章。

「同祥」，21名工人中，學徒有14名，占66.7%。[35]在大理，工合社組織到15社時，社員有113名，其中學徒2名、雇工17名、預備社員1名，共20名，占17.7%。[36]亦即，較之民間工廠等，工合社的學徒占比極低；較之民間工廠招用的學徒年齡在14歲以下、甚至以5至8歲的童工充學徒，工合社對學徒尚屬仁厚。而且，在戰爭時期給年滿15歲者以職業，其意義也不應一概否定。

　　大理地區的工合社曾改革流通部門、減少中間環節，以排除商人居中盤剝，其意義也不應忽視。此前雲南的織布業，農民將所織布匹賣給商人後，可按數量得到一定價款或紗線；或者由商人提供棉紗，農民將其織成布匹後獲得一定報酬。為改變這種現狀，工合事務所組織了規模較大的供銷處，統一採購原料，並代銷布匹，以排除棉布商人壟斷和盤剝。鑒於雲南市場有限，供銷處或聯合社決定統一收購各社產品，並運銷省外各縣。大理曾設合作商店，專門經銷工合社產品，定價較市價為低。技術方面則採用新式機器、加大幅寬，並督促各社生產符合統一標準的產品，以排斥劣貨、提高商品價值、提高競爭力。[37]

　　第三，玉溪地區。玉溪全縣人口約20萬人，男性主要從事農耕，女性則多織布。若織布工約有10萬人之說[38]屬實，則幾乎所有女性皆事織布。此地土壤肥沃、富產稻米，環境條件也優越；但正因如此，其發展卻極其緩慢，完全停留在農業、手工業階段。土布產量居雲南省之冠，每十戶約有織布機3、4架和手搖機2、3架，年產土布420萬匹以上，[39]因距昆明較近，交通發達，故大量行銷昆明市場，也輸至外縣。但是，玉溪織布業也面臨一大局限，即和大理一樣，沒有本地紗線供應。由於棉田減少，不得不依靠外國紗線，織布業原料匱乏、經營困難，致使7萬架織布機半數閒置。[40]該縣另有染坊2、3家，皆專染自產土布。針織廠有10家，規模都較小，各有工人10餘名。該縣南部、西北部鄉村計有榨油廠24家，為農村副業之一，

[35]　前引彭澤益編《中國近代手工業史資料》，第4卷，第247-248、380頁。

[36]　同前。

[37]　張肖梅主編《中外經濟年報》，1940年版，第66頁。前引鄧毓秀《雲南區工合運動近況》（1940年），第220-212頁。前引上海日本大使館特別調查班譯《三年來支那工合運動の發展》，第173頁。

[38]　前引彭澤益編《中國近代手工業史資料》，第4卷，第246頁。

[39]　同前。

[40]　前引上海日本大使館特別調查班譯《三年來支那工合運動の發展》，第171-172頁。

當地農民在菜籽收穫季節入廠勞動。總之，玉溪是手工業最發達的縣份。

在此類地區組織工合社，應主要對手工業進行重組以擴大生產。玉溪事務所有主任、事務員和指導員各1人，成立於1940年2月，4月開始組織工合社，至12月已成立織布工合社18社、陶器工合社3社。[41]該地工合社的特點是以村落為單位，社員各自在家裡織布，類似從事副業。由於社員大多是農民，分散於各村，相互間難以合作。玉溪的工合運動仍未擺脫舊有手工業的形態。

第四，曲靖地區。此地處於滇緬公路沿線，工商業自古較為發達，也是雲南省東部門戶。該縣工合社的實際狀況仍有不明之處，僅知1941年4月有22社，主要是織布工合社，社員210名。[42]此外，當初曾計劃向昭通發展工合社，但上述時期似並未實現。

表8-1　雲南區主要工合社一覽表（1940年3月底）

合作社名	所在地	行業	社員人數	社股總額（元）	保證倍數	放款總額（元）	月產值（元）	成立時間
昆明市針織工業合作社	昆明市華山西路117號	針織	7	150	20	3,500	1,888	1939.4.2
昆明市縫紉工業合作社	昆明市福照街148號	中國服裝西服	9	405	20	2,300	4,000	1939.4.3
昆明縣機械製粉工業合作社	昆明縣後所鄉	麵粉舂米	8	900	20	3,800	2,000	1939.4.15
昆明市西南印刷合作社	昆明市龍翔街72號	石印各種印刷品	12	480	20	4,600	5,850	1939.5.7
昆明縣六穀村絹織品工業合作社	昆明縣官渡鎮六穀村	絲線絲織品	13	150	15	1,000	2,500	1939.5.19
昆明市肥皂工業合作社	昆明市蓮花池	肥皂	9	460	20	4,500	1,700	1939.9.4
昆明市罐頭食品工業合作社	昆明市柳霸	罐頭食品	8	4,000	10	2,600	3,400	1939.10.4

[41] 同前。

[42] 請參照本書本章表8-3。

合作社名	所在地	行業	社員人數	社股總額（元）	保證倍數	放款總額（元）	月產值（元）	成立時間
昆明市六穀村織布工業合作社	昆明縣六穀村	小布	16	128	20	2,000	2,040	1939.12.18
昆明縣官渡鎮織布工業合作社	昆明縣官渡鎮	小布	19	152	20	2,500	2,097	1939.12.23
昆明縣第一織布工業合作社	昆明縣彌勒寺	各種布料	7	280	20	3,900	3,509	1939.12.23
昆明縣西莊絹製品工業合作社	昆明縣西莊村	各種圍巾	18	180	20	2,500	1,400	1939.12.25
昆明市藤品工業合作社	昆明市華山西路148號	竹製品	7	140	15	2,000	1,285	1939.12.28
昆明縣秀英村織布工業合作社	昆明縣秀英村	小布	16	128	20	2,000	2,155	1939.12.29
昆明縣中營村織布工業合作社	昆明縣二區中營村	小布	18	144	20	2,500	2,545	1939.12.11
昆明縣第一襪子工業合作社	昆明縣馬家營	襪子	7	140	20	2,000	1,800	1940.2.27
昆明縣第二織布工業合作社	昆明縣護福鄉玉龍村	細小布	7	210	20	2,800	3,960	1940.2.28
昆明縣市平村織布工業合作社	昆明縣市平村	細小布	15	120	20	2,000	1,787	1940.2.29
昆明縣下馬村織布工業合作社	昆明縣下馬村	細小布	17	136	20	2,000	2,930	1940.2.29
昆明縣西莊村織布工業合作社	昆明縣西莊村	細小布	15	120	20	2,000	2,242	1940.3.8

合作社名	所在地	行業	社員人數	社股總額（元）	保證倍數	放款總額（元）	月產值（元）	成立時間
昆明市第一皮件工業合作社	昆明縣興隆街39號	皮件	7	3,000	10	4,580	5,360	1940.3.5
大理縣一新製革工業合作社	大理縣北門外小岑村265號	皮革	7	100	10	500	850	1939.8.14
大理縣慶豐箱包工業合作社	大理城內綠牌坊	箱包	7	100	20	1,400	1,701	1939.8.14
大理縣益興紡織工業合作社	大理南鄉大關邑696號	紡織	14	320	20	1,400	1,120	1939.8.23
大理縣五裡橋製粉工業合作社	大理南門外五裡橋	麵粉	8	1,220	10	1,900	440	1939.8.25
大理縣大溫莊織布工業合作社	大理大溫莊	印花棉布	8	220	20	1,000	940	1939.10.17
大理縣同仁染織工業合作社	大理仁厚裡	染織	7	270	10	900	946	1939.9.26
鳳儀縣下關製帽工業合作社	鳳儀下關正街	便帽	8	210	10	1,400	1,010	1939.10.17
曲靖康家莊織蓆工業合作社	曲靖南門街	草蓆	9	90	20	1,400	1,200	1940.3.30
昆明市第一織布工業合作社	昆明市龍翔街78號	各種大布	9	270	20	1,450	900	1940.3.28
總計（29社）			312	14,293		68,790	64,387	

※刈屋久太郎〈中國工業合作社運動（支那工業合作社運動）〉，《特調班月報》，第2卷第2號，1940年11月。另有數社，但是否曾列入計劃，抑或報告數據不準確，不得而知。

　　關於雲南省各工合社的生產能力，可透過表8-1之產值進行觀察。除西南印刷工合社外，產值最高的是昆明市第一皮件工合社，每月達5,360元。該社社股總額為3,000元，利用放款4,580元，總計7,580元，資金較為充裕。產值最低的是大理縣五里橋製粉工合社，月產值僅440元。亦即，產值因行業差異、資本大小及回收期長短等而不盡一致。但在29社中，月產值超過放款額的有14社，兩個月產值超過放款額的有13社，計有27社；可見，其經營總體上非常穩定。

　　工合社的優勢和缺陷如下。**昆明市西南印刷合作社**：社員教育水平高，但理事、監事行事專橫，帳冊不清，可能存在貪污行為，故設專人管理帳冊。**昆明市藤品合作社**：社員以前多為貧苦工人，十分團結，業務有望發展，但教育水平較低。**昆明縣第二織布合作社**：社員對業務十分勤懇，但教育水平較低，甚至不會記帳。**昆明市針織合作社**：社員技術過硬，但過於懶散。**第一化學工藝社**：教員、學生組織的工合社，社員集體生活，不取報酬，業務穩定；但意志弱、沒有毅力，工作不守規則。[43]就這樣，各社雖有意遵循工合原則，但其內部狀況各不相同。技術工、鄉紳、原企業主等為主、教育水平較高的合作社，其平等、合作意識淡薄，部分人就任理事、監事後仍不脫獨裁舊習；而貧苦工人為主的合作社，雖然勞動熱情高、較為團結，但教育水平低，缺乏核心人物的領導。[44]

---

[43] 前引鄒毓秀《雲南區工合運動近況》（1940年），第224-227頁。

[44] 雲南省中部、滇粵鐵路沿線的徵江、華甯、江川三縣的一般合作社（據對該三縣的信用合作社54社所作調查，其社員人數為2,128人，每社平均社員數39.4人；利用放款總額14.49萬元，社員每人平均利用放款約68元）起步較晚，據說1939年才開始由互助社轉為合作社，由中國農民銀行放款。這些合作社的缺陷是，鄉紳僅把信用合作社當作借錢的中介機關，只進行貸款及其回收業務；合作社和社員關係疏離，社員無從參與社務；因社員皆為終日勞作的農民等，幾乎不開社員大會、社務會、理事會、監事會，社員教育十分落後。據稱，合作社的負責人，鄉紳占43.8%、農民占27.3%、教員占25%、其他占4.5%；而合作社的性質及管理狀況則決定於負責人的階層、職業。即鄉紳多為鄉長、保長，他們多行獨裁，與他們關係密切者往往優先得到放款；負責人是農民時，沒有好處的事情不願做，沒有責任感、業務能力差；負責人是小學教員時，做事公平無私、較有知識，業務管理順利，但因地位低，說話、辦事分量輕（〈雲南中部農村概況及び農貸合作調查〉，《特調班月報》，第4卷第4、5號，1942年5月）。這些缺陷都有時代、區域背景，工合社難以克服。不過，「集中型」工合社，因原則上社員須共同勞動，故社員參與管理、經營應較容易，「分散型」工合社自然亦須分開會議等。尤其是「集中型」工合社，與社員的關係密切，也召開社員大會。而且社員間的平等意識也較強，機構方面也注意如何發揮對獨裁的監督，還實施社員教育、技術訓練以消滅文盲、啟發民眾自立等。這些都是工合社比一般合作社先進的部分。

三、雲南區工合社發展的主要原因

雲南省的合作社，1939年3月有7社、社員79人，6月有17社、242人，8月有25社、263人，1940年3月為29社、312人；至此發展較為緩慢。但1940年6月卻驟增至106社、1,000人（表8-2）。

之所以如此，主要原因有如下數端。第一是工合協會把組織工合社工作的重點由城市轉移到了農村，這也是最大原因。與其他區一樣，雲南區當初也曾試圖在城市把難民、失業者組織為工合社。但如前所述，城市裡大型工廠較多，而難民和失業者較少，組織工合社十分困難。為把重點由城市轉向農村，辦事處先在昆明縣官渡鎮組織數社以作實驗，獲得成功後再全面鋪開。

第二是推動方法循序漸進、穩妥扎實，即以昆明、官渡鎮、大理、玉溪、曲靖為中心，各中心分別組織十數社。[45]

第三是資金壓力有所緩解。雲南區辦事處組織工合社的工作，曾因缺乏資金而遲遲不得進展。比如，擁有美製機器的永豐電機織襪廠被迫停產時，曾決定改組為工合社，但區辦事處卻無力為此支出經費4萬元；從泰國回國的華僑擁有製糖、造紙、製造肥皂的經驗和技術，希望區辦事處給予資金支持，但區辦事處因資金匱乏而未能充分發揮他們的特長；曾有小工廠主、失業者、出征軍人家屬及傷殘軍人到事務所希望得到指導，也無法充分滿足其要求。1939年7月，工合協會開會討論如何發展邊地實業時，宋藹齡發起籌資；會議還建議在雲南省成立機械製造工合社，並答應為此投資10萬元，[46]省合作事業委員會也撥付了30萬元。此外，1940年10月，雲南區辦事處和昆明中國銀行共同起草《促進雲南工業合作貸款辦法》後，中國銀行對雲南工合社的放款也增至150萬元。該項放款的實施把控較嚴，須由工合社提出申請，經審查後，由中國銀行派員調查，確認沒有問題後再發放。[47]因上述原因，雲南區辦事處的資金壓力得到緩解，再加上各合作社的經營管理總體比較順利，雲南工合運動的資金於是漸趨充裕。

---

[45]　前引鄒毓秀《雲南區工合運動近況》（1940年），第219-220頁。前引張法祖著《工合與抗戰》，第98頁。

[46]　陳真編《中國近代工業史資料》，第3輯，下卷，三聯書店，1961年，第1246頁。

[47]　前引上海日本大使館特別調查班譯《三年來支那工合運動の發展》，第160-162頁。

表8-2　雲南工合社統計（1939-1945）

年	社數 (A)	社員數 (B)	B/A	交訖股金 (元)	資本金 (元)	借入款 (元)*	工合放款額 (元)	月產值 (元)	備考
1939.3[a]	7	79	11.3	360	6,670		53,390[g] (1939年度)		雲南區
6[b]	17	242	14.2		8,618	20,850			同上
8[c]	25	263	10.5		9,493.5	11,100			同上
1940.3[d]	29	312	10.8	14,293		68,790	254,875[g] (1940年度)	64,387	同上
6[e]	106	1,000	9.4	9,493.2		166,000		79,600	同上
12[f]	97	992	10.2	43,769	66,513	638,370		284,207	同上
1941.4[g]	123	1,341	10.9				296,993.72[g] (至1941年2月)		雲南貴州區（數字僅為雲南合作社）
6[h]	133	1,445	10.9	113,163		520,002		540,000	同上。其中貴州6社、50人。社員交納股金1,500元
1942.7[i]	158	2,497	15.8	785,124	839,324	2,082,444		2,027,765	雲南、貴州合計
1945.3[j]	303	6,245	20.6						新西南區（四川、西康、雲南、貴州）合計
12[j]	131	2,362	18.0						同上

※a. 刈屋久太郎譯編《中國工業合作社運動（支那工業合作社運動）》（原著：《中國工業合作協會雲南辦事處工作報告》），畝傍書房，1941年11月，第176-177頁。b.〈中國之合作運動──戰前與戰後〉，錢承緒主編《經濟研究》，第2卷第9期，1941年5月。c. 滿鐵調查部《支那抗戰力調查報告》，三一書房，1970年復刻版，第498頁。d. 刈屋久太郎〈支那工業合作社運動〉，《特調班月報》，第2卷第2號，1940年11月。e. 張法祖著《工合與抗戰》，星群書店，1941年2月，第92-93頁。f. 韋特孚〈發展小企業與增加生產〉，《經濟建設季刊》，第1卷第2期，1942年10月。g. 張法祖《工合發軔》（1941年）；《三年來支那工合運動の發展》（上海日本大使館特別調查班譯），1942年12月，第161-162頁。h. 羅子為〈滇黔工合視察紀感〉，《工業合作月刊》，新1卷第5‧6期，1941年12月。i. 日本生產合作社協會編《民族の再建──中國工業合作社史》，工業新聞社出版局，1946年10月，第49-50頁。j. Douglas R.Reynolds, *The Chinese Industrial Movement and the Political Polarization of Wartime China*, 1975, pp.451,453. 另，「借入款」為工合協會等對雲南區辦事處的信貸款項。

　　第四是指導員培養和技術訓練卓有成效。指導員人數有限、教育水平較低，是雲南、尤其農村工作的一大問題，亟需設法解決。1940年3月，辦事處利用工合香港促進社、工合國際委員會提供的補助款6,000元，在大理開辦了工合指導員訓

練班，數十人在此接受訓練後被派往各事務所。此外，1939年10月起開辦社務訓練班，每期三周，利用簡單教材教給社員初步工作常識。鑒於帳冊的記錄和管理關乎能否隨時把握業務狀況、預防貪污行為，而能夠準確記帳的社員又極少，故訓練中尤其予以重視。訓練分三個階段，其目的是，①準確記帳，以對社內財務具有明確認識；②明確每名社員在社內的作用，以便其在開會時行使各自職權；③明確工合社和國家的關係，並改善社員的品行和習慣。[48]問題是，社員多為文盲，學習記帳非常困難，有必要教其識字。昆明的區辦事處曾與中華聖公會（英國國教系）合作，派人到藤品工合社等教授識字；西南聯合大學、雲南大學等也曾組織學生12人利用暑假進行短期服務；區辦事處派有4人，官渡鎮及大理、玉溪、曲靖三事務所各派有2人，主要教給社員識字及一般常識，也進行衛生指導。[49]

　　第五，雲南工合運動重視宣傳、教育，民眾的認識也逐漸加深，希望加入工合社，工合社的組織工作也因而事半功倍。

　　雲南工合社發展的主要障礙是原料短缺。重慶國民政府頒佈支持國營、公營工廠的《非常時期禁運辦法》後，工合社和民營工廠陷入極度原料匱乏；而原料價格上漲必然導致生產成本增加。面對這種局面，區辦事處曾考慮從外地輸入原料。如藤品工合社為應對藤條禁運，曾遠赴雲南邊境元江採購；但因交通不便等而困難重重，遠未能解決問題。[50]

表8-3　雲南各地工合社統計（1941.4）

地區 行業	昆明市縣		大理縣		玉溪縣		曲靖縣		計		每社平均社員數
	社數	社員數	社數	社員數	社數	社員數	社數	社員數	社數	社員數	
紡織*	25	409	10	95	19	202	14	144	68 (55.3%)	850 (64.4%)	12.5
機械	4	29							4	29	7.3
化學	6	46	4	28	2	18	1	8	13	100	7.7

---

[48]　前引上海日本大使館特別調查班譯《三年來支那工合運動の發展》，第161-163頁。前引張法祖著《工合與抗戰》，第94頁。前引鄒毓秀《雲南區工合運動近況》（1940年），第228-229頁。

[49]　鄒毓秀〈雲南工合之回顧與前瞻〉，《雲南工合》，第1卷第3-4期，1940年6月。另，學生們有一定報酬及車馬費。

[50]　前引張法祖著《工合與抗戰》，第96-97頁。

地區＼行業	昆明市縣		大理縣		玉溪縣		曲靖縣		計		每社平均社員數
	社數	社員數	社數	社員數	社數	社員數	社數	社員數	社數	社員數	
服裝	4	29	3	22			3	21	10	72	7.2
食品	1	8	4	30	1	12			6	50	8.3
文化	1	10		7					2	17	8.5
土木（建築）			1	10	2	14	1	7	4	31	7.8
其他	5	86	5	40	3	36	3	30	16	192	12.0
合計	46	617	28	232	27	282	22	210	123	1,341	10.9
百分比	37.4	46.0	22.7	17.3	22.0	21.0	17.9	15.7	100.0	100.0	

※根據張法祖著、上海日本大使館特別調查班譯《三年來支那工合運動の發展》（1942年12月）第161頁編製。貴州的合作社該時期剛由雲南區辦事處接管，不在統計數字之內。另，聯合社也未計入。官渡鎮的合作社含在「昆明市縣」內。

＊原文作「紡紗」，乃「紡織」之誤。

　　1941年4月，雲南有工合社123社，社員1,341人。其所從事行業，紡織68社，社員850人，占比均最高，分別為55.3%、64.4%；其餘為機械4社、28人，化學13社、100人，服裝10社、72人，食品6社、50人，文化2社、17人，建築4社、31人，其他16社、192人。其分佈地區，以昆明市縣為最多，有46社、617人，分別占37.4%和46%；其次為大理縣，有28社、232人，玉溪縣27社、282人，曲靖縣22社、210人（表8-3）。

四、雲南貴州區工合辦事處的成立

　　1941年4月，工合協會指示雲南區辦事處接管貴陽事務所，並改稱雲南貴州（滇黔）區辦事處。此前隸屬西南區而與湖南、廣西一同開展運動的貴州與該二省分離，成為雲南貴州區的一部分。此次調整或出於多種原因，而工合協會領導人的思路或許如下。①雲南和貴州有滇黔公路（從昆明經曲靖、霑益、平彝和貴州省盤縣、普安、鎮甯等至貴陽計662公里的幹線公路，是連接四川、貴州、雲南的主要通道，因其十分重要而由交通部西南公路運輸管理局築昆段辦事處直接管轄）相連，易於貨物流通；②貴州也使用滇幣，[51]滇黔兩省在一定範圍內已形成共同貨幣

---

[51]　劉天宏〈戰時滇省貨幣金融概況〉，《財政評論》，第1卷第5期，1939年5月。

圈；③兩省經濟的共同特點是手工業基礎較強；④西南區轄區縮小後，利於加強對湖南、廣西兩省的指導，同時，兩大抗戰基地雲南、貴州合為一體，有助於增強生產力、強化抗戰力量。

　　而站在重慶國民政府的立場考慮，將獨立傾向顯著、反對中央的雲南省併入正推進經濟建設、完全歸附中央的貴州省，有利於對雲南省形成牽制；而利用工合運動或即其一環。貴州行中央集權，其契機是國民政府軍對長征途中紅軍的追剿。1934年10月，中央紅軍放棄江西的中央蘇區，途經湖南、廣西，於1935年1月進入貴州，2月抵達雲南後再折回貴州，5月再次進入雲南，隨後折轉向北，經過四川、甘肅到達陝北。國民政府在揮兵圍追堵截的同時，在貴州鞏固了中央集權的基礎。該時期，蔣介石在貴陽設總司令部，親自處理貴州的軍政大事，以心腹吳忠信取代貴州省主席王家烈，並將王召至武漢行營。至此，貴州省在政治、軍事上完全實現了中央集權。[52]

　　七七事變前，雲南的工業建設、築路在龍雲治下已有一定基礎。較之雲南，貴州則交通運輸落後；貴陽雖有發電廠，也僅供家庭照明；銀行則尚為空白。正因如此，手工業佔有重要地位，均羊的造紙、茅臺的釀酒以及藤器、陶器、漆器都很有名。此外，儘管採礦技術水平極低，但礦產資源也十分豐富，除金、銻外，還出產可提高炸彈威力的水銀。因此，為將貴州省作為抗戰體制的重要一環而發揮其作用，重慶國民政府需要對其提供大力支持，以迅速推進其經濟建設。首先，1940年7月召開的國民黨七中全會對1939年6月成立的貴州企業公司予以承認，行政院經濟部對其出資248萬元，中國、交通、中國農民三家國有銀行出資350萬元。該公司是各省皆設的省營公司之一，但由於國家資本大量流入，其支配權、經營權實際上被重慶國民政府所掌握。省設企業公司並非單純的工廠，而是「公司的公司」。貴州企業公司採康采恩形態，與傘下22家工廠形成母公司與子公司的關係。據說其業務從工礦業延伸到信託、商業、運輸乃至農業，除上述工廠外，與貴州省的所有工業也都有關係，壟斷和支配著該省經濟，不斷地兼併重要的民營工廠。[53]金融方面，1938年、1939年，除中國銀行在貴州省開設支行4家、中國農業銀行開設支行1家

52　前引拙稿〈雲南省の戰時經濟建設——軍閥龍雲と蔣介石〉。

53　拙稿〈重慶政權の戰時經濟建設〉，《歷史學研究》，別冊特集，1981年。

外，[54]還有農本局[55]和省政府合辦的縣合作金庫25處（資本金各10萬元）、中國農業銀行與省政府合辦的縣合作金庫10處（資本金各5萬元）開業。[56]就這樣，中央政府在經濟、金融兩方面對貴州省擁有強大影響力。

合作事業方面，抗戰以前的1932年，省立師範學校曾組織消費合作社，另有陶器產銷合作社，但皆因政局混亂而成就不著。1935年以後，民眾自發組織的信用合作社不過10社。[57]由此可知，貴州是合作事業最為落後的省份之一，在生產合作社方面，儘管曾有過陶器產銷合作社，但幾乎沒有任何基礎。

在這種背景下，應當地紅十字會請求，貴陽工合事務所在1940年2月成立。主任孫德亮在燕京大學畢業後曾在河北定縣等從事社會工作多年，也曾在桂林、邵陽等地的工合社服務。事務所規模不大，人員很少，每月經費只有700元。[58]其業務是指導各縣組織生產、供銷、運銷等工合社及兼營社，並採購原料供給各社。還代銷產品，也委託省合作代營局代銷；紡織、榨油、造紙、製革、硝石以及硫磺提純、火柴、玻璃、毛織各業和其他日常必需品，則與信貸機構訂約，向特定縣分別集中放貸10萬元。[59]

值得關注的是，貴陽事務所以傷殘軍人為主要工作對象，於1940年5月與貴陽紅十字會救護總隊部合作創辦了傷殘軍人手工業訓練班。第一期學員是「榮譽軍人」（即傷殘軍人）72人，結業後組織了布鞋、皮鞋、硫磺提純、裁縫、織襪等5個工合社。[60]後來，工合社增至7社，但社員減至56人。不少社員是「北方人」，軍銜多為「上士」以下，也有兩三名小隊長。貴陽的重傷員似也較多，考慮到需二次手術，各社都設在醫院內。由於社員80%以上都負過傷，各社規定周日下午「休息」，但某時期因買主較多，社員們也發揮「奮鬥精神」加班加點。產品品質並不好，但結實耐用、價錢便宜，銷售不成問題。但因生產效率太低，工合社並不支

54　張琬〈中國銀行業向西南移轉的現狀〉，《香港大公報》，1939年9月12日。

55　關於農本局，詳見拙稿〈農本局の成立とその役割——戰時下、国民政府の農業政策の一環〉，《大分縣立藝術短大研究紀要》，第21卷，1983年。

56　《抗日支那の新據点貴州・雲南兩省再建工作狀況》，1939年，第15-16頁。

57　秦孝儀主編《革命文獻：合作運動（一）》，第84輯，1980年，第126-127頁。

58　前引上海日本大使館特別調查班譯《三年來支那工合運動の發展》，第168頁。

59　周淑生〈戰時經濟消息〉，《經濟動員》（昆明），第4卷第5期，1940年5月。

60　〈貴陽工合事業積極從事生產〉，《香港大公報》，1941年1月5日。

薪，社員購買生活必需品，或手術後補充營養，每月可借款不超過15元，年底扣除借款後一併支付工資。社員對此好像並無不滿。另外，飲食由醫院免費提供，用費似來自紅十字會。這些社員的優點是勤儉、耐勞、紀律性強，缺點則是文化水平低，不善於理財、不懂成本計算。[61]就這樣，傷殘軍人不可能在其他工廠覓得工作，而工合社則聯合紅十字會對其提供支援，並且不計經濟得失。

1940年下半年，貴陽事務所得到工合國際委員會的資金補助2萬6,550元，經費因此大為充裕；10月1日，與政學系吳鼎昌的夫人任主席的新生活婦女工作委員會合作開辦了出征軍人家屬訓練班。學員共50人，全為婦女。技術訓練分三班，其中織襪16人、化學工藝17人、刺繡17人。另有基督教女青年會工業訓練班，婦女難民、軍人家屬在此接受技術訓練後，共同組成了縫紉合作社。據說，婦女們本來絕大部分是文盲，但結業時技術、專業學習都有很大進步。[62]

由上述可知貴州工合社的特點如下。其一是以縣為單位，辦理業務以縣為媒介。其二是重視訓練傷殘軍人、出征軍人家屬等，並組織他們成立合作社。海倫・福斯特認為，軍人只有不擔心後方的家庭、負傷後的生活有保障，才能勇敢作戰。從這點看，貴州的工合社無疑發揮了極大作用。海倫・福斯特還以東南區為例，介紹了傷殘軍人加入工合社後深受當地擇偶女子垂青的事實。[63]因此，有理由相信，貴州的工合社在幫助傷殘軍人、軍人家屬生活穩定方面，也同樣相當成功。第三個特點是，貴州的工合運動除與省合作代營局、各縣等互相配合外，還與宋美齡領導的新生活婦女工作委員會、紅十字會、基督教女青年會及「傷兵之友」社等其他機關、組織建立了牢固的合作關係。例如，工合事務所向工合社提供機器、原料，同時傳授技術，而婦女工作委員會則努力確保社員的衣、食、住，並改善其衛生、福利。在工合社勞動的婦女，一般每天工作7小時，然後上課學習國語、算術、合作常識等3小時。這種種努力，不僅幫助婦女實現自立，在傳授知識、激發抗戰熱情等方面也都很有意義。當然，為幫助婦女參加勞動，也開辦了托兒所。

關於接管貴陽事務所之後雲南工合運動的狀況，史料並不多。如前所述，雲

---

[61]　羅子為〈滇黔工合視察紀感〉，《工業合作月刊》，新1卷第5、6期，1941年12月。

[62]　前引《貴陽工合事業積極從事生產》。

[63]　Nym Wales, *CHINA BULDS FOR DEMOCRACY: A Story of Cooperative Industry*, New York, 1941, p.136, 142. （東亞研究所譯《支那民主主義建設》，東亞研究所，1942年12月，第195、204頁）。

南工合辦事處把組織工合社工作的重點由城市轉移到了農村；1941年6月時，工合社已明確分為工廠式的「集中型」，和分散作業的「分散型」。「集中型」工合社在城市，許多社員從前是工人，而「分散型」工合社則在農村，社員全部是農民。所謂「分散型」，即集中供應原料、統一運銷產品，但生產活動則在各家各戶分散進行。織布工合社幾乎全部是這種家庭副業式的「分散型」，社員是農村婦女。昆明市的工合社全部是「集中型」，昆明縣全是「分散型」，大理則是「集中型」和「分散型」各半，玉溪、曲靖則十之八九為「分散型」。與信用合作社每戶只有一人成為社員不同，工合社則不限定每戶社員人數。也就是說，工合社的組織工作陷入了如下矛盾，即工合社本以個人為單位，試圖在以家庭為社會基本單位的中國開創新局面；但由於大家庭制度下家庭成員較多，每社至少七名社員的原則條件很難滿足，於是不得不以家庭為單位組織工合社。[64]

　　雲南區也舉行各種社會活動。如在1941年7月的第十九次國際合作社日和「七七抗戰建國四周年」紀念大會上，各工合社經區辦事處組織在中央日報館聯合舉行義賣，以八折價格出售產品，並將銷售額的兩成至全額捐給「七七獻金」活動。此外還舉辦過產品展覽會。[65]然而，不可否認的是，較之其他各區，雲南區的此類活動在全國並不突出，甚至稍顯落後。

　　彭澤益編《中國近代手工業史資料》第4卷記載，據1943年11月30日統計，雲南計有工合社96社、社員2,078人，即昆明53社、社員1,579人，玉溪26社、292人，麗江12社、125人，昭通5社、72人。[66]該史料未收入大理、曲靖的數據，不無遺憾，但仍可明確如下兩點。即，第一，雲南區的社員人數，1941年4月有1,341人，其後大幅增加，而且不僅依計劃將工合社發展至昭通，還擴大到了麗江；第二，昆明的工合社每社平均社員數由12.4人升至29.8人，已達到中等規模。當然，其具體情況尚需確認，上述發展也並非一帆風順；滇緬公路、滇越鐵路被切斷，無疑也嚴重打擊了依靠交通網絡發展起來的雲南工合運動。換言之，上述統計不見大理、曲靖的數據，或並非統計遺漏所致，而是該兩地遭到毀滅性打擊的結果。此外，1941年8月日軍轟炸昆明，也沉重打擊了城市型工合社。為應對此次打擊，雲南省的工合運動被迫放

[64]　前引羅子為《滇黔工合視察紀感》。
[65]　同上。
[66]　前引彭澤益編《中國近代手工業史資料》，第4卷，第375頁。

棄城市三、農村七的原則，組織工合社工作的重心進一步向農村偏移。即，辦事處將昆明的工合社大部分轉移到官渡鎮等地，並在當地成立指導站，形成了小規模織布工合社的網絡，透過聯合運銷、聯合採購徹底排除中間盤剝、降低成本；還組織了染織工合社，兼營染色和織布。據說，經過如此整頓，且利用放款較多的合作社加入了中央信託局的戰時保險，各工合社抵抗風險的能力得到了提高。[67]

　　在這種狀況下，雲南區成績最好的工合社有二，即昆明的罐頭工合社和肥皂工合社。罐頭工合社是由7名回民社員於1939年夏利用短期放款2,500元組織起來的。該社擁有十幾頭牛，但不屬工合社，而是社員個人所有。一年後開始接受區辦事處指導。1943年業務擴大，但因物價暴漲，再借短期貸款2萬元。據說，該社業務發展順利，五年來未曾改組，其「牛乳罐頭」是區供銷代營處販賣部的唯一產品，所生產的牛油在昆明因沒有替代品，得以壟斷該地市場，解決了戰時缺少糧食的許多昆明市民的營養問題。該社管理健全，社員也富有合作精神。肥皂合作社為擁有化學知識的某公務員所創辦，聯合十幾處作坊生產十數種肥皂，亦即所謂的「分散型」合作社。其產品色、質俱佳，洗衣洗面皆宜。不過，該社理事長即創辦人缺乏合作精神，在職一年即辭離，工合社也被迫改組，後終於解散；但已掌握技術的數名社員從區供銷代營處領取原料和工資，繼續生產，其「工合」牌肥皂深受歡迎。[68]不過，據說，在昆明，由於條件較好的工作機會較多，工合社員的流動性較大。

　　1944、1945年，雲南區有機器聯合社、官渡區聯合社、昆明市聯合社、昆明縣聯合社、昆明市縣聯合社。這些聯合社在業務、生產、運輸、銷售等各方面相互協調、統一，發揮了威力；但也存在問題。例如，機器聯合社是按行業聯合起來的，依地區同時也是市聯合社和市縣聯合社的一部分；但各聯合社之間卻並不發生關係。官渡鎮的染織工合社由34社組成，社員多達1,400餘人；這些工合社組成了官渡區聯合社；但是，這些工合社原為「分散型」，區聯合社成立後，社員個人與之發生直接業務關係，致使各工合社形同虛設。[69]總之，加入聯合社，在其他地區是出

[67] 前引上海日本大使館特別調查班譯《三年來支那工合運動の發展》，第159-160頁。前引鄒毓秀《雲南區工合運動近況》，1940年，第219頁。

[68] 劉康甫〈工合在雲南的貢獻〉，《工業合作季刊》，第1期，1944年6月。吳志鐸〈視察昆明工合觀感〉，《工業合作半月通訊》，第11、12期，1945年5月5日。

[69] 前引吳志鐸〈視察昆明工合觀感〉。

於工合社自願，但在昆明，參加行業聯合也就等於自動加入地區聯合；而這兩種聯合怎樣才能有機地結合，卻遠非明確；在工合社透過聯合不斷擴張規模的同時，社員們卻為生活考慮，正在越過工合社的框架而與聯合社形成對自身更加有利的關係（此處指無需再支付共同基金、公益金以履行社員的義務）。

在戰爭末期，使雲南工合社深受打擊的是徵兵。各工合社對徵兵深感危機，擔心社員都當了兵，無人從事生產。以昆明為例，第十五金工合社和第二、三機器工合社組織機器聯合社，要求國民政府切實執行《技術工緩役辦法》；印刷工合社因社員逃避徵兵而被迫停產；縫紉工合社在某社員被徵兵時，以業務大受打擊為由表示反對，後為爭取豁免，從1944年度純利12萬元中拿出11萬元賄賂當地保甲長；第二針織工合社的社員應徵前往印度，該社決定在其出征期間繼續支付工資和獎金，發放給其家屬。[70]就這樣，徵兵對工合社確保人才穩定形成了打擊，各社曾採取各種方式予以應對。只因雲南並未成為戰場，才得以勉強渡過難關。

結語

本章最後對上述探討概括如下。

第一，與陝西一樣，雲南也是拱衛重慶的抗戰基地之一，而且被視為安全地帶，有許多近代大型工廠或新建、或從外地遷來。其結果，小規模工合社並不受重視，雲南區辦事處所獲得的放款極少，一直困於資金短缺。雲南工合運動當初也與其他區一樣，試圖主要在城市組織失業者、難民成立工合社，但昆明市內失業者、難民不多，難以發展工合社，能組織的不過技工、出征軍人家屬等而已。雲南區於是將工作中心轉移到城市周邊的官渡鎮等農村，制定了城市三、農村七的方針，重點發展農村工合社，並取得了順利發展。這表明，在城市組織手工業者成立工合社，和在農村組織家庭副業式的「分散型」工合社，是雲南區工合運動的重點。工合社的社員，在大理是失業者和手工業者，在玉溪則是手工業者和農民。

第二，在貴州省，除貴陽外，只有鎮遠的第四傷殘軍人醫院曾經組織過工合社；兩省合併為滇黔區後，工合社幾乎全部在雲南，因此，合併在經濟上對雲南的

---

[70]　同前。

工合社幾乎沒有幫助。而且，貴陽的工合社儘管把組織對象從傷殘軍人擴大到了退役軍人、出征軍人家屬，但更多地是為維護他們的生活和尊嚴，而非擴大生產，其重要意義也更多地在於維持、加強包括他們在內的中國民眾的抗戰精神。貴陽以傷殘軍人為社員組織工合社，後來為全國各地仿行，廣西省全縣、桂林、中渡和湖南省邵陽以及江西省、福建省等地也組織了60多個同樣的工合社（請參閱本書第六章）。在這方面，貴陽無疑是先驅。

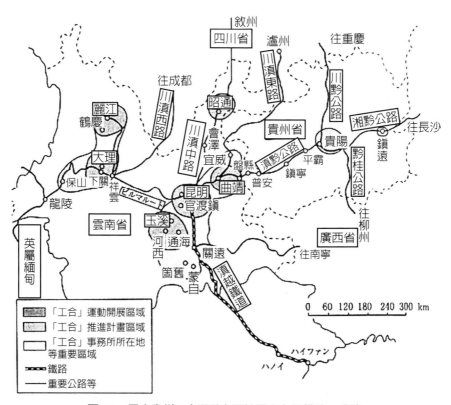

圖8-1　雲南貴州工合運動主要地區和主要鐵路、公路

※以《中國地圖集》（香港：新興出版公司，1996年）為基礎，參照中國抗日戰爭史學會等編《中國抗日戰爭史地圖集》（中國地圖出版社，1995年）第115-116頁、滿鐵調查部《支那抗戰力調查報告》（三一書房，1970年復刻版）第236-249頁、劉廣沛〈中國工業合作協會三個月計劃書〉（1939年4月，經濟部（一）工業司《中國工業合作協會》[上]）、中央研究院近代史研究所檔案館藏檔18-22-58-(1)及本書本章相關內容，並經綜合考察後繪製。

　　第三，如圖8-1所示，雲南的工合社沿主要幹線分佈在各城市，而各城市又分別覆蓋附近鄉鎮，如昆明覆蓋官渡鎮，玉溪覆蓋河西、通海、開遠，曲靖覆蓋宣威等；大理則又與下關、麗江、鶴慶、保山獨自形成工合地帶。由此可知，雲南的工合運動似曾有沿主要幹線組織工合社以形成大規模工業生產地帶的計劃。然而，貴陽儘管位於滇黔、川黔、湘黔、黔桂各公路的核心，其工合運動卻未能與雲南昆明連為一體；而在昭通發展工合社，則含有將來聯通昆明、四川的意圖。

　　第四，雲南、貴州事務所層級的活動家，有不少是燕京大學、南京金陵大學、江蘇師範大學、東北大學等的畢業生，他們在七七事變前即熱心於合作事業，具有從事農村合作運動的經驗。這顯然意味著，雲南儘管在抗戰前幾乎沒有合作事業的基礎，但雲南的工合運動與從前的合作運動並非沒有關係，而是繼承了從前運動的人才資源，並按新的理念重組而成。

　　最後，讓我們將表8-2和表1-7聯繫起來，以觀察雲南工合社的月產值在全國的比重。1940年6月，在全國工合社的月產值為578萬3,450元時，雲南工合社的產值為7萬9,600元，只占全國的1.38%；7月則是900萬元與28萬4,207元之比，雲南的比重也僅為3.16%。其後的統計數據，日期並不完全一致，只能據日期相近者推算近似值，即，1942年5月全國工合社產值為1,737萬566元，而同年7月雲南工合社為202萬7,765元，雲南占比11.7%，較從前顯著提高。至於工合社數，1939年雲南占全國的1.8%至2.3%，1940年至1941年占5.5%至6.6%，其後也同樣顯著提高。如1943年11月全國工合社共781社、社員1萬2,395人，其中雲南（大理、曲靖除外）為96社、2,078人，占比分別高達13.1%、28.8%。然而，觀諸分配給各區辦事處的放款額，1940年6月雲南區辦事處僅占3%。再比較各區各社的單純平均放款額，西北區為5,457.8元、川康區為3,066元、西南區為2,352元、東南區為652.7元，而雲南區則為1,581元。[71]亦即，雲南區每社平均放款額雖高於東南區，但重慶國民政府及工合協會並不很重視雲南區。而其原因或為雲南控制在反抗中央的龍雲手中，而且更重視大型工廠。

　　不過，1941年下半年以後，國共衝突激化、國民黨對工合運動的彈壓加劇以及資金短缺、原料不足、通化膨脹等，使全國工合社呈減少之勢，卻使雲南工合運動在全國的地位相對提高。這與國民黨礙於龍雲的影響而無法彈壓民主派、抗日民主

---

[71] 前引拙稿〈重慶政権の戰時経済建設〉之表8計算。

運動因之空前高漲、致使昆明成為民主派人士開展活動的重要基地不無關係，[72]也暗示著雖然1942年有CC系控制的合作事業管理處成立，但其對民主派領導的工合運動並未能進行徹底彈壓。此外，據說孔祥熙在滇越鐵路被封鎖後曾估計到內陸工業將出現停滯，並試圖以強制手段實現「一村一社」以作應對；[73]而日軍對昆明的轟炸則嚴重打擊了難以向農村地帶轉移的大型工廠，同時也相對突出了工合社維持工業生產能力的意義。亦即，在其他區的工合運動趨於停滯、工合社不斷減少的時期，雲南發展工合社的力度卻在加大，工合運動因政策推動而不斷壯大。

表8-4　雲南合作社數統計（1939-1945）

年	信用	消費	農業生產	工業生產／工合社	供給	公用	運銷	保險	合計
1939	1,656	1	4	25/25					1,686
1940	3,906	2	61	106/106					4,075
1941	6,244	7	181	123/123	4	7	7		6,573
1942	6,913	11	153	165/153	60	6	3	1	7,312
1943	7,397	33	189	212/197	24	6	1	1	7,863
1944	6,862	186	182	184/171	24			1	7,443
1945	6,176	336	192	189/175	25	5		1	6,924

※根據王武科《雲南合作事業》（中南出版社，1949年）第38頁及本書本章表8-2編製。另，1939年至1940年無工業生產合作社統計數字，故採「工合」系統合作社數字。再，1943年至1945年雲南工合社數不詳，故根據工合社占1942年工業生產合作社總數的比率進行推算。消費合作社一直增加較快，乃因物價暴漲，生活受到威脅的城市居民，尤其是公務員、教職員、工人為自衛而組織消費合作社。

　　其結果，如表8-4所示，1941年4月，雲南有工合社123社、社員1,341人，1942年7月增至158社、2,497人。其後的不完全統計為，1943年197社、1944年171社、1945年175社。「工業生產合作社」減去工合社數之差，應為省合作委員會等其他機關受工合運動影響而獨自組織的工業生產合作社數。農業生產合作社在1939年僅有4社，但

---

[72]　前引拙稿〈雲南省の戰時經濟建設──軍閥龍雲と蔣介石〉。龍雲曾認為，推動合作事業的省級機構已有省合作事業管理局、省合作金庫、省合作物品供銷處三個單位，而合作金融則除富滇新銀行外，還有中國銀行、中國農民銀行、農本局和工合協會分別進行，漸趨複雜，因而主張應將權限統一於合作金融專門機構即省合作金庫（雲南省圖書館藏龍雲著《雲南行政紀實》，第13冊，1943年1月，第14-15頁）。試圖將合作金融統一於地方，也反映了龍雲一貫追求地方自治的態度，顯示他雖然對工合運動有所理解，但仍將其視為外來運動。

[73]　滿鐵調查部《支那抗戰力調查報告》（1970年復刻版），三一書房，第499頁。

隨著工合運動的發展也在增加，1940年為61社，1941年增至181社。這顯示工、農業生產合作社的發展是相互激勵的。就這樣，雲南的工合運動在發展中逐漸糾正了信用合作社占壓倒性多數的缺陷，各行業的合作社漸趨平衡，重點推動農村手工業重組的方針成效顯著，承擔了發展輕工業以填補大型工廠生產空白的重要作用，與其他合作社一同穩定了社會經濟的基礎。這一切，無疑具有重要的歷史意義。

（袁廣泉　譯）

陝甘寧邊區的工業合作運動
——工合運動向共產黨支配地區的擴展與抗日民族統一戰線

前言

　　工合運動由第三勢力創始、領導，並得到國共兩黨的支持，從而發揮了經濟方面抗日民族統一戰線的作用，此即該運動的特殊性質所在。因此，要全面探究工合運動史，除須考察第三勢力、國民黨的作用外，自然亦須從共產黨的角度深入研究，如此才能闡明該運動的統一戰線性質。通觀此前有關抗日民族統一戰線的研究，從政治方面探究其形成過程、特別是其路線問題、救亡運動等的論述較多，[1]但對工合運動跨越國共兩黨支配地區、其本身即體現抗日民族統一戰線，卻未能充分認識到其重要性。1983年，工合協會在中國大陸恢復活動後，工業合作社再次陸續成立，有關工合運動的回憶錄及論文等也隨之相繼問世。這些回憶錄、論文等雖都強調該運動與中國共產黨的關係和來自國外的援助，但卻並未深入觸及陝甘寧邊區工合社內部的結構、運作等，相關研究才剛開始，許多問題遠未明確。[2]加之，

---

[1] 如本書序章注3所述，抗日民族統一戰線研究主要側重政治史、路線史、形成史，還難以深入且真正清楚地闡述統一戰線，今後研究尚須兼顧經濟方面，且須涵蓋統一戰線成立後的影響。從這個角度而言，井上久士〈抗戰前期（一九三七至一九四〇年）陝甘寧邊區經濟建設〉（《中國抗日根據地史國際學術討論會論文集》1985年）將第二次國共合作成立後的邊區視作「全國國防經濟之一環」，對邊區工業建設情況作了分析，雖然將下限定為1940年留下商榷的餘地，但第一次提出外援問題，值得關注。本章將循此更進一步，聚焦邊區工合運動，探討其實際狀況、發展過程、工合社的管理經營狀況及運動在邊區工業中的地位；分析時，將重視邊區的合作政策及其與一般合作社的關係，並以實證方法考察工合運動作為經濟方面統一戰線的多方面意義。

[2] 如路易‧艾黎的回憶錄〈「工合」運動記述〉（《文史資料》，第71輯，1980年）等，都強調

與國統區工合社相比，邊區工合社的上級管轄部門及管理形態更加複雜，不易把握；因此，管見所及，至今尚不見有專門研究。本書認為，要清晰地把握運動的本質，僅探究工合運動的肇始及發展經過、國統區及游擊區工合社顯然尚不充分，還須對邊區工合社的實際狀況進行深入考察。因此，本章將就工合運動被引入邊區的背景、發展過程、工合社的內部結構和實際狀態、作用和意義等作實證性探討。亦即，本章將集中論述中共支配地區的工合運動在怎樣的背景下開始、如何發展、具有怎樣的意義等。

一、邊區引入工合運動的背景

1939年4月，延安工合事務所（以下簡稱「延安事務所」）成立，重慶的工合協會對其撥付行政費（事務所開辦費）1,500元、提供貸款2萬元，並每月支出經常費3,000元。[3]如此，工合運動開始作為跨越國統區和邊區的廣泛運動而發揮重要作用。當然，工合運動進入邊區並非一帆風順，國民黨態度消極，而共產黨也曾對其予以批判。亦即，CC系攻擊工合協會是「共產黨組織」，中共方面也認其為「改良主義」，甚至對其抱有敵意。據說，宋慶齡即曾因支持工合協會而受到中共激烈批判，稱工合協會是「修正主義資產階級組織」。[4]

要瞭解中共為何反對工合運動，還需對中共在蘇維埃政權時期的主張進行考察。長期以來，中共一直基於列寧的合作理論來看待合作社。如壽昌曾在中共中央局機關雜誌《鬥爭》刊文稱，合作社的性質並非由合作社自身所決定，而須在資本主義還是社會主義這一框架內決定，斷言改良主義者宣傳「合作主義」、「合作社會主義」而否定階級鬥爭，與革命的勞動運動作殘酷鬥爭，是全世界無產革命鬥爭最兇惡的敵人之一。儘管如此，壽昌並未徹底否定蘇區的合作社，而是將其視作既

　　與中共的關係，但基本都未涉及邊區工合社的實際情況。

[3]　陳翰笙〈中國工合合作運動的過去與將來〉，1947年9月。〈中國工業合作協會西北辦事處延安事務所工作概況及今後計劃的報告〉（1946年），《抗日戰爭時期陝甘寧邊區財政經濟史料摘編》，第7編，1981年，第200頁。

[4]　Edgar Snow, *JOURNEY TO THE BEGINNING*, 1958, pp.231-231.（松岡洋子譯《目覚めへの旅》，紀伊國屋書店，1963年，第201頁）。

非資本主義企業、也非社會主義經濟，而是在土地革命過程中成長起來的小生產者的集體經濟之一，受到工農大眾的擁護。但他同時也把合作社員限定為工人、貧農和中農，而將剝削分子即地主、富農、資本家排除在外，並強調中共須在合作社內掌握領導權。[5]另外，亮平也認為，合作運動在持久性革命戰爭和經濟建設中一直是重要一環，在提高蘇區整體經濟和大眾生活過程中將發揮主要作用，將對在經濟層面組織和教育大眾、使其發揚革命積極性、鞏固工農同盟、取得革命戰爭的徹底勝利等具有極大意義。[6]可見，他們都不否定合作社，而是在一定範圍內對其在蘇區的作用給予較高評價。

那麼，蘇區合作社的實際情況如何？觀諸以江西為中心的中央蘇區，1933年8月，其合作社總數為950社，社員19萬4,398人。以行業觀之，消費合作社占總數的43.9%、糧食合作社占48.1%；但生產合作社只有76社，不及總數的8%。翌年2月，合作社總數大幅增至3028家；生產合作社也增加一倍多，達到176社，但也只占總數的5.8%。生產合作社每社平均社員數，1933年為122人，1934年是186人，可知其規模不算小。[7]其業務，消費合作社提供大眾日用品並為紅軍家屬減價優惠；糧食合作社則調劑糧食供給，但實際效果並不顯著，部分糧食合作社甚至從事買賣，與消費合作社無異，還有一些則僅有農業倉庫功能。這兩類合作社，或因需儲藏、低價且有效地分配並不豐富的物資而受到重視。生產合作社的業務有造紙、製鹽、樟腦、製鐵、紡織、石灰等，亦即所謂工業生產合作社。[8]不過，據壽昌記載，除造紙合作社得到廣泛發展外，其他較有影響的只有福建省寧化等地的三四個鑄鐵合作社。[9]此外，以手工業（生產手段極端落後）為主的雇傭勞動型小工廠，其集體所有制性質似亦極其薄弱。[10]

眾所周知，1934年10月，中共中央放棄蘇區，經過約一年長途轉移和征戰後到

---

[5]　壽昌〈關於合作社〉，《鬥爭》，第17期，1933年7月5日。

[6]　亮平〈目前蘇維埃合作運動的狀況和我們任務〉，《鬥爭》，第56期，1934年4月21日。亮平〈經濟建設的初步總括〉，《鬥爭》，第29期，1933年10月7日。

[7]　前引亮平〈目前蘇維埃合作運動的狀況和我們任務〉。

[8]　同前。

[9]　壽昌〈關於合作社〉（續完），《鬥爭》，第18期，1933年7月15日。

[10]　丁立剛〈論中國工業合作運動〉，《社會科學》，1983年第1期。

達陝北。但此地儘管岩鹽、煤炭、石油、鐵礦等資源豐富，但工業卻幾近空白，工業基礎比江西還要落後。至1936年，此地僅有公營工廠3家，分別是印刷廠、被服廠、軍需廠（職工計約270人）。[11]因此，在1938年以前，日用品大部分依靠從外部輸入。但從1938年起工業建設受到重視，先後有難民紡織、造紙、農具、皮革、八路軍製藥等各廠創辦起來；至1939年，公營廠增至10家。但其生產仍為手工作坊式，並不使用電力機器及畜力等。[12]

那麼，邊區合作社的發展情況如何？1937、1938年，為改變商業落後局面、滿足大眾對日用品的需求，在邊區政府指導下，民眾自發成立了各種合作社。邊區24縣都有合作社，共155社，社員8萬餘人，社股總額達7萬9,470元（每股3角，每人最多可認購10股）。但這些合作社幾乎全是消費合作社，其占比高達95%。[13]而工業生產合作社，因邊區連手工業也極落後，被認為極難組織。因此，最早的工業生產合作社，是成立於1937年秋天、橫跨多個生產部門的工人合作社。該社在邊區總工會指導下開始募股（每股3角），由抗日軍政大學和陝北公學的學生、工作人員及市民集資250元而成立。初時有製鞋、被服、木器、瓷器四個生產部門，不久後增加製糖、食堂兩部門；1938年冬擴至13個部門，資金也增至2,900員，其中股金增至1,500元，另有邊區銀行投資1,400元。[14]但是，1938年底至1939年初，該社遭日軍轟炸，學生們也撤離延安，股金被退還，後因籌資困難而一蹶不振。但在1938年，延安總算也有了工人合作社和皮革合作社這兩個生產合作社，延長和安塞也各有一個紡織合作社，邊區共有合作社4社。[15]據稱，當時邊區合作社的特徵及缺陷如下。即，與政府有聯繫，為動員大眾發揮了作用；所有工作人員皆經民主選舉；社員大多為雇農、貧農、中農，富農僅占極少數；發展不平衡，生產合作社較少；缺乏資金，增資無望，只能依靠民眾自己的少量資金維持經營；缺乏合

---

[11] 高自立〈為工業品的全面自給奮鬥〉，《為工業品的全面自給而奮鬥》，1944年，第42頁。丁冬芳〈陝甘寧邊區經濟事情〉，《特調班月報》，第2卷第2號，1940年11月。

[12] 同前。

[13] 杜映〈繼續發展中的邊區合作事業〉，《新華日報》，1938年6月5日。

[14] 〈生產合作社報告材料〉，前引《抗日戰爭時期陝甘寧邊區財政經濟史料摘編》，第7編，第188頁。

[15] 〈一年來陝甘寧邊區經濟建設工作〉，1939年，前引《抗日戰爭時期陝甘寧邊區財政經濟史料摘編》，第7編，第192頁。

作社幹部。[16]

　　邊區早期的工業建設可分兩個階段。第一階段始於1938年夏秋之交。彼時因抗戰爆發，許多人來到邊區，其中不少是知識分子，有畢業於國內外大、中學校的青年學生，他們在軍事、政治、文藝、科學技術等方面形成了邊區知識分子隊伍，[17]其中部分人後來成為邊區工業建設的核心力量。技術人員中最重要的當數沈鴻，他攜帶旋床、刨床、銑床、鑽床等10台「母機」（製造機器的機器，屬生產工具生產部門），帶領7名見習工從上海來到延安。此事對邊區工業的發展具有劃時代性意義。因為，沈鴻的設計透過「母機」形成「新型母機」，使許多工廠擁有了機器，如印刷廠有了油墨機、造紙廠有了造紙機、製藥廠有了壓榨機等。[18]此外，沈鴻和錢志道還創辦了工藝實習廠，石油廠也在陳振夏努力下重新投入生產。[19]

　　第二階段則是引進工合運動。如前所述，邊區並未能馬上理解重慶工合協會領導下的工合運動的意義。但邊區經濟閉塞、落後的局面須設法改變，在邊區開展工合運動也應有利於第二次國共合作。1938年，斯諾致信毛澤東認為，中共已接受抗日民族統一戰線和混合經濟，則對工合運動也應予以全面支持。[20]實則，毛澤東

---

[16]　前引杜映〈繼續發展中的邊區合作事業〉。

[17]　楊作材〈自然科學院建院初期的情況〉，《延安自然科學院史料》，1986年，第384-385頁。

[18]　武衡主編《抗日戰爭時期解放區科學技術發展史資料》，第2輯，1984年，第59頁。前引井上久士《抗戰前期（一九三七至一九四〇年）陝甘寧邊區經濟建設》。據該書第57-58頁記述，沈鴻（1906-1998）是浙江人，1919年在上海某洋布店做見習工，其間常去附近的機械廠觀察機器，通過閱讀《申報》掌握了基礎科學知識，開始抱有「工業救國」的理想。26歲時，與朋友用5,000元資金一起開辦小型機械廠，1937年，該廠工人達30餘人；據說，在此過程中，沈鴻也成長為一名優秀工程師，還具有「民主思想」。七七事變爆發後，曾試圖把機器運到武漢，為抗戰盡綿薄之力，但未得到響應和幫助，最後來到延安。沈鴻擁有「工業救國」信念和「民主思想」的民族資本家，因此是民主派，應列為第三勢力範疇。

[19]　錢志道（1910-1989），畢業於浙江大學化學系，曾任職南京中央化學研究所、太原理化研究所。七七事變爆發後曾研究防毒器具，10月，離開太原避戰禍於開封。但在開封目睹當地軍政腐敗，遂轉赴延安，幫助邊區發展化學工業。陳振夏（1904-1981）曾是上海模範工廠的見習工，後供職中華電器製造所。五卅運動爆發後被推為罷工委員會主席，遭警察逮捕、關押。後來在招商局任工程師，並兼任總工程師，但被視作「危險人物」而受到監視，遂赴延安，在石油廠工作。前引《抗日戰爭時期陝甘寧邊區財政經濟史料摘編》，第3編，第450-451頁；前引井上久士《抗戰前期（一九三七至一九四〇年）陝甘寧邊區經濟建設》。

[20]　Edgar Snow, op, cit, p.232.（日譯：松岡洋子譯《目覺めへの旅》，第201頁，紀伊國屋書店，1968年4月，第6次印刷）。

早就開始關注合作社，並與其關係匪淺。早在第一次國共合作時期的1924年7月，民間合作社領導人和國共兩黨黨員曾成立中國合作運動協會，毛澤東即其發起人之一。[21]因此，得到他的支持應該不是什麼問題。此外，1938年，艾黎曾以工合協會名義向邊區運來紡織機，並一同派來紡織工人；前述難民紡織廠即以此為基礎組織起來的。亦即，工合運動在正式進入邊區前，已在邊區有一定基礎。[22]

毛澤東曾表示希望邊區也組織工合社。他認為最需要工合社、因而軍隊和人民、政府最歡迎的工合社的，是敵後戰鬥地區；在此前提下，他說，工合運動的意義在於，防止敵方物資從佔領區向游擊戰的基地農村滲透；將資源用於我方產業，防止被日本利用；在游擊地區建立自給體制，以堅持長期抗戰；訓練失業者和非熟練工，防止他們為日本所用；以農民所需工業產品與之交換糧食、維持農村經濟等。[23]毛澤東還說，邊區最重要的組織不是現有的兩三個工廠，而是許多的合作企業，號召應該歡迎地主和資本家投資、合作社的發展對大家都有益處；[24]還說，合作社具有統一戰線的性質，全體農民、工人、地主、資本家都能加入。[25]不妨說，邊區引進工合運動是基於上述認識，同時也是為解決財政困難而試圖利用地主、資本家所擁有的資金。

中共內部最支持工合運動的是周恩來。1938年武漢淪陷前，周恩來曾在八路軍辦事處會見艾黎，並說工合運動是統一戰線的組成部分，希望延安也能成立工合事務所，以支援邊區自力更生、發展生產。周恩來和秦邦憲還強調，為透過工合運動促蔣抗戰、阻止其投降日本，亦須爭取蔣等最在乎的美國的支持。周恩來還認為工合協會是社會團體即大眾組織，建議也吸收愛國民主人士加入。[26]周恩來對成立

[21] 〈合作運動協會發起人會議〉，《上海民國日報》，1924年7月27日。

[22] 前引楊作材〈自然科學院建院初期的情況〉，第385頁。

[23] Edgar Snow, op, cit, p.232-233.（日譯：前引松岡洋子譯《目覚めへの旅》，第202頁）。

[24] 史坦恩（Gunther Stein）著、野原四郎譯《延安一九四四年》、1962年，第146-147頁。另，關於農業生產合作社，毛澤東曾對其不破壞土地革命後的個人經濟集團化、互助、個人私有財產給予高度評價。毛澤東〈論合作社〉，1943年10月，《毛澤東集》，第9卷，北望社，1971年，第75頁。

[25] 《解放日報》，1944年7月4日。

[26] 黎雪〈會議周恩來同志二三事〉，《羊城晚報》，1982年3月5日。前引路易‧艾黎〈「工合」運動記述〉。盧廣綿〈抗日戰爭時期的中國工業合作運動〉，《文史資料》，第71輯。另，王炳南也曾明確表示支持工合運動。

工合運動的核心組織工合協會，也曾有過一定影響──儘管是間接影響。亦即，工合協會的名譽理事長是宋美齡，理事長是孔祥熙，但理事會卻是國共兩黨黨員和第三勢力的統一戰線組織；而關於理事人選，艾黎和盧廣綿曾與周恩來進行過協商。[27]1938年6月，周恩來、秦邦憲、王明曾一同提出，應振興軍事工業、開發西南和西北的煤、鐵、石油等、轉移私營企業至安全地區及鼓勵手工業，同時組織各種合作社以吸收失業者和難民，使其參加生產。[28]為推進抗戰體制下的工業政策而關注合作社、組織失業者和難民從事生產──中共方面的這一立場與工合協會基本一致，因此，對能夠全面、具體地實踐該立場的工合運動，中共自然不會反對。

二、邊區工合運動的開始與展開

　　工合運動進入邊區始於延安事務所成立，具體事宜是與當時在重慶出席國民參政會的董必武商量後決定的。[29]1939年3月，還在事務所設立之前，艾黎前往延安拜會毛澤東，準備成立延安事務所。延安事務所隸屬工合協會西北區辦事處，其任務是，向海外人士宣傳邊區人民自力更生、艱苦抗戰的現狀，以獲得廣泛的政治支持和經濟援助，同時在邊區組織工業及農業、運輸、消費等各類合作社，以實現生產自給。[30]

　　1939年4月，李富春就任事務所主任（後由邊區銀行行長曹菊如繼任）、黎雪（艾黎的中國養子，英文名M. R. Mike）任工程師主任兼宣傳秘書主任，技術部長則選任邊區自然科學院的趙一峰（原國民政府經濟委員會工業調查員？）；另有職員16人，其中技術人員、化學技師各兩人。他們技術高超，卻不圖報酬，甘願接受與其他機關工作人員同等的待遇，每月只領取5元工資，甚至低於工合社的不少熟練工。據說，事務所全部職員的工資僅80元，節省下來的部分則用於事務所經費。[31]

---

[27]　請參閱本書第三章。

[28]　陳紹禹、周恩來、秦博古〈我們對於保衛武漢與第三期抗戰問題底意見〉，《解放》，第45期，1938年7月15日。

[29]　一丁〈路易·艾黎與工合運動〉，複印報刊資料《中國現代史》，1988年第6期。

[30]　前引黎雪〈會議周恩來同志二三事〉。

[31]　Nym Wales, *CHINA BUILDS FOR DEMOCRCY*, New York, 1941, p121.（東亞研究所譯《支那民主主義建設》，1942年，第173-174頁）。Chen Han-seng（陳翰笙），*Gung Ho-The Story of the Chinese Cooperatives*, 1947, p39.

　　關於延安事務所對各工合社的具體指導及管理體制，不同史料的記載互有出入。延安事務所的報告稱，工合社由事務所直接經營，邊區政府、邊區銀行和自然科學研究院給予援助；丁冬芳則稱工合社由工合協會經營而受邊區政府管理；郁文認為工合社受邊區政府直接指導、並得到工合委員會（工合協會）的協助；《陝甘寧邊區互助合作運動大事記》則作延安事務所行政上接受邊區政府中央財政經濟部指導，但日常事務主要由邊區銀行負責處理。[32]上述記載似不無矛盾；但如圖9-1所示，形式上，其組織系統與其他區無異，即自上而下依次為工合協會、西北區辦事處、延安事務所、各工合社。只不過，實際情形應是，延安事務所雖擁有經營權，但仍須接受邊區政府較強的指導和管理。黎雪每月都給周恩來、楊尚昆呈遞報告，並適時接受「指示」，或即其反映。[33]工合運動在國統區曾摸索如何排除國民黨權

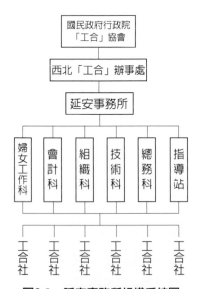

圖9-1　延安事務所組織系統圖
*根據姜漱寰著《工合運動在西北》（1940年6月）折疊附表等繪製。

---

[32] Reoport of the Yenan C.I.C Office, Nym Wales, *CHINA BUILDS FOR DEMOCRCY*, Ibid, p.292.（日譯：《延安工業合作社事務局の報告》之附錄，第41頁）。前引丁冬芳〈陝甘寧邊區經濟事情〉。郁文〈一九四〇年邊區第二屆農工展覽會參觀記〉，《新中華報》，1940年3月8日。〈陝甘寧邊區互助合作運動大事記〉，前引《抗日戰爭時期陝甘寧邊區財政經濟史料摘編》，第7編，第550頁。

[33] 前引黎雪〈會議周恩來同志二三事〉。

力的介入、確保自主自立，但在邊區似並未表現出對共產黨的抵制，國民黨對此極不滿意。這或許也是後來工合社招致鎮壓、工合協會被迫重組的原因之一。

延安事務所成立前後，邊區政府頒佈了《陝甘寧邊區抗戰時期施政綱領》，內容包括發展手工業及其他能夠發展的工業、獎勵商人投資、提高工業生產、確立八小時工作制、改善勞動條件等。[34]這些規定與工合運動的主張相同，也是開展該運動不可或缺的基本條件。

5月，陝甘寧邊區舉辦工業展覽會，[35]自然科學研究院在此基礎上正式成立。該機構人才與邊區工合運動領導人重疊，其發展邊區工業、建設經濟及培養科學技術幹部等目標，亦與工合運動一致，實質上是與工合運動步調一致的組織。院長是李富春，副院長為陳康白，實際領導工作由陳負責。陳曾執教於廈門大學和浙江大學，亦曾任北京大學理學院研究員等，後於1932年留學德國學習工程學，1937年來到延安，翌年加入中國共產黨，成為工業展覽會的負責人。陳因其經歷、成就而自然受到倚重，受其領導的有劉咸一、陳寶誠、楊作材、黎雪等技術人員約80人，其中20人從事調查、研究，其他人則分配到合作社、工廠、學校、機關等部門。[36]

1939年5月，邊區被國民黨封鎖，工業品輸入受到嚴重限制。於是，中共中央除提出「自己動手」、「自力更生」的口號外，還派人前往西安採購機器和原料。在此背景下，經營一直未見起色的工人合作社的被服、製鞋兩部門，被分別改組為延安被服工合社、延安製鞋工合社，另有新華化學工合社、光華製藥工合社（資本2千元，華僑青年梁金生指導）成立；延安、安塞也組織了紡織、榨油、磁窯等工業生產合作社，延安的雙石鋪還開始採煤。[37]

---

[34] 邊區政府〈陝甘寧邊區抗戰時期施政綱領〉，1939年4月，前引武衡主編《抗日戰爭時期解放區科學技術發展史資料》，第1輯，1983年，第66-67頁。

[35] 唐風雲〈展覽與獎勵是陝甘寧邊區推動技術進步的重要措施〉，前引武衡主編《抗日戰爭時期解放區科學技術發展史資料》，第3輯，1984年，第226-227頁。該處稱陝甘寧邊區舉辦展覽會等的目的是，①討論生產成果，②宣傳先進技術、推動技術進步，③普及科學知識、破除迷信等。

[36] 前引《科學院史料》，第378-379、670頁。Nym Wales, *CHINA BUILDS FOR DEMOCRCY*, op.cit, pp.120-121.（東亞研究所所譯《支那民主主義建設》，第172-173頁）。

[37] 毛澤東〈經濟問題與財政問題〉（1941年12月），第116-117頁。前引《生產合作社報告材料》，第189頁。〈工合延安事務所給富春同志的報告〉，前引《抗日戰爭時期陝甘寧邊區財政經濟史料摘編》，第3編，第297頁。

表9-1　陝甘寧邊區工合社一覽表（1939年8月前後）

行業	所在地	社員人數（A）	社員人數（B）	社股數	社股總額（元）	工合協會放款額（元）	主要產品	備考
油燈	延安	7	7	100	1,000	（短）1,500	洋燈、洋鐵器	抗戰爆發後，石油價格飛漲，故以植物油（酒精）替代石油。舊式洋燈光線弱、易髒汙，油耗高，於是加以改良。另製造銅鐵器材、機器供軍用。
紡織	延安	20	20	380	3,800	（長）2,000	土布、機布、紡紗	主要產品為棉布，使用延長、韓城產棉花，若能滿足原棉供應，有能力擴大生產。
紡織	安塞	35	35	200	2,000	（長）500（短）500	土布、機布、紡紗	
紡織	固臨	19	19	429	2,145	（長）500	土布、機布、紡紗	
毛紡	安塞	20	20	220	2,200	（長）1,500	毛線、毛織品	邊區畜牧業一直較為發達，羊毛產量達約500萬斤，品質優良，可供製造一般毛紡品、毛毯、帽襪。除採用當地農民的手工生產方式外，還與棉紗混用。
織染	延安	9	9	600	1,600	（短）1,000	染色、毛織品、棉襪	改組小型染織廠而成。染色技術在延安最優，但近期因燃料價格飛漲，經營困難。

行業	所在地	社員人數(A)	社員人數(B)	社股數	社股總額(元)	工合協會放款額(元)	主要產品	備考
製鞋	延安	37	37	120	200	(長)650(短)550	鞋（皮鞋、軍鞋、布鞋等）	37名社員幾乎皆為失業者，即組織失業者成立的工合社。月產800雙。因原料價格飛漲，經營困難。
臥具製造	延安	35		218	218	(長)130(短)200	寢具	流動資金緊張，無力購買原料，僅能應顧客要求加工，勉強維持收支平衡。
造紙	安塞	25	26	500	2,500	(長)3,000(短)1,000	紙張	每天造紙2,000張，原料為苧麻50%、麥秸30%、楊樹皮20%。周邊多楊樹，故正實驗以之生產可媲美大麻紙的紙張。劉姓主任技師尤其重視保溫槽的使用方法。
化學	延安	18	13	300	2,860	(短)2,500	肥皂、牙粉等	即新華化學工合社，請參閱本章正文。
製藥	保安						藥品	即光華製藥工合社。邊區一直盛產並外運草藥，近期則透過歐洲人及民間醫生、藥劑師等研究，已能生產16種藥品。
麵粉	延安	15	15	280	300	(長)200	麵粉、掛麵	也生產麵點，頗受市場歡迎。

行業	所在地	社員人數(A)	社員人數(B)	社股數	社股總額(元)	工合協會放款額(元)	主要產品	備考
榨油	延安	30	30	150	750	(長)300	麻油等	原料供應充分，訂有向新華化學工合社供應6,000斤麻油的合同。
瓷窯	延安	18	19	100	1,000	(長)500	陶瓷器（盆、碗）	產品大部分為陶器，瓷器占極少數。
被服	延安		39		200	1,000	軍服	
木工	延安						家具	已歇業
運輸	延安	9	9	100	1,000	(短)3,000	運輸	邊區政府放寬金額不詳。承擔原料和產品運輸，作用重要。邊區交通落後，故該社對發展經濟具有重大意義。艾黎來到延安時也曾指出其重要性。
合計		297	298	3,697	21,773	21,530		

※①《延安工業合作社事務局的報告》，韋爾斯（Nym Wales，海倫·福斯特·斯諾之筆名）著、東亞研究所譯《支那民主主義建設》，1942年，附錄，第43-48頁。
　②張法祖《工合與抗戰》，1941年，第44-45頁。
　另，「臥具製造」僅見於①，「被服」僅見於②。社員（A）為①的數字、社員（B）為②的數字，每社平均社員人數分別為21.2人、21.3人。「合計」乃從實際計算所得數字。（短）表示短期放款，（長）表示長期放款。

　　如表9-1所示，工合社所涉行業有紡織、毛織、油燈、製鞋、紙張、化學、製藥等，都是邊區一直緊缺的產品。工合社主要分佈在延安、安塞、保安、延長等地，則是考慮到商業及交通狀況、軍事安全、人口、原料供給等而做出的選擇。[38]資金為社股認購款和工合協會放款。每社約有21名社員，主要是工人、農民、家庭婦

---

[38] Nym Wales, *CHINA BUILDS FOR DEMOCRCY*, op. cit, p.297.（日譯：《延安工業合作社事務局的報告》，第48頁）。

女、手工業者和失業者等。[39]產品有夾襖4,500件、軍帽1,580頂、肥皂4,000塊、牙粉3,000袋、茶碗5,000個、煤油燈150盞、麻紙600連、棉布1萬4,740碼。[40]尤其是運輸工合社,雖不直接從事生產,但經艾黎建議,為加強運銷而受到重視。

工合社大幅提高生產效率,全國皆然,而在延安尤其如此。同年9月的月產報告顯示,法幣11萬7,625元的商品,其成本僅為5萬5,000元,產出是投入的兩倍多。[41]之所以能夠做到這一點,海倫‧福斯特認為其原因有數端,即在生產手段上投資少,如土地、勞動工具或由邊區政府提供,或僅收取名義租賃費;工廠管理費用極低,日常開支極少;產品透過消費合作社或政府、軍隊的配給機關銷售。值得注意的是,海倫‧福斯特稱工合社確有分紅,但卻不是分給社員,而是留下來將其轉為交訖股金的一部分繼續用於生產,使其不斷增殖。[42]果真如此,則如下現象就無法解釋,即商人、有財力者或為成立工合社、或為重建作坊、工廠而紛紛造訪延安事務所。[43]事實或如田家英所說的那樣,工合社採取了多種方式。亦即,當時邊區既有與民眾僅付兩三角認購社股而組織起來的消費合作社密不可分的工合社,也有純粹由工人組織的工合社,更有「官民合股」的工合社等;但為把一切勞力、資力都動員起來、吸引更多民眾,採取了靈活的按勞分配和按股分配的混合方式。[44]而這種靈活的分配方式,對此前因經濟閉塞、落後而走投無路的邊區的商人、地主,無疑也十分有利。

表9-2　陝甘寧邊區工合社統計(1939-1944)

年月	社數(A)	社數(B)	社員人數(C)	每社平均社員人數	社股總額(元)	借款(元)	每社平均資金(元)	月產值(元)
1939.	6[a]		58[a]	9.7	1,113[a]	20,000[b]	3,518.8	
,		30[c]						
		10[d]	199[d]	19.9	11,315[d]		1,131.5	4,169[d]

---

[39]　前引《延安事務所計劃報告》,第198頁。

[40]　Nym Wales, *CHINA BUILDS FOR DEMOCRCY*, op.cit, pp.119-121.(東亞研究所譯《支那民主主義建設》,第171-174頁)。

[41]　同前。

[42]　同前。

[43]　Nym Wales, *CHINA BUILDS FOR DEMOCRCY*, Ibid, p.292.(日譯:《延安工業合作社事務局の報告》,第41頁)。

[44]　田家英〈抗戰中的工業合作運動〉(續完),《解放日報》,1941年12月10日。

年月	社數 （A）	社數 （B）	社員人數 （C）	每社平均 社員人數	社股總額 （元）	借款 （元）	每社平均資金 （元）	月產值 （元）
	14[e]		298[e]	21.3	21,590[e]	18,500[e]	2,863.8	
.9	15[c]		296[c]	19.7	21,773[f]	21,530[f]	2,886.9	117,625[c]
		146[g]	23,531[g]	161.2	42,338[g]	19,400[g]	422.9	
.冬	15[b]		233[b]	15.5				
1940.	17[d]		386[d]	22.7	64,087[d]		3,769.8	34,471.34[d]
.6	68[c]							
.12	29[h]		1,132[h]	39.0	135,000[h]	120,000[h]	8,793.1	200,000[h]
1941. 上半年	30[d]				578,162[d]		19,272.1	200,000[d]
1942.10	50[i]		563[i]	11.3	2,491,600[i]		49,832.0	超2,300,000[i]
1944.		433[j]			245,884[j]		567.8	

※a.田家英〈抗戰中的工業合作運動〉（續完），《解放日報》，1941年12月10日。b.陳翰笙著《中國工業合作運動的過去與將來》，1947年，第29頁。c.韋爾斯（Nym Wales，海倫·福斯特·斯諾之筆名）著《支那民主主義建設》（東亞研究所譯），1942年，第170-171頁等。另，該書第170頁記，「向延安放款，僅開始時有2萬元，其後六個月未再給予財政援助，故……30個（工業）合作社中有20個倒閉」。本書著者據此認為尚餘10社，並將其記入該年30社之後。d.《解放日報》，1941年8月1日。e.張法祖著《工合與抗戰》，1941年，第44-45頁。f.本書本章表9-1.g.本書第一章。h.建設廳〈給李富春同志的信〉（1941年），《抗日戰爭時期陝甘寧邊區財政經濟史料摘編》，第7編，第202頁。i.毛澤東著《經濟問題與財政問題》，1942年，第66頁。j.拙稿〈中國工業合作運動指導者からの書簡について〉，大阪教育大學歷史學研究室編《歷史研究》，第23號，1985年9月。

※社數（A）為工合社數，社數（B）為生產合作社數（含工合社）。下劃波線部分為生產合作社（含工合社）的統計數字，如社股總額等。每社平均社員人數計算式為C/A或C/B。每社平均資金計算式為「社股總額+借款」÷社數。

　　如表9-2所示，1939年工合社最多時也不過30家。但是，工合運動不僅刺激商人、地主參與投資而活躍了邊區經濟，而且與邊區政府提出的「合作社大眾化」一起，極大地促進了工業生產合作社的成立。生產合作社，1937年有1社、翌年有4社；但在建設廳指導下，1939年激增至146社（含工合社在內）。其中紡紗114社、榨油10社、紡織4社、打鹽3社、麵粉2社及毛織、化學、製油、木炭、磁窯、豆腐、製鞋、被服、染色、造紙、運輸各1社，[45]另有1社行業不詳。據應為1939年同時期的統計數字，就工合社和生產合作社作一比較，則工合社9月為15社、社員296人，平均每社19.7人，包括社股認購款和放款在內的資金總額是4萬3,303元，平均每社資金為2,886.9元。而同期的生產合作社有146社；由於含部分工合社在內，故如下數字僅為概數，即平均每社社員是161人，資金總額為6萬1,738元，平均每社資金

---

[45]　前引丁冬芳〈陝甘寧邊區經濟事情〉。

為422.9元。亦即，工合社每社平均社員數僅為工業生產合作社的八分之一，但平均資本卻是後者的約7倍之多。這顯示，較之生產合作社，工合社的資本有機構成更高，生產設備、技術、生產能力都更強。實則，當時極可能有生產合作社因資金短缺、技術落後、幹部不足而無法開業。[46]

　　1939年8月，西北區辦事處曾就寶雞、西安、鳳翔等15處事務所（指導工合社557社）的資金回收率做過統計。其結果顯示，放款總額258萬1,943.21元，回收額為20萬8,503.44元，平均回收率8.1%，並不算高；延安事務所（指導工合社14社）接受放款4萬9,200元，已償還3,800元，[47]回收率為7.7%，僅稍低於15事務所的平均回收率；單純計算每社放款額（事務所放款額除以工合社數），則西北區平均為4,635.4元，而延安是3,514.5元，也並不算太低。

　　同年10月5日，決定邊區合作社發展方向的邊區合作總社成立大會舉行，同時召開了第二屆邊區合作社主任聯席會議。成立大會有邊區各縣代表和來賓150名出席。名譽主席團成員有毛澤東、朱德、林祖涵（伯渠）和工合協會方面的盧廣綿、艾黎、斯諾等，但還選出了不可能列席的蔣介石、林森、孔祥熙、翁文灝、穆藕初、壽勉成；亦即，成立大會也曾慮及國民黨首腦的態度，帶有明顯的統一戰線色彩。實際負責召開此次大會的主席團由曹菊如、劉景範、王士俊、李會友等7人組成。高崗在會上發言說，會議的目的是組織合作總社，並以之為總參謀部來指揮全邊區合作事業，有組織地發展邊區的生產合作社和消費合作社，以改善人民生活，同時不買日貨、不售產品給日本，打破其「以戰養戰」的圖謀。[48]會議總結了合作事業的成績，同時制定了如下計劃。即1940年底前將社股認購額增加一倍；成立縣聯合社；各縣樹立模範合作社；在延安、延川、定邊等各組織信用合作社1社；在曲子組織運輸合作社。關於生產合作社，計劃至少增設24社，且增加社股認購額一倍（3萬7,500元），主要對象是紡織行業；而為確保其原料，將至少種植棉花6萬

---

[46]　據前引《生產合作社報告材料》第189頁預測。

[47]　張法祖《工合與抗戰》，1948年2月，第34頁。另，此處放款總額（258萬1,943.21元）、回收總額（20萬8,503.44元）乃對該書所記放款總額「1,154萬1,833.11元」、回收總額「18萬503.44元」計算而得。

[48]　《新中華報》，1939年10月13日。

1,630畝、大麻5萬8,100畝。[49]

　　同月，邊區政府決定，邊區合作社執行國民政府的《合作社法》。或為此時頒佈的《陝甘寧邊區合作事業施政原則》記，合作事業是經濟組織的基礎機構，將對抗戰經濟之動員發揮巨大作用；並由此出發規定了如下原則。合作行政依國民政府公佈之《合作社法》，並視本區（邊區）特殊情況和戰時需要進行；合作行政之責任由建設廳負之，主管機關直屬縣政府；建立合作指導制度，制定登記制度；加強合作聯社的組織和力量，使其作為全邊區合作社的強有力聯合組織而肩負調整合作金融的任務；努力降低社股面額，以使人民普遍加入，社員對合作社負有限責任；合作社業務原則上為兼營；資金來自社員募股、邊區銀行投資及建設廳向國內各銀行借款；建設廳所組織之合作事業促進委員會舉行學術探討、技術研究和合作知識傳播等；完成登記之合作社，一概免除捐稅一成，並擁有運輸、採購之優先權利。[50]關於工業生產合作社，鑒於工合社辦有成績，且為表示中共歡迎一切統一戰線組織的態度，表示接受工合運動的原則。斯諾早在1938年就主張生產合作社政策應採納工合社方式，至此，經生產合作社代表會議討論，邊區政府終於對所有工業生產合作社開始實行工合規約。[51]有鑑於此，邊區政府決定，同年大幅增加的工業生產合作社也全部加入工合協會。[52]

　　數月後的《新華日報》社論批評道，邊區工合社數占全國總數的六分之一，社員亦為全國之最，但放款卻只有全國的四百分之一。[53]該文數字之根據何在不詳，但即使1939年的146個合作社全部改組為工合社，也不過同時期全國總數1,321社的約九分之一而已。當時全國工合社員為1萬6,029人，而邊區工合社員卻多達2萬3,531人，[54]亦即邊區一地的社員卻超過全國總數。這一矛盾意味著，邊區認為所有工業生產合作社都已加入工合協會，但協會方面並未全部承認。

---

[49]　前引張法祖《工合與抗戰》，第48-49頁。

[50]　《陝甘寧邊區合作事業施政原則》（1939年10月？），東洋文庫藏筆寫史料。

[51]　Edgar Snow, op, cit, p.232.（日譯：前引松岡洋子譯《目覚めへの旅》，第201頁）。

[52]　Nym Wales, *CHINA BUILDS FOR DEMOCRCY*, op. cit, p.123.（東亞研究所譯《支那民主主義建設》，第176頁）。另，海倫・福斯特認為該決定是「12月」做出的，但《陝甘寧邊區大事記》並無該月召開合作社有關會議的記錄，據推斷應為「10月」。

[53]　〈社論　論工業合作運動〉，《新華日報》，1940年2月24日。

[54]　請參閱本書第一章。

　　1939年的邊區工業，大體有六種形態。即①國營工廠，②工合社及小生產聯合的合作集體經濟，③私營手工業作坊（與商業資本結合，雇人生產，其行業有油、鐵、皮革、製糖、陶器等，1938、1939兩年間增至2倍多），④同業行會性質的手工業（製造市集所售鐵器、農具等），⑤獨立手工業者（外地人來邊區在街頭從事各種修理等），⑥農戶兼做副業以滿足自用。[55]丁冬芳認為，合作集體經濟實為國（公）營工廠的手足，意義重大，將來有望成為通向非私有經濟的橋樑；其意義在於，這種形態並不阻止資本主義經濟的發展，而是以此驅逐手工業、防止對民眾的過度剝削，同時又組織手工業來增強戰時的自給能力。[56]

　　1940年，邊區推行以發展輕工業為主的工業「半自給」政策。同年1月，邊區舉辦第二屆農工業展覽會，檢閱了各工廠的生產能力，銀行也承諾放款100萬元用於擴大工廠。[57]工合社也積極參與這次展覽。展覽分邊區概況、農業、工業三項，展出7,000餘種產品。其中工合社展出的有，新華化學工合社的肥皂、牙粉、白墨、墨水，光華製藥工合社的止咳丸、補腦丸、八路行軍散、平胃散、退燒藥等，燈油工合社的植物油，振華造紙工合社的稻草紙、麻紙、麥稈紙、馬蘭紙、畫紙等7種，製鞋工合社的皮鞋、足球等，毛紡工合社的毛巾等，被服工合社的馬褲、軍用棉襪等。[58]可見，各工合社的產品種類已相當豐富。

　　按照中共中央2月制訂「集中指導、分散經營」的方針；延安事務所於3月改歸邊區建設廳管轄，以解決多頭指導問題。這意味著，工合協會、西北區辦事處在形式上和實質上都無法再對工合社進行指導。此後，延安事務所由孫羣東負責一般性指導，章伯森、劉毅、張旭初等主管合作工作，王玉蘭等指導婦女工作。而在發動婦女工業生產的同時，也接受外援成立了婦女工作支部。[59]

　　4月，延安事務所按照建設廳長劉景范指示，在大禮堂召開了邊區工合社第一屆理事主席聯席會議，曹菊如、張浩、黃亞光等理事主席100餘人出席。曹菊如在

---

[55]　前引丁冬芳〈陝甘寧邊區經濟事情〉。

[56]　同前。

[57]　前引毛澤東《經濟問題與財政問題》（1941年12月），第68、117頁。

[58]　前引郁文《一九四〇年邊區第二屆農工展覽會參觀記》。

[59]　工合延安事務所〈一九四〇年上半年六個月工作總結報告〉，（下文簡稱《總結報告》），1940年8月，前引《抗日戰爭時期陝甘寧邊區財政經濟史料摘編》，第7編，第202、204頁。

會上闡述了工業自主發展的重要性，提出要把家庭婦女紡紗置於發展工業的首要位
置，建議討論由各社共同成立「工業生產聯合社」。[60]會議還決定與西北區辦事處
共同促進統一戰線政策，並參加將在重慶召開的全國工合社產品展覽會，以爭取外
部對邊區工合運動的理解和援助。此外，還根據建設廳的指示，開始組織新社、整
理舊社。即支持新設延安木器、定邊皮毛、製鞋各工合社，對安塞製鞋工合社、團
結毛織工合社等舊工合社進行檢查，幫助其改善工作。[61]尤其是，延安事務所強調
民主，在工合社內實施民主選舉，見習工也擁有選舉權；在生產、生活兩方面盡可
能地發揚民主，爭取實現工人、見習工、男女一視同仁的「同工同酬」。[62]

　　延安事務所的活動所涉較廣，除組織工合社外，還為供應原料、銷售產品而
成立了聯合供銷處，經營消費合作社18社，經營光華農場以提供原料，還支援自
然科學院（原為自然科學研究院，1939年12月改名）的工作。其附屬事業則有，
1940年開辦青年技術學校（學生120名）；1941年辦理婦女紡織培訓班（畢業學員
50名），並組織以生產教育為目的的婦女半日學校、婦女識字班，提高了婦女的文
化水準和社會地位；創辦會計員訓練班（學員200名），以教授新式簿記；設工合
陳列室，展出各種統計數字、技術研究品等，以供長期參觀；設立抗屬托兒所（收
幼兒50餘名）和工合醫療所。[63]經延安事務所的技術援助和各工合社自身努力，技
術改良也取得進展。例如，安塞團結毛紡織工合社利用水渠的水力紡紗、織布，使
紗線粗細更加均勻，布匹品質更高，而所用勞力卻節省三分之二，成本也得以降
低。[64]新華造紙工合社也成功降低了生產成本，以粟米計算，1940年500張紙的成本
值2.3石，1941年即降至0.9石，1945年更低至0.58石。[65]延安事務所曾響應募捐40萬元
為八路軍製備冬裝的號召，於1940年10月公告各工合社開展募捐。延安毛織工合社
捐出所有公益金100元；安塞製鞋工合社捐出公益金300元，該社39名職工、見習工

---

[60]　《新中華報》，1940年4月16日。

[61]　前引工合延安事務所〈一九四〇年上半年六個月工作總結報告〉，第202-204頁。

[62]　前引工合延安事務所〈一九四〇年上半年六個月工作總結報告〉，第218頁。

[63]　葉蘭〈陝甘寧邊區的工業合作社〉，《新華日報》，1940年1月13日。穆欣〈工合運動在陝甘高原〉，《新華日報》，1940年7月3日。前引黎雪〈會議周恩來同志二三事〉。建設廳〈給李富春同志的信〉，1941年，前引《摘編》，第7編，第201頁等。

[64]　《新中華報》，1940年8月16日。

[65]　工合延安事務所〈一九四〇年上半年六個月工作總結報告〉，第200頁。

另捐212.5元。[66]

　　1940年，邊區工業呈全面擴展之勢。9月，朱德號召開展紡線運動，許多機關、學校、部隊準備開辦工廠。據認為，這次運動奠定了工業飛速發展的基礎。[67]合作社方面，建設廳於同年夏召開第一屆全區合作社代表大會，推動成立了全邊區合作社聯合社，各縣成立了縣聯社。各合作社在邊區政府指導下召開社員大會，各自檢討社內工作。[68]就這樣，合作社逐漸趨於統一、集中，政府指導進一步加強。[69]

　　此處就考察邊區工合運動時不可忽視的外部援助作一探討。對苦於資金短缺的邊區政府而言，外部援助是重要的資金來源。1939年底，工合國際委員會將在馬尼拉募集的10萬元交給延安事務所，用於成立邊區毛織工合社，該社的籌備工作即使用了這筆資金。[70]來自國際委員會的捐款，一般由西北區辦事處接收後轉交給延安事務所，然後分配到各工合社。艾黎曾於1939、1940年兩次到訪延安，都帶去了在菲律賓等地募集的捐款，其中300餘元交給延安事務所，1,000餘元給了青年技術學校。艾黎的母親克拉拉・瑪利亞（Clara Maria，紐西蘭婦女參政運動領導人）的捐款則透過周恩來、一部分由盧廣綿和黎雪帶到延安；第一筆9,500美元主要用於自然科學院和光華農場，振華造紙工合社、橋兒溝肥皂工合社、難民工廠等也曾得其資助；第二筆約5,000美元全部用於自然科學院和光華農場。當時，自然科學院對外宣傳將開辦青年技術學校，艾黎除提供經費外，還捐贈了許多製圖、物理、試驗等儀器和設備。自然科學院的儀器，基本都是使用艾黎的捐款購買，或是他本人在香港或外國購置的。[71]

---

[66]　《新中華報》，1940年11月14日。

[67]　前引毛澤東〈經濟問題與財政問題〉（1941年12月），第117頁。

[68]　《新華日報》，1944年6月1日。

[69]　1942年以後，延安南區合作社被樹為標誌合作社發展方向的「模範」。該社是大型綜合性地區合作社，起步時為消費合作社，後來發展為供銷、運輸、生產、信用等有機聯合體，還代運公鹽、經營農場、對小學提供資金援助等（〈陝甘寧邊區的合作事業〉，《新華日報》，1944年6月1日）。可見，1942年以後，邊區合作社的主要沿著規模化、綜合化的方向發展，成為按照「公私兩利」方針貫徹邊區政府財政經濟政策的基礎組織。

[70]　前引〈社論　論工業合作運動〉。

[71]　前引《延安自然科學院史料》，第380-381頁。

　　艾黎和海外華僑給延安事務所的捐款，1939年為48萬3,232元，1940年為69萬
8,190元。[72]如井上久士所強調，外部援助在邊區財政中佔有極其重要的位置。邊區
是「中華民國的組成部分之一」，是「全國國防經濟之一環」，故國民政府曾給邊
區撥付八路軍軍費、難民救濟金等；這部分經費加上國內外進步人士的捐款等外
援資金，在邊區財政中佔有很大比重，1937年為86.72%，1938年為51.6%，1939年是
85.79%，1940年為77.44%。[73]這些數字或未必準確，但邊區財政在「皖南事變」前
曾極大依賴外部援助，確為事實。如，包括工合運動家在內的進步人士和華僑的捐
款，1937年7至12月為3萬6,254元，1938年是197萬3,870元，1939年為60萬4,207元，
1940年達550萬5,901元，1941年為77萬9,106元；其中來自工合方面的，1939年占
80%、1940年占12.7%、1941年占26.2%。[74]

　　然而，1941年1月的「皖南事變」之後，國民黨方面加強反共，並開始鎮壓以
第三勢力為核心的統一戰線組織工合協會。同時期，延安事務所要求西北區辦事處
將日常經費增至1,500元；據說，艾黎表示同意，盧廣綿卻拒絕撥付。事務所後來提
及此事，甚為不滿。[75]但實際上，西北區辦事處本身已陷入資金周轉困境，且正在
寶雞籌備同年8月的工合三周年紀念大會的盧廣綿等也遭到CC系迫害。因此，西北
區辦事處和延安事務所已無法維持正常關係，至7月，西北區辦事處撥給延安事務
所的資金徹底停止。[76]為應對這種局面，延安事務所與建設合作廳進行合作，共同
管理包括工合社在內的所有合作社，而經費則由建設廳撥付。[77]另外，該年邊區銀
行也曾進行生產放款，其中，合作事業放款22萬3,465元、紡織放款100萬4,269元、
運輸放款27萬1,000元、農業放款23萬5,000元等。[78]董必武認為，邊區工合運動已建

---

[72]　請閱本書第一章。

[73]　前引井上久士《抗戰前期（一九三七至一九四〇年）陝甘寧邊區之經濟建設》。

[74]　〈陝甘寧邊區九年來財政收支報告〉，1946年，前引《抗日戰爭時期陝甘寧邊區財政經濟史料
　　　摘編》，第6編，第428頁。本書第一章。

[75]　前引《延安事務所計劃報告》，第200頁。

[76]　〈盧広綿氏からの書簡〉，收於拙稿〈中国工業合作運動指導者からの書簡について〉，《歷
　　　史研究》，第23號，1985年。拙稿〈中国工業合作運動について〉，《アジア経済（亞洲經
　　　濟）》，第21卷第5號，1980年5月。

[77]　前引《延安事務所計劃報告》，第200頁。

[78]　邊區銀行〈存款、匯兌、放款〉，1942年，前引《抗日戰爭時期陝甘寧邊區財政經濟史料摘

立起基礎，其生產後來逐年增加。[79]

三、邊區工合社的內部結構與生產狀況

　　本節將考察抗屬婦女工合社和新華化學工合社。因為，該二社在邊區工合運動中尤其重要，而且具備對其構造、活動內容作較為深入探究的史料條件。

（一）抗屬婦女工合社。《陝甘寧邊區抗屬婦女工業合作社簡章》（1939年4月）就抗屬婦女工合社的組織形式規定如下。即，婦女工合社在民政廳、建設廳、工合延安事務所合組之管理委員會指導下進行工作（第3條）；失去獨立生活能力的所有抗日軍人家屬等，均可成為本社社員（第4條），工作、學習時間，嬰兒由托兒所照顧（第8條）；社員可在革命團體指導下組織小組（第13條）；社員之衣食住，給予補助或全部供給（第15條），除工資外，按生產成果所產生之利潤發放補貼（第16條）；行政由民政廳負責，生產由建設廳和工合方面予以支援（第17條），管理委員會委派主任1名以總管社務（第18條），社務之進行與改革由主任與各科長組成之社務會議討論（第20條），社務狀況須每月書面報告管理委員會（第21條）；社內一切行政開支由民政廳發給，生產基金由建設廳貸給（第26條），托兒所、保母費由民政廳發給（第30條），待本社自立後，逐步減少民政廳補助費，直至全部停止（第32條），結餘金之分配，公益金30%、共同基金25%、職員酬金5%，餘40%按社員勞動成績分配（第33條）；（本簡章）遇有疑義，經社員提議並得三分之二之多數票贊成則透過，經管理委員會審查後予以修訂（第35條）。[80]

編》，第5編，第455頁。

[79]　董必武《中國解放區實錄》，1946年，第31頁。

[80]　〈陝甘寧邊區抗屬婦女工業合作社簡章〉，1939年4月，《抗日根據地政策條例彙集－陝甘寧之部（下）》，1942年7月，第641-645頁。

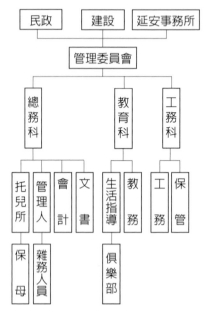

圖9-2　抗屬婦女工合社組織系統圖

*根據〈陝甘寧邊區抗屬婦女工業合作社簡章〉（1939年4月公佈，《收於抗日根據地政策條例彙集一陝甘寧之部（下）》，1942年7月）第644頁等繪製。

　　可見，與其他工合社一樣，婦女工合社也自始即由民政廳、建設廳、延安事務所三方組成的管理委員會共同管理，而非事務所獨自指導。如圖9-2所示，其組織分工務、教育、總務三科，較為完備；且附設托兒所等，對婦女的勞動條件、待遇等考慮得也較細緻。公益金留存比重較大，占到30%，而職員酬金則被壓縮至5%；採取按勞分配制，則顯示並不依持股多少進行分紅。

　　邊區如何發展婦女工合社、對其定位如何？王里認為，把婦女組織為以工合社為中心的生產合作社，不僅具有支援國防經濟、抵制日貨侵入、幫助婦女經濟生活獨立自給等經濟意義，更具有政治教育方面的意義；王里還根據工合運動原則，具體論述了婦女工合社的組織方法、社員間的關係、民主問題、教育福利工作等，從中可知該社的原則，及該社曾參考其他地區工合運動狀況而靈活應對各種問題，並重視婦女福利工作。王里論道，婦女工合社的原則應是排除婦女的所有依賴性、培養其自力更生的能力；同時，在人口稀少的鄉間，生產無需限定在工合社內，可採

用分散作業方式，將紡織機、羊毛、棉花送到各家各戶，數日後再派人收集成品，並支付報酬。此外，工合社為經濟民主團體，故社員皆負有認購社股的義務；但為最大限度地將廣大婦女納入工合社，無力認購社股者亦可抵押自己的勞動力、生產工具。教育福利方面，則應透過教育來提高社員的生產技能、消滅文盲，增強社員的民族意識、加深其對工合運動、工合社的理解，推進技術改進，為此應組織學習小組；為減輕婦女生活方面的負擔，還應設立托兒所、儲蓄部、消費合作社、文化教育俱樂部等。[81]

　　婦女工合社的發展，完全符合《簡章》和王里的主張。似誕生於延安事務所成立後的羅家坪抗屬婦女工合社（社員50人），就是在管理委員會指導下開始生產的。該社前身是抗屬招待所，社員皆工農婦女，主要是陝北的農家婦女。教育科主管教育和生活指導，設立了俱樂部；全體社員在此學習後都能書寫簡單字句、發表意見。總務方面，所設托兒所曾收容幼兒30多名。待遇方面，社員除衣食住有所保障外，還可依工作成績獲得獎金。生產方面，分紡線、製鞋、農產三部門，利用來自建設廳的放款1,000元完成了2,000元的生產任務；儘管民政廳因此相應減少了基金支持，但至1941年2月已能完全自給。[82]

（二）新華化學工合社。直至1943年，該社曾是邊區除藥材、製革外唯一的化學工廠，肥皂等完全由其生產，因而在邊區佔有重要地位。其前身為熟練掌握各種技術的工人學校學生於1939年4月組織的建設隊，其中王保華、吉合群二人接受的任務是，用400元資金成立化學部，並進行生產肥皂、油墨的實驗。因其所試製肥皂品質上乘，建設廳決定將化學部擴充為肥皂廠（資本1,500元），並從工人學校派來王保華、師光生、李景昭、林長發等六人參與其中。9月，工合協會又投資「3億元」，經改組、擴充，成立了新華化學工合社。[83]

　　該社社員，1939年為24人，1940年為31人，1941年增至61人，1942年再增至77

---

[81]　王里〈婦女與生產合作社〉，中共中央婦女運動委員會主編《中國婦女》，第2卷，1940年7月10日。

[82]　〈抗屬婦女工業合作社成績很好〉，《新中華報》，1941年2月23日。

[83]　〈新華化學工業合作社〉，《解放日報》，1942年1月16日。另，工合協會的投資，原文作「三億元」，似過鉅，或為「三萬元」之誤。

人，1943年減至61人。[84]其中，有史料記載較詳細數據的是1942年1月。該月社員為24人（含女社員5名）、雜務14人、工人11人、見習工28人（含女性1名）。職員有勞動幹部7人，知識分子也有9人，多為來自河北、山西的外地人；而工人和見習工的三分之二為陝北農村的當地人。至其年齡，10人超過30歲，25歲以下者占72%。職員的教育水準相對較高，半文盲僅2人，小學水平9人，初中畢業者5人，高中畢業者6人，大學畢業者1人；工人、見習工中，文盲15人，半文盲9人，小學11人。[85]

如圖9-3所示，該社有工務、營業、會計、總務等科，另設化學實驗室，以提高產品品質、改良機器。生產部門有肥皂、白墨、製鹽、酒精等各組，1941年5月成立大車（製造運貨馬車）、釀造、磁窯三個分廠，另擁有小型牧場。所用器材如鐵鍋、瓷壺、木器等均為邊區產品，石油、麻油、石灰、食鹽等原料也基本取自當地，當地原料占97.8%，其他省和進口原料僅分別占1.5%、0.7%。[86]該社主要產品的生產狀況，1939年9月至12月生產肥皂2萬餘塊；1940年1月至8月生產肥皂8萬餘塊、牙粉7,000餘袋、白墨2,000餘箱、油墨200餘瓶，該年總產值達6萬元；[87]另，該年10月的產量顯著增加，生產肥皂7,000餘塊、白墨8,000餘箱、牙粉1,600餘袋、油墨1,800瓶。[88]此外還生產石膏、小蘇打、精鹽、芒硝等。這些產品，如肥皂為邊區民眾的日用必需品，油墨、白墨、牙粉供機關、學校使用，酒精、小蘇打、精鹽、蒸餾水等為醫院必需品，芒硝、甘油則為製藥、印刷、武器製造不可或缺的原料。[89]

勞動時間採九小時工作制，1941年6月曾嘗試十小時制，但結果徒使工人疲勞，對增加生產效果不大，於是恢復了九小時制。工作後分文化、常識、理化三科學習兩小時，文盲不僅學會了識字，還可解化學方程式、進行物理實驗。[90]不過，隨著學習內容增加，接觸到技術、政治、算術、常識、新文字、時事及工合社內實

---

[84]　〈歷年邊區工業概況材料之一〉，1946年，前引《抗日戰爭時期陝甘寧邊區財政經濟史料摘編》，第3編，第245頁。

[85]　前引《新華化學工業合作社》。

[86]　前引穆欣〈工合運動在陝甘高原〉，《新華日報》，1940年7月3日。

[87]　《新中華報》，1940年9月8日。

[88]　《新中華報》，1940年12月29日。

[89]　前引《新華化學工業合作社》。

[90]　同前。《新中華報》，1940年8月2日。

際問題後，學員因沒有時間複習而難以消化。幹部則分黨建、中國問題、馬列主義三組，或在魯迅藝術學院學習，或由該院派人前來指導。另有圖書館，藏書176冊，但因政治、經濟等過於深奧，極少有人借閱。該社還成立了工會，1942年入會人數占總數的62.3%。[91]

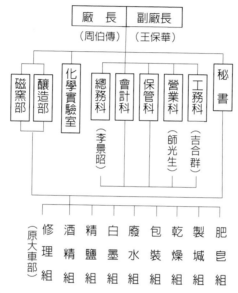

圖9-3　新華化學工合社組織系統圖（1941.12）
*根據〈新華化學工業合作社〉（《解放日報》，1942年1月16日）繪製。

　　待遇方面，1940年1月開始實施新工資制度，工人除衣食住由社提供外，每月工資最低15元、最高40元。對此，多數人表示滿意，但少數動員來的工人要求家屬也能受到優待，還提出代耕問題。據此推斷，被動員來社工作的，可能也有農民。該社為鼓勵生產，每月安排預算七八百元，遵守勞動制度、節約原料且超額完成任務者，以及對技術有所發明、改良者都可獲得獎金。改良技術者尤其受到優待，如董文禮、程淑仁分別得到獎金150元和60元，而17名工人的獎金，只有5至20元。此外，該社還每月付資50元雇理髮員為社員免費理髮。生病時，一般由魯迅藝術學院

---

[91]　前引〈新華化學工業合作社〉。

醫務科診治，其費用由社負擔。社員病逝，工合社支給殯葬費60元。[92]可見該社勞動條件和待遇相當周到。

新華化學工合社各方面發展迅速。據統計，肥皂產量逐年直線上升，1939年是2萬2,405塊、1940年11萬8,703塊、1941年14萬7,603塊、1942年31萬659塊、1943年48萬2,855塊、1944年61萬9,175塊，除滿足邊區自給自足外，還部分運銷外地。[93]該社規模擴大數倍。當然亦非一帆風順，尤其1941年9月到11月，資金短缺、原料採購困難、銷路阻塞，再加主要幹部生病等，使該社深受打擊；大車部縮小規模，改成修理部，釀造部還曾短時歇業。面對這一局面，該社經反省找出兩大原因，即沒有掌握市價、原料計算過於粗疏；而後改善經營，於1942年初即成功地使資本增至16萬元。[94]1943年始，重要工合社被視為公營企業，而不再是合作社。比如，新華化學工合社、振華造紙工合社和新華製革工合社，分別改名為「新華化學廠」、「振華造紙廠」、「新華製革廠」；邊區銀行放款，也將其歸類為「公營工廠」。[95]

結語

第一，陝甘寧邊區引入工合運動的背景如下。邊區的工業基礎極其落後，只有3家公營手工業工廠。1938年，沈鴻等技術人才到來，並帶來「母機」，生產出所需機器，才逐漸形成一定工業基礎；但進一步推進卻面臨資金短缺、指導幹部不足等問題，機器也仍不完備。合作社方面，消費合作社（分配緊俏物資）占95%，而生產合作社只有4社，因此，對邊區而言，能夠帶來資金、機器、技術人才的工合運動及工合社，無疑極具魅力，而其所帶來的國際援助也可彌補邊區財源之不足。工合運動被引入邊區後，工合社與自然科學院、工業展覽會等共同為建立邊區工業

---

[92]　同前。

[93]　〈邊區經濟情況簡述〉，1948年，及前引《歷年邊區工業概況材料之一》，前引《抗日戰爭時期陝甘寧邊區財政經濟史料摘編》，第3編，第237-238、245頁。

[94]　前引〈新華化學工業合作社〉。〈化學廠的供銷問題〉，前引《抗日戰爭時期陝甘寧邊區財政經濟史料摘編》，第3編，第247-248頁。

[95]　邊區銀行〈兩年來放款工作的初步總結〉，1943年，前引《抗日戰爭時期陝甘寧邊區財政經濟史料摘編》，第5編，第456頁。

基礎、促進邊區工業發展發揮了重要作用。

第二，工合運動主張和號召抗日民族統一戰線，具有極其重要的意義。當時的中共基於蘇區時期的經驗和理論，並鑒於工合協會隸屬國民政府行政院等，對工合運動進入邊區似曾有反對意見；但引進工合運動，無疑有助於改變邊區經濟落後的現狀，也可向國內外表示邊區政府支持統一戰線。不僅如此，工合運動鼓勵商人、地主改變態度並積極投資，其意義也不可忽視。事實上，與國統區不同，在邊區，地主、商人也成為工合運動的擁護者。可以說，邊區的工合運動充分發揮了經濟統一戰線的作用。正因如此，邊區政府才實施了各種優惠政策，對工合社減免一成稅負，1942年以後，對經建設廳批准而成立的工合社，更是一律免除了公鹽、公糧、公草等負擔。[96]

第三是工合運動「勞動者自主管理」的主張在邊區得到多大程度貫徹執行的問題。觀諸抗屬婦女工合社，民政廳、建設廳、延安事務所三方組成的管理委員會對工合社擁有很大權限；另，邊區雖表示遵守國民政府的《合作社法》，但實則行政權限由建設廳掌握，成立邊區合作總社的目的，也是為統一和加強對工合社的指導和管理。不妨認為，較之國統區的工合運動試圖減少來自國民黨的干預而加強自主管理，邊區的工合運動則因與邊區政府加強合作，其自主管理反而被削弱。

第四是生產能力問題。工合社的生產能力，1939年有10社時，月產值為4,169元，15社時為11萬7,625元，1940年17社時為3萬4,471.34元，1941年30社時為20萬元，1942年為230萬餘元（表9-2）。按行業觀其產值，因所涉行業眾多，各行業規模都不算大。加之，工合社與生產合作社無法截然區分，部分工合社轉為公營工廠、性質發生變化等，故要按行業進行統計並得出準確數據，自然十分困難。因此，以當時在邊區受到重視、且史料載有統計數據的1943年的織布業進行考察，可知與工合社重複的生產合作社37社擁有織機179架、職工374名，年產大布6,000匹；而家庭及私營工廠擁有織機1萬8,467架、職工4萬2,242名，年產大布6萬5,334匹；公營工廠則為3萬2,968匹。[97]亦即，該時期家庭和私營工廠的產量增長迅猛，而合作

[96] 邊區政府〈戰字二九七號命令〉，1942年4月，前引《抗日戰爭時期陝甘寧邊區財政經濟史料摘編》，第6編，第233頁。

[97] 《解放日報》，1944年5月2日。

社僅占全體的6.1%。儘管如此，直至1943年，新華化學工合社仍是邊區唯一的化學工業（著名的大光肥皂廠成立於1944年），振華造紙工合社則成長為邊區最大的造紙廠，《新中華報》、《解放日報》、《中國青年》、《中國婦女》等所需紙張大多由該社供應。光華製藥工合社與八路軍製藥廠同為邊區屈指可數的製藥廠，其原料幾乎全部來自邊區當地，價格比外國進口藥品便宜90%至95%。[98]就這樣，若按行業觀察，部分工合社對建立邊區工業基礎發揮了極其重要的作用，而且後來發展為邊區的骨幹工業。

第五，關於工合社在邊區合作社中的作用。工合社的存在刺激邊區生產合作社相繼成立，促使中共轉變其蘇區時期的合作政策為統一戰線的合作政策，對邊區運用工合運動原則產生過巨大影響；而且，延安事務所在指導各生產合作社的同時，還為培訓技術人員、對婦女施以技術訓練等方面做出了貢獻，更為糾正以消費為主的邊區合作社的發展方向提供了契機。消費合作社在1944年雖仍有281社（44.3%），其優勢並未改變，但生產合作社已增至114社（18%），另有運輸合作社233社（36.8%）。運輸合作社因在延安事務所指導下從事原料和產品運輸等，故當時多歸入生產合作社）、信用合作社6社（0.9%）。[99]再，1945年有生產合作社591社，其中化學11社、水泥及木工10社、食品48社、礦業2社、機器修理6社、縫衣68社、紡織90社、醫藥24社、運輸317社、供銷6社、農業9社。[100]

第六，邊區工合運動作為統一戰線而發揮作用，一直持續至1945年，而非至1941年，此點的重要意義不可忽視。在1941年1月國民黨加強封鎖邊區後，尤其邊區工合社與西北區辦事處的關係在7月斷絕以後，延安事務所仍維持活動至1945年，且一直接受外部援助。這意味著，1941年7月以後，事務所的經費和資金主要是工合國際委員會和保衛中國同盟轉來的香港、菲律賓、印度尼西亞等地的華僑及英美工合促進組織的捐款。這些捐款透過廖承志、康世恩等以匯款方式輾轉送交延安事

---

[98]　前引郁文〈一九四〇年邊區第二屆農工展覽會參觀記〉。

[99]　〈邊區合作社八年的發展概況〉，前引《抗日戰爭時期陝甘寧邊區財政經濟史料摘編》，第7編，第88頁。

[100]　前引〈延安事務所計劃報告〉，第486頁。另，據該報告看，農業生產合作社僅有9社。或許，勞動互助形態的「變工」「劄工」比合作社更適合農業生產，1942年的高幹會後，在「自力更生」、「農業生產第一」的口號下，「變工」、「劄公」也得到大力提倡（《新華日報》，1944年4月1日等）。這種形式，很可能也是南區合作社等農業部門功能的一部分。

務所；其金額，1941年為20萬4,280元、1942年為9萬3,567元、1943年為133萬元，合計達162萬餘元。[101] 據盧廣綿計算，1939年至1943年，國際委員會給延安事務所的捐款總額約為250萬元，邊區銀行1943年底前放款150萬元。[102] 此外，至1945年，持有西北區辦事處所頒發的工合社公證（1941年7月以後，該「公證」或為延安事務所代發）即可自由往返邊區和國統區的，只有工合社。延安事務所指導的運輸合作社（擁有騾、馬3,700頭）持有該公證，故得以把國統區榆林的羊毛經邊區源源不斷地運往西安、寶雞，供該地工合社生產軍毯。[103] 之所以能夠如此，當然主要因為此舉對國共雙方均有利，但無疑也表明工合社直至1945年日本戰敗都一直在發揮其統一戰線的作用。[104]

（張新藝　譯）

---

[101] 請參閱本書第一章。

[102] 前引《盧広綿氏からの書簡》等。另，米鴻才、邱文祥、陳乾梓編著《合作社發展簡史》（1988年）稱，工合社還曾利用合法地位將中共黨員送往國統區工合社，也曾把知識分子、學生送到邊區，增強了革命力量（第146頁）。

[103] 同前。

[104] 除陝甘寧邊區外，晉察冀邊區也曾計劃大力發展工合運動，並於1940年12月要求工合協會在技術、人才兩方面給予指導和協助。《晉察冀邊區政府要求協助發展工合》，工合協會主編《工合通訊》，第2卷第1期，1940年12月，第11頁。

游擊區的工業合作運動
——以山西省南部及東南部、河南省為中心

前言

　　抗戰進入持久戰階段、戰爭呈長期化趨勢後，日軍在戰術上由進攻轉為「掃蕩」，政治上加緊利用南京傀儡政權，經濟上則把重點由破壞轉到資源的掠奪和開發，亦即所謂「以戰養戰」、「以華制華」的方式，經濟戰於是成為重點。對中國方面而言，針鋒相對地確保游擊區和淪陷區的資源、透過經濟游擊戰加強生產能力以及抵制日貨，自然就非常重要，而對工合社的期待也就越來越大。此處所謂「游擊區」，指山西省南部和東南部、河北省南部、湖北省西北部、安徽省南部、浙江省東部、廣東省南部等，是國民政府軍、中共軍隊和日軍激烈爭奪、試圖擴大各自支配範圍的地區，其戰略地位之重要，無需贅言。

　　工合協會成立之初，就曾把在游擊區組織工合社作為最主要目的之一。1939年2月，西北區辦事處管轄下的山西省南部設立晉南工合事務所後，這一目的得到實現。此後，在游擊區成立工合社的工作取得進展，承擔起了在抵制日本經濟進攻的三道防線之「第一經濟防線」組織生產的重大使命，充分發揮工合社作為移動工廠的特殊作用，也被寄予厚望。本章將概觀游擊區工合社的背景、目的及組織狀況，尤其以山西省南部和東南部、晉豫區的工合運動為考察對象，以具體探討游擊工合社對抗日戰爭及該時期經濟、社會的影響和意義。

一、游擊區工合社的目標和組織

　　中國當時面對的局面是，沿海、沿江的大城市淪陷，近代工業被悉數破壞，內

遷廠極少且生產能力大幅降低；對外貿易被日本封鎖，交通線被切斷，運輸機構遭破壞，中國內陸的經濟活動已然失衡。抗戰進入相持階段後，游擊戰爭成為抗戰的主要方式，只能在實現自給自足的地方農村經濟之上才能構建經濟基礎。在這種形勢下，國民黨和共產黨都試圖從持久戰找到中國勝利的希望。持久戰將引導中國走向勝利的邏輯根據是，中國儘管在軍力上暫時處於劣勢，但擁有廣袤的土地、豐富的資源、龐大的人力等優勢；長期戰爭將導致日本人力、物力、財力枯竭，最終自我毀滅。然而，日軍遭到中國軍隊出乎預料的頑強抵抗後，也改變了策略，從「速戰速決」轉為「以戰養戰」、「以華制華」。即一面在佔領區扶植傀儡政權，一面試圖將中國的人力、物力、財力用於侵略中國。假如這些陰險政策奏效，則長期抗戰將不會對日本形成任何打擊。因此，為抵制日本的新策略，中國必須在游擊區設置「第一經濟防線」，以回擊日本對中國資源的控制和掠奪。但是，要在游擊區遂行經濟戰，必須把握如下原則，即民眾的經濟生活是統一的有機體，故若管制、禁止銷售物資給日本，即須另外確保銷路，如果抵制日貨，當然須生產其替代品。而要防止民眾的勞動力為敵所用，也須為民眾考慮其他謀生手段。[1]

　　工合協會總幹事劉廣沛認為，日貨入侵，使國內經濟加速崩潰；運用合作方式積極開展游擊式小工業，並在被佔領區內加以廣泛組織，雖最為困難，但卻是抗戰階段最為重要的工作。[2]這樣，游擊工合社就作為承擔生產活動的組織，出現在了舊工廠和手工業已然消散、一般工廠難以開展業務、也極難開辦新工廠的游擊區和被佔領區。這意味著游擊工合社被賦予了如下使命，即支援游擊戰爭，同時將生產活動推向日軍佔領區，以抵消日本的軍事力量和經濟力量。當時，需要利用手工業和合作社重建戰時經濟的認識已開始被廣泛接受。如浙江省就決定採用手工業合作方式造紙、繅絲，並製造肥皂、棉布、毛巾、脫脂棉等軍需和民用產品。[3]

　　1938年10月，國民政府頒佈《查禁敵貨條例》，但僅憑此舉並不能改變局面。為取得游擊區經濟持久戰的勝利，須首先構建自給自足的經濟體制，以配合軍事上

---

[1]　盧郁文〈遊擊区の経済戦〉，上海日本總領事館特別調查班《特調班月報》，第1卷第10號，1940年6月。該月報譯載中國各雜誌之重要論文等，因情報來自中國人，可信度較高。

[2]　徐盈〈後方總動員〉（上），《香港大公報》，1939年1月8日。

[3]　唐巽澤〈浙江省経済闘争に関する当面の問題〉，前引上海日本總領事館特別調查班《特調班月報》，第1卷第10號，1940年6月，第31-32頁。

的游擊戰爭。蔣介石對工合運動和工合社給予高度評價。1939年4月，蔣在全國生產會議上發表演講稱，現代戰爭是國家間人力、物力、財力綜合之決戰，只有確保經濟物資持久供給，才能獲得最後勝利。[4]《香港大公報》同年5月17日報導，蔣在提及全國經濟自給自足時，斷言現代生產不只要同時振興農業、手工業，在不具備現代經濟機構的情況下，舊式機構也須使用；而現在正是中國振興地方產業的絕佳機會。關於日軍佔領區，蔣說，日本在這些地區誅求資金、傾銷日貨，中國除也須在這些地區確保資源外，還須全力維持經濟自給自足，發展固有生產事業；而能夠做到這些的就是工合協會。[5]1938年底，孔祥熙也提出「經濟國防線三分化計劃」，[6]把工合社視為經濟游擊戰的核心機構，要求在游擊區大量組織工合社，以滿足游擊戰的需要、解決難民問題、雇用傷殘軍人和退役軍人等。[7]

中共方面，毛澤東尤其重視游擊區的工合社。他說，工合社在後方支援恢復產業非常重要，但更重要的是在戰區。因為，工合社可防止敵方商品從敵佔區向游擊基地農村滲透；將中國的資源用於中國的產業，防止為日本所用；在游擊區建立自給自足體制，以堅持長期鬥爭；訓練和雇用失業者、非熟練工，使敵方無法利用他們；透過與糧食交換而給農民以必要工業產品，有助於維持農村經濟，等。[8]毛澤東認為，在游擊區開展工合運動，將有助於在各方面阻止日軍進攻，並建立持久抗戰的經濟體制，這一評價值得關注。

如上所述，國共兩黨都重視在游擊區開展工合運動，其背景是抗日已進入必須運用游擊戰的新階段。在主要城市淪陷、日占區不斷擴大、戰線已經拉長等戰況不利的形勢下召開的南嶽軍事會議（1938年12月）上，國民黨被迫放棄了正規戰體

4　穆藕初〈全國生產會議的展望〉，《香港大公報》，1939年4月1日。

5　《香港大公報》，1939年5月17日。

6　1938年底，孔祥熙在工合協會總會上以〈抗戰下的工業〉為題發表演講，闡述發展游擊式工業的必要性，其後明確提出「三分化計劃」。即在後方安全地帶普遍發展鹽酸、鋼鐵為主的小規模工業；在接近前線地帶組織工合社，以發展生產棉紗、日用品的輕工業；在前線地帶動員工業技術人員及團體，組織與正規軍或游擊隊共同行動的工業游擊隊。（〈支那国防工業の組織過程〉，《東亞》，第12卷第6號，1939年6月）。中華人民共和國成立後的「三線建設」，很可能受到該計劃的啟發。

7　〈支那經濟抗戰に於ける工業合作運動の意義〉，《東亞》，第13卷第1號，1940年1月。

8　Edgar Snow, *JOURNEY TO THE BEGINNING*, 1958, pp.232-233.（松岡洋子譯《目覚めへの旅》，紀伊國屋書店，1972年，第202頁。）

制、採用游擊戰體制。[9]中共的周恩來也承認戰爭已進入在日軍背後開展游擊戰的第三階段，表明須實行全國規模的游擊戰，同時要強化後方力量。[10]這意味著，國共兩黨都試圖用游擊戰將抗日戰爭拖入持久戰。如此，「前方抗戰、後方建設」同時受到重視。[11]在此背景下，工合社的目的及相應形態，亦如上所述被分為三種。可見，工合社已被視為最適合游擊戰的經濟戰方式。

工合協會1939年8月制訂的《一年工作計劃書》決定，將在此類地區組織移動式小型機器修理工合社，以修理、配給機器、槍炮、汽車等的零件；還規定了實施這些計劃的一般性放款原則和基本金額如下。即對游擊區、戰區組織的小規模工合社，每社放款以300元至500元為基準，接近戰區地帶則增至1,000元至3,000元，後方地帶為5,000元到10,000元；上述標準視情況酌情增減。[12]

就這樣，游擊區的工合社以最小單位在戰區內活動，應用能夠隨機應變地安裝、拆解、轉移的機器生產前線所需物資。此類工合社被稱為「工業游擊軍」[13]或「游擊工業」。的確，關於是否應擴大每社規模，學者和合作專家曾於1940年屢屢展開討論；[14]但在游擊區不可能組織大規模工合社，故最終決定大量組織小規模工合社，以實現游擊區自給自足、支持長期抗戰。游擊區交通受阻，軍需品、民用品皆因日軍封鎖而經常短缺。特別是前線士兵裝備單薄，必然導致戰鬥力低下。工合社在當地尋找原料用於生產，承擔起了為軍隊提供軍需、為民眾供給日用品的重任。其生產採流動方式，攜帶所需機器、工具隨軍隊行動。[15]具體而言，為適應「敵來我走，敵走我來」的日常性游擊形態，遭遇緊急情況時，數十人即可把工廠拆卸、轉移；小型工廠設備簡單，容易組織，短時間即可開始生產；可隨處開辦，甚至可深入十分偏僻的地區。特別是抗戰開始後，游擊區的商業銀行全部停止放款，這些地區的農村極端缺乏流動資金。因而，工合協會若進行放款、發起生產事

9　前引〈支那經濟抗戰に於ける工業合作運動の意義〉。

10　《香港大公報》，1939年2月13日。

11　《香港大公報》，1939年5月3日。

12　滿鐵調查部《支那抗戰力調查報告》，三一書房（1970年復刻版），第493頁。

13　盧廣綿〈工業合作運動中的投資問題〉(2)，《香港大公報》，1940年5月18日。

14　彭澤益編《中國近代手工業史資料》，第4卷，三聯書店，1957年，第370頁。

15　曹如〇〈抗戰二年的工業合作〉，《香港大公報》，1940年1月14日。

業，農民也會予以積極配合。[16]

　　基於這些優勢，工合社成了對游擊部隊提供所有補給並抵制日貨的中堅力量。游擊工合社與游擊部隊步調一致，試圖在日軍佔領區的心臟地帶頑強地開展持久鬥爭，並予以致命打擊。[17]工合協會成立之初即曾設法將工作開展到游擊區，至此才在理論和實踐兩方面均有所突破。在這些地區，尤其需要發動民眾，並立足於民眾。吸納民眾的要求、考慮民眾的感受，從而得到民眾自發而普遍的參與，對任何政治動員、經濟動員都是極其重要的。換言之，即使對抗戰有利且符合民眾要求，要切實推行，仍須得到民眾的理解。[18]

　　下面就反經濟封鎖和工合社的關係作一考察。興亞院《對華經濟政策報告》顯示，日軍曾試圖恢復其所佔領的城市和交通線的經濟功能，將其統治從大大小小的經濟據點推向廣闊農村等。這種政策的具體表現，即在游擊區等大肆掠奪、吞噬物資和資源，以及大量走私日本產品等。而其目的無非欲使中國經濟從屬日本經濟。[19]

　　面對日本的經濟侵略，工合社透過生產必要物資而從根本上支持抵制日貨，同時在游擊區上演了針對日本的資源爭奪戰。例如，據1940年5月的推算，輸入河南省敵佔區的日貨，其金額每月達2,325萬元，主要是棉織品、絲織品、顏料、香煙及人力車、自行車等，[20]幾乎都是工合社可以生產的物品。不僅工合社，反經濟封鎖時，所有合作事業都作為農村社會經濟的基層單位受到重視。如《香港大公報》社論即曾主張，農村的合作事業、各種放款須推廣至後方各省各縣各鄉，同時亦須採取手段擴大至游擊區。[21]在日貨走私最為猖獗的浙江省，曾為實行對日經濟抵制而設立「戰區對敵經濟封鎖處」，以全面封鎖走私；作為其一環，合作社也被賦予了

---

[16] 董文中《中國戰時經濟特輯》（續編），1941年1月，第144頁。

[17] 述周〈抗戰中經濟新流——工業合作社〉，《群眾》，第3卷第11期，1939年3月。

[18] 姜君辰〈淪陷區經濟戰の經驗と教訓〉，前引《特調班月報》，第1卷第6號，1940年6月，第21-23頁。

[19] 〈經濟反封鎖を論ず〉，《情報》，第29號，1940年11月1日。

[20] 侯敬良〈河南商情視察記〉，《西北工合》（該期封面脫落，卷號、期號不詳，從內容推斷，刊期或為1940年8月1日）。

[21] 〈社評〉，《香港大公報》，1939年5月17日。

「經濟保甲」的功能。[22]

　　此處就抗戰前山西省的合作社作一觀察。山西省1933年僅有合作社5社，但翌年即1934年激增至191社，1935年再增至453社，但1936年減為69社。[23]1936年何以銳減，其原因不詳，或與閻錫山及中共的動向有關。另一組數據顯示，1935年12月各類合作社數量為，信用169社、運銷6社、購買2社、兼營1社。[24]亦即，在山西省，信用合作社占絕大多數，似乎不存在生產合作社；但實際上，該省有省棉產改進所，也確有棉花生產運銷合作社；此類合作社在統計時或被歸類於運銷、兼營等。總之，抗戰前的山西省，其合作社以信用為主，農業生產、運銷已有一定基礎；但在抗戰開始後，這些合作社因日軍進攻山西而被破壞殆盡。換言之，山西省的工合運動不得不從零開始。

二、山西省南部的工合社及其活動

　　在西北區辦事處的工作區域，游擊區首個事務所即晉南事務所於1939年2月成立。山西省南部和東南部，包括晉城、陽城、長治、平順、潞城等十數縣，是中國軍隊開展游擊戰的最重要地區。當時，山西的政治、軍事局面十分複雜。1939年，日軍實施晉東作戰及潞安掃蕩作戰，包括潞安在內的長治地區被日軍佔領；但其南部山區和中條山一帶（晉南）還在國民政府軍手中，遂成華北抗戰的首要立足點。其兵力以衛立煌指揮的抗戰意識極強的中央軍約二十個師為主，另有其他部隊約十個師，利用多山地形共同構築了堅固陣地。而長治北方的太行山脈屬晉冀魯豫邊區，為朱德麾下八路軍的根據地，與南部之國民政府軍形成夾擊之勢。1940年3月，日軍實施「晉南作戰」，兵鋒進抵沁水、陽城、晉城一帶；[25]對此，國民政府軍和中共軍隊同時開始反擊。而這裡就是工合社活躍的舞臺。

　　先來觀察山西省的礦產資源和工業狀況。該省煤炭蘊藏量極大，據估計達1270億噸。鐵礦則產於晉城、陽城、高平一帶，陽城也產硫磺。運城、上黨產鹽，中條

---

[22]　前引唐巽澤《浙江省経済闘争に関する当面の問題》，第33-34頁。

[23]　賴建成《近代中國的合作經濟運動》，正中書局，1990年，第98頁。

[24]　《革命文獻－合作運動（一）》，第84輯，1980年，第38-40頁。

[25]　防衛廳方維研究所戰史室編《北支の治安戰》，第1卷，1966年，第297-299頁。

山一帶則產銅、鉛、石灰。桑皮和檀皮等造紙原料、陶土及玻璃砂的著名產地則是東部山區。顯然，日本的軍事行動目標之一在於獲取這些資源。山西、河南兩省均資源豐富，其工業、手工業亦較為發達，各有著名公司。如山西省太原的西北實業公司、太原兵工廠、大同和陽泉的製鐵廠、太原和榆次的棉紡廠及晉華捲煙公司；河南省則有裕豐、華新、廣益、鉅興等有名紡織廠。小手工業也遍佈各地，尤其是山西省南部的鐵業和煤業、河南的紡織業較為繁榮。[26]然而，抗戰爆發後，山西省大部分地區和河北省北部成為戰場，工廠或遭破壞、或被迫停工。山西省的工廠製棉紡手工業等，平均開工率僅為43%，[27]整體生產能力急劇減退。其原因是，日軍利用同蒲鐵路等大量外運棉花，走私日貨也乘機大舉湧入。比如，透過白晉鐵路、同蒲鐵路流入該地區的走私日貨，據說其貨值每天不下十萬元。[28]

經山西省南部戰地軍政當局與西北區辦事處協商，1939年2月16日，晉南事務所（主任馬萬田）在陽城成立。根據計劃，該事務所將積極、大量組織工合社，利用豐富資源和原有工業基礎發展各種工業，為當地的游擊隊和民眾提供必要物資。[29]事務所有工作人員數十名，他們不僅指導山西省南部的工合社、維持原有工廠，還與居民、通信員合作建立情報網，偵察和監視敵人的一舉一動，以決定各工合社的進退。[30]其工作區域為陽城、晉城、沁水、安澤、垣曲五縣（預定擴至平陸、高平、長子等），東至太行山、西至中條山、南至大屋山，地跨國共兩黨控制區。那裡正受到日軍的八路圍攻。

晉南事務所的馬萬田曾這樣回答新華日報記者的採訪。

記者：工作初期沒有困難嗎？
答：創業時期比較困難。這裡沒有那麼多的失業勞動者。政府機關也分散於各鄉村，沒有大的報紙，宣傳和指令傳達也不如後方那麼容易。但是，我們

---

[26] 上海日本大使館特別調查班譯《三年來支那工合運動の發展》，1942年12月，第178-179頁（原著：張法祖《工合發軔》，1941年11月）。

[27] 彭澤益編《中國近代手工業史資料》，第4卷，三聯書店，1957年，第55頁。

[28] 前引上海日本大使館特別調查班譯《三年來支那工合運動の發展）》，第181頁。

[29] 何俊〈一年來的中國工業合作運動〉，《東方雜誌》，第36卷第18號，1939年9月16日。

[30] 前引上海日本大使館特別調查班譯《三年來支那工合運動の發展）》，第182頁。

努力到較遠的地方拜訪、宣傳，同時組織了十二個合作社作為模範。那之後，漸漸地，有人開始自發地希望組織工合社，並要求放款支持。

記者：放款有把握在短時間內全部回收嗎？

答：完全可以。後方一般的銀行家和華僑們也都有這種憂慮。但是，實際上不僅所有社員有不動產和保證人，業務的繁榮也是還款保障。某製粉工廠開工後，二十天的純利就有一百三十幾元。[31]

馬萬田的回答，有三點值得關注。即因戰鬥激烈，工人及難民逃往他地，晉南事務所成立之初曾面臨勞動力短缺問題。但眾多工合社的存在防止了勞動力繼續外流，並使其重回游擊區成為可能；報紙是宣傳的重要手段，但用以印刷報紙的紙張十分緊張；一般銀行和部分華僑曾擔心游擊區的工合社能否生存而不願意投資，游擊區工合社曾苦於資金短缺。此外，還存在原料產地遠離消費市場、戰地市場亦須隨軍隊移動等困難。[32]這意味著，除從事機器、武器等修理的部分工合社外，其他工合社須在靠近原料產地和隨軍隊行動之間做出選擇。這或許就是有關人渴望儘快建立運輸網絡、組織運輸工合社的背景。此外，工合運動地方幹部嚴重不足，在工合社所在地或淪陷、或聯繫中斷時，此問題更為突出。[33]游擊工合社就是在這些矛盾、困難中堅持發展起來的。

馬萬田強調，必須把日貨向後方滲透阻擋在游擊區這一「入口」外，並針對有人認為在敵人頻繁往來的危險地區發展工合運動是幻想進行了反駁。他說，根據九個月的工作經驗，游擊區並非如在後方想像的那樣危險，有時甚至比後方城市工作更安全。因為，日軍兵力少，絕對無法佔領全部鄉村；游擊區的工合社與軍隊、駐地密切合作，且分散在各鄉村，目標小，不易被日軍發現；特別是與軍隊關係緊密，工合社就是「軍需工廠」；比如，重點組織的製鞋工合社晝夜生產軍靴，鐵釘工合社則製造用於軍靴的金屬件，軍靴則供給各軍和游擊隊使用。馬萬田還強調，各縣政府、三民主義青年團、民眾團體也對工合社抱有好感，並且給予了很大支

[31] 穆家軍〈經濟游擊戰在晉南〉，《新華日報》，1940年5月15日。此處據日文重譯。

[32] 前引上海日本大使館特別調查班譯《三年來支那工合運動の発展》，第186頁。

[33] 子岡〈晉豫經濟戰〉（下），《香港大公報》，1941年7月1日。鞠抗捷〈敵人進攻下的晉南工合〉，《西北工合》，第3卷第7期，1940年7月1日。

持。[34]

　　據穆家軍記述，晉南事務所組織的第一個工合社，是1939年成立的「新生煤炭合作社」，其業務是採煤。由於採用游擊形式，故規模極小，社員僅11人，但產量可觀；加上另一同行業工合社，兩社資本共1,200餘元，每日可產無煙煤「××萬斤」。[35]至同年底，陽城及其周圍已組織工合社39社，放款總額達5萬70餘元；所涉行業有造紙、紡織、製鞋、印刷、麵粉、玻璃等；其中軍鞋有11社，有技工及數百名農村婦女被組織起來生產布鞋，給反擊日軍「晉南作戰」的軍隊戰士穿用。[36]此外，東南部各縣各有武器工合社1社，生產量頗大，足以滿足游擊隊的需要。[37]為緩和紙張短缺而成立的造紙工合社所生產的「桑皮紙」，其品質比大後方生產的土紙還好，游擊區外也有使用。印刷工合社也有3社，其中規模最大的是「晉南印刷合作社」，擁有鉛印機、鑄字機等各種機器。工合社除為游擊隊補給軍需品、加強其抗戰力量外，還為民眾提供火柴、肥皂、土布等生活必需品，成為經濟反封鎖、抵制日貨的有效手段。例如，山西省南部曾在1940年春夏受到嚴重的軍事威脅，但該地工合社當年產值仍達100萬元，其產品四分之三供給抗日軍隊使用；經事務所切實指導，也因社員緊密團結，意外損失僅有5,372元，僅22社的純利即達6,257元，完全實現了收支平衡。[38]山西省南部的工合社自始即重視社內會議和訓練。如沁水的織布工合社每日勞動八小時，晚上則開會討論如何提高工作效率，還實施了各種基本訓練。[39]

　　當然也存在不少問題。原料、銷路、品質及勞動人數調查不充分；組織不健

---

[34]　馬萬田〈論游擊區的工業合作運動〉，《西北工合》，第2卷第9期，1939年11月15日。

[35]　前引穆家軍〈經濟游擊戰在晉南〉。「××萬斤」為照錄原文。

[36]　同前。

[37]　前引〈支那經濟抗戰に於ける工業合作運動の意義〉。

[38]　前引上海日本大使館特別調查班譯《三年來支那工合運動の發展》，第183-184頁。此外，晉南和鎮平兩事務所1939年度支出如下表。

	工資等	事務費	採購費	特別費	創業費	計（元）
晉南事務所	2,762.00	2,101.14	106.51	20.86	555.13	5,545.64
鎮平事務所	5,024.00	1,384.62	503.60	109.30		7,021.52

（*姜漱寰《工合運動在西北》，中國工業合作協會西北區辦事處出版，1940年6月，插表。）

[39]　王振東〈工業合作在晉南〉，《西北工合》，第2卷第3期，1939年8月1日。

全，如某造紙工合社的社員為同一家人及其親戚，另一造紙工合社的理事主席和大多數社員不在社內勞動、某麵粉工合社僅有兩名社員參加勞動等；各社會計皆使用不健全的傳統帳冊，且未接受相應訓練，許多社員對工合運動的理解十分膚淺。[40]不過，儘管社員為同一家人確為問題，但理事主席等不參加勞動及社員參加勞動者少，則是因工合社分散各處，且需利用地主和富農的資金，難以強制推行工合運動的原則，故須考慮游擊區的特殊情況而靈活應對。

山西省南部的工合社儘管存在組織方面的問題等，但無疑為抵制日貨打下了基礎。以前因無代用品，抵制日貨的聲音雖然響亮，但實行起來卻困難重重，連在游擊區內出版反日的書籍、宣傳手冊、傳單等也不得不使用日本紙張。但造紙工合社成立後，此類矛盾已不存在，也有條件發行報紙。此外，工合社也生產重要軍需物資之一鐵絲。棉花是日本的主要掠奪物資，翼城、曲沃一帶的棉花曾被大量運往天津的日資紗廠；但1939年12月紡織工合社成立後，當地棉花大都為該社所收購。[41]此等意義決不應忽視。

如表10-1、10-2所示，西北區主要游擊區三處事務所工作區域的工合社數，晉南有20社（23.7%）、鎮平有58社（71.6%）、老河口有3社（3.7%），位於晉南激戰區後方的鎮平的工合社最多。每社平均社員數各為9.6人、13.2人、16.3人，即晉南的工合社規模最小，相對安定的老河口則最多。不過，每人交訖股金，晉南為105.5元、鎮平為21.7元、老河口為5.7元，可知晉南的社員在加入工合社前持有資金最多。而且，每社放款額亦數晉南最多，為1,080元（鎮平600元、老河口666.7元），可見工合協會出於政治、軍事考慮而非常重視晉南。另外，晉南每社持有資金額也達2,087.8元，經濟上最為穩定。只不過，該三事務所所放款項均來自工合協會，而沒有銀行貸款。

40　何奮〈晉東南工合的檢討〉，工合協會《工合通訊》，第2卷第1期，1940年12月。

41　前引穆家軍〈經濟游擊戰在晉南〉。

表10-1　游擊區工合社統計（1939.12）

事務所	社數 (A)	社員數 (B)	B/A	社股額（元） (C)	C/B	放款*（元） (D)	D/A	(C+D)/A
晉南	20	191	9.6	20,156	105.5	21,600	1,080.0	2,087.8
鎮平	58	768	13.2	16,660	21.7	34,800	600.0	887.2
老河口	3	49	16.3	280	5.7	2,000	666.7	760.0
計	81	1,008	12.4	37,096	36.8	58,400	721.0	1,179.0

※盧廣綿〈四年來的西北工合〉，《工業合作月刊》，新3卷第1、2期，1942年8月。
* 「放款」指西北區辦事處向各事務所的貸款。

表10-2　游擊區各縣工合社統計（1939.12）

省	事務所	縣	社數	%	社員 人數	社股金額 （元）	放款額（元） 工合協會	銀行
山西	晉南	陽城 沁水 垣曲	18 1 1	24.7	167 17 7	19,296 160 700	21,600	
河南	鎮平	鎮平	58	71.6	708	16,600	34,300	
湖北	老河口	光化 穀城	2 1	3.7	27 22	104 146	2,000	
計			81	100.0	948	37,006	57,900	0
全西北區合計			370		4,424	153,722	692,505	538,920
游擊區工合社在西北區占比			21.9%		21.4%	24.1%	8.4%	0%

※盧廣綿《西北區工合事業之現狀與今後推進計劃》（西北工合辦事處出版，1939年12月）之折疊表。另，
　該書《本區中心業務推進計劃表》顯示，要求預算計600萬元中，「後方」計360萬元，「游擊區」計140
　萬元，其中冀中區和冀南區各30萬元、陝南區（安康）30萬元、陝北區（榆林和延安）40萬元；「游擊
　區」、「戰區」擬分配40%，以將工合運動推進至河北省中部。

　　晉南事務所成立後，晉東南事務所（主任孟用潛）也於1940年2月從晉南事務
所接管8社而在晉城成立。晉城富產煤炭、鐵、陶土、皮革、桐油、造紙原料，抗
戰前即有工業基礎；但至1940年底被日軍三次蹂躪後，幾乎被悉數破壞，大量失業
者不得不依靠日貨維持生活。因此，使晉東南事務所脫離以陽城為核心的晉南事務
所而獨立，其目的應為重點加強晉城工合運動的基礎。晉東南事務所的工合社，加
上新設，有軍鞋5社、軍服2社、麵粉2社、造紙和玻璃製造各1社，共11社。[42]

---

[42] 前引何奮〈晉東南工合的檢討〉。後來，晉東南事務所受日軍威脅而遷往河南省濟源。

　　游擊工合社具體如何應對日軍進攻？幸運的是，游擊區擁有較大縱深，尋找轉移地點並不困難。1940年4月20日，晉南事務所邀請盧廣綿及晉東南事務所召開大會，突然警報響起，日軍飛機數次投下炸彈，且日軍已迫近至四十華里處。於是，原定會議改為緊急工作會議，決定晉南事務所和城內工合社轉移到南鄉集結，並盡可能加緊生產。隨後，4月21日至5月16日，日軍發動猛烈進攻，而工合設則邊轉移、邊保持相互聯繫，並堅持生產。22日，日軍佔領陽城時，事務所從陽城先轉移至河北口村，再避至西冶村，製鞋等十數社也隨其轉移至該地。不過，煤炭採掘工合社等因機械笨重無法搬運，此地被日軍佔領後被迫停工。晉城的工合社則轉移到東南山。這裡也受到日軍攻擊，晉南第一印刷工合社、造紙工合社於是再度移進深山。其他工合社則開始了游擊戰。[43]

　　工合社為何可以打游擊戰？實則，部分工合社自身即攜帶武器。後來，在日軍發起中條山戰役前，晉南事務所（主任為馬萬田的繼任者鞠抗捷，遼寧人；副主任為董昆一。二人皆為中共黨員）轉移到位於太嶽、太行兩處八路軍根據地中心的樹皮溝。在這裡，事務所組織了軍鞋、軍毯、紡織等工合社，同時將自身武裝起來，組織了工合游擊隊。隊長為鞠抗捷，董昆一擔任政治工作，由事務所職員50餘人及其家屬組成三個小隊；其任務是保護工合社財產和附近居民，可見該游擊隊主要是為自我防衛。有關日軍動向的情報來自中共黨組織，糧食、日用等則由各工合社提供。後來，該游擊隊透過收容散兵等發展至百餘人，遂改編為三個中隊，第一中隊由工合事務所職員、第二中隊由八路軍洛陽辦事處成員、第三中隊由收容來的散兵組成。[44]不過，工合社本來從事生產，工具、原料等較為笨重，很難開展真正的游擊戰。正因如此，鞠抗捷才強調需要部隊掩護。[45]

[43]　鞠抗捷〈敵人進攻下的晉南工合〉，《西北工合》，第3卷第7期，1940年7月1日。

[44]　劉靖〈工合游擊隊〉，《吉林大學社會科學學報》，1983年第5期。有些史料的確顯示部分工合社曾被武裝起來，但其具體武裝形式尚不明確，故劉靖的這篇回憶實屬珍貴。劉靖經東北救亡總會陝西分會介紹，針對東北軍第53軍的後方家屬開展工作；1941年，經寶雞工合事務所主任鄭長家（東北救亡總會成員、中共黨員、盧廣綿的同學）介紹，在寶雞附近的永清堡紡織工合社參加勞動。那裡還有李維周等數名中共黨員，以及上海、南京淪陷後由安徽農村來的青年學徒工。後來得知自己被列入國民黨陝西省黨部的黑名單，於是前往晉豫區工合辦事處（孟用潛此時或已從晉東南事務所主任調任該區辦事處主任）轄下的晉東南事務所。

[45]　前引鞠抗捷〈敵人進攻下的晉南工合〉。

就這樣，工合社為躲避危險而避往山區，重要的機器工合社就隱藏在這裡堅持生產，其他許多工合社也隨時向山區轉移。該時期，經濟游擊戰廣泛展開，晉南事務所計劃首先鞏固主要地區，而後在游擊區組織更多工合社。除上述工合武裝外，為提高一般工合社的機動性，他們還制定了在1940年內組織148個「游擊小組」（游擊工合社）的計劃，並為此準備放款48萬4,000元。此外，為鞏固游擊工合社，還曾分三期實施如下計劃。即，第一期開設工合社訓練班，以培養足夠人數的經理和會計，充實現有工合社的生產和銷售；第二期在根據地以北、以西兩個方向同時開展運動；第三期則東進平漢鐵路沿線及河北平原，準備與日本進行激烈的棉花爭奪戰。[46]

值得關注的是，國民政府軍事委員會曾制訂《經濟游擊隊組織辦法》（1939年8月），規定各地黨部、軍隊各機關內須組織「經濟游擊隊」，以潛入日軍佔領區擾亂其經濟。其第一條即表明，為打破日軍在戰區掠奪和利用物資的企圖，應從部隊選出一部，改編為「經濟游擊隊」，[47]並建議該任務可由戰地正規軍、游擊隊、保安隊、戰地自衛團及壯丁隊來擔任。「經濟游擊隊」的編練、配置委諸各戰地黨政分會、各戰區司令官負責；破壞對象十分廣泛，包括日本的軍事設施、運輸機構、銀行等金融機構、礦山、工廠等。亦即，較之游擊區工合社主要從事生產，「經濟游擊隊」主要承擔破壞性任務。

1940年6月，為共同推動戰地工合社完成任務，工合協會與戰地黨政委員會制定了《戰地工業合作推進綱要》（下文簡稱《綱要》），並得到最高國防委員會批准；國民政府透過行政院令行各相關部門為戰地工合社撥付補助基金100萬元、每月補助經費2萬元。《綱要》的目標是，為建立戰地工業基礎、取得對日經濟戰爭的勝利而採用工合方式，利用當地原料，普遍深入敵後及游擊區，迅速成立大量工合社，以滿足抗戰軍需民用，同時不斷獲取戰地資源，徹底根絕「敵貨」，打擊敵偽政權的懷柔政策，實現「經濟反封鎖」的目標，建立民族復興基礎。其綱領是，(1)為適應抗戰的軍事及政治、經濟、文化需要，工合協會在戰地對成立各種工合社予以補助。工合社原則上為手工業、小工業，從事紡織、五金、小型機器、文化、

---

[46] 前引穆家軍〈經濟游擊戰在晉南〉。

[47] 〈經濟游擊隊組織辦法〉，《情報》，第15號，1941年4月1日。

化學、皮革、礦冶、食品等行業。(2)工合社由區辦事處、事務所、指導站進行管理指導。區辦事處應設於各事務所的中心區域、游擊區之重要根據地、戰地黨政委員會所在地等；事務所應設於原料豐富、有工業基礎、交通便利等之地區。(3)區辦事處或事務所應於其工作區域分別組織工合社20社，所需資金由國民政府特支款項或國有四大銀行、省銀行、合作金庫實施放款。(4)戰地工合組織應與財政部、貿易委員會、經濟部合作事業管理局、國有四大銀行、省銀行、農本局、各級政治部、交通部、各戰區司令長官部、地方政府等保持聯絡暢通。(5)戰地工合幹部之訓練、指導由工合協會負責，並與主管機關隨時溝通後實施。[48]如此，工合運動、工合社的任務進一步明確，形式上實現了中央及地方軍政機關、合作機關、國營和公營銀行等給予全面支援的體制。

　　工合社也滲透到了湖北省西北部的老河口、穀城、光化等游擊區。此地是拱衛四川、陝西的重要地區，工合社組織工作之開始，恰值1939年底到1940年的鄂北大會戰時期，大量技工和難民從前線逃到後方。因此，與山西省南部一樣，初時曾面臨勞動力嚴重不足的問題。但工合社仍逐步滲入民眾，要求加入者日益增加。[49]在軍政機關支援下，隨著放款增加，工合運動也在該地建立了穩固的生產基礎。

三、晉豫區工合辦事處的成立

　　根據《綱要》規定，游擊區工合組織得到補助基金100萬元、補助經費每月2萬元。在此推動下，1940年10月，工合協會在洛陽設晉豫區辦事處（主任孟用潛），其工作區域為山西、河南兩省的游擊區；另在浙江省蘭溪設浙皖區辦事處，其工作區域含浙江、安徽兩省的游擊區。[50]晉豫區辦事處成立前，山西、河南的游擊區受西北區辦事處管轄；但因區辦事處在陝西省寶雞，難以充分指導晉南、晉東南、河

[48]　行政院《抄發戰地工業合作推進綱要令仰遵照會同財政部……》，1940年7月13日，經濟部（一）工業司《中國工業合作協會‧法規》，中央研究院近代史研究所檔案館藏件18-22-58(3)。

[49]　《香港大公報》，1939年12月21日。

[50]　1979年10月4日，盧廣綿在北京回答筆者採訪時說，晉豫區辦事處所在地洛陽雖然是國統區，但工作重點在山西的解放區。浙皖區辦事處所在地蘭谷是新四軍地區，該辦事處主要在這一地區開展了工作。由此可見，工合協會與中共的關係相當密切。

北省鎮平的各事務所，事務所間相互聯繫也很困難，更談不上互幫互助。晉豫區辦事處成立後，這些問題大部分得到解決。晉豫區辦事處下設事務所5處，浙皖區辦事處下設事務所4處；晉南、晉東南二事務所的業務多有重複，為便於指導而予以合併，成立了晉東南事務所（陽城）。晉豫區辦事處為把地方小工業、手工業逐步改造為半機械化乃至機械化，自始即對各工合社主要採取「集中型」，而副業式的「分散型」和二者的「混合型」，則以實施指導、技術改良、增加生產、教育不便等為由，似僅作輔助形態。[51]

與山西省合為一區的河南省在抗戰爆發前的合作社狀況如下。1933年有合作社11社，1934年有997社、1935年有1,761社、1939年有3,221社、1937年有3,484社，增加速度極快。[52]據另一組統計數字顯示，其業務，1935年12月有信用合作社540社（30.4%）、運銷114社（6.4%）、利用15社、供給1社、兼營1,104社（62.2%）。[53]較之山西省須從零開始，河南省因有中國農民、中國、上海商業儲蓄各銀行的放款支持，加之農村合作委員會強有力的行政指導以及省棉產改進所的技術援助，其產銷合作社甚為發達，屬合作事業先進省份之一。而且，游擊區工合社開展活動的襄城（魯山近鄰）有合作社128社、鎮平有119社、洛陽有102社、禹縣有60社等，[54]在省內亦屬合作事業最為發達的區域。亦即，河南的工合運動是在抗戰爆發前已有合作事業的基礎上展開的。

至1940年12月，晉豫區工合辦事處有事務所七處，即山西省的晉東南、河南省的鎮平、魯山、禹縣、嵩縣、湖北省老河口、山東省泰安（1941年6月又在山東省沂水設事務所，並計劃在費縣、蒙陰、莒縣設指導站）。因工作區域跨山西、河南、湖北、山東四省，故也被稱為「晉豫鄂區」（不曾被稱為「晉豫鄂魯區」）。就這樣，日軍前鋒所至，工合社亦如影隨形，由山西省逐漸擴至河南省，在鞏固湖北省谷城周邊後，向日軍佔領下的山東省進一步擴展。

---

[51] 翰華〈如何開展晉豫區工合運動〉，晉豫區辦事處《戰地工合》，第1卷第1期，1941年1月。

[52] 前引賴建成《近代中國的合作經濟運動》，第98頁。

[53] 前引《革命文獻－合作運動（一）》，第84輯，第38-40頁。

[54] 《革命文獻－合作運動（四）》，第87輯，1981年，第390頁，附表〈河南各縣合作事業表——1936年2月〉。

表10-3　晉豫區各地各行業工合社數及社員數（1940.12）

事務所 / 行業	晉東南		洛陽		鎮平		魯山		禹縣		老河口		總計	
	社數	社員數	社數	社員數	社數	社員數	社數	社員數	社數	社員數	社數	社員數	社數	社員數
機械	5	44	1	13	1	42					1	78	8	177
採礦及五金											1	93	1	93
紡織	5	62	1	12	21	220	4	39	2	15	13	300	46	648
服裝	12	96	3	40	8	79			1	7	3	31	27	253
化學	5	50	1	7			2	15			9	102	17	174
食品	5	39			2	15					2	25	9	79
文化（印刷業）	2	20			2	26					1	13	5	59
建築					1	10					1	10	2	20
其他	2	27											2	27
計	36	338	6	72	35	392	6	54	3	22	31	652	117	1,530

※孟用潛〈晉豫區工合統計〉，《工業合作月刊》，新1卷第5、6期，1941年12月。另，1941年6月，「晉東南」有「採礦及五金」8社、94人，本表未載。

　　表10-3顯示，就數量而言，以晉東南的工合社為最多，有36社。特別是機械行業有5社，從事武器的製造、修理及紡織機製造。紡織、服裝工合社主要生產軍服。晉東南的優勢行業採煤等，該時期因晉東南為日軍佔領而已不復存在（1941年6月，國民政府軍似曾奪回該地，採掘及五金工合社8社重新開業）。另就各地行業分佈看，晉東南、鎮平、老河口相差不大，社數也相對較多。值得關注的是老河口，其機械1社有社員78人、採礦及五金1社有社員93人，再加預備社員、雇工、見習工，人數似相當可觀。與圖10-1結合起來觀察可知，支撐山西省東南部激戰地帶的力量來自河南省鎮平，而其最終支撐力量則來自湖北省老河口。亦即，游擊區的工合組織支持抗戰的工業生產體制分三個層次。晉豫區辦事處所在地洛陽只有機械、服裝等工合設1至3社，生產方面的作用似並不重要；但辦事處的工作中心很可能並非生產，而是對整個晉豫區工合運動進行計劃和指導。

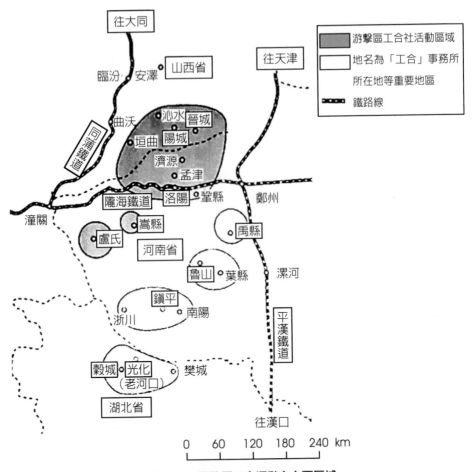

圖10-1　晉豫區工合運動之主要區域

※據《中國地圖集》（新興出版公司，香港，1996年）並參照中國抗日戰爭史學會等編《中國抗日戰爭史地圖
集》（中國地圖出版社，1995年）第115-116頁、滿鐵調查部《支那抗戰力調查報告》（三一書房，1970年
復刻版）第236-249頁及本書各章有關內容綜合考察後繪製。

　　關於晉豫區工合運動的特徵，鞠抗捷曾做如下總結。即，由於民族工業和農
村經濟盡遭破壞，廣大民眾因失業而飽受飢餓之苦。於是，沒有能力逃難遠方的人
們，從已遭破壞的作坊裡把工具搶救出來，湊在一起，如山西省南部一帶即曾對製
鐵作坊曾經的勞資關係進行清理，開始平等分配；這種方式與合作社形態已很接
近，成為開展工合運動的有利條件（這意味著抗戰前合作社的經驗得到繼承）。大

部分民眾只是暫時逃難，日軍走後即返回；另有大量駐軍，故亟需擴充滿足軍需民用的生產。然而，由於商業多已停頓，導致走私猖獗，日貨充斥市面。[55]

　　怎樣才能在游擊區組織和發展工合社？林亞傑說，該地工合社有如下基本特徵，即機動性、分散性、普遍性、小型、戰鬥性和創造性，並在沒有先例、缺乏技術和資金的情況下克服困難進行生產。其工作原則是，①以廣大民眾為基礎，發揚工合運動的全民性；②手續簡單、迅速，不錯過任何組織工合社的機會，發揚突擊性；在大後方等須遵守國民政府的合作行政法令及登記手續，但在游擊區則制定臨時處置辦法，變通處理。③一般大眾文化水平低，若不克服銀行、買辦等濫發文件的「官僚作風」，就無法深入大眾，故遵循「簡單」、「切實」、「通俗」三原則謀求大眾化。④世界合作主義者不顧現實，將合作主義視為「純經濟運動」而宣揚「中立」，不承認其政治作用；但在游擊區，則必須組織民眾並做政治動員，故工合工作把政治、軍事、經濟、文化等融為一爐。⑤與黨政軍密切聯繫，可順利開展敵後民眾運動；如指導社員應參加各種民眾團體及政治活動，與敵後的黨務及政府機關相呼應。[56]

　　為強化戰地工作，工合協會於1941年2月制定〈推進戰地工業合作事業實施辦法〉，並於9月得到行政院批准。〈實施辦法〉概要如下：

(1)推進戰地工合工作，須與戰地黨政委員會及其他軍事、黨政、經濟等各機關保持密切聯繫。

(2)為使戰地工合社更加機動靈活，在無法設立事務所等時，區辦事處應設「戰地工合工作隊」（由隊長一人、分隊長及隊員若干人組成。下文簡稱「工作隊」）。

(3)戰地工合社無需取名，可使用號碼、暗號。區辦事處、事務所、指導站、工作隊於一般性業務外，應協助戰地工合社轉移和獲取原料、調查戰地物資、技工及一般社會經濟狀況。

(4)關於戰地工合社的組織形態和業務，應注意如下要點。①為使工合社機動靈活，組織結構不宜複雜；②即使未達到工合原則規定的年齡，真有能力亦可

[55]　鞠抗捷〈論游擊區工合運動〉，《戰地工合》，第1卷第1期，1941年1月。
[56]　林亞傑〈展開游擊區工合運動〉，《戰地工合》，第1卷第6，7期，1941年9月。

入社；③戰地情況特殊，可採行工合預備社制（觀其《章程》，預備社的組織形態與工合社幾乎相同，或為僅待工合協會認可）；④與工合社類似的組織，可將其改組為工合社，並充實其業務；⑤各社內之會議，不採取定期公開方式；⑥工合社應設於鄉村、山野等敵人難以發現且便於隱蔽機器之處。

(5)關於生產、運輸，①應儘量利用當地原料，製造軍民必需品和進口代用品；②應與附近軍隊、學校等集團消費者簽約，生產後立即交割產品（軍隊以現金購買），避免資敵；③在交通極度不便之地，運輸應利用人力、畜力，必要時在夜間運輸；④原料供給和產品運銷，如無法組織聯合社，則應設立供銷代營機構，或與軍事運輸、傳統的「驛傳」密切結合；⑤長期放款以2年為期、短期放款以10個月為限。每社放款超萬元時，應由區辦事處委派會計駐社管理帳冊；不滿萬元時，區辦事處、事務所或工作隊應隨時進行財務檢查。

(6)工合社的特殊任務有，①監督和督促社員不與敵偽合作、拒絕使用傀儡紙幣及軍票；②協助黨政軍當局查禁「奸商」、敵特，必要時協助軍隊破壞橋樑、交通線，以阻止敵人前進；③協助地方政府及有關機關組織的「戰時服務團」進行難民轉運、傷殘軍人救護等工作。[57]

《實施辦法》涉及如何與軍隊及其他機關合作、如何組織「工合工作隊」、如何隱蔽工合社所在地，甚至包括配合軍隊破壞交通線等特殊任務，其內容十分具體，實踐性亦極強，是此前工合運動各種方式之集大成。對此，行政院並無異議，各方也並未提出反對意見。只有軍政部、財政部、經濟部、社會部及賑濟委員會提出，「軍隊以現金購買」一條，雖出於防止產品在轉移過程中遭受損失而無法回收資金，但不太現實。該意見最後被採納。

為解決資金匱乏問題，吸引游資倍受重視。方丈即曾強調戰地吸收民間游資的重要性。他說，①中國經濟本來落後，現又遭敵蹂躪，連小手工業也破壞殆盡，須迅速透過合作社方式重建戰地工業基礎。而工合社需要使用分散游資。②富裕農民不考慮國家民族的危機存亡，眼中只有自己的利益；須把他們組織為工合社，以吸收其游資，加強「抗戰建國」。③敵偽已在戰地試圖利用各種方式吸收游資，應予

---

[57] 〈中國工業合作協會推進戰地工業合作事業實施辦法〉，1941年9月，前引經濟部（一）工業司《中國工業合作協會・法規》。

以打擊。[58]

　　繼方丈之後，張聯芳也論述過游資問題。他把戰區游資的特徵歸納為「散亂」、「隱藏」、向他處「逃避」或尋求投機機會、與國有四大銀行及國營企業無緣，並提出如下解決方法。①由戰區工合負責人組織企業部門，利用募股方式吸收游資，使出資者成為股東，必要時保障其利息收入，增加投資機會。②對於優秀的戰區民間工廠，工合協會應有計劃地給予指導和協助。③對工合社所從事之前景較好的行業，如毛紡織、棉紡織、絲織、造紙等提出具體計劃，吸引游資投向戰區等。④日貨運銷，八成以上握於中國投機商人之手，須從政治、軍事方面嚴加禁止，同時由工合社吸收其資本。張聯芳還強調，產品品質劣於日貨，也助長了日貨之傾銷和走私，故須進行技術改進。[59]還認為，為此需要靈活變通，即使工合原則做些讓步，也應保障地主、富農的利益，甚至主張新設股份企業部門，以之為工合組織的外圍團體。

　　如上所述，馬萬田曾為獲得資金而強調游擊區如何安全，實則相當危險，而且工合社的損失也不小。例如，鞠抗捷為指揮工合社避難，曾於1941年2月多次返回前線，但仍有六七名社員被日軍擄走，幾名社員家屬或負傷、或被殺害。鐵製馬具製造工合社（社員9名、「學徒」5名、雇工9名，計23名）曾以「降敵嫌疑」趕走主席，後來日機轟炸，幾發炮彈落在該社附近，一名社員被炸死。山西省南部的麵粉工合社2社在日軍進攻時遭破壞，兩名社員被槍殺；日軍進攻河南省中南部時，禹縣事務所的指導員李震宇被炸死，鎮平也有幾個工合社損失慘重。[60]此外，據說某製鞋工合社在轉移途中，社員全部死於前線。可見轉移也十分危險。因此，金家樺強調游擊區工合社也需要「後方」安全地帶，指導機構及機械、半機械工合社應撤至「第二經濟防線」，以避免受到日軍襲擊而造成損失。[61]

　　在這種情況下，游擊區民眾表現出了高度的民族意識。例如，在日軍佔領區也能夠設立半公開的徵稅局，而且愛國商人不僅主動依規納稅，還保護徵稅員的安

---

[58]　方丈〈吸收戰地游資與展開工合運動〉，《戰地工合》，第1卷第3期，1941年3月。

[59]　張聯芳〈戰區游資與工合〉，《戰地工合》，第2卷第2期，1942年2月。

[60]　何克〈晉東南戰地工合工作報告〉，《工業合作月刊》，新1卷第1期，1941年7月。金家樺〈在戰鬥中成長的晉豫區工合運動〉，《工業合作月刊》，新1卷第2期，1941年9月。

[61]　前引金家樺〈在戰鬥中成長的晉豫區工合運動〉。

全。[62]1941年2月，日軍對山西省南部發動進攻，該地工合社的機械、文件須轉移至安全地帶；而當地農民為此提供了全面協助。調查報告也有關於工合社員的活動、生產狀況的記述。據報告，陽城後河造紙工合社、沁水紡織工合社、安陽製鐵工合社的社員曾突破日軍封鎖線，向事務所如約償還放款1,700元，有10社仍留在日軍封鎖線內堅持縫製軍裝；某社曾把價值千元的產品秘密運至事務所供銷組，封鎖線附近的9社則選出兩名業務指導員化裝成推銷日貨的小販往來於各社和事務所之間。透過這種努力，游擊工合社36社的損失僅為5,372元，而1940年一年間為前線提供的產品卻高達100萬元。也有工合社搜集日軍情報，社員們化裝成推銷日本製牙刷、肥皂的商人出沒於日軍周圍，獲取各種情報後傳遞給工合事務所。[63]觀諸上述民族意識的各種表現，也可知在游擊區、佔領區開展工合運動有其深厚基礎，能夠透過生產凝聚民眾力量，具有極大意義。

　　隨著戰場形勢日趨緊迫，工合運動也更加受到關注。早在1940年初，衛立煌（時衛部駐紮河南省西部）即已十分關心工合運動，認為應透過工合社對當地造紙、紡織、製革等主要手工業進行重組，並引進機器生產，還承諾將支援工合運動解決困難、打開局面。[64]實際上，衛立煌曾於1941年多次下令保護工合社，並請區辦事處在其轄區組織工合社。因此，晉豫區各事務所、各工合社與軍政當局一直關係良好，且在民眾掩護下未受到嚴重損失。

表10-4　晉豫區工合社統計（1941.6）

事務所	社數(A)	社員數(B)	B/A	社股金額(元)(C)	交訖股金(元)(D)	D/C(%)	放款(元)(E)	(D+E)/A	月產值(元)(F)	F/A
晉東南	42	404	9.6	26,388	26,388	100.0	61,198	2,085	38,472	916
洛陽	6	105	17.5	7,810	3,788	48.5	87,100	15,148	43,713	7,286
鎮平	31	374	12.1	22,712	21,592	95.1	50,000	2,309	43,179	1,393
魯山	6	54	9.0	1,760	1,023	58.1	16,100	2,854	8,170	1,362
禹縣	4	50	12.5	2,435	1,735	71.3	16,600	4,584	4,725	1,181

[62]　前引姜君辰〈淪陷区経済戦の経験と教訓〉。

[63]　前引上海日本大使館特別調查班譯〈三年来支那工合運動の発展〉〉，第182-183頁。前引何克《晉東南戰地工合工作報告》。

[64]　高叔平〈來自戰區〉，《西北工合》，第3卷第1、2期，1940年2月15日。

事務所	社數 (A)	社員數 (B)	B/A	社股金額 (元) (C)	交訖股金 (元) (D)	D/C (%)	放款 (元) (E)*	(D+E)/A	月產值 (元) (F)	F/A
老河口	27	470	17.4	25,409	25,409	100.0	33,200	2,171	49,186	1,822
計	116	1,457	12.6	86,514	79,935	92.4	264,198	2,967	187,445	1,616

※根據孟用潛〈晉豫區工合統計〉（《工業合作月刊》，新1卷第5、6期，1941年12月）編製。
* 「放款」為晉豫區辦事處對各事務所之放款。

　　表10-4顯示，晉東南的工合社在1941年6月仍在發展，其社數、社員數皆持續增加，已有42社、404人，且股金也已按規定全數交訖。不過，儘管社數最多，利用放款卻占第二位，僅為6萬1,198元。平均月產值也僅為916元，在晉豫區為最少。但是，這並非市場原理發揮作用的結果，而是在戰事最為激烈的戰區向游擊部隊等緊急提供物資造成的，因而不應與其他地區作單純比較。較之晉東南，鎮平有31社、老河口有27社，似略有減少；但考慮到該兩地曾一直遭受轟炸，此成績亦屬相當可觀。相比之下，最引人注目的是洛陽，其工合社僅6社、社員1,805人，較之上述三地區依然相去甚遠；或因社員主要為失業者等，其社股金額交訖率也較低，只有48.5%。不過，每社所利用放款，較之其他事務所在2,000元到4,000元之間，洛陽事務所卻高達1萬5,148元；每社平均月生產值也高達7,286元，而其他事務所僅一兩千元。這意味著，晉豫區曾調整其工作計劃，生產方面也以洛陽為核心，並實施了大幅增加放款的政策。

　　關於各工合社的概況，可觀察西冶（沁水附近？）的如下數社。①第二紡織工合社，社員8人，共有16人，多為沁水、濟源難民。擁有紡織機1架、毛巾織機1架、襪子織機4部、彈棉機2部，每天生產毛巾50條、襪子3.5打等。原料須從日占區購入，產品全供軍用。工資依技術高低決定，每月4元至10元，食宿由社提供。②第二印刷工合社，社員8人，共有16人。只有石印機2部，作業效率極低。社員工資30元、「練習生」（見習工）5元至6元。③第一造紙工合社，共有13人。當地桑樹皮極廉，100斤僅值5元；每日生產紙張700張。[65]

　　位於河南省南部工業中心的鎮平事務所（成立於1939年4月，主任于魯溪）指導的工合社，1939年5月成立10社，6月成立32社，7月成立29社，至同年底共組織

---

[65]　古濂浦〈兩位英國人眼中的晉東南工合〉，《戰地工合》，第1卷第6、7期，1941年9月。

81社。但苦於資金日益匱乏，正式開工的僅有64社，社員838人。鎮平的工合社，三分之二以上生產生絲和絲織品。[66]在1940年5月至6月、翌年1月至2月的豫鄂會戰中，日軍展開大規模攻勢，鎮平亦遭轟炸，鎮平事務所的工作區域南陽受破壞尤其嚴重，某工合社被大火焚燒，部分機器和工具等被破壞。但是，事務所提前指導其掩蔽了重型機器，並把其他機器和原料、產品運至安全地帶，故在國民政府軍反攻回來後得以發揮機動性返回原地、重開生產，並有盈利。[67]在河北省某地，或經晉豫區辦事處指導，日軍佔領區的婦女組織了裁縫工合社生產大衣、草鞋；生產在地下室、地洞中進行，日軍來時即背負簡便縫紉機、紡織機轉移他處，[68]充分發揮機動能力。

　　1941年5月，日軍進攻山西省東南部和河南省北部，晉東南事務所工作區域被佔領；6月初廬氏事務所成立，同時禹縣事務所被降為指導站，歸魯山事務所管轄。10月，鄭州淪陷，洛陽面臨威脅，洛陽降為事務所，晉豫區辦事處轉移到鎮平。廬氏地處山區，業務開展過於困難，1942年3月改為指導站，歸洛陽事務所管轄。至1942年6月，晉豫區有洛陽、鎮平、魯山、老河口、晉東南5處事務所，和禹縣、廬氏、濟孟、垣曲4個指導站；據說另有計劃在河南省鞏縣、淅川、周口及安徽省立煌新設事務所，在河南省葉縣、南陽、漯河及湖北省樊城增設指導站。[69]亦即，面對日軍進攻，區辦事處、事務所被迫頻繁調整、不斷變化，但仍試圖擴展工作區域。此外，1941年5月，日軍第十四次進攻中條山，山西省南部、河南省北部發生激戰，晉東南事務所一個時期無法與區辦事處取得聯繫；濟源和孟津、垣曲兩處指導站及其指導之工合社也被迫不斷轉移；1942年3月，泰安完全被日軍佔領而無法聯繫。

　　晉豫區儘管形勢十分嚴峻，但仍於1941年8月得到工合協會10萬元的基金支持，在洛陽成立了區供銷代營處。其主要業務是為各工合社提供原料，如曾派人去漯河、孝義、靈寶等地購來棉、麻、皮革、鐵等。11月又設代營處販賣部，以銷售工合社產品。此外還利用工合協會撥付的聯合社供銷放款10萬元，在魯山、老河

[66]　前引上海日本大使館特別調查班譯《三年來支那工合運動の發展》，第189頁。

[67]　導倫〈敵人竄擾下的鎮平工合〉，《戰地工合》，第1卷第4期，1941年4月。

[68]　Lertrain Fonle〈游擊式的合作社〉，《戰地工合》，第2卷第2期，1942年2月。

[69]　金家樺〈三年來的晉豫工合與今後動向〉，《工業合作月刊》，新3卷第1、2期，1942年8月。

口、鎮平相繼開辦聯合社供銷代營處，[70]游擊區的供銷機構於是建立起來。

此外，晉豫區曾以各工合社產品種類多、運銷各地時沿途被徵轉口稅對工合社形成打擊為由，要求國民政府本著培育小型手工業之宗旨，並希望財政部免除工合社產品的轉口稅。[71]

1942年2月，工合協會以理事長孔祥熙的名義行文行政院稱，因對工合社的緊急需求大幅增加，全國各地如綏遠省主席傅作義、寧夏省主席馬鴻賓、榆林司令高桂滋、第二戰區司令長官閻錫山、第三戰區（顧祝同）戰地黨政委員會、浙江省黨部等不斷請求開展工合運動；且太平洋戰爭爆發後，日本加強經濟封鎖，中國經濟越發困難，給戰地工合社「300萬元」實屬過少，要求增加「1,266萬元」。該文附錄《組貸計劃及推進辦法》提出，對工作幹部、工合社社員及職員的精神訓練將與地方國民黨部合作，並保持「自製」，以免脫離思想、行動之常規而招致誤解。[72]

按國防最高委員會規定，工合協會應在第一、二、三、五各戰區開展工業生產運動；但因經費有限，工作開展尚不充分。身兼工合協會理事長的行政院長孔祥熙透過行政院向財政部、經濟部要求增加經費，其背景在此。此舉影響似乎不小，但是否達到目的則不詳。工合協會主動提出戰地工合社將「自製」，以與國民黨保持良好關係。但除在新四軍控制區域等外，CC系幾乎未曾對游擊區工合社進行干擾和壓制。因游擊區工合社受到軍方支持，社會部等似也無需對其採取措施。因此，無論在國民政府軍的游擊區，還是在中共軍隊游擊區，工合社都凸顯其極重要的價值和地位，戰地的政治、軍事、工業各機關紛紛請求工合協會增設工合社。如，鄂豫皖邊區總司令曾請求將周口和阜陽的製革業、太和與富縣的毛紡業、阜陽和臨泉的造紙業、曹縣的製鹽業等改組為工合社，並著手增產和改善品質；湖北省政府要求工合協會在恩施等14縣組織棉、麻、桐油、漆、茶等工合社，以提高產量、改善

---

[70]　同前。

[71]　中國工業合作協會〈茲檢討本會晉豫區鎮平魯山兩所出品名稱及運銷地點請轉諮財政部予以免徵轉口稅由〉，1941年11月17日，前引經濟部（一）工業司《中國工業合作協會》（下），中央研究院近代史研究所檔案館藏件18-23-58(2)。

[72]　行政院秘書處致經濟部工業司〈中國工業合作協會呈擬戰地工合基金組貸計劃及推進辦法請將已經　准雲三百萬元核發……〉（1942年2月16日）之中國工業合作協會理事長孔祥熙〈抄原呈〉及〈奉撥三百萬戰地工合基金組貸計劃及推進辦法〉等，前引經濟部（一）工業司《中國工業合作協會》（下）。

品質；湘鄂贛邊區的中共組織也曾請求在修水、南茶設工合事務所，以在該邊區組織和指導工合社，等。[73]

表10-5　山西河南游擊區工合社統計[*]（1939-1944）

年	工合社數 (A)	社員數 (B)	B/A	社股金額 (元)[**]	放款金額 (元[***])	月產值 (元)	備考
1939.12[a]	81	948	11.7	37,006	57,900		西北區辦事處之晉南、鎮平、老河口三事務所之合計
1940.12[b]	117	1,530	13.1	65,472	116,720	271,486	晉豫區辦事處之游擊區工合社
1941. 1[c]	115	1,348	11.7	67,415	178,300	210,999	同上
6[c]	116	1,457	12.6	79,935	264,198	145,967	同上
年底[d]	117	1,438	12.3	100,719	354,097	280,503	同上
1942.6[e]	121	1,697	14.0	195,187	676,097	4,670,735	同上
12[f]	126				380,863		同上。其中放款金額含山東省泰安事務所之4萬元
1944.12[g]	41	584	14.2	1,540,980	738,000	13,216,705	新西北區辦事處之河南省鎮平、臨河之合計。其他區域不詳。

※a.盧廣綿《西北區工合事業之現狀與今後推進計劃》（西北區辦事處出版，1939〈年12月〉之插表。b.〈中國工業合作協會工作報告〉，經濟部（一）工業司《中國工業合作協會》（下），中央研究院近代史研究所檔案館藏18-22-58-(2)。c.孟用潛〈晉豫區工合統計〉，《工業合作月刊》。新1卷第5、6期，1941年12月。d.金家樺〈四年來的中國工合運動〉，《戰地工合》，第2卷第7、8期，1942年8月。e.《工業合作月刊》，新3卷第6期，1942年12月，第19頁。f.工合協會〈奉發三百萬戰地工合基金組貸計劃及推進辦法〉，前引《中國工業合作協會》（下）。g.〈中國工業合作協會西北區工作簡況〉，《西北工合》，第8卷第1、2期，1945年2月。
※[*]山西、河南的游擊區不固定，其工作區域含湖北省老河口，有時含山東省泰安等。
[**]「放款金額」乃工合協會等透過區辦事處放給游擊區各事務所之款項。1944年12月亦無銀行放款。
[***]「元」為照錄原文。

---

[73]　《新華日報》，1940年10月28日。

表10-5顯示，西北區時期，晉南、鎮平、老河口這三個主要地區曾有工合社81社、社員948人。晉豫區辦事處成立後，全區工合社數在1940年12月至1941年底維持在115社至117社之間；但1942年超過120社，社員人數也在1942年6月達到1,697人，為已知數據之最高值，平均社員數也略有增加，為14人。由此觀之，儘管游擊區形勢嚴峻，但全區工合社並未減少，甚至有所增加，發展較為穩定，社股金額、利用放款額及產值皆呈增加趨勢。1943年的數據不詳，但鎮平到1944年12月似仍較穩定，甚至把工作開展到了臨河。不過，其他如晉東南等的工合社，或許已被戰爭摧毀，而並非缺乏統計數據。再，直至1944年12月仍無銀行（包括國營、公營銀行）放款注入。這或許從側面證明，在整個抗戰時期，包括國營、公營在內的銀行對游擊區工合社的放款極少。不妨說，游擊區工合社與軍隊關係密切，其主要任務是為軍隊提供所需物資；這些工合社在工合協會及軍隊等支援下專注於生產軍需物資而不計得失，也正因如此才具有重大意義。

四、山西河南兩省工合社的教育功能及福利事業

即使在游擊區，工合協會也非常重視教育和訓練，而非僅致力於生產。如上所述，晉南事務所為躲避日軍進攻而轉移到樹皮溝，在那裡仍開辦了社員訓練班（計劃為期半月）。該訓練班有軍服、紡織、製鞋、製粉、榨油、造紙等18社選派的社員32人參加，由事務所主任鞠抗捷講授抗戰常識、經濟常識、合作法規、工合運動、會計常識及唱歌等。每天上課4小時，其餘時間組織自習。與其他區相比，游擊區工合社員中文盲較多。於是，對見習工和社員中的文盲，採用陶行知的「小先生」制，由學會識字者再去教其他人，如此逐字學習《工合三字經》。下午舉行討論會，分四班討論社務、業務、學習、生活等。還騰出三間房屋設圖書館，內置有關工合運動的雜誌、書籍供借閱。工合社還組織歌唱隊，唱《救中國》、《工人進行曲》、《保衛大西北》、《一齊來合作》及《鋤頭歌》等，以激發愛國情懷。[74]

---

[74] 王振東〈敵寇圍攻中的晉南工合社訓班〉，《西北工合》，第3卷第14期，1940年10月26日，等。社員訓練班學員32人，其中工合社員20人，餘為預備社員和學徒工。15人來自山西，12人來自河南，3人來自河北，可知游擊區工合社中，山西和河南的當地人占絕大多數。另，《工合三字經》是為文盲、半文盲編寫的識字教材，三字一節，通過背誦該書，既可學習識字，

樹皮溝有方圓數十里的許多民眾前來避難，他們歡迎工合社員，並供給糧食等。事務所於是利用廢廟開辦臨時小學，設成人、兒童、婦女三班，成人班收20人、婦女班收9人、兒童班收15人，印製《工合三字經》作教材，計劃半個月教授150字等，[75]這樣既給民眾提供了就學機會，還透過座談會等方式把當地男女老少組織起來，形成了一致抗戰的局面。

　　1940年10月，晉豫區辦事處成立，隨即開展調查、研究、改良工作，同時也加強了教育、訓練工作。具體措施如下。

（一）區辦事處特設經濟研究室和技術研究室。經濟研究室在各事務所職員協助下，於1941年9月，在河北省中部的鞏縣對洛河下流的手工紡織等進行了調查，還在魯山進行手工業調查研究；技術研究所則與各事務所技術員合作，對製革、紡織、造紙等進行初步改良，其成功改良的縫紉機已有大量生產。[76]

（二）區辦事處為加強幹部教育，每週召開「同仁學習會」進行討論、演講，探討

同時亦可加深對工合社的理解。如吳銳鋒編《工合三字經》（西北區辦事處出版，西北印刷工合社印刷，1941年5月，全26頁）講述人需要衣、食、住，中國文明發展很早但缺乏進步，才從明末到第二次世界大戰受到「小倭寇」（日本）侵略；這次日本侵略中國，第一階段是「二十一條」、「濟南事變」，第二階段是九一八事變，侵略了「東四省」，第三和第四階段是七七事變，全國人民奮起抗日；中國沿海的工廠受到破壞，轉移到後方；中國人民不畏強敵，在專家們指導下開始了「鄉鎮小經營」的工合社，得到了國際支持。而後敘述工合的機構、領導人，稱工合社沒有經營者，社員既不受剝削、也不受壓迫，所有人都平等，也都是股東，還可通過社員大會選舉理事、監事，也可參與經營。然後解釋社員的權利和義務、福利和教育、生產和銷售、登記、工合金融等。全文平易近人，但字字推敲，從中國歷史脈絡中牢牢把握工合運動發生的過程及其思想、實際狀況、意義、工合原則等，內容極具深度，足以激發每個社員的自覺意識、鼓舞愛國主義情感。該書第26頁之段落如下：「經濟線有三道防敵侵 須守牢 在前方設防線 防敵貨向裡竄 在敵後設防線 與敵人爭資源 在後方設防線 為工業把基奠 要抗戰 須生產 工合社 應多辦 生產多 財力大 戰百年 也不怕 抗戰勝 建國成 工合士 都有名 求復興 在自己 勤大家 齊勉力」。

75　前引鞠抗捷〈敵人進攻下的晉南工合〉。

76　前引金家樺〈三年來的晉豫工合與今後動向〉。另，本書著者未見《工合課本》，但收集到了西北區辦事處主編的《工合社員讀本高級第二冊》（中國工業合作研究所發行，1943年4月，全48頁）。既稱「高級」，其對象或為各社幹部。內容為資本主義、帝國主義、法西斯主義、社會主義、三民主義；合作社的目的與意義、意大利和蘇聯的工業合作社；貨幣、銀行；關於工合運動則敘其發生和概況、勞動紀律、技術、教育、供銷、連合社等，各有簡要說明，並附有提問。

工合運動的理論和實踐方法。在事務所層面，晉東南事務所曾舉辦工合研究會，進行報告、討論和研究；魯山、鎮平也曾召開工作研討會、座談會等，以研究解決各種實際問題。社員教育也受到重視。鑒於社員中文盲較多，於是向社員分發區辦事處印製的《工合課本》，由事務所指導員教授工合運動一般常識歌曲等；各社設「工合室」，供社員在此閱讀、休息。[77]

　　晉東南事務所曾開辦工合小學3所，招收社員子弟及當地鄉民計100餘人入學，並著手婦女工作。還開辦識字班、舉行座談會、開設公共浴室。西冶第二印刷工合社的辦公室牆上貼著賽珍珠（Pearl S. Buck, 1892-1973）的名句，即「美國向日本提供軍需，對無數中國人民欠下血債。美國該怎樣償還？那就是援助中國工業合作運動」、「工合是勞動者的自救組織」、「我們要認清自己的任務」等口號。該地工合社也開辦夜間小學，由工合社理事授課，學生有20人，其中成人約占四分之三。據說，第一製鞋工合社（社員20人）也在勞動八個半小時之後有教育、自習、遊戲等活動。何克（George Alwin Hogg, 1915-1945）曾高度評價工合運動中的這些活動，稱其為危機時代帶來了堅定的重建意識，並建立了互助自衛組織。[78]

（三）河北省鎮平也曾開辦會計訓練班，還在農產促進委員會協助下舉辦過婦女紡織訓練班，努力提高工合社的經營和技術。該地自治意識較強，縣自治會在物資、精神兩方面大力支持工合社，為上述訓練班提供了校舍。[79]湖北省也一樣。工合紡織訓練班等的學生，結業後全都成為各工合社的技術指導員或推動工合工作的幹部。這些青年男女大都高小畢業，是棗陽、襄樊、宜城一帶的難民；訓練期間，除新式紡織技術外，他們還學習國文、數學、合作常識、機械修理等課程。[80]

（四）1942年8月，洛陽新設培黎學校，第一年度預算得到海外捐款12萬元。校長為區辦事處主任侯雨民，另有校務及訓導員3人、教員6人，都是工合運動活動家。學生有15人，均為各地事務所從各工合社的「練習生」及社員子弟中選拔而來，年齡十五六歲；其出身，貧苦農民10人、工人2人、「小販」

77　同前。

78　前引何克〈晉東南戰地工合工作報告〉。前引古濂浦《兩位英國人眼中的晉東南工合》。

79　前引前引上海日本大使館特別調查班譯《三年來支那工合運動の發展》，第189頁。

80　《香港大公報》，1941年6月16日。

3人。為提高「手腦並用」效果，「前期」（三個月）為「基礎教育」，其普通科目有國文、歷史、地理、珠算、體育、軍事、音樂、工合常識等十二門課，另有染色、織襪、肥皂等簡單生產技術。據稱，這些課程以小學五六年級水平為準，但科目多、內容深，要在三個月內掌握應非易事。「後期」（三個月？）教學計劃有技術理論、工廠實習及各種工業技術。「組織訓練」受到高度重視，尤其強調培養自治能力。主要校內活動有學生自治會，學生選三人組成執行委員會，下設編輯委員會（每半月出板報《培黎之光》一期，內容有「故事」、技術及書籍介紹，「九一八特刊號」還曾刊載評論）、炊事委員會、遊藝委員會，還不定期地舉辦講演、討論會、歌唱及勞動競技會。概而言之，該校教育主要是「基礎教育」、技術訓練、組織訓練及「軍事管理」（一切行動皆須符合「軍事紀律」，以鍛煉學生的身體和精神、加強國家觀念和民族意識）。據說，該校計劃把學生人數增至50名到100名，並招若干女子入學，組織「女學生隊」。[81]

（五）衛生工作及開辦醫院等活動。山西省東南部傷寒等疾病發生率非常高，死亡人數亦多。其原因是日軍大量掠奪家畜，加之國民政府軍強行採購物資，導致當地民眾極度營養不良，對疾病沒有抵抗力，而且沒有衛生設施和醫療機構。據說，在工合事務所及工合社所在的四個村莊、1,366人中，數月之內便病死377人，距事務所一百華里的泗由村2,749人中死亡452人，其他村莊也有許多人身患重病。工合社也難以倖免，某製鞋工合社就有一名社員死亡，其餘也全為重病患者。[82]有鑑於此，區辦事處在洛陽開展衛生工作，與河南省衛生處共同制定《勞工衛生辦法》，實施種痘、傳染病預防注射等；設工合醫務所於洛陽（後因區辦事處轉移而遷至鎮平），為工合社職員、社員及其家屬提供免費診療。辦事處還在國際紅十字會的藥品支援、香港工合促進社的資金援助及河南省衛生處的技術支持下，制訂了《工合社員及家屬保險辦法》，以實施體檢、治療及衛生教育。此外，在辦事處及晉東南、鎮平兩事務所所在地也設有工合衛生所。另與河南省紅十字會合作，在陝州開辦衛生

81　晉豫鄂區〈晉豫鄂區培黎工藝學校近況〉，《工業合作月刊》，新4卷第1期，1943年1月。

82　前引何克〈晉東南戰地工合工作報告〉。

訓練班，為期一個半月，對工合社人員12人傳授傳染病預防、衛生訓練及急救治療方法等，學員結業後攜帶醫藥品各回原地。[83]

　　培黎學校以外，晉豫區的上述工作也曾得到來自海外的資金援助。山西省東南部的工合社經香港促進會得到的援助總計達356,000元，其具體用途為，支援運輸3萬元、成立技術學校2萬元、技術研究39,000元、支援職工教育7萬元、支援衛生工作27,000元，另支援機械工合社5萬元、紡織工合社12萬元；另有菲律賓促進社提供1萬元用於組織藥棉工合社、夏威夷工合促進社提供13,000元支持出版等。[84]在國民政府和工合協會放款有限、銀行不願放款的情況下，這些來自海外的款項，對在極度危險、市場原理完全失靈的游擊區堅持生產的工合社而言，事關發展乃至存亡，其意義極其重要。

結語

　　綜上所述，日軍在侵華戰爭中開始採取「以戰養戰」、「以華制華」的策略後，中國方面也為與日本爭奪資源、提高生產力、驅逐日貨，而在日占區展開了針鋒相對的經濟游擊戰。而工合社則在其中發揮了重要作用。本章最後分數端總結如下。
（一）工合運動進入被視為極度危險、避之而猶恐不及的戰區、游擊區，並在鞠抗捷等來自東北等地的工合幹部領導下，把當地及從外地避難而來的失業者、難民、農民組織起來，並將其轉化為勞動力，避免了他們再度流往他地。在其他工廠無法進入的游擊區，只有工合社這樣有民眾積極支持和自發參加、並與軍隊建立起密切合作關係的工業形態，才能承擔起這一重任。工合社得到軍隊的絕對支持和民眾的支援，作為「專屬各軍之移動工廠」，主要為國共雙方的正規軍和游擊隊提供作戰最急需的子彈、手榴彈、繃帶、軍裝、軍鞋等重要物資，同時也為地方民眾生產日用必需品。軍需和民品的比例，據認為或是七三之比。但考慮到游擊區已無法得到後方的物資補給，工合社堅

---

[83]　前引金家驊〈在戰鬥中成長的晉豫區工合運動〉。前引金家驊《三年來的晉豫工合與今後動向》。

[84]　前引金家驊〈三年來的晉豫工合與今後動向〉。

持生產的意義遠非數字所能概括。工合社的生產發展順利，收支實現平衡，甚至有所盈利；但其意義絕不僅限於經濟，對視工合社為「純經濟運動」的觀點，游擊區是明確反對的。游擊區重視對當地民眾的政治宣傳和訓練，強調必須把自發的經濟動員和政治動員結合起來，認為只有這樣才能對抗日這一最終目標形成強有力的支持。

（二）游擊區工合運動的主要目標和任務，是透過實現自給自足和經濟反封鎖來防止日軍攫取中國的人力和物質資源，以鞏固長期抗戰的基礎。為遂行經濟反封鎖，各地確曾頒佈《查禁敵貨條例》、設置「戰區對敵經濟封鎖處」等機構，在省、縣層級嚴格取締日貨。但是，僅憑這些條例、機構，不可能切實而有效地實行經濟反封鎖；為這些條例、機構提供實質性補充和支撐的，就是以工合社為中心的合作社。而且，除從事生產的工合社外，針對日軍實施破壞、以直接阻止日本實行經濟侵略的「經濟游擊隊」也被組織起來，二者直如車之兩輪。亦即，工合運動的經濟反封鎖，其方式並非單純的生產，而是結合了各種手段。

（三）工合社本為聚散靈活、規模可大可小的戰鬥性生產組織，最適合以之開展經濟游擊戰。因此，過於強調工合原則而不重視其自發性，就無法發揮其靈活性。為讓地主、富農將隱匿游資投向工合社，游擊區工合社制定了相應政策，如保證股份收益、設股份制企業公司、實行預備社制度以及不滿7人亦可成立工合社等。其中部分內容被納入1941年2月工合協會制定的《推進戰地工業合作事業推進辦法》，並得到行政院認可。工合社不僅從事生產，還正式執行對日情報、對日破壞的任務，部分工合社擁有自衛武裝。據說，晉豫區和浙皖區的兩大游擊區辦事處與戰地委員會合作，在戰地努力擴展工作，能夠生產前線所需物資，因此得到國共兩黨各部、各游擊隊的大力支持。軍隊急需某種物資時，工合方面即刻組織工合社生產，軍方對此自然十分歡迎和讚賞。就這樣，工合社既是軍民合作的橋樑，也充分體現了軍民高度團結合作的精神。

（四）在山西省南部激戰區堅持工作的工合社得到鎮平的支持，而鎮平的後盾則是老河口。亦即，游擊區的工合組織支持抗戰的工業生產體制大體分作三個梯次。位於洛陽的區辦事處，最初負責指導整個晉豫區，但也曾以生產為工作

重點，試圖發展成晉豫區工合運動的實質性中樞。洛陽大體位於晉豫區的中心，既是地方大城市，又是交通要地，承擔此功能本屬自然。但後來日軍進至鄭州、洛陽，區辦事處被迫撤到鎮平，該設想隨之夭折。戰爭末期，洛陽又在日軍的大陸打通作戰中遭到毀滅性破壞，並被日軍佔領。這意味著山西省南部和鎮平、老河口的游擊區被隔斷，同時暗示著失去了背後支持的山西省南部的工合社，儘管其存在本身仍有重大意義，但已無力堅持。抗戰結束時，只有鎮平還有部分工合社得以維持。

（五）即使在形勢最嚴峻的游擊區，工合運動仍未放棄其變革農村社會的態度和目標。還在西北區晉南事務所時期，社員培訓即倍受重視；而在晉豫區辦事處時期，或為培養工合社基層幹部，訓練內容已不再集中於技術，而是更加重視對抗戰、經濟、合作社的理解。為提高社員的主動性和積極性，還曾舉辦各種討論會。為周圍民眾開展識字教育，也擴大了工合運動的影響。晉豫區辦事處成立後，即在區辦事處、事務所及工合社各層面開展細緻的教育和訓練工作，其內容亦大為充實。其所開辦的三、四處工合小學，不僅招收工合社員子弟，也接受周圍民眾入學。此外，培黎學校也落地洛陽。該校雖規模不大，但追求「手腦並用」的教育，教學內容除一般常識、技術訓練等外，也非常重視學校自治。晉豫區辦事處還與國際紅十字會、河南省衛生處合作，在傳染病等高發的游擊區設立醫務所，實施預防注射、衛生教育，並透過簡單的衛生培訓培養衛生人才。發生在游擊區的這些社會變革的意義，應該得到充分評價。

（五）如本書第九章所述，在中共支配地區，合作社的基礎和地位也逐步穩固，[85] 而工合運動曾對陝甘寧邊區的生產合作社產生過重要影響。除國統區外，邊區的游擊區也曾希望工合協會幫助組織工合社。據《解放日報》報導，在甘肅省靜寧的新解放區，某村曾在農會號召下組織「游擊合作社」，採行分散銷售方式，並組織運輸隊，擁有資金20萬元、騾馬10頭。該社曾從興縣運來食鹽、食醋兩千餘斤，並通知各村運銷；婦女幹部則運銷針線、顏料等。山

---

[85] 陝甘寧邊區的合作社，生產合作社較多；其社數，1939年有146社、社員23,531人、資金42,338元（《新華日報》，1940年8月14日）。與其他地區顯著不同的是，消費合作社也有所發展，同期有110社、社員72,083人、出資金88,177元、利潤96,577元（前引滿鐵調查部《支那抗戰力調查報告》，第496頁）。

西省忻縣及八分區也有許多同樣的合作社。他們除為游擊區、敵佔區民眾提
供日用品外，還用農具、糧食、錢款交換從敵人那裡奪來的鐵軌、電線等。
興縣在劉保全領導下，邊戰鬥邊透過游擊方式應民眾需要隨時提供食鹽、布
匹等。[86]就這樣，工合社逐漸化為戰時合作社的典型，對中共支配地區的合作
社形態也產生了巨大影響，除在國共兩黨支配的游擊區開展生產等各項工作
外，還滲透到日占區，成為遂行經濟防衛戰的強有力組織。

（楊韜 譯）

---

[86]　〈晉西北合作事業發展──合作社建立到游擊區〉，《解放日報》，1944年12月2日。

Ch11

華僑的抗日民族意識和中國工業
合作運動

前言

　　眾所周知，世界各地華僑曾多方支援中國抗戰。但在戰後一個時期，學術界幾乎無人對此作正式研究；最近雖有一定進展，並有相關專著出版，[1]但仍有待以更多視角進行觀察、分析和驗證。而華僑曾積極支援工合運動，無疑是不可忽視的歷史事實。因為，工合運動旨在重建因日本的軍事侵略而遭遇毀滅性打擊的中國工業，且在接受國民政府行政院管轄的同時，明確主張和堅持抗日民族統一戰線，世界各地華僑也曾對此給予積極支持和援助。本章將聚焦華僑對工合運動的支援，並考察華僑為何、如何積極支持工合運動，以及其特徵和意義何在。另，本章所論僅限於華僑與工合運動，至於世界各地華僑本身的狀況及透過抵制日貨等參與抗日運動，請參閱其他拙稿。[2]

---

[1]　華僑的動向十分複雜，他們基本上支持蔣介石、國民政府，支持包括中共在內的統一戰線；而在汪精衛的南京傀儡政權成立時，儘管只是少數，卻也有人為之動搖。因此，在曾經以中共黨史、革命史為核心的中國學術界，華僑史研究幾乎是空白。1978年改革開放以後，隨著對國民政府重新評價，有學者認為「華僑是中華民族的一部分」，並開始研究華僑對中國的貢獻，如曾瑞炎《華僑與抗日戰爭》（四川大學出版社，1988年）、任貴祥《華僑第二次愛國高潮》（中共黨史資料出版社，1989年）等。這些研究（尤其是任著）尚未擺脫以中共為基準的思考方式，故關於華僑與第三勢力生成的關係、與指導形式極其複雜的工合運動的關係，尚僅關注其與宋慶齡、保衛中國同盟的關係而稍有涉及而已（曾著第136頁）。為對這種局面有所突破，本章將探討華僑與工合運動的關係，以實證方法考察華僑支援工合運動的背景、支援的實際形態、本質、意義等，以期對抗日戰爭的這一斷面加以剖析。另，嚴格而言，「華僑」為擁有中國國籍者，擁有僑居國國籍者為「華人」；但本書之「華僑」為廣義概念，包括「華人」在內。

[2]　請參閱如下拙稿。①拙稿〈国民政府と世界華僑〉，《二〇世紀中国と日本——中国近代化の

一、華僑和中國工合運動促進機構的建立

　　中國應對抗日戰爭，資金和人才皆顯不足，亟需得到華僑的支援。國民政府亦曾做過種種嘗試，期待華僑積極出資。1937年七七事變爆發後，經濟部修訂、頒佈了《僑胞投資獎勵辦法》，規定華僑投資農工商業及國防事業、且出資占資本總額60%以上者，將適用減免捐稅等優惠政策。10月，財政部長孔祥熙要求南洋華僑支援「抗日經費之四分之一」等之後，華僑的經濟實力進一步受到關注和期待。1938年4月公佈的《抗戰建國綱領》之第17條明言，「獎勵海內外人民投資，擴大戰時生產」，亦即對華僑也開始實行動員體制。10月武漢淪陷，國民政府號召並組織華僑機工等回國服務，以開發內陸、修建滇緬公路。11月，國民政府頒佈《非常時期華僑對國內經濟事業投資獎勵辦法》，對華僑實行優惠政策。如在經營及技術方面提供協助、保障資本等利息、提供補助金等。在上述政策刺激下，華僑聯合銀行、歸國華僑企業公司、中國電化廠等在重慶成立。[3]就這樣，華僑投資與戰時增產被明確結合起來，華僑直接投資的企業等也相繼成立。但僅此顯然遠不能滿足需要。此時，迅速成為華僑捐款受助機構的，就是工合協會。抗戰爆發後，上海、無錫、天津等相繼淪陷；工合協會主張，這正是糾正工業過於集中在沿海及沿江城市、佈局不均衡的絕佳機會，應轉換思路，在工業尚不發達的西南、西北建設民族工業基礎。如此，工合運動被視作「抗戰建國」時期依據孫中山的民生主義進行建設的「民族工業建設運動」，肩負著完成「民族戰爭」的重要使命。[4]華僑具有「愛國心」，亦即強烈的「中華民族」意識，面對祖國深陷危機，必然將加入抗日戰爭這一「民族戰爭」。

　　實則，工合協會的前身、1937年11月在上海開始活動的救國組織「星一聚餐

　　歷史と展望》，下卷，法律文化社，1996年；②〈南京国民政府の華僑行政と僑務委員会〉，東亞史研究會編《東洋史論》，第9號，1996年10月；③〈重慶国民政府の華僑行政と華僑の動向——英領マレイ、シンガポールを中心に〉，《歷史研究》，第37號，2000年3月；④《抗日戰爭時期における重慶国民政府・南京傀儡政權・華僑の三極構造の研究》，（1998年度至2000年度科學研究補助基礎研究（C）(2)研究成果報告），2001年3月。

[3]　前引拙稿〈国民政府と世界華僑〉。〈抗日建國綱領〉，《東方雜誌》，第35卷第4期，1938年2月。潘文安〈華僑投資與國貨工業〉，《香港大公報》，1940年11月24日。

[4]　吳銳鋒〈民族工業與民族戰爭〉，《西北工合》，第2卷第4期，1939年8月15日。

會」，即有蕭宗俊參加，所以，應該說工合協會自創立起即與華僑關係密切。1938年12月設於上海租界的工合促進社，是第一個工合運動促進機構。該社曾號召工廠和熟練工人內遷，並卓有成果；但後來受日軍壓迫而轉入地下，最後不知所終。

繼之，1939年2月，工合香港促進社成立。名譽主席為宋慶齡、代理主席是蒲艾達（Ida Pruitt, 1888-1985）、技術顧問艾黎、經理梁同愷（廣東銀行總經理），內部設秘書、財務、技術、宣傳、組織、募捐等委員會。其宗旨是，重建工業基礎，加強抗戰力量；為傷殘士兵、失業難民提供就業機會，俾可自立；將危險區內之機器遷至內陸；充分利用當地原料進行生產；提倡國貨，等。並稱國民政府為本會後盾，華僑須作其前鋒。促進社出版了中英文刊物以宣傳工合運動，並聽取捐款人指定用款地區等，或審議捐款的合適用途，將其設法轉送各區。[5]

5月，香港促進社在華商俱樂部召開第一次會議，召集人是宋慶齡和工商人士周壽臣、羅旭和；參加者約百人，皆各界名士，如英國聖公會會督何明華（Ronald Owen Hall, 1895-1975）、香港中國銀行經理鄭鐵如、華商總會主席李星衢、上海儲蓄銀行經理王謙翊、廣西銀行經理張兆棠、吳鐵城夫人、青幫大佬杜月笙以及斯諾（Edgar Snow, 1905.7-1972.2）等。會議首先進行工作報告，同時請求與會者對募捐和今後工作給予協助。次由蒲艾達就難民及未開發資源問題發言，呼籲透過工合運動築牢「經濟長城」，以保衛中華民族。再次由羅旭和演講。他說，救國及賑災團體之組織，其於國家前途有最大最久利益者，莫如工業合作社；然後強調，大抵欲求一國之富強，必須於國民日用物品，先求其自給能力，方可保障利權，集中力量於生產。並稱當下問題是缺少專門人才，國民政府之貸款基金用於各地工合社，但不能用於培養人才，故需世界人士給予資助；為此，工合促進計劃規定，將在世界各地設「支部」，以處理募捐事務、代購原料、搜求專門人才、在國內外開展宣傳。[6]不妨認為，香港促進社成立之初，曾試圖以該社為核心構建支援工合運動的國際網絡。

然而，8月，香港又有工合國際委員會成立。該委員會是獨立組織，對國民政

5　謝君哲《經濟的新堡壘》，生活書店，1940年1月，第29、132頁。《香港大公報》，1939年5月13日。

6　《香港大公報》，1939年5月13日。

府和工合協會無法處理的捐款、借貸負保管責任。據說，菲律賓中華商會主席祁浦（Alfonso Z. Sy. Cip.，華僑）曾倡導，應設一國際性工合促進機構，並以之為核心管理和運用海外捐款等；此即該委員會成立背景之一。[7]據陳翰笙解釋，工合協會集中接受所有海外捐款，而成立國際委員會，乃為依國民政府等意向處理有關事務，並根據各地工作及其成績分配捐款，而不夾帶任何政治偏見；主要目標是在海外促進機構和中國各地工合社之間發揮橋樑作用。[8]亦即，成立國際委員會的初衷是，由其直接接受海外捐款、確保工合協會擁有獨立財源，以擴展獨自工作領域。此前，來自世界各地的捐款由香港促進社轉交給工合協會，但原則上，所有海外促進組織（包括香港促進社在內）的核心是國際委員會。該委員會不僅關乎其與國民政府、工合協會的關係，也與工合協會內的資金分配有關。即工合協會組織組長兼西北區辦事處主任盧廣綿希望將西北建成將來收復東北的基地（盧為東北人），因而十分重視西北區；但陳翰笙（無錫人）等國際委員會則力圖在西南構建強有力的抗日基礎。於是，在資金有限的情況下，如何分配即成為激烈爭論的焦點。

　　國際委員會的主席是何明華，副主席兼會計為鄭鐵如（中國銀行總經理），秘書是陳翰笙，艾黎任實地書記。委員有18人，除上述祁浦等兩人為菲律賓代表外，還有香港中央銀行「P. N. 邱」（音譯，中文名不詳）、工合協會總工程師林福裕、上述梁同愷、香港立法會議員羅文錦、蒲艾達、斯諾等。亦即，香港的中國、中央、廣東三大銀行的總經理皆在其中。該委員會對各工合社等貸款取息五分，但對與工合社有關的非生產性訓練班、學校、醫療所等貸款則不取利息。對貸款申請，由委員考慮其輕重緩急後，透過投票決定。1940年4月，何明華在重慶就海外資金問題與工合協會理事長孔祥熙、總幹事長劉廣沛進行協商後，國際委員會經中國、中央兩行擔保，全面負責海外資金的管理及其放貸。此舉使該委員會信用大增，因而短期內從海外籌集資金35萬元。至1940年7月止，經該委員會處理的海外捐款為100萬元、中國和中央兩行的長期貸款100萬元，計200萬元；其中113萬元（56.6%）

7　Nym Wales, *CHINA BUILDS FOR DEMOCRACY*, NEW YORK, 1941, p180.（東亞研究所譯《支那民主主義建設》，東亞研究所，1942年，第255頁）。

8　陳翰笙《中國工業合作運動的過去與將來》，太平洋學會美國分會，1947年，第32頁。拙稿〈陳翰笙氏に対するインタビュー〉，《近きに在りて》，第21號，1992年5月。

投向東南各省。[9]1941年10月，國際委員會收到華僑捐款500萬元，擬用於工合運動各項事業，如創辦人才訓練所、增設醫院和學校、購置書刊、設化學實驗室及「發展民主政治」。[10]此外，1941年年中，為進一步加深與華僑的聯繫、加強在海外推動工合運動的工作，工合協會也特聘菲律賓的中華總商會主席薛士芬和華僑抗敵救國會主席楊啟泰、檀香山的華僑總會主席杜惠生和華僑抗敵救國會主席楊星樞、美國著名僑領和國民參政員鄺炳舜為工合協會理事。[11]

隨著戰事、戰區日漸擴大，來香港、九龍的難民激增。1940年6月，華僑為圖根本救濟而發起成立工合社，其目的既為慈善，也為生產。預算為港幣6萬元，擬在香港及廣東省內組織工合社400社、收容難胞6,000名，並為此制定了利用當地原料生產緊俏日用品、供應中國市場的計劃。對此，各學校首先響應，香港的英華女校、聖士提反男校、中華中學共捐款5,000港幣；7月，除香港促進社募捐2,000港幣外，各大銀行也籌集港幣1萬元襄助其事。艾黎將廣東分為四區，分配了上述款項。在廣東南部，英華女校的捐助被用於組織針織工合社，中華中學指定捐助用於組織榮譽軍人、出征軍人家屬成立製革、造紙、肥皂等工合社。雖然該計劃最終未能全部實現，但廣東各地仍借此成立了工合社數十社。[12]

1941年7月，香港各界人士齊集英京酒家，宋慶齡領導的保衛中國同盟在此向「一百五十萬香港華僑」提倡「一碗飯運動」。該運動的目的是「生產救國」，即支援工合運動、救濟難民和傷兵。出席開幕式的，除艾黎、華僑總會主席郭泉和周壽臣、保衛中國同盟成員廖夢醒外，還有英軍駐華司令等，計150餘人。劇作家夏衍、法學家張友漁、演員王瑩也或演講、或著文給予聲援。運動持續一個月，吃「愛國飯」、「救濟飯」者絡繹不絕；每張兩港元的「餐券」，求購數量迅速超過預計的兩萬張。9月1日，宋慶齡成功主持閉幕式，何香凝、孫科夫人陳淑英等百餘

9　前引謝君哲《經濟的新堡壘》，第30、131頁。Nym Wales, op. cit, pp.182-182、197-198.（前引東亞研究所譯《支那民主主義建設》，第256-258、280-281頁）等。

10　《華商報》，1941年10月30日。

11　〈旅美僑胞推進工會運動〉，廣西省政府建設廳合作事業管理處《合作同工》，第3卷第3期，1941年8月1日。《桂林大公報》，1941年7月28日。

12　《香港大公報》，1940年9月8日。張法祖著《工合與抗戰》，星群出版社，1941年，第359頁。

人出席，英京酒家主人獲贈特別獎、孫中山遺墨「努力前進」。[13]11月，國際委員會和保衛中國同盟在香港共同舉辦為期三周的工合嘉年華會，出席12日開幕式的有艾黎、宋慶齡、鄭鐵如、周壽臣等。展品有反侵略資料及工合社產品百餘種，如棉織品、化學品等，另有時代書局、華商報出版部聯合十家書店發售新書。這些活動的收入全部轉交給工合方面。就這樣，香港為支援工合運動而多次舉辦過募捐運動。此外，海外也組織了工合社。抗戰初期，從中國沿海前往越南避難者逾十萬人。越南救國總會常務理事顏子俊等呼籲當地華僑給與救濟，募集股本組織了紡織、肥皂、文具、日用品、印刷等華僑工合社。[14]

　　報紙等也頻頻刊文呼籲支援。如《香港大公報》於1939年1月刊載社論，呼籲從資金、人才、技術三方面對工合運動提供支援；並指出，工合社能夠解決迫在眉睫的民生問題，亦可建立起將來工業建設的基礎；華僑無須投入太多資本，也無須花費太大精力，更無須承擔過重責任，即可支援工合運動。[15]謝君哲也在其著作中說，「僑胞在外洋忍受苦難經營事業」，因中國「國勢強弱而受刺激」，故其「民族意識比國內同胞強烈」，呼籲華僑關注對難民施以「生產救濟」的新興民族工業形態即工合運動，號召開展募捐運動。[16]

　　僑界也在積極呼籲。如面向華僑發行的《華僑先鋒》雜誌就曾刊載如下內容的文章。在英法國家，工人透過工業合作社為自己勞動，追求經濟的獨立和自由；中國的工合運動和工合社則不止於此，還肩負著支援「抗戰救國」的任務，其目的在於追求全民族的經濟、政治獨立和自由。具體而言，即解決難民的生活問題，建立自給自足的工業經濟，以增強長期抗戰的基本力量，同時吸收淪陷區的原料、人力，防止其為日本所利用；還要生產各種日用品，透過抵制日貨、拒絕使用傀儡紙幣而實行經濟反封鎖。然後提到，蔣介石在1940年2月紀念新生活運動六周年的訓詞中也曾提及工合運動，稱國民政府出於民生主義與「抗戰建國」之需要，計劃組織三萬個工合社；國際委員會除從事募捐、香港及馬尼拉等地的促進社除進行宣傳外，還在為各地工合社選拔專門人才，運去原料、工具等。最後說，華僑雖無法作

13　劉家泉《宋慶齡傳》，中國文聯出版公司，1988年，第373-377頁。
14　何俊〈一年了的中國工業合作運動〉，《東方雜誌》，第35卷第4號，1939年9月。
15　〈社評　請僑胞注意工業合作〉，《香港大公報》，1939年1月19日。
16　前引謝君哲《經濟的新堡壘》，第14-15頁。

為社員加入工合社從事勞動，但可透過參加當地促進社、籌集資本、選拔技術人員、介紹最新工具等方式為工合運動出力。[17]

就這樣，以香港的國際委員會、促進社為核心，國內在成都、國外則在馬尼拉、紐約、舊金山、倫敦成立了中國工合運動促進組織，菲律賓、荷屬東印度（現印度尼西亞）、馬來半島、越南、緬甸、泰國、澳大利亞、加拿大和美國等地的華僑及各國人士，都開始積極支援中國的工合運動。[18]1941年7、8月間，艾黎曾親往新加坡。他對當地華僑說，工合運動的意義不僅在於抗戰，也在於利用中國豐富的資源把中國工業發展成人民的工業，且英美也支持這項事業，呼籲新加坡也組織工合促進委員會；海峽殖民地政府輔政司也對此表示同意。[19]不過，新加坡的促進委員會後來是否成立無從確認。考慮到新加坡翌年2月即被日軍佔領，該委員會即使確曾成立，恐怕也無暇對中國的工合運動提供若何支援。

1941年12月香港淪陷後，香港促進社似隨之解散。但國際委員會則遷至成都繼續開展工作，主席仍是何明華，副主席為卜凱（John. Lossing Buck, 1890-1975，南京金陵大學教授），會計是史邁士（Lewis Strong Casey Smythe, 1901-1978，南京金陵大學教授），書記是賴樸吾，組織則由艾黎、陳翰笙負責；工合美國委員會向國際委員會轉交146萬美元，分別用於組織技術部、開辦訓練學校及購置機械、設備等。[20]

二、南洋華僑對中國工合運動的支援

南洋華僑號稱七、八百萬人，在南洋貿易中佔有極重要的地位。各地分佈約為：英屬馬來（海峽殖民地，含新加坡）42%、泰國32%、法屬印度支那和緬甸各2%、菲律賓1%等。[21]此處擬就支援工合運動最為積極的菲律賓華僑進行探討。美國領有菲律賓（1902年）後，曾禁止勞工入境，加之美國和菲律賓發生排華運動，故

---

[17] 龍大均〈中國工業合作運動〉，《華僑先鋒》，第1卷第19期，1940年4月1日。

[18] 《香港大公報》，1940年9月8日。前引陳翰笙《中國工業合作運動的過去與將來》，第32頁。

[19] 〈我工合發起人艾黎抵星暢談工合近況〉，《南洋商報》，1941年7月29日；〈工合發起人艾黎在星設工合促進會〉，《南洋商報》，1941年4月1日。

[20] 日本生產合作社協會編《民族の再建──中國工業合作社史》，1946年，第37-38頁。

[21] 前引拙稿〈国民政府と世界華僑〉。

菲律賓華僑極少。不過，其人數絕不止七、八萬；雖無準確統計，但包括使用菲律賓姓氏者，據估計至少十七、八萬人，甚或超過20萬人。其中福建人占八成以上，餘為廣東人。其職業，以貿易、金融、零售等最多，占七成多，形成菲律賓社會的富裕階層，而工人、農民極少。觀諸馬尼拉1936年的商業投資，華僑占36.4%、美國人占25.7%、菲律賓人占14.5%、日本人占8.3%。許多華僑在經濟界舉足輕重，著名者為益華商業公司總經理薛士芬和福泉公司的李清泉，另有中興銀行的薛敏老、瑞隆興鐵業公司的楊啟泰、合興布莊的陳三多等，不勝枚舉。七七事變後，菲律賓華僑向中國匯款減至約1,000萬元，較之英領馬來華僑的1,500萬元至3,000萬元、泰國華僑的2,000萬元至3,000萬元相去甚遠；但若以人均計，據說英屬馬來華僑為30元，而菲律賓華僑則為100元。其對華貿易，出口多為木材、麻、煙草等，進口則主要為麵粉、棉布等。菲律賓的對外貿易額，對華原居首位，但七七事變後，美國躍居第一，日本居第二，中國則跌至第四、五位。[22]菲律賓華僑也因此深感來自日本的威脅，因而具有強烈的抗日意識。

　　政治方面，1936年2月，菲律賓華僑勞工界曾召開反日代表大會，主張建立抗日統一戰線。可見，還在七七事變前，菲律賓即已形成抵制日本的基礎。事變後，馬尼拉中華商會立即致電蔣介石，表示擁護加強對日政策。蔡廷鍇曾來碧瑤、馬尼拉就「抗日救國獻金」發表演講，中華商會因此成立了菲律賓抗敵委員會。1937年10月，孔祥熙訪問碧瑤、馬尼拉促請捐募，募捐和救國公債的銷售成績斐然，還成立了救國公債勸募委員會、航空建設義捐會；該二會各擁有分會30餘處，有力推動了捐募活動。該月31日，擁護民主主義聯盟召開大會，500多人參加，透過了抵制日貨、擁護中國民眾對日抗戰、支持美國政府主張對華國際行動的《反日決議》。1938年6月，華僑各商會開始聯合抵制日貨。「七七」紀念日當日，抗敵委員會、中華商會等召開大會，高呼「打倒日帝」、「肅清仇貨」、「擁護抗戰建國綱領」、「實行三民主義」、「國民黨萬歲」等口號。[23]

　　如前所述，中國的處境關乎華僑在僑居國的地位，因而華僑十分關心中國抗戰。據說，隨著中國國際地位下降，菲律賓部分華僑甚至開始以身為華人為恥、

[22] 滿鐵東亞經濟調查室《比律賓に於ける華僑》，1939年，第2、19、84、107、110、120、143頁等。

[23] 前引滿鐵東亞經濟調查室《比律賓に於ける華僑》，第174-177、189-190頁，等。

隱瞞其華僑背景；[24]而對此傾向的憂慮，反過來又促使反日運動愈益激化。1939年8月，英屬馬來檳榔嶼的華僑陳僑珍曾訪問重慶，就南洋華僑的救國運動做了報告。他說，華僑的「慰勞傷兵救濟難民委員會」、婦女後援會進行募捐活動，教職員們也拿出工資的百分之五以充救國捐，司機、商販甚至舞女都參加捐款；「九一八」、第一次和第二次淞滬抗戰時也都如此；華僑各界、各階層已組織起來，他們熱心於救國事業，不僅抵制日貨、捐輸錢款，再貴也願意購買中國商品。不過，南洋少見中國商品，故工合社可大量生產，產品運銷南洋即可；戰爭爆發後，華僑青年回國參加抗戰已有六、七波，達三、四千人，等。[25]回國投身抗戰的華僑，不少擁有專業技術，如林福裕、王毓麟（東南區辦事處主任）、王文煒等都直接參加過工合運動。

　　斯諾最先提出希望菲律賓支援工合運動，應此要求開始相關活動的是馬尼拉基督教青年會秘書哈卜克（Poly Babcock），海倫‧福斯特和斯諾則在尋求人才方面提供了很大支持。經過籌備，菲律賓工合促進會於1939年4月正式成立。該會請美國駐菲律賓高級專員麥克納特（Paul V. McNutt）的夫人和菲律賓總統夫人任名譽會長，霍磊（Walter Brooks Foley，基督教新教牧師）博士任會長，李清泉等任副會長。委員多為菲律賓各界有影響的領袖人物，各部門職員則多為華僑。會員計百人（會費每年147比索，合7美元），除華僑外，還有菲律賓人、伊羅戈族人及美、英、法、西班牙等各國人士。其中有基督教會、紅十字會、基督教青年會等團體的領袖，也有實業家、律師、醫生、教授、社會活動家等，在菲律賓是支持者最多的援華組織。海倫‧福斯特稱，在菲律賓為工合運動募集到的捐款，三分之二以上來自華僑。[26]香港促進社1939年上半年收到菲律賓華僑捐款21萬5,000元，其中多半來自李顏敕（李清泉夫人）領導的華僑婦女救濟協會；該協會還向工合協會東南區辦事處捐贈過福特牌大型卡車。[27]艾黎曾訪問菲律賓兩周，受到華僑熱烈歡迎，演講會擠滿聽眾，最後還收到工合捐款15萬元。小說家林語堂也曾應菲律賓工合促進會

---

[24]　前引滿鐵東亞經濟調查室《比律賓に於ける華僑》，第34頁。

[25]　陳僑珍〈救國工作在南洋〉，《西南工合》，第2卷第6期，1939年9月15日。張法祖著《工合與抗戰》，星群出版社，1941年，第356頁。

[26]　Nym Wales, op. cit, pp.182-184.（東亞研究所譯《支那民主主義建設》，第258-260頁）等。

[27]　中國工業合作協會推進委員會《工合之友》，第1卷7期，第245-246頁等。

邀請來到馬尼拉，面對眾多聽眾演講，宣稱日本國力終將枯竭、中國已佔優勢；其入場券收入也全部捐給工合協會。[28]

　　1941年，促進會員增至200餘名，就任促進會主席的薛士芬和抗日救國會主席楊啟泰等人傾全力支援工合運動；支援工合也已成為菲律賓華僑和英美人士援華抗戰的主要方式之一。促進會在兩年內募集資金達30萬元。為呼應美國援華聯合委員會（後述）開展全美募捐，促進會也於6、7月間在菲律賓開始募捐，目標50萬元，馬尼拉、碧瑤等地報紙也刊文表示支持。中國原駐美大使王正廷、駐菲律賓大使楊光洸也透過電臺發表演講予以聲援。楊說，四年來，中國一直承受著犧牲，發揮了保衛人權、爭取自由的巨大力量；這種力量是在工合運動一直致力於強化的社會、經濟基礎之上發揮出來的。孔祥熙也致賀電稱，中國正在為世界和平而抗戰，菲律賓的美國朋友、菲律賓朋友及華僑的捐款運動，對中國、對難民皆有直接裨益；較之援助其他事業，援助工合運動的意義尤為重大。[29]

　　1941年10月，促進會發表《敬告菲律賓人士書》稱，「工合」是世界「商標」，是中國民族復興偉大事業的「商標」；「工合」運動既不是戰爭活動，也不是慈善事業，而是代表著一種崇高理想，是抵抗侵略者掠奪和剝削的經濟堡壘。並說，來自各國的支援也是基於人道主義，與政治、宗教無關；捐款將用於成立培黎學校；在中國，25比索即可組織最小單位的紡織工合社，2,000比索可組織機器工合社。[30]就這樣，促進會向國際委員會源源不斷地轉來用於組織工合社、設立培黎學校、開辦技術訓練班的捐款。菲律賓促進會的亞帛曼（《中國之友》社主席）還前往新加坡，請求當地中華總商會主席李光前等支援工合運動。菲律賓促進會堅持活動到1941年12月。日本佔領菲律賓後，霍磊被逮捕，最後病死在強制收容所。

　　下面就新加坡華僑領袖陳嘉庚的動向作一探討。「九一八事變」時，陳曾在新加坡華僑的集會上呼籲抗日愛國運動。這與世界大蕭條導致橡膠價格暴跌、陳所經營的公司在與日本商品競爭中遭受巨大打擊不無關係。西安事變時，陳曾組織華僑援蔣救國大會，主張團結和統一；七七事變爆發後，又發起籌賑祖國難民會，就

---

[28]　《西南工合》，第2卷第5期，1940年6月，第10頁。

[29]　〈本會菲律賓促進會發動工合募捐運動〉，《工業合作月刊》，第1卷第3期，1941年10月，第61頁。

[30]　同前。

任救國公債勸募委員會主席。[31]1938年10月，南洋「八百萬華僑」的統一組織南僑總會成立。1940年4月，南僑總會組織「南洋各屬華僑歸國慰問團」，一行45人於同年冬回國考察，並對抗日將士進行慰問。南僑總會主席陳嘉庚、副主席莊西言、常務委員侯西反一行參觀了重慶的毛毯工合社。據報導，6月，一行在西安受到熱烈歡迎，隨後前往寶雞；寶雞事務所主任劉大作向他們介紹了西北工合運動近況，稱西北是「抗戰救國」的重要地區，西北的工合社未見虧損，希望海外華僑以貸款或直接投資方式支援西北的工合運動；還說，工合是實現孫中山民生主義的社會運動，是「救國」和「建國」的運動，投資工合社，可直接或間接地促進「抗戰救國」早日實現，實屬一舉兩得。[32]陳嘉庚表示，工合運動已形成經濟戰的最前線；日本對華悍然封鎖，敵機把大城市的工業區域列為轟炸目標，工合應對其展開頑強的持久戰；還說「我們都是一家人」，須誠心推動工合運動，以增加生產、支持抗戰。[33]陳最為憂慮的是，西安的工合社被國民黨視作「共產主義」而遭到鎮壓。[34]陳擔心國民黨破壞統一戰線將導致國共分裂，從而使抗日力量被大幅削弱。眾所周知，此後，陳等衝破國民黨方面的阻撓前往延安，見到了毛澤東，並改變態度，開始支持中共。

　　侯西反認為工合運動有四個重要意義。①寓救濟於生產。對難民問題，國家救濟耗資過巨，社會救濟也難以見效；而工合社則解決難民的生活問題，且可增加生產。如此不浪費人力和物力的工合運動，是最為進步的運動。②現在的國家，沒有工業，就沒有國防。因此須在前後方建立新經濟國防基礎。③在資本主義國家，財富集中在少數人手中，導致勞資矛盾；而在中國，三民主義是立國的最高原則。在工合社裡，社員就是勞動者，也是經營者，利潤也公平分配，所以是通向民生主義經濟的橋樑，是理想的自治工廠。④中國人民原本缺乏組織能力，而工合社則是勞動者組織的自主生產單位，勞動者人人都在學習如何管理、如何組織等，如此可培養起團體生活習慣。侯呼籲，華僑須全力援助適應時代要求的工合運動，並做出貢

31　徐盈〈陳嘉庚〉，《中國工業》，新2期，1945年8月等。

32　《南洋商報》，1940年6月24日。

33　前引張法祖著《工合與抗戰》，第357頁。陳嘉庚〈參觀重慶工合社後的感想〉，《川康工合》，第1卷第3期，1940年5月。

34　陳嘉庚《南洋回憶錄》，草原出版社，1979年，第123頁。

獻。[35]

　　此外，菲律賓蘇州公司的掌門人陳清機，臨終前留下遺囑，欲為工合運動捐獻
1萬元。此外，巴達維亞（雅加達）的中國婦女協會匯來10萬元，新加坡、印度支
那及泰國華僑也有捐助。[36]

三、美國華僑對中國工合運動的支援

　　美國華僑的反日運動也日趨活躍，其核心是紐約。七七事變爆發的次日夜，華
僑反帝大同盟、華僑洗衣館聯合會、留學生聯合會、致公堂（源自天地會的結社，
在美洲各地皆有分堂）等舉行會議，決定成立「紐約華僑救濟總委員會」，以宣
傳抗日和募捐；致公堂領袖司徒美堂（廣東人）等19人被選為執行委員。繼之，工
人保障會華人部、反帝大同盟等於7月13日聯名要求國民政府動員全國海陸空軍援
助華北、動員全國民眾。10月，司徒美堂向紐約的54個華僑團體發出倡議，組織了
「抗日救國籌餉總會」。波士頓、舊金山等也有同樣動向。美國華僑募捐、抵制日
貨及阻止美國對日出口廢鐵的大規模運動就此開展起來。[37]

　　1940年4月，宋慶齡、宋靄齡、宋美齡要求美國支援中國，其發言透過美國全
國廣播公司（NBC）的電波傳遍全美。三姐妹分別是孫中山、孔祥熙、蔣介石的夫
人，此舉當然也極大影響了僑界。宋慶齡說，中國抱有持續抗戰的決心，擁有必然
獲得最後勝利的信心；宋靄齡表示，中國有在財政、經濟方面將抗戰進行到底的計
劃和準備，並指出無數機器已從中國東部各省運至西部，同時已組織工合社約1,400
社，3萬多人正在這一組織內勞動，養活他們的家人；還以婦女界運動、新生活運
動會的「傷兵之友」運動等為例，表示我們民族已經恢復固有的合作精神，能夠克
服困難。宋美齡則強調中國抗戰也是在幫助美國，稱日本萬一武力佔領中國……
將利用中國的領土、人力、資源給民主國家帶來困難，將對民主國家造成沉重打
擊，也有能力侵略印度支那、緬甸、馬來、荷領印度（印尼）、澳大利亞、紐西蘭

---

[35]　侯西反〈工業合作運動的意義〉，《川康工合》，第1卷第2期，1940年4月。

[36]　Nym Wales, op. cit，p184（東亞研究所譯《支那民主主義建設》，第260頁）等。

[37]　前引拙稿〈国民政府と世界華僑〉。

等。[38]三姐妹的主張相互關聯，旨在對美國表明中國的抗戰決心十分堅定，持續抗戰有其牢固基礎，美國應支援中國抗戰。此舉還向包括日本在內的世界各國顯示，三姐妹在抗日問題上同心同德、並無分歧。

此外，前文提及的薛士芬，在曾居住菲律賓的180位美國人支持下向羅斯福（Franklin D.Roosevelt, 1882-1945）總統等寄去公開信，要求美國加強對中國工合運動的支援。信中稱，支援工合運動才是透過「生產救濟」貸款解決困難的重要方法。海外華僑對工合運動感到振奮的理由有三，即①工合運動正在發揮迅速動員資源和生產力、把握軍心民意、支撐民族氣概而發揮著重要作用；支援工合運動，遠比金錢更能增進中美友好。②工合運動將實現孫中山的三民主義、成為遠東國際通商與合作的基礎。而且，該運動由技術專家組成和推動，純為建設性的，沒有黨派性。③工合運動如獲得充分資本，將成為中國內陸的經濟堡壘，能夠抵禦日本的經濟攻勢和軍事侵略。薛還指出，工合協會是隸屬行政院的半官方半民間組織，雖有國家四大銀行及民間銀行貸款支持，但遠遠不夠，尤其在眼下匯兌困難時期，需要美國給予大量借款援助。[39]

1941年4月，工合協會推進組組長梁士純受孔祥熙指派訪美，逗留兩個月。此行的目的是加強海外工作以推動工合運動、協助美國各援華團體開展對華聯合募捐活動。梁在美國巡訪了紐約、芝加哥、洛杉磯、舊金山等，往返途中還經停馬尼拉、檀香山等地，與當地僑領、各界官民就如何推動工合運動進行商討。美國華僑本就堅決擁護中國抗戰。如芝加哥華僑雖然僅約1,000人，大部分經營洗衣房，收入微薄，但七七事變後的捐款竟達100多萬美元。梁士純訪美推動華僑的抗日熱情更加高漲。5月，旅美華僑工合推進委員會在紐約成立籌備會，其委員有李國欽、林語堂、楊天孚、司徒美堂等著名僑領11人。檀香山華僑的工合推進委員會也於5月成立，名譽主席為杜惠生（總商會主席），主席為陳紹雄，委員則是總領事梅景周等知名人物。[40]

---

[38]　《中國工業合作協會兩周年紀念特刊》，1940年，第63-64頁。

[39]　中國工業合作協會《工合通訊》，第2卷第2、3期合刊，1941年1月，第22-23頁。

[40]　〈旅美及檀香山華僑領袖發起成立工合推進委員會〉，《工合合作月刊》，第1卷第1期，1941年7月，第93頁。《桂林大公報》，1941年7月28日。

　　該時期，美國援華募捐運動掀起高潮。七七事變以來，美國人一直關注中國抗戰，並越來越認識到，中國的抗戰也是「第一道防線」，正在阻止日本侵略向太平洋等進一步擴張，援華團體因此相繼成立。這些團體對工合運動、難民提供支援，也提供醫療援助等，但並未形成聯合。1941年4月，為加強全美援華力量，醫藥援華會、美國公誼服務委員會、援華委員會、中國戰災難童委員會、美國教會對華救濟會、工合美國委員會、中國基督教大學聯合會等主要七團體，聯合成立了規模空前的全國性統一組織美國援華聯合會（United China Relief），名譽主席為羅斯福總統夫人愛蓮娜（Anna Eleanor Roosevelt, 1884-1962）。該聯合會自1941年4月開始活動，計劃至7月募捐500萬美元（其中100萬美計劃分配給工合協會），並將5月某周定為「中國宣傳周」，在全美主要城市開展勸募。其主要目標、目的為，提供醫藥品等、援助工合協會組織工合社3萬社、援助撤至後方的各大學、救濟難民。[41]可見，在美國，工合運動也已被視為最有助於中國抗戰、建設的運動之一。

四、海外華僑捐款與中國工合運動

　　華僑以福建籍、廣東籍為多，對該兩省尤其關心，故華僑資金多投向含該兩省在內的東南區。據稱，工合協會1938年10月在江西省設東南區辦事處時，除經宋子文斡旋從中國銀行獲得貸款20萬元外，還曾得到馬尼拉等地華僑的捐助（金額不詳）。[42]該區1939年所使用的資金，工合協會撥款占25.8%，香港促進社提供38%，來自華僑的捐款占36.2%。考慮到香港促進社的資金實際上也多為華僑捐助，故華僑捐款實際上占比更大。就福建來看，該省在南洋有華僑400餘萬人，1936年後每年匯款超過5,000萬元，不僅維持其家人生活，很大程度上也抵消了中國的對外赤字。七七事變後，海港被封鎖，匯款較前困難，福建省銀行於是成為該省金融中樞，且在香港設辦事處，以為華僑匯款提供便利。據謝君哲記述，菲律賓婦女賑濟會曾向福建的工合社捐款6萬元、向東南區辦事處捐款2萬800元、向福建和廣東兩

---

[41]　《工業合作月刊》，第1卷第1期，第91-93頁。

[42]　前引陳翰笙《中國工業合作運動的過去與將來》，第17-18頁。

省的工合社捐款3萬5,016元、向福建運輸工合社捐款18萬7,016元）。[43]此外，廣東省北部的工合社數社，也是利用華盛頓華僑捐款1,000美元組織起來的。[44]

　　為糾正資金集中投向某地的弊端，也採取了以下措施。1939年6月，爪哇煙草生產巨商、華僑「辛濂」（Lian Xin）捐款10萬元，工合協會用這筆資金在西北區成立了工合社。[45]1940年，菲律賓婦女賑濟會的捐款6萬元被用於在安徽省南部組織工合社。同年3月，國際委員會與香港促進社捐獻補助金6,000元，被用於在雲南省大理舉辦工合指導員訓練班，學員數十名結業後被派到各事務所工作。[46]侯雨民也曾強調西北的重要性，呼籲華僑支援建設西北。國民政府的「抗戰建國」本以重慶為核心、以昆明和西安為其兩翼。侯則稱，西北的工合社經營穩定，且其貸款以西北區全部財產作抵，意為投資西北工合社不僅安全、有利可圖，而且有助於早日完成「抗戰建國」事業。[47]

　　值得強調的是，華僑不僅支援國統區，也同樣支持延安的工合社。1939年4月，在第二次國共合作的形勢下，工合協會在延安設事務所，並支給「行政費」、撥付貸款基金計2萬1,500元，但其後再無資金援助。1940年，國際委員會將來自馬尼拉的捐款10萬元轉交延安事務所，用於發展陝甘寧邊區的毛紡織工合社。國際委員會和保衛中國同盟在1941年以後仍陸續將捐款轉交延安用於發展工合社。這些捐款來自菲律賓、荷屬印支各地華僑和英美工合促進委員，其金額，1941年為20萬4,280元、1942年和1943年計142萬3,569元。此外，為支持大量生產並向抗日游擊隊提供軍布、毛巾等，馬尼拉、爪哇的華僑捐款在中共支配的太行山區成立了數個工合社。[48]華僑旗幟鮮明地支持統一戰線，對國共支配地區不分彼此，均予以支援；對一般銀行不願放款的前線、戰區、日占區的工合社，華僑也著眼大局提供資金，而不計得失。

---

[43]　請參閱本書第七章。

[44]　《香港大公報》，1940年9月8日等。

[45]　同前。

[46]　請參閱本書第八章。

[47]　侯雨民〈海外僑胞應積極資助西北工合運動〉，《西北工合》，第3卷第5期，1940年6月1日。

[48]　前引陳翰笙《中國工業合作運動的過去與將來》，第29、31頁。前引劉家泉《宋慶齡傳》，第373頁。本論第九章等。

太平洋戰爭爆發後，香港、菲律賓、馬來、新加坡、爪哇等地的許多華僑相繼回國，僅廣東省即有二、三十萬人，加上福建、廣西、雲南、貴州，據說回國華僑計50萬人以上。[49]梁士純主張，不應把回國華僑與一般難民一樣對待。首先，華僑原來就對祖國有貢獻，現在不甘屈服於日本，放棄正在經營的事業而回國，值得歡迎。其次，華僑是「中華民族」的精英，擁有豐富的工商業知識和技能，責任感也強，有民族自覺和愛國精神。雖然國民政府及福建、廣東、雲南各省政府予以緊急救濟，還計劃開辦工廠、墾荒，但都難以立即付諸實施；而大部分華僑在國內既無財產、也無儲蓄，需要馬上工作。在這種情況下，最為有效、恰當的方法就是發動他們成立工合社。工合社能夠發揮他們的自發性和積極性，可以充分利用他們的經營管理能力。而且，他們在海外時即曾進行過宣傳和募捐等，對工合運動有深刻認識。[50]後來，南洋為日本佔領、統治，形勢已不允許繼續募捐、匯款。但美國華僑的抗日運動一直在持續，他們除投身盟軍參戰外，對工合運動的捐助，雖逐漸減少，但一直在繼續。

結語

第一，1937年7月，日本發動全面侵華戰爭，國民政府尚未建立起臨戰體制即被迫應戰。中國不僅軍力羸弱，資金、人才等方面也都處於劣勢，華僑資金於是成為爭取對象。國民政府將華僑納入抗戰體制，並為吸引華僑直接投資實施了各種優惠政策。在此背景下，工合協會及其領導的工業生產運動，遂成為華僑捐款資助的對象。華僑最為擔憂的，是發生削弱對日作戰力量的國共分裂、國共內戰，而受國共兩黨支持的工合協會是統一戰線組織，對期待透過統一戰線遂行對日抗戰的華僑而言，是絕好的支援對象。華僑支援工合運動的款項多用於福建、廣東，但也投向共產黨支配地區，這對緩解共產黨支配地區極度資金匱乏具有極其重要的意義。對華僑而言，祖國中國的國際地位與他們在僑居國的社會地位密切相關，積極支援工合運動也符合他們自己的利益。

49　梁士純〈救濟歸僑與發展工合〉，《工業合作》（月刊），第3卷第1、2期，1942年8月。
50　同前。

　　第二，抗日戰爭帶有濃厚的「民族解放戰爭」色彩，而工合運動是「抗戰建國」之一翼，被視為在尚未開發的西南、西北建立工業基礎的「民族工業建設運動」。而且，有關工合運動的論述總與孫中山的三民主義聯繫起來，如宋慶齡即將其視作民生主義的體現。另一方面，華僑在僑居國的處境受中國地位的影響，其經濟利益又為強勢抬頭、肆行侵略的日本所侵害，故在民族主義日趨高漲的背景下，投入了如火如荼的救國運動。在此過程中，孫中山及其民族主義思想一直是積聚華僑民族主義力量的旗幟，華僑自身也認為工合運動是實現三民主義、民族主義的有效方式，故而給予全力支持。

　　第三，難民問題是當時面臨的實際問題之一。因戰爭而失去家園的難民據稱多達6,000萬人，對國民政府造成了巨大壓力，處理失誤則極可能大幅削弱中國抗戰的力量。對此，一般的慈善事業無力應對，國民政府也因資金短缺而力有不逮。華僑也在關注如何解決這一問題。在這種情況下，工合運動透過生產進行救濟、化消極為積極的主張，無疑令人深受鼓舞。南洋華僑中，菲律賓華僑最為積極，成為南洋華僑的核心；他們在說服新加坡華僑等共同行動的同時，也呼籲美國政府對工合運動提供支援。這些活動加強了南洋華僑之間的團結，也加強了與美國的關係，最終在國際上形成了聯合支援中國抗日、支援工合運動的局面。

　　第四，華僑對工合運動的捐助，其管道分散，國際委員會成立後仍存在國民政府、工合協會、香港促進社等不同途徑，幾乎不可能準確把握其金額。不過，據陳嘉庚稱，抗戰爆發以來，至1940年4月，華僑向中國匯款20億元，其中8億元支持抗戰，兩年間捐助工合運動達100萬元。[51]另有海倫‧福斯特記述，1940年，工合協會使用資金3,663萬元，其中政府出資占30.2%、銀行貸款為63.33%、海外捐助5.16%、社股認購款1.04%。[52]華僑對工合運動的捐助，較之其向中國的巨額匯款及工合協會使用資金的總額相比並不算多，但對工合運動而言，其意義十分重大。因為，接受政府出資，即須接受其對工合運動的管理和統制，故工合運動欲保持其大眾運動的靈活性、自主性，就必須在政府、國家銀行外擁有獨立的資金來源。實際上，工合協會雖隸屬行政院，但工合運動卻能夠在搖擺中基本保持沒有黨派色彩的獨立性，在一定時期內能

---

[51]　前引張法祖著《工合與抗戰》，第357-358頁。

[52]　Nym Wales, op. cit, pp.191-192（東亞研究所譯《支那民主主義建設》，第272-273頁）。

夠免受陳果夫領導的合作事業管理局的支配，皆因有來自海外的支持和資金援助。而且，工合運動不僅得到世界各地的巨額資金，還接受小額捐助，並將其用於國統區、戰區甚至邊區的工合社等，為補充和加強戰時生產發揮了重要作用。

（陳傑中　譯）

Ch 12

國際反法西斯抗日陣線與中國工業合作
運動——歐美支援中國工合運動的理論和實踐

前言

　　第二次世界大戰期間，合作運動在世界各國都受到打擊，而在中國這一特定區域卻興起了工業合作運動，並在戰爭、通貨膨脹的嚴峻形勢下在全國得以發展、獲得成功。因此，斯諾稱讚中國的工合運動為世界上規模最大的生產合作運動的先驅。[1] 工合運動何以能夠取得成功？思考這個問題，必得重視來自海外的支援。本章第一節將論述曾對該運動發揮主要推動作用的外國人海倫・福斯特・斯諾[2]和路易・艾黎的思想及其形成過程。第二節將概觀戰爭時期世界各國、尤其是歐洲的合作運動，以探討工合運動在世界合作運動中的地位。第三、四節則從海外援助機構及具體支援者的角度，以實證手法進一步明確工合運動如何在中國推動國際反法西斯抗日陣線的形成和發展。工合運動曾得到各種支持，本章將主要聚焦資金捐助和技術支援。第五節將探討工合受到海外、尤其是工業和合作運動較為先進的歐美人士全面支持的原因及其思想，並將論及國民黨對工合運動的鎮壓，以及歐美人士對此的

---

[1]　劉家泉〈「工合」對抗日戰爭的重要貢獻〉，《人民日報》，1985年9月1日。

[2]　海倫・福斯特・斯諾（Helen Foster Snow，筆名Nym Wales，1907-1997），猶他州律師之女，曾在哥倫比亞大學學習哲學。1932年在東京與斯諾結婚。斯諾於1936年6月抵達陝甘寧蘇區，翌年4月海倫亦從西安前往延安。有關該時期他們與中共幹部等的會見，斯諾撰有《西行漫記》、《中共雜記》，海倫撰有《續西行漫記》（Inside Red China, 1939）、《赤塵》（Red Dust, 1952）。這些書籍讓全世界瞭解了曾經鮮為人知的中共，具有極大意義。同樣不可忽視的是，海倫為自己開創工合運動而深感自豪，曾作為工合運動的理論家、宣傳者及工合運動支援團體的組織者而十分活躍，且終其一生對工合運動充滿激情。拙稿〈中国工業合作運動の起源と現代的な意義——ニム・ウエールズ女士からの書簡を中心に〉，《中国近現代史論集——菊池貴晴先生追悼論集》，汲古書院，1985年，等。

看法和態度。較之此前各章主要論述工合運動本身，本章則將從不同角度重新聚焦海外、尤其是工合運動的主要援助者歐美各國的狀況，以對該運動的構造作立體把握。[3]至於南洋等海外華僑，本書第十一章已有詳論，本章儘量不再贅述。

一、海倫・福斯特・斯諾、艾黎思想的形成及其對中國工合運動的影響

工合運動的倡導和推動，很大程度上源自海倫・福斯特・斯諾的設想。關於海倫・福斯特・斯諾思想的形成，須從她生活、成長的美國的合作運動談起。

在美國，農業的經營主要採農業合作社（Agricultural Cooperatives）方式。1810年，康涅狄格、紐約二州的奶農組織乳品共同加工和銷售組織，此即美國農業合作社之開端。1840、1850年代，奶油合作工廠主要設於紐約並不斷增加；1864年，69個合作社成立協會，但因無資金支持，不久解散。南北戰爭後，移居西部的農場主試圖直接與消費者合作，因而有「格蘭其」（Grange）運動興起；但該運動亦因盲目擴張等而衰退，至1880年代為日趨活躍的農場主聯盟所取代。然而，1890年代前半期農業陷入蕭條，許多農場主聯盟因捲入人民黨運動（The Populist Moment，以農場主為主的第三黨運動）而瓦解。但農場主協會（Farmers Union）卻從中脫胎而出，其共同銷售、共同購買的農業合作社活動日益擴展。1922年的聯邦法《卡帕──沃爾斯坦德法》（Capper Volstead. Act）奠定了廣域農業合作社的法律基礎，尤其是農場局（Farmers Bureau）將各地銷售合作社整合為全國性組織後，農業合作社迅速增加，1921年為

---

[3] 伍德豪斯（Tom Woodhouse）指出，英國的合作運動自1950年代出現新氣象，而尤其值得矚目的是，勞動者合作社（worker's Cooperative）在全世界越來越有影響，至1980年代迅速增加。此類合作社的目的在於，通過產業活動和科學技術阻止環境破壞、牽制防衛產業、在經濟蕭條時期增加雇用；其中部分合作社將上述目的與非暴力、和平主義相結合，試圖汲取甘地主義經濟學的幾個價值。其結果，英國勞動者合作社迅速發展；據不完全統計，在1973年尚只有16社，1980年增至約300社，1983年再增至約800社，1985年則超過1000社。（伍德豪斯《イギリスにおける新しい協同組合運動の源流》，第七屆日本合作運動學會大會特別報告，1987年）。此外，漢森博士（Gary Hanson，猶他州立大學經濟學教授）指出，歐美及亞洲的新生代學者和社會活動家，在摸索如何解決世界面臨的失業問題及貧困問題而研究經濟民主、自主經營、勞動者合作社等之後，重新發現了工合原則（Sheril Foster Bischoff, "GUNG-HO TO US ALL!", International Symposium on GUNG HO, Baoji, China, August 21-24, 1993.）。亦即，工業合作社因有助於打破當今社會、經濟的世界性封閉狀態而重新受到關注。

7374社，至1930年迅速增至1萬2,000社。在1930年代前所未有的農業大蕭條時期，農業合作社致力於生產和流通改革，政府也在羅斯福新政（The Roosevelt New Deal）下作為農業保護政策之一環而對農業合作社予以法律、金融支持，[4]原本自立性極強的美國農業合作社因此獲得進一步發展。不過，除自立性和流通改革外，以農業合作社為核心的美國合作運動的基本歷史軌跡與海倫‧福斯特‧斯諾的思想並無更多聯繫。

　　本書著者採訪海倫‧福斯特‧斯諾時，她曾這樣回答。清教徒發明了產業革命的意識形態，形成了兩個潮流。其中之一發展為資本主義，引發產業革命；另一個則為左翼，被馬克思稱為「空想社會主義」。1760年，英國發生產業革命後，工業合作社或是由家庭鐵工作坊形成的血緣合作社，或是由數個家庭鐵工作坊結合起來的互助組織。受「空想社會主義」影響，美國新英格蘭地區幾乎所有市鎮都曾採用合作互助型的社會形態。比如，1638年，奧克來教會長老亨利‧懷特腓（Henry Whitfield）率領肯特郡（羊毛工業發達）、薩里郡（煙草產業等）的25戶清教徒農民移居新大陸。他們於5月搭乘聖約翰號（Saint John）從倫敦出發前往康涅狄格海岸。在橫斷大西洋的船上，懷特腓制訂了《吉爾福特誓約》（The Guilford Covenant, June 1639），並令海倫‧福斯特‧斯諾的祖先「約翰‧梅芳」在內的人們署名，以示承諾遵守。其中有引自《聖經新約》的一句，後來成為社會主義的原則，即「各人按能力勞動，按需要接受分配」。亦即，天主教會發現了慈善、福祉等價值，但清教徒卻認同「不勞者不得食」的原則，主張生產者有優先權，人必須從事有益的生產，而不主張消費主義。他們於7月中旬到達紐黑文港，用「斧頭和聖經」在康涅狄格州創建了吉爾福特殖民地。[5]1840年代末，海倫‧福斯特‧斯諾的祖先為躲避宗教迫害，趕著馬車逃往約1,500英里外的西部。猶他的殖民地位於沙漠中央，周圍幾百英里沒有其他殖民地；但在這裡，人們擁有從事生產和建設的宗教般的使命感，堅持勞動、奉獻、自立、自我犧牲等真誠原則，而對生產、共同體沒有貢獻的經濟活動則被否定。這裡組織了開墾、採礦、製造及購買等各種合作社，整個殖民地宛如合作社村。當時，西部400多處殖民地都採取同樣形態。據說，海倫‧福斯

---

[4]　川野重任等《新版‧協同組合事典》，家の光協会，1986年，第180-183、186頁。

[5]　前引拙稿《中國工業合作運動の起源と現代的意義──ニム‧ウエールズ女士からの書簡を中心に》。

特‧斯諾將美國開拓者的這些價值觀、倫理觀以及經驗，應用到了1930年代瀕臨危機的中國。[6]

　　由此看來，分析海倫‧福斯特‧斯諾的思想時，須先分析美國農業合作社發生前源自「空想社會主義」的英國合作社。故下文將對英國社會主義者的代表、被稱為「合作社之父」的羅伯特‧歐文（Robert Owen, 1771-1858）作一考察。歐文主張互助和平等分配，相信理想的環境可以改造人。1789年，歐文在曼徹斯特開設紡織廠，翌年收購新拉納克（New Lanark）的一家工廠，著手改善工人生活，提高童工年齡並限制勞動時間。歐文認為經濟競爭、追求利潤、生產工具私有是引發糾紛的原因，意欲透過自給自足的合作社新村收容失業工人，並進行共同生產、共同分配。1824年，歐文在美國印第安納州新哈莫尼（New Harmony）購買土地3,000英畝，為實現理想而開始大規模的新村實驗。歐文在此設立勞動介紹所、工廠、商店等，但因理想與現實之間存在矛盾，加之缺乏資本、管理不善、人們對新村不理解等，這一實驗於1827年歸於失敗。後來，在產業革命後勞資矛盾激化、貧富差距日趨懸殊的背景下，1850年，基督教社會主義者盧德洛（J. M. Ludlow, 1821-1911）等為救濟英國工人而計劃創辦自治工廠，於是有勞動合作促進會成立，並組織了裁縫、建築、製鞋、印刷等八個勞動合作社。這些合作社以民主為原則，一切社務決於會議。1852年，英國國會賦予其法律地位。後來，因經理與社員對立、忽視合作教育等，加之產品銷路不暢，這些合作社大多轉為民營企業，到1854年已基本不復存在。[7]此外，1844年成立的「羅奇岱爾公平先鋒社」（Rochidale Society of Equitable Pioneers），被稱為世界第一個消費合作社，其所制訂的「羅奇岱爾原則」，後來對包括中國、日本等在內的世界合作運動發揮了重要影響。該原則要點為，社員無論投資多少，均一人一票；社股紅利不超過一般銀行利息；向社員提供日用品；合作社有制定法規以進行生產、分配、教育、管理等的權力，合作社的最終目標是實現自給自足的合作社社會，等。[8]

　　此後，英國合作運動的發展主要以消費者和消費合作社為中心，而未能解決

[6]　Sheril Foster Bischoff, op. cit, etc.

[7]　史邁士（Lewis. S. C. Smythe）、沈經保《各國工業合作》，中國工業合作協會出版，1946年5月，第7-8、15-21頁等。

[8]　請參閱本書第2章注10。

消費合作社和生產合作社之間的矛盾，遂於1882年催生了英國特有的綜合合作社（Cooperative Copartnership）。這是消費合作社和工業合作社的折衷形態，其基本原則亦為每名社員擁有一票表決權、限定社股紅利、分配結餘、15歲以下不得入社。其優點是，股東可援助營運及管理，以使工人的自治工廠更加穩定；與合作商店關係密切，有利於產品銷售；重視工人自決，有助於減少糾紛等。[9]

綜上所述，不妨認為，海倫・福斯特・斯諾工合運動設想的源頭是清教徒「新大陸」、西部開拓時期的合作社村及其起點英國早期的合作社。歐文是韋爾斯（Wales）人，海倫的筆名「尼姆・韋爾斯」（Nym Wales）很可能借自歐文故鄉的名稱，這也意味著海倫曾強烈認同歐文思想的重要性。因此，把海倫・福斯特・斯諾視作曾受「空想社會主義」及歐文思想強烈影響的基督教社會主義者，應無大謬。而中國的工合運動，雖把羅奇岱爾公平先鋒社、綜合合作社的基本原則和規則改造成符合中國國情的工合原則，但一貫重視的卻不是消費，而是生產。

海倫・福斯特・斯諾認為，合作社是「民主社會主義」，是新教、清教徒對封建主義的革命方式；而只有工業合作社才是根本上的方法，只有這種方法才能讓工業以自然形態發展、避免許多戰爭和相互破壞。而在甚至尚未擺脫種族主義、儒教主義且人口過剩的中國，要搞資本主義是不可能的，只有各種社會主義才有可能實現，且在一定時期內只可能是混合經濟。換言之，在人口眾多的中國，大工業和小規模工業合作社可以共存，工業合作社可以為經濟、社會提供多種選擇；美國對工業合作社的援助不會導致家庭工業被破壞和失業問題發生，而會將新興地區塑造為進步地區；工業合作社將在先進國家和落後國家之間、在資本主義和社會主義之間架起橋樑，能與任何社會體系共存。[10]因此，海倫・福斯特・斯諾曾試圖首先推動中國的新教及傳教士開展工合運動。事實上，不論在中國還是在外國，工合運動的婦女領袖都是從基督教女青年會走出來的。寶雞有四十名基督教徒每週聚會，基督教青年會（YMCA）為支援工合運動，曾試圖引導他們組織、加入工合社。總之，工合運動本身帶有濃厚的基督教色彩。[11]

---

[9]　前引史邁士（Lewis. S. C. Smythe）、沈經保《各國工業合作》，第27-29、31-33、277-278頁等。

[10]　前引拙稿《中国工業合作運動の起源と現代的意義──ニム・ウエールズ女士からの書簡を中心に》等。

[11]　AMERASIA, Vol. Ⅲ, No.1, March 1939, p.41.

　　美國合作社學者韋拔斯（J. P. Warbasse）斷言，到處都在戰爭，其主要原因在於以追求利潤為目的國際貿易，美國、英國、法國的此類行為，最終助力日本侵略中國東北、太平洋諸島；美國商人則一直供應日本製造武器的原料，致使日本攻擊了中國和珍珠港，直到被激怒了的美國民眾抗議才停了下來。與此相比，合作主義的國際貿易則不追求利潤，只是把商品從豐富地區運至欠豐富地區，從而帶來和平和穩定。他強調，能夠和平處理世界事務，在政治、宗教、種族、國籍等方面保持中立並改造世界的，唯有合作社。而中國則可在合作社基礎上發展經濟，其民主又將使中國立於文明進步的前列。[12]想來，戰爭期間乃至戰後不久，這樣的觀點應是美國合作社學者及有關人士的普遍認識。

　　海倫・福斯特・斯諾很可能走得更遠，即試圖以合作社為槓桿形成合作社國家，並使其發展為超越國境的「國際合作共同體」，進而成為「世界合作共同體」的「世界聯邦國家」，最終建成「世界國家」。在「世界聯邦國家」階段，各國將在保持獨立性的同時，將外交權和交戰權委諸「世界聯邦國家」；而在「世界國家」階段，各國將把所有權利委諸「世界國家」，以防止戰爭於未然。1945年，芝加哥大學的哈欽（Robert Maynard Hutchins, 1899-1979）等開始對該設想展開研究，1947年，其初步方案被發送給世界各國的二百餘人，其中包括印度的尼赫魯（Jawaharlal Nehru, 1889-1964）、中國的胡適、日本的賀川豐彥（Kagawa Toyohiko, 1888-1960）等。[13]盧廣綿也說，合作社之間超越國界加強橫向聯繫，能夠阻止原子彈時代的戰爭。[14]亦即，他認為，透過以工合社等為核心的合作運動，首先實現各區域、各國家的經濟自立來抑制國家間的過度資本輸出和獲取市場的競爭，並加強區域、國家、民族間平等互惠的聯繫，即可防止發生糾紛。

　　下面探討艾黎的思想。艾黎於1897年12月2日出生於紐西蘭的坎特伯雷州。其祖父是來自愛爾蘭的移民，父親弗雷德里克・艾黎（Frederick Alley）曾任中學校

[12] 韋拔斯（J. P. Warbasse）著《合作運動與世界改造》（許超、錢江譯），中央合作金庫（壽勉成），1948年，《原著者譯序》及第26、83-85、102、118頁。

[13] 黑田四郎《私の賀川豐彥研究》，基督教出版社，1983年，第39-40頁等。

[14] 著者對盧廣綿的第三次採訪（1983年8月12日），請參閱拙稿《中国工業合作運動關係資料目錄・「工合」關係者へのインタビュー》，1992年度文部省科學研究費補助項目一般研究C類成果報告書，1993年，第123-124頁。

長，五十四歲時撰寫小冊主張改革教育、重新分配土地等。教育改革方面，他主張
應重視故事創作、討論及在大自然中授課，以激發學生的潛能、完善其人格。關於
紐西蘭的土地問題，他認為解決方法在於透過「工業化國營農場」提高生產力，並
熱烈支持農業合作社。在當時，這樣的思想帶有社會改革色彩，是相當進步的。弗
雷德里克的思想，某些方面與其前的「先進的社會主義者」（即「烏托邦社會主義
者」）相近，較之馬克思主義，更認同烏托邦合作社會的價值觀。而且，儘管他幼
年曾是虔誠的基督徒，後來卻放棄了基督教而奉行一神普救派（Unitarian，否定三
位一體，不以基督為神）的立場。艾黎的母親克拉拉，1884年從英格蘭移民來到紐
西蘭，結婚時在某農場主家任家庭教師。後來參加婦女參政運動，推動紐西蘭於
1893年在世界上第一次實現了婦女參政。艾黎受父母、尤其受父親影響很大。第一
次世界大戰時，艾黎響應英國號召，加入坎特伯雷步兵連赴法國參戰，並因此次戰
地體驗，後來成為反戰論者。1919年回到紐西蘭從事牧羊業，後赴雪黎，在肥料廠
邊勞動邊學習無線電。後來為瞭解五四運動後的中國，登上「卡魯魯」號貨船，於
1927年4月21日抵達上海。他先在上海火政處謀到職位，工部局工業科成立後，即
任該科工廠督察長。在督察長任上，自1933年至1938年，艾黎走訪了上海4,700多家
工廠，瞭解到勞工受虐待、被迫從事高強度勞動等現狀；尤其看到紡織廠竟讓只有
八、九歲的童工連續站立十二個小時不停地勞動時，深感震驚。這些經歷和感受，
也是他後來在工合運動中強調廠內民主、改善勞動條件的原因。後來，他在英國駐
華大使科爾等人支持下正式加入工合運動，擔任國民政府行政院工合協會的技術顧
問，並兼任國際委員會（成都）的組織工作。1944年以後集中精力經營山丹培黎學
校，培養了許多石油技術人員。[15]艾黎在受日本侵略、落後的中國這一舞臺上號召
全面開展合作運動，同時也為抗日而試圖將農業國家轉化為工業國家，還透過推動
中國民眾在工合社共同勞動來實施體制改革及教育改革，還開辦了培養技術人員的
培黎學校。此外，或受母親影響，艾黎還主張婦女解放。而其認同一神普救派，則
在某種程度上使其得以擺脫基督教，實質上能夠與包括中共在內的各方面人士攜手

---

[15]　拙稿〈中国工業合作運動について－レウィ・アレー、盧広綿両氏に聞く－〉，《アジア経済
　　　（亞洲經濟）》，第21卷第5號，1980年5月等。Rewi Alley: *An Autobiography*, New World Press, Third
　　　Edition 1997, pp.9-10. Geoff Chapple, Rewi Alley of China, Hodder and Stoughton Auckland London Sydney,
　　　1980, p.14.

合作。

　　此處順便對紐西蘭的合作運動進行探討。進入1870年代，農民組織的合作社也
以南島的坎特伯雷，奧塔哥兩州為中心發展起來。農業合作社推動了羊毛及乳品等
的生產，但城市生活水平高，故消費合作社發展緩慢。最早的合作社是「奧塔哥半
島乳品公司」，小麥產地坎特伯雷也在1880年組織了農業合作社。但農業合作運動
真正發展，是在乳畜業作為出口產業而確立其基礎之後，農民開始以共同出資形式
成立乳畜業合作社，而政府則對其進行指導、監督等。後來，各乳畜業合作社成立
聯合銷售組織「紐西蘭生產者銷售合作社聯合會」，並於1920年與英國批發合作社
聯合會（Cooperative Wholesale Society, CWS）共同在倫敦設立「紐西蘭生產者合作
社」，從而推動紐西蘭的農業合作運動步入發展軌道。此外還有政府、生產者、貿
易商共同參與的各種委員會（Board），以促進農畜產品出口、調整價格等。乳品委
員會則有「乳品生產者合作公司」，所有奶酪和九成黃油由該公司生產，故生產者
的發言權很大。不過，《一次產品市場法》於1936年頒佈後，所有乳製品均須接受
政府管制；而1939年為實施戰時管制而成立的聯邦生產委員會則對所有農業部門擁
有巨大權限。[16]

　　由上述可知，海倫・福斯特和艾黎出生、成長的環境都是農業和畜牧業地帶，
且進行農業、畜牧業加工及流通的合作社較為先進，也都與英國關係較深。艾黎對
合作運動、合作社的最初理解應來自紐西蘭的農業合作社。加之曾受其父影響，以
及在上海任工廠督察長時的見聞與思考，都促使他主張工合社自立，而反對政府
管制。

二、中國工合運動在戰時世界合作運動中的地位

　　工合運動在各地展開時，世界各國的合作運動又如何？歐洲不少國家的合作運
動，曾主要透過組織消費合作社發展農業合作社，其社員數及業務在第二次世界大
戰前都在順利增長；但戰爭爆發後，歐洲陷入劇烈動盪，尤其在1939年、1940年，
合作運動遭到打擊，合作運動的國際交流和合作也困難重重。德國吞併捷克、分割

[16]　前引川野重任等《新版・協同組合事典》，第277-278頁。

波蘭，並佔領了消費合作社、農業合作社較為發達的丹麥、比利時、荷蘭、挪威和法國的部分國土，導致這些國家的許多合作社走向崩潰；斯堪地那維亞半島各國的消費合作社、農業合作社也因航運減少等遭遇挫折；而法西斯國家德國、意大利和社會主義國家蘇聯的合作社，則被強行納入國家體制，其自發性不復存在。

　　各主要國家的合作運動狀況如下。

（一）英國

　　英國在1936年有合作社227社，其特徵仍是消費合作社、批發合作社設立工廠。亦即消費者的地位相當於雇主，而生產者則是被雇用的工資勞動者。不過，這些工資勞動者也是消費合作社員，在社員大會上有表決權。1936年，曾有製鞋、印刷、洗衣、糕點及棉、麻、羊毛紡織等合作社計89社，但翌年即1937年即驟減至43社，1938年再減至41社（社員1萬4,514人，平均每社305人）。就這樣，合作社陷入全面停滯，政府的分配及價格管制、商品進口困難等也給開展業務造成極大困難。不過，就歐洲範圍看，英國合作運動受到的打擊尚非最嚴重，開戰後第一年仍有社員864萬3,238人，為英國人口的四分之一至三分之一提供糧食；且合作社代表也加入各種政府委員會，為維持消費者物價發揮了作用。1940年9月，倫敦遭到猛烈轟炸，財政損失極大，數個合作社被破壞。但合作社本身加強了相互協助，新成立的全國維持協議會（National Wages Council）也幫助處理勞務問題、申請戰時津貼和空襲救濟金、安排代工以替代出征軍人等；合作教育雖也被迫緩行，但並未中斷，合作大學（Cooperative College）增設了家庭研究班，批發合作社也向職工補習班、合作社研究班提供資金援助。[17]

（二）法國

　　1938年，法國有消費合作社1,000社，社員約250萬人，年營業額高達約35億法郎（1法郎合2.88美元）。但德軍於1940年入侵後，法國北部的合作社被迫停辦，部分社員淪為難民。

---

[17]　前引史邁士（Lewis. S. C. Smythe）、沈經保《各國工業合作》，第14-15、28、34-37、52-53、56頁等。

（三）德國

德國在1932年有消費合作社1,200社，社員約365萬人，年營業額約10億9,500萬馬克（1馬克≈30.52美元），是歐洲合作運動最為成功的國家之一。但是，納粹執政後，對保守的農業合作社採取寬容政策的同時，對反抗權力傾向較強的消費合作社則實施禁止新設、強制解散等強硬政策。納粹還煽動商人襲擊、破壞消費合作社。但農業合作社與商人合作社的社員大多為中產階級，是納粹執政的基礎，因而沒有受到襲擊。後來，合作運動領導人被納粹黨員取代，合作社的本質即自發的民主精神因之不復存在。

（四）蘇聯

蘇聯的合作社曾一度被列寧取締，但1922年實施新經濟政策（NEP）後重新獲得發展。1933年，經整合、重組工業協作社（artel）而成立的工業合作社有2萬社，社員約300萬人，皆為世界之最。1935年，政府解散所有消費合作社，但卻把工業合作社作為計劃經濟手段之一而加以管理和統制，由政府提供原料，產品由政府機關等統購，並使其與國營工業密切互補，生產一般消費品。社員不參與分紅，結餘充共同基金等，社會保險也得到充實。[18]

1934年，中國已正式加盟國際合作社聯盟（International Co-operative Alliance，簡稱「ICA」）。該聯盟抵制自由競爭貿易，鼓勵各國合作社發展相互貿易，追求世界永久和平。其目標是，反對侵略戰爭，與侵略國家斷絕經濟關係；擁護合作運動的民主精神，反對資本主義壟斷，爭取自由結合、自由發展。戰爭爆發時，該聯盟已十分龐大，在四十個國家擁有特殊會員1億多人，由19萬3,000個各類團體組成，這些團體每年運用資金逾200億美元。正因如此，中國工合協會雖置身戰火，仍每年慶祝國際合作社日。工合運動領導人自然也相信會得到該聯盟的全面支援。不過，儘管英國批發合作社聯合會（CWS）曾要求該聯盟支援中國工合運動，但該聯

---

[18] 王世穎《世界大戰與合作運動》，中國合作事業協會編《合作界》（會內刊物），第9期，1941年10月。前引史邁士（Lewis. S. C. Smythe）、沈經保《各國工業合作》，第151-154頁。

盟很可能並未實施支援。[19]當時，該聯盟正為援救各國合作運動領導人而奔忙；合作社之間的國際貿易雖曾成績斐然，但戰爭爆發後亦全部停止；1937年，國際合作社貿易機構（International Cooperative Trading Agency, Inc）也從英國遷至美國。[20]由此推斷，該聯盟當時自顧不暇，各國合作社亦分屬同盟國和軸心國，因而應無法對中國的工合運動提供支援。

工業合作社有勞動互助、運輸、工業信用（提供工業貸款）、供銷、共同合作等形態。但勞動互助合作社僅為社員相互提供勞動力；共同合作社亦以消費為主，難稱工業合作社；其他形態也僅涉及工業的某一部門。工業合作社的最高形態是自治合作工廠，兼具信用、供給、生產、銷售四種功能，由社員共有共營，所使用工具經過改良，所有生產活動在工廠內進行，便於進行現代化管理。[21]而工合運動所追求的，正是當時世界工業合作社最先進的、兼具上述四種功能的形態。

金家樺指出，在工業發達國家，工業合作社在合作社中占比極低。蘇聯為社會主義國家，且作例外；1939年，英國雖有合作社3,772社，但工業合作社僅有89社（2.4%）；法國40,007家合作社中，也只有807社（2.0%）是生產合作社；而美國167個工業合作社僅占35,820個合作社的0.5%。其主要原因有如下數端。工業合作社需要建設工廠、購置機器、採購原料、支付工人生活費等，需要大量資金；開拓銷售市場十分困難；尤其是，資本主義國家的合作社在追求利潤的金融資本家主導下發展，並被作為控制小規模生產者的重要手段。[22]國弘員人則認為，工業合作社與消費合作社都有悠久的歷史，英、法兩國曾有很多，但「幾乎全部以失敗而告終」；其原因是，社員為小工業者、工人，他們的營商素質一般較差；大多由小額資本起步，難以與實力強大的企業競爭；監督者由被監督者選任，難以維持經營秩序。而在經營規模擴大時，極易將新成員作為工資勞動者雇用，導致勞動與資本分離，等於主動放棄工業合作社的性質，因而不論成敗都難以繼續發展。而為數不多的成

---

[19] 白琳〈國際合作聯盟會〉，《戰地工合》，第1卷6、7期，1941年9月。Nym Wales, *CHINA BUILDS FOR DEMOCRCY*, New York, 1941, pp.184-185.（東亞研究所譯《支那民主主義建設》，第261頁）。

[20] 前引王世穎《世界大戰與合作運動》。

[21] 〈前言〉，前引史邁士（Lewis. S. C. Smythe）、沈經保《各國工業合作》，第4-5頁。

[22] 金家樺〈論世界工業合作運動的發展及其衰微〉，《戰地工合》，第2卷第1期，1942年1月。

功，則是蘇聯的工業合作社和中國工合運動催生的工業合作社。[23]

三、國際反法西斯抗日陣線與工合運動海外支援機構

工合運動又被稱作「國際合作運動」，是因其曾得到國際性認可。隨著工合運動海外支援團體不斷增加，需要有一國際性機構，以加強聯繫和協調。1939年8月在香港成立的國際委員會就是這樣的機構。其工作是，募捐並編製預算、為研究所及訓練班等提供資金援助、派遣專家及技術人員等。為鞏固工合運動的基礎，分配捐款時重視技術改良、人才培訓和聯合社的發展。有關國際委員會與工合協會的關係及相關機構，本書第十一章已有論述，故本節主要聚焦歐美人士。不過，陳翰笙是與歐美方面的重要溝通管道，自然亦須加以重視。

國際委員會主席為香港及華西地區英國聖公會會督何明華（Ronald Owen Hall, 1895-1975）[24]，書記為陳翰笙[25]，實地書記為艾黎。歐美方面委員有太古公司

---

[23] 請參閱國弘員人著《協同組合概論》，增訂版，岩松堂書店，1954年。

[24] 何明華，英國人，抗日戰爭時期一直任工合國際委員會主席。他同情中國抗戰，先在香港、後來到重慶、昆明、西安等地強調中國抗戰和工合運動的意義，募集了大量捐款；同時反覆著文介紹邊區及八路軍的抗戰，一時被稱為「紅色主教」。日本投降後繼續以香港主教身份致力於中英友好。盧廣綿〈抗日戰爭時期的中國工業合作運動〉，《文史資料》，第71輯，1980年。

[25] 陳翰笙（1897-2004），1897年生於江蘇省無錫。1915年懷抱「科學救國」理想赴美留學。1916年入波莫納學院學習植物學和地質學，但因視力問題改修歐美歷史。1920年入芝加哥大學研究生院，碩士論文題目是《五口通商茶葉貿易對中國經濟的影響》。其間受俄國十月革命影響學習俄語，開始思考俄國問題。1921年至1922年在哈佛大學學習東歐史，1922年春向柏林大學提交博士論文《1911年瓜分阿爾巴尼亞的倫敦六國使節會議》，取得博士學位。1924年，應蔡元培聘任北京大學歷史系教授，執教歐美通史和史學史。第一次國共合作時，1925年，經李大釗、于樹德介紹加入國民黨；五卅事件後，經李大釗和蘇聯大使館介紹與共產國際取得聯繫。1926年研讀《資本論》，掌握了馬克思主義經濟學的基礎理論。該時期結識宋慶齡及鈴江言一、中江丑吉。1927年至1928年，在莫斯科任共產國際農民研究所研究員。1928年回國後，經中央研究院院長蔡元培推薦任該院社會科學研究所副所長，在王寅生、錢俊瑞、孫冶方、秦柳方等協助下在無錫、保定等地進行農村調查。1933年8月參加在加拿大舉行的太平洋國際學會。同年底，與薛暮橋、吳覺農、千家駒等創設擁有會員五百餘名的中國農村經濟研究會，並任第一屆理事會主席。曾在安徽、山東、河南等煙草產地實施大規模調查，後來據此出版《工業資本與中國農民》（英文，1946年）。該時期加入中國民權保障同盟，還通過史沫特萊結識佐爾格（Richard Sorge, 1895-1944）及尾崎秀實（1901-1944）。1934年冬赴日，在東洋文庫進行研究工作，出版《中國的地主和農民》（中、英文，1936年）。1935年成為莫斯科東方勞動大學特

（Butterfield & Swire）的安獻令（George Findlay Andrew OBE, 1887-1971）、工程師阿列克・堪普林（Alec B. Camplin）、代理主席蒲艾達（Ida Pruitt）[26]、斯諾等。另有霍磊（Walter Brooks Foley）作為菲律賓工合促進社代表就任委員（委員沒有報酬）。[27]

陳翰笙說，艾黎在募捐上作用很大，他很瞭解中國的工業狀況，而且在海外也有名，有許多美國友人，容易募到款。工合協會本應透過銷售產品來增加自有資本，但市場不夠，只能依靠捐款。[28]陳翰笙本人之所以參加工合協會，是出於如下考慮。即，中國的工廠雖遭到破壞，但現實上卻不能組織大工廠生產，只能繼續搞手工業；而要以更先進的形式推進手工業，最好組織指導委員會。陳翰笙曾在美國生活七年之久，認識許多人；還在德國住過兩年，又去過蘇聯、英國、澳大利亞、

級教授，年底在莫斯科經王明、康生介紹加入中共。1936年，應「太平洋學會」聘赴美，在紐約編輯季刊《太平洋事務》（Pacific Affairs）。1939年5月回到香港，致力於發展工合運動，團結進步人士進行抗日救國運動。1943年，因在桂林舉行蘇聯十月革命紀念大會上以「英國的反法西斯運動」為題發表演講而被列入國民黨的黑名單。1944年，從李濟深處得知國民政府軍事委員會已簽署「陳翰笙逮捕密令」，於是乘英國軍用飛機從昆明避往印度，任德里大學評議員。陳翰笙《四個時代的我》，中國文史出版社，1988年；汪熙、楊小佛主編《陳翰笙文集》，復旦大學出版社，1985年；吳友文、田野〈陳翰笙事略〉，中共中央黨史研究室編《中共黨史資料》，第35輯，1990年9月；三谷孝〈抗日戰爭中的『中國農村』派について〉，小林弘二編《中国農村変革再考》，亞洲經濟研究所，1987年；三谷孝〈中国農村経済研究会とその調査〉，小林弘二《旧中国農村再考》，1986年；拙稿〈陳翰笙氏に対するインタビュー─中国工業合作運動について〉，《近きに在りて》，第21號，1992年5月。

[26] 蒲艾達（Ida Pruitt, 1888-1986），美國人浸禮派傳教士之女，生於山東蓬萊。1900年因中國爆發義和團事件而回美國。1909年畢業於喬治亞州的考克斯學院（Cox College）。同年9月始在紐約州任孤兒院教師兩年。1912年9月任山東芝罘浸禮派協議會經營的威廉姆斯紀念中學教師，1914年9月至1918年7月任該中學校長。1918年在哥倫比亞大學學習看護學。1919年春應聘為北京協和醫院社會服務部負責人，次年起在此工作至1938年（該院於1921年被洛克菲勒財團收購，全面改組；其前聘用醫生、教師共151人，其中英、美、加拿大等有123人）。她的工作是向患者提供經濟支援，可謂中國福利事業的拓荒者。1937年8月日軍佔領北平後，社會福利部設救濟部，致力於救助傷兵和難民，還向抗日游擊隊輸送醫藥品等。1938年底見到艾黎，相信工合運動是解決中國社會病理、經濟狀況的最有效方法，於是加入工合協會。1939年返回美國，成立美國委員會，向工合協會輸送資金、機器等。1959年（1952年？）欲訪華，但因曾參與工合運動而被美國政府懷疑與社會主義中國有牽涉，並受到迫害，但1972年成功訪華。蒲艾達著、山口守實《北京の思い出（1926-1938）》，平凡社，1990年，第221-247頁。

[27] "Hongkong Promotion Committee of the Chinese Industrial Cooperatives", INDUSCO NEWS, No. 26, August 15, 1940.p.6.

[28] 前引拙稿〈陳翰笙氏に対するインタビュー─中国工業合作運動について〉。

紐西蘭，日本也去過三次。工合協會希望借重他的這些經歷。[29]他說，日本人的口號是「工業日本、農業支那」，表面上是兩國提攜，實際上是殖民性質的國際分工論。對此，陳翰笙的信念是「建國之路須工農並重，沒有先進工業，任何民族都無法獨立」。[30]

1939年還有成都工合促進社成立，委員長是河北衡（原四川省建設廳長），副委員長為張凌高（Lincoln Dsang, 1890-1955，時任華西大學校長）、陳裕光（金陵大學校長）和解難（J.Spencer Kennard, 1859-1944 ?，美國人，時任華西大學教授）三人，當地基督教青年會秘書長「威林頓・孟」、「拜司」二人為書記。委員有畢範宇（Frank Wilson Price，華西大學及金陵神學院教授）、吳貽芳（金陵女子大學校長）、史邁士（Lewis Strong Casey Smythe, 1901-1978，金陵大學社會學教授）、林查理（Charles H. Riggs，金陵大學教授）等，另有多名外國傳教士幫助工作。可見，成都的工合運動也自始就有不少歐美人參加，而且也得到基督教人士的支持。1940年1月，該社首次改選，陳裕光當選主席。中方委員為陳裕光、陳築山（四川省建設廳長）、河北衡、張凌高、陳維屏（新生活運動總會成都分會主任幹事）、陳嗣莊（華西協和大學教授）、吳貽芳；外方委員則有解難、魏璐詩（Ruth F. Weiss, 1918-2006，華西大學教授）、畢範宇、師以法（Eva D. Spicer，英國人，金陵女子大學教授）、羅伊（A. T. Roy，新教駐成都學生幹事）、史邁士、林查理。當時，外國人參與意見過多，往往被視為「帝國主義」行徑；該社14名委員中，中國人和外國人各半，或與此傾向有關。因為，中國方面的活動家無不具有如下濃厚意識，即工合運動的主體須是中國人。總之，該社是由省建設廳、新生活運動方面的人士和因熱心合作事業而聞名的南京金陵大學等的中外教育家、學者共同構成的。

1941年，太平洋戰爭爆發後，香港淪陷，國際委員會遷至成都；除名譽主席宋慶齡、主席何明華留任外，其他皆有調整。副主席為卜凱（John. Lossing Buck, 1890-1975，南京金陵大學教授），會計為史邁士，書記為賴樸吾，執行秘書為艾黎和陳翰笙。[31]另有李約瑟（Joseph Needham, 1900-1965）也在委員之列。國際委員會遷成

29 同前。

30 陳翰笙序〈工合運動的意義及其前途〉，張法祖著《工合與抗戰》，星群出版社，1941年，第1頁。

31 American Institute of Pacific Relation, *A NATION REBUILDS-The Story of the Chinese Industrial Co-operatives*,

都後或曾與成都促進會合併、改組，故史邁士等轉屬國際委員會；而成都促進社則走向解體。1945年再次改選後，主席仍為何明華，副主席為陳裕光和戴樂仁（J. B. Tayler, 1878-1945，燕京大學教授），秘書為史邁士，助理秘書為陶貞德（Peter Townsend），會計為夏仁德（Randolph C. Sailer, 1898-1981，燕京大學教授），助理會計為布雷德（Andrew Blade），執行秘書為艾黎。[32]可見，歐美人士的強有力支援和參與一直未曾中斷。

各國支援機構的成立及其援助概況如下。

（一）美國

對於向日本出口石油和廢鐵，美國國內輿論認為這是利敵行為，批評聲音日漸高漲。1939年底，蒲艾達受國際委員會委派赴美組織工合運動支援團體。蒲艾達在紐約、華盛頓、波士頓等地成立了工合促進社，同時就中國工合運動舉行講演，僅數月即募集捐款一萬多美元。[33]蒲艾達把捐款多少與支援效果聯繫起來的募捐方式，似較為成功。她宣傳道，5至10美元將是一般工合社一名社員的股金，能支持其六口之家；50美元可組織一個醫用紗布工合社、100美元可成立一個肥皂或蠟燭工合社，500美元可組織一個重工業工合社，而1,000美元可訓練出一名學生、5,000美元可設立擁有五個床位的醫院，等。[34]

美國總統夫人愛蓮娜（Anna Eleanor Roosevelt, 1884-1962）曾表態支持工合運動，產生了巨大反響；1940年9月，全國規模的「援助中國工合美國委員會」（The American Committee in Aid of Chinese Industrial Cooperatives，以下簡稱「美國委員會」）在紐約成立。其執行委員長為亞內爾（Harry E. Yarnell, 1936年至1940年任美國亞洲艦隊司令官），副委員為芮思婁（John H.Reisner, 1888-?），會計為朗費羅夫人（Mrs. Federick. W. Longfellow），常務促進委員為貝赫奕（Harry B. Price）和駐華代表蒲艾達。其他執行委員有卡迪斯女士（Frances Curtis）、福克納（Crowd

---

May 1943, p.19.

[32] *INDUSCO BULLETIN,* Vol. V , No.7, July 1945, p.2. *INDUSCO BULLETIN*是美國委員會的機關報，承艾黎提供。另外，國際委員會於1949年遷至上海，1952年停止活動。

[33] *INDUSCO NEWS,* No.26, op. cit, p.6.etc.

[34] Ida Pruitt, *China's Industrial Wall,* SURVEY GRAPHIC, March 1940.

Faulkner）、伽賽德（B. A. Garside）、麥克納特夫人（Mrs. Paul V. McNutt）等28人。顧問委員有上下兩院議員、基督教領袖、學者、技術專家及各界知名人士百餘人，其中有貝克（E Baker）、科恩（Alfred A. Cohn）、霍磊、拉鐵摩爾（Owen Lattimore, 1900-1989）、魯濱遜（Dr. G. Camby Robinson）、萊曼（Ray Lyman Wilbur）等。可見，中國的工合運動得到了關心太平洋問題的美國知識分子階層強有力的支持。阿奇博爾德夫人（Mrs. Ann Archibald）和伊麗莎白·蕭（Elizabeth Shaw）各捐款1,000美元，中國非戰鬥人員救援美國諮詢委員會捐款15萬美元。另有基督教會等也發起募捐。在夏威夷，茂宜島的「一碗飯委員會」、檀香山的教會團體及「中國非戰鬥員檀香山中國人教會聯合會議」都在募捐。[35]另，斯諾和海倫·福斯特曾向羅斯福總統發去請願書，要求其向中國工合運動提供國家貸款5000萬美元。請願書呼籲道，發展中國工合運動，可加強中國的抗日工業基礎，使中國有力量自衛以維護獨立，且對穩定遠東局勢、保衛世界和平和美國的安全，都具有重要意義。該請願似在減額後得到滿足。在該請願書署名的，有亞內爾、卡爾遜（Evans Fordyce Carlson, 1896-1947）、賽珍珠（Pearl S. Buck, 1892-1973）、哲學家杜威（John Dewey, 1859-1952）等20餘人。[36]

美國委員會後來遷至哥倫比亞大學內。1942年3月，女作家賈菲（Agnes Jaffe）等就中國工合運動進行演講，並放映紀錄片。[37]此時委員長為卡朋特（Mary Carpenter），副委員長為勞申佈施（Karl Rauschenbusch），會計為朗費羅（Frederick W. Longfellow），運營及技術指導為李考克（David J.Leacock），宣傳助手為賽爾比（Elizabeth Selby），負責中國工作的是蒲艾達。英國人何克也就任秘書。美國委員會和工合運動支援者還曾發起「救濟中國700萬美元」的宣傳。[38]

[35] Nym Wales, *CHINA BUILDS FOR DEMOCRCY*, op. cit, pp.188-190.（東亞研究所譯《支那民主主義建設》，第266-270頁）。

[36] Sheril Foster Bischoff, op.cit.

[37] *INDUSCO BULLETIN*, Vol. II , No.3, March 5, 1942, p.3. 另外，賈菲考察中國各地工合社長達6個月，後赴日遊歷後，返回美國。

[38] *INDUSCO BULLETIN*, Vol. II , No.5, May 6, 1942, p.2.。此外，在1943年，菲爾德（Robert. M. Field）和司徒瓦特（Maxwell. S. Stewart）分別繼任委員長、副委員長，但會計以下沒有更替（*INDUSCO BULLETIN*, Vol.III, No.8, August 1943, p.2.）。至1944年，美國委員會主席仍是菲爾德，愛蓮娜·羅斯福、亞內爾、賽珍珠等則一直予以支援。戰後的1947年，美國委員會迎來危機。紐約的

　　美國國內的工合支援團體逐漸增加，紐約、華盛頓、費城、波士頓、巴爾的摩、芝加哥、哥倫布、辛辛那提、特拉華、底特律、克里夫蘭、水牛城、洛杉磯等地都有工合促進組織。在華盛頓，名譽委員長為市長林楚特（Gilford Rinchot），委員為麥克納特夫人，書記為盧米斯（Helen Loomis）；在紐約，朗費羅夫人）任會計；費城的領導人為葉莉夫人（Mrs.Gertrude Eli）；波士頓的委員長是卡迪斯（Frances Curtis）。

　　1941年10月，卡朋特（Henry Carpenter）曾訪華，與孔祥熙就美國如何支援工合運動進行協商，並順便考察工合運動。[39]1943年11月，羅斯福總統在開羅會議的間隙，專門向蔣介石夫婦詢問工合運動的發展情況，也是對工合運動的無形支持。[40]此外，何克出版《我看到了新中國》（*I See A New China*），也獲得《國際紐約時報》（*International Herald Tribune*）、《紐約時報》（*International New York Times*）等的高度評價，加深了美國民眾對工合運動的理解。[41]此類有形無形的支援從未間斷，對工合的支持因而不斷擴大。

（二）英國

　　經艾黎等人對英國的合作社、勞動團體呼籲，英國合作運動協會和英國援華委員會決定，在倫敦合作成立英中合作發展公司，以支援中國的工合運動。1939年6月，發展公司在下院正式獲得認可。這是由約百名知名英國人組成的大型團體，會長是伯恩斯（Alfred Burns，下院議員、運輸大臣），董事會評議員有克里浦斯（Sir Richard Stafford Cripps, 1889-1952，下院議員、駐蘇大使、勞動黨黨首）、捷格（John Jagger，下院議員）、伍德（G. B. Wood）、高斯林（Paul Gosling，倫敦合作社理事）、霍磊（援華委員會副會長）等，書記是伍德曼（Dorothy Woodman）。

工合委員會的建築物被出租給試圖破壞艾黎工作的黨派及政府部門，維繫左右兩派的「中間道路」遭到各種各樣的反對。對此，海倫・福斯特・斯諾等盡可能地給予艾黎及山丹培黎學校以財政支援；1949年，支援工合的美國委員會終於停止活動。此時的主席是斯德維爾（Alfred Sidwell），副主席是海倫・福斯特・斯諾。Nym Wales, *Notes on the Beginnings of the Industrial Cooperatives in China*, no date, p.5. etc.

[39] 《新華日報》，1942年10月2日。此外，卡朋特就任美國委員會主席，應是亞內爾的繼任者。

[40] 朱敏彥〈抗日戰爭時期的「工合」運動〉，《近代史研究》，1989年第4期。

[41] *INDUSCO BULLETIN*, Vol.Ⅳ, No.7, July 1944, p.1.

董事會下設中國顧問委員會，以處理發展公司與工合協會間的聯絡事宜；其會長為國民政府財政部次長郭秉文，秘書為林咸讓，委員則有國民政府的王兆麟、駐英大使館參事余銘、駐倫敦總領事譚葆慎、中國銀行倫敦分行經理李德炯、海軍武官戴龍。[42]

據稱，發展公司的目的，是為中國提供資金、物資支援，並在英國代銷工合社產品。為獲得更多英國民眾支持，發展公司還曾發行股票（每股1英鎊，每人限購1股），第一次董事會，中國方面有郭秉文、林咸讓等出席，並做出如下決定。即，聯絡英國對華友好人士150人，請其認購股票；請工合協會通報所需物品清單；在英國擴大宣傳工合運動，並舉辦工合產品展覽會等。[43]工合運動有可能成為英國政府在遠東進行經濟、軍事防衛的有效方式；此前，英國政府一直透過香港促進社予以支援，[44]但已需要採取更有效的管道。此即英國政府成立發展公司、更加積極地支援工合運動的背景。在歐洲的合作社遭受沉重打擊的形勢下，英國合作組織認識到，與工合協會加強國際合作、促進貿易發展是抵制日貨的有效手段。工合協會理事長孔祥熙對英國成立發展公司曾表示感謝，稱此舉對促進工合運動發展、進一步密切中英間合作將發揮巨大作用。此外，該時期還有中國工合倫敦委員會成立。[45]

英國援華委員會曾將1940年7月9日定為中國日，並在倫敦開展了「一碗飯運動」。在其舉辦的晚餐會上，數百知名人士齊聚一堂，中國大使郭泰祺也應邀出席；里斯德威爾勳爵（Lord Listowell）號召英國國民踴躍捐助工合運動和「國際和平醫院」，從而掀起了要求英國領導人支持中國的輿論。郭泰祺則強調了中國抗戰的意義。他說，中國堅持抗戰四年來，軍備已得到充實，國民更加團結，抗戰士氣更加旺盛；工業已轉向內陸，工合運動的生產也不斷擴大；日本在中國戰場已死傷150餘萬人，但仍未能征服中國，中國越戰越強。[46]

---

[42] 〈英國援助中國合作運動，成立中英發展公司〉，《工合通訊》，第2卷第2、3期，1941年1月31日。廣西省政府建設廳合作事業管理處《廣西合作通訊》，第2卷第3期，1941年3月1日，第11-12頁。

[43] 同前。

[44] Co-ops Aid China, *Business Week*, February 8, 1941.

[45] 前引《廣西合作通訊》，第2卷第3期，第11頁。

[46] 張法祖著《工合與抗戰》，星群出版社，1941年2月，第361頁。

　　不過，1942年2月，戴樂仁曾致函國際委員會主席何明華，認為英國的支援尚不充分。該信認為，英國的戰時法令妨礙對工合運動大規模貸款，此問題必須解決，對部分尚不理解工合運動的英國合作界人士，還需進一步作說服工作。信中希望英國方面加大對工合運動的支援力度，並試圖英國批發合作社聯合會（CWS）提供低息貸款；還建議何明華設法與已退休的英國合作運動領導人艾倫（Thomas Allen）和一直關注經濟和組織問題的弗洛倫斯（Florence？）等取得聯繫，以獲得他們的幫助。該信還對重慶國民政府將工合協會置於社會部管理之下、並開始加以統制（後述）表示憂慮；而何明華則欲把海外援助集中於國際委員會，以加強工合協會的力量。戴樂仁與何明華還就國際委員會和工合協會、與美國聯合援華組織的關係展開討論，後來透過何明華努力成立了美國對華聯合援助基金。

　　國際合作社聯盟（ICA）主席拉謝魯（Road Rusholme）稱，英國的合作組織在戰時除設立對華援助基金外，還透過發展公司支援中國工合運動，對此感到自豪；並總結說，英國合作組織援助工合的款項，至1946年3月達6萬1533英鎊，還向中國送去設備、機器等，其貢獻不可忽視。除上述外，英國還有中國戰鬥委員會（China Campaign Committee）、英國救濟基金（British Relief Fund）及左翼出版俱樂部（Left Book Club）等也曾提供小額捐款。

（三）法國

　　法國也有很多人支持中國的工合運動。1938年6月，國際工會聯盟（International Trade Union Confederation）巴黎支部捐款1萬美元。1939年5月，在巴黎召開的「擁護民主主義、和平、人權的國際會議」透過決議，認為中國許多地區因戰爭而荒廢，而工合運動則是在這些地區重建中國民眾經濟生活的唯一手段，故將向其進行財政援助，並提供原料及所需機器。[47]法國人何以關心工合運動？實際上，法國是生產合作運動的發祥地，也是該運動的先進國家。18、19世紀的「烏托邦社會主義者」巴貝夫（Francois Noël Babeyf, 1760-1797）、聖西門（Claude-Henri de Rouvroy, 1760-1825）、傅立葉（Baron Jean Baptiste Joseph Fourier, 1768-1830）、碧舒（Benjamin

---

[47] Nym Wales, *CHINA BUILDS FOR DEMOCRCY*, op. cit, p.187.（東亞研究所譯《支那民主主義建設》，第264頁）。

Buchez, 1796-1865）等人，曾為變革社會、實現理想而組織過各種工農業生產合作社，但大多以失敗而告終。基德（Charles Gide, 1847-1932）既反對自由主義經濟的放任主義，也反對馬克思主義的剩餘價值理論，故於1885年主張組織工業合作社，讓勞動者接受各種民主訓練和技術訓練。至1912年，法國有工業合作社500社、社員2萬人；1937年增至648社、2萬4,463人（每社平均414.6人，規模較大），其中產業工人的工業合作社475社、手工業者的工業合作社59社等。[48]法國工業合作社的發展，得益於政府免除營業稅等支援政策，而最大的顧客也是政府。其特徵在於，受工團主義（syndicalism）影響而重視勞動者的管理權。總之，法國理解並支持工合運動，有其必然性。不過，由於納粹德國入侵，法國似僅在工合運動初期提供過極少捐助。

（四）澳大利亞等

1940年1月，澳大利亞中國合作社協會（Australia-China Cooperative Association）在墨爾本成立，並向中國轉去捐款。澳洲鐵路工會聯盟（Australian Railway Union）總書記查普爾（J. F. Chapple）任議長、懷特（J .Z. Watt）任書記，凱特女士（Mélan Ket）任第二書記，特雷納（F. D. Trainor）任會計。此外，紐西蘭也成立了促進社。加拿大沒有成立促進社，但一直有個人捐款。瑞士的日內瓦曾有數團體關注過工合運動。1939年7月，阿諾德（Dorothy Arnold）曾在婦女國際和平裁軍委員會（The Peace and Disarmanent Committee of the Women's International Organizations）的雜誌上發表〈中國「工合」：從廢墟上站起來的鳳凰〉。此外，國際基督教出版信息社也曾報導過中國的工合運動。

（五）印度

印度國大黨的尼赫魯（Jawaharlal Nehru, 1889-1964）訪華時曾參觀工合社，並發表感言說，在充滿戰爭的這個世界，工合社作為民主的基礎而獲得發展，意義深遠。[49]他回國後雖無法籌到捐款，還是收集了舊輪胎、車輪等運往中國，以用於工

---

[48]　前引史邁士（Lewis. S. C. Smythe）、沈經保《各國工業合作》，第77-83頁。

[49]　*A NATION REBUILDS*, op. cit, p.25.

合社的運輸車輛；還在孟買的「先驅者鎂廠」（The Pioneer Magnesia Works）按每單位十英鎊開展小額募捐。印度的工業合作社原本較為發達，如曾有甘地發動的紡車運動，孟加拉有織布、鑄鐘、香精油、製鞋、玩具等生產合作社，比哈爾（Bihar）和奧里薩（Orissa）有織布工合作社、漁民合作社，巴傑拉德（Bjirato）有織布工合作社，馬德拉斯（Madras）則有勞動承包合作社、土地開墾合作社、織布工合作社等。[50]可以說，印度有理解工合運動的基礎。但是，這些勞動者互助、勞動力共有的合作社，不過是工業合作社的初級階段，並未形成體系。[51]

四、海外對中國工合運動的捐助和技術支持

（一）資金不足問題的解決與海外捐款

　　或是因為部分捐助支援了延安，公佈後可能招致複雜後果，同時也為避免國民政府干涉款項分配，國際委員會從未公佈工合運動在抗戰時期所得到捐助的詳細統計。所以，此處只能儘量從多方面加以探究。史邁士等稱，太平洋戰爭爆發前，工合協會約50%的經費來自國際委員會。考慮到工合運動初發動時，海外捐款占經費比重很小，僅5%或6%（本書第一章），史邁士之語意味著海外捐款的比重後來不斷增加。當時，國際委員會收到的捐款主要來自香港，其捐助者為市長基金（Lord Mayor's Fund）、英國華南救濟金及美國救濟委員會。香港淪陷後，捐款主要來自美國，但英國仍透過外幣匯兌繼續捐款。各方為國際委員會提供的主要捐款如下。①美國委員會1940年9月至1945年12月間的捐款總額為370萬美元。工合協會成為「美國聯合救濟」（The United States Relief）的重要參與團體。1943年10月，美國戰爭基金（以支援遭遇戰災的20多國為目的）開始在全國開展工作，工合美國委員會也透

---

[50]　木下半治〈東洋に於ける協同組合運動〉，《東亞》，第6卷第11號，1933年11月。

[51]　1945年前後（？），尼赫魯參照海倫・福斯特・斯諾（筆名韋爾斯）著CHINA BUILD FOR DEMOCRACY，在印度組織了幾個合作社；這些合作社到1980年已增至5萬社。英迪拉・甘地（Indira Gandhi, 1917-1984）也在推動合作社發展的同時，對城市使用蘇聯造機器的大工廠給予援助。對此，海倫說，印度也可以發展混合型態的社會主義。前引拙稿《中国工業合作運動の起源と現代的意義──ニム・ウエールズ女士からの書簡を中心に》。

過美國援華聯合會（United China Relief）參加宣傳活動，從而使獲得救援物資有了保障。②英國的發展公司在抗戰期間的捐款為10萬英鎊。英國援華聯合會很早就開始援助工合運動，將捐款交給國際委員會，委員會遷成都後則透過宋美齡轉交。該聯合會僅1945年即捐款3,540萬元。此外，英國的消費合作社、生產合作社的社員也為能捐出幾個便士而節衣縮食。為工合運動募捐開始形成有體系的社會運動，強有力地推動了募捐活動。③1945年，保衛中國同盟向國際委員會捐款106萬元。[52]根據戰後公佈的數字，至1946年止，國際委員會從英美、菲律賓、加拿大、澳大利亞、紐西蘭等的工合促進社得到的捐款約達500萬美元。[53]另據陳翰笙統計，1938年至1945年，工合協會使用資金共為1億8,000萬元，其中國民政府支出4,500萬元（約25%），四大國有銀行貸款1,200萬元（約6.7%），而來自美國委員會、全美戰爭基金會、美國援華聯合會的資金援助則高達1億2,000萬元（約66.7%）。[54]由此可知，海外捐款數額巨大，不僅對工合運動，對戰爭時期苦於財政困難、工業生產低迷的國民政府，甚至對中國抗戰的最終走向，也都有重大意義。

表12-1　工合國際委員會請求緊急援助項目（1943.7-1944.6）

請求項目	預定使用地區	金額（美元）	%
製鐵及煤炭成套設備	西北	31,800	37.8
農業機械工合社	西南	25,000	29.7
新工合運動基地之創設	新疆	15,000	17.8
技術研究所	東南	5,000	5.9
大規模織布工合社	西北	2,500	3.0
診療所	西北	2,030	2.4
鞣革機器	西南	1,000	1.2
毛織物實驗中心	成都	500	0.6
培黎學校年度訓練費		480	0.6

---

[52] 前引史邁士（Lewis. S. C. Smythe）、沈經保《各國工業合作》，第269-270頁。*INDUSCO BULLETIN*, Vol. III, No.10, October 1943, p.1.Hubert S. Liang George A. Fitch, CHINESE INDUSTRIAL CO-OPERATIVES, The China Publishing Co, 1942, p.11.

[53] 《工合國際委員會簡介》打印版，1989年（？），承國際委員會提供。

[54] 前引劉家泉《「工合」對抗日戰爭的重要貢獻》。

請求項目	預定使用地區	金額（美元）	%
會計訓練	西北	300	0.4
區圖書館	西北	240	0.3
肥皂及蠟燭工合社		100	0.1
其他		130	0.2
計		84,080	100.0

※American Institute of Pacific Relation, *A NATION REBUILDS*（May 1943）之末尾附表。

　　表12-1為國際委員會請求緊急援助項目的統計，應非一般捐款，但從中仍能看出抗戰後期捐款的使用傾向，即重視鐵、煤（約占37.8%）等基礎產業、能源產業，甚至已考慮到抗戰勝利而欲重點加強經濟建設投入；加大對農業機械製造工合社（29.7%）的支援，顯然是要把工合社與農業合作社聯繫起來，以增強農業生產；而在新疆試設工合社（17.8%），則顯然是為把工合運動推向新疆。此外，技術研究、技術實驗、各種訓練以及福利建設等方面，則擬加強醫療、設立和充實圖書館。不過，關於新設工合社，僅試圖擴充上述農業機械工合社、大規模織布工合社等特定行業的業務。工合運動始自西北，該要求內容顯然也重視中國西部，特別是西北。總之，該計劃顯示，工合協會似著眼於平衡中國工業佈局而有意加強開發相對落後的西北，且已在考慮、摸索與中共的關係，以及將來與蘇聯的經濟合作。此外，1944年度，美國委員會向國際委員會提供生產性救濟基金79萬1,564美元，其中一部分或即對上述緊急要求的回應。[55]

（二）技術支援

　　這與資金援助密切相關，不可忽視。艾黎自不必說，英國人戴樂仁是燕京大學教授、合作運動專家，曾協助制訂工合協會的組織章程；史邁士和林查理（Charles Henry Riggs, 1892-1953）是技術訓練和技術實驗專家；英國人賴樸吾是統計學專家，對工合協會、工合社的管理、經營及財務提供了強有力支持。英國的公誼服務會（The Friends' Ambulace Unit）也曾委派三名專家，幫助籌劃和實施運輸、供給、技

---

[55]　*INDUSCO BULLETIN,* Vol. V , No.3, March 1945, p.4.

術訓練等。[56]艾黎還曾於1941年6月訪美，與美國科學家建立聯繫，請其從技術上支援工合運動，並尋求汽車和藥品捐助，以解決運輸問題。[57]

　　來自美國委員會的捐助被用於設立技術研究所、開辦訓練班及購置機器設備、建築房屋等。國際委員會的下屬機構工合促進社曾在成都、蘭州、江西贛縣設立三個研究所，成都和蘭州的研究所由英國化學家古拉斯（Norman Grasse）指導，贛州的研究所的負責人則是沃爾特（Walter）和曾在美國接受過技術訓練的技師江約翰（John Jiang）。艾黎曾向軍事委員會提出，由工合協會組織工合社一年生產軍毯100萬條；軍事委員會認為數量太大，只答應委託生產40萬條。於是，工合協會設計了多種新型紡織機，以增加產量、統一標準。為此，史邁士對美國舊式紡車加以改良，動力踩腳踏驅動，並將紡錘改裝在正上方，經試用可大幅提高產量，被推廣到各工合社。1940年，為進一步提高生產能力，史邁士又試圖得到英國、印度使用的新型HF型及高斯型紡織機。於是，HF型紡織機的圖紙從英國傳到成都，林查理教授和工合協會工程師王朗製造出了其改良型。但高斯型紡織機，因英國禁止樣機運出印度，幾經交涉，才於1943年發來圖紙，由成都和蘭州的研究所按圖製造。有了這些改良紡織機，各工合社生產能力大增，1945年生產軍毯達400萬條。1943年4月，王朗製造出柔皮器裝置，可完成壓花、柔皮、軋展等所有工序；江約翰也成功開發了灰鐵製造法。工合協會還實施特別項目，對各地少年施以教育、訓練，以培養眾多技術指導員。例如，工合協會曾在成都設培黎學校，選蘭州、雙石鋪培黎學校的18名少年在此學習HF型和高斯型紡織機的安裝、操作等，結業後派往各地工合社進行技術指導。[58]

　　此外，美國委員會曾新設技術援華委員會，李考克（Davit Leacock）、安德森（H. G. S. Anderson）等著名專家皆為委員。李考克曾向工合協會提供「海綿金屬」（sponge iron）製造工序的詳細數據，據說將為仍採用舊法生產的中國工業界帶來普遍利益；安德森則繪製了用機器生產「海綿金屬」的圖紙。該委員會還透過戰時情報局，將造紙、化學品生產等的報告製成微縮膠捲送到中國，並定期召開分科委

---

[56]　Hubert S. Liang ＆ George A. Fitch, op. cit, p.12.etc.

[57]　《東南工合──國際合作節特刊》，1941年9月（？），第8頁。

[58]　A NATION REBUILDS, op. cit, pp.19-22. AMERASIA, Vol. III, No.1, March 1939, p.40. etc.

員會討論工合運動面臨的各種問題，為改善其生產技術發揮了重要作用，甚至實施過讓工合社獲得美國機器的計劃。分科委員會除向工合協會送去大量技術書籍、圖紙等外，還直接委派技術人員前往中國。另如晉豫區辦事處技術室，就曾向該委員會反覆請教「牛腳油」（neat's-foot oil，鞣革劑）、蒽（anthracene，有機染料之原料）、煤焦油（coal tar）的簡易製造方法，以及如何拼接機用皮帶、如何使用當地原料替代日本原料等；美國委員會則予以認真回覆，告以本國最先進的方法，有時還向美國的大學工學系查詢。這些知識被翻譯成中文刊登在《戰地工合》等雜誌上，成為各地工合社改良技術的參考資料。[59]來自美國的技術支持一直未曾中斷。1944年7月，副總統華萊士（Henry Agard Wallace, 1888-1965）訪華時帶來了美國國務省收集的廢鐵煉鋼法、硫磺酸製造法、聯合冷卻裝置建造法及有關小型工廠的寶貴技術資料。這些技術資料交給了蘭州培黎學校和在成都的賴樸吾，[60]提高了工合社的技術水平。

在中國西北部，使用美國捐款實施了兩個項目。一是在蘭州培黎學校建了第九處技術訓練校舍，二是繼成都之後在蘭州開辦了第二個化學研究所。[61]技術支援不僅來自美國，英國等的支援組織也認識到工合社需要技術數據和資訊幫助，並趕在日本完成封鎖前經香港、緬甸送來機械、設備等。[62]

美國還對工合協會的機構改革提供了援助。1942年秋，應孔祥熙要求，美國國務院文化交流局向中國派來兩位專家，即馬里蘭州立大學商學系主任斯蒂芬（W. Mackenzie Stevens）和佛科華公司（FOLKHOOD）的雷曼（John. R. Lyman）。他們經對工合協會的整體機構、會計制度及工合社等長期調查後，撰寫了兩份長篇報告，分別提交給孔祥熙和工合協會。其中，後者就改善組織機構建議成立工合推進協會（AACIC）作為指導機關，將過多的區辦事處由五處減為三處，以加強各區間的聯繫與合作，同時將工合協會和區辦事處的人員壓縮為225人，並建議參照通貨膨脹率提高工合社指導員的工資。報告中具有民主色彩的部分是，建議協會的中央機關

---

[59]　*A NATION REBUILDS,* Ibid, p.22. INDUSCO BULLETIN, Vol. II , No.12, December 4, 1942, p.4.〈技術往來〉,《戰地工合》,第1卷第11、12期,1941年12月。

[60]　*INDUSCO BULLETIN,*Vol.IV, No. 7, July 1944, p.1.

[61]　*INDUSCO BULLETIN,*Vol. II , No. 12, December 4, 1942,p.3.

[62]　Ida Pruitt, Six Years of INDUSCO, *FAR EASTERN SURVEY,* February 28, 1945.

由委員長、會計檢查、規劃監查組成的「國家共同委員會」（National Coordinating Committee）營運，三人擁有同等發言權。還建議，中央機關須確立統一的會計制度、技術人員應致力於改良舊式生產工序。[63]如本書各章所述，孔祥熙收到報告後，於1943年6月實行了「工合大改革」。

由此可知，上述報告是美國支援工合運動的一部分，目的是以民主化導向改革工合協會的機構，使其更加合理、高效，加強各區間聯繫；在此基礎上，削減冗員、明確工資體系、保障工資支付，以穩定工合指導者的地位和生活、重振工合運動。但是，該舉措實際上未能加強各區間的聯繫，區工作範圍擴大導致區內力量更加分散，壓縮冗員致使指導員不敷調配，這些反倒促使工合運動加速走向衰落。而民主方面也不僅未見改善，反倒為國民黨藉口調整機構而鎮壓工合運動打開了方便之門，從而使民主狀況不斷惡化。不妨說，上述報告的建議是失敗的。

五、海外支持中國工合運動的理論

中國的工合運動為何得到海外的廣泛支持和援助？當然，支援中國抗日、對大量難民和失業者施以援手，是這些支持的最終目的；但其具體理由與理論仍需探究。本節將聚焦英美對工合運動的支援，以對該問題作一探討。

（一）為中國持久抗戰建立經濟基礎、支持中國奪取抗戰勝利

如美國駐華大使館海軍參贊、紐約工合推進社秘書長卡爾遜（Evans Fordyce Carlson, 1896-1947）[64]在1940年曾指出，「抗戰進入第四年，中國的主要問題更重要

---

[63] Ida Pruitt, Ibid. Stevens Lyman Report Helps Reorganization, *INDUSCO BULLETIN*, Vol. Ⅲ, No.8, August 1943, p.1.

[64] 卡爾遜，路德宗牧師之子，受基督教倫理觀的強烈影響。1915年開始在美國海軍陸戰隊服役，1933年至1937年間三次訪華，歷任駐華海軍陸戰隊第四聯隊情報官等。他會講中文，熟知中國社會，是美軍的所謂「中國通」。同情中國抗戰，1937年12月，曾在宋慶齡、斯諾及八路軍辦事處安排下視察了在華北敵後進行作戰的八路軍，並與朱德、彭德懷會見。翌年夏再訪內蒙古和華北前線，並會見聶榮臻、鄧小平。後來，卡爾森在漢口會見記者，高度評價中共的政治、軍事組織等；但因此受到各方壓力，被迫離開海軍。1940年，卡爾森與艾黎參觀浙皖新四軍控制地區的工合社，並與劉少奇會面；回到美國後，任羅斯福總統的衛隊長，向總統夫婦介紹了中國的工合運動，還進行有關工合運動的演講等，積極籌集捐款。太平洋戰爭爆發後，羅斯

的不是軍事、而是經濟，而工合運動則含有解決這一問題的要素」。[65]費奇等人也認為，工合運動不僅拖住了日軍，使其無法早日結束戰爭，也是最後勝利的保障，經濟抵抗與軍事抵抗同樣重要。[66]賈菲（Agnes Jaffe）認為，工合運動的主要目的是支援戰爭勝利，盡可能快速地生產，並首先提供軍需，其次滿足民眾所需，使中國人不再需要購買日占區的產品，增強中國的經濟實力；工合運動正在形成持久抵抗的基礎。[67]蒲艾達也曾說，在戰地、荒廢了的城市和工廠的背後，炮彈打不到的合作社式小工業形成了偉大的新城牆；[68]而工合運動的偉大貢獻之一，就是在戰爭期間從國統區越過日占區、從新疆到黃海劃出一條新「國境線」，這條「國境線」正在促使人們摒棄地方觀念，支援創造新的國民自覺。[69]

這些對工合運動經濟作用的評價，與對國民政府試圖建立大規模工業的質疑互為表裡。賈菲稱，中國國力貧弱，一邊進行大規模工業建設、一邊堅持抗戰是不可能的。抗戰初期，國民政府曾期待得到各外國政府的巨額支援，但卻意外發現支援極少；中國唯一能依靠的是各國民眾的支援。民眾的支援加強了中國抵抗日本侵略的決心，成為遠東戰爭趨勢的決定性要素。[70]有評者嚴屬批判經濟部轄下之大型工廠，稱其需費甚巨而產品極少，投入與產出遠不成比例，並高度評價工合社能用一美元創造出大型工廠一百美元的價值。[71]英國的實業家們出於維護英國在遠東的地位，也關心工合運動。如，1940年3月，英國商會會長馬錫爾（Sir Robert Calder Marshall, 1877-1955）曾在上海呼籲發展工合運動以建立中國的自給自足經濟；並強調，雖然運輸能力不足影響計劃進一步擴大，但工合社生產的小型機器尚可運輸，

福舉其為海軍少將；他組織海軍陸戰隊的奇襲部隊，並取名「工合」部隊，定口號為「Gung Ho」（或「Kung He」，即「工合」），取「同心協力」、「勇敢」、「從無到有」等意；該口號後來成為英語新詞而被廣為接受。*NEW ENGLISH-JAPANESE DICTIONARY*，研究社，1965年，第794頁；侯德礎〈論抗日戰爭時期的工合運動〉，《四川師院學報（社會科學版）》，1983年第4期；侯德礎著《中國工合運動研究》，四川大學出版社，1996年，第120-121頁等。

[65] "KUNG HO'—Work Together", *China Today*, May 1941, p.10.

[66] Hubert S. Liang & George A. Fitch, op. cit, p.1.

[67] Agnes Jaffe, An Industrial for China, *AMERASIA*, Vol.Ⅳ, No.7, September 1940, pp.321-322.

[68] Ida Pruitt, China's Industrial Wall, *SURVEY GRAPHIC*(March 1940)之〈前言〉。

[69] Chinese Industrial Cooperative Headquarters(Chung King), *NEW DEFENCE*, April 1939, p.12.

[70] Agnes Jaffe, An Industrial for China, op. cit, pp.320,323.

[71] *AMERASIA*, Vol.Ⅲ, No.1, March 1939, p.42.

將小型機器視為大型機器的萌芽，以之拓展尚未開發的領域，對國家和經濟都有意義。[72]同年4月，馬錫爾又以香港英商祥興洋行（CALDER MARSHALL & CO.,LTD）總經理名義致函經濟部長翁文灝，要求提供有關工合社的資料。其中稱，鑒於目前運輸困難，停止大規模工業建設計劃實屬無奈之舉；其間只能提倡沒有障礙的小規模工業。工合社若普及全國，這些小工業的核心將對未來經濟建設發揮重要作用，[73]成為將來工業發展的基礎。美國太平洋學會也高度評價工合運動說，透過滇緬公路運送重炮、飛機、坦克、卡車等固然重要，但中國民眾需要的是能生產布匹、房屋、糧食、醫藥品的工業，中國軍隊也需要輕型武器等；在運輸極為困難的情況下，為取得戰爭勝利，在國內發展生產是可行的方法。[74]當然，支援是相互的，工合協會也曾支援美國。比如，1943年夏，美軍在桂林設機場後，曾請求工合協會提供支援。最初的合同是建設房屋和倉庫15棟、修路3條，並提供家具2159件、鞋300雙、爐具200個及果醬1,600磅等。工合協會為美軍飛行員修建了住房、修通了吉普車通行的道路，並加緊生產優質產品。後來還提供過帳篷、降落傘、行軍床、軍械、工作服、爐具、刀具、內衣等，還修理卡車。[75]美軍急需物資可在當地由工合社生產，也減輕了駝峰航線的壓力。

（二）支援工合運動有助於美國的國防

亞內爾曾強調，「對日本封鎖的回答，就是中國經濟的自給自足。東亞局勢很大程度上需要中美經濟合作。只要中國的經濟地位穩定、鞏固，美國即可減少太平洋艦隊所消耗的巨額經費，也可消除在遠東一隅的憂慮」。[76]1941年2月，洛杉磯成立工合促進社（主任委員林語堂，委員有黃耐霜、福特[Gereld Ford]）等，發起「百萬人簽名運動」，要求美國政府為中國工合運動提供貸款基金。其所強調的理

---

[72] Nym Wales, *CHINA BUILDS FOR DEMOCRCY*, op. cit, pp.186-187.（東亞研究所譯《支那民主主義建設》，第264頁）。

[73] 經濟部致工合協會〈准馬雪爾函工業合作情形……〉，1940年5月17日，經濟部（一）工業司《中國工業合作協會》（上），中央研究院近代史研究所檔案館藏件18-22-58-(1)。

[74] *A NATION REBUILDS*, op. cit, p.23.

[75] Ida Pruitt, *Six Years of INDUSCO*, op. cit.

[76] 前引張法祖著《工合與抗戰》，第360頁。

由是，支援和加強中國的經濟戰鬥力也是美國國防政策的一環，用製造一艘軍艦的費用一千萬美元支援工合運動，中國即可自己製造日用品、醫藥品、軍用品。[77]可見，許多人認為，幫助中國加強經濟力量以堅持抗戰、穩定東亞局勢有利於美國的國防政策，符合美國的利益。

（三）重建中國民主

美國總統夫人愛蓮娜向美國國民呼籲道，中國國民現在進行的工合運動是很有意義的實驗，必須盡力支援；中國的勝利和經濟建設，將確保我們與在遠東生活於民主政府下的民族自由交流；……為了我們自己的利益而鼓勵中國經濟穩定成長，難道不是知識分子應有的態度嗎？[78]亞內爾也強調，「現在，爭取自由的鬥爭在地球的每一處角落激盪、迴響，但為擁護民主而最早對敵人予以還擊的是中國人；中國的還擊不是始自1941年12月7日（日軍偷襲珍珠港），而是始自1937年7月7日。」[79]當時，全世界都在關注中國。世界著名的英國駐蘇大使克里普司（Sir Stafford Cripps, 1889-1952）等人在參觀工合社後指出，「中國民眾正在形成偉大的嶄新的民主主義運動，值得所有地方的進步人士給予鼓勵和熱烈支持」。[80]1940年4月，他還赴世界各地巡迴演講，為工合運動募捐；他在華盛頓和紐約演講時說，工合運動「正在向中國民眾傳播民主政治的方法，將在舊基礎上樹立新的民主主義」，認為「在歐洲的民主主義受到威脅的現在，新的民主主義正在中國、特別是經推動工合運動而放射出耀眼的希望之光」。[81]賈菲則說，令人興奮的是工合的民主性質；在政治落後的中國，人們從未經歷過的民主政治之路正在被開創出來；工合社是勞動者的組織，由他們自己營運和管理，而且各工合社的影響不斷波及周圍民眾，形成鞏固的「民主堡壘」。她斷言工合運動將對提高民眾福祉、增強中國的抵抗能力，對中國民眾爭取民主的英雄般的奮鬥，都有極大的意義和影響。[82]

---

[77]　《戰地工合》，第1卷第4期，1941年4月，第76頁。

[78]　前引張法祖著《工合與抗戰》，第360頁。

[79]　*A NATION REBUILDS,* op. cit, p.1.

[80]　Ibid, pp. 23-24.

[81]　Nym Wales, *CHINA BUILDS FOR DEMOCRCY,* op. cit, p.186.

[82]　西凡譯〈美作家雅菲工合呼籲援助〉，《工合通訊》，第2卷第1期，1940年12月15日。

　　工合運動不僅對中國，對全世界的民主主義都有重要意義，這點也為論者反覆強調。如卡爾遜就認為，工合運動不僅是開啟中國未來的關鍵，也是世界民主主義的關鍵；人們透過工合運動而獲得平等勞動和接受教育的機會，發展創造性和想像力，集體的福祉而非個人利益被置於精神的核心，如此，人們將能擁有幸福、公正、進步的社會基礎；工合運動的口號「萬人為一人，一人為萬人」，把個人的尊嚴和集體的發展、安全結合在一起。[83]艾黎也指出，工合運動始於中國國內，但將為明日全世界所有人帶來偉大的利益。[84]就這樣，在論者看來，工合運動所體現的民主已不再局限於中國，而是對全世界的民主也極其重要。

（四）對新型工業形態的高度評價

　　論者認為，工合運動的重要性在於揭示了中國工業化的新路徑。[85]拉鐵摩爾認為，中國不是透過破壞性的革命，而是試圖透過工合運動蛻變為新國家，這也是一種革命；不過，中國不是把所有舊的東西全部拋棄，而是要糅合新舊於一體，此點值得讚賞。[86]為避免工業過度集中的弊端，工合運動並不模仿英美等先進工業國家的方法，而是與斯堪地那維亞各國如瑞士等一樣，透過電力、道路、鐵路等謀求工業分散佈局，[87]但顯然又不是以分散為最終目的。艾黎認為，第一次世界大戰後至世界大蕭條期間，西歐的民間工業、銀行等接連破產，但全國範圍內結合起來的「連鎖商店」（chain store）卻得以度過危機，這一經驗可應用於小工業；所有國家已開始理解小工業是大工業的基礎，小工業正在全世界成為工業界的寵兒。在美國，人們期待約五千個小企業體開始生產，日本有六成工業是小工業，法國和瑞士也在致力於加強小工業；在印度，甘地認為自己亦須轉動紡車，視工業合作社的分散為解決戰時生產問題的方法之一。而在中國，建設覆蓋全國的小工業網絡，並透

---

[83]　Evans Fordyce Carlson, *Economic Democracy in China*, no date, pp.3,7.

[84]　Rewi Alley, *THE CHINESE INDUSTRIAL COOPERATIVES*, May 8, 1940, p.23. Hoober Library, "Nym Wales Collection"225960.

[85]　Chinese Industrial Cooperative Headquarters (Chung King), *NEW DEFENCE*, April 1939, p.1.

[86]　拉鐵摩爾（Owen Lattimore）〈ベイリー学校の少年達〉，日本生產合作社協會編《民族の再建——中国工業合作社史》，工業新聞社出版局，1946年，第89-91頁。

[87]　Ray.Flyman《中国の遊擊印刷工場》，前引日本生產合作社協會編《民族の再建——中国工業合作社史》，第80頁。

過聯合社、運銷及購買合作社將其連為一體的設想，將因運輸網絡完善和電力普及而成為現實；工合運動將與農民協作，努力在內陸所有村落建立小工業。[88] 蒲艾達則說，鄉村能夠為中國建立新型工業提供基礎，甚至能提供豐富多樣的生活方式；中國必須擁有現代工業，但那應是分散型工業；分散化的工業應是使用電力的現代機器工業，而不應再採用以煤炭、蒸汽為基礎的舊形態；長江、黃河的大型水庫將幫助實現這一目標，而在那之前，小型水電站和柴油機器將為所有村莊提供驅動小工業的充足動力，並滿足當地民眾的需要；美國的消費物資也主要是由小型工廠生產的。[89] 另有論者指出，工合運動的社會意義遠大於其經濟意義。信用合作社為暫時紓困的手段，消費合作社則具有在競爭社會現狀下緩和競爭的作用；而工合運動、工合社的意義則在於運用新形態調節和重構社會，[90] 因而在各類合作社中最具有社會改革意義。

（五）緩和宗教對立

關於工合運動、工合社的基督教元素，中國觀察者大都沒有提及或不予置評，但歐美人對此卻極為重視。如羅天樂（Stanton Lautenschlager）即有如下記述：「工合運動作為具有世界意義的進步運動而廣受關注，因為，工合社為分屬不同性別、民族、宗教的人們帶來了友情及經濟、道德、精神的喜悅。在中國西北的許多工合社，漢族和回族在友善地共同勞動；我參觀過幾處工人均為回族的製革工合社，其負責人對我這個美國傳教士和基督徒嚮導都表示了真誠的友誼。我曾面對蘭州百餘工合社負責人演講『協作與民主主義』，某工合事務所的職員多數為基督教徒，主席是蘭州基督教青年會的理事。」[91] 他對人們竟能在工合社裡超越嚴格的宗教界限而友好相處、彼此合作，由衷地表示驚訝。史邁士認為，基督教徒除支援中國重建外，還有如下事情可做，即提供為建設人類高度福祉而獻身的恰當倫理、支援科學研究和教育活動、服務醫院和醫療。他回顧了傳統傳教工作後強調，須透過合作社

88　Rewi Alley, China's Industrial Future, *FREE WORLD*, August 1944.

89　Ida Pruitt, Industrization in China, August 10, 1944, p.2. Collection: INDUSCO, BOX: 41, in Columbia University Library.

90　Ruth Weiss（魏璐詩）, Chinese Industrial Co-operatives, *WARTIME CHINA AS SEEN BY WESTERNERS*, The China Pubrishing Co(Chungking), 1942, p.55.

91　Stanton Lautenschlager, *FAR WEST IN CHINA*, Friendship Press(New York）, 1942, p.34.

開展建設性救濟性活動；在收復地區，信用合作社適於支援農業生產，而工合社的價值則是，在支援城市工廠制手工業的同時，也使農村的工業生產者有機會重新從事生產；工合社將擴大和加強中國的工業基礎。[92]

（六）與孫中山三民主義的關係。

如下觀點似出自梁士純。即，中國不僅要戰勝日本，更重要的是要利用戰爭的機會，遵循孫中山的三民主義重建現代化強國；因此，工合運動的使命，一方面要生產前線軍隊和民眾日常生活所需物資，同時還要為在全國各地設立小型工廠而確立牢固的合作社基礎，以支援國家重建。[93]盧廣綿也強調說，孫中山在其革命生涯的最後幾年，曾對英國的消費合作社運動的成果深表感佩，並數次提及合作社，稱其為替代馬克思階級鬥爭理論的更好方式。[94]史邁士則認為，工合社符合中國的經濟條件及民生主義，經工合運動人士努力，並得到來自外國等的援助，「其發展令人驚詫」。[95]不過，除史邁士等人外，類似觀點在歐美人那裡並不多見。歐美的工合運動支持者觀察該運動，一般並不將其與孫中山的三民主義結合起來。

工合運動雖然在海外得到絕對支持，但國民政府、國民黨仍對其強行改組、執意打壓。這當然招致中國工合運動人士、第三勢力及歐美支持者的強烈憤怒。

太平洋戰爭爆發後，艾黎被排擠出國民政府行政院；行政院選擇美國人費奇替代艾黎。此變故的決定性原因是，艾黎被人告發曾支援中共，並曾在洛陽接觸八路軍。[96]艾黎也曾支援新四軍，為新四軍組織過工合社、提供過物資，還容留新四

[92] Lewis S.C. Smythe, *THE VALUE OF INDUSTRIAL COOPERATIVES IN CHINA'S RECONSTRUCTION*(May 1945?), p.1.

[93] Hubert S. Liang & George A. Fitch, op. cit, p.1.

[94] Lu Kuang-mien, The Co-operative Movement of China, no date, p.11. Collection: INDUSCO, BOX: 40, in Columbia University Library.

[95] 前引史邁士（Lewis. S. C. Smythe）、沈經保《各國工業合作》，第248頁。

[96] 拙稿〈中国工業合作運動について——レウィ・アレー、盧広綿両氏に聞く〉，《アジア経済（亞洲經濟）》，第21卷第5號，1980年5月。艾黎辭離行政院，似與孔祥熙的明確意向有關。即，孔曾說美國委員會陷入內部分裂，卡朋特相當「左」，分配捐助款項竟不通過工合協會，而艾黎則支持卡朋特的行為；但根本問題還是對中共的態度。不過，費奇仍希望艾黎、路易斯、戴樂仁給予支持（George Fitch致Rewi Alley, November 17, 1942. Collection：INDUSCO, BOX: 16, in Columbia University Library）。儘管如此，艾黎和費奇之間，也圍繞如何定位國際委

軍傷兵為工合社社員。不過，與新四軍方面接洽、為艾黎尋找合作者的是史沫特萊（Agnes Smedley, 1892-1950）。[97]艾黎雖然與工合協會保持著良好關係，並承認協會中央對工合社的管理，但其目的在於推行分散管理，重視區辦事處的主動性。[98]這種立場，與試圖將工合協會強行納入社會部統一管理的CC系發生了尖銳對立。

　　因不堪CC系等對工合運動的打壓，晉豫區辦事處主任孟用潛曾致函孔祥熙。信中對孔此前的調停表示感謝，然後舉工合運動有關人五人在列車上被殺害一事為例，請求施以援手；同時警告說，此類情況將來可能引發重大問題，不僅直接危害工合運動，也會嚴重影響山西、河南的抗戰；並稱工合社的工人並不信奉共產主義，因此也不是共產主義者，他們不過在追求更加進步的社會和經濟改良而已。[99]孟用潛在給費奇的信中還寫到，在國民政府和國民黨的現行政策下，如果工合協會軟弱無力，或被改造為官僚組織，則其對建設性經濟改革將不再可能發揮任何重要作用。[100]

　　迪恩（Hugh Deane）也在專門報導中國的雜誌（*China Today*）上刊文，揭露並嚴厲批判國民黨打壓工合運動。文稱，工合運動遭國民黨敵視而陷入混亂狀態，正在被迫退步；沒有政治基礎也能推動工合運動的觀點過於樂觀。觀諸國民黨性質之反動，以中國社會變革為最終目標的工合運動遭到打壓是必然的，這與國共衝突並行，國民黨正在試圖控制工合運動。如在江西，工合訓練班有2人被三民主義青年團綁架；1940年夏，數百名工合運動人士、工合社社員和工人被逮捕，有些人被關

員會而存在尖銳矛盾（Chen Han-seng致Dwight Edwards, September 17, 1942. Collection: INDUSCO, BOX: 2〔Extracts of China Mail〕, in Columbia University Library）。矛盾的原因或為，艾黎強調國際委員會的獨立性，並以中國民眾的利益為優先，而費奇則主張，為在國際委員會和行政院、工合協會、美國委員會之間維持良好關係，值得做出一定讓步。費奇是北美基督教青年會國際委員會幹事，在中國為基督教青年會（YMCA）服務達31年之久；1937年至1938年隸屬南京基督教青年會，後在重慶為中華全國基督教青年會委員會工作（Contributors to this Issue, *AMERASIA*, Vol.IV, No.7, September 1940）。後來就任工合協會總幹事，似曾得到美國政府支持。

[97]　Agnes Smedley致Rewi Alley, , November 22, 1938. Collection:INDUSCO, BOX: 2（Extracts of China Mails）, in Columbia University Library.

[98]　Rewi Alley致K. M. Lu（盧廣綿）, September 6, 1942. Collection: INDUSCO, BOX: 2, in Columbia University Library.

[99]　Meng Yung-Chien致Dr. Kung, ①June 1, 1941.②February 1, 1942, Collection: INDUSCO, BOX: 21, in Columbia University Library.

[100]　Meng Yung-Chien致George A. Fitch, February 19, 1942. Collection: INDUSCO, BOX: 21, in Columbia University Library.

進監獄，並被殺害。國民黨的間諜行為、恐嚇、逮捕等已經動搖了工合運動，將生產逼向崩潰；工合運動領導人已不再表現出熱情，對社員教育也心存疑慮，幾位辦事職員已經辭職。工合協會雖於1940年7月由國民黨各派系代表實行重組，但社會部對工合運動的管理統制尚未成功。聊以自慰的是，工合協會總幹事費奇拒絕了協會成員應全部加入國民黨的要求。假如接受了該要求，則原為「非政治組織」的工合協會將淪為國民黨的附庸而成為社會部這一法西斯機構的下屬組織，其處境將與農村信用社無異。面對國民黨的如此做法，工合協會不應不戰而降。[101]

　　不言而喻，工合社並非按國民黨意願組織起來的合作社，工合運動具有大眾運動特有的性質和民主精神。國民黨擔心這種特質、精神轉而針對自己，所以才對其加以改組和打壓。這些特質自始就受到國內外的民主領導人及進步青年們的支持，工合運動也因此才擴展到全國；但國民黨的迫害，使工合協會難以開展業務，被迫縮小了活動範圍。[102]有關於此，須知國民黨是把中共和第三勢力等而視之。不過，1940年以後，歐美外交家、實業家、作家、新聞記者等來中國後方視察者增加，他們都參觀各地工合社，並對其讚賞有加。重慶國民政府也不能忽視他們的聲音和態度。因為，如果繼續壓制工合協會及其運動，將失去海外對國民政府、國民黨的支持。國民黨無法取消工合協會，只好採取迂迴方式，將其置於社會部管轄之下，並強行改組。1942年1月，行政院令工合協會執行顧問報告運動現狀，財政部、經濟部、社會部、軍需署等的代表列席會議。為得到國民政府官員們的理解，報告不無自豪地介紹工作成績如下。即，工合運動在國際上廣受好評，倫敦、紐約、莫斯科、巴黎及南美各國的報紙、雜誌均予以報導，南洋也有很多人贊同和援助；世界各地都設有支援組織，除美國、菲律賓、澳大利亞、英國外，香港和新加坡等地的華僑也成立了促進社。國際委員會在1941年5月前分配給各區的捐款總額為200萬元，其中大半用於組織戰區工合社、舉辦幹部和會計員訓練、開展研究工作、組織技工和機器避難；開辦技術班14個、社員訓練學校和工業試驗所各3所等；福利事業方面，設醫院3所、診療所5處；國際委員會還支給工合協會150萬元用於一般性

---

[101] Hugh Deane, The Travails of China's Cooperatives, *China Today*, October 1941, pp.10,12-13.

[102] The Temporary Committee of the Chinese Industrial Cooperatives, August 17, 1949, p.2. Collection: INDUSCO, BOX: 61, in Columbia University Library.

開支。[103]

卡爾遜（時任美國委員會名譽副主席）曾回顧道，假如沒有香港的國際委員會提供支援，不帶政治色彩、不屬任何黨派的工合協會能否度過其形成時期都很難說；[104]此話不無道理。因為，國民政府也不得不顧忌工合協會背後的國際支援。史邁士也曾發言牽制國民政府的壓制行為，同時強調工合運動對戰後建設的意義。他說，國民政府將會因推動工合運動而被讚為富有遠見；工合社在戰爭時期即開始生產許多必需品，其意義已不平凡，但尚不止於此；工合運動還將使戰後中國擁有比從前更加平衡的經濟。[105]

結語

透過上述分析，本章結論如下。

（一）

海倫・福斯特・斯諾是繼承了「烏托邦社會主義」（Utopian Socialism）思想潮流的基督教社會主義者。人們一般將「UTOPIAN」譯作「空想的」，意指不可能成為現實；但對海倫來說，那無疑是能夠實現的「理想的社會主義」。她應用羅奇岱爾式及共同合作社的原則，將在英國曾經失敗的基督教社會主義者的工業合作社和「新大陸」移民、西部開拓時期美國的合作社村理念結合起來，從外部為遭受日本侵略而陷入極度混亂的中國輸入了旨在建設工業抵抗基礎的工合社設想。海倫・福斯特・斯諾設想的工合運動，其推動者是中國國內外擁有獻身精神的基督徒。事實上，上自劉廣沛、盧廣綿等高層幹部，下至一般社員，基督徒的確形成了工合運動的骨幹力量。而艾黎也是來自愛爾蘭的第三代移民。亦即，海倫和艾黎

---

[103] 行政院致經濟部工合協會〈軍委會檢送中國工業合作協會執行顧問報告請核辦來定與31年1月7日3時審查〉，經濟部（一）工業司《中國工業合作協會》（下），中央研究院近代史研究所檔案館藏件18-22-58-(2)。

[104] Evans Fordyce Carlson, Economic Democracy in China, op. cit, p.7.

[105] Lewis Smythe, The Chinese Industrial Cooperative Movement, October 1942, p.6. Collection: INDUSCO, BOX: 42, in Columbia University Library.

都是從英格蘭、愛爾蘭遷居美國、紐西蘭的移民的後裔，二人對此也都有清晰的自覺。而且，儘管程度不同，二人也都曾受到「烏托邦社會主義」的影響。在奮起抵抗日本侵略的中國互相合作而構想、開展和推動工合運動的，正是他們二人。艾黎曾受到其父所主張的「工業化國營農場」、農業合作社及教育改革的強烈影響，並在工合運動中將其母所主張的婦女解放理念付諸實踐。尤其重要的是，其父是繼承了「烏托邦社會主義」思潮的社會主義者，而且身為基督徒卻認同異端一神普救派（unitarian universalism）。艾黎進一步發展其父的思想特質，並超越了基督教範疇，形成了其包容性頗強的自由思想。這使得工合運動從狹隘的基督教運動中解放出來，極大地擴展了工合運動的空間，使其不僅能夠與1930年代中國的第三勢力合流，更將國共兩黨聯合起來形成抗日工業生產運動，成為抗日民族統一戰線的支柱，並進一步發揮了世界反法西斯統一戰線的作用。不妨說，工合運動在亞洲和歐美由頡頏而結合之後，在抗戰期間形成了具有世界意義的生機勃勃的社會經濟運動。

（二）

第二次世界大戰爆發後，世界各地的合作運動無不遭受嚴重打擊。除蘇聯外，歐洲的合作社幾乎盡皆崩潰，連英國也陷入低迷。德國的合作社受納粹鎮壓而被迫重組，在極端管制下失去了自立性。在這種世界局勢下，世界合作主義者欲共同挽救世界合作運動於將傾，則支援中國的工合運動必然成為其努力的一環。英國之所以和美國共同支援工合運動，且其力度遠大於對其他國家的支援，正是因為英國經濟已離不開擁有百餘年歷史的合作社，需要中國的工合社獲得長足發展後，與之進行平等互惠的貿易活動。[106]就在世界工業合作運動史被稱為「失敗的歷史」的情況下，中國的工合運動卻驗證了工業合作社的有效性，其意義自然極其重大。工業合作社在工業合作運動的發祥地法國，因與國家關係密切而規模相對較大；而中國的工合運動之所以獲得成功，除抗戰時期特殊需要旺盛、且有海外援助外，主要是因為在世界上率先實現了組織眾多小型工業合作社並使其相互有機結合的全新設想。

---

[106] Hilda Selwin. Clarke, The Need for a British Policy for China, Anglo-Chinese Development Society, Gung Ho, November 1946, p.15.塞爾溫（Hilda Selwin）戰後也主張英國勞動黨政府應通過合作社運動向中國提供技術支援及機械和貸款。

英國則期待工合運動能夠有助於戰後中國的重建和工業化、提高中國人的生活水平，並作為國際合作運動體系的重要一環而發揮應有作用。[107]

（三）

　　工合運動對中國抗戰的最大貢獻之一，是吸引了國際社會關注中國。尤其在太平洋戰爭爆發前，工合運動促使專注於德、意法西斯問題的歐美各國開始關注日本法西斯侵略亞洲的問題，其意義不容忽視。國際委員會及各國的促進社在世界各地宣傳中國抗日戰爭的重大意義，以及工合運動支撐長期抗戰的重要作用，並開展募捐活動；其結果，工合運動成為海外支援中國的有效途徑之一，不僅形成了抗日陣線，而且為結成發展民主主義和非帝國主義經濟的共同戰線創造了契機，這無疑提高了中國在國際反法西斯陣線中的地位和影響。國際委員會將捐款用於發展工合社、對難民提供生產性救濟、技術訓練、教育、研究等；但其支援不止於此，還包括提供先進生產技術。

（四）

　　英美支援工合運動，其大前提是支援抗日，並對難民、失業者提供「生產性救濟」。因此，支援的理由是為持久抗戰體制構建經濟基礎，以幫助中國取得抗日戰爭的最終勝利；而支援工合運動即其中一環。而經濟部推行的大規模工業，在英國等各國政府忙於歐洲戰爭、無力提供資金援助的情況下，則被批判為需費過巨、投資效率低、不經濟，不如透過工合社建設工業更為現實。當然，為工合運動提供支援並非僅為中國，也是維護美國的國家利益、加強美國的國防。如果工合運動能夠確保中國穩定，則支援工合運動的美國將來無疑對中國擁有影響力。不妨說，美國對工合運動的支援存在兩個層次，即民間運動的高漲和美國政府維護國家利益的立場合而為一，因此帶有半政府半民間的色彩。這使美國政府在太平洋戰爭後採取的政策表現出二元性，即一面支持打壓工合運動的國民政府，一面又繼續支援工合運動。此外，對落後的資本主義國家、封建色彩依然濃重的中國實行民主改造，是美國等支援工合運動的另一目的。因此，在戰火肆虐的形勢下，透過工合運動建設民

---

[107] Chinese Ministry of Information(United Kingdom Office), *CO-OPERATIVES*, No.6, February 1946, p.31.

主的意義仍被強調，工合運動也被視為致力於建設的和平力量而受到高度評價。當
然，支援者也都認識到，中國的民主對世界的未來也非常重要。支援者還強調，工
合社雖是新型工業，但帶有舊工業要素，因而有可能漸進而順利有序地形成中國的
工業基礎；大工業的基礎是小型工業，若利用電力將小工業分散各地，同時構築銷
售網絡將其結合在一起，即可為民眾提供豐富的生活方式。歐美人士有重視基督教
徒作用的傾向，但為了抗日這一共同目標，亦須與信奉伊斯蘭教的回民等少數民族
聯合與合作。因此，他們對工合運動超越宗教和民族對立評價極高。不過，國民政
府和國民黨當時試圖強化中央集權，視民主為其障礙、逆流，試圖透過壓制、機構
調整對具有濃厚民間和民眾運動色彩的工合運動加以管理和統制。其結果，不僅將
中國第三勢力和華僑推向自己的對立面，也招致英美為主的「世界第三勢力」的反
對，甚至英美政府的猜疑。

　　觀察工合運動影響的擴展時，不可忘記工合協會還曾支援韓國獨立運動。1944
年6月，費奇及中方的孫科、吳鐵城、孔祥熙和朝鮮人金奎植、嚴大衛等發起成立
中國基督教韓僑福利促進會，試圖透過中國基督教徒的力量促進和改善在華朝鮮人
的福祉和生活，進而推動韓國獨立運動。其目標是在重慶近郊新設「韓僑新村」，
讓韓僑在此共同生活；新村將設禮拜堂、托兒所、小學、小規模診所等，也經營小
型工業，以使朝鮮人「自力更生」。促進會為此請求工合協會給予指導，另聘宋美
齡、宋靄齡、宋子文、俞鴻鈞、張伯苓、杭立武等國民黨、工合協會幹部和朝鮮人
金九、趙素昂等百餘人。這些活動取得了一定成績，但1945年8月日本投降後，新
村的朝鮮人相繼回國，促進會不久亦停止活動。[108]另外，戰爭結束後，工合運動還
作為「國際合作運動」被引進日本，對日本重建民主發揮過一定作用。[109]

（楊韜　譯）

---

[108] 胡春惠著《韓國獨立運動在中國》，中華民國史料研究中心，第118-119頁。石源華著《韓國獨
立運動與中國》，上海人民出版社，1995年，第487頁。沐壽、孫志科著《大韓民國臨時政府在
中國》，上海人民出版社，1992年，第159-160頁。

[109] 關於中國工合運動對戰後日本的影響，本書序章稍有提及，此處再作觀察。日本生產合作社協
會中央委員長杉山滋郎稱，他在瞭解到工合運動對抗戰和民主建設的作用後認為，日本的合作
社以前將重心放在信用和流通，沒有涉及生產；而工合運動則以一般勞動大眾為對象，且在國
際上受到高度評價，具有民主性質。為重建戰敗後的日本，於是將工合理念付諸實踐（杉山滋

郎《まえがき》，前引日本生產合作社協會編《民族の再建——中國工業合作社史》）。該時期，斯諾認為，戰敗後的日本，其基礎經濟結構處於變革時期，各種新經濟勢力興起，有利於推進工合運動；在日本推動這一運動的意義在於，①重新開始生產生活必需品；②為大量熟練和不熟練工人廣泛提供再就業；③提高國內市場購買力；④社員既是經營者也是勞動者，可穩定勞資關係；⑤雖然在聯合國佔領下存在各種防止壟斷和經營集中的法律，但工合社仍可通過區域性、國民性的聯合實現最大利益；⑥通過民主生產學習認識個人的責任和權力；⑦排除中間剝削，以低價提供豐富的物資。假如工合社和消費合作社分別承擔生產和分配，則有可能實現有計劃的國民經濟，個人資本主義將走向沒落，而社會主義經濟將成為主要形態（斯諾《日本に於ける合作社運動の將來》，前引日本生產合作社協會編《民族の再建——中國工業合作社史》，第1-3頁）。另據石見尚研究，日本生產合作社協會的母體是杉山首倡的「再建合作必成會」（1945年10月成立）。該會認為，通過工合社可以解決失業問題、排除生產機構中半封建的剝削關係，並受到斯諾夫婦的直接指導，駐日盟軍統帥部（GHQ）的考恩（Theodore Cohen, 1918-1983）中尉及賀川豐彥、鈴木真洲雄、中野重治、中西功皆予以支持；為幫助回國者重新開始生活、實現農村工業化等，該會規定，股東須參加勞動、社員皆有一票表決權、分配不依認購股額而實行「按勞分配」。其結果，1946年3月，日本生產合作社協會的會員社達300社、社員6,560人，主要以農作物加工為主。但是，「經濟安定九原則」實施後，勞動省和厚生省停止發放輔助金，加之戰後劇烈的通貨膨脹影響，至1949年6月「企業合作社」被納入《中小企業等合作社法》時，生產合作社協會也因無法維持而解散（石見尚編著《日本のワーカーズ・コレクティブ》，學陽書房，1986年）。

中國工業合作運動的新生
——民間層面國際合作的摸索與創設「合作社縣」的實驗

前言

　　中國工業合作運動在國共內戰時期也未停頓，而是配合「反內戰、反飢餓」運動強烈要求民主，反對國民黨獨裁，並逐漸開始支持中國共產黨。中華人民共和國成立後的1952年，工合協會宣佈解散，併入中華全國供銷合作總社，其事業和精神為全國規模的手工業合作運動所繼承。但不久後被人民公社化運動所吸收和取代，文化大革命時期則被視作「反動」、「資本主義尾巴」、「改良主義」，艾黎等工合運動領導人也被貼上「外國特務」等標籤，受到各種迫害，甚至有人因絕望而自殺。

　　但是，1978年12月，中國共產黨召開第十一屆三中全會，確定了改革開放政策。隨著該政策的實施，並在艾黎多方努力下，國務院在1983年11月批准工合協會重建（名譽主席朱學範、主席艾黎），工合國際委員會也於1987年9月恢復活動，總機關均設於北京。該二組織的實質活動各有分工，工合協會主要在國內組織和營運合作社，而國際委員會則主要從事與外國的交流，並營運工合實驗區。就這樣，1952年起停頓三十餘年的工合運動似乎獲得了新生。然而，國際委員會主席艾黎在1987年12月作古，繼任主席馬海德[1]也於翌年10月去世，剛有起色的工合運動遭遇了

---

[1] 馬海德（George Hatem, 1910-1988），敘利亞裔美國人，1910年在美國生於鋼鐵工人家庭，經刻苦學習進入日內瓦醫科大學，獲醫學博士學位。1933年，為參與治療熱帶流行病而來到上海。同年結識艾黎，參加艾黎等組織的「馬克思列寧主義學習小組」，在此討論工業安全問題、工人問題、公害問題等，馬海德認為中國共產黨才是中國的希望所在，故多次要求前往共產黨支配地區，終於在1937年6月得到宋慶齡幫助，與斯諾一同進入陝北，在根據地專心從事醫療等工

挫折。

　　在這種情況下，工合協會克服困難在各地成立分會（即各地工合協會[2]）；1990年6月，各地已成立且在生產的工合社共約200社，其中上海70餘社、河南60餘社、遼寧29社。[3]國際委員會的對外交流也不斷加深，雖然設立工合社不多，卻營運四個工合實驗區，並開始創設「合作縣」。1992年10月，為應對動盪的世界局勢而試圖重建世界合作運動的國際合作社聯盟（ICA）在東京召開第三十屆大會。受此影響，國際委員會曾於1993年8月舉辦工合國際研討會；繼之，翌年4月又邀請海外委員召開工合國際委員會全體會議。日本方面參會的只有本書著者一人，但兩次均曾與會，且會後參觀了當時尚未對外開放的山西省鳳縣雙石鋪和甘肅省山丹縣的工合社。此處就當時的中國工合運動作一介紹。

一、第一屆工合國際研討會

　　第一屆中國工合國際研討會於1993年8月21日至24日在山西省寶雞市召開。著者從事工合運動史研究多年，也未曾想到會有這樣的研討會召開，因此十分高興。好像為配合和慶祝研討會召開，寶雞工合協會於研討會前的7月5日成立；而在這之前，機械加工、紡織及針織、建築、城鄉貿易等工合社也已組織起來。寶雞是抗戰

作。西安事變爆發時，馬海德在保安，在毛澤東住處前面與彭德懷住在一起；眼見形勢緊張，但他還聽不懂中國話，故無法瞭解詳情。1937年2月馬海德經吳黎平介紹加入中國共產黨，曾任革命軍事委員會衛生顧問、中共中央外事組顧問及新華社顧問等，也是宋慶齡與延安之間聯繫的重要管道；1938年、1939年，宋慶齡曾援助藥品、創辦孤兒院，馬海德均予以協助。1950年代中期以後致力於治療癩病，後任中國國務院衛生部顧問等。馬海德認為中國的優點是「人口多，有人情味」，故可以產生「能夠普及於人類的新東西」、從傳統中創造出「前衛的東西」；還認為，毛澤東在文革中的最大錯誤之一是「輕視知識」、「反對知識分子」（1984年9月中國研究所主辦「聆聽喬治・海德姆」集會上分發的資料及海德姆對參會者提問的回答，及田森〈喬治・海德姆──馬海德〉，《人物》，1980年第3期）。另，筆者曾於1979年10月採訪馬海德，1984年9月是第二次見到他。

[2]　工合協會，曾經只用於稱呼工合的中央機構，各地分支機構則稱「區辦事處」、「事務所」；現在各地分支機構也稱「工合」協會。或是為尊重各地的自立性，期待其在當地工合運動中發揮核心作用。

[3]　請參閱拙稿〈中国工業合作運動指導者に対するインタビュー〉，大阪教育大學歷史學研究室編《歷史研究》，第29號，1992年2月。

時最早成立工合社的地方，新工合運動重新出現在此地，具有極大的象徵意義。

　　之所以召開國際研討會，宣傳、支援新生的寶雞工合協會當然是目的之一，但此外還有幾個相互關聯的重要原因。①儘管全國工合協會及工合國際委員會早已恢復，但組織工合社的工作卻進展遲緩，領導人如盧廣綿等深感焦慮，希望借助研討會儘快打開局面。②部分鄉鎮企業為集體所有制企業，即「工業合作社」。因此，領導人們認為，為使這些合作社承擔起培養社會主義經濟基礎的使命，也必須思考和探索如何儘快將鄉鎮企業改造為曾擁有光輝歷史和明確合作原則的工合社。③工合運動曾經得到英美等國及海外華僑等高度評價，並曾因此獲得來自海外的資金援助；而現在，各方希望新生的工合運動再次成為海外資金的受助機構。④考慮到當時中美關係極度冷卻，而研討會的籌備者、組織者又是「3S」研究會（3S：斯諾[Edgar Snow, 1905-1972]、史沫特萊[Agnes Smedley, 1892-1950]、斯特朗[Anna Louise Strong, 1885-1970]），因此，研討會的另一意圖或是回顧歷史上毛澤東與斯諾的良好關係，推動中美民間經濟交流，以改善中美關係。⑤寶雞市是陝西省僅次於西安的第二大城市，有隴海、寶成兩條鐵路與陝西、四川、甘肅相連，地理位置極其重要，但即使在地方城市中，知名度也仍不高。因此，寶雞市方面似也有意透過全面支持恢復和促進工合運動而宣傳寶雞，以推動經濟發展。於是，寶雞市為配合研討會，在此前後舉辦了「炎帝節」（炎帝陵在寶雞），以宣傳寶雞歷史悠久。炎帝節有世界各地華僑和臺灣人前來參加。⑥就筆者參會的感受而言，來自美國等的海外委員，似也希望透過民間主導的國際性民主合作組織工合協會，推動中國成為實現民主化的社會主義國家。

　　研討會承載了上述多方面的希望，故與一般國際研討會主要有國內外學者、研究人員出席不同，與會者也來自眾多不同領域和層面，如合作主義者、合作社活動家、中共中央尤其是省市縣政府人員、輕工業部負責人、鄉鎮企業家、鄉鎮企業大學副校長、實業家、貴陽的毛澤東誕辰一百周年紀念會有關人員、斯諾及海倫‧福斯特研究者、華僑、全國性和地方性報紙及雜誌的記者等。因此，會議除組織與會者於會後觀看戲劇演出等外，還安排部分人進行商業會談。而在這一系列活動過程中，與會者還出席了「炎帝節」開幕式、祠公祭，甚至還安排不少記者與「國際友人、海外僑胞」進行座談。可見，研討會帶有促進經濟交流的濃厚的務實色彩。

　　研討會會場設在寶雞市委員會大會議廳，日程如下。首先發言的是愛潑斯坦

（Isreal Epstein, 1915-2005，波蘭裔。時任全國政協常委、工合國際委員會副主席，馬海德去世後新工合運動的主要領導人）。他回顧了自己與工合運動的關係，稱曾於1938年應香港工合促進社委託發行英文工合雜誌，後來於1944年來過寶雞等；然後說，之所以要學習工合運動的歷史，目的在於建設「現在」和「未來」，並創造工合的新經驗，這對社會主義中國的經濟建設十分有益。隨後，研討會組織者披露了來自各方的賀電。海倫・福斯特的賀電對抗戰時期的工合運動作了回顧，並高度評價盧廣綿和當時任英國駐華大使科爾的重要貢獻。

　　繼之，來自美國的畢紹馥（Sheril Foster Bischoff）報告了海倫・福斯特對工合運動的貢獻。報告人是海倫的侄女，披露了一些不為人知的史實，著者很有收穫。報告分為海倫的祖先（清教徒）於1635年抵達美洲海岸（新英格蘭）後與合作社的關係，及後來海倫在工合運動中的作用等五個部分，即①如何獲得運動的核心人物斯諾、艾黎的支持，並重視基督教女青年會；②海倫出版其有關中國工合運動的第一部著作（*CHINA BUILDS FOR DEMOCRACY*）。③海倫是美國、菲律賓方面與中國工合聯絡的紐帶和募捐核心，曾致信羅斯福總統，要求援助中國工合運動5,000萬美元。④1941年回國後，仍在紐約的美國委員會（The American Committee in Aid of Chinese Indusco.）繼續支援工合運動。⑤1980年代，美國委員會經海倫努力得以恢復。該時期，海倫曾多次致信美國政府的對外機構及外交委員會、國會議員、菲律賓總統府等。1983年中國合作社代表在美國與美國合作運動代表交換意見。後來，中國政府決定鼓勵合作社，集體所有制企業的合法權益得到法律保障。畢紹馥的報告強調，自1939年1月起，海倫將其畢生精力的大部分貢獻給中國的工合運動。[4]

　　研討會上提交、發表的其他主要論文如下。

⑴穆雷（海南大學文學院），〈斯諾夫婦在工合運動中的作用〉

⑵安危（陝西省人民政府外事辦公室），〈工合—海倫・斯諾腦力勞動的產物〉

⑶朗恩（Kelly Ann Long），〈當海倫・斯諾創建工合的時候〉（朗恩在科羅拉多大學研究1930年以後的美中關係，正撰寫海倫・福斯特傳）

⑷唐鴻棣（上海師範大學），〈路易・艾黎與中國工業合作〉

⑸菊池一隆，〈論陝甘寧邊區的中國工業合作運動〉

---

[4]　Sheril Foster Bischoff, GUNG-HO TO US ALL!.

(6)賈周文（中國工合協會），〈把新「工合」運動不斷推向前進〉

(7)張良銘（中共寶雞市委政研室），〈工合運動與寶雞地區工業化的演進〉

(8)葛祥鄰（寶雞市政協），〈「工合」對開發寶雞工業的重要啟發〉

(9)牛劍華（西安郵電學院），〈西北工合總部的文化教育事業〉

(10)李逢春（寶雞市政協），〈借鑒工合經驗，發展寶雞工業〉

(11)宋延海、武秀章，〈集體工業企業的深化改革，試行股份合作是正本清源〉

(12)李慰嚴（陝西財政學院），〈論「工合」在新時期的歷史使命〉

(13)夏維揚（陝西師範大學），〈合作制：中國集體工業企業改革的目標模式〉

(14)上海松江縣工合協會，〈淺談發展「工合」的幾個問題〉

(15)卡穆爾·科爾（Kamal Hamdy Aboul-Kheir），〈埃及的工合運動〉

(16)吳崇信（陝西省委研究室），〈弘揚工合精神，促進對外開放，加快經濟建設〉

(17)孫仲倫（三原二炮導彈學院），〈「工合」運動和抗日戰爭的勝利〉

(18)羅希查·喬巴諾娃（Rositsa Chobanova），〈保加利亞的合作社發展〉

　　筆者會前提交的論文（中、英文）題目是〈論陝甘寧邊區的中國工業合作運動〉，故屢屢被問到「為什麼日本人要研究以打倒日本為目的的工合？」、「現今工業國家日本的學者為什麼選擇工合為研究課題？」等，因此報告前臨時改題目為〈中國工合運動與日本〉。解釋了研究的目的在於探究抗日戰爭時期日本如何侵略中國，以及中國抵抗經濟的本質，論述了以「民主」、「自發性」為前提的工合運動對日本的「非民主」、「統制」進行抵制的歷史意義，並論及戰後日本在民主經濟重建和復員軍人生產自救時曾學習中國工合運動的經驗，且組織過「日本生產合作社」的事實；且概述了日本經濟的基礎是中小企業，日本雖沒有工業合作社，但農業合作社、生活合作社（消費合作社）擁有較大力量和影響。最後強調，在人類正摸索、追求世界和平的新時代，有日本人前來參會本身就具有重要意義。

二、陝西省鳳縣雙石鋪與工合運動

　　國際研討會結束後，組織方應要求安排著者等海外與會者前往鳳縣雙石鋪（約11萬人口的鳳縣縣城）參觀，帶隊的是愛潑斯坦和其夫人黃浣碧女士。從寶雞向西

南一路驅車四小時抵達鳳縣縣城後，前有警車開道，沿途有銅管樂隊奏樂歡迎。沒想到的是，為紀念曾在此工作的工合運動領袖，幾條道路分別被命名為「培黎路」、「艾黎路」等。雙石鋪當時仍保留著濃厚的「工合」色彩。

在工合運動史上，雙石鋪是無法忘卻的地方。此處本為人口僅2000人的小鎮，抗戰開始後成為連通陝西、甘肅、四川的公路結點，其戰略地位突然重要起來。1939年4月，工合協會在此成立西北辦事處雙石鋪事務所後，此地逐漸形成工業生產基地，翌年4月已組織工合社23社，產品涉及機器、紡織、製革、陶瓷、軍靴等。[5]艾黎和英國人何克[6]自1938年9月至1944年冬在雙石鋪柏家坪長住四年，直接指導工合社，並創辦了培黎學校。現在，他們曾居住過的窯洞經整修後開放，裡面擺放著當時工合社生產的軍用毛毯等。供人參觀的還有艾黎展覽館。雙石鋪已成立鳳縣工合協會，計劃在新形勢下開展工合運動。當時，雙石鋪有工合社10社（鳳縣的工合社集中在雙石鋪。另，陝西省共有20社，其中西安有3社、寶雞有7社），其中，鳳縣工合建材集團公司最為活躍。據認為，該公司的歷史可上溯到艾黎在雙石鋪創辦的工合工業體系，共擁有八個工廠，即水泥廠、陶瓷器廠、磚瓦廠、金屬管鑄造廠、木器廠、動力電廠、塑料廠、礦山設備製造廠；職工1,200人，技術人員100餘人，固定資產1,450萬元，生產總值1,600萬元。該公司現為鳳縣建築工業的支柱，肩負著振興鳳縣經濟建設的重任。公司發揚工合精神，以實現經營管理的民主

---

[5]　請參閱〈路易‧艾黎在雙石鋪展覽講解詞〉，第4-5頁。

[6]　何克（George Alwin Hogg, 1915-1945），牛津大學古希臘史專業畢業後作環遊世界之旅，1937年抵中國，經史沫特萊推薦成為美國報紙的臨時記者，並訪問延安等地，為革命精神所感染。其經歷與斯諾頗為相似。1938年再次經史沫特萊介紹結識艾黎。此時，艾黎希望何克前往寶雞的西北工合辦事處工作，但無報酬。何克未馬上答應，但不久接受邀請去了寶雞。後來，何克在雙石鋪就任培黎工藝學校校長，但開始時學校只有他一個教員，幾乎沒有任何設備。他建教室、平籃球場、造花壇，1942年開始有見習工從雙石鋪、寶雞的工合社前來學習。該時期，艾黎和何克一致認為，抗日戰爭是世界反法西斯鬥爭的一環，通過培黎學校可以在此地創建工業基地。同時期，李約瑟（Noel Joseph Terence Montgomery Needham, 1900-1995）前往玉門油田的途中駐足雙石鋪，開始關注尚未得到開發、國民黨統治較弱的甘肅省。1943年12月，何克29歲，率學生60名從雙石鋪出發，長途跋涉1100公里遷至山丹。在山丹，他們收拾破廟設機械組、紡織組等，使這裡有了學校的模樣。1945年7月何克在與學生打籃球時傷到腳趾，引發破傷風而突然逝世。路易‧艾黎研究室《艾黎自傳》，甘肅人民出版社，1987年，第164、168-172、179-180頁。

化、科學化、制度化、模範化，並培養技術和管理人才。[7]亦即，工合社正在當地發揮著經濟核心的作用。此外，陝西省政府、西安市工合協會、西安鄉鎮企業大學計劃創辦中國鄉鎮企業大學培黎分校。該校將招收學生200人，學制兩年，設企業管理、會計、市場管理、對外貿易四個專業。[8]

三、工合國際委員會第一屆全體委員會議

　　翌年即1994年4月21日至24日，國際委員會第一屆全體委員會議在北京的朝陽飯店召開。國際委員會的委員，除中國（47名）和香港（2名）外，分別來自澳大利亞（6名）、比利時（3名）、加拿大（11名）、墨西哥（1名）、紐西蘭（9名）、英國（6名）、美國（8名）、日本（2名）。海倫・福斯特亦美國委員之一，但因年事已高、身體狀況不允許，未能參會。著者亦有幸被愛潑斯坦指定為日本委員之一，並得到承認。當初曾擔心就任委員、直接參與工合運動後可能難以保證研究的客觀性；但考慮到因此亦可就近觀察工合運動的實際狀態、深刻探究其本質，最終應允就任，並出席了第一屆全體委員會議。[9]這次會議，除墨西哥委員外，海外委員與會者有23人。中國委員有增減，而且會場還有記錄、會務、報紙和雜誌記者及英語翻譯等人員，因而未能確認與會委員人數。據聞中國委員有38名，故與會委員應有60餘名。據說，經費主要來自比利時的「兄弟國際會（Brothers to All Men, BAM）」。該組織或即依合作主義者經常主張的「萬人為一人，一人為萬人」的精神而組織起來的團體。

　　全體會議上，國際委員會主席楊波（全國人民代表大會財經委員會顧問、原輕工業部部長）作了工作報告，副主席愛潑斯坦和會計陳必娣（全國政協委員）分別就章程修訂、財政工作報告後，委員們分成兩個小組（各約30名）進行討論，然後經全體會議確定了新領導層，就最重要議題得出了結論。著者參加的小組主要是

---

[7]　〈鳳縣工合建材集團公司十萬噸水泥生產線規劃〉，1993年8月。《鳳縣工合建材集團公司簡介》，1993年8月，等。

[8]　鳳縣鄉鎮企業管理局《中國鄉鎮企業大學培黎分校方案》，1993年8月13日。

[9]　日本的另一委員為與艾黎有聯繫的杉浦祥吉（琦玉縣塑料公司理事長），但愛潑斯坦說從未見過，艾黎去世後就失去了聯繫。

海外委員，因而討論不使用漢語，中國委員也用英語發言，質疑與答詢也以英語為主。分組討論和全體會議的討論、辯論都很熱烈。

會議內容概要如下。

第一、楊波的工作報告。

（一）六年來國際委員會的工作總結。

(1)1989年9月以來，國際委員會在甘肅省山丹、湖北省洪湖、山東省龍口和蓬萊、北京市海澱鄉創辦了四個工合實驗區（上述雙石鋪的工合社為工合協會管轄）。1993年底，實驗區有合作社29社，其中28社為工合企業，1社為信用合作社，社員1,742人；資本5,457萬元，1993年的產值達8,101萬元，利潤總額799萬元，為當地的經濟發展、就業和改善社員生活發揮了良好作用。29社中，勞動者自發組織的有7社，由鄉營、村營和部門經營的集體所有制企業重組的合作社有22社。其資本結構，從鄉、村、部門繼承的資本占90%，社員購股資金占10%。1991年12月和1993年2月，各實驗區代表曾兩次召開座談會，以交流經驗，並統一了四個實驗區的工作方針，做出如下決定。即①發動群眾，鼓勵購股，以提高社員股本占比，以工合的勞動者、所有者為社員。②將社員的個人所有和集體所有結合起來，以社員為工合財產權的主人公。③分配以按勞分配為主，按股配息為輔。④堅持民主運作、民主管理。⑤按市場需求組織生產，提高經濟效率等。

(2)國際交流方面，已與十七個國家和地區的合作組織、友好團體結成合作關係。尤其是，在「兄弟國際會」努力下，1992年加入了國際合作社聯盟（即「ICA」）的下部組織即國際工業手工業生產服務者合作社組織（CICOPA）。國際委員會曾於1991年參加在達卡召開的「兄弟國際會」會議，1993年參加國際勞工組織亞洲太平洋辦事處在曼組織召開的工人合作社（Worker's Cooperation）國際研討會，並參與起草有關文件。1993年10月，應西班牙蒙德拉貢合作社聯合會[10]邀請，國際委員會代表共5人前往考察。

---

[10]　西班牙巴斯克地區的蒙德拉貢合作聯合體深受世界關注。巴斯克地區有鑄造、產業機器、車床、中間材料（半導體等）、耐久消費品、建築、農業（畜牧、加工等）各部門的勞動者自主管理的100個工業合作社，另有以此為核心的西班牙最大的消費合作社，即322家商店、勞動者銀行（信用合作社，加盟合作社160個，擁有19處分行）和技術專門學校（學生1700名）等。

(3)宣傳工作。機關雜誌（*Gung Ho Newsletter*）已出版至第23期；出版國際委員會
等編《路易·艾黎論工合》（北京週報出版社，1989年）等；製作記錄影片
《國際委員會的過去與現在》，擴大了在國內外的影響。

(4)教育、訓練工作。舉辦工合社幹部短期訓練班計7次（204人），講授合作
社基本知識、工合運動史及政策、法規、經營管理等。另舉行技術訓練班2
次、會計訓練班4次，共訓練150人。

(5)國際委員會接受中國政府財政部、甘肅省政府的資金支持300萬元，在山丹
創辦了工合實驗區。1992年1月，在中國政府、紐西蘭政府及國內外友好團
體、企業的支持下，成立了「艾黎紀念合作事業基金會」[11]，已募得基金約
200萬元。

（二）今後的工作方針。今後將以「合作經濟是我國社會主義的組成部分」為前
提，將使工合社適應社會主義市場經濟，積極引導和組織群眾透過共同勞動
致富。

(1)加強對實驗區的指導。工合社的營運將遵守工合原則，充分發動群眾自發組
織工合社，促進社員主動集資並進行自主經營，並自負盈虧、自我發展；同
時堅持「民辦公助」的原則。實驗區的營運要依靠群眾，實行民主管理，使
其繼承和發展工合的優良傳統。還須研究國內外合作社的新經驗、新形態。
此外，還要組織有益於工合運動發展的信用合作社等其他類型的合作社。

(2)加強國際交流和對外聯絡。與ICA工業、手工業生產服務者合作社委員會、

創始人是天主教神父阿麗斯門蒂阿里埃塔（José María Arizmendiarrieta Madariaga, 1915-1976），
追求「有人的表情的社會主義」，認為勞動者通過教育能夠自我管理，並實現自由；合作主義
通過民主管理在效率方面也可以克服資本主義的弊端，而教育須追求社會變革，走向自治社會
的新體制。其基本原則是，①自由加入，②民主（建立每人擁有一票選舉權的指導機關，而不
根據持股比例），③以勞動為基準（勞動是變革社會和人的基本要素，原則上不雇用工資勞動
者、利潤分配以勞動為基準等），④社員自主進行企業經營，⑤合作社相互支援，⑥變革社會
（構建自由、公正、協作的巴斯克社會），⑦聯合追求和平、公正、發展的世界合作運動，⑧
重視教育，等（石塚秀雄《バスク·モンドラゴン—協同組合の町から》，彩流社，1991年。
該書著者石塚曾作為「日本勞動者合作社聯合會」訪華團成員於1993年5月訪問過工合國際委員
會）。蒙德拉貢以上述工業合作社為核心取得了成功，自然能夠吸引中國工合組織和有關人士
的關注。

[11] 設於北京的該基金會印製的宣傳冊稱，歡迎國內外提供資金、技術、設備等援助，援助將僅用
於工合社。由此推斷，該基金會似為國際委員會籌款業務之補充。

國際勞工組織亞洲太平洋辦事處密切合作。1994年6月將參加在西班牙召開的第四屆工業、手工業生產服務者合作社委員會世界大會。

(3)加強教育、人才培養和宣傳工作。

(4)今後遇有重大問題將在執行委員會充分討論後決定，堅持「從群眾中來到群眾中去」的群眾路線和民主集中制原則。[12]

　　第二、修訂國際委員會章程，但變化不大。第一條原規定國際委員會為「海內外關心中國社會主義現代化建設和熱心促進合作社事業的合作社工作者、專家、學者和知名人士組成的國際民間團體」，此條未改變；第二條有關宗旨，雖仍沿襲「對中國社會主義現代化建設做出貢獻」之說，但其前加入「基於『工合』的優良傳統和合作社的基本原則指導實驗區的工合社」，較前更加強調「工合」的傳統和原則。與國際合作組織等的關係，則規定要「開展業務交流和經濟技術合作，獲得對中國『工合』的國際支援」，支援則採取引進資金、設備、現金、技術和人員培養等多種形式。在此基礎上，追加了「研究國內外工業合作的發展和其他形式合作企業的經驗，交流信息和經驗，探討在中國社會主義市場經濟體制下繼續和發展『工合』事業的途徑」。第四條原規定「執行委員會每年至少開會一次」，改為半年開會一次，且「可於必要時經主席或半數以上執行委員建議臨時召開」，試圖透過增加開會次數，以使按「工合」原則主動營運實驗區、國際交流等活動更加活躍。

　　第三、陳必娣的報告顯示，1987年9月至1993年12月的「收入」為：①財政部補助行政費16萬元，②香港的銀行存款262,175元（55,382美元）[13]。③捐款，艾黎捐14,000元，澳中友好協會捐44,507元，紐西蘭代表團捐1,607元，「兄弟國際會」捐646,526元，此外還有英美等個人捐款計815,000元。「支出」總額811,380元，其中教育培訓215,619元、創辦和營運實驗區6,000元、山丹工合社聯合社活動費12萬元、工合宣傳聯絡費20,173元、北京市殘疾人工藝合作社3,633元、《路易·艾黎論工合》印製費17,000元、斯諾著作出版贊助1,865元、艾黎紀念合作事業基金會10萬元；另

---

[12]　楊波〈在中國工合國際委員會全體委員會會議上的工作報告〉，1994年4月。

[13]　據陳翰笙介紹，抗戰時期在重慶為工合運動籌得的捐款，後來轉移到香港的銀行保存，直至1989年。請參閱拙稿〈陳翰笙氏に対するインタビュー〉，《近きに在りて》，第21號，1992年5月。

外蒙德拉貢出訪費59,099元、向災區人民捐款5,000元。[14]由此可見，國際委員會尚無自有資金，亦未確立應對緊急支出的財政基礎。

　　第四、國際委員會的新體制如下。名譽主席2人，即朱學範（原全國人大常務委員會副委員長）、黃華（中央顧問委員會常委）；主席為楊波；副主席7名，即陳翰笙、盧廣綿、愛潑斯坦、劉庚寅（對外友好協會顧問）、何光（城鎮集體經濟研究會執行會長、合作經濟學會副會長）、王厚德（全國政協常委、原全國總工會主席、原全國供銷合作總社理事會主任）、迪安（Hugh Deane，原美中友好協會副會長，記者）；執行委員19名，即許剛（原國家統計局副局長）、柯魯克（Isabel Crook，原北京語言學院教授）、朱培康（全國政協委員、民革中央秘書長）、陳必娣（全國政協委員、外文局專家）、呂宛如（艾黎研究室研究員）、肖維湘（原全國手工業合作總社辦公室主任）、張海龍（原駐紐西蘭大使、駐瑞典大使）等。即副主席由5人增至7人，執行委員由10人增至19人，委員則由58人增至78人。

　　4月21日，朱鎔基總理在人民大會堂會見了與會代表。朱對工合評價頗高，介紹了開放政策下社會主義市場經濟的現狀，並請工合國際委員會給予支持和支援。[15]總理出面接見，顯示中國政府也對工合抱有很大期待。

　　會後，各國代表分作兩組。第一組為關注落後地區工合社發展狀況者，前往湖北省洪湖、山東省龍口和蓬萊；第二組為研究工合運動歷史、艾黎足跡及內陸地區工合社者，前往甘肅省山丹（近鄰張掖）、蘭州。著者參加了第二組。

四、甘肅省山丹的工合實驗區

　　山丹縣（當時人口約19萬人）位於絲綢之路沿線。艾黎曾自抗戰末期的1944年冬至1953年前往北京，在此居住、生活近十年，他本人也把山丹看作「第二故鄉」。我們在山丹參觀了工合社、工合聯合社和培黎農林牧學校。此處首先介紹工合實驗區的整體情況。

---

[14]　陳必娣〈中國工合國際委員會財務報告〉，1994年4月。

[15]　請參閱〈朱鎔基代總理會見工合國際委員〉（《人民日報》，1994年4月22日）、ICCIC co-operatives strive to aid economy, *CHINA DAILY*, April 23, 1994，等。

　　實驗區的目的，宏觀方面是在新的歷史時期恢復組織工合社，以之作為國際交流的窗口，實驗性地營運「合作縣」；微觀方面，即振興發展較為落後的山丹經濟。

　　1989年4月，經甘肅省政府指示，工合山丹合作實驗區指導小組（組長為楊波、賈志傑）在蘭州成立，8月，山丹成立「合作實驗區辦公室」。1990年5月已籌集開辦資金455萬元（其中社員準備金58萬元、政府援助金201萬元、銀行貸款76萬元、其他41萬元），開業工合社10社。工合社產品有亞麻、造紙、塑料等，都是考慮地理位置、並立足於當地資源、確認擁有水力發電等條件後決定的。社員557人，其中城鎮待業青年126人、農村剩餘勞力431人。[16]1991年度產值為241萬元，但產品整體滯銷，部分工合社出現虧損，難以維持生產。

　　於是，在國際委員會、實驗區小組及省、縣政府等指導下，1992年度加強了企業管理和技術改革。主要工作如下。

(1)為讓工合社扎根地方，國際委員會和省人民政府將實驗區納入全省經濟體系和省、地區、縣的鄉鎮企業管理體制，同時，工合社所在鄉村也參與指導。

(2)提高經濟效率，以增強市場競爭力。即①發揮資源優勢，培養骨幹企業，擴大生產規模。②1992年初，根據省長、實驗區指導小組組長在省長辦公會議上的決定，五個鄉鎮企業改組為工合社，工合社總數因此增至15社，另依工合原則對各社整頓三個半月，尤其對經營不善的西屯亞麻工合社、培黎造紙工合社進行技術革新，並開發新產品。③為彌補人才不足，接受國際委員會建議開辦財政會計人員培訓班（40天）和工合管理幹部培訓班（20天），講授工合理論、工合運動史、法律、企業管理、財務知識等，為各社培養骨幹45人；同時對社員施以工合教育，以鞏固基礎。④根據地區委員會等「緊密依靠縣內外企業」的方針等，與地區的造紙廠、農業機械廠及張掖的塑料廠建立了合作關係。

(3)技術改革。擴大清泉水泥工合社的爐窯、改造軋鋼工合社的電爐和軋鋼機。

(4)促銷。①基於縣委員會、縣政府決定著手開發旅遊產品，積極參加大佛寺[17]

16　山丹合作實驗區辦公室〈中國工合山丹合作實驗區簡介〉，1990年5月。

17　大佛寺始建於北魏，唐代重建。削山成壁而成，七層建築，內設佛像為中國最大室內佛。文革時被當地駐軍爆破。現為獲得旅遊收入而重建，正在施工。但佛像須重塑，完全不再具有任何歷史價值。此外，艾黎著SANDAN（The CAXTON PRESS, New Zealand,1959）封面上印製的凝聚著

文化廟會、城區物資交流大會等，以促進銷售。②創辦工合代銷公司，組織銷售隊（50人），開拓玉門等市場。[18]

(5)11月，成立工合聯合社。

上述改革取得效果，1993年已沒有工合社虧損，呈現繼續發展局面。該年的主要工作如下。

(1)加強和提高企業管理。①推動多種形式的承包經營責任制。塑料工合社、位奇亞麻工合社等經濟效益較高的五個合作社，按部門實行承包，讓利潤標準等與工資掛鉤，以激發職工的生產、經營積極性。李橋機械修理工合社等二社改季節生產（利用農閒生產，兼業體制）為全年生產（工業勞動專業化體制），實現了初步計劃。造紙工合社等三社為降低虧損，透過技術改革提高了生產效率。②透過實施《城鎮集體企業條例》、《股份制企業試行辦法》擴充社員股本，實行民主管理。③提高產品品質。首先加強原料管理、嚴格產品檢查。④（各社？）每月召開理事會、監事會一次，每季度召開社員大會一次，重要問題召開社員大會討論。聯合社經召開社員大會進行改革，將具有業務和管理能力的社員提拔到領導崗位。

(2)聯合社成立以來，針對各工合社機構設置不合理、經濟基礎脆弱，實行了調整和改革。①就各社設備利用率低、產品品質不穩定等，重點徵集和調查社員意見。如將培黎造紙工合社的設備移至紙漿工合社，成立工合造紙廠，並充實設備、擴大生產規模；培黎造紙工合社則轉產甘草提取物。②重點支持擁有生產條件和生產潛力、產品暢銷的塑料、日用化工、培黎機械設備、造紙、位奇亞麻等各工合社進行技術改革。

(3)開闢銷售管道、提高經濟效率。①按承包責任制決定銷售人員的銷售定額、並與收入掛鉤。②積極開發市場，而不坐等訂單。

(4)招聘技術人員、吸收技術。①從省外高薪聘請技術人員7名，開發新產品。②借助國際委員會和「兄弟國際會」等支援，引進技術、培養人才。另派10

培黎學校歷史的校門，也已因地震而倒塌，現已不見。

[18] 《山丹工合聯合社文件——一九九二年工作總結及一九九三年工作安排》，第3號，1992年12月25日。

人參加地區鄉鎮企業人員培訓班。③加強與甘肅省內外的研究所、大學的合作，努力開發新技術、新產品。

(5)聯合社成立以來。各工合社之間關係融洽，各社理事會、監事會、社員大會健全，成為工合社發展的組織保障。

(6)擴大宣傳和教育。聯合社在一年間接待來自比利時、加拿大、紐西蘭的考察團六次，計27人。他們考察各工合社後，提供資訊並進行技術指導。1993年度的工業生產總值為1,950萬元、銷售收入2,610萬元、利潤344萬元、納稅88萬元，社員年平均收入增至2,200元，固定資本總額也增至1,275萬元。社員和職工分別增至534人、658人。[19]

1994年度計劃的工作重點是，各工合社實行自主經營、自負盈虧，建立自有資金儲蓄、確立自我發展基礎。主要有如下幾點。

(1)加強工合社的企業改革和管理。繼續實行各種承包責任制，學習蒙德拉貢經驗，堅持「勞動合作」精神，重視勞動作用，加強民主管理的公開分配方法，提高決定經營策略的透明度。

(2)挖掘潛在能力。實驗區的投資額，來自國家等的援助資金為462萬元，占投資總額的36%，社員股金為135萬元，占7.7%；但短期內不可能獲得更多資金。因此，須透過自力更生提高品質、降低成本，以大幅提高生產效率。

(3)開發專業人才，提高職工技術。由培黎學校教師為社員舉辦第六期專業培訓班，將工合社與培黎學校有機結合起來。

(4)堅持經濟責任制，實行「獎勤罰懶」。同時反對腐敗，聯合社常務理事尤其應加強自律，嚴格自我管理。[20]

下面就筆者實際參觀的工合社聯合社和各工合社作一介紹。

抵達工合聯合社後，首先來到會議室，聽取有關聯合社的組織及實驗區的整體狀況。聯合社是各工合社的聯合組織，由各工合社透過民主選舉而成立。其組織機構，聯合社社員代表大會為最高權力機關，由理事會（代表大會選出理事13至15名，常務理事3至5名）、監事會（代表大會選出監事5-7名）組成。理事會負責執行

---

[19]　《山丹工合聯合社文件》，第21號，1993年12月20日。

[20]　《山丹工合聯合社文件》，第24號，1993年12月25日。

大會決議和上級主管部門的指示，討論工作方針等；監事會則對理事會的財務管理
狀況等進行監督。聯合社的具體任務是，(1)按照黨和國家的政策、法令和工合原則
營運工合社，正確處理國家、集體、個人三者間的關係。(2)協調各工合社之間的業
務關係，促進共同發展。(3)幫助各工合社採購原料、銷售產品。(4)為各工合社提供
技術、培養人才，及進行教育和福利事業。各社擁有派代表出席代表大會、向聯合
社申請貸款、向聯合社提出建議和批評等權利。另，聯合社的資金由徵收自各工合
社的「互助合作基金」（每年徵收稅後利潤的10%）和政府及上級部門的援助資金
組成。[21]

　　隨後參觀各工合社。在各社都先有簡要介紹，而後提問、答疑。我準備的幾個
問題涉及社員股金和分紅、鄉鎮企業轉制為工合社後的有利之處等，但因時間有限
等，未能充分提問。故此處依據所獲資料儘量加以補充。

(1)位奇亞麻工合社。前身為蘆堡村於1988年4月投資25萬元成立的村營鄉鎮企
　業，1989年10月轉制為工合社。1992年社員達到42人，固定資本82萬元（按
　規定，社員加入工合社時須購股，社員購股資金[下文簡稱「社股」]為6萬
　元）。社股每股500元，最多可購4股。1993年與武威的紡織廠依「互惠互
　利」原則締結長期供貨協定後，該社為紡織廠穩定供應原料，並在技術和資
　金方面接受無償援助。社員大會已決定1994年將分紅，但多少視實際利潤決
　定。產品為紡織、造紙的原料亞麻纖維，年產值55萬元，省內銷售。

(2)工合山丹造紙合作社。1989年成立。1992年產值為20.16萬元。1993年在聯合
　社幫助下進行技術改造，除節約技術改造費用20萬元外，其產品也在單一的
　紙漿外增加了包裝紙等各種紙張。年生產能力1,500噸、產值40萬元、利潤1
　萬元，社員年平均收入1,890元（每月157.5元）。社員工資採計件制，而不依
　勞動時間長短，月平均163元，最高210元，最低140元。此外，農閒時會臨時
　雇用不少農民工（184人），同樣採計件制，日工資約5.25元。1994年4月有
　社員45人，原來均為農民，會計也是由農民培養來的。固定資本62萬元（其
　中社股13萬元。社員購股最多5,000元、最低1,000元）。另，按規定，社員
　大會有三分之二以上社員出席即可召開，但每月二至四次的社員大會無人缺

---

[21] 工合山丹聯社《工合山丹聯合社章程》，1992年9月，等。

席。臨時工不能參加社員大會。

(3)工合山丹造紙用紙漿合作社。成立於1989年，社員26人，固定資本37萬元（其中社股8萬元）。用麥秸作原料生產造紙用紙漿500噸。

(4)工合山丹塑料製品合作社。1988年4月，南湖村26戶村民集資4.2萬元成立塑料廠，翌年10月改制為工合社。1992年有社員37人，固定資本40萬元（社員股金13萬元）。以原油和廢舊農用薄膜為原料生產塑料桶、塑料盆等日用品，年產值165萬元。1993年從浙江省溫州聘請工程師作技術顧問，產品由兩種增至30餘種，年產值增至250萬元、銷售收入200萬元、利潤8萬元、納稅7萬元。社員年平均收入2352元（每月196元），最高2,800元，最低1,500元。每股2,000元，最多可購5股。按5%分紅，1993年度末每股分紅400元。1994年4月有職工124人（其中社員65人），全為山丹本地人；每天勞動八小時；固定資本80萬元（社股13萬元、「企業股」[工合社自留股]14萬元、外來股[其他企業、機關、個人等購股？]30萬元）。此外，為改善社員待遇，已決定試行社會勞動保險。產品除省內外，還遠銷青海、四川、新疆等。

(5)工合培黎修配合作社。1984年，原培黎學校同學5人集資1.6萬元成立農機具修理合作社；1989年10月改為工合社。社員12人，固定資本28萬元（其中社股1.9萬元）；1992年的年產值為27.6萬元，主要生產農村需要的鋼製門框、窗框。1994年有社員14人，固定資本30萬元（其中社股3萬元、企業股5萬元），年產值50萬元，利潤2萬元，納稅1.5萬元，社員年平均收入2185元（月平均182元）。社股每股1,000元，最多似可購5股。

(6)工合李橋機械修理合作社。前身為1987年5月回鄉知青組織的農機修理加工廠。1990年3月轉制為工合社。1992年有社員12人，固定資本26萬元（其中社股計13萬元），年產值80萬元。

(7)工合山丹日用化學合作社。1989年10月，由農村青年和城鎮待業青年共25人自己成立。固定資本25萬元（其中社股3萬元）；每股2,000元，最多可購5股。股金無分紅。利用榨油廠的廢棄油脂等生產肥皂，面向省內工礦企業銷售。1992年產值為122萬元。現社員增至28人。1993年，北京協和醫院也向該工合社介紹防砂化妝品生產技術，現正準備生產。另從聯合社貸款20萬元開始生產甘油，為此擴大了工廠規模。肥皂除已佔領「酒鋼」（酒泉？）市場

外，還在蘭州、新疆建立了銷售網點。

(8)工合山丹軋鋼合作社。前身為1986年成立的鄉鎮企業，清泉鄉營；1992年4月改制為工合社。同年有職工110人（社員46人），固定資本171萬元（社股計10萬元），生產L型鋼板、圓鋼等，年生產能力5,000噸，年產值127萬元。1994年4月有固定資本325萬元；職工全為山丹人，共126名，其中122名已購社股，股金計40萬元。亦即，非社員應有40人，且據說並無臨時工；他們或在將來有經濟能力時認購社股，成為正式社員。職工月工資最高350元，最低200元。社股每股1,000元，據介紹社員最高購股3萬元，平均1萬元。著者詢問分紅問題，但當時提問太多，沒有得到答案。關於勞動時間，對方回答說「八小時，沒有加班」；再問詳情，答稱「上午8點至12點，休息半小時，下午12點半至15點半」。計算可知，實際上每天在社7.5小時，實際勞動時間7小時。年產值553萬元，銷往省內和新疆。

(9)工合清泉水泥合作社。前身為鄉鎮企業，成立於1976年，1990年被評為省鄉鎮企業系統A級企業；1992年4月與另一鄉鎮企業合併，改組為「共同經營、按股分配、利益共享」的「股份制」工合社。在1989年至1992年間為全省先進鄉鎮企業，在全國亦屬優秀企業。在筆者等參觀的工合社中，該社規模最大（總面積達6萬平方公尺），設備、技術也都很先進。社內有工會組織─儘管不知其自主性、自立性如何。固定資本194萬元（社股11萬元），年產值464萬元，產品銷往新疆、青海、內蒙古等。1994年3月擁有固定資本850萬元，職工250人；年生產能力4萬噸，年產值580萬元，純利120萬元，職工年平均收入3,800元（月平均316元）。該社距山丹車站較近，面對國道，交通十分方便；而且距石灰石、煤炭等原料產地不遠，水、電供應充分。此地人多地少，農村剩餘勞力豐富，不必擔心用工短缺。社員福利方面，該社擁有食堂、宿舍、澡堂等。著者詢問把優秀鄉鎮企業改制為工合社的好處何在，得到的回答是，①工合社是民主管理，全體職工關心企業發展，且擁有監督權。②職工是主人，能夠在參加勞動的同時管理資金。③社員不僅得到工資，還可得到分紅。④社員能夠自己決定自己的權利。著者再問，改制在經濟方面（生產力、資金、利潤等）對工廠整體有何好處，但翻譯似未能達意，只得到「抑制官辦、擴大自主權」的回答。

⑽工合山丹花崗岩板材合作社。1992年9月開始生產，社員27人，固定資本47萬元（社員股金16萬元），年產值15萬元。每股1,000元，社員每人僅持一股，故分紅也一律平等。

⑾工合烙畫工藝合作社。1992年4月加入實驗區，轉制為工合社。同年有職工20人，生產各種「烙畫」2,400件，年產值17.2萬元。產品曾獲全國工藝美術優秀新產品獎等，除行銷全國各地外，還出口東南亞、日本等，亦曾在英美等展出。

下述工合社未能實地參觀。其中民樂工合六壩合作試驗場，前身為六壩中學校辦果園，1989年10月加入實驗區，成為工合實驗廠（600畝）。投資總額14.4萬元，固定資本10萬元（其中社員股金4,000元），主要產品是蘋果，1992年產值為20萬元。[22]另有拾號塑料工合社、西屯亞麻工合社（停業）及工合代銷公司。

結束參觀後，著者問縣政府負責人，股金紅利是否曾實際分配給股東。回答說，各工合社經營狀況不同，1993年原則上是按票面額5%分紅的；並稱，在這方面堅持購股自主、進退自由、利益享有等原則。亦即，是否加入工合社成為社員，完全聽任本人的自發性。另，社股一般每股1,000元至2,000元，但為避免少數人支配工合社、壟斷佔有分紅，購股上限似設為5股。該負責人說，聽說上海等地有工合社為增加資本而廢除了持股上限，結果該社帶上了濃厚的股份公司色彩，將來有必要思考合作社與股份公司的差異這一根本性問題；稅制方面與鄉鎮企業完全一樣，工合社並不享有特殊待遇。

1940年，艾黎在全國創辦過幾所培黎學校，其中著名的有1942年在雙石鋪與何克共同創辦的培黎學校。1944年2月，為躲避戰火，該校遷至山丹，稱山丹培黎學校。主要招收難民兒童、孤兒、貧窮民眾子弟，以「創造、分析」為校訓，用「半工半讀」方式，在十年間為新中國培養了工業、農業方面的眾多人才。後來，艾黎熱切希望在山丹重建這所擁有輝煌歷史的培黎學校。重建工作在甘肅省政府的資金支持下始於1986年，1987年4月開學。教育方針則以中國共產黨的教育方針為基

---

[22] 各工合社實地調查、展覽資料及〈中國工合國際委員會合作試驗區（點）簡介〉（1993年）、〈山丹烙畫簡介〉、〈工合山丹造紙合作社簡介〉、〈工合山丹塑料製品合作社簡介〉、〈工合山丹培黎修配合作社簡介〉（1994年4月）、清泉水泥廠〈聯營辦廠意向書〉（1994年3月）、前引〈山丹工合聯合社文件〉第21號等。

礎，遵循艾黎「首腦並用」、「創造、分析」的宗旨，以培養擁有「農民體魄和科學頭腦」及社會改造精神的「新型農民」。該校擁有教師72名（正式教師37名），設有農學、農機、畜牧獸醫、園藝、家庭生產經營、服裝縫紉六個專業。學生為「高中畢業生」、回鄉青年，設有「中學專門班」、「職高班」及各種短期訓練班。截至1992年，已有516名學生入學，1992年畢業學生141名，全部回到農村。學校和工合社的關係是，學校是工合社的「人才培養基地」，工合社則是學校的「實驗實習基地」。因此，學校除曾為各工合社兩次開辦財政會計短期訓練班，還面對所有學生開設「合作經濟學概論」課程。此外，畢業後加入工合社的雖尚為數不多，但也已有10名。[23]

在蘭州參觀的培黎石油學校，與山丹培黎學校擁有同樣傳統。換言之，如果說山丹培黎學校是農業學校，蘭州的培黎石油學校則是工業學校，二者相互合作和支援。該校也發源於雙石鋪的培黎學校，1943年遷至山丹。當時有紡織組、陶瓷器組、醫療組、畜牧組等，追求理論、教學密切結合並實踐。山丹縣人民政府於1949年9月成立後，學校劃歸燃料工業部西北石油管理局領導，後歸石油工業部管轄，艾黎任校長。1953年遷至蘭州，改校名為培黎石油技工學校，但仍堅持艾黎的「創造、分析」、「首腦並用」的教育思想，在學習的同時，服務於生產現場，而且自製生產設備，以實踐「勤工儉學」。由於1949年以後一直主要培養石油工業人才，故現直屬中國石油天然氣總公司（原石油工業部）。1985年12月，石油工業部將該校改為培黎石油學校，聘請艾黎為名譽校長。現在，該校擁有汽車修理、石油礦山機械、計量檢查、焊接、物資管理五個專業。入學資格為初中畢業，學制四年。在校生1,240名，來自全國各地，甘肅本地學生僅10%。至今，該校已培養石油工業人才8,000名，為石油工業的發展做出了貢獻。

值得一提的是，艾黎在跋涉中國各地的五十多年間，一直致力於收集散落在民間的文物。有的文物購自各地古玩店，有的為友人所贈，還有的則是在絲綢之路收集的。艾黎在文革期間仍堅持收集，許多貴重文物因此得免散失和破壞。這些收藏

---

[23] 請參閱〈山丹培黎農林牧學校簡介〉（1992年）等。另，山丹培黎工藝學校的不少畢業生後來成長為高級技術人員，如河北省的中國石油天然氣總公司地球物理勘探局裝備研究所的李延傑等。再，據說，培黎學校曾有名「野口勝」的日本教員，他為山丹陶瓷業打下基礎，1952年才回日本。

品價值之高，遠非一般個人收藏所能及，專家收藏亦不過如此。1980年3月，艾黎將價值極高的藏品捐獻給了「山丹人民」，其中包括新石器時代的石刀、殷代的甲骨文字，以及宋、元、明、清各時期的玉器、銅鏡、陶瓷器、掛軸、經書抄本、古錢等，共計3,800件。甘肅省政府文化廳、山丹縣政府為此建了陳列館，自1982年開始陳列展出。陳列館對面有艾黎和對外友好協會建議、甘肅省政府出資於1984年建設的山丹培黎圖書館，藏書6萬9,837冊，內含艾黎捐贈圖書2,045冊。鑒於該館藏書較少，且多為一般性圖書，其主要功能應為振興面對地方民眾的文化和教育。參觀收穫頗豐，此處無法一一介紹。最後，艾黎去世後，其部分骨灰與何克的骨灰一同葬在「艾黎與何克陵園」，其他骨灰則遵照其本人遺囑被灑在距山丹五公里處的四壩灘。這或許也有助於人們理解艾黎的一生。

結語

蘇聯等官僚社會主義國家，是為抵抗強大的資本主義國家而建立起來的防衛性強權體制。在這些體制崩潰後，中國也只有直面自己尚十分落後的現實，重新規定自己尚處於「社會主義初級階段」，把市場經濟與政治切分開來，並將其大膽引進國內，專心追求經濟發展。其發展勢頭之迅猛，較之資本主義的原始積累過程亦毫不遜色。另一方面，「已取得勝利」的資本主義體制也暴露出許多問題，世界性的南北問題、民族問題、宗教問題呈現出複雜局面，能源問題、環境問題等也層出不窮。在這種情況下，原本以為正確的理論迅速失去光環，需要創造新的理論；同時必須重新挖掘曾被埋葬的理論，並對其再次加以探討和研究。在這個意義上講，不管體制、民族、宗教怎樣，也不論是先進國家還是發展中國家，都需要對全世界普遍存在的合作社的思想、運動、歷史及其蘊涵的可能性加以重新探究，以明確把握其意義和局限。其中，現在中國重新開始的工合運動也不可忽視。

第一，參加工合運動的，既有側重強調經濟基礎的馬克思主義者陳翰笙、秦柳方等，也有盧廣綿、劉廣沛等許多基督教社會主義者。艾黎（筆者認為，艾黎是「國際社會主義者」，且其立場人民戰線派和聯合戰線派相近）曾批判海倫・福斯特受基督教影響過深，思想有錯誤。且不論這一批判是否恰當，筆者也認為海倫・福斯特在思想譜系上屬基督教社會主義。這次赴中國參會，著者深切感受到來自歐

美的海外委員所持有的強烈的基督教使命感，並為之震撼。抗戰時期與現在，時代已截然不同；但現在參會的部分委員在抗戰時期也曾參加國際委員會，而會議的進行方式、發言等當然也有共同之處，這都讓人不由得想到，當時會上爭論的氣氛或與此相似。

第二，如海倫・福斯特所強調，工合運動有可能成為資本主義和社會主義、先進國家和落後國家之間的橋樑；而筆者則感到，工合運動還有可能成為連接西方和東方的橋樑。參加工合運動的歐美人士，在面對官僚主義的社會主義國家中國的同時，也在與東方傳統社會的中國搏擊。然而，只試圖把基督教價值觀強加給中國，最終不可能實現目的。帶著歐美高人一等的錯覺來教化中國在內的東方國家，這種姿態將不會被接受。最終，東西方都須透過相互批判而加深對彼此的理解，以取人之長補己之短。在此類背景下，在工合運動這一舞臺上，或許最後會上演東西方具有象徵意義的衝突，而且事實上這種衝突已經發生。這種衝突將如何揚棄、工合運動又將會呈現怎樣的局面，值得予以充分關注。

第三，由於不少原工合運動的參與、推動者均為各類社會主義者（共產主義者不多），故對中國共產黨一直維持「社會主義體制」的態度和做法，不大可能公開予以批判。正因如此，工合運動儘管標榜自下而上的自主管理，但對黨自上而下的官僚性指令，似乎難以抗拒。而這一點，也與抗戰時期極其類似。比如，在抗戰時期，國統區的工合社曾抵制國民政府的干涉、努力實行自主管理，邊區的工合社則透過與中國共產黨密切合作而獲得發展，但同時須接受政府的強有力指導，一定程度上主動放棄了自主管理。現在的工合社或正是以邊區工合社為樣板的。由於除國際委員會、工合指導組織外，黨及省、縣、鄉、村等的政治、行政機構也都參與對工合社的管理，開始採取集體指導體制，工合社的基礎的確開始加強和穩定。但是，工合運動本身的自主性，以及各工合社社員、工人的自主管理在多大程度上得到了貫徹？尤其是，山丹為軍事重鎮，屬敏感地區，至今尚未開放，對外國人也還有不少具體限制。在這樣的地區，勞動者自主管理的工合社能否順利發展，難免讓人懷疑。工合聯合社接待室前面的標語與工合原則、自主管理等無關，而是改革開放前常見的「指導我們事業的核心力量是中國共產黨」、「馬克思列寧主義是我們思想的指導理論」等口號，而這些口號也照例與馬克思、恩格斯、列寧、史達林、毛澤東肖像並列。

　　第四，如前所述，1992年以後，工合社被納入鄉鎮企業管理體制內，原則上被視作鄉鎮企業。山丹工合實驗區的不少工合社也得到甘肅省鄉鎮企業管理局的表彰，被授予「先進鄉鎮企業」的獎狀。由此觀之，至少在山丹，工合社比其他鄉鎮企業要先進，是模範企業。山丹共有多少鄉鎮企業，其社員人數、行業、產值如何，筆者尚不掌握詳細數據；但據說工合社的產值占鄉鎮企業總產值的近50%。只不過，「合作縣」的前提即工合社之間的合作關係雖然有所發展，但還幾乎看不到行業間的有機聯繫，倒是工合社與非工合社的一般企業似在逐步加深關係。而這樣顯然難以發揮工合社固有的組織優勢。此外，被寄望發揮工合金融作用的信用合作社，也只在山東省龍口的實驗區有所組織，山丹還沒有。亦即，山丹的工合運動，在加強現有各工合社的經濟基礎，並為此而培養、確保技術人才方面取得了一定成功，對活躍中國內陸地區的經濟和當地產業、解決就業問題、培養人才和從國內外引進資金，以及作為國際合作的新型態，都具有重大意義，但不得不說仍處於「實驗」階段。當下的工合運動能否帶動山丹縣發展成「合作縣」，並成為中國各地將創設的「合作縣」的樣板？這將取決於中國政府今後的政治經濟政策，和山丹工合社在內的工合運動整體將如何發展，以及來自海外的物質和精神兩方面的支援將發揮怎樣的作用。

（袁廣泉　譯）

結論

　　透過以上各章論述，本書得出如下最終結論。

　　第一，中國在1937年的七七事變、淞滬會戰後被逼入絕境，因而不得不奮起反抗，此即抗日戰爭的特殊性質。亦即，嚴酷的現實是，面對日本以強大工業製造能力和軍事力量為支撐的日本的軍事侵略，中國若主要依靠正規軍隊作正面抵抗，則絕無獲勝的希望。再者，日本對華侵略，很大程度上是為了獲取經濟資源，以阻礙中國資本主義的發展，同時將中國置於工業原料供應國的從屬地位。日本在1930年中期以後就已提出「工業日本、農業中國」的口號。因此，七七事變後，除能夠為己所用者外，日本對中國工業加以徹底破壞，中國沿海、沿江的工業地帶遭到了毀滅性打擊。對此，中國被迫主要以游擊戰進行抵抗，蔣介石主持的南嶽軍事會議也決定在全國採取游擊戰體制。當時，國民政府除提出遷廠、開發工礦業外，在經濟方面束手無策。但是，假如沒有其他對策，國民政府很可能在進入長期抗戰前即已潰滅。因此，抗戰形勢要求須有其他形式的工業配合游擊戰體制，工合運動於是成為抵制日本經濟侵略的工業形式，承擔了國防經濟建設的歷史使命。工合社在最艱苦的抗戰初期開始生產，在資源委員會、各省企業公司（1940年7月後陸續成立）開始生產之前，填補了中國工業生產的空白，發揮了重大作用。而且，這些國營、公營公司屬大規模生產，投產前需作長期準備，也極易成為空襲目標，投產後也偏重動力、重工業和化學工業（含生產資料生產部門）等特定領域，無助於各經濟部門生產能力的平衡，輕工業生產被忽視。不妨說，抗戰初期國民政府的經濟政策，其意義和局限與蘇聯優先發展重工業的模式好有一比。此外，當時中國的交通網絡十分落後，而大型工廠皆集中於後方大城市，要將其產品運到路途遙遠的前線等，非常困難。而補充這一缺陷的正是工合社。工合社能夠解決生產和運輸問題，同時提出「民主」、「自由」的口號，對日本法西斯極端的管理統制和非民主予以抵制。在僅憑國民政府之力難以支撐抗戰的形勢下開展工合運動，與八路軍、新四軍開展游擊戰一樣，意味著抗戰的靈活性得到了增強、抗戰勢力的廣度得到了拓展。

就這樣，分佈各地的工合社糾正了工業生產的地域差異和部門間失衡，組織起30多萬民眾掀起了大規模工業生產運動[1]，生產軍需品和民眾生活必需品，種類達一百數十種（1940年1月）[2]，既為在前線作戰的國共雙方的軍隊和游擊隊提供武器等，也維持了民眾生活。亦即，抗戰時期中國的工業生產，①經濟部資源委員會等國營機構處於上層，主要發展電力和重工業、開發礦山；②設於十六省的公營企業公司處於中層，主要致力於工礦業和運輸；而③遍地開花的工合社則處於底層，主要從事輕工業生產，在有的地區，在重工業和化學工業方面也對各種軍需民用品生產形成

---

[1] 每年社員人數已有數據，但直接或間接參加工合運動的人數到底有多少？社員人數最多時達3萬5,000人（1941年8月），但全國直接、間接參加工合運動的，1940年約有25萬人、1941年亦在15萬人以上（第一章）。例如，見習工、雇工在全國都呈逐漸增加之勢。1943年11月，陝甘兩省主要地區有社員計1888人，但見習工、雇工計有1,015人（表4-11），占合作社內勞動者的54%。此外，西北區的工合社自1939年5月開展生產「百萬條」軍毯的運動，僅第三次運動（1941年11月開始）就有陝甘兩省的工合社加入紡毛運動，周圍農村未入工合社的婦女約有4、5萬人參加；而第一至三次運動動員的人數在20萬人以上。這僅是西北區的統計數字，而四川也曾開展該運動，故實際人數更多。第一次運動中，陝西生產軍毯30萬條，四川生產10萬條。按此粗略估算，四川參加運動的應有6萬7000人；換言之，僅軍毯生產，且僅陝西、四川等地，參加者即達26至27萬人，若再加上第四次，總人數至少在30萬人以上。

[2] 關於各地工合社生產力的作用和意義、對穩定物價的貢獻及與國營公營工廠的關係等，各章已作詳述；此處再就工合社生產力及其經濟價值在全國的地位作一考察。的確，考慮產品在各地的優先順序，且將跨越多種行業的工合社生產限定在特定行業來計算其比率，是十分困難的，但仍值得盡力嘗試。①工合資金在1940年約為3,663萬元（表1-3），此為所投入資本。該年月產值，6月為578萬元，12月為959萬元；故年產值（乘以12）概數，最低為6,936萬元，最高則為1億1,508萬元。亦即，全國工合社的產值不僅超過所投入資本，且其生產率高達189～314%。這也與工合社「資本周轉率高」的說法相符合。②工合協會第一次（五個月）接受軍政部委託緊急生產軍毯40萬條（1945年前共生產400萬條），為此撥款200萬元（即非按市價，而是承包）。亦即，每條軍毯的成本僅5元。成本之所以能如此之低，乃因原材料費占到75%，而人工費僅占24%、管理費僅占1%。而且，原料本身也是使用與蘇聯易貨貿易的剩餘羊毛。全國軍毯生產量不明，但軍政部蘭州廠每天僅能生產軍毯40條，每月僅有1,200條的生產能力。有鑑於此，全國生產軍毯的絕大部分很可能來自工合社。而且，工合運動並不僅是動員數萬名婦女使用舊式紡織機大量生產，技術方面除使用史邁士改良的機器外，還曾引進世界最先經的英式HF型和高斯型紡織機。而且，③工合國際委員會從世界各地募集的巨額捐款，在1946年前達500萬美元（第十二章），這當然也是工合經濟價值的一部分。此外④不可忽視的，仍是交通落後和戰爭造成交通線中斷的問題。雖各地情況不同，但如在陝西省，銅川至寶雞約200公里，燃料煤在銅川每噸僅30元，而到了寶雞則暴漲至270元。亦即，在中國運費極高，而工合社在消費市場附近使用當地原料生產，恰能節省運費，且可最大限度地減少運輸途中遭到轟炸的危險。當然，工合社對難民施以生產性救濟，也節省了國民政府救濟難民的支出（第一章）。所謂工合社的經濟價值，應是上述一切的總和。

補充，甚至填補了某些工業生產空白。換言之，工合運動本身固然按三重「經濟防線」佈局，而中國的工業也為迎擊日軍侵略而形成了三重構造。

　　第二，工合運動與抗日民族統一戰線的關係。首先看工合運動對第三勢力的意義。在1930年代，全國各界救國聯合會（「全救聯」）等第三勢力，在號召抗日的同時，還在鬥爭中提出政治民主、政治自由的要求，在此過程中已開始嘗試組織合作社。儘管如此，第三勢力以政治為優先，經濟只是附屬和次要的。但是，要堅持持久鬥爭，經濟基礎必不可缺，而工合運動正可以為第三勢力代言，且能夠形成真正的、系統的經濟基礎。而且，工合社並非工會的經濟基礎，與工人運動沒有任何關係；這意味著它可以作為統一戰線組織而獲得民族資本家的支持乃至參與。抗日戰爭帶有民族解放戰爭的性質，而工合運動則被視作形成「抗戰建國」一翼的「民族工業建設運動」。為改變抗戰財源短缺的局面，華僑資金被寄予厚望，而工合社則成為華僑捐款的受助組織之一。孫中山及其三民主義是華僑民族主義力量集結的象徵，而人們在論述工合社時，也往往將其與三民主義、尤其是民生主義聯繫起來。華僑的自我定位是「無黨無派」，與第三勢力性質相同，他們最憂慮的是國共分裂導致抗戰力量被削弱。因此，由第三勢力領導、受到國共兩黨支持的工合運動，就成為華僑最好的支援對象。

　　抗戰時期跨越、維繫國共兩方的統一戰線機構，眾所周知，政治方面有國民參政會。而在經濟方面發揮同樣作用的，管見所及，也就只有工合運動。作為跨越、聯通國共兩黨支配地區的運動，工合運動幾乎是獨一無二的。國民政府在包括工合運動在內的各方力量支持下艱難地度過抗戰初期之後，自1941年1月的「皖南事變」前後起即重施1930年代對待合作事業的故技，試圖將工合社等所有合作社置於一元化管理統制之下。換言之，國民黨為鞏固中央集權而實行強化管理統制的傾向逐漸強化，這勢必與追求地方分散、分權、民主重組的工合運動發生激烈的摩擦和衝突。不過，如本書反覆強調，國民黨對工合社轉而採取彈壓政策，其目的並非要取締和消滅工合運動，而僅在於對其實施改組，以強化管理和統制，此點務須準確把握。而在國民政府的彈壓之下，工合運動仍對國共雙方予以支持，努力避免國共分裂，在整個抗戰時期一直維持著其統一戰線性質。

　　那麼，工合運動對邊區的意義如何？在國民政府軍包圍、攻擊之下，邊區已極度困難、疲憊，雖說1937年9月實現了第二次國共合作和抗日民族統一戰線，但

邊區的困難並未立即有所好轉和改善。因此，邊區急需工合社帶來生產、技術和資金。而且，工合運動本身即中共支持統一戰線的象徵，支持工合運動也可在邊區內外形成支持統一戰線和民主政策的印象，進而得到國民政府、華僑乃至邊區內外地主、商人的資金支持。邊區就這樣度過了艱難時期。正因如此，工合社成了中共所指導的生產合作社重組的模範，邊區政府也在政策方面大力支持工合社。工合社對形成邊區工業基礎發揮了重要作用，如新華化學工合社、振華造紙工合社、光華製藥工合社等後來都在邊區發展成骨幹企業。當然，並非沒有問題。因為，在國統區，工合社為加強「勞動者自主管理」而力圖減少來自國民政府的干涉；而在邊區，工合社因對社會主義有好感而與邊區政府關係密切，可也因此弱化了自主管理。不過，在「皖南事變」爆發、國民黨加強封鎖之後，工合國際委員會等仍繼續對邊區工合社從外部提供援助，使邊區政治、經濟的孤立狀態有所緩和。

　　第三，工合運動被視為抗戰時期的經濟「新潮流」，是不同於其前合作社的「新生事物」；但實際上並非突然發生，而是在中國合作社的歷史中催生出來的。其起點可上溯到五四時期採用自下而上形態、以城市型消費合作社為主流的初期合作社，因而其「救國」、「反權力」的明確傾向是與生俱來的。初期合作社作為中國最早的合作運動實驗具有重要意義，但在農業國家中國卻水土不服，加上軍閥阻撓和彈壓，最終歸於失敗。1923年，美國人主導的華洋義賑會開始組織農村型信用合作社，使中國在組織農村合作社方面積累了經驗。北伐成功、國民政府在1928年10月正式成立並實質掌握政權後，對合作運動的態度趨於保守，合作運動逐漸被納入政府管理體制，並成為強化農村管理以對抗共產黨的主要手段之一。但是，儘管如此，對苦於資金短缺的中國農村而言，透過政策手段組織起來的眾多信用合作社作為銀行和農民之間的媒介機構，仍在一定程度上充實了農村金融，其意義不可低估。就這樣，國民政府自上而下的合作社政策取得成功，並以信用合作社為主要載體在全國農村得到貫徹。值得注意的是，該時期除有戴樂仁等的農村工業理論出現外，還有燕京大學清河試驗區、華北工業改進社等也在摸索農村工業機構、技術的改良──儘管皆屬小規模的初步實驗。但在七七事變後，日本的軍事侵略摧毀了江蘇等模範地區自上而下的合作事業，各省的合作社相繼解體。這意味著國民政府的管理統制政策出現了裂痕，而這必然使曾被壓制的合作社、尤其是生產合作社「救國」、「反權力」的本質得到了復活的機會。正是在這一階段，合作社的領導權暫

時從國民黨轉移到了第三勢力手中。此後，工合運動基於此前合作社的各種經驗，分別取其長處，形成中國合作社的交匯點，同時也是頂點。比如，工合社首先繼承了早期合作社「救國」、「反權力」的精神，成為華洋義賑會在資金、人才、技術方面更好的支持對象，並在南京國民政府統治下接受合作事業領袖的加入，和英美、中共、國民政府的支持，最終成為聯繫城市和農村的全國性運動。而國民政府之所以承認工合協會及其運動，並非單純為了重新振興合作社，而是因為大量難民的存在和民用、軍需工業被徹底破壞，使繼續抗戰面臨著巨大壓力。

　　第四，必須明確的是，僅憑第三勢力或合作運動領導人是不可能有工合運動出現的。因日本的軍事侵略，各種政治和經濟勢力被打亂、分離，形勢錯綜複雜；應對這一局面，需要有媒介將這些勢力重新集結、整合起來。而扮演這一角色的，就是可稱為「世界第三勢力」的海倫・福斯特、艾黎等人。是他們將中國第三勢力、國共兩黨、英美的力量結合起來的。尤其是海倫・福斯特，她是透過工合社聯結國內外基督教徒的核心。此外，宣傳方面有斯諾，他是工合協會與中共之間的聯繫管道；在實踐方面，經過艾黎的努力，工合運動可以在更廣範圍內與其他力量結合，而不再僅是基督徒的運動。這意味著，「世界第三勢力」和中國第三勢力、合作運動領袖已經為共同進行抗日、反法西斯鬥爭而相互合作、彼此呼應。工合運動之所以能夠得到歐美的絕對支持，是因為海倫・福斯特的設想本身源自英國的「烏托邦社會主義」，繼承了美國移民在西部大開發時期「合作村」的經驗，借鑒了英國最先進的合作原理，並全面倡導民主。而且，由於工合社以自主管理——由受產業革命、資本主義的矛盾壓迫而陷入貧困的工人為爭取自立、自決、內部民主、生活自衛而組織的合作社發展而來——為理想形態，故也是適於中國抗戰的戰鬥形態。工合運動不僅在美國獲得了有眾多政治家、軍人及其夫人等參加的組織的支持，還得到了美英兩國政府的支持，以及來自海外的巨額資金援助和技術援助。這些支持和援助，除支援中國抗戰、對難民和失業者施以生產性救濟外，也有助於減輕美英對中國等遠東地區的軍事負擔、維持經濟穩定乃至對社會經濟構造進行民主重建。當時，德國納粹勢力席捲歐洲，世界合作運動陷入危機。工合運動雖然未能得到已四分五裂的國際合作社聯盟（ICA）的全面支持，但對世界合作主義者而言，卻具有合作運動起死回生的決定性意義。就這樣，工合運動不僅從事工業生產，還起到了爭取海外支援和援助、加強中國抗戰力量的作用。

第五，各地區工合運動的作用、特點如下。

(1)西北區包括國統區和共產黨支配區域，且回民、蒙古族人較多，故適於組織統一戰線性質的工合社。這使工合社有可能成為聯結國共兩黨的唯一生產機構，也是工合協會在不受國民黨約束的情況下得以自主開展運動的原因之一。西北區還吸引了東北等全國各地的組織營運、會計、金融、流通、工業等第三勢力的一流人才，希望從日本手中奪回東北、華北的技術群體在辦事處、事務所等擁有很大勢力。陝西的確曾遷來44家工廠，但在工業、交通落後的陝西難以發揮其作為近代工廠的優勢。而西北的工合社卻能夠在軍毯、採金、機器五金等行業取得顯著成果，順利地形成了抗戰的基礎，並呈現出以寶雞為核心向陝西全省擴展的趨勢，使省內工業佈局在一定程度上趨於平衡，並進一步滲透到尚未得到開發的甘肅，形成了一個經濟圈。此外，在雙石鋪，因有鳳縣的煤鐵可資利用而成立了機器工合社，並以之為核心設立學校、醫院，甚至有建設「工合城」、以之為全國模範的設想。總之，西北區在全國各區率先構建工合金融網，並相繼實施流通改革、教育訓練等，為其他區樹立了榜樣。

(2)重慶國民政府所在地川康區的工合運動，當初最受重視，而且資金也相對充裕，但其發展卻不盡人意。主要原因如下。①日軍頻繁轟炸；②技術人員流失。國民黨系統的技術人員流向資源委員會，第三勢力的技術人員則因厭惡國民政府對川康區尤其嚴格的多重管理統制而流向西北區。③四川的工業結構，以國營及公營工廠、外地內遷的大型工廠為主，對工合運動的定位並不高，工合社生產並不受重視。但儘管如此，在對美合作方面也曾發揮過重要作用。1944年承擔對美國空軍的物資支援，是工合社和工合運動贏得美國方面高度評價的重要原因。在樂山等地，工合運動與省農村合作委員會、新生活運動、中國銀行等其他機構形成了良好關係，團結一致有力支持了抗戰經濟。而工合研究所則與金陵大學、合作學院一同改良技術、改善產品品質等，對當地手工業產生了良好影響。

(3)湖南、廣西兩省交通發達，但因受到日軍三個方向的進攻，其工合運動發展緩慢。然而，該二省聚集了一定數量的技術人員，又有自治意識較強的廣西省政府給予全面支持，故工合運動發展較快，工合社生產軍需民用產品，提

高了各地經濟的自給水平。內遷廠主要生產武器等特定行業，無力顧及消費品生產，於是各機關、銀行反覆提倡發展和改良手工業。亦即，湖南、廣西兩省的工合社並不僅是大型工廠的補充力量，其自身也以軍需民用的消費品為中心不斷擴展業務領域，各行業相互補充、自成體系。湖南省的優秀工合社零陵火柴工合社改組為省營工廠後，還被省企業公司「湖南實業公司」所吸收。工合運動也為農村帶來了實行內部民主、制定計劃的能力以及資金和技術，透過對手工業的改革和重組實施了社會經濟改革。到了抗戰末期，掌握了戰略要點和交通線的日軍對該二省展開猛烈進攻，使沿交通線佈局、發展的工合社受到極大打擊。但儘管如此，較之搬遷困難的內遷廠，工合社充分發揮了其機動性、靈活性。不過，該時期的工合社由於吸收了富裕商人等的資金，其形態難免帶上股份公司的特點。此外，工合協會還曾與西南行營合作，打算組織俘虜收容所的日本士兵成立工合社，這點也不可忽略。

(4)廣東、福建、江西等東南各省，其工商業、交通網在國內最為發達，且資源豐富。但是，七七事變爆發後，上海、廣州等淪陷使該各省直接面對日本。工合協會於是從廣州、寧波等地緊急運來機器，成立了機器工合社及機械化工合社。廣東、福建為華僑故鄉，因而華僑對該地提供支援較多，支撐了該地工合社的發展，提高了其工業生產力。此外，江西的運動自始即得到蔣經國等人的支持，以配合「新贛南三年建設計劃」的形式順利發展。特別是贛縣機器工合社有社員、雇工、見習工計百餘人，是江西最大的機器製造廠，可生產印刷機、精米機、原動機、紡織機、武器等。當然，1941年1月的「皖南事變」之後，在CC系在全國肆行鎮壓、加強管理統制的形勢下，東南區的工合運動也遭到藍衣社等的干擾和阻撓；但該區機器、化學、採金等重要工合社較多，鎮壓範圍並不大，其對象似也僅限於事務所幹部及與新四軍有關的工合社。

(5)雲南省是重慶國民政府具有戰略意義的重要根據地，大型骨幹工廠較多，有中國唯一的飛機製造廠等，且失業者也很少，組織大規模工合社的必要性不大。因此，該省的工合運動將工作重點由城市轉移到農村，將手工業、農戶等改造為副業性質的中小工合社，重點引導其製造大型工廠不生產的日用必需品，對內遷廠的工業生產形成補充，某種程度上也使當地的工業生產更加

平衡。雲南省合作事業的正式推進，以區辦事處和省合作事業委員會為核心，另有中央合作事業管理局、農本局參與和配合。1941年下半年以後，各地的工合社趨於減少，雲南工合社在全國的比重因而相對提高。這與雲南軍閥龍雲採取開明政策不無關係。即工合運動的民主活動、生產活動與西南聯合大學、民主同盟雲南支部在雲南一同受到保護，國民黨因而無法輕易對其鎮壓。在後來的國共內戰時期，雲南形成民主運動的根據地，其背景之一在此。

(6)在一般工廠難以立足的游擊區，工合社發揮了其「游擊工業」、「移動小工廠」的特長。中國方面在日軍佔領區開展經濟反封鎖和經濟游擊戰，以與日本爭奪資源、抵制日貨；而實質上承擔該項重任的，可以說就是負責生產的工合社與負責破壞的「經濟游擊隊」。在銀行對危險地區不願貸款的情況下，工合社為國共兩軍緊急生產手榴彈、繃帶、軍服、軍靴等重要物資，乃至製造武器，提高了中國軍隊的戰鬥力；為此，工合社有時甚至須自行武裝。除此而外，工合社還生產地方民眾急需的日用品，在局部地區實現了自給自足，而且較之其他地區形成了更密切的軍民合作。除新四軍活動區域外，工合社幾乎不受國民黨的管理統制等壓制，這也顯示軍方對工合社產品的需求很大、很急迫，因此受到了國共雙方軍隊的強烈支持。

如上所述，就各地區工合運動的差異看，①在大後方的四川、雲南等工業集中地帶，工合社與內遷廠在行業上相互補充，填補了生產空白，一定程度上使各區域間工業生產更趨於平衡。湖南、廣西的工合運動也發揮了同樣作用。在西北區的陝西省，其內遷廠數量僅次於四川、湖南，有44家，但因原材料不足等，運動發展不盡人意；但該區集聚了各種技術人才，使其工合社發展在全國最為顯著，且還帶動四川一同開展軍毯生產運動等，其主動性遠超內遷廠。東南各省因接近日軍佔領區，不可能開辦大規模工廠，因而如贛縣機器工合社那樣，工業生產的重任是由工合社來承擔的。至於游擊地區，工合社幾乎生產了全部軍需民用品。②工合運動追求民主重組、地方分權、社會經濟改造，與試圖加強中央集權和管理統制的國民政府、國民黨發生了矛盾，因而受到了壓制乃至鎮壓。亦即，工合運動的發展受各地區政治環境所左右，這時不可否認的。比如，西北區的工合組織位於國共兩黨勢力重合地區，在這種特殊條件下自主地開展運動，發展也較為順利，因而受到了對此深感危機的國民黨的鎮壓。在重慶國民政府所在地四川省，工合運動在層層嚴厲管

理統制之下，遇到很大阻力。工合運動在江西省受到蔣經國的政策保護，在雲南則受到龍雲的政策支援，都得到了較為有利的發展條件。③見習工的問題在各地都存在。此前，見習工、雇工問題被視為工合社發生腐敗、工合運動陷入停滯的主要原因，學界也主要從剝削青少年勞動的角度加以論述；但實際上應從對青少年的保護和培養、訓練等角度重新加以審視和評價。與一般工廠不同，工合社在衣食住等方面給與青少年以基本保障，實行八小時勞動並實發工資，還提供識字、技術等各種訓練，而且將來有可能加入工合社成為社員。由於工合社採取計件制，見習工因技術尚不成熟而工資較低，本身無可非議。至於雇工，他們沒有財力購股，工合社雇用他們，有利於緩解全社會的難民和失業壓力，恰是運動低潮期更需要工合社的旁證，應予以肯定。④全國工合運動的共同性質和意義如下。首先，人才培養方面的意義不可忽視。國家、省主要培養幹部，人數亦少；而對此予以強有力補充的則是工合協會和工合運動。工合協會在全國各地實施了各種形式的訓練——從簡單的識字教育到較高層次的工廠管理、經營、會計、機械技術等——培養了大量人才。其次是社會運動方面的意義。工合社不僅在各地開展抗日宣傳，還力圖提高社員福利等，甚至在游擊區也開辦醫療機構、學校等，對當地民眾的社會生活產生了良好影響，這也是值得大書特書的。

　　總之，工合運動是為抵抗日本的軍事侵略而以中國合作社的歷史流變為背景、以屬「世界第三勢力」的海倫・福斯特、艾黎的構想和實踐等為媒介而產生、並以中國第三勢力為主體、推動國共兩黨加入並聯合各種抗日要素而開展起來的統一戰線形態的大眾性抗戰社會經濟運動。工合運動以中國為舞臺，從針對難民、失業者的生產性救濟中創造出抗戰工業生產力量，從底層致力於改善民眾的社會經濟生活等，為抗戰形成了強有力的物質基礎和精神基礎。工合協會透過其開展的運動向海外廣泛宣傳中國抗戰的現狀和意義，還在太平洋戰爭開始前促使面對德意法西斯的侵略而彷徨無措的歐美各國逐漸關注遠東的法西斯國家日本侵略中國的問題。其結果，在政府層面未能從各國獲得充分國際援助的中國，透過工合協會及其運動，首先在民間層面、進而在政府層面獲得了國際援助；這些援助除巨額資金外，還有來自美國等的最先進的技術。亦即，工合運動並不僅限於中國國內，還推動菲律賓、「荷屬東印度」、印度、緬甸等國的中華世界第三勢力即華僑為核心的亞洲也參與其中，並超越「中華民族」的狹隘範疇而與歐美各國攜手，在作為國際反法西斯戰

線一環的抗日力量網絡中發揮了核心作用，為抗戰勝利做出了歷史性貢獻。換言之，工合運動將中國的抗日民族統一戰線轉化成了國際反法西斯統一戰線的重要部分。工合運動還從地方大城市把機構內部民主及工合社內勞動條件之改善、技術之革新、生產效率之提高、流通系統之改革乃至教育、醫療、衛生等等帶到了農村甚至山區，對中國社會經濟結構實行了變革。工合協會本身在各地針對各個階層進行技術訓練、會計訓練等，致力於人才培養。艾黎創辦的山丹培黎學校在戰爭結束後被改組為國立的蘭州石油學校，其所培養的技術人員遍佈全國油田，部分工合社也成為大型工廠。不僅如此，工合的思想和活動已跨出國境，本質上已成為抑制戰爭、追求永久和平的力量。工合運動在戰爭時期即著眼於構建包括日本在內的平等互惠的國際政治經濟關係，並以之為最終理想，是吸引並推動世界各國攜手合作、為數不多而又生機勃勃的社會經濟改造運動。

（袁廣泉　譯）

後記

　　大學院碩士課程畢業時，我雖然做過幾個課題，但仍在探求研究方向。因為關心中國統一戰線問題，於是開始研究王明，但逐漸有了疑問。那就是，僅從中共方面或中共內部來思考，能夠明確國共兩黨的統一戰線問題嗎？的確，對西安事變、第二次國共合作以及邊區的「三三制」等的研究取得一定進展，也分別得到了學術界關注，其中既有批評，也有讚揚和鼓勵，但卻從未偏離中國共產黨。但對統一戰線問題，我認識到必須從國共兩黨、即從兩方面進行研究。後來的一個時期，我更多地關注和探究國民政府、國民黨方面對統一戰線的態度和實踐，於是和「工合」不期而遇。當時，日本和中國都還沒有學者研究「工合」，又因工合協會隸屬行政院，所以開始時我曾誤以為工合運動是由國民政府開啟和推動的。

　　隨著研究的進展，如下幾點對我觸動尤其深刻。

　　第一，在戰爭時期，對於全世界都認為無疑是非民主、非自由的日本的侵略行為，工合運動卻在中國打出「民主」、「自由」的旗幟予以還擊；這一事實令我吃驚不已。第二，以海倫・福斯特・斯諾、艾黎為媒介而開創的工合運動，其支持力量竟然主要是第三勢力。明確這一事實時，工合運動帶有的國際反法西斯抗日統一戰線的性質也就浮現了出來。這時，我的父親菊池貴晴已開始研究第三勢力，我的研究也有可能與之彼此呼應。第三，在戰爭、糾紛不斷的現代社會，無論社會主義國家還是資本主義國家，也不論是何民族、是何宗教，都有合作社存在；這些組織在民間層面超越國境而密切聯合，或許能夠成為阻止戰爭的重要力量——這種預感，令我難掩激動。隨著對「工合」理解的加深，我的研究興趣、研究熱情也進一步加強。

　　第一篇有關工合運動史的論文發表於1976年7月在熱海召開的歷史學研究會第七次夏季研討會（主課題為「日本法西斯與東亞」），屈指算來已經將近五十年之久。一個課題花費時間如此之長，讓我深感才淺力薄。不過，其間資料查閱、史實確認工作一直在進行，除日本國內，我幾乎跑遍了香港、臺灣以及中國大陸各地，

且每有所得即有計劃地發表論文。史料等有不明之處，就設法採訪工合運動的領袖及當事人，或向其書面確認。曾接受我採訪的有艾黎、海倫・福斯特、盧廣綿、陳翰笙、秦柳方、梁士純、張福良、彭澤益、千家駒、梁漱溟、鹿地亘等，以及原工合社社員、見習工等。對全國各地開展工合運動的重要或核心地區，也曾前往實地考察，如陝西省寶雞市等。當時，陝西省鳳縣雙石鋪和甘肅省山丹尚未開放，但也請愛潑斯坦先生帶同我前往考察研究。此外，為瞭解海倫・福斯特、艾黎的思想背景，還曾前往美國的紐黑文、吉爾福特、「普利茅斯定居點」（Plimoth Plantation）和紐西蘭的基督城（Christchurch）等地。總之，研究所需要的工作，都盡到了最大努力。

　　本書各章經上述有計劃的調查、研究，曾發表如下一系列論文。

序　章〈「工合」研究述評〉，《中國革命史述論》，華星出版社（香港），2009年9月。

第一章〈抗日戦争時期の中国工業合作運動〉，《歷史學研究》，第485號，1980年10月（錢小明譯，〈抗戰時期工業合作社運動的發生和發展〉，《中國近代經濟史論著選譯》，上海社會科學院出版社，1987）。

第二章〈工業生産合作社の展開と農村工業〉，《東洋學報》，第74卷第1・2號，1993年2月。

第三章〈中國工業合作運動と救國會派——中國工業合作協會の設立をめぐって－〉，大阪教育大學歷史學研究室編《歷史研究》，第25號，1988年3月。

第四章〈西北區における中國工業合作運動——陝西、甘肅兩省を中心に－〉，《歷史研究》，第35號，1998年3月。

第五章〈川康區における中國工業合作運動〉，《歷史研究》，第31號，1994年3月。

第六章〈湖南・広西兩省における中國工業合作運動〉，《歷史研究》，第34號，1997年3月。

第七章〈東南區における中國工業合作運動——江西、福建、広東三省を中心に－〉，《社會文化史學》，第23號，1987年3月。

第八章〈雲南省における中國工業合作運動〉，《歷史研究》，第24號，1987年2月。

第九章〈陝甘寧辺區における中國工業合作運動〉,《東洋史研究》,第49卷第
　　　4號,1991年3月(王玉平譯〈陝甘寧邊區的中國工業合作運動〉,中國社
　　　會科學院近代史研究所編《國外近代史研究》,第22輯,1993年5月。1993
　　　年8月在陝西省寶雞市舉行的「工合」國際研討會發布論文「On the Chinese
　　　Industrial Cooperative Movement in Shanxi-Gansu-Ningxia Region.」

第十章〈游擊地區の中國工業合作運動〉,《中嶋敏先生古稀記念論集》,上卷,
　　　汲古書院,1980年。

第十一章〈抗日戰爭時期の華僑と中國工業合作運動〉,《歷史評論》,第549
　　　號,1996年1月。

第十二章〈國際反ファッショ抗日ネットワークと中國工業合作運動〉,福島大
　　　學經濟學會《商學論集——藤村俊郎教官退官記念號》,第69卷第4號,
　　　2001年3月。

補　　　章〈中國工業合作運動の再始動〉,《中國研究月報》,第546號,1995年
　　　1月。

結　　　論(新撰)

　　本書即在上述各論文基礎上,基於新獲取的史料並考慮各章間的有機聯繫,經
改寫、增刪而成。

　　藉本書出版之機,請允許我首先向艾黎(已故)、海倫‧福斯特‧斯諾(已
故)、盧廣綿(已故)、陳翰笙等工合運動發起人、領導人等,以及曾給予我莫
大鼓勵的馬海德(已故)、愛潑斯坦(已故)二先生表示衷心感謝。當然,得自
日本學術界的指導、鞭撻、鼓勵也有很多,其中首先應該感謝的是將我引薦給艾
黎的西園寺一晃先生、強調本課題研究的意義並鼓勵我不要放棄的幼方直吉先生
(已故)、鹿地亘先生(已故)。第一篇論文投向《歷史學研究》雜誌前,奧崎裕
司、今井駿二先生曾仔細閱讀,並賜示詳細評語和批評,使論文內容得以修正而更
加完善。此外,野澤豐先生曾教導我須重視和讀透報紙報導史料。家父去世後,我
精神上深受打擊,而久保田文次、中村義、小島淑男、野口鐵郎、姬田光義、鈴木
智夫、三谷孝、井上久士各先生均曾慰藉和勉勵,令我倍感溫暖。關西方面,京都
大學人文科學研究所的狹間直樹、森時彥、江田憲治、石川禎浩各先生均曾為本書

收集史料提供各種便利，本書有關「邊區」、「湖南・廣西」等的論文，也是先在人文研研究班發表，並接受評判後進一步充實而成。中國現代史研究會的安井三吉、西村成雄、田中仁各先生也對本研究幫助良多，雲南部分即曾在該研究會提前報告。同樣須感謝我在東京教育大學、筑波大學的恩師田中正美先生及片岡一忠先生的授業之恩。我每次回到鄉里，總能得到福島大學經濟學部的恩師藤村俊郎先生的訓誨，讓人感到異常親切。任職於大阪教育大學時，歷史研究室的北山康夫先生（已故）、寺廣映雄（已故）先生曾告誡我一定要結集出版單行本，而吉田靖雄、木村壽（已故）、伊藤敏雄各先生則作為同僚為我創造了極好的研究和教學環境，令我至今心存感激。汲古書院的坂本健彥先生欣然答應出版本書，也自應奉上謝意。本課題研究及本書出版還得到日本國內、國外許多研究夥伴、學界前輩、友朋等的鼓勵，此處難以盡數，但學恩之重，絕不敢忘。

另，本書出版承蒙日本學術振興會2001年度科學研究補助金（研究成果公開促進費）的支援，在此一併感謝。

最後，請允許我把本書獻給已故家父菊池貴晴（福島大學教授、治中國近現代史）和已故家母千代，以及我的夫人升子。尤其是家父，沒有他的影響，我很可能不會走上學術研究的道路。家父既是慈父，也是嚴師、諍友，更是我一直試圖超越的競爭對手。我自小學時起就很叛逆，經常就人生的意義和目的與家父激烈爭論。家父告誡我說，「你要踩在我的肩膀（人生經驗）上，在你未知的世界裡走出自己的路。是否選擇這個職業沒關係，重要的是認真走好自己的路。」後來，我依然不能擺脫叛逆，對課業也不上心。但過了二十歲時，聽家父在課堂上娓娓不倦地講授洋務運動、變法自強等時，我忽然暗下決心將來要研究中國近現代史，而且要超越家父，並開始下功夫學習。畢業後到東京，深感自己才淺力薄，但仍埋頭研究，那時的痛苦真是難以言表。但一次次複雜解析使歷史的深層構造逐漸展現出其迥異於常識的斷層時，我深感學問、研究何等有趣，又有些踏入未知空間時莫名的不安甚至恐懼。我就這樣徹底走入了歷史學世界，前行的家父的背影似乎也更清晰了。對本書的出版、對我忝為史學家，想必家父定會喜出望外。

在此由衷感謝張新藝女士在袁君過世後，理解本書出版的意義，以及架構和彙整等，誠心誠意地協助最後的校對工作。本書能夠在臺灣得以順利出版，與致理科

技大學助理教授吳米淑老師、鄭伊庭女士及秀威出版團隊的大力支持是分不開的，特此致謝。

菊池一隆

2001年10月1日

2023年9月1日修訂

譯者群

袁廣泉（1963-2020）（負責本書第1章、第7章、第8章之中譯）

1997年於日本大阪教育大學碩士畢，2000年於日本神戶大學學術博士畢。先後任職於曲阜師範大學外國語學院、徐州師範大學外國語學院、日本京都大學人文科學研究所（副教授）、江蘇師範大學外國語學院（副教授）。

譯有：石川禎浩，《中國共產黨成立史》；森時彥，《中國近代棉紡織業史研究》；森時彥編，《二十世紀的中國社會(上下卷)》；菊池一隆，《中國抗日軍事史》；石川禎浩編，《二十世紀中國的社會與文化》；狹間直樹、石川禎浩編，《近代東亞翻譯概念的發生與傳播》；石川禎浩，《中國近代歷史的表與裡》；武上真理子，《孫中山與「科學的時代」》等。

張新藝（負責本書第4章、第9章之中譯）

西安外國語大學副教授。曾參與撰寫中國國家級規劃教材，在中外學術雜誌、書籍上翻譯或發表多篇論文。譯有《清代帆船與中日文化交流》（上海科學技術文獻出版社，2012年）。

史天冲（負責本書第2章、第6章之中譯）

大阪教育大學研究所，教育學碩士畢。曾任職於日本生活協同組合聯合會，現已退休。

楊　韜（負責本書序章、第3章、第10章、第12章之中譯）

名古屋大學研究所畢業，學術博士畢。現任日本佛教大學副教授。

著有《近代中国における知識人—メディア・ナショナリズム》（汲古書院，2015年）、《モダン・空間・異文化—東アジアの広告文化論》（朋友書店，2016年）等。

陳傑中（負責本書第5章、第11章之中譯）

大阪教育大學研究所，教育學碩士畢。現任日本甲南大學兼任講師。

合譯有：朱家駿監譯、林埼（王編に奇）、陳傑中合譯《日本人反戰士兵與日中戰爭》（香港，光大出版社，2006年）等。

主要史料及參考文獻

＊本篇所列各類史料、資料收集自下屬機構。

中文：中國社會科學院經濟研究所、北京圖書館、工合國際委員會、（中國）社會科學院近代
　　　史研究所、四川省社會科學院、四川省圖書館、重慶市圖書館、廣西圖書館、廣西檔案
　　　館、雲南大學圖書館、陝西省社會科學院、陝西省圖書館、陝西省檔案館、西北大學圖
　　　書館、陝西師範大學圖書館、寶雞市經濟發展研究中心、上海社會科學院圖書館、上海
　　　市圖書館、復旦大學圖書館、「工合」協會上海市分會、香港大學圖書館、（臺灣）中
　　　央研究院近代史研究所、（臺灣）法務部調查局、臺灣大學等。

日文：東洋文庫、國會圖書館、亞洲經濟研究所、東京教育大學（筑波大學）圖書館、大阪教
　　　育大學歷史學研究室、京都大學人文科學研究所、天理大學圖書館、山口大學經濟學部
　　　東亞經濟研究所、滋賀大學經濟學部圖書館、長崎大學經濟學部東南亞研究所等。

英文：新加坡大學、哥倫比亞大學、斯坦福大學、哈佛大學、夏威夷大學，以及路易・艾
　　　黎、海倫・福斯特、盧廣綿所提供者。

一、單行本

中文

陳翰笙，《中國工業合作運動的過去與將來》，太平洋學會美國分會出版，1947年（？）。
陳翰笙，《四個時代的我》，中國文史出版社，1988年。
陳岩松，《中華合作事業發展史（上）》（1983年）之〈第13章　中國工業合作協會〉。
港滬工業合作促進會，《中國工業合作社運動》（漢口），1938年。
侯德礎，《中國工合運動研究》，四川大學出版社，1996年。
姜漱寰，《工合運動在西北》，西北區辦事處出版，1940年。
Jack Chen，《中國工業合作運動寫真》（香港），出版年月不詳。
黎利，《艾黎在中國》，新華出版社，1986年。
林蘭芳，《抗戰時期工業合作運動理論基礎之形成》，《立法院院聞》，第24卷第6期，1996年6月。
劉家泉，《宋慶齡傳》，中國文聯出版公司，1988年。
盧廣綿，《西北區工業之現狀與今後推進計劃》，西北區辦事處出版，1939年。
路易・艾黎研究會，《艾黎自傳》，甘肅人民出版社，1987年。

米鴻才、邱文祥、陳乾梓編著，《合作社發展簡史》，中共黨校出版社，1988年。

西北區辦事處，《陝西省建設廳・中國工業合作協會合辦工業試驗所工作報告》，西北區辦事處出版，
　　出版年月不詳。

史邁士（Lewis. S. C. Smythe）、沈經保著，《各國工業合作》（工業合作叢書），中國工業合作協
　　會），1945年。

孫雲峰著，《共黨在中國工業合作協會之陰謀活動與本黨防制對策》，1941年4月。

西北區辦事處編，《工合三字經》，1941年。

西北區辦事處中國工業合作研究所編，《工合社員讀本高級第二冊》，1943年。

謝君哲著，《經濟的新保壘──介紹中國工業合作社》，生活書店，1940年。

喻志東著，《我國工業合作運動》，黎明書局（重慶），出版年月不詳。

張法祖著，《工合與抗戰》，星群書店，1941年。

張法祖著，《工合發軔》，光夏書店，1941年。

中國工業合作協會，《中國工業合作協會工作概況》，1939年。

中國工業合作協會榮昌事務所編，《中國工業合作協會榮昌事務所一年來工作及今後工作計劃》，1945年。

中國合作事業協會編，《中華民國臺灣合作年鑑》，1986年版。

中國合作事業協會，《中國合作年報──中華民國76年版》，1987年。

鄭燦輝、季鴻生、吳景平著，《宋慶齡與抗日救亡運動》，福建人民出版社，1986年。

朱健著，《工合歷程》，金城出版社，1997年。

日文

東亞研究所，《支那工業合作社關係資料（中國工業合作社資料）》(1)，1941年7月。

東亞研究所，《支那工業合作社關係資料──支那工業合作運動の全貌──（中國工業合作社資料──
　　中國工業合作運動全貌）──》(3)，1944年（原著為：張法祖，《工合與抗戰》）。

菊池一隆著，《中国初期協同組合史論1911-1928──合作社の起源と初期動態──（中國早期合作運
　　動史論　1911-1928──合作社的起源和早期動態）──》，日本經濟評論社，2008年。

鹿地亘著，《砂漠の聖者──中国の未来に賭けたアレーの生涯──（沙漠的聖者──艾黎為中國未來
　　奮斗一生──）》，弘文堂，1961年。

尼姆・韋爾斯著，《支那民主主義建設（中國民主主義建設）》（東亞研究所譯），1942年。

日本生產合作社協會編，《民族の再建──中国工業合作社史（民族重建──中國工業合作社史
　　──）》，工業新聞社出版局，1946年。

上海日本大使館特別調查班，《三年來支那工合運動の發展（中國工合運動三年年來的發展）》，1942
　　年（張法祖著《工合發軔》之日譯本）。

刈谷久太郎，《支那工業合作運動（中國工業合作運動）》，畝傍書房，1941年。

英文

Chang Fu-Liang, *When East Met West: A personal Story of Rural Reconstruction in China*, Connecticut,
　　1972.

Chen Han-shen, *GUNG HO!: The Story of the Chinese Cooperatives, American Institute of Pacific
　　Relations*, New York, 1947.

Douglas Robertson Reynols, *The Chinese Industrial Cooperative Movement And The Political*

Polarization Of Wartime China, 1938-1945, Colunbia University, ph.D., 1975.

Edgar Snow, *The Battle for Asia*, New York, 1942.

Edgar Snow, *Journey to the Beginning*, New York, 1958.

Geoff Chanpple, *Rewi Alley of China, Hodder and Stoughton*, Auckland London Sydney, 1980.

George Hogg, *I See a New China, Little Brown and Company*, Boston, 1944.

Ida Pruitt, *China's Industrial Pioneers, Chinese Industrial Cooperatives Administration*, Chungking, no date.

Lewi S.C. Smythe, *The Place of Industrial Cooperatives in China's War*, American Committee in Aid of Chinese Cooperatives, 1944.

Lewi S.C. Smythe, *The Value of Industrial Cooperatives in China's Reconstruction in China*, no date.

Madam Chiang Kai-Shek, *China Shall Rise Again*, Hurst & Blackett, Ltd., London, 1940.

Nym Wales, *China Build For Democracy: A Story of Cooperative Industry*, New York, Modern Age Books, INC, 1941.（日譯本：東亞研究所譯，《支那民主主義建設》，1942年）。

Nym Wales, *The Chinese Labor Movement*, 1945.

Nym Wales, *Notes On The Beginnings Of The Industrial Cooperatives In China*, Madison, Conn, 1958.

Nym Wales, *My China Years*, 1984.

Ralph and Nancy Lapwood, *Through The Chinese Revolution*, Spalding & Levy Ltd, london, 1954.

Rewi Alley, *Development Of Chinese Industrial Cooperatives In Northwest*, 1939.

Rewi Alley, *Leaves from a Sandan Notebook*, The Caxton Press, New Zealand, 1950.

Rewi Alley, *YO BANFA!*, New World Press, Peking, 1955.

Rewi Alley, *Sandan: An Adventure in Creative Education*, The Caxton Press, New Zealand, 1959.

Rewi Alley, *Frution: The Story of George Alwin Hogg*, The Caxton Press, New Zealand, 1967.

Willis Airey, *A Learner in China: A Life of Rewi Alley*, The Caxton Press, New Zealand, 1970.

二、論文、回憶錄

中文

畢平非，〈「工合」——時代的產物〉，《紅旗》，1984年第16期。

丁立剛，〈論中國工業合作社運動〉，《社會科學》，1983年第1期。

侯德礎，〈論抗日戰爭時期的「工合」運動〉，《四川師院學報》（社會科學版），1983年第4期。

黎雪，〈回憶周恩來同志二三事〉，《羊城晚報》，1982年3月5日。

李安，〈抗戰八年從事合作事業的今昔感想〉，《合作經濟》（臺灣），第14期，1987年9月。

李宗植，〈西北工合運動述略〉，《西北大學學報》，1983年第3期。

林蘭芳，〈抗戰時期工業合作運動理論基礎之形成〉，《立法院院聞》（臺灣），第24卷第6期，1996年6月。

劉家泉，〈「工合」對抗日戰爭的重要貢獻——紀念抗日戰爭勝利四十周年〉，《人民日報》，1985年9月1日。

劉靖，〈工合游擊隊〉，《吉林大學社會科學學報》，1983年第5期。

劉康，〈孔祥熙的私人資本〉，《經濟導報》（香港），第96・97期合刊，1948年11月。

劉平，〈抗日戰爭時期贛南的「工合」運動〉，《南昌大學學報（人文社會科學版）》，1985年第3期。

盧廣綿，〈抗日戰爭時期的中國工業合作運動〉，《文史資料》，第71期，1980年。

魯正知，〈我國工業合作事業的回顧與前瞻〉，中國經濟月刊社編《中國經濟》（臺灣），第11期，1951年8月。

路易·艾黎，〈「工合」運動記述〉，《文史資料》，第71期，1980年。

汪邦銘，〈路易·艾黎在皖南〉，《團結報》，第395號，1988年6月11日。

一丁，〈路易·艾黎與工合運動〉，《中國合作經濟報》，1988年5月（複印報刊資料《中國現代史》，1988年6月。

張達，〈抗戰時期我國的合作事業——紀念我國對日抗戰五十周年〉，中國合作學社編《合作經濟》，第13期，1987年6月。

中國工業合作協會，〈路易·艾黎與「工合」〉，《人民日報》，1984年1月22日。

朱敏彥，〈抗戰時期的「工合」運動〉，《近代史研究》，1989年第4期。

日文

井上道人，〈中國工業合作運動の展開（中國工業合作運動的產生與發展）〉，《中國評論》，第2號（1946年7·8月號合刊）。

幼方直吉，〈工業合作社研究のために（如何研究工業合作社）〉，《中國資料月報》，第4號（1947年2月）。

菊池一隆，〈中國工業合作運動について—レウィ·アレー、盧広綿両氏に聞く—（關於中國工業合作運動——路易·艾黎採訪記）〉，《アジア経済》，第21卷第5號，1980年5月。

菊池一隆，〈中國工業合作運動の起源と現代的意義—ニム·ウエールズ女士からの書簡を中心に—（中國工業合作運動的起源與現代意義——以尼姆·韋爾斯來信為中心）〉，辛亥革命研究會編，《中國近現代史論集——菊池貴晴先生追悼論集》，汲古書院，1985年。

菊池一隆，〈中國工業合作運動指導者からの書簡について（關於中國工業合作運動領導人來信）〉，大阪教育大學歷史學研究室編，《歷史研究》，第23號，1985年9月。

菊池一隆，〈現在の中國工業合作運動について—盧広綿氏に聞く—（關於現在的中國工業合作運動——盧廣綿先生採訪記）〉，中國研究所編，《季刊中國研究》，第11號，1988年4月。

菊池一隆，〈中國工業合作運動指導者に対するインタビュー（中國工業合作運動領導人採訪記）〉，《歷史研究》，第29號，1992年2月。

菊池一隆，〈西北區工業合作運動關係者に対するインタビュー——抗日戰爭時期、國共內戰期、そして現在—（西北區工業合作運動參與者採訪記——抗戰、國共內戰及現在）〉，《アジア経済》，第33卷第5號，1992年5月。

菊池一隆，〈陳翰笙氏に対するインタビュー—中國工業合作運動について—（陳翰笙先生採訪記——關於中國工業合作運動）〉，《近きに在りて》，第21號，汲古書院，1992年5月。

菊池一隆，〈鹿地亘氏へのインタビュー—レウィ·アレー、及び抗日戰爭について—（鹿地亘先生採訪記——路易·艾黎及抗日戰爭）〉，《中國研究月報》，第545號，1993年7月。

* 上述菊池一隆論文收於《中國工業合作運動關係資料目錄·「工合」關係者へのインタビュー》，1992年度日本文部省科學研究費補助項目一般研究C類成果報告，1993年出版。其內容為作者對「工合」領導人、活動家當面及書面採訪紀錄，對象為：路易·艾黎、盧廣綿、尼姆·韋爾斯、梁士純、秦柳方、張福良、千家駒、梁漱溟、鹿地亘、陳翰笙、彭澤益、楊堅白及當時「工合」的社員和見習工等。

三、報刊、檔案等

工合協會及工合各區、各辦事處之機關雜誌

中國工業合作協會編，《工業合作月刊》。
中國工業合作協會編，《工業合作半月刊》。
中國工業合作協會編，《工業合作季刊》。
中國工業合作協會編，《工合通訊》。
中國工業合作協會、金陵大學工合幹部訓練班編，《工合先鋒》。
中國工業合作協會編，《工合之友》。
中國工業合作研究所，《中國工業》（桂林）。
中國工業合作協會西北區辦事處，《西北工合》。
中國工業合作協會西北區辦事處，《工合戰士》。
中國工業合作協會西北區天水辦事處，《隴南工合》。
中國工業合作協會川康區辦事處，《川康工合》。
中國工業合作協會西南區辦事處，《西南工合》。
中國工業合作協會西南區辦事處，《西南工合之友》（桂林）。
中國工業合作協會湘桂區辦事處，《湘桂工合》。
中國工業合作協會閩粵區辦事處，《東南工合》。
中國工業合作協會東南區辦事處，《工合戰士》。
中國工業合作協會雲南區辦事處，《雲南工合》。
中國工業合作協會晉豫區辦事處，《戰地工合》（洛陽）。

其他雜誌

中國全國及各地《文史資料》及《東方雜誌》、《保衛中國同盟通信》、《中國農村》、《四川經濟季刊》、《廣西合作通訊》、《重慶合作》、《群眾》、《新中華報》、《新華日報》、《解放日報》、《中央日報》、《重慶大公報》、《香港大公報》、《桂林大公報》、《文匯報》、《華商報》等。

檔案史料

（中國）各地檔案館藏檔案、（臺灣）中央研究院藏檔案、（臺灣）法務部調查局藏檔案等。

日方雜誌

滿鐵東亞經濟調查局《東亞》（東亞會1940年發行。東亞會自1941年為大東亞省的委託諮詢機構）、興亞院政務部《情報》（興亞院政務部，1943年6月改為大東亞省政務部）、《興亞資料月報》及在上海日本總領事館特別調查班編《特調班月報》等。

英文雜誌

The China Weekly Review
ASIA
China Today
China Journal
Far Eastern Survey
Survey Graphic
China Press Supplement
Philippine Sunday Herald
Chritian Science Monitor
New Defence
Pacific Affairs
The New Republic
The China Monthly
Free World
Indusco News (Hongkong Promotion Committee of the Chinese Industrial Cooperatives)
Indusco Bulletin (American Committee in Aid of Chinese Industrial Cooperatives)
Gung Ho (The Journal of the Anglo-Chinese Development Society, London)

史地傳記類　PC1086　讀歷史151

中國工業合作運動史

作　　　者 / 菊池一隆
監　　　譯 / 袁廣泉、張新藝
中　　　譯 / 史天冲、楊韜、陳傑中
責任編輯 / 鄭伊庭
圖文排版 / 陳彥妏、黃莉珊
封面設計 / 王嵩賀

發　行　人 / 宋政坤
法律顧問 / 毛國樑　律師
出版發行 / 秀威資訊科技股份有限公司
　　　　　114台北市內湖區瑞光路76巷65號1樓
　　　　　電話：+886-2-2796-3638　傳真：+886-2-2796-1377
　　　　　http://www.showwe.com.tw
劃撥帳號 / 19563868　戶名：秀威資訊科技股份有限公司
　　　　　讀者服務信箱：service@showwe.com.tw
展售門市 / 國家書店（松江門市）
　　　　　104台北市中山區松江路209號1樓
　　　　　電話：+886-2-2518-0207　傳真：+886-2-2518-0778
網路訂購 / 秀威網路書店：https://store.showwe.tw
　　　　　國家網路書店：https://www.govbooks.com.tw

2024年5月　BOD一版
定價：790元
版權所有　翻印必究
本書如有缺頁、破損或裝訂錯誤，請寄回更換

讀者回函卡

國家圖書館出版品預行編目

中國工業合作運動史 / 菊池一隆著; 袁廣泉,
　張新藝監譯; 史天冲,楊韜,陳傑中中譯. -- 一
版. -- 臺北市：秀威資訊科技股份有限公司,
2024.05
　　面；　公分. -- (史地傳記類)
BOD版
ISBN 978-626-7346-64-8(平裝)

1.CST: 工業合作 2.CST: 中日戰爭
3.CST: 近代史 4.CST: 中國史

523.36　　　　　　　　　　　　　95011262